Bristol-Schriftenreihe Band 46

Herausgeber
Ruth und Herbert Uhl-Forschungsstelle für Natur- und Umweltschutz,
Bristol-Stiftung, Zürich
www.bristol-stiftung.ch

Christina Pichler-Koban und Michael Jungmeier

Naturschutz, Werte, Wandel

Die Geschichte ausgewählter Schutzgebiete in
Deutschland, Österreich und der Schweiz

Haupt Verlag

Verantwortlich für die Herausgabe
Bristol-Stiftung. Stiftungsrat: Dr. René Schwarzenbach, Herrliberg;
Dr. Mario F. Broggi, Triesen; Prof. Dr. Klaus Ewald, Gerzensee; Martin Gehring, Zürich

Managing Editor
Dr. Ruth Landolt, WSL, Birmensdorf

Adresse der Autoren
Christina Pichler-Koban, E.C.O. Institut für Ökologie, Kinoplatz 6, A-9020 Klagenfurt,
E-Mail: pichler-koban@e-c-o.at
Michael Jungmeier, E.C.O. Institut für Ökologie, Kinoplatz 6, A-9020 Klagenfurt,
E-Mail: jungmeier@e-c-o.at

Layout
René Tschirren, Bern

Umschlag und Illustration
Atelier Silvia Ruppen, Vaduz

Zitierung
PICHLER-KOBAN, C.; JUNGMEIER, M., 2015: Naturschutz, Werte, Wandel. Die Geschichte ausgewählter Schutzgebiete in Deutschland, Österreich und der Schweiz. Zürich, Bristol-Stiftung; Bern, Haupt. 297 S.

Bibliografische Information der Deutschen Nationalbibliothek
Die Deutsche Nationalbibliothek verzeichnet diese Publikation in der Deutschen Nationalbibliografie; detaillierte bibliografische Daten sind im Internet über http://dnb.dnb.de abrufbar.

ISBN 978-3-258-07942-4

Alle Rechte vorbehalten
Copyright © 2015 Haupt Bern
Jede Art der Vervielfältigung ohne Genehmigung des Verlages ist unzulässig.

Printed in Germany

www.haupt.ch

ClimatePartner O
klimaneutral

Abstract

Conservation, Values, Changes – History of Selected Protected Areas in Germany, Austria and Switzerland

This study investigates nature conservation concepts in the German-speaking area from the emergence of the conservation movement during the second half of the 19th century through to the present day. The study is based on the example of seven representative protected areas in Germany, Austria and Switzerland. Building on basic research and interviews with 'contemporary witnesses', the players, goals, perceived hazards and nature conservation tools involved were identified and observed in the context of the relevant historic and social framework. The data was structured with the aid of the text analysis software Atlas.ti. During several stages of feedback area experts, 'contemporary witnesses' and professional colleagues checked and complemented the results. Thirty-five European experts participated in an open discussion process. Based on 23 hypotheses they debated future prospects for protected areas.

The study demonstrates that perception of nature and nature conservation, largely, correlated with the relevant historic and social relationships. In terms of the history of ideas, protection of nature can be described as a conglomerate of different ideologies and values. The various stances adopted are inherently contradictory and are activated, deactivated or reactivated depending on the context. When it comes to the protected areas of the future, it is probable that these reserves will have to meet new and even more extensive social standards.

Keywords: Nature conservation, protected areas, governance, contemporary history, National Park Berchtesgaden (DE), Biosphere Reserve Schorfheide-Chorin (DE), National Park Hohe Tauern (AT), National Park Donau-Auen (AT), Nature Park Dobratsch (AT), Swiss National Park (CH), Parc Adula (CH)

Zum Geleit

Unverzichtbares Ziel für die Entwicklung unserer Lebensräume muss es sein die bestehende biologische und landschaftliche Vielfalt für unsere Nachkommen zu sichern. Den Schutzgebieten kommt dabei eine zentrale Bedeutung zu, zum Beispiel für den Erhalt des herausragenden Reichtums an Tier- und Pflanzenarten. Dabei sollten für den Naturvorrang aber nicht nur die eher interessefreien Höchstlagen oder sonstige wenig produktive Lagen abfallen. Es ist noch mehr Wert auf eine naturkundliche Repräsentanz zu legen. Im Rahmen einer internen Zonierung könnten auch viele bestehende Schutzgebiete ergänzt und aufgewertet werden. Im Zuge des laufenden Strukturwandels spiegeln sich auch zunehmend die Chancen für die Regionalentwicklung mit Ausweisung von Wildnis oder aber Inwertsetzung der Produkte der Kulturlandschaften.

Die Reservatspolitik der drei Alpenstaaten Deutschland, Österreich und der Schweiz wird in dieser Arbeit anhand von sieben grossflächigen Schutzgebieten einer detaillierten Analyse unterzogen. Der aufwändige systematische Vergleich zeigt den Weg zu den einzelnen Schutzgebietsausweisungen. Aus diesen gemachten Erfahrungen lassen sich Anforderungen an zukünftige Schutzgebiete ableiten. Diese Erkenntnisse können also gezielt bei Neuausweisungen und Aufwertungen eingebracht werden. Schutzgebiete sollten vorerst einmal möglichst grossflächig sein, um natürlichen Prozessabläufen den notwendigen Raum zu bieten. Ein «geordneter Rückzug» der menschlichen Aktivitäten ist dabei mancherorts angesagt und soll nicht tabuisiert werden. Neben den naturlandschaftlichen Aspekten sind auch die zunehmend gefährdeten Kulturlandschaften in der Reservatspolitik zu berücksichtigen. In diese Richtung geht beispielgebend das Biosphärenreservat-Konzept der UNESCO. Dieses stellt einen wertvollen Beitrag dar zur Findung von dem, was man als Nachhaltigkeit herauskristallisieren möchte. Das ist für neue Ideen und Konzepte notwendig, und zwar für regionale Vermarktungsstrukturen, für das Labeling von Produkten, Dienstleistungen und Landschaften. Die erfahrenen positiven Effekte von Schutzgebietsausweisungen sind zukünftig vermehrt zu berücksichtigen und vor allem bekannt zu machen. Allfällige Nutzungsverzichte in anderen Bereichen werden dadurch eher akzeptiert. In einem zusammenwachsenden Europa ist zudem die grenzüberschreitende Schutzgebietsplanung und -ausweisung Pflicht. Voraussetzung dafür ist ein Informationsaustausch auch für die Optimierungen der Umsetzung, wie dies etwa Alparc vorbildlich organisiert.

Für solche Überlegungen bietet dieses Buch, aufbauend auf der Geschichte der Pärke, viel Lesestoff. Ja, es dürfte zur Pflichtlektüre für Schutzgebietsmanager werden. Der Autorin und dem Autor ist für dieses mit Akribie zusammengestellte Wissen ein grosses Dankeschön zu sagen. Aus ihren dargelegten Erkenntnissen lassen sich viele notwendige Schritte zum Park der Zukunft ableiten. Dafür dankt die Bristol Stiftung, die sich der Wissensvermittlung zwischen Forschung und Anwendung verschrieben hat. Gut auch zu wissen, dass diese Erkenntnisse zusätzlich in die universitäre Ausbildung einfliessen werden.

Mario F. Broggi
Stiftungsrat Bristol-Stiftung, Zürich

Inhalt

Abstract   5
Zum Geleit   7
Vorwort und Dank   11

1 Einleitung   **13**

2 Methoden   **15**
    2.1 Problemlage   15
    2.2 Forschungsziele und -fragen   16
    2.3 Methodendesign   17
    2.4 Auswahl der Gebiete   17
    2.5 Erhebung der Ausgangsdaten   21
    2.6 Analyse und Aufbereitung der Daten   22
    2.7 Darstellung der Ergebnisse   25

3 Naturschutzgeschichte – ein Überblick   **29**
    3.1 Streifzug vom Garten Eden bis zum Weltparkkongress   29
    3.2 Naturschutz in Deutschland   37
    3.3 Naturschutz in Österreich   46
    3.4 Naturschutz in der Schweiz   54

4 Die Schutzgebiete   **61**
    4.1 Nationalpark Berchtesgaden   61
    4.2 Biosphärenreservat Schorfheide-Chorin   85
    4.3 Nationalpark Hohe Tauern   110
    4.4 Nationalpark Donau-Auen   136
    4.5 Naturpark Dobratsch   162
    4.6 Schweizerischer Nationalpark   176
    4.7 Parc Adula   205

5 Schutzgebiete gestern, heute und morgen   **223**
    5.1 Die Schutzgebiete im Vergleich   223
    5.2 Parks zwischen gestern und morgen   235
    5.3 Methodenreflexion   251
    5.4 Ausblick und Forschungsbedarf   252

6 Zusammenfassung   **255**

7 Summary   **259**

8 Literatur   **263**

9 Quellen   **273**

Anhang   **289**
    Tabelle A: Zeitzeugen   289
    Tabelle B: Expertenfeedback   290
    Tabelle C: Parks 3.0   291
    Codeliste   292

Portraits der Autoren   **297**

Vorwort und Dank

Wenn wir mit diesem Buch einen Versuch vorlegen, die Geschichte ausgewählter Schutzgebiete in Österreich, Deutschland und der Schweiz nachzuzeichnen, möchten wir damit eine Standortbestimmung des Naturschutzes vornehmen, wichtige Strömungen herausarbeiten und markante Wendepunkte sichtbar machen. Wir versuchen, die Elemente der Geschichte nach verschiedenen Gesichtspunkten zu ordnen, Systematiken offen zu legen und in den vielfältigen Vorstellungen von Naturschutz und Natur Muster zu erkennen. Wir beschreiben diese Muster als «Konzeptionen».

Die Geschichten der beschriebenen Parks beginnen gegen Ende des Neunzehnten Jahrhunderts und führen uns durch das gesamte Zwanzigste. Wie Gesteinskörper und Sedimentablagerungen in einem geologischen Profil treten dabei Ideologien, Werte und Naturbilder Schicht für Schicht zu Tage. Ebenso deutlich werden die grossen, oft wiederholten Narrative des Naturschutzes, die Vielfalt der Protagonisten, Diskurse und Instrumente. Dass wir versuchen, den Bogen in die Zukunft zu spannen ist gewagt, die vielen Fragezeichen sind bewusst gesetzt.

Die Kapitel zur Methodik und zur Geschichte der Schutzgebiete wurden ausschliesslich von Christina Pichler-Koban verfasst, während die übrigen Kapitel in Zusammenarbeit der beiden Autoren entstanden sind. Grund dafür ist, dass dieses Buch gleichzeitig die Grundlage für eine Dissertation der Autorin an der Universität für Bodenkultur bildet. Ein Gedanke sei an dieser Stelle den Lehrerinnen und Lehrern der Autorin – besonders Gudrun Gösseringer und Peter Holub – gewidmet. Sie haben im Dezember 1984 spontan alle Lehr- und Stundenpläne ausser Acht gelassen und die Schülerinnen und Schüler die aktuellen Geschehnisse in der Hainburger Au diskutieren lassen. Ein Ereignis, das sich tief in ihr Gedächtnis eingeprägt und sicher auch den weiteren Werdegang beeinflusst hat. Ein zweiter Gedanke gilt Elisabeth Lötsch, stellvertretend für alle Frauen, die Grosses für den Naturschutz geleistet haben, das in der Öffentlichkeit aber nur wenig bekannt ist.

Unser Dank geht an die Proponenten der Bristol-Stiftung, die diese Arbeit gefördert und ermöglicht haben, den Zeitzeugen, Archivaren, Partnern in den Schutzgebietsregionen, in der Bearbeitung und im Verlag. Dr. Mario Broggi hat dieses Projekt in mehrfacher Rolle unterstützt: Wir danken ihm als Wegbereiter, Begleiter, Förderer, Zeitzeugen, Fachexperten, Diskussionspartner und Lektor für seine essentielle Hilfe.

Am Zustandekommen dieses Buches waren viele weitere Personen beteiligt, denen wir zu Dank verpflichtet sind:
- Susanne Glatz-Jorde und Michael Huber gehörten dem Bearbeitungsteam bei E.C.O. Institut für Ökologie an, Anna Kovarovics und Elisabeth Kreimer haben für uns die Grafiken umgesetzt.
- Andreas Muhar, Dominik Siegrist und Patrick Kupper standen uns als wissenschaftliche Berater zur Seite.
- Uwe Graumann, Georg Grabherr, Ruedi Haller, Peter Haßlacher, Robert Heuberger, Hans Dieter Knapp, Florian Knaus, Patrick Kupper, Bernd Lötsch, Stefano Quarenghi, Thusnelda Rottenburg, Engelbert Ruoss, Thomas Scheurer, Eberhard Stüber, Michael Succow, Michael Vogel, Hubert Zierl haben uns ihre wertvolle Zeit und ihren Erfahrungsschatz im Zuge der Interviews zur Verfügung gestellt, Eberhard Henne, Gerhard Leeb, Annette Lotz, Carl Manzano, Birgit Reutz, Manfred Rosenberger, Peter Rupitsch und Dominik Siegrist für die Revision der Gebietsgeschichten. Eine Liste der Experten, die sich an der Diskussion zu den Parks 3.0 beteiligt haben, findet sich im Anhang, auch ihnen möchten wir an dieser Stelle danken.
- Christina Rauter hat in mühevoller Kleinarbeit, die umfangreichen Interviews transkribiert, Sigrun Lange, Jessica von Stryk und Mirko Wallimann haben die Materialien zu den sieben Schutzgebieten zusammengetragen. Magret Raunig-Schneeweiss und Alexander Kleinegger haben uns bei der Bildrecherche unterstützt.

- Martin Achrainer, Beate Blahy-Henne, Hermann Behrens, Arik Brauer, Reinhold Christian, Josef Essl, Johann Feil, Wilhelm Foissner, Christian Fraissl, Ingrid Hagenstein, Stefanie Hlavac, Adi Holzer, Bernhard Gißibl, Andrea Kirchmeir, Klaus Krainer, Klaus Lintzmeyer, Hans Lozza, Gerd Lutze, Birgit Mair-Markart, Hans Pichler, Veronika Raich, Carolin Scheiter, Werner Schinko und Kurt Winkler haben uns durch die unkomplizierte Zurverfügungstellung ihrer Werke oder bereitwillige Unterstützung beim Ausfindigmachen von Bildmaterialien sehr weitergeholfen.
- Unser Dank gebührt Frau Ruth Landolt für die Unterstützung und Begleitung bei der Drucklegung des Werkes.

Schliesslich danken wir unseren Eltern Christa, Ingrid, Günter und Heinz, die wir während der Arbeiten zu diesem Buch weit über das gewohnte Mass hinaus beanspruchen durften. Ihre Freude und ihr Einsatz bei der Erfüllung elterlicher und grosselterlicher Dienste kann gar nicht hoch genug eingeschätzt werden. Wir hoffen und wünschen uns, dass sie und später einmal auch unsere Töchter Konstanze, Sonnhild, Lieselotte und Augusta dieses Buch mit Interesse lesen werden.

Christina Pichler-Koban und Michael Jungmeier

Zwei Erklärungen vorweg
Wir hatten ursprünglich vorgesehen, überall im Text, wo Frauen und Männer gemeint sind, die weibliche Form zu verwenden. Dies sollte einen Versuch darstellen, die unterschiedliche Präsenz der Geschlechter in den Geschichten zu den Schutzgebieten zu kompensieren. Das Vorhaben hat sich als schwer durchführbar erwiesen. Die Aufmerksamkeit der Leserin und des Lesers sind schon durch die Struktur des Textes, der verschiedene räumliche und zeitliche Ebenen zu beschreiben versucht, sehr gefordert. Der Text arbeitet ausserdem mit sehr vielen Zitaten. Überall anzumerken, wo es sich um Zitate, faktische Gegebenheiten oder um einen redaktionellen Kunstgriff handelt, hätte in vielen Fällen weit weg vom Thema geführt. Wären diese Anmerkungen nicht erfolgt, wäre der Text missverständlich geworden. So haben wir uns darauf beschränkt, die weibliche Form da zu verwenden, wo (unseres Wissens nach) auch tatsächlich Frauen am Werk waren. Es bleibt die Tatsache, dass Frauen in den Quellen nicht präsent sind, obwohl sie unserer Erfahrung nach einen grossen Teil der im Naturschutzbereich arbeitenden Personen stellen. Die Gründe dafür, dass sie in den Erzählungen kaum vorkommen, sollten Gegenstand einer eigenen Studie sein.

Wir haben uns nach bestem Wissen und Gewissen bemüht, alle Bild- und Urheberrechte zu klären und Nutzungsrechte für in diesem Buch verwendete Materialien einzuholen. Dies ist uns unserer Einschätzung nach auch gelungen. Die Einverständniserklärungen zur Bildverwendung liegen den Autoren vor. Sollten wir bei unseren Recherchen dennoch ein Nutzungsrecht übersehen haben, so bitten wir betroffene Personen, sich mit den Autoren in Verbindung zu setzen.

1 Einleitung

Im Oktober 2013 meldete die österreichische Tageszeitung «Der Standard», dass in Salzburg «das weltweit erste Schutzgebiet für Wimpertierchen» und andere Einzeller eingerichtet worden ist[1]. Der wenige Quadratmeter grosse Krauthügelteich, nur einige hundert Meter von der Salzburger Altstadt entfernt, ist demnach Typuslokalität von zehn neu entdeckten Einzellern, darunter der räuberisch lebende Ciliat *Semispathidium pulchrum* mit einer Grösse von etwa 0,2 Millimetern (Abb. 1). Das temporäre Gewässer wurde als Naturdenkmal unter Schutz gestellt und zählt mit seiner Fläche von knapp einem halben Hektar zu den kleinsten Schutzgebieten der Welt. Dennoch erfüllt es alle Funktionen, die die Weltnaturschutzorganisation IUCN ihrer Definition eines Schutzgebietes zugrunde legt: «A clearly defined geographical space, recognised, dedicated and managed, through legal or other effective means, to achieve the long-term conservation of nature with associated ecosystem services and cultural values» (IUCN Definition 2008).[2]

Auch wenn das temporäre Gewässer seine Grösse variiert und zeitweise völlig verschwindet, so sind die Aussengrenzen des Schutzgebietes klar festgelegt. Der Status eines Naturdenkmals bedeutet einen strengen und langfristigen Schutz. Die Ökosystemleistungen würden sich monetär vermutlich im Cent-Bereich ermitteln lassen, sind aber grundsätzlich ebenso unbestreitbar wie die kulturelle Bedeutung des Schutzgebietes, in diesem Fall vor allem für Wissenschaft und Bildung[3].

Gänzlich anders stellt sich das KAZA, Kavango-Zambezi Transfrontier Conservation Area (Angola, Botswana, Namibia, Zambia und Zimbabwe) dar, das gerade im südlichen Afrika entsteht. Mit einer Ausdehnung von je nach Quelle 287 000[4], 444 000[5] oder 520 000[6] Quadratkilometern wird es das grösste staatenübergreifende Schutzgebiet der Erde. In einer gemeinsamen internationalen Anstrengung (unter Beteiligung afrikanischer,

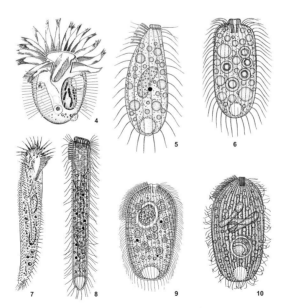

Abb. 1. Wimpertierchen als Schutzgut. Die im Krauthügelteich (Salzburg) vom Forscherteam um Wilhelm Foissner entdeckten Ciliaten *Meseres corlissi* (4), *Actinorhabdos trichocystiferus* (5), *Enchelyodon anulatus* (6), *Pseudouroleptus procerus* (7), *Semispathidium pulchrum* (8), *Papillorhabdos multinucleatus* Foissner (9) und *Fuscheria nodosa salisburgensis* (10) sind zwischen 50 und 170 µm gross. Sie sind der Grund für die Ausweisung eines Schutzgebietes. Foissner in Coterill *et al.* (2013).

Abb. 2. Kavango-Zambezi Transfrontier Conservation Area. Die Aufgaben des über fünf Staaten reichenden Schutzgebietes reichen vom Schutz einer Population von etwa 250 000 Afrikanischen Elefanten bis zur Friedenssicherung in der Region. Foto E.C.O., Kirchmeir (2013).

europäischer Staaten und der USA) versucht die Peace Parks Foundation 36 bestehende Nationalparks und andere Schutzgebiete zu einem Peace Park zu integrieren. Die geografische Abgrenzung des Gebietes ist bereits fixiert, die Managementstrukturen sind im Aufbau. Die Flusslandschaften des Zambezi mit den Viktoriafällen und das Okovango-Delta sind die bekanntesten Naturräume im Gebiet. Es bietet unter anderem Lebensraum für die weltgrösste Population des Afrikanischen Elefanten (Abb. 2). *Loxodonta africana* ist das grösste landlebende Säugetier, sein Bestand wird im Gebiet auf etwa 230 000 Tiere geschätzt. Neben dem Schutz der prominenten Flagship Species und der Ökosysteme werden vor allem positive Effekte für die regionale Wirtschaft erwartet, insbesondere Investitionen im Tourismus. Der Park soll im sozialen Bereich (Gesundheitsvorsorge, Armutsbekämpfung) Impulse setzen, Wissenschaft und Bildung fördern und nicht zuletzt einen Beitrag zur politischen Stabilität und zur Friedenssicherung in der Region leisten (Glatz-Jorde et al. 2014).

Zwischen dem räuberischen *Semispathidium* und dem *Loxodonta* liegen zunächst Dimensionen und Welten. Die Einrichtung beider Gebiete ist Manifestation eines weltweiten Trends: seit dem 19. Jahrhundert haben Anzahl und Flächen von Schutzgebieten kontinuierlich, in der zweiten Hälfte des 20. Jahrhunderts sogar exponentiell zugenommen. Heute stehen dreizehn Prozent der Erdoberfläche unter Schutz, die Convention on Biodiversity möchte bis 2020 zwanzig Prozent der Erdoberfläche unter Schutz gestellt wissen und gleichzeitig den Schutz der Weltmeere forcieren.

Schutzgebiete wurden und werden in unterschiedlichen kulturellen Kontexten, ideologischen Umfeldern und gegensätzlich organisierten Gesellschaften eingerichtet. Schutzgebiete sind demnach höchst unterschiedlich konnotiert. Die Begriffe für frühe europäische Naturdenkmäler, nationskonstituierende amerikanische Nationalparks, Reichsnaturschutzgebiete, stalinistische Sapowedniki, kolonialistische Game Reserves, Natura 2000-Gebiete oder Schutzgebiete nach globalisierten Labels und Kategoriensystemen lassen sich nicht synonym verwenden und sind nur aus dem zeitgenössischen Kontext heraus zu begreifen. In dieser Arbeit bemühen wir uns darum, die vielfältigen Wurzeln moderner Schutzgebiete freizulegen und in den Mustern ihrer Entstehung Regelmässigkeiten zu erkennen.

2 Methoden

2.1 Problemlage

«Schutzgebiete sind Manifestationen lange währender gesellschaftlicher Diskurse, ein Bemühen Lösungen für die Befriedigung mitunter gegensätzlicher Interessen zu finden. In dieser Hinsicht repräsentieren Schutzgebiete viel mehr Auffassungen, Vorstellungen von Natur, als Natur im eigentlichen Sinne.» Der Geographin Heike Egner folgend werden in Schutzgebieten demnach gesellschaftliche Ansprüche, Machtverhältnisse und Trends sichtbar.[7]

Es gibt zahlreiche Forschungsbeiträge zum Management von Schutzgebieten oder zu den Funktionen von Schutzgebieten. Eine ansehnliche Zahl wissenschaftlicher Studien beschäftigt sich mit der Geschichte und Struktur einzelner Schutzgebiete, Organisationen oder sogar ganzer Regionen. Die vorliegende Studie will sich systematisch mit der Frage auseinandersetzen, welche unterschiedlichen Vorstellungen von Schutzgebieten in Deutschland, Österreich und der Schweiz existieren und wie diese im gesellschaftlichen Kontext zu sehen sind. Die Analyse der Schutzgebiete in ihrem sozialen Kontext und vor dem Hintergrund geschichtlicher Entwicklungen soll eine neue Perspektive auf das ideologische Konglomerat hinter dem modernen Verständnis von Schutzgebieten ermöglichen. Die Erkenntnisse aus dem Projekt sollen alle mit Schutzgebieten befassten Akteure dabei unterstützen, sich der Ursprünge und Hintergründe einzelner Schutzgebietskonzeptionen und letztendlich der eigenen Rolle im aktuellen Naturschutzgeschehen bewusst zu werden (PICHLER-KOBAN und JUNGMEIER 2013: 581).

Natürlich gab es bereits vor dieser Untersuchung wissenschaftliche Arbeiten, in denen die Autoren wertvolle Anhaltspunkte vorfanden. Bereits 1999 vertraten BROGGI et al. in der Studie «Grossflächige Schutzgebiete im Alpenraum» die These, dass Nutzungsinteressen die Art und Lage von Schutzgebieten bestimmen: «Viele Entscheide, die Schutzgebiete direkt oder auch indirekt betreffen», würden «nicht nur aus Naturschutzgründen getroffen, sondern oft auch aufgrund anderweitiger Nutzungsinteressen» (BROGGI et al. 1999). Stefan KÖRNER (2004) diskutierte unterschiedliche Naturbilder und damit verbundene Naturschutzauffassungen. Andere Autoren beleuchteten «den Begriff Natur und das Phänomen Naturbilder in ihren jeweiligen gesellschaftlichen Zusammenhängen» (MEIER und ERDMANN 2004: 18) oder erörterten den Einsatz von Naturbildern in der Naturschutzpraxis (MEIER et al. 2005: 528). Nicole BAUER (2005) untersuchte die soziale Dimension der Debatte rund um die Ausweisung von Wildnisgebieten. In der Studie «Die Österreichische Naturschutzbewegung im Kontext gesellschaftlicher Entwicklungen» versuchten PICHLER-KOBAN et al. (2006, 2014), die konzeptionellen Grundlagen des Naturschutzes besser zu verstehen und zu systematisieren. Im Mittelpunkt des Interesses stand die Betrachtung des Phänomens «Naturschutz» in Österreich. WALLNER et al. (2007) untersuchten in einer interkulturellen Studie mit qualitativen Methoden die Wahrnehmung und Bewertung von Biosphärenreservaten in der Lokalbevölkerung. VACCARO und NORMAN (2008) versuchten in ihrem Beitrag «Social Sciences and Landscape Analysis» das soziale Gefüge, das die Landschaft und die sie nutzenden Menschen bilden, darzustellen und damit politischen Entscheidungsträgern ein Werkzeug zu liefern, um die Akzeptanz, Effizienz und Effektivität von Naturschutzmassnahmen zu erhöhen. Kai Schuster griff Ansätze aus der Lebensstilforschung auf und führte naturschutzbezogene Lebensstilanalysen durch (SCHUSTER 2008). Mit der Geschichte ausgewählter Schutzgebiete haben sich in jüngster Vergangenheit Historiker eingehend befasst: z. B. mit dem Schweizerischen Nationalpark (KUPPER 2012a, b), mit der Naturschutzgeschichte der Hohen Tauern (KUPPER und WÖBSE 2013; KUPPER et al. 2014). PINTO und PARTIDARIO (2012) rekonstruierten die Geschichte der portugiesischen Schutzgebiete, der dahinterliegenden Konzeptionen und den Einfluss internationaler Vorbilder auf der Grundlage von schriftlichen Dokumenten und Oral history. Auf internationaler Ebene befasst sich eine ganze Reihe von Wissenschaftlern mit Genese und Entwicklung der weltweit erfolgreichen Marke «Nationalpark» (z. B. GISSIBL et al. 2012). FLINT et al. (2013) sind der Frage nachgegangen, ob unterschiedliche historische Auffassungen von Mensch-Natur-Beziehungen in unserer heutigen Gesellschaft repräsentiert sind. Sie kommen zu dem Ergebnis, dass verschiedene, teils sogar sich widersprechende Auffassungen unseren aktuellen Umgang mit Natur bestimmen und sich in sehr dynamischer Weise verändern.

2.2 Forschungsziele und -fragen

Die Autorin und Studienleiterin geht davon aus, dass Gemengelagen verschiedener historischer und aktueller Komponenten das Verständnis und die Interpretation von Schutzgebieten bestimmen und kann hier eine Übereinstimmung mit dem bereits erwähnten Gedankenmodell von FLINT et al. (2013) feststellen. Werden innerhalb der Gemengelagen bestimmte Muster und sich wiederholende Konstellationen der verschiedenen Komponenten identifiziert, so werden sie als Schutzgebietskonzeptionen bezeichnet.

Ausgehend von den Ausführungen in Kapitel 2.1 ergaben sich folgende Forschungsziele:
- Systematisierung der Schutzgebietskonzeptionen. Die verschiedenen Schutzgebietskonzeptionen sollten inhaltlich und institutionell erfasst und systematisch zusammengestellt, dann vor ihrem zeitgenössischen gesellschaftlichen Hintergrund betrachtet und ihre Relevanz für die aktuelle Naturschutzpraxis untersucht werden.
- Historische Analyse der Schutzgebietsdiskussion. Dabei sollte ermittelt werden, welche Entwicklungsdynamiken dabei zum Tragen kommen. Dies soll zu einem besseren Verständnis davon beitragen, welche gesellschaftlichen Interessen in Schutzgebieten heute vertreten werden.
- Vergleich der Ergebnisse in den einzelnen Ländern (Schweiz, Österreich, Deutschland). Es sollten Rückschlüsse bezüglich der Einflussnahme der gesellschaftlichen Strukturen auf die Schutzgebiete gemacht werden. Im Vergleich und über das Zusammenführen von ähnlichen Abläufen und Entwicklungen, sollte ein Beitrag zum gegenseitigen Verständnis geleistet werden.
- Ausblick auf künftige Schutzgebietspolitik. Die künftig zu erwartenden Aufgaben und Ziele von Schutzgebieten sollten ermittelt und Strategien und Handlungsempfehlungen für eine innovative Schutzgebietspolitik erarbeitet werden.

Daraus ergaben sich folgende Fragen für das Forschungsvorhaben:
1. Welche Wechselbeziehungen zwischen Schutzgebieten und gesellschaftlichem Umfeld finden statt und wie können sie aus ihrem gesellschaftlichen und historischen Kontext heraus erklärt und systematisiert werden?
2. Welche Gemeinsamkeiten/Unterschiede können im Vergleich der Entwicklung von Schutzgebieten in Österreich, Deutschland und Schweiz festgestellt werden und welchen Einfluss zeigen internationale naturschutzpolitische Massnahmen in den drei Ländern?
3. Welche Empfehlungen für die aktuelle Naturschutzarbeit lassen sich aus der geschichtlichen Untersuchung und der Synthese der Antworten auf die Fragen 1 und 2 formulieren?

2.3 Methodendesign

Um diese Fragen bearbeiten zu können, musste ein entsprechendes Methodenset entwickelt werden. Eine grundlegende Entscheidung war es, sich Methoden der qualitativen Forschung zuzuwenden. Die qualitative Forschung nimmt für sich in Anspruch, «zu einem besseren Verständnis sozialer Wirklichkeit» beizutragen und «Abläufe, Deutungsmuster und Strukturmerkmale» besser offenzulegen (FLICK *et al.* 2000: 14). Sie versucht, die Subjektivität der Forschenden nicht auszuklammern, sondern versteht ihr Handeln und ihre Wahrnehmungen als wesentliche Erkenntnisquelle (FLICK *et al.* 2000: 23). Qualitative Forschung zeichnet sich durch hohe Flexibilität aus. Jede im Forschungsprozess neu gewonnene Erkenntnis fliesst in den weiteren Prozess ein (LAMNEK 1995: 27).

Die Erfahrung der Autorin liess sie von der Annahme ausgehen, dass Naturschutz und Schutzgebiete anlassbezogen diskutiert würden. Der theoretische Diskurs über Schutzgebiete hat sich an konkreten Fällen vollzogen. Es wurde über den Nationalpark im Schweizerischen Engadin oder in den Tauern gesprochen und nicht (oder kaum) über Schutzgebiete allgemein. Daher bot sich die Fallstudie als Analysemethode an. Die Fallstudie soll die Suche nach relevanten Einflussfaktoren und die Interpretation von Zusammenhängen unterstützen. Sie beruht auf dem Gedanken, dass während des gesamten Analyseprozesses der Rückgriff «auf den Fall in seiner Ganzheit und Komplexität» möglich ist (MAYRING 2002: 41ff.).

Unter der Fülle möglicher Zugänge war die Autorin vor allem daran interessiert, die Schnittstellen zwischen Schutzgebiet und allgemeiner Öffentlichkeit, Medien und Politik zu untersuchen. Das hatte grossen Einfluss auf die Auswahl der Quellen, die in die Bearbeitung einflossen, wie im Folgenden noch ausgeführt wird.

Grob ergab sich für die Bearbeitung folgender Ablauf:
– Auswahl von Gebieten, die sich für eine Fallstudie eignen
– Erhebung empirischer Daten mit adäquaten Methoden
– Datenaufbereitung
– Systematisierung und Kategorienbildung
– Interpretation
– Vergleich verschiedener Gebiete und Einordnung in grösseren Zusammenhang.

Die Grafik zeigt diesen Ablauf im Detail (Abb. 3). Die unterschiedlichen Farben signalisieren unterschiedliches Datenmaterial (Expertenwissen, schriftliche Quellen). Die Farbintensität gibt den Fortschritt quasi den «Reifegrad» der Arbeit wieder. Die einzelnen Arbeitspakete sind unterschiedlichen Bearbeitern zugeordnet. Die Autorin wurde in verschiedenen Projektphasen vom Bearbeitungsteam und wechselnden Expertinnen und Experten unterstützt beziehungsweise kontrolliert und korrigiert. Die Pfeile zeigen die Richtung der Arbeit in der Zeit und die mehrfach integrierten Feedback-Schleifen an.

2.4 Auswahl der Gebiete

Die Forschungsfragen sollen anhand der Analyse von sieben Schutzgebieten erörtert und beantwortet werden. Die Auswahl der zu untersuchenden Schutzgebiete wurde nach folgenden Gesichtspunkten getroffen (Tab. 1):

– Es sollten gemanagte Grossschutzgebiete unterschiedlicher Kategorien untersucht werden: Konkret sind damit die Gebietskategorien Nationalpark, Biosphärenreservat und Naturpark angesprochen.

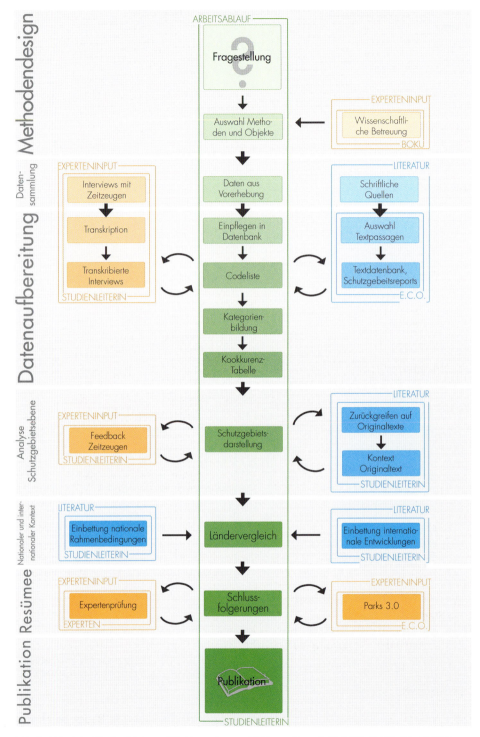

Abb. 3. Ablauf der Studie. Mehrere Rückkoppelungsschleifen sollten die Validität der Studie erhöhen.

Methoden

Tab. 1. Untersuchungsgebiete. Übersicht über die untersuchten Schutzgebiete und Argumente für ihre Auswahl.

Schutzgebiet	Land	Begründung für die Auswahl
Nationalpark Berchtesgaden	Deutschland	Nationalpark in Deutschland daneben viele andere Schutzgebietskategorien weit zurückreichende Entwicklungsgeschichte Konflikt Naturschutz und touristische Erschliessung
Biosphärenreservat Schorfheide-Chorin	Deutschland	Biosphärenreservat in Deutschland daneben viele andere Schutzgebietskategorien weit zurückreichende Entwicklungsgeschichte besondere politische Rahmenbedingungen
Nationalpark Hohe Tauern	Österreich	erster österreichischer Nationalpark daneben viele andere Schutzgebietskategorien weit zurückreichende Entwicklungsgeschichte bundesländerübergreifendes Schutzgebiet Konflikt Naturschutz und Erschliessung
Nationalpark Donau-Auen	Österreich	viele Schutzgebietskategorien weit zurückreichende Entwicklungsgeschichte bundesländerübergreifendes Schutzgebiet Symbol eines politischen Umbruchs in Österreich
Naturpark Dobratsch	Österreich	Naturpark in Österreich daneben viele andere Schutzgebietskategorien Vereinbarkeit Naturschutz und Regionalentwicklung
Schweizerischer Nationalpark	Schweiz	aktuell einziger Nationalpark der Schweiz ältester Alpennationalpark weit zurückreichende Entwicklungsgeschichte Rolle der Forschung internationale Bedeutung
Parc Adula	Schweiz	Schweizer Nationalpark neuer Prägung Bottom up-Ansatz Herausforderung verschiedener Kulturräume kantonsübergreifendes Schutzgebiet

– In den untersuchten Gebieten sollten neben dem übergeordneten Grossschutzgebiet weitere Schutzkategorien vertreten sein.
– Die Entwicklung der Schutzgebiete sollte für einen möglichst weit zurück reichenden Zeitraum gut dokumentiert sein. Dies steht in engem Zusammenhang mit der Bekanntheit des Gebietes.
– Es sollten verschiedene geographische Aspekte, wie z. B. Schutzgebiet in den Alpen, in Stadtnähe usw. abgedeckt werden.
– Es sollten unterschiedliche politische Rahmenbedingungen abgebildet sein. Neben der entsprechenden Verteilung auf die drei Länder Deutschland, Österreich und die Schweiz wurde dieser Anforderung auch mit der Einbeziehung eines Schutzgebietes auf dem Territorium der ehemaligen Deutschen Demokratischen Republik (DDR) Genüge getan.

Die Auswahl der Schutzgebiete wurde auf den deutschsprachigen Raum beschränkt (Abb. 4). Über Sprachgrenzen hinweg wäre die vorliegende Untersuchung in dieser Form nicht möglich gewesen. Bereits in diesem begrenzten Raum wiegen semantische Feinheiten und sprachliche Eigenarten schwer. Selbst Begriffe wie Pärke oder Parks, die im

Alltag synonym verwendet werden, sind mit unterschiedlichen Bedeutungen hinterlegt, weshalb die Bezeichnungen dem jeweiligen Kontext entsprechend gewählt wurden. Im Untersuchungsgebiet Parc Adula werden zwar neben Schweizer Deutsch auch Italienisch und verschiedene rätoromanische Dialekte gesprochen, im Rahmen der vorliegenden Studie wurden jedoch nur deutsche Quellen untersucht. Das Bearbeitungsteam ist sich darüber im Klaren, dass sich aus diesem selektiven Vorgehen Verzerrungen ergaben. Aus Gründen der leichteren Bearbeitbarkeit wurde diese Unschärfe in Kauf genommen.

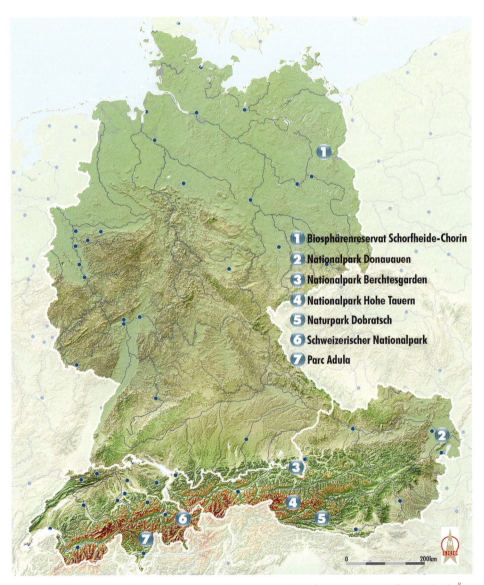

Abb. 4. Die Schutzgebiete. Die Studie wurde am Beispiel von sieben Schutzgebieten in Deutschland, Österreich und der Schweiz durchgeführt.

2.5 Erhebung der Ausgangsdaten

Leitfadeninterview mit narrativem Charakter
Ziel der Interviews war es durch offene Gesprächsführung den Bezugsrahmen der Befragten mit zu erfassen, um so «Einblick in die Relevanzstrukturen und die Erfahrungshintergründe» der Befragten zu erlangen (SCHNELL *et al.* 1995: 353).

Auswahl der Interviewpartner
Das zentrale Kriterium für die Auswahl der Interviewpartner war eine gute, im Idealfall langjährige Vertrautheit mit der betreffenden Region, ihren Problemen, Akteuren und Naturerscheinungen. Die jeweilige Position zum Schutzgebiet, etwa als NGO-Vertreter, Mitarbeiter, externer Wissenschaftler, wurde als Auswahlkriterium nicht berücksichtigt. Es wurde jedoch versucht diese Vielfalt in der Gesamtauswahl der Gesprächspartner entsprechend abzubilden.

Für jedes der sieben untersuchten Schutzgebiete wurden Mitwirkende bzw. Zeitzeugen der Schutzgebietsentwicklung zu einem Gespräch eingeladen. Obwohl Frauen aktuell einen grossen Anteil der Mitarbeiter der Schutzgebietsverwaltungen stellen, dominieren in den leitenden Positionen Männer. Dieses Ungleichgewicht im Geschlechterverhältnis wird noch ausgeprägter, je weiter man in der Zeit zurückgeht und wird auch in der Zusammenstellung der Interviewpartner sichtbar: Unter ihnen ist nur eine Frau (Tab. A im Anhang).

Durchführung der Interviews
Zur Durchführung der Interviews wurde ein offenes, semistrukturiertes, qualitatives Verfahren gewählt, das Elemente sowohl des Leitfadeninterviews als auch des narrativen Interviews enthielt. Die befragten Zeitzeugen waren bereits im Vorfeld über die zu erwartenden Gesprächsthemen informiert worden. Darüber hinaus konnten sie frei formulieren, was ihnen in Bezug auf das vorgegebene Thema wichtig erschien. Folgende Themen bildeten den Rahmen sowohl für die Befragten als auch für die Autorin, die die Interviews vorbereitete und führte:
– die Geschichte des dem jeweiligen Zeitzeugen zugeordneten Schutzgebietes, wie sie sich aus Sicht des Interviewten zugetragen hat, die wichtigsten Ereignisse und Wendepunkte;
– die Rolle und der Bezug der Gesprächspartnerin/des Gesprächspartners zum Schutzgebiet;
– weitere Expertinnen und Experten, die über das jeweilige Schutzgebiet Auskunft geben könnten;
– Empfehlungen zu Literatur oder Archiven.

Die Interviews wurden aufgezeichnet, wörtlich transkribiert und in ein normales, flüssiges Schriftdeutsch übertragen. Den Gesprächspartnern wurde optional das Transkript des eigenen Interviews zur Verfügung gestellt und so die Möglichkeit geboten, gewisse Ungenauigkeiten oder Missverständnisse richtig zu stellen.

Schriftliche Quellen
Als zweite Datengrundlage wurden schriftliche Quellen, die die Entwicklung der Schutzgebiete aus der Sicht der Zeitgenossen dokumentierten, selektiv erhoben. Es handelte sich dabei vor allem um Pressemitteilungen, Artikel in Tageszeitungen und Berichte in zeitgenössischen Schriftenreihen, Selbstdarstellungen, fallweise auch Gesetzestexte und Verordnungen, die auf das betreffende Schutzgebiet Bezug nahmen. Wissenschaftliche Literatur zu den Nationalparks wurde – obwohl reichlich vorhanden – weitgehend ausgespart, da – wie bereits zu Beginn des Kapitels ausgeführt – die Wahrnehmung der Schutzgebiete aus Sicht der allgemeinen Öffentlichkeit interessierte.

Das Ausheben und die Auswahl der Quellen erfolgten pro Gebiet durch einen entsprechend instruierten und ortskundigen externen Bearbeiter. Das erhobene Material wurde je nach Möglichkeit gescannt oder fotografiert und zur weiteren Bearbeitung an das Klagenfurter Bearbeiterteam bei E.C.O. Institut für Ökologie übermittelt.

Das Bearbeiterteam sichtete das gesamte Material, wählte die relevant erscheinenden Textpassagen aus, übertrug diese in eine Access-Datenbank und nahm eine einfache Beschlagwortung vor (zeitliche Zuordnung und Zuordnung zum Schutzgebiet). Dieser Arbeitsschritt erfolgte ohne die Autorin, um andere Sichtweisen in die Auswahl der Daten einfliessen zu lassen und so die Validität des Gesamtergebnisses zu erhöhen. Die daraus hervorgehende Datenbank gestattete es, sämtliche mit einem Schutzgebiet zusammen hängende Textpassagen (je Gebiet rund 50 bis 250 ausgewählte Textpassagen, insgesamt fast 1000) abzufragen und zu analysieren.

Übernahme im Projektvorfeld erfasster Quellen
Aus der von der die Autorin durchgeführten Studie «Die österreichische Naturschutzbewegung im Kontext gesellschaftlicher Entwicklungen» (PICHLER-KOBAN *et al.* 2006, 2007) lagen bereits Textmaterialien zu den österreichischen Schutzgebieten vor. Diese wurden überprüft, ergänzt und in die zuvor beschriebene Datenbank übernommen.

2.6 Analyse und Aufbereitung der Daten

Um die erhobenen «Daten begreifbar und für die Fragestellung entscheidbar zu machen» wurde eine Inhaltsanalyse durchgeführt (WIEDEMANN 1986: 137). Atteslander merkt dazu an, es existiere zwar «eine Vielzahl von Vorschlägen, wie bei der Anwendung der qualitativen Inhaltsanalyse vorzugehen sei, … *die* richtige Methode» gäbe es allerdings nicht. Daher würden Forscherinnen und Forscher sehr oft «Modifikationen von bekannten Vorgangsweisen» entwickeln (ATTESLANDER 1995: 229f.). Im konkreten Fall erfolgte die Auswertung sowohl der Interviews als auch der schriftlichen Quellen in analoger Weise mit einem Methodenset qualitativ-interpretativer Techniken ausschliesslich durch die Autorin. Sie wählte dazu die Textanalyse-Software ATLAS.ti 7 und orientierte sich an Susanne Frieses Empfehlungen zur qualitativen Datenanalyse mit ATLAS.ti (FRIESE 2012).

Erstellen einer Codeliste
Das Projekt «Die österreichische Naturschutzbewegung im Kontext gesellschaftlicher Entwicklungen» hatte als Ergebnis sogenannte «Ereigniskarten» hervorgebracht. Sie enthielten im Wesentlichen die Elemente und Attribute, durch die verschiedene Phasen der Schutzgebietsentwicklung beeinflusst worden waren. Aus diesen Ereigniskarten wurde eine erste rund 400 Codes enthaltende Codeliste generiert, die als Basis für die Arbeit mit ATLAS.ti diente. Die Codeliste ist als Raster zu verstehen, mit dem sämtliche Textquellen – Interviews und schriftliche Quellen – betrachtet wurden. Tauchten bestimmte Begriffe oder Erzählfiguren im Text auf, so wurde ihnen ein entsprechender Code zugewiesen. Die Codeliste wurde im Zuge der Analysearbeit erweitert und adaptiert. Sie umfasste am Ende des Arbeitsschrittes 650 Codes in zehn Kategorien (Abb. 5).
- Kategorie A «Ereignis» besteht aus dem einzigen Code «Ereignis». Dieser Code wurde jedem Geschehen zugeordnet, das sich entweder in einem rechtlichen Akt (z. B. Naturschutzgesetz, Verordnung eines Landschaftsschutzgebietes) manifestierte oder auf das sich andere Handlungen und Quellen immer wieder beziehen (z. B. Besetzung der Hainburger Au).
- Kategorie B «Jahr» dient der zeitlichen Zuordnung des Geschehens (z. B. «1984»).
- Kategorie C «Ort» ordnet der ausgewählten Interview- bzw. Textpassage einem bestimmten Raum zu (z. B. «Nationalpark Donauauen»).

- Kategorie D «Bewertung» beschreibt, ob die Akteure gegenüber dem Geschehen eine zustimmende, ablehnende oder ambivalente Haltung einnehmen (z. B. ein Schreiben der Initiative Nationalparkkritische Orther, in dem sie grosse Vorbehalte gegenüber dem Nationalpark äusserten, wurde als «ablehnend» eingestuft).
- Kategorie E «Prozessrichtung» gibt Auskunft darüber, ob ein Geschehen «Top down» oder «Bottom up» vor sich geht (z. B. wurden die Besetzung der Hainburger Au durch Demonstranten aus allen Bevölkerungsschichten mit «Bottom up» codiert).
- In Kategorie F «Akteure» finden die verschiedensten Protagonisten, die in den Texten erwähnt werden, Platz (z. B. «Politiker», «Journalisten», «Naturfreunde»).
- Kategorie G «Herausforderung» listet die Gefahren für das Schutzgebiet auf, die von den Akteuren wahrgenommen werden (z. B. «Wasserkraftnutzung», «Naturzerstörung»).
- Kategorie H «Schutzziel» beschreibt, was eigentlich geschützt werden soll (z. B. «Ursprünglichkeit», eine «Boden-Wasser-Klimaschutzfunktion», eine «Erholungslandschaft»).
- Kategorie I «Instrumente» stellt ein Inventar der vielfältigen Instrumente dar, derer man sich bedient, um die Schutzziele zu erreichen (z. B. «Besetzung», «Ankauf», «Argument der Rechtsstaatlichkeit»).
- In Kategorie J «Strömung/Trend» wurde versucht Epochen (z. B. «Romantik»), Ideologien (z. B. «68-er Bewegung») Trends (z. B. Ökologiebewegung) und immer wieder auftretende Muster (z. B. «Fortschrittsglaube/-kritik») zu erfassen, die das Geschehen begleiten.

Die Codeliste zur Charakterisierung von Naturschutzkonzeptionen wurde aus dem Gesamtmaterial extrahiert und zu einem Suchraster verdichtet, mit dem in weiterer Folge das gesamte Material (2079 Textstellen) durchgearbeitet wurde. Die Codeliste ist im Anhang des Buches dargestellt.

Kategorienbildung und Kapitelstruktur
Während die Kategorien A bis C räumlichen und zeitlichen Achsen der Schutzgebietsentwicklung und damit den Rahmen für die weitere Analyse bilden, stellten sich die Kategorien D und E schnell als schwer zuordenbar und wenig aussagekräftig heraus. Sie wurden daher in der weiteren Bearbeitung nicht berücksichtigt. Die Kategorien F bis I (Akteure, Herausforderung, Schutzziel, Instrumente) bilden ein nach Bedarf zu gliederndes und erweiterbares Inventar zur Charakterisierung von Naturschutzkonzeptionen in den Schutzgebieten. Die Kategorie J würde erst bei noch grösserer Datengrundlage an Aussagekraft gewinnen.

Die Kapitelstruktur in diesem Buch ergab sich aus der Kategorienbildung während der Textanalyse. Für jedes Schutzgebiet wird der Fokus zunächst auf die Akteure, dann auf die Herausforderungen, die Schutzziele und die Instrumente gerichtet.

Kookkurrenz-Tabellen
Um die relevanten Akteure, Herausforderungen, Ziele und Instrumente je Schutzgebiet herauszufiltern, hat sich die Erstellung von Kookkurrenz-Tabellen als hilfreich erwiesen. Der Begriff der Kookkurrenz bezeichnet in der Sprachwissenschaft das gemeinsame Auftreten zweier lexikalischer Einheiten in einer übergeordneten Einheit. In dieser Studie entsprechen die vergebenen Codes den lexikalischen Einheiten, die analysierten Textpassagen der übergeordneten Einheit.

Die Kookkurrenz-Tabellen bilden ab, mit welcher Häufigkeit zwei Codes gemeinsam auftreten (z.B. Code C_Nationalpark_Donau-Auen und Code F_Akteur_Energiewirtschaft). Diese Häufigkeit gibt einen Hinweis auf eine mögliche Abhängigkeit der Codes. Liegt eine hohe Häufigkeit vor, so kann damit beispielsweise erfasst werden, welche Ak-

Abb. 5. Kategoriensystem. Die Zusammenfassung der ermittelten Codes in Kategorien ermöglicht es, Struktur in die Ausgangsdaten zu bringen.

teure oder Akteursgruppen sich in einem Gebiet besonders hervortaten, aber auch, wie oft sie in Relation zu anderen Akteuren auftraten oder wie oft diese Gruppe von Akteuren in anderen Schutzgebieten in Erscheinung tritt. Gleiches gilt natürlich auch für alle anderen Kategorien.

Über die Kodierung und den Zwischenschritt der Kookkurrenz-Tabellen erfolgte also der Hinweis, welche Zitate und Textpassagen eine eingehendere Betrachtung lohnten. In diesem Falle wurde auf die Originaltexte zurückgegriffen und ihr zeitlicher und gesellschaftlicher Kontext untersucht. Mit dem so erworbenen Wissen versuchte die Autorin Zusammenhänge zu erfassen und nach Möglichkeit chronologisch darzustellen.

Rückmeldungen aus den Schutzgebieten
Die aus dieser Aufbereitung hervorgehende Darstellung der Schutzgebiete wurde an Experten gesandt, die mit dem jeweiligen Schutzgebiet und seiner Geschichte vertraut sind, bis dahin aber nicht in die Untersuchung eingebunden waren (Tab. B im Anhang). Sie wurden gebeten, die Texte inhaltlich zu prüfen und zu kommentieren. Die Rückmeldungen der Experten flossen abermals in die Bearbeitung ein.

2.7 Darstellung der Ergebnisse

Nationale Naturschutzgeschichte
Eine kurze Darstellung der wichtigsten nationalen Entwicklungen im Naturschutz der drei untersuchten Länder Deutschland, Österreich und Schweiz während der letzten 150 Jahre soll zunächst einen Eindruck der unterschiedlichen Rahmenbedingungen für die Schutzgebietseinrichtung vermitteln.

Darstellung auf Schutzgebietsebene
Daran anschliessend werden die Ergebnisse der Studie gemäss der zuvor skizzierten Kapitelstruktur auf Ebene der einzelnen Schutzgebiete präsentiert. Für jedes Gebiet gibt es eine einführende Gebietsbeschreibung und eine Auflistung der Meilensteine in der Schutzgebietseinrichtung. Es folgen detaillierte Darstellungen mit jeweiligem Fokus auf die Akteure, Herausforderungen, Schutzziele und Schutzinstrumente. In einem abschliessenden Resümee werden die bemerkenswertesten Entwicklungen im betrachteten Schutzgebiet nochmals hervorgehoben.

Die Vorgangsweise soll an einem konkreten Beispiel veranschaulicht werden. So ging aus der Kookurrenz-Tabelle hervor, dass die Tourismuswirtschaft in den Hohen Tauern einen wichtigen Akteur darstellte. Der Code Tourismuswirtschaft wurde vierzehn Mal vergeben. Über die Codes wurde mit Hilfe der Software Atlas.ti auf die Originalzitate und die zugehörigen Textpassagen zurückgegriffen. Aus diesen sollte nun ein Text für das Kapitel zu den Akteuren in den Hohen Tauern geformt werden: inhaltlich korrekt, nahe an der Quelle, chronologisch und gut lesbar. Dazu war es meist notwendig, nicht nur die ausgewälte Textpassage, sondern den gesamten Text und auch Kontextliteratur zu studieren. Schliesslich entstand daraus folgender Text (vgl. Kap. 4.3.3):

> Erste Pläne, das Gebiet des heutigen Nationalpark Hohe Tauern touristisch zu nutzen, existierten schon um 1900. Der Nationalpark als Anliegen der Fremdenverkehrswirtschaft tauchte aber erst 50 Jahre später auf, als von Seiten des Fremdenverkehrs die «Frage der Errichtung von Naturschutzparken begrüßt und in jeder Hinsicht unterstützt» wurde. Der Hintergrund war, «daß die beabsichtigte Errichtung von Kraftwerken an den Krimmler Wasserfällen … von den Fremdenverkehr so schwer schädigenden Wirkungen begleitet wäre, dass von Seite der Fremdenverkehrswirtschaft nie und nimmer die Zustimmung gegeben werden könnte.»[8] In den 1950er Jahren verfolgten Naturschutz und Tourismus oft dieselben Ziele, wenn auch aus einer anderen Motivlage heraus. Sie traten dementsprechend oft als Verbündete auf. Der Leiter der Nationalpark-Geschäftsstelle Matrei, der Forstwirt Anton Draxl, formulierte das 1980 im Rahmen einer Informationsveranstaltung «Warum Nationalpark Hohe Tauern?» so: «Land-, Forst-, Jagd und Fremdenverkehrswirtschaft hätten im Nationalpark ihren Platz und könnten mit dem Naturschutz gemeinsame Ziele definieren».[9] Das änderte sich aber, sooft die Fremdenverkehrswirtschaft Pläne ausarbeitete, «durch welche bisher unberührte Gebiete und Gletscherregionen im Bereich des Nationalparks für den technisierten Massentourismus systematisch und schonungslos erschlossen werden sollen».[10] Umgekehrt sah sich der Fremdenverkehr durch die Einrichtung des Nationalparks in seinen «Interessen beschnitten» (GRAZE 1981: 178). In diesem Spannungsfeld bewegt sich der Tourismus bis heute: Er tritt als Gegner des Naturschutzes auf, wenn es z B. um die Erschliessung oder Erweiterung von Gletscherskigebieten geht, als Verbündeter bei der Erstellung touristischer Angebote im und mit dem Nationalpark, was wiederum die Akzeptanz für den Nationalpark steigen lässt.

Der Code Fläche und Raum für den Tourismus in der Kategorie Schutzziele wurde in den Hohen Tauern sogar 29 Mal vergeben. Im Folgenden ein Auszug aus dem dazu verfassten Text (vgl. Kap. 4.3.5):

> Die schöne Landschaft galt als das Wertvollste, das Österreich zu bieten hatte. Anlässlich der Pläne zur Nutzung der Krimmler Wasserfälle für die Energieerzeugung war der fachliche Naturschutz fassungslos. «Niemand [würde] … die Vernichtung zweier Sehenswürdigkeiten von internationaler Berühmtheit und ihre Rückwirkung auf den österreichischen Fremdenverkehr begreifen.»[11] In seiner Eröffnungsrede zum 1. Österreichischen Naturschutztag bemerkte der Salzburger Landeshauptmann Josef Klaus dazu: «Eine Zerstörung unseres Landschaftsbildes würde auch eine Zerstörung unseres Fremdenverkehrs, einer wesentlichen Reichtumsquelle des Landes, bedeuten.»[12] Als 1951 Pläne zur Erschliessung der Gamsgrube publik wurden, stellten die Gegner dieses Vorhabens öffentlich folgende Frage: «Die Hohen Tauern sind in vieler Hinsicht wirtschaftlich karg und arm, doch desto reicher an landschaftlichen Schönheiten. Wollen wir wirklich diese Schönheit, ein unschätzbares ruhendes Kapital des Fremdenverkehres Stück für Stück zerstören?»[13]
>
> Bei der Tagung des Bundesausschusses für Fremdenverkehr 1950 in Igls wurden die zuständigen Stellen der Länder gebeten, die Bestrebungen für einen Nationalpark Hohe Tauern im Interesse des Fremdenverkehrs zu unterstützen.[14] 1951 verfasste Lothar Machura eine «Denkschrift zur Errichtung eines Alpen-Nationalparks» und vertrat darin die Meinung, dass sich «der österreichischen Fremdenverkehrswirtschaft … sehr bedeutsame Perspektiven eröffnen würden». Es wäre allerdings erforderlich «eine spezifisch österreichische Prägung des Begriffs Nationalpark zu formulieren». Der Schutz des Gebietes dürfe «nicht Selbstzweck im Sinne des Naturschutzes als philosophischer Begriff sein», sondern hätte auch «der Belehrung und Erholung des österreichischen Volkes und der Weckung und Pflege des Heimatgefühls zu dienen. Darüber hinaus solle er eine bedeutende Aufgabe im Hinblick auf den österreichischen Fremdenverkehr erfüllen.»[15]

Im ursprünglichen Konzept zu diesem Buch waren alle vergebenen Codes im Text farblich ausgeschieden und zwar in verschiedenen Farben für die jeweils übergeordnete Kategorie Akteure, Herausforderungen, Schutzziele oder Instrumente. Für die bessere Lesbarkeit haben wir darauf bei Drucklegung verzichtet.

Ländervergleich

Um die Schutzgebietsentwicklung in den drei Ländern Deutschland, Österreich und Schweiz einander gegenüberzustellen, werden die Kookurrenz-Tabellen nochmals eingehender untersucht. Sie wurden zu diesem Zweck manuell nachstrukturiert (verdichtet) und überarbeitet, um sie für den Ländervergleich operabel zu gestalten. Wo dies angebracht schien, wurden Codes bereits auf einer übergeordneten Ebene zusammengefasst und die so entstehenden Gewichtungen in der Regel aussagekräftiger als auf der untersten Detailebene. Im Prinzip handelt es sich bei den Kookurrenz-Tabellen um eine Quantifizierung qualitativer Daten. Es bedarf einiger Erfahrung und guter Kenntnis der Ausgangsdaten, um die Zahlen (annähernd) richtig bewerten zu können. Das Ergebnis dieser interpretativen Leistung und die überarbeiteten Kookurrenz-Tabellen werden in Kapitel 5.1 Die Schutzgebiete im Vergleich dargestellt.

Parks 3.0

Im Rahmen des Forschungsprojektes wurde zudem ein Diskussionsprozess zu den «Schutzgebieten der dritten Generation (Parks 3.0)» gestartet (JUNGMEIER und LANGE 2014), an dem sich 35 weitere Experten aus den Bereichen Naturschutz und Schutzgebiete beteiligten. Sie diskutierten 22 Thesen zur Zukunft der Schutzgebiete. In Kapitel 5.2 werden die Erkenntnisse aus diesem Diskussionsprozess dahingehend überprüft, ob sich Übereinstimmungen oder Differenzen mit den hier untersuchten Schutzgebieten feststellen lassen. Dabei wird zunächst ermittelt, ob sich ausgehend von den Gebietsgeschichten Anknüpfungspunkte zu den formulierten 22 Thesen finden lassen. In einer Gegenprüfung wird ermittelt, für welche der Thesen sich Anknüpfungen zu den Gebietsgeschichten feststellen lassen. Etwaige fehlende Anknüpfungen werden ergänzt. Aus der qualitativen Interpretation werden Schlussfolgerungen für das Gesamtresümee gezogen.

Schlussfolgerungen, Empfehlungen

Im letzten Abschnitt des Buches wird versucht aus der Zusammenführung der Analysen historischer Entwicklungen, aktueller Problemlagen und prognostizierter Trends dem Leser Antworten zu folgenden Fragen zu bieten:
- Ist die Systematisierung der Schutzgebietskonzeptionen gelungen und kann dies dazu beitragen, Entwicklungen in Schutzgebieten, die immer wieder nach ähnlichem Muster ablaufen und die ähnliche Probleme/Erfolge verursachen, aufzuspüren?
- Vergleicht man die drei untersuchten Länder, so lassen sich räumliche und zeitliche Abhängigkeiten des Auftretens dieser Muster erkennen? Wie wirken sich internationale naturschutzpolitische Massnahmen aus?
- Wenn es diese Muster gibt, kann die Kenntnis davon den Schutzgebietsverantwortlichen neue Handlungsmöglichkeiten im Sinne von «lessons learned» eröffnen?
- Welche Themen bedürfen der weiteren eingehenderen Untersuchung?

Susanne Friese vergleicht die Computer unterstützte Textanalyse, die in dieser Studie zur Anwendung kam, mit der Reise durch eine Landschaft. Das Datenmaterial bildet das unbekannte Terrain, das erkundet werden soll (FRIESE 2012: 4f.). Friese will dazu anregen, diese «Entdeckungsreise» gut zu planen und adäquate Vorbereitungen zu treffen. Dieses Bild der Landschaftserkundung lässt sich auf die gesamte Forschungsarbeit übertragen. Zu Beginn der Reise sind aus grösserer Entfernung nur schemenhaft «Landschaftseinheiten» zu erkennen, beim Näherkommen werden viele Details sichtbar. Unter den vielen Wegen, die durch das «Gelände» führen, sind Umwege und Sackgassen, und nicht alle Wege führen zum Ziel. Stimmt die grundsätzliche Orientierung, so kann auch ein Umweg lohnend sein und einen Blickwinkel ermöglichen, der auf der Hauptroute verborgen geblieben wäre. Schliesslich lernt der «Forschungsreisende» das «Landschaftsinventar», die Beziehungen verschiedener «Landschaftselemente» untereinander und auch Ereignisse, die von aussen eingewirkt haben, kennen und gewinnt ein schlüssiges, jedoch niemals erschöpfend erkundetes Gesamtbild.

3 Naturschutzgeschichte – ein Überblick

3.1 Streifzug vom Garten Eden bis zum Weltparkkongress

Der Garten Eden war ein Gebiet mit hoher Biodiversität. Fauna und Flora fanden vielfältige und günstige Lebensbedingungen vor. Die Arten konnten sich erfolgreich vermehren und besiedelten unterschiedliche Habitate. Das Gebiet hatte eindeutig fest gelegte Grenzen. Die indigene Bevölkerung machte von den Ressourcen einen nachhaltigen Gebrauch. Sie inventarisierte die Arten, indem sie ihnen Namen gab, und respektierte die festgelegten Schutzbestimmungen.

So oder ähnlich könnte das erste Buch Mose, vermutlich im 13. vorchristlichen Jahrhundert niedergeschrieben, in einen aktuellen Zusammenhang übertragen werden. Der Garten Eden kommt der IUCN-Definition für ein Schutzgebiet zumindest nahe: Er war räumlich klar definiert. Es gab eine funktionierende Gebietsaufsicht und für Verstösse gegen gesetzliche Vorgaben waren harte Sanktionen vorgesehen.

Bezeichnend an der Überlieferung ist, dass der schöpfende Gott mit seinem Werk offenkundig zufrieden war: «Gott sah alles an, was er gemacht hatte: Es war sehr gut.» (Das Buch Genesis, 1,31). Die christlichen Kirchen haben daraus eine «Schöpfungsverantwortung» abgeleitet, wie sie unter anderem der amtierende Papst Franziskus hervorhebt: die Schöpfung «ist nicht unser Eigentum, sondern Gottes Geschenk, für das wir sorge tragen und das wir mit Achtung und Dankbarkeit zum Wohl alles gebrauchen sollen».[16] Die Schöpfungsgeschichten und Kosmologien der verschiedenen Kulturen sind zugleich Resultat und Grundlage für das Naturverständnis der jeweiligen Gesellschaft. Jedenfalls sind darin kulturelle Muster und Metaphern angelegt, die in Variationen immer wieder zu Tage treten (Abb. 6).

Bereits frühe Hochkulturen haben Taburäume ausgewiesen (heilige Wälder, heilige Berge), die gewisse Ähnlichkeiten mit modernen Schutzgebieten aufweisen. Beispielsweise hatte ein Edikt des indischen Kaisers Asoka (304 bis 232 v. Chr.) den «Schutz von Tieren, Fischen und Wäldern» zum Inhalt (KNAPP 2001: 211). Der vom blutrünstigen Gewaltherrscher zum Buddhisten konvertierte Ashoka verfügte, dass keinem Lebewesen Leid zugefügt werden sollte. Das verursachte bei den Untertanen Unmut: «Sollen Fischer in den Flüssen also nicht mehr ihre Netze auswerfen, Jäger nicht mehr die Wälder zum Schutz der Reisenden nach Raubtieren durchstreifen? Bauern beim Pflügen der Äcker auf jedes Gewürm und Insekt Acht geben?». Immer spezieller wurden die Anweisungen, die der Kaiser in Steinsäulen einmeisseln und an Strassen und Plätzen aufstellen liess: «Verschont werden müssen: Papageien, Wildenten, Fledermäuse, Schildkröten und Stachelschweine. Aber auch Eichhörnchen, Hirsche, Bullen, Ameisenköniginnen, Sumpfschildkröten, wilde Esel, wilde und zahme Tauben sowie sämtliche vierfüssigen Kreaturen, die weder nützlich noch essbar sind». Sie stellen heute die ältesten erhaltenen Schriftquellen Indiens dar.[17]

Viele, auch sehr ursprüngliche Gesellschaften haben in ihrer Geschichte mehr oder weniger komplexe Regelungen für den Umgang mit natürlichen Schlüsselressourcen (z. B. Wasser, Wild, Holz) entwickelt, die entweder moralisch, kulturell oder rechtlich kodiert waren oder sind. Für den deutschen Sprachraum sind spätestens seit dem Mittelalter Waldordnungen, Weideregulierungen oder Regelungen für Jagd- und Fischereirechte bekannt, die auch niedergeschrieben wurden.

Naturschutz im heutigen Sinn hat seine Wurzeln im 19. Jahrhundert. Der frühe Naturschutz beinhaltete Elemente aus unterschiedlichen Strömungen, wie etwa der späten

Abb. 6. Verlorenes Paradies. Nehmen aktuelle Konzepte von Schutzgebieten auf die mythischen Vorstellungen des Garten Eden Bezug? «Der Garten Eden» von Adi Holzer (2012).

Aufklärung, der Romantik, des Nationalismus, sozialer und politischer Bewegungen sowie der biologischen und geographischen Wissenschaften. Die taxonomische Systematik des 1778 verstorbenen Carl von Linné und das Lebenswerk des Alexander von Humboldt (1768–1859) waren wissenschaftlich rahmengebend. In den Jahren 1827 bis 1838 wurde zuerst in Grossbritannien die prachtvolle Monographie «Birds of America» des amerikanischen Ornithologen und Malers John James Audubon veröffentlicht und zu einem grossen Erfolg.[18] Naturwissenschaftliche Museen machten die Tier- und Pflanzenwelt exotischer Regionen einer interessierten Öffentlichkeit zugänglich (Abb. 7). Im 19. Jahrhundert entstanden in verschiedenen europäischen Staaten naturwissenschaftliche Gesellschaften und naturforschende Vereine, die sich der Freilandforschung widmeten. Die Erkenntnisse von Charles Darwin – veröffentlicht in seinem Werk «On the Origin of Species by Means of Natural Selection, or The Preservation of Favoured Races in the Struggle for Life» (1859) – und der von August Haeckel 1866 geprägte Begriff «Ökologie» sollten die Naturschutzbewegung erst Jahre später in vollem Umfang erreichen.

In der zweiten Hälfte des Jahrhunderts mündete der Ruf nach Schutz der Natur zunehmend in der Bildung von Institutionen. Die 1883 gegründete Lake District Defense Society verschrieb sich dem Schutz der landschaftlichen Schönheit des Lake District. In Washington wurde 1888 die National Geographic Society mit dem Hauptanliegen «to care about the planet» geschaffen. 1889 gründete sich in Grossbritannien die Royal Society for the Protection of Birds als Reaktion auf die zunehmende Verwendung von Vogelfedern und -bälgen als modische Accessoires (Abb. 8). Der 1895 gegründete British National Trust erwarb 1899 zwei Acres des Wicken Fen bei Cambridge und richtete in dem Feuchtgebiet ein erstes Schutzgebiet ein.[19] Wenige Jahre später (1901) wurde die American Scenic and Historic Preservation Society nach dem britischen Vorbild gegründet.

Abb. 7. Vielfalt. Ab dem 19. Jahrhundert interessieren sich die Naturwissenschaften zunehmend dafür, Arten in ihren unterschiedlichen Lebensphasen und in naturräumlichen Zusammenhängen darzustellen. Stich aus F. Berge's Schmetterlingsbuch (1863).

In den Vereinigten Staaten wurde 1864 im Yosemite Valley ein State Park eingerichtet, aus dem vier Jahrzehnte später der Yosemite National Park hervorging. In seiner kritischen Geschichte des Naturschutzes bewertete Mark Dowie (2009: 1) die Ausweisung dieses ersten State Parks als Mittel der «ethnischen Säuberung» im Hinblick auf die indianischen Ureinwohner (Ahwahneechee) und konnte keine Naturschutzintention feststellen. Die grossen amerikanischen, afrikanischen oder asiatischen Parks wurden meist in (ehemals) besiedelten, jedenfalls aber genutzten Gebieten eingerichtet. Die schwache rechtliche

Abb. 8. Früher Aktivismus. Plakatträger demonstrieren im Auftrag der Royal Society for the Protection of Birds im Juli 1911 in London gegen die Verwendung von Vogelfedern als modisches Accessoire. Kate Foster, Andriko Lozowy, Andrea Roe und Dr. Merle Patchett (2011), http://fashioningfeathers.com.

Verankerung traditioneller Nutzungen und Lebensformen ermöglichte es, althergebrachte Nutzungstitel zu «übersehen» bzw. zu übergehen. Die Dramen, die sich daraus ergeben haben, sind in den letzten Jahren sichtbar bzw. zum Thema geworden. JONES (2012: 42) wiederum bringt die amerikanischen Bestrebungen zur Schaffung von Nationalparks mit der Sehnsucht nach nationaler Identität in Zusammenhang. 1872 wurde der Yellowstone National Park eingerichtet, er gilt als der erste Nationalpark weltweit. Es folgten der Royal National Park (Australien, 1879), der Banff National Park (Canada, 1887), der Sequioa National Park (U.S., 1890) und Tongarivo (Neuseeland, 1894).

In Europa wurden ab der zweiten Hälfte des 19. Jahrhunderts Naturdenkmäler (zunächst geologische Formationen, später auch Landschaftsteile) unter Schutz gestellt. Die Grenzen zwischen Naturdenkmal und Kulturdenkmal waren zunächst fliessend. 1905 gründete sich die Gesellschaft zum Schutz von Naturmonumenten in den Niederlanden (Vereniging tot Behoud von Natuurmonumenten in Nederland). Anlass war die geplante Nutzung eines Feuchtgebietes als Mülldeponie für die rasch wachsende Hauptstadt Amsterdam. Die Gesellschaft kaufte das Gebiet an und legte damit den Grundstein für seinen heutigen Grundbesitz von mehr als 100 000 Hektar in verschiedenen Schutzgebieten des Landes.

Die Nationalparkidee fand in Europa 1909 mit der Ausweisung von neun Gebieten in Schweden ihren ersten Niederschlag (Abb. 9), in «ehrgeizigem Maßstab und vorausschauender Absicht» (EUROPARC Federation 2009: 11). Es folgte der Schweizerische Nationalpark (1914) als erster Park im Alpenbogen, dessen Gründung allerdings vom Beginn des Ersten Weltkriegs überschattet wurde. Zu Beginn des 20. Jahrhunderts gab es etliche weitere Initiativen zur Ausweisung von Schutzgebieten, die zum Teil erst Jahrzehnte später umgesetzt wurden.

Der Nationalpark Triglav im heutigen Slowenien geht auf eine vom Hause Habsburg angeordnete Erkundungsmission im Jahr 1907 zurück, die die Errichtung eines Nationalparks in diesem Gebiet empfahl. 1924 wurde ein Alpiner Schutzpark ausgewiesen. 1961 wurde der Nationalpark Triglav gesetzlich ausgewiesen und erst im Jahr 1981 gemäss IUCN-Standards eingerichtet. Eine ähnlich lange Zeitspanne nahm die Einrichtung des Nationalparks Hohe Tauern, die im vorliegenden Buch im Detail nachgezeichnet wird, von den ersten Initiativen 1914 bis zur internationalen Anerkennung im Jahr 2006 in Anspruch. Die Jahrzehnte dauernde Entwicklung von hochrangigen Schutzgebieten war kein Einzelfall: Eine weltweite Umfrage ergab für das 20. Jahrhundert eine durchschnittliche Dauer von 23 Jahren von der ersten Schutzinitiative bis zur gesetzlichen Umsetzung (JUNGMEIER 1996b: 18).

Das faschistische Italien richtete 1922 den Nationalpark Gran Paradiso in einem Gebiet ein, in dem bereits 1821 die Jagd auf Steinböcke verboten worden war. Im stalinistischen Russland der 1920er Jahre wurde eine Reihe von Sapowedniki (strenge Schutzgebiete) eingerichtet, aus denen in den folgenden Jahrzehnten viele der heutigen Nationalparks, Biosphärenreservate und Welterbestätten hervorgegangen sind.

Abb. 9. 100 Jahre Nationalparks in Europa. Anlässlich der Feierlichkeiten zur Gründung der ersten Nationalparks in Europa inaugurierte der schwedische König Carl XVI Gustaf den grenzüberschreitenden Meeresnationalpark Kosterhavet. Foto E.C.O., Jungmeier (2009).

Nach dem Ende des Zweiten Weltkrieges wurde eine Reihe von internationalen Organisationen und Abkommen begründet, die ihre Wirksamkeit in den Folgejahrzehnten entfalteten. Wenige Wochen nach Kriegsende wurde die Charta der Vereinten Nationen unterschrieben. Die Organisation der Vereinten Nationen (UNO) als Weltorganisation für Friedenssicherung, Menschenrechte und internationale Zusammenarbeit wurde am 24. Oktober 1945 gegründet. Daraus erwuchsen in weiterer Folge die Organisation der Vereinten Nationen für Erziehung, Wissenschaft und Kultur (UNESCO, 1946), das Entwicklungsprogramm der Vereinten Nationen (UNDP, 1965) und das Umweltprogramm der Vereinten Nationen (UNEP, 1972).

Eine 1947 im schweizerischen Brunnen stattfindende internationale Naturschutz-Konferenz gab den entscheidenden Anstoss zur Gründung der International Union fort the Preservation of Nature (IUPN) im Jahr 1948. Vor allem auf amerikanischen Wunsch wurde 1956 das Wort «Preservation» durch das fortschrittlichere «Conservation» ersetzt, sodass sich die Organisation fortan IUCN (International Union for the Conservation of Nature) nannte (RADKAU 2011: 104). 1958 wurde die IUCN World Commission of Protected Areas (WCPA) eingerichtet. Mit einem weltumspannenden Expertennetzwerk, zahllosen Konferenzen, Studien und Publikationen sowie der Herausgabe fachlicher Standards (z. B. globale Kategorisierung der Schutzgebiete, 1969) beeinflusste die Institution die Entwicklung der globalen Schutzgebietsnetze in der zweiten Hälfte des 20. Jahrhunderts massgeblich. In seiner Rede zur Ersten Weltpark-Konferenz in Seattle (1962) sagte Präsident John F. Kennedy: «Nationalparks und Schutzgebiete sind ein wesentliches Element der klugen Nutzung natürlicher Ressourcen. Es ist ein Ausdruck von Weisheit, weitläufige Gebiete als Nationalparks und Schutzgebiete ausser Nutzung zu stellen, damit gewährleistet ist, dass auch zukünftige Generationen die Schönheit der Erde, so wie wir sie kennen, erfahren können.»[20]

Mit Nature Conservancy (1951), African Wildlife Foundation (1961), WWF – World Wide Fund for Nature (1961), Greenpeace (1967) oder Friends of the Earth (1971) formierten sich grosse internationale Organisationen, die die Anliegen von Natur- und Umweltschutz weltöffentlich machten. Stellvertretend für viele auf ihren geographischen Wirkungskreis beschränkte Organisationen sei die 1952 gegründete Internationale Alpenschutzkommission CIPRA angeführt, eine Dachorganisation von über hundert Organisationen im Alpenraum. In der Zeit des Kalten Krieges spielte auf europäischer Ebene der Europarat eine wesentliche Rolle im Naturschutz. Er vergab ab 1965 das Europadiplom für naturnahe Gebiete von europäischer Bedeutung, rief 1970 das Europäische Naturschutzjahr aus und begründete 1976 das europäische Netzwerk Biogenetischer Reservate.

1953 produziert Walt Disney mit dem Naturfilm «Die Wüste lebt» einen Welterfolg. Naturdokumentationen, die zunehmend an der Heranbildung eines Umweltbewusstseins arbeiteten, erreichten eine grosse Öffentlichkeit. Das Buch des Meeresforschers Jacques Cousteau «Die schweigende Welt» (1953) erschien in 22 Sprachen, der gleichnamige Film wurde mehrfach ausgezeichnet. Der Film von Bernhard Grzimek «Serengeti darf nicht sterben» erhielt 1960 einen Oskar als bester Dokumentarfilm, das unter gleichem Namen erscheinende Buch entwickelte sich zum Bestseller (Abb. 10). Weitere Aufsehen erregende und millionenfach verkaufte Bücher wie «Silent Spring» von Rachel Carson (1962) oder «Die Grenzen des Wachstums» von Dennis Meadows (1972) sind Ausdruck davon, dass in den 1960er und 1970er Jahren ein breiter Bewusstseinswandel einsetzte (Abb. 11). Dieser manifestierte sich zunächst in einer Reihe von internationalen Abkommen und dann in der Gründungswelle von Schutzgebieten in den kommenden Jahrzehnten.

So begründet die UNESCO 1970 das Man and the Biosphere Programme, aus dem weit reichende Forschungsimpulse und das Biosphärenreservate-Programm erwuchsen. 1971 wurde mit der Ramsar-Konvention zum Schutz der Feuchtgebiete das erste internationale Naturschutzabkommen geschlossen. Das Übereinkommen zum Schutz des Kultur- und Naturerbes der Welt folgt 1972. Das Washingtoner Artenschutzübereinkommen über den internationalen Handel mit gefährdeten Arten freilebender Tiere und Pflanzen (CITES) wurde 1973 unterzeichnet und trat 1975 in Kraft. Die Bonner Konvention zur Erhaltung der wandernden wildlebenden Tierarten und die Berner Konvention zum Schutz der europäischen wildlebenden Pflanzen und Tiere und ihrer Lebensräume wurden 1979 abgeschlossen. Letztere bildete die Grundlage für das spätere europäische Natura 2000-Netzwerk, das den Naturschutz innerhalb der Europäischen Union grundlegend veränderte. Die 1989 beschlossene und 1991 unterzeichnete Alpenkonvention sollte den Rahmen für die staatenübergreifende Entwicklung der Schutzgebiete im Alpenraum darstellen (Abb. 12).

Aus der Distanz betrachtet ist das Jahr 1992 ein weiterer Meilenstein in der Naturschutzgeschichte. Am «Erdgipfel von Rio» nahmen 17 000 Menschen teil. Das Konferenzgeschehen mündete unter anderem in das Übereinkommen über die Biologische Vielfalt, das in weiterer Folge umfassende internationale Strukturen, Prozesse und Initiativen hervorgebracht hat. Es war auch Basis für die Klimarahmenkonvention, die Agenda 21-Prinzipien sowie eine breite Diskussion zur nachhaltigen Entwicklung im anbrechenden Dritten Jahrtausend. Viele aktuelle Entwicklungen und Diskurse nehmen auf diese Grossveranstaltung Bezug.

Seit 1962 veranstaltet die IUCN etwa alle 10 Jahre einen Kongress zu Schutzgebieten, auf dem internationale Experten Strategien und Ziele zum Schutz dieser Gebiete erarbeiten sollen. Unser Streifzug endet mit dem vom 12. bis 19. November 2014 in Sidney abgehaltenen sechsten Weltparkkongress, der unter dem Motto «Parks, people, planet: inspiring solutions» stand. Er fand zeitgleich mit den Abschlussarbeiten zu diesem Buch statt.

Es ist nicht möglich auf diesen wenigen Seiten die Geschichte der Institutionen, Konzepte, Inhalte und Entwicklungen im Naturschutz auch nur ansatzweise nachzuzeichnen. Dieser Exkurs sollte lediglich dazu beitragen, die Historien der im Folgenden untersuchten Gebiete in einen grösseren Rahmen zu stellen.

Wenn nicht anders angeführt, stammen die Informationen aus verschiedenen Internet-Quellen und den Websites der dargestellten Institutionen.

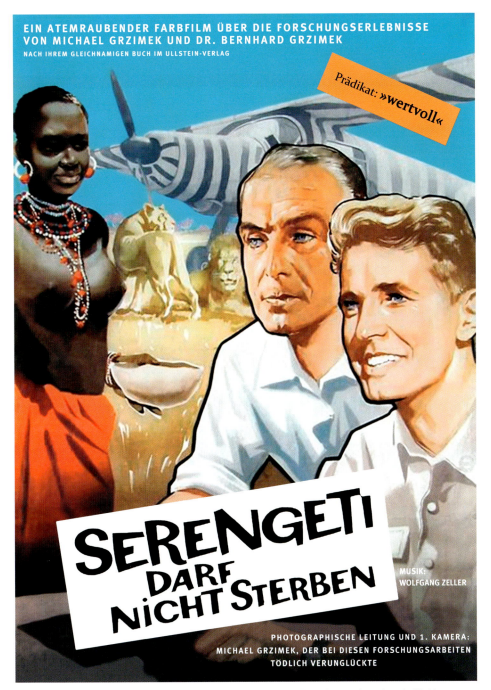

Abb. 10. Naturschutz im Kino. Das Medium Film erreichte viele Menschen und machte sie für Naturschutzthemen zugänglich. Plakat «Serengeti darf nicht sterben» (1959), CineArt, Berlin.

Abb. 11. Städtchen Drumherum. Durch die Protestaktionen der Kinder wird der Bürgermeister des Städtchens Drumherum zum Naturschützer und verkörpert damit das Große Umdenken der 1960er und 1970er Jahre. Mira Lobe/Susi Weigl (1970): Das Städtchen Drumherum. Verlag Jungbrunnen, Wien.

Abb. 12. Alpenkonvention ausverhandelt! Die Unterzeichnung der Alpenkonvention im Jahr 1991 ist ein Meilenstein für die staatenübergreifende Entwicklung im Alpenraum. Foto ©CIPRA International.

3.2 Naturschutz in Deutschland

3.2.1 Die Zeit vor 1918

Bereits im Mittelalter wurden erste Massnahmen zum Schutz der Natur gesetzt. Im Vordergrund stand die «Sicherung ökonomisch nutzbarer Naturressourcen» (ERDMANN 2006: 1). Bestimmte Tiere oder Pflanzen wurden von der Nutzung ausgenommen. Auch Holz- oder Waldfrevel wurde vielerorts bestraft. Das geschah in erster Linie um die herrschaftlichen Jagdreviere in ihrem Bestand zu sichern. Die Reichenhaller Forstverordnung von 1661 enthielt Regelungen, die eine Plünderung der Wälder verhindern sollten. Den Begriff der «nachhaltigen Forstwirtschaft» prägte schliesslich 1713 der deutsche Bergbauingenieur Hans Carl von Carlowitz unter dem Eindruck der – wegen des grossen Bedarfs an Brennholz – rasch schwindenden Wälder.[21]

Im 18. Jahrhundert begannen immer mehr Menschen sich mit Botanik zu befassen und für exotische Pflanzen zu begeistern. Bei der Beschreibung eines 192 Meter hohen Mimosenbaumes prägte der Naturforscher Alexander von Humboldt im Jahr 1799 den Begriff des Naturdenkmals (SCHOENICHEN 1954: 215; ERDMANN 2006: 1). Während dem Erhalt von Bau- und Kulturdenkmälern grosses öffentliches Interesse gewidmet war, blieb der Schutz von Naturgebilden zunächst eher die Ausnahme. Der erste überregional wahrgenommene Konflikt um ein solches entspann sich zu Beginn des 19. Jahrhunderts um den Drachenfels im Siebengebirge. Die Wiederaufnahme eines Steinbruchbetriebs drohte den malerischen Felsen zu zerstören. Naturliebhaber aus bürgerlichen Kreisen erreichten, dass der Abbau eingestellt wurde. Massgebliche Unterstützung erhielten sie dabei vom preussischen Kronprinzen Friedrich Wilhelm. 1836 erwarb Preussen den Drachenfels, der damit faktisch zum ersten Naturschutzgebiet Deutschlands wurde. In erster Linie ging es aber um die Bewahrung eines «romantisch aufgeladenen National-Symbols» und weniger um den Schutz der Natur.[22]

Industrielle Revolution und Intensivierung der Landwirtschaft gingen im 19. Jahrhundert mit einer starken Veränderung der Landschaft einher. In Reaktion darauf entstanden erste Bewegungen, die die Natur vor dem Einfluss des Menschen schützen wollten. Unter dem Einfluss der romantischen Geistesbewegung wurde der Heimatbegriff neu belebt. Zu den prominentesten Vertretern des Gedankens, dass die Heimat ebenso «zu schützen sei, wie jedes andere Kulturgut», gehörte der Komponist und Musiker Ernst Rudorff. Die Heimatschutzbewegung wurde zur «treibenden Kraft des Naturschutzes in Deutschland» (JESCHKE 2012: 18). Rudorff sprach sich für den Erhalt der «Natur in ihrer Ursprünglichkeit» aus und prägte 1888 das Wort «Naturschutz».[23] Unter dem Eindruck der Nationalparkgründungen in den Vereinigten Staaten von Amerika schlug der Pädagoge und Politiker Wilhelm Wetekamp 1898 in einer denkwürdigen Rede vor dem preussischen Landttag vor, «Staatsparks» nach dem amerikanischen Vorbild zu schaffen.

> Aus der Rede Wilhelm Wetekamps am 30. März 1898 vor dem Preussischen Abgeordnetenhaus (SCHOENICHEN 1954: 107).
> «… Wenn etwas wirklich Gutes geschaffen werden soll, so wird nichts übrig bleiben, als gewisse Gebiete unseres Vaterlandes zu reservieren, ich möchte den Ausdruck gebrauchen: in ‹Staatsparks› umzuwandeln, allerdings nicht in Parks in dem Sinne, wie wir sie jetzt haben, das heißt eine künstliche Nachahmung der Natur durch gärtnerische Anlagen, sondern um Gebiete, deren Hauptcharakteristikum es ist, daß sie unantastbar sind. Dadurch ist es möglich, solche Gebiete, welche noch im natürlichen Zustand sind, in diesem Zustande zu erhalten, oder auch in anderen Flächen den Naturzustand wieder einigermaßen herzustellen … Diese Gebiete sollen einmal dazu dienen, gewisse Boden- und Landschaftstypen zu erhalten,

andererseits der Flora und Fauna Zufluchtsorte zu gewähren, in denen sie sich halten können …»

1888 trat das Reichsvogelschutzgesetz in Kraft, vom Schutz ausgenommen waren Greif- und Wasservögel.[24] Im ausgehenden 19. und beginnenden 20. Jahrhundert gründeten sich die ersten Vereine zum Schutz der Natur: 1899 der Bund für Vogelschutz (heute: Naturschutzbund Deutschland e.V. NABU) unter dem Vorsitz der Industriellengattin Lina Hähnle, 1900 der Verein zum Schutze der Alpenpflanzen und -Tiere (heute: Verein zum Schutz der Bergwelt). 1904 entstand auf Betreiben Rudorffs der Bund Heimatschutz, der sich die Bewahrung alter Traditionen und der Landschaft zum Ziel gesetzt hatte.[25] Der 1909 gegründete Verein Naturschutzpark griff die US-amerikanische Nationalpark-Idee auf (Abb. 13). Der Verein warb für die Einrichtung grossflächiger Schutzgebiete in den wichtigsten Landschaftseinheiten Mitteleuropas und zwar in Hochgebirge, Mittelgebirge und Tiefland (SCHOENICHEN 1954: 277).

Abb. 13. Verein Naturschutzpark. Der 1909 in Stuttgart gegründete Verein Naturschutzpark wirkte nicht nur in Deutschland, sondern beeinflusste auch ganz wesentlich die Entwicklung des Nationalpark Hohe Tauern. Archiv Österreichischer Alpenverein, Innsbruck.

Die Denkschrift des Botanikers Hugo Conwentz «Die Gefährdung der Naturdenkmäler und Vorschläge zu ihrer Erhaltung» aus dem Jahr 1906 ebnete den Weg zur Einrichtung einer «Staatlichen Stelle für Naturdenkmalpflege in Preussen», der ältesten Vorläuferinstitution des heutigen Bundesamts für Naturschutz. Sie sollte Naturschätze dokumentieren, forschen und beraten (SCHOENICHEN 1954: 231f.). In Danzig gegründet wurde die Stelle 1911 nach Berlin verlegt. Der zum Leiter berufene Conwentz baute ein Netz ehrenamtlicher Mitarbeiter auf, die in Orts-, Landschafts-, Bezirks- und Provinzialkomitees organisiert waren. Diese Strukturen blieben über das gesamte 20. Jahrhundert und in allen politischen Systemen weitgehend erhalten. Ungeachtet vieler Erfolge des Naturschutzes in dieser Zeit, scheiterten alle Versuche zur Verabschiedung eines Gesetzes für Naturdenkmalpflege (FROHN und SCHMOLL 2006: 4).

3.2.2 Weimarer Republik und Drittes Reich (1918–1945)

In der Weimarer Verfassung von 1919 wurde festgeschrieben, dass «Denkmäler der ... Natur so wie die Landschaft ... den Schutz und die Pflege des Staates» geniessen sollten. Das Preussische Feld- und Forstpolizeigesetz sah ab 1920 auch die Möglichkeit vor Naturschutzgebiete einzurichten.[26] Der erste Deutsche Naturschutztag, der 1925 in München abgehalten wurde, sollte über die «volkstümliche Bedeutung» des Naturschutzes aufklären und die Bevölkerung «für die Ziele der Bewegung» gewinnen.[27]

In den 1920er und 1930er Jahren agierte der Naturschutz in Deutschland «zwischen Heimattümelei und der Sehnsucht nach einem mythischen Urdeutschland» (JESCHKE 2012: 26). Es setzte eine Stärkung «nationalistischer, völkischer, bald rassistischer Strömungen» ein (FROHN und SCHMOLL 2006: 4). Obgleich in dieser Zeit viele Naturschutzgebiete entstanden, wurde in keinem Fall von der land- und forstwirtschaftlichen Nutzung dieser Gebiete abgegangen. Im Jahr 1933 begann das nationalsozialistische Regime mit der Gleichschaltung der Naturschutzverbände. Weil sie sich von der Machtübernahme durch die Nationalsozialisten eine Aufwertung der eigenen Anliegen erhofften, zeigten manche Verbände Bereitschaft mit dem neuen Staat zusammenzuarbeiten. Ein schon lange geplantes und vorbereitetes Gesetz wurde 1935 als Reichsnaturschutzgesetz verabschiedet (FROHN und SCHMOLL 2006: 4). Auf seiner Grundlage wurden zahlreiche Reichsnaturschutzgebiete ausgewiesen. 1936 wurde die Reichsstelle für Naturschutz als Teil des Reichsforstamtes, das den Rang eines Ministeriums innehatte, eingerichtet. Juristisch und administrativ bedeutete dies eine deutliche Besserstellung des Naturschutzes (FROHN und SCHMOLL 2006: 4). In der Praxis schlug sich das nur bedingt nieder. In den Kriegswirren der folgenden Jahre spielten Naturschutzanliegen nur eine untergeordnete Rolle.

3.2.3 Naturschutz auf getrennten Wegen (1945–1990)

Bundesrepublik Deutschland (BRD)

Dem Naturschutz haftete in Deutschland für lange Zeit der «braune Makel» an. Unbeschadet davon dienten die Regelungen des Reichsnaturschutzgesetzes nach 1945 als Grundlage für die Naturschutzgesetzgebung der neu entstandenen Bundesländer und wurden als jeweiliges Landesrecht weitergeführt. Auch die Verwaltungsstrukturen und die personelle Zusammensetzung änderten sich kaum: «Es gab Bezirksstellen für Naturschutz mit einem Bezirksbeauftragten für Naturschutz und Landschaftspflege, der ... ehrenamtlich tätig war» (BRENDLE 2006: 41).

1949 erhielt der Bund das Recht zur Rahmengesetzgebung im Naturschutz. 1951 löste der Bundesrat die seit 1945 so benannte «Zentralstelle für Naturschutz und Landschaftspflege» auf, da der Naturschutz ein Hemmnis für den Wiederaufbau darstellen würde. Nach Protesten vor allem des 1950 als Dachverband aller Naturschutzverbände gegründeten Deutschen Naturschutzrings wurde dieser Beschluss 1952 wieder aufgehoben. Da der konkrete Gebietsschutz in die Zuständigkeit der Bundesländer fiel, wandte sich die nun als Bundesanstalt bezeichnete Institution stärker der Forschung zu, mit dem Ziel den Naturschutz naturwissenschaftlich zu untermauern.[28]

Ab den 1950er Jahren suchte man die internationale Zusammenarbeit im Naturschutz. Auf Initiative zweier deutscher Vereine wurde 1952 eine Konferenz am Tegernsee organisiert, bei der es zur Gründung der Internationalen Alpenschutzkommission CIPRA kam.[29] Im Rahmen einer internationalen Naturschutztagung in Frankfurt beschlossen die deutschen Naturschutzvertreter 1952 der IUPN (International Union for the Protection of Nature) als Mitglied beizutreten.[30]

1962 konstituierte sich der Deutsche Rat für Landespflege. Seine Zielsetzungen – «Aufbau und Sicherung einer gesunden Wohn- und Erholungslandschaft, Agrar- und Industrielandschaft» – wurden in der Grünen Charta von Mainau festgelegt. Der Deutsche Rat für Landespflege verfasst bis heute Gutachten «zu grundsätzlichen Problemen und zu aktuellen Projekten des Natur- und Umweltschutzes in der Bundesrepublik Deutschland» (Abb. 14).[31]

Im Jahr 1963 wurde der Verband Deutscher Naturparke e.V. gegründet. Als Dachorganisation unterstützte er seine Mitglieder dabei, Naturparks aufzubauen und zu Vorbildlandschaften zu entwickeln. Darüber hinaus förderte er den Erfahrungsaustausch und die Zusammenarbeit zwischen den Naturparks in Deutschland und Europa. 1973 rief der Vorsitzende des Vereins, der Hamburger Kaufmann Alfred Toepfer, die Föderation der Natur- und Nationalparke (heute: Föderation EUROPARC) als europäischen Schutzgebietsdachverband ins Leben.[32]

Rund um das Europäische Naturschutzjahr 1970 setzte ein wachsendes Bewusstsein für Belange des Natur- und Umweltschutzes ein. Der vor allem auf den Denkmal- und Artenschutz ausgerichtete Naturschutz wandte sich dem Gebietsschutz und der Vernetzung von Lebensräumen zu, bereits bestehende Naturwaldreservate wurden ausgeweitet (KRUG et al. 2006: 28). 1971 präsentierte die deutsche Bundesregierung ihr erstes Umweltprogramm, 1972 wurde der erste deutsche Nationalpark im Bayerischen Wald ausgewiesen.

1976 ratifizierte die Bundesrepublik Deutschland das Übereinkommen zum Schutz der Feuchtgebiete von internationaler Bedeutung, die Ramsar-Konvention. Im gleichen Jahr wurde auch ein neues Bundesnaturschutzgesetz verabschiedet. Bis dahin war das Naturschutzgesetz noch immer sehr stark an das Reichsnaturschutzgesetz angelehnt gewesen. Nationalparks und Naturparks wurden als neue Schutzkategorien in das Gesetz aufgenommen. Die umstrittenen «Landwirtschaftsklauseln» des neuen Gesetzes waren unter dem Einfluss der Agrarpolitik der Europäischen Gemeinschaft (EG) entstanden. Sie leistete einer Intensivlandwirtschaft mit hohem Pestizid- und Düngereinsatz Vorschub. Gemeinhin ging man davon aus, damit noch immer einen Beitrag zum Naturschutz zu leisten. Dem widersprach die Herausgabe der ersten «Roten Liste der gefährdeten Tier- und Pflanzenarten» in der Bundesrepublik im Jahr 1977, deren Notwendigkeit zu einem grossen Teil der gängigen landwirtschaftlichen Praxis geschuldet war.[33] Gleichzeitig erlebte der ökologische Landbau einen ersten Aufschwung.

Mit dem Anwachsen der Aufgaben im Naturschutz setzte in den 1970er Jahren eine Professionalisierung ein: «Die Bezirksbeauftragten wurden zunehmend hauptamtlich tätig». 1975 wurden die Bezirksstellen aufgelöst, die Bezirksbeauftragten wurden zu Dezernenten für Naturschutz in den Bezirksregierungen, daneben gab es Beiräte mit ehrenamtlichen Mitgliedern (BRENDLE 2006: 41). Auch die Naturschutzverbände unterlagen einem grundlegenden Wandel. Waren sie in den Nachkriegsjahren weitgehend unpolitisch, sehr auf die «fachliche Grundlagen- und Praxisarbeit» (ERZ 1989: 367; REICHELT 1992: 204ff.

Abb. 14. Schriftenreihe des DRL. Der Deutsch Rat für Landespflege (DRL) äussert sich seit 1964 zu «grundsätzlichen Problemen des Natur- und Umweltschutzes» in Deutschland. Deutscher Rat für Landespflege.

zitiert in BRENDLE 2006: 41) fokussiert und hatten sich als Partner staatlicher Stellen verstanden, so bewirkte das «Aufkommen der wachstums- und technologiekritischen, sozialen Umweltbewegung» in den 1970er Jahren eine Neuorientierung. Neue Verbandsgründungen erzeugten Konkurrenzdruck um Mitglieder und Finanzmittel. Neue Formen der Interessenwahrnehmung setzten sich durch, die Öffentlichkeit wurde mobilisiert und polarisiert. Die neuen Organisationen gingen in Opposition zu Staat und Politik. Es entstand ein Spannungsverhältnis zwischen staatlichem und verbandlichem Naturschutz. Als Ausdruck des neuen Natur- und Umweltbewusstseins entstand 1980 die Partei «Die Grünen». Themen wie «Waldsterben» und «saurer Regen» bewegten die Öffentlichkeit ebenso wie Auseinandersetzungen um atomare Endlager und Wiederaufbereitungsanlagen in Gorleben und Wackersdorf (KRUG et al. 2006: 29). Nach der Reaktorkatastrophe von Tschernobyl im Jahr 1986 entstand das Bundesministerium für Umwelt, Naturschutz und Reaktorsicherheit, zu dessen Geschäftsbereich nun auch die Bundesforschungsanstalt für Naturschutz und Landschaftsökologie (BFANL) gehörte.[34]

Bereits 1979 hatte die Bundesregierung mit dem Programm zur «Sicherung und Errichtung schutzwürdiger Teile von Natur und Landschaft mit gesamtstaatlich repräsentativer Bedeutung» ein Instrument geschaffen, Naturschutzvorhaben der Länder finanziell auch durch den Bund zu unterstützen. Zahlreiche Naturschutzgrossprojekte wurden daraufhin realisiert und das Programm 1989 um das Gewässerrandstreifenprogramm erweitert (KNAPP 2012: 242).

Um die Land- und Forstwirte zu einer naturnäheren Wirtschaftsweise zu bewegen, wurde Mitte der 1980er Jahren der Vertragsnaturschutz eingeführt. Wenn der Landnutzer sein Land nach den Vorgaben des Naturschutzes bewirtschaftete, sollte er dafür Geld erhalten. Der Vertragsnaturschutz entwickelte sich von einzelnen Modellprojekten hin zu einem weithin akzeptierten Naturschutzinstrument. Massgeblich zu seiner Verbreitung beigetragen hat die Möglichkeit zur Ko-Finanzierung durch die EU seit den 1990ern (GÜTHLER et al. 2003: 4).

Deutsche Demokratische Republik (DDR)
In den fünf Bundesländern Ostdeutschlands wurden 1947 Beauftragte für den Naturschutz auf Landes- und Kreisebene eingesetzt, die ehrenamtlich von staatlicher Seite nur wenig unterstützte Naturschutzarbeit leisteten.[35]

1953 nahm das Institut für Landesforschung und Naturschutz (später Landschaftsforschung und Naturschutz, ILN) seine Arbeit auf.[36] Seine Aufgaben entsprachen denen der vormaligen Staatlichen Stelle für Naturdenkmalpflege in Preussen bzw. der Reichsstelle für Naturschutz. 1954 verabschiedete die DDR-Regierung das «Gesetz zur Erhaltung und Pflege der heimatlichen Natur (Naturschutzgesetz)», das sich noch stark an das Reichsnaturschutzgesetz anlehnte. Zu den wichtigsten Neuerungen zählte die Einführung der Schutzkategorie «Landschaftsschutzgebiet» (Abb. 15). 1957 wurde auf der Grundlage des Gesetzes die «Anordnung über die Erklärung von Landschaftsteilen zu Naturschutzgebieten» erlassen und 1959 die Möglichkeit geschaffen nutzungsfreie «Naturwaldzellen» festzulegen (JESCHKE 2012: 28f.). Das Naturwaldzellenprogramm wurde 1961 in der DDR eingeführt. Die Idee dazu stammte aus 1934 vom Forstwissenschaftler Herbert Hesmer. Im Westen konnte ein ähnliches Programm erst 1972 etabliert werden (SUCCOW et al. 2012: 310).

Neben dem neuen Naturschutzgesetz wurden in den 1950er und 1960er Jahren zahlreiche weitere rechtliche Regelungen getroffen, die auf eine «rationelle Ausnutzung» und «Reproduktion» der Naturressourcen abzielten (OEHLER 2007: 102f.). Die staatlich geführten landwirtschaftlichen Produktionsstätten waren in reine Ackerbau- und Tierhaltungsbetriebe aufgeteilt. Die Intensivlandwirtschaft führte zu gravierenden Umweltbelastungen durch Pestizide und Eutrophierung (Abb. 16). Allerdings gab es aufgrund der begrenzten Produktionsmittel einen Anteil wenig genutzter «Restfläche mit hoher Naturausstattung»

Abb. 15. Naturschutz in der DDR. 1954 verabschiedete die DDR-Regierung ein «Gesetz zur Erhaltung und Pflege der heimatlichen Natur (Naturschutzgesetz)». Zu den wichtigsten Neuerungen zählte die Einführung der Schutzkategorie «Landschaftsschutzgebiet». Plakat «Naturschutz für unsere sozialistische Heimat» von Hahn (1959), Studienarchiv Umweltgeschichte.

Abb. 16. Gefahr Landwirtschaft. In weiträumigen Tieflandgebieten – wie hier in der ehemaligen DDR – stellten die landwirtschaftliche Intensivierung, die damit verbundene Ausräumung der Landschaft und hoher Pestizid- und Düngemitteleinsatz eine grosse Herausforderung für den Naturschutz dar. Bundesarchiv Bild DDR_LW_183-1989-0925-014.

(KRUG et al. 2006: 28). Die Schäden an Umwelt und Landschaft wurden aber immer offensichtlicher. Das war mit ausschlaggebend für ein 1970 verabschiedetes «Gesetz über die planmäßige Gestaltung der sozialistischen Landeskultur in der DDR», das das Gesetz von 1954 ablöste.[37] Für alle Naturschutzgebiete sollten nun Management-Richtlinien definiert werden. Die neue Rechtsvorschrift enthielt aber weiterhin keine rechtliche Verankerung von Grossschutzgebieten. Die Intensivierung der Landnutzung hielt weiter an, der Naturschutz beschränkte sich auf die Flächen, die aus der landwirtschaftlichen Nutzung herausfielen, die sogenannten Residualflächen. Neue Naturschutzimpulse kamen schliesslich von aussen: 1978 trat die DDR dem Ramsar-Abkommen bei und meldete acht Feuchtgebiete von internationaler Bedeutung. Ein Jahr später wurden mit dem Vessertal und Steckby-Lödderitz die ersten Biosphärenreservate in Deutschland eingerichtet (JESCHKE 2012: 28f.).

1989 wurde eine neue Durchführungsverordnung zum Landeskulturgesetz von 1970 mit dem Titel «Schutz und Pflege der Pflanzen- und Tierwelt und der landschaftlichen Schönheiten» erlassen.[38] In der Verordnung wurde das Biosphärenreservat als Schutzkategorie gesetzlich verankert und die Möglichkeit geschaffen, Landschaftsschutzgebiete von zentraler Bedeutung auszuweisen, als Entsprechung der westlichen Naturparks (JESCHKE 2012: 30).

Als Sammelbecken für alle Vereine war im östlichen Nachkriegsdeutschland der Kulturbund der DDR gegründet worden. Eine Zentrale Kommission Natur und Heimat mit mehreren Zentralen Fachausschüssen (ZFA) fungierte «als Leitungsgremium der naturkundlich orientierten Arbeitsgemeinschaften». Ab den 1970er Jahren beschäftigte sich der ZFA Botanik zunehmend mit Fragen des Naturschutzes und veranstaltete regelmässig Fachtagungen. In den 1980ern war er massgeblich an der Erstellung der ersten «Listen der gefährdeten Pflanzenarten und Vegetationstypen der DDR» beteiligt. Die Protagonisten des ZFA Botanik bemühten sich bereits ab 1976 um die Einrichtung grossflächiger Schutzgebiete und bereiteten das später so genannte «Nationalparkprogramm der DDR» vor, das in der letzten Tagen vor der Wiedervereinigung verabschiedet wurde (JESCHKE et al. 2012: 45ff.).

3.2.4 Zusammenführung zweier Systeme (1990 bis heute)

1992 wurde das ILN bis auf eine Fachabteilung, die schon 1991 an die BFANL angegliedert worden war, aufgelöst. Drei Jahre nach der deutschen Wiedervereinigung (1993) ging aus dem BFANL das heutige Bundesamt für Naturschutz (BfN) hervor. Das BfN sah und sieht seine Aufgaben vor allem im Bereich der Forschung, der Erarbeitung von Schutzprogrammen und im Anstossen der «gesellschaftlichen Debatte» über Naturschutz.[39]

Um eine gemeinsame Plattform für die nach unterschiedlichen Systemen eingerichteten Schutzgebiete in den alten und neuen deutschen Bundesländern zu schaffen, wurde 1991 die deutsche Sektion der EUROPARC Föderation geschaffen. Sie sollte durch länderübergreifenden Erfahrungsaustausch, bundesweite Programme und Festlegen von gemeinsamen Qualitätskriterien die Position der Schutzgebiete in Deutschland stärken. 2005 gelang es, die Schutzgebiete unter der Dachmarke Nationale Naturlandschaften zusammenzuführen, so dass sie seither mit einem einheitlichen Erscheinungsbild auftreten.[40]

Die deutsche Bundesregierung ist dazu verpflichtet, Flächen, die nicht für Bundesaufgaben benötigt werden, zu verwerten, das heisst zu privatisieren. Mit der deutschen Wiedervereinigung 1990 fielen der Bundesrepublik als Rechtsnachfolgerin der DDR grosse staatliche Flächen zu, die veräussert werden mussten. Das betraf auch viele aus naturschutzfachlicher Sicht wertvolle Flächen, da Naturschutz verfassungsrechtlich nicht zu den Bundesaufgaben zählte. Durch medienwirksame Kampagnen verschiedener Umweltverbände wurde auf diesen Sachverhalt aufmerksam gemacht. 1998 fasste die Bundesregierung den Beschluss naturschutzfachlich interessante Bundesflächen von der Privatisierung auszunehmen und sie unentgeltlich an die Länder oder an Umweltorganisationen zu übertragen. Seit dem Jahr 1999 arbeiteten Umweltverbände und Stiftungen unter dem Dach des Deutschen Naturschutzrings in einer gemeinsamen Strategiegruppe «Naturschutzflächen» zusammen, um die Flächen des Bundes für den Naturschutz zu sichern. Bis 2012 waren das Flächen im Ausmass von rund 100 000 Hektar, die heute als Nationales Naturerbe bezeichnet werden (JOHST und UNSELT 2012: 255, 261).

Mit der Umsetzung in nationales Recht im April 1998 wurde das Europäische Schutzgebietssystem Natura 2000 in Deutschland rechtsverbindlich. Bis zum Jahr 2012 wurden in Deutschland insgesamt 4619 FFH-Gebiete und 740 Vogelschutzgebiete gemeldet. Sie nehmen zusammen mehr als 80 000 Quadratkilometer ein, rund 25 000 davon entfallen auf marine Flächen (Stand 2011, BfN 2012). Einen günstigen Erhaltungszustand bestätigte der letzte nationale Bericht von 2013 aber lediglich für ein Drittel der Arten und Lebensraumtypen.[41]

Im Jahr 2002 wurde das Bundesnaturschutzgesetz von 1976 novelliert. Seither enthält es Rahmenvorgaben für die Bundesländer, auf zehn Prozent ihrer Fläche einen Biotopverbund zu schaffen. Die Naturschutzverbände erlangten mit der Gesetzesnovelle ein «Klagerecht als Sachwalter der Natur».[42]

Am 7. November 2007 beschloss die deutsche Bundesregierung die Nationale Strategie zur biologischen Vielfalt (NBS). Es wurden konkrete Naturschutzziele formuliert, die in einem dialogorientierten Prozess unter Einbindung aller gesellschaftlichen Akteure umgesetzt werden sollten. 2010 riefen die Vereinten Nationen das Jahrzehnt von 2011 bis 2020 zur UN-Dekade Biologische Vielfalt aus. «Die Dekade soll die Umsetzung des Strategischen Plans des Übereinkommens über die biologische Vielfalt (CBD) unterstützen.» In

Deutschland soll dies vor allem durch die Umsetzung der Nationalen Biodiversitätsstrategie geschehen.[43]

In der laufenden Dekade zeichnet sich eine interessante Entwicklung ab. Mit der Deutschen Gesellschaft für Internationale Zusammenarbeit (GIZ), einer staatlichen Organisation für Entwicklungszusammenarbeit, und der Kreditanstalt für Wiederaufbau (KfW), der grössten nationalen Förderbank weltweit, stellt Deutschland zwei der bedeutendsten Akteure in internationalen Naturschutzprojekten. Ihre Leistungen umfassen Beratung, Finanzierungsbeiträge, Entwicklungsleistungen, Erstellung von Studien und Gutachten, Aus- und Weiterbildung.

3.3 Naturschutz in Österreich

3.3.1 Die Zeit vor 1918

Die ersten Regulierungsvorschriften für Landschaften reichen in Österreich bis ins Mittelalter zurück. Die Nutzung dieser Landschaften spielte eine bedeutende Rolle, beispielsweise als Gemeinschaftsweiden oder Allmenden. Nutzungsrechte, wie etwa das Weiderecht, waren über die Anzahl des Weideviehs und die Dauer der Nutzung im Detail geregelt und sollten einen Raubbau am Gemeingut verhindern, um Fortbestand und Nutzungsmöglichkeit dieses Gutes langfristig zu sichern. Ebenso wurden Wälder aus wirtschaftlichen Überlegungen zum Forstbann oder Bannwald erklärt. Im österreichisch-ungarischen Reichsforstgesetz von 1852 fanden sich erstmals Bestimmungen, die Naturschutzziele im eigentlichen Sinne zum Inhalt hatten.[44]

Um 1870 sollte der zu den Staatsdomänen zählende Wienerwald zur Sanierung der maroden Staatsfinanzen verkauft und zur Schlägerung frei gegeben werden. Das Vorhaben löste die erste Medienkampagne zugunsten des Naturschutzes in Österreich aus. Der Journalist und Politiker Josef Schöffel argumentierte im Stile eines modernen Ökologen mit den unabsehbaren Folgen für Klima und Boden gegen das Vorhaben. Er setzte sich für die Erhaltung der «Wohlfahrtswälder» ein und avancierte in den Jahren 1870 bis 1872 zum «Retter des Wienerwaldes».[45]

Etwa zur gleichen Zeit wurden die ersten Vogelschutzgesetze in Österreich erlassen: 1868 in Niederösterreich und Steiermark, 1870 in Kärnten, Oberösterreich, Tirol und Vorarlberg, 1872 in Salzburg. Während in Kärnten und der Steiermark der Vogelfang generell untersagt wurde, war in einigen Ländern der Fang «schädlicher Vögel» erlaubt oder der Fang «nützlicher» Arten nur beschränkt gestattet. Die Einteilung in Nützlinge und Schädlinge war dem Zeitgeist entsprechend (DIEBERGER 1988: 18). Ein internationales Abkommen über den Schutz für die Landwirtschaft nützlicher Vögel wurde 1902 in Paris beschlossen (BERLEPSCH 1904: 8).

Nicht nur der österreichische Thronfolger interessierte sich für vielfältige Landschaften und den Artenreichtum der Kronländer (Abb. 17). Der im 19. Jahrhundert aufkommende Alpintourismus und eine allgemeine Begeisterung für Botanik erhöhten den Druck auf die alpine Pflanzenwelt. 1886 sah sich Salzburg genötigt, ein Gesetz zum Schutz des Edelweisses zu erlassen; gleichartige Gesetze folgten in Tirol (1892), Steiermark (1898) und Vorarlberg (1904). Niederösterreich erliess 1905 ein Gesetz zum «Schutz einiger Arten der Alpenblumen».[46] Vom Alpenverein ging die Initiative zur Gründung des Vereines zum Schutz der Alpenpflanzen und -Tiere im Jahr 1900 aus.[47] Bereits 1897 war in den Mitteilungen des Deutschen und Österreichischen Alpenvereins der Beitrag «Ein alpiner Pflanzenhort» des Lehrers Eduard Sacher erschienen. Dass Tiere wie das Auerwild bedroht oder wie der Steinbock bereits ganz verschwunden waren, wurde zu dieser Zeit allgemein zur Kenntnis genommen. Es gab gewisse Bestrebungen, sie in den Ostalpen wieder hei-

Abb. 17. Hochwild im Rohrbrande. In den Kronländern des Habsburgerreichs war eine grosse landschaftliche Vielfalt anzutreffen, die der naturwissenschaftlich versierte österreichische Thronfolger Rudolf im «Kronprinzenwerk» systematisch dokumentieren wollte. Stich von Franz von Pausinger, k. k. Hof- und Staatsdruckerei (1886).

misch zu machen. Sacher schien es aber ebenso notwendig, Massnahmen zum Schutz seltener und gefährdeter Pflanzen zu ergreifen. Daher schlug er die Schaffung alpiner Schutzgebiete vor (ZIERL 1980: 8). Das k. k. Ministerium für Cultus und Unterricht griff Sachers Idee auf. 1903 veröffentlichte es einen Erlass, in dem es auf die Bedeutung der «Schaffung einzelner nicht zu kleiner Gebiete, in denen die Pflanzenwelt sich selbst überlassen bliebe», hinwies (ZIERL 1980: 8). Der Handel mit Alpenpflanzen nahm weiter zu. 1914 sah sich das Eisenbahnministerium genötigt, «den Verkauf von Alpenblumen jeglicher Art auf Bahnhöfen» zu untersagen (MAGNUS 1915: 304).

1903 – die ersten Naturdenkmäler waren bereits ausgewiesen – begann das Ministerium mit der Anlage eines Naturdenkmalinventars. 1905 wurde dem Parlament vom Abgeordneten Gustav Nowak ein Gesetzesentwurf bezüglich Denkmalschutz und Naturdenkmalpflege vorgelegt.[48] Ab 1910 kaufte oder pachtete die Zoologisch-Botanische Gesellschaft in Wien Flächen um seltene Pflanzen, z. B. *Crambe tartarica,* den Tartarischen Meerkohl, in diesen Reservationen zu schützen. Sie richtete ausserdem eine eigene Naturschutzkommission ein (WENDELBERGER 1970: 126f.).

Auf Initiative des Stuttgarter Verlegers Walther Keller war 1909 der gesamtdeutsche Verein Naturschutzpark entstanden. Nach diesem Vorbild gründete der Forstwissenschaftler Adolf von Guttenberg 1912 den österreichischen Verein Naturschutzpark, der die Keimzelle des späteren Österreichischen Naturschutzbundes darstellen sollte (FARKAS 2013:13). 1913 erwarb der deutsche Verein Naturschutzpark e. V. in den Hohen Tauern

Gebiete um hier später einen grossräumigen Naturschutzpark zu schaffen.[49] Dieses Datum wurde daher mehrfach als die Geburtsstunde des Naturschutzes in Österreich bezeichnet. Doch «die Österreichisch-Ungarische Monarchie besaß im Böhmerwald, in Bosnien und in den Karpathen ausgedehnte urwaldartige Gebiete, so dass die Frage des Naturschutzes keineswegs so brennend schien, wie etwa in der kleinen Schweiz oder dem hochindustralisierten Deutschland» stellten Schreiner und Fügener rund vierzig Jahre später in ihren Betrachtungen zu den Anfängen des Naturschutzes in Österreich fest.[50] Kurz vor dem Zusammenbruch der Monarchie begann dennoch in mehreren Kronländern die Diskussion über die Einrichtung von Schutzgebieten.

> Zur Errichtung eines Adolf v. Guttenberg-Denkmals
> «Als Präsident des deutschen und österreichischen Alpenvereines trat er schriftstellerisch oft für die Schönheit und Schutzbedürftigkeit des Alpenwaldes und der alpinen Vegetation überhaupt ein. Und doch war er weise und erfahren genug, mit dem Naturschutzgedanken nicht gegen die unabweislichen Erfordernisse unserer Lebensbedürfnisse anzurennen (…) Bekannt ist ja, daß er in einem Alpenpark die Almwirtschaft, wie sie sich seit Menschengedenken in unsere Berge eingelebt hat, nicht missen wollte; andrerseits hielt er (…) mit seiner Kritik an den bestehenden extensiven Wirtschaftsbetrieben, die unnötigerweise das Nachhaltigkeits- und damit auch Schönheitsprinzip in der Natur zu Schaden brachten, nicht hinterm Zaun; erkannte er doch wie selten jemand den alteingelebten Unfug des Waldschneitelns, die rücksichtslose Ausnutzung des Waldes in der Kampfzone seitens der Hochalmen, die regellose Weideausnützung in dieser Zone und viele andere einseitige Eingriffe des Bergbauern in das Gleichgewicht der natürlichen Schutzkräfte seines und des an ihn angrenzenden Hochwaldbesitzes als verderbliche Auswüchse einer Bodenkultur, für die allerdings die dauernde ungünstige allgemeine wirtschaftliche Lage der Gebirgslandwirtschaft teilweise als Entschuldigung dienen mochte. Umso bedauerlicher ist es, daß es diesem Vorkämpfer des Naturschutzgedankens (…) nicht gelungen ist, den Hochalpenpark, der bekanntlich zuerst in den Schladminger Tauern in Aussicht genommen war, sozusagen ‹auf den ersten Wurf› zur Verwirklichung zu bringen (…) Vielleicht wäre diese Idee heute schon Tatsache, wenn die Wahl von vornherein auf das jetzige Gebiet des österreichischen Naturschutzparkes, das Großglocknergelände, gefallen wäre.»
> (PODHORSKY, J. 1927: Zur Errichtung eines Adolf v. Guttenberg-Denkmals. Blätter für Naturkunde und Naturschutz 14. Jg., Heft 2: 23–24.).

3.3.2 Erste Republik und Drittes Reich (1918–1945)

Das Gesetzeswerk und der Verwaltungsapparat der lange bestehenden Monarchie mussten nach dem Ende des Ersten Weltkriegs in eine neue Staatsform überführt werden. Die weitläufigen Besitztümer der entmachteten Habsburger wurden zu Staatseigentum. Eine bedeutende Persönlichkeit für den österreichischen Naturschutz war in diesen Jahren der Paläozoologe Günter Schlesinger. Zunächst leitete er die niederösterreichische Zweigstelle des Vereins Naturschutzpark. Ab 1917 übernahm er die Leitung der Fachstelle für Naturschutz in Österreich im Rahmen des Österreichischen Heimatpflegeverbandes. Er gründete einen Fachbeirat für Naturschutz und war beteiligt an der Organisation von Landesfachstellen für Naturschutz in fast allen Bundesländern. Die 1913 erstmals von Schlesinger herausgegebenen «Blätter für Naturkunde und Naturschutz» erreichten grosse Popularität. Waren sie zunächst als Mitteilungsorgan der niederösterreichischen Landesfachstelle für Naturschutz erschienen, so wurden sie ab 1921 zum Organ der Fachstelle für Naturschutz in Österreich und des Österreichischen Lehrervereins für Naturkunde. Ab Mitte der 1930er Jahre wurde die Zeitschrift an alle Volks- und Hauptschulen in Österreich versandt (Farkas 2013: 14).

Schlesinger ging erstmals über den rein konservierenden Naturschutz hinaus und bezog die Stimmungswerte der Landschaft in seine Überlegungen ein. In zahlreichen Publikationen betonte er den wirtschaftlichen Wert des Naturschutzes für Land- und Forstwirtschaft, Fischerei und Jagd, Touristik und Fremdenverkehr. Ein Salzburger Gesetz zum Schutze des Landschaftsbildes gegen Verunstaltung durch Reklame wurde 1926 von seiner Fachstelle für Naturschutz dementsprechend begrüsst.[51]

Im Jahr 1923 gelang es Schlesinger eine Naturschutzkonferenz zur einheitlichen Ausrichtung der Naturschutzarbeit in Österreich einzuberufen. Gemeinsam mit dem Juristen Adolf Merkl war er massgeblich an der Erstellung des ersten Naturschutzgesetzes für das Land Niederösterreich 1924 beteiligt.[52] Bis 1935 folgten mit Ausnahme der Steiermark alle österreichischen Bundesländer mit eigenen Naturschutzgesetzen (Zangerl-Weisz und Payer 1997: 229). 1927 führte Schlesinger zahlreiche lokale Vereine zum Österreichischen Naturschutzverband zusammen, darunter die sozialdemokratischen Naturfreunde, der Wiener Tierschutzverein und der Österreichische Naturschutzbund, der 1924 aus dem Österreichischen Verein Naturschutzpark hervorgegangen war.

Das Reichsnaturschutzgesetz von 1935 wurde 1939 in Österreich eingeführt. Es regelte erstmals die amtlichen Belange des Naturschutzes, definierte Schutzzonen und führte den Begriff des Landschaftsschutzgebietes ein.[53] Allerdings fanden sich einige Element schon im niederösterreichischen Landesnaturschutzgesetz von 1924. Vor allem in der Präambel des Reichsnaturschutzgesetzes wurde die Verbindung von Naturschutz mit nationalen Elementen spürbar. Diese Allianz von Naturschutz und Nationalsozialismus gipfelte in der Gleichschaltung der Vereine ab 1933 in Deutschland und schliesslich der Gleichschaltung der österreichischen Naturschutzvereine in der Donauländischen Gesellschaft für Naturschutz und Naturkunde 1938. Alle anderen Vereine wurden aus dem Vereinskataster gelöscht und Günther Schlesinger zum kommissarischen Leiter sämtlicher Naturschutzvereine Österreichs bestellt (Farkas 2013: 17).

3.3.3 Jahre des Wiederaufbaus (1945–1970)

1947 fand in Schladming die 1. Österreichische Naturschutzkonferenz nach Kriegsende, in Anwesenheit der Vertreter des amtlichen Naturschutzes des Bundes und der Länder, der Hochschulen und der Naturschutzverbände, statt. Den Schwerpunkt der Beiträge bildeten die Zukunft der Naturschutzbewegung und die Schaffung neuer Schutzgebiete.[54] Bemühungen in diese Richtung intensivierten sich in den folgenden Jahren (Abb. 18).

Um 1950 entstand in Österreich eine ganze Reihe von sogenannten Fachinstituten. Es handelte sich dabei um ausseruniversitäre Forschungseinrichtungen, die einerseits den Auftrag hatten, die fachlichen Grundlagen für politische Entscheidungen vorzubereiten, und die andererseits bestimmten Interessengruppen nahe standen. Beispiele sind das österreichische Institut für Wirtschaftsforschung (WIFO, bereits 1927 als «Österreichisches Institut für Konjunkturforschung» gegründet), das Österreichische Institut für Raumplanung (ÖIR), das Institut für Höhere Studien (IHS) und das Österreichische Institut für Naturschutz (ab 1960 Österreichisches Institut für Naturschutz und Landschaftspflege), das 1948 eingerichtet wurde. Es war zunächst dem Unterrichtsministerium zugeordnet, wurde 1964 dem Protektorat der Akademie der Wissenschaften unterstellt und 1972 in die Ludwig Boltzmann-Gesellschaft integriert. Als Fachstelle des österreichischen Naturschutzes verfasste das Institut zahlreiche Gutachten für das gesamte Bundesgebiet

Abb. 18. Sonderheft «Um österreichische Nationalparke». Bereits 1959 hatten die österreichischen Naturschützer das Gefühl, sich schon lange und vergeblich für die Schaffung von Nationalparks eingesetzt zu haben. Bis zur Einrichtung des ersten österreichischen Nationalparks sollten noch weitere 22 Jahre vergehen. Archiv Österreichischer Naturschutzbund.

und unterstützte damit sowohl den behördlichen als auch den vereinsmässigen Naturschutz. Das Institut war massgeblich an den Vorbereitungen zur Einrichtung zahlreicher österreichischer Schutzgebiete beteiligt (FARKAS 2013: 20f.).

Fast in allen Bundesländern entstanden neue Landesnaturschutzgesetze. Den Beginn machte Tirol 1951, dann Niederösterreich 1952, Kärnten 1953, Wien 1955, Oberösterreich und Salzburg 1956. Etwas später folgten das Burgenland (1961) und Vorarlberg (1969), als letztes 1976 die Steiermark.[55] Sie alle orientierten sich nach wie vor sehr stark an den Bestimmungen des niederösterreichischen Naturschutzgesetzes von 1924 bzw. des Reichsnaturschutzgesetzes von 1935. KLUETING (2003: 104) stellte dazu fest, dass das Reichsnaturschutzgesetz nach 1945 nicht als Gesetz nationalsozialistischer Ideologie eingestuft wurde. Daher konnte es in mehr oder weniger abgeänderter Form über so lange Zeit fortbestehen.

Die Diskussionen um Kraftwerksbauten, touristische und Erschliessungsprojekte waren prägend für den österreichischen Naturschutz der 1950er und 1960er Jahre. 1952 wurden Pläne zur energiewirtschaftlichen Nutzung der Krimmler Ache unter anderem mit einer gross angelegten Unterschriftenaktion zum Schutz der Krimmler Wasserfälle erfolgreich abgewehrt (WENDELBERGER 1953).[56]

1962 wurde auf dem Gelände eines durch Weltkriege und Nachkriegszeit schwer mitgenommenen Tierparks der erste Naturpark Österreichs eingerichtet. Es handelte sich gleichzeitig um ein beliebtes Naherholungsgebiet der Wiener Bevölkerung, das nun als Erholungsstätte für die «von Zeitübeln geplagten Menschen unserer Zeit» gestaltet werden sollte.[57] Der Naturpark Sparbach stellte das erste Schutzgebiet moderner Prägung in Österreich dar.

3.3.4 Vom Europäischen Naturschutzjahr bis zum EU-Beitritt (1970–1995)

Das Jahr 1970 wurde vom Europarat zum Europäischen Naturschutzjahr ausgerufen. Natur- und Umweltschutz wurden erstmals nicht mehr als nationale Angelegenheit betrachtet, sondern auf europäischer Ebene diskutiert. Erklärtes Ziel des Europäischen Naturschutzjahres war es, «der europäischen Bevölkerung durch groß angelegte nationale

Aufklärungs- und Bildungskampagnen ein Bewusstsein für die Umweltprobleme in Europa zu vermitteln» (SCHULZ 2006: 11). Konkrete Auswirkungen zeigte die Ausrufung des Europäischen Naturschutzjahres in zahlreichen Initiativen vom «Großreinemachen im Wienerwald» bis zur «Innviertler Naturschutzwoche», zahlreichen Tagungen und schliesslich in der Ausweisung von Schutzgebieten.[58] Vor allem die Ausweisung grossflächiger Landschaftsschutzgebiete hatte Hochkonjunktur.

Das ebenfalls 1970 von der UNESCO gestartete Programm «Man and the Biosphere» sollte wissenschaftliche Grundlagen für die nachhaltige Nutzung und den Erhalt der biologischen Vielfalt bereitstellen. In Österreich begann daraufhin eine Welle von Ausweisungen von Biosphärenreservaten durch vorwiegend akademische Kreise. Viele von ihnen wurden erst viel später (nach 2000) gesetzlich verankert. Heute gibt es in Österreich sieben Biosphärenparks.

Die erste Weltkonferenz der Vereinten Nationen zum Thema Umwelt in Stockholm begann 1972 an einem 5. Juni, der seither als Weltumwelttag gefeiert wird. Anlässlich des achten Umwelttages gab der österreichische Gesundheitsminister Herbert Salcher 1980 eine Grundsatzerklärung ab.

> Erklärung des Gesundheitsministers zum Umwelttag
> «…acht Jahre nach Stockholm könne man sagen, diese Zeit hätte zumindest zu einem gewissen Umweltschutzbewußtsein geführt. Früher sei keiner für Umweltschutz zuständig gewesen, heute sei es Österreich als erstem europäischen Staat gelungen, ein eigenes Ministerium dafür zu installieren. Dennoch gebe es viel zu viele Kompetenzschwierigkeiten. Hauptproblem: Die Bundesverfassung kennt den Ausdruck Umweltschutz nicht, so ist er zu einer Annexmaterie geworden. Politik im Sinne des Umweltschutzes müsse die Zukunft gestalten, und dazu beitragen, daß sich die Gesellschaft besinnt. ‹Derzeit benimmt sich die Gesellschaft so, als wäre sie die letzte›. Neben dem schon wiederholt geforderten bundesweiten Umweltschutzgesetz regte Salcher auch an, bei jedem entsprechenden behördlichen Verfahren einen Umweltschutzanwalt beizuziehen. Vor allem im Kampf des ‹kleinen Bürgers› gegen den ‹großen Konzern› könnte dieser wichtige Dienste leisten. Zum Projekt ‹Nationalpark Hohe Tauern›, dessen Grundidee schon über 70 Jahre alt ist, dessen Verwirklichung aber bisher an Kompetenz- und wirtschaftlichen Fragen scheiterte, erklärte der Gesundheitsminister, daß Österreich und die Volksrepublik China die einzigen Länder ohne Nationalpark seien. ‹Die Geschichte des Nationalparks ist der Leidensweg des Natur- und Umweltschutzes›…»
> (Die «Quantomanie» unserer Zeit. Wiener Zeitung vom 05.06.1980).

1981 wurde der Nationalpark Hohe Tauern Kärnten als erster der heute sechs österreichischen Nationalparks eingerichtet. Das Land Kärnten und der Bund unterzeichneten einen 15a-Vertrag und trafen damit eine Vereinbarung über ihren jeweiligen Wirkungsbereich. Der Nationalstaat wurde erstmals in Naturschutzagenden einbezogen.

Internationale Prädikate gewannen an Bedeutung, die Republik Österreich trat 1983 verschiedenen internationalen Konventionen bei: dem 1979 ins Leben gerufenen Übereinkommen über die Erhaltung der europäischen wildlebenden Pflanzen und Tiere und ihrer natürlichen Lebensräume (Berner Konvention) ebenso wie der Ramsar-Konvention von 1971 über den weltweiten Schutz und die nachhaltige Nutzung von Feuchtgebieten. In allen Bundesländern wurde der ex-lege-Schutz für Feuchtgebiete festgelegt.[59]

Bei einer Volksabstimmung über die Inbetriebnahme des Kernkraftwerkes Zwentendorf hatte 1978 eine knappe Mehrheit der österreichischen Bevölkerung mit Nein gestimmt. In den 1980er Jahren folgte eine Reihe von Auseinandersetzungen rund um

Grossprojekte, deren Schauplätze später fast durchwegs als Nationalparks ausgewiesen wurden: Phyrnautobahn (Nationalpark Gesäuse), Truppenübungsplatz im Reichraminger Hintergebirge (Nationalpark Kalkalpen), Kraftwerk Hainburg (Nationalpark Donau-Auen), Kraftwerk Dorfertal (Nationalpark Hohe Tauern Tirol), Hoteldörfer in den Nockbergen (Nationalpark Nockberge, heute: Biosphärenpark Salzburger Lungau und Kärntner Nockberge). Diese Konflikte markieren den Beginn einer neuen Ära. Der Naturschutz der bürgerlichen Eliten wandelte sich zum Umweltschutz, der den Weg in die gesellschaftliche Mitte fand, die sich ungestört entwickelnde Natur wurde zum Symbol für eine selbstbestimmte Gesellschaft (Abb. 19). Die grünen Parteien Österreichs begannen sich zu formieren.

Abb. 19. «Die freie Natur ist unsere Freiheit». Mit dem Erlös vom Maler Friedensreich Hundertwasser gestalteter Verkaufsprodukte, hier einer Sondermarke, wurde das Konrad-Lorenz-Volksbegehren unterstützt. Friedensreich Hundertwasser, Österreichische Post AG.

Als eine der Nachwirkungen der Aubesetzung von Hainburg fand im Jänner 1985 die erste Regierungsklausur zu Umweltfragen in der Zweiten Republik statt. Dabei wurde auf Basis des Umweltkontrollgesetzes (BGBl. 127/1985) die Einrichtung des Umweltbundesamtes als Dienststelle des Bundes beschlossen.[60] 1999 wurde es in die Rechtsform einer GmbH im Eigentum der Republik Österreich übergeführt und versteht sich seither als Beratungsinstitution in umweltpolitischen Fragen für grosse nationale und internationale Unternehmen und politische Entscheidungsträger.[61]

1991 unterzeichnete Österreich die Alpenkonvention, ein internationales Übereinkommen zum Schutz des Alpenraumes. Sie trat 1995 in Kraft. Um den gravierenden Umweltbelastungen entlang der Donau entgegen zu wirken, initiierten die Staaten des Donaueinzugsgebietes sowie internationale Organisationen 1991 das internationale «Übereinkommen über die Zusammenarbeit zum Schutz und zur verträglichen Nutzung der Donau» (IKSD). In Österreich trat das Übereinkommen 1998 in Kraft.

Das Übereinkommen über die Biologische Vielfalt wurde 1992 im Rahmen der Konferenz der Vereinten Nationen über Umwelt und Entwicklung in Rio de Janeiro (Brasilien) zur Signatur aufgelegt. Die Konvention trat im Jahr 1993 in Kraft. Österreich ist seit 1995 Vertragspartei. Der Verpflichtung, eine nationale Strategie zu erstellen, kam Österreich 1998 nach.

Mit der Unterzeichnung der Resolutionen der Ministerkonferenz zum Schutze der Wälder in Europa 1993 in Helsinki hat sich Österreich verpflichtet, die Einrichtung eines Netzwerkes von Naturwaldreservaten voranzutreiben. Seit 1995 wird an der Verwirklichung des österreichischen Naturwaldreservate-Programms gearbeitet. Derzeit gibt es in Österreich 200 Reservate mit einer Gesamtfläche von etwa 80 Quadratkilometern. Mit der Auswahl und wissenschaftlichen Betreuung der Flächen wurde das Bundesamt und Forschungszentrum für Wald, Naturgefahren und Landschaft (BFW) betraut, die administrativ-rechtliche Abwicklung erfolgt durch das Bundesministerium für Land- und Forstwirtschaft, Umwelt und Wasserwirtschaft.[62]

3.3.5 Österreich in der Europäischen Union (1995 bis heute)

Mit dem Beitritt Österreichs zur Europäischen Union 1995 mussten in Österreich europäische Standards erfüllt und Richtlinien angewandt werden, europäische Finanzierungsinstrumente und Institutionen wie der Europäische Gerichtshof gewannen an Bedeutung. Die Idee einer systematischen europaweiten Naturschutzstrategie, wie sie mit Natura 2000 propagiert wurde, kollidierte in Österreich mit dem Selbstverständnis des föderalen Naturschutzes. Die Umsetzung erfolgte daher auch von Bundesland zu Bundesland unterschiedlich schnell.

Ihre volle Wirksamkeit entfalten die europäischen Richtlinien erst durch die Rechtsprechung. Ein Schlüsselereignis stellte das erste Vertragsverletzungsverfahren und das Urteil des Europäischen Gerichtshofes gegen die Republik Österreich von 2004 dar: Wegen der Beeinträchtigung des Lebensraumes des Wachtelkönigs an der Enns musste ein Golfplatz rückgebaut werden.[63] Durch die Erstellung von Schattenlisten (enthalten Schutzgüter, die in den aktuellen Schutzgebietsausweisungen als zu wenig gut repräsentiert angesehen werden) und ihre Rolle in Vertragsverletzungsverfahren gewannen Naturschutzorganisationen wieder an Bedeutung.

Bereits 1999 wurde der Grundstein für eine weitreichende Zusammenarbeit der österreichischen Nationalparks gelegt, deren Ergebnis 2010 mit der Österreichischen Nationalparkstrategie präsentiert werden konnte. In einem mehrjährigen Prozess erarbeiteten das Bundesministerium für Land- und Forstwirtschaft, Umwelt und Wasserwirtschaft (BMLFUW), die Bundesländer und verschiedene Naturschutzorganisationen «eine verbindliche Strategie mit akkordierten Grundsätzen» und «Zielen der Zusammenarbeit in allen wichtigen Aufgabenbereichen» und schufen damit auch die Basis für einen gemeinsamen öffentlichkeitswirksamen Auftritt (BMLFUW 2010: 6). 2011 verpflichteten sich die sechs österreichischen Nationalparks zur Umsetzung der Strategie und zur Zusammenarbeit unter der Dachmarke Nationalparks Austria (Abb. 20).

Abb. 20. blick.dicht. Mit einer grossen Kampagne rücken sich die Österreichischen Nationalparks ins Licht der Öffentlichkeit. Nationalparks Austria (2014).

3.4 Naturschutz in der Schweiz

3.4.1 Die Zeit vor 1914

Wie in Deutschland und Österreich wurden auch in der Schweiz die ersten Massnahmen zum Schutz der Natur vor allem aus Gründen der Nutzung und Sicherung von Ressourcen getroffen. Als erster diesbezüglicher Schritt ist eine Verordnung zum Schutz von Vögeln aus Zürich bekannt. Der Vogelfang wurde 1335 verboten, damit die Vögel Käfer und andere «Schadinsekten» vertilgen und so den Ernteerfolg sicherstellen könnten.[64]

Im Kanton Glarus wurde im «Kärpf» 1548 ein Jagdverbot erlassen. In diesem ältesten, (mit einer kurzen Unterbrechung) bis heute bestehenden Jagdbanngebiet der Schweiz sollten Tiere Schutz finden, die durch die Jagd in ihrem Bestand bedroht waren.[65]

In der zweiten Hälfte des 19. Jahrhunderts wurde der internationale Alpentourismus zu einem wichtigen Wirtschaftsfaktor. Das touristische Potenzial der Alpen sollte durch den Ausbau der Verkehrs- und Hotelinfrastruktur so gut als möglich ausgeschöpft werden. Nach Meinung vieler Experten war das unkontrollierte Abholzen der Wälder die Ursache von Lawinen- und Murenabgängen sowie von Überschwemmungen im Tiefland. Um den Raubbau an der Natur zu unterbinden, wurde dem Bundesstaat die Oberaufsicht über die Gebirgswälder übertragen, durch eine Revision der Bundesverfassung von 1874 weitreichendere Kompetenzen eingeräumt und entsprechende Gesetze zu Jagd, Fischerei (beide 1875) und Forstwesen (1876) erlassen. Mit der eidgenössischen Jagdgesetzgebung wurden Jagd- und Schonzeiten geregelt und die Möglichkeit geschaffen sogenannte Jagdbannbezirke auszuweisen. Damit konnten sich die wegen des hohen Jagddrucks und des sehr schlechten Zustandes der Wälder stark dezimierten Wildbestände wieder etwas erholen. Rothirsch und Steinbock waren jedoch bereits völlig verschwunden. Im Gesetz wurde zwischen «nützlichen» und «schädlichen» Tieren unterschieden. Zu letzteren zählten alle Raubtiere (KUPPER 2012b: 37).

Etwa zur selben Zeit setzten Bemühungen zum Schutz der charakteristischen «Schweizer» Alpenpflanzen ein. «Verhältnismäßig spät», wie der Botaniker Wilhelm VISCHER (1946: 28) meinte, nachdem «die Sucht nach seltenen Pflanzen Mode und Schutzmaßnahmen zur Notwendigkeit geworden waren». Auf private Initiative wurde 1870 im Creux du Van das erste Naturschutzreservat der Schweiz «mit einer großen Anzahl seltener ... Pflanzenarten» geschaffen (VISCHER 1946:29). In einigen Kantonen wurden Pflanzenschutzverordnungen erlassen oder Alpengärten eingerichtet. «Ästhetische und patriotische Empfindungen, Alpenbegeisterung und naturgeschichtliches Interesse» vermengten sich zu einer «naturschützerischen Sichtweise *avant la lettre*» (KUPPER 2012b: 38). Zudem setzte ein regelrechter Boom um den Schutz erratischer Blöcke ein. Bereits 1815 war die Schweizerische Naturforschende Gesellschaft (SNG) mit dem Ziel gegründet worden, die «Kenntnisse der Natur überhaupt» und der «vaterländischen insbesondere» zu erweitern (WYTTENBACH et al. 1816:1). 1867 rief die Naturforschende Gesellschaft zum Schutz von Findlingen als «Naturdenkmäler von nationaler Bedeutung» auf.[66] Eine schwierige Aktion zur Rettung des Riesenfindlings «Pierre des Marmettes», der schliesslich mit dem Erlös einer Sammelaktion der Schweizerischen Naturforschenden Gesellschaft gekauft werden konnte, führte zur Gründung der Kommission für die Erhaltung von Naturdenkmälern und prähistorischen Stätten (Schweizerische Naturschutzkommission, SNK) im Jahr 1906. Sie sollte sich um die Inventarisierung und den Schutz der «wissenschaftlich wichtigen» schweizerischen Naturdenkmäler kümmern.[67] Die Kommission setzte sich auch umgehend für die Schaffung eines Nationalparks ein. Als weitere Konsequenz des Streits um den Riesenfindling wurden im Zivilgesetzbuch zum ersten Mal auf nationaler Ebene Bestimmungen zum Natur- und Heimatschutz festgeschrieben, unter anderem der Passus, nachdem für den Schutz von Naturdenkmälern Enteignungen möglich wären.[68]

Gegen Pläne zur Erschliessung des Matterhorns startete der Heimatschutz eine Unterschriftenaktion. Auch die Genfer Société de physique et d'histoire naturelle war dagegen und trat 1907 mit der Forderung an den Bundesrat heran, Schutzgebiete in den Alpen auszuweisen. Das war auch ein Anliegen der Schweizer Naturschutzkommission, die zu diesem Zweck einen ersten Pachtvertrag für die Val Cluozza mit der Gemeinde Zernez abschloss. Um den Pachtzins und die laufenden Kosten zu finanzieren wurde noch im selben Jahr der Schweizerische Bund für Naturschutz (SBN) gegründet (Abb. 21).[69]

Auf Initiative des Präsidenten des Schweizerischen Bund für Naturschutz, Paul Sarasin, lud der Schweizerische Bundesrat 1913 zur ersten internationalen Naturschutzkonferenz nach Bern. 17 Staaten, darunter alle zeitgenössischen Grossmächte, leisteten der Einladung Folge. Sarasin präsentierte seine Idee des Weltnaturschutzes, nach der jede Nation für die Natur in ihren Grenzen Verantwortung übernehmen sollte. Bis dahin nicht territorial zugeordnete Gebiete sollten der nationalen Autorität einzelner Staaten überantwortet werden. Die im Rahmen der Konferenz gebildete internationale Naturschutzkommission nahm wegen des bald folgenden Kriegsausbruchs ihre Arbeit nie auf (KUPPER 2012b: 85ff.).

> Betrachtungen zum Naturschutz von Steivan Brunies
> «Wird auch die Wünschbarkeit des Schutzes hervorragender Naturobjekte, sog. ‹Naturdenkmäler› … von niemand bestritten, so herrscht doch vielfach die irrige Meinung, der Naturschutz sei im Grunde seines Wesens fortschrittsfeindlich und seine Verkünder vermäßen sich sogar, in blindem Eifer hemmend in die Radspeichen der Zeit zu greifen. Dieser Irrtum beruht auf einer verhängnisvollen Täuschung! Unter dem Banne der sich überstürzenden Erfindungen aller Art haben wir uns bereits daran gewöhnt, in jeder wirtschaftlichen Neuerung und in jeder technischen Errungenschaft einen Fortschritt zu sehen, dem nur weltfremde Ideologen in den Weg treten können. … Allerdings stünde es bei der herrschenden Geistesrichtung schlimm um die Naturschutzbewegung, wäre sie auf Gnade gestellt und müßte sie sich lediglich an Herz und Sinn wenden. Diese Zeiten sind vorbei, nachdem man ihr sogar eine hervorragend praktische Seite entdeckt hat und ihre ungeahnte wirtschaftliche Bedeutung allmählich einzusehen beginnt …»
> (Steivan BRUNIES 1927: Wesen und Ziele des Naturschutzes. Schweizerische Blätter für Naturschutz 1926 und 1927, 4–8).

3.4.2 Die Zeit der Weltkriege (1914–1945)

1914 stimmte das schweizerische Parlament der Errichtung eines Nationalparks zu und stellte so seine bundesstaatliche Verankerung sicher (KUPPER 2012b: 53). Das bedeutete sowohl finanzielle Beteiligung als auch die Oberaufsicht über den Park durch den Bund (Abb. 22). Als entscheidendes Gremium wurde die Eidgenössische Nationalparkkommission unter Beteiligung von Bund, Schweizerischer Naturforschender Gesellschaft und Schweizer Naturschutzkommission geschaffen.

1925 wurde ein eidgenössisches Bundesgesetz über die Jagd und den Vogelschutz erlassen. 1932 wandten sich der Schweizerische Bund für Naturschutz und der Schweizerischer Heimatschutz (SHS) in der sogenannten «Oltener Resolution» gemeinsam an den Bundesrat mit dem Anliegen zur besseren Berücksichtigung des Natur- und Heimatschutzes ein entsprechendes Bundesgesetz vorzubereiten. Nachdem die Kantone dies ablehnten, erteilte der Bund 1935 eine abschlägige Antwort. Immerhin wurde 1936 die Eidgenössische Natur- und Heimatschutzkommission ENHK als beratende Stelle für Belange des Natur- und Heimatschutzes» geschaffen (VISCHER 1946: 47ff.).

HEIMATSCHUTZ

ZEITSCHRIFT DER «SCHWEIZER. VEREINIGUNG FÜR HEIMATSCHUTZ»
BULLETIN DE LA «LIGUE POUR LA CONSERVATION DE LA SUISSE PITTORESQUE»

| NACHDRUCK DER ARTIKEL UND MITTEILUNGEN BEI DEUTLICHER QUELLENANGABE ERWÜNSCHT | HEFT 3 • MÄRZ 1910 | LA REPRODUCTION DES ARTICLES ET COMMUNIQUÉS AVEC INDICATION DE LA PROVENANCE EST DÉSIRÉE |

AUFRUF ZUM BEITRITT ZUM SCHWEIZ. BUND FÜR NATURSCHUTZ

Wir wenden uns an die Mitglieder der Schweizerischen Vereinigung für Heimatschutz mit der Bitte, ihre wohlwollende Aufmerksamkeit dem diesem Hefte beigelegten Aufruf der Schweizerischen Naturschutzkommission zuteil werden zu lassen. — Das Ziel, das mit der Gründung eines Schweizerischen Nationalparks verfolgt wird, ist mit demjenigen des Heimatschutzes ein derart eng verwachsenes, dass wir ruhig die Erwartung hegen dürfen, dass *sehr viele unserer Mitglieder* dem neu zu gründenden Bunde beitreten werden. Die Festsetzung eines jährlichen Minimalbeitrages von Fr. 1.— bietet die beste Gewähr dafür, dass das Werk ein wahres nationales Denkmal werden soll und kann, das sich wie kein anderes der *grössten Volkstümlichkeit* erfreuen wird. Damit ihm aber dieser Charakter verliehen wird, gebraucht es der Mitarbeit vieler zur Werbung neuer Mitglieder und wir ersuchen die Mitglieder der Schweizerischen Vereinigung für Heimatschutz sich in ihren Kreisen zu bemühen, die beigelegten Sammellisten reichlich mit Unterschriften zu versehen.

Wir machen unsere Mitglieder noch speziell darauf aufmerksam, dass die *weisse* Liste für Mitglieder mit jährlichem Beitrag, die *farbige* Liste für lebenslängliche Mitglieder gegen eine einmalige Zahlung bestimmt sind.

Die Listen sind an die Zentralstelle des Schweizerischen Bundes für Naturschutz, 22 Spitalstrasse, Basel, zu adressieren. Ebenfalls können daselbst weitere Listen verlangt werden.

Im Namen und Auftrag des Vorstandes der Schweizerischen Vereinigung für Heimatschutz
Der Obmann: *A. Burckhardt-Finsler.*
Der Säckelmeister: *F. Otto.*

APPEL A NOS LECTEURS

Nous désirons recommander tout spécialement à nos membres l'appel qui leur est adressé dans ce numéro par la Commission de l'Association du «Naturschutz».

Le but poursuivi par la création d'un parc national est étroitement lié à la cause que nous nous sommes attachés à défendre, et nous sommes convaincus que cet appel rencontrera chez nos membres un accueil chaleureux.

La fixation à 1 franc (minimum) de la cotisation montre que cette œuvre est, et doit être, essentiellement populaire et patriotique, et l'on peut espérer qu'elle sera entourée de l'appui général.

Pour conserver à l'Association ce caractère populaire, il importe que les premiers adhérents en entraînent d'autres en grand nombre, et c'est pourquoi nous prions les membres de notre Ligue d'appuyer cette souscription et de faire de leur mieux pour récolter le plus grand nombre possible de signatures.

Nous rappelerons que les bulletins *blancs* sont destinés aux membres à cotisation annuelle, alors que les bulletins de couleur sont ceux des membres à vie.

Les bulletins remplis sont à adresser au siège de l'Association suisse du «Naturschutz», 22, Spitalstrasse à Bâle, qui délivrera sur demande de nouveaux formulaires.

Au nom du Comité
de la Ligue pour la conservation de la Suisse pittoresque.
Le Président: *A. Burckhardt-Finsler.*
Le Trésorier: *F. Otto.*

DER HINTERGRUND DES VAL CLUOZA VON ALP MURTÈR AUS GESEHEN
Rechts Monte Serra und das Seitental von Valletta; links das Seitental del Diavel, der Piz del Diavel und der Piz dell'Acqua. — Aufnahme von *F. Meyjes,* cand. chem., Zürich
LE PANORAMA DU VAL CLUOZA, VU DE LA MURTÈRALP. A droite le Monte Serra et la vallée de Valletta, à gauche le Val del Diavel, le Piz del Diavel et le Piz dell'Acqua.
Photographie de M. *F. Meyjes,* cand. chim., Zurich

DER ERSTE SCHWEIZERISCHE NATIONALPARK VAL CLUOZA BEI ZERNEZ
Von C. Schröter
Mitglied der Schweizerischen Naturschutzkommission.

Der Naturschutz, der jüngere Bruder des Heimatschutzes, ist seinem ältern Genossen herzlich dankbar, dass er ihm so freundlich die Hand bietet, um die gewaltige Schar schweizerischer «Heimatschützler» auch für seine Sache zu interessieren! In dem Aufruf zum Beitritt in den «Schweizerischen Bund für Naturschutz», der der vorletzten und dieser Nummer des «Heimatschutz» beiliegt, werden die Leser über die Ziele dieser Bewegung aufgeklärt und als ein Erfolg die Schaffung des ersten schweizerischen Nationalparkes, *Val Cluoza* im Unterengadin, bezeichnet.

Hier sollen in Wort und Bild dieser Nationalpark und die angrenzenden Gebiete geschildert werden, mit Hinweis auf die nächstliegenden weitern Aufgaben.

17

Abb. 21. Aufruf des Schweizerischen Naturschutzbundes. Über private Mittel, vor allem Mitgliedsbeiträge, wollte der Schweizerische Naturschutzbund die Bemühungen um Schutzgebiete finanzieren. Titelblatt «Heimatschutz» (1910), Schweizer Vereinigung für Heimatschutz.

Naturschutzgeschichte – ein Überblick 57

Abb. 22. Ortsaugenschein. Eine parlamentarische Kommission machte sich über die örtlichen Gegebenheiten kundig, bevor sie der Einrichtung eines Schweizerischen Nationalparks 1914 zustimmte. Foto Schweizerischer Nationalpark.

Vor dem Zweiten Weltkrieg importierte die Schweiz rund die Hälfte ihrer Nahrungsmittel. Um der Lebensmittelknappheit während des Krieges entgegenzuwirken wurde ab 1940 ein Programm zur Förderung der landwirtschaftlichen Lebensmittelproduktion durchgeführt, die sogenannte «Anbauschlacht». Durch Rodungen, Melioration und durch den Einbezug bis dahin nicht landwirtschaftlich genutzter Flächen wie Brachen, öffentliche Parks oder Sportplätze sollte zusätzliche Ackerfläche gewonnen werden.[70] Die Schweiz blieb von einer Hungersnot verschont, doch Moore, Hecken und Wälder wurden durch diese Massnahmen in Mitleidenschaft gezogen.

3.4.3 Vom Nachkriegsboom zu den Umweltkrisen der 1980er (1945–1991)

In der Schweizerischen Naturschutzkommission waren von Anfang an akademisch gebildete Personen vertreten, daher gab es auch immer eine Verbindung zwischen Naturschutz und den Universitäten. Ihr wissenschaftliches Interesse am Naturschutz erwachte allerdings erst mit der intensiven Landnutzung und ihren Folgen in den Nachkriegsjahren. Ab den 1960er Jahren wurde beispielsweise die Zersiedelung als Problem wahrgenommen.[71]

Neben dem Lebensmittel- wollte sich die Schweiz auch auf dem Energiesektor die Eigenständigkeit bewahren. Es gab zahlreiche Planungen für Wasserkraftwerke in den Alpen und im Mittelland, unter anderem sollte das Wasser des Silsersees im Oberengadin genutzt werden. Mit einer vom Schweizerischen Bund für Naturschutz und dem Schweizerischen Heimatschutz gemeinsam initiierten Verkaufsaktion von «Schoggitalern» durch Schulkinder war es im Jahr 1946 gelungen, einen Grossteil der Summe, die die Gemeinden am Silsersee für die Nichtvergabe der Wasserkonzessionsrechte verlangten, aufzutreiben. Der Kraftwerksbau am Silsersee konnte verhindert werden. Die Schoggitaler-Aktion wird seither alljährlich wiederholt und der Erlös verschiedenen Natur- und Heimatschutzprojekten gewidmet.[72]

1951 war es wieder der Bau eines Wasserkraftwerkes – diesmal in Rheinau bei Schaffhausen – der heftige Proteste bewirkte. Vor allem in bürgerlichen Kreisen regte sich Widerstand, primär ging es um den Schutz einer Flusslandschaft. Durch das Engagement einiger Politiker erreichte die Auseinandersetzung auch die Parlamente. Das «Überparteiliche Komitee zum Schutze der Stromlandschaft Rheinau-Rheinfall» sammelte 156000 Unterschriften gegen den Kraftwerksbau, organisierte Demonstrationen mit Tausenden Teilnehmern und lancierte zwei eidgenössische Verfassungsinitiativen (Abb. 23). Die Initiativen wurden abgelehnt, das Kraftwerk Rheinau wurde 1957 fertiggestellt. Fast zeitgleich wurde ein ähnlicher Konflikt rund um die Nutzung des Spöl im Schweizerischen Nationalpark ausgetragen, der ebenfalls zu Gunsten der Kraftwerksbefürworter entschieden wurde. Dennoch gilt diese Ära als Wendepunkt in der schweizerischen Naturschutzbewegung, da Naturschutz erstmals zu einem politischen gesamtschweizerischen Thema wurde. «Protestmärsche und lauthals verkündete Resolutionen» waren in der Schweiz neu und «nicht immer wohlgelitten». Die traditionellen Organisationen kritisierten «die radikalen Methoden der Naturschützer vom Rhein», für diese war wiederum «die Haltung von SHS und SBN viel zu kompromissbereit». Sie gründeten daher 1960 den Rheinaubund, der in den folgenden Jahren eine bedeutende Rolle im Schweizer Naturschutz einnahm.[73]

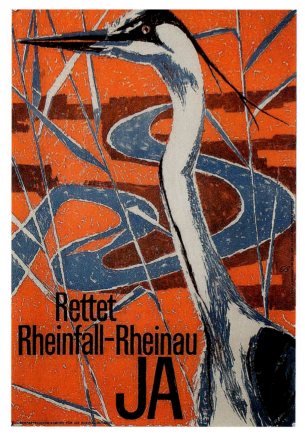

Abb. 23. Verfassungsinitiative Rettet Rheinfall-Rheinau. Zwei Initiativen gegen den Bau des Kraftwerks wurden zwar abgelehnt, machten aber Naturschutz zu einem politischen gesamtschweizerischen Thema. Plakat von Ernst Bosshardt (1955), Stadtarchiv Schaffhausen.

Die geschilderten Auseinandersetzungen weckten in grossen Teilen der Bevölkerung ein Bewusstsein für die Schutzbedürftigkeit der Landschaft und der Natur. 1958 begannen der Schweizerische Bund für Naturschutz, der Schweizerische Heimatschutz und der Schweizer Alpenclub (SAC) mit der Aufstellung eines Inventars der zu erhaltenden Landschaften und Naturdenkmäler von nationaler Bedeutung (KLN). Es wurde laufend ergänzt, 1963 erstmals präsentiert und bildete ab 1977 auch die Basis für entsprechende Inventare des Bundes (BLN).[74] 1962 wurde die Aufnahme eines Natur- und Heimatschutzartikels in die Verfassung vom Schweizer Volk mit deutlicher Mehrheit befürwortet. Der Artikel sah die Zuständigkeit der Kantone für den Natur- und Heimatschutz vor.[75] 1966 folgte ein Bundesgesetz über Natur- und Heimatschutz.[76] Als Rahmengesetz konzipiert, sollte es die Kantone bei der Wahrnehmung ihrer Aufgaben unterstützen.[77] 1971 wurde ein Verfassungsartikel zum Umweltschutz mit grosser Mehrheit angenommen und das Bundesamt für Umweltschutz (BUS, ab 1989 Bundesamt für Umwelt, Wald und Landschaft BUWAL, seit 2006 Bundesamt für Umwelt BAFU) geschaffen.[78] Im selben Jahr erhielten die Schweizer Frauen erstmals das Stimmrecht.

Die Konflikte der 1950er und -60er Jahre rund um die Wasserkraftnutzung hatten bewirkt, dass die Schweizer Naturschutzorganisationen nahezu geschlossen den Bau von Atomkraftwerken als Beitrag zum Naturschutz begrüssten, wenn nicht forderten. Das «Atomzeitalter», so ihre Hoffnung, würde «die hydroenergetische Nutzung überflüssig machen» (KUPPER 1998: 37). Anfang der 1970er Jahre vollzogen dieselben Organisationen eine Kehrtwendung in ihrer Einstellung zur Atomenergie: Sie forderten (wohl auch unter dem Eindruck der «Ölpreis-Krise» von 1973) «individuelle und staatliche Massnahmen zum Energiesparen» und sprachen sich gegen den Bau von weiteren Atomkraftwerken aus. Der Widerstand erreichte 1975 seinen Höhepunkt, als das Baugelände für das Atomkraftwerk Kaiseraugst über elf Wochen von bis zu 15 000 Personen besetzt wurde.[79] Das Vorhaben wurde 1987 nach mehr als 20 Jahren Planungszeit fallengelassen.

Themen wie Umweltverschmutzung und Umweltschutz wurde von Seiten der Politik und der Öffentlichkeit grosse Aufmerksamkeit geschenkt. Luftverschmutzung und Lärm wurden als alltägliche Einschränkung der Lebensqualität wahrgenommen. Der Historiker François Walter bezeichnet dieses Phänomen als die «Wende der siebziger Jahre» (WALTER 1996: 184, zitiert in KUPPER 1998: 24).

Im Jahr 1974 trat die Schweiz dem Ramsar-Abkommen bei und verpflichtete sich damit Schutzmassnahmen für Gewässer und Feuchtgebiete von internationaler Bedeutung zu treffen.[80] 1979 leistete die Schweiz mit der Ausweisung des Schweizerischen Nationalpark als Biosphärenreservat einen Beitrag zum Man and the Biosphere-Programm der UNESCO. Ende der 1970er Jahre löste der WWF Schweiz den Schweizerischen Bund für Naturschutz als mitgliederstärkste schweizerische Natur- und Umweltschutzorganisation ab. Der World Wildlife Fund (WWF, heute World Wide Fund for Nature), war 1961 als internationale Organisation mit Sitz in der Schweiz gegründet worden.[81]

In den 1980er Jahren erreichte die öffentliche Debatte über das Waldsterben ihren Höhepunkt. Folgenreiche Zwischenfälle, wie der atomare Super-Gau in Tschernobyl oder die Kontaminierung des Rheins nach dem Brand einer Lagerhalle des Chemiekonzerns Sandoz bei Basel, sensibilisierten die Bevölkerung weiter für Umweltthemen. Als Pläne des Schweizer Militärs publik wurden, in der Moorlandschaft von Rothenthurm einen Waffenplatz zu errichten, formierte sich Widerstand. Die Rothenthurm-Initiative wurde ins Leben gerufen und 1987 in einer Volksabstimmung angenommen, seither ist der Schutz von Mooren und Moorlandschaften in der Verfassung festgeschrieben.[82]

3.4.4 Die Schweiz in Europa (1992 bis heute)

1992 lehnte das Schweizer Volk eine Teilnahme an einem gemeinsamen europäischen Wirtschaftsraum ab und regelt seither sein Verhältnis zur Europäischen Union über bilaterale Abkommen.[83] Unter anderen war es auch den Umweltorganisationen der Schweiz nicht gelungen, in der Frage der Zugehörigkeit zu Europa eine gemeinsame Position zu finden. Um ihre Zusammenarbeit in der Umweltpolitik künftig besser abstimmen und Interessen des Umwelt- und Naturschutzes besser vertreten zu können, gründeten sie die Kontaktstelle Umwelt KSU (seit 2009 Umweltallianz). Eine gemeinsame Initiative der Naturschutzorganisationen bewirkte, dass der Bund ab 1993 die Förderung ökologischer Ausgleichsflächen in der Landwirtschaft durch Direktzahlungen begann.[84]

Nach dem EU-Beitritt Österreichs 1995 verblieben die Schweiz und Liechtenstein als einzige Staaten in West- und Mitteleuropa ausserhalb der Europäischen Union (EU). Europäische Richtlinien erlangten hier keine Gültigkeit und die Schweiz leistet keinen direkten Beitrag zum Natura 2000-Netzwerk der EU. Sehr wohl war und ist die Schweiz aber Mitglied des Europarates und hat sich als solches zur Umsetzung der Berner Konvention verpflichtet. 1989 setzte sich der Europarat die Schaffung eines pan-europäischen ökologischen Netzwerks zum Ziel, des Smaragd-Netzwerks. Die Einrichtung von Smaragdgebieten erfolgt seit 1996 nach denselben Prinzipien wie die von Natura 2000-Gebieten. Sobald sie nominiert sind, müssen sie auf nationaler Ebene umgesetzt und gemanagt werden. Derzeit verfügt die Schweiz über 37 Smaragdgebiete, die eine Weiterführung von Natura 2000 in Nicht-EU-Staaten darstellen und gemeinsam mit Natura 2000 ein kohärentes Netzwerk von Schutzgebieten bilden sollen.[85] Allerdings ist die Schweiz nicht an europäische Richtlinien gebunden, die europäischen Finanzierungsinstrumente und Durchsetzungsmechanismen (Vertragsverletzungsverfahren) kommen nicht zur Wirkung.

Im Jahr 2001 gelang es im Entlebuch das erste Schweizer Biosphärenreservat nach den Vorgaben der Sevilla-Strategie und das erste Biosphärenreservat weltweit auf der Basis eines Volksentscheides einzurichten.[86] 2008 wurde die Biosphäre Entlebuch auch zum ersten Regionalen Naturpark nach der Schweizer Pärkeverordnung.

Einige parlamentarische Vorstösse hatten 1998 eine Diskussion über neue Grossschutzgebiete in der Schweiz angestossen. Das zuständige Bundesamt arbeitete daraufhin eine Revision des Natur- und Heimatschutzgesetzes aus, die 2007 vom Parlament angenommen wurde. Die grösste Neuerung war ein Kapitel zu den «Pärken von nationaler Bedeutung», die nun eine gesetzliche Grundlage erhielten. Die Pärke sollten auf einer regionalen Initiative beruhen und in einem demokratischen und partizipativen Prozess entstehen. Es wurden drei Kategorien unterschieden: Nationalpark, Regionaler Naturpark und Naturerlebnispark; der Entstehungsprozess sollte grundsätzlich für alle Parkkategorien gleich sein.[87] Parallel zu dieser Entwicklung hatte der Schweizerische Bund für Naturschutz, der sich nun Pro Natura nannte, eine Kampagne zur Gründung eines neuen Nationalparks lanciert. Im Mai 2007 gründeten 19 Parkprojekte den Verein «Netzwerk Schweizer Pärke». Das Netzwerk versteht sich als Dachverband, der seine Mitglieder bei der Errichtung und beim Betrieb der Pärke unterstützt und die Interessen der Pärke vertritt.[88] Bis heute konnten vierzehn Naturpärke von regionaler Bedeutung und ein Naturerlebnispark eingerichtet werden. Zwei Pärke sind als Anwärter auf die Kategorie Nationalpark noch im Kandidatenstatus.[89]

2010 wurde das Biosphärenreservat Schweizerischer Nationalpark um das Val Müstair erweitert und von der UNESCO mit Vorbehalten anerkannt. Der Nationalpark sollte die Kern-, das angrenzende Val Müstair die Umgebungszone darstellen. Die UNESCO verlangte die Schaffung einer Umgebungszone, die die Kernzone vollständig umschliesst, bis 2013, andernfalls würde die Auszeichnung Biosphärenreservat wieder aberkannt. Nachdem die Vorgaben bis heute nicht erfüllt sind, droht nun die Aberkennung. In diesem Falle würde das Val Müstair zu einem Regionalen Naturpark.

4 Die Schutzgebiete

4.1 Nationalpark Berchtesgaden

4.1.1 Die Region Berchtesgaden

Lage: Der Nationalpark Berchtesgaden liegt im Berchtesgadener Land in Bayern und grenzt südlich und östlich an das österreichische Bundesland Salzburg. Er umfasst rund 210 Quadratkilometer und ist der einzige Hochgebirgsnationalpark Deutschlands.

Schutzkategorien: 1910 Pflanzenschonbezirk, 1921 Naturschutzgebiet, 1934 Naturschutzgebiet besonderer Ordnung, 1939 Wildschutzgebiet, 1955 Pflanzen- und Tierschongebiet, 1978 Nationalpark, 1990 Biosphärenreservat, 1995 Europadiplom, 2001 Natura 2000-Gebiet.

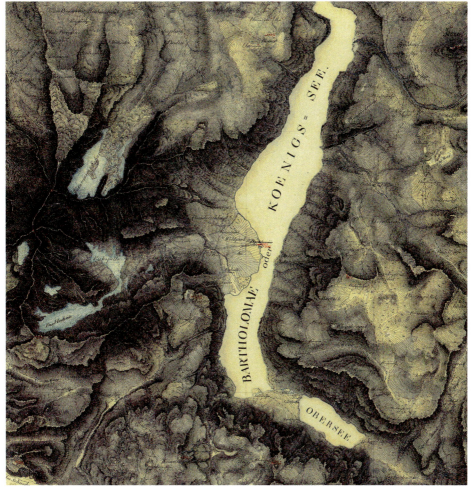

Abb. 24. Königssee und Watzmann um 1817–1856. Rund um den Königssee kristallisierten erste Schutzbestrebungen. BayernAtlas, http//:www.geoportal.bayern.de.

Der Nationalpark Berchtesgaden gehört zu den Berchtesgadener Alpen in den Nördlichen Kalkalpen. Der Park erstreckt sich über eine Höhenamplitude von mehr als 2100 Metern mit dem Königssee (603 Meter) als tiefstem Punkt und dem Watzmann (2713 Meter) als höchster Erhebung. Das schroffe Kalkgebirge ist von Schluchten durchzogen, Bergseen und Eishöhlen stellen weitere landschaftliche Höhepunkte dar (Abb. 24).

Im 12. Jahrhundert begann der Orden der Augustiner-Chorherren in Berchtesgaden ein Stift zu errichten. Sie erlangten bald die Forsthoheit und die Schürfrechte für Salz und Metall. Der Salzbergbau brachte auch den ersten wirtschaftlichen Aufschwung. Nach mehr als 600 Jahren unter geistlicher Herrschaft wurde Berchtesgaden 1810 dem Königreich Bayern angegliedert. Die bayerischen Könige nutzten Berchtesgaden zunächst als Sommerresidenz und bald auch als königliches Jagdrevier. Schon seit dem 17. Jahrhundert war die Wallfahrtskirche St. Bartholomä am Königssee Anziehungspunkt für Pilger aus Bayern und Salzburg gewesen. Mit der Anbindung an das Eisenbahnnetz nahm der Tourismus im Berchtesgadener Land nun seinen endgültigen Aufstieg und blieb bis heute der wichtigste Wirtschaftsfaktor der Region. Die Zahl der Übernachtungen lag Ende der 1990er Jahre bei rund 2,5 Millionen in Berchtesgaden.

Das für die Salzgewinnung im Mittelalter nötige Holz wurde im Berchtesgadener Land geschlagen, die Schlagflächen meist mit Fichten oder Lärchen aufgeforstet. Diese Baumarten eigneten sich am besten für die Holztrift, die die übliche Form des Transportes darstellte. Die hohen Schalenwildbestände im königlichen Jagdrevier erhöhten den Druck auf den Wald und durch den Wildverbiss nahm der Laubwaldanteil weiter ab. Die ursprünglich vorherrschenden Buchenmischwälder wurden durch diese Form der Nutzung grösstenteils von Nadelbaumarten verdrängt.

Die spektakulären Kulissen von Landschaftsikonen wie Watzmann und Königssee locken jährlich Hunderttausende Besucher in den Nationalpark Berchtesgaden. Angebote wie z. B. das Wanderfestival, die barrierefreie Gestaltung der meisten Besuchereinrichtungen oder das 2013 eröffnete Nationalparkzentrum «Haus der Berge» tragen weiter zur Popularität des Nationalparks Berchtesgaden bei. In besonderem Masse widmet man sich der Forschung und Umweltbeobachtung und zwar sowohl der Forschung im Nationalparkgebiet als auch eingebettet in internationale Netzwerke.

4.1.2 Meilensteine

1888 kamen mit dem Anschluss an das Eisenbahnnetz zahlreiche Forscher und Alpintouristen nach Berchtesgaden.

1910 entstand mit der Ausweisung des Pflanzenschonbezirks Königssee das zu dieser Zeit grösste Schutzgebiet der Alpen.

1921 protestierten Naturschutzverbände gegen verschiedene bauliche Massnahmen und erreichten die Erklärung des Königssees zum Naturschutzgebiet.

1934 liess Reichsjägermeister Göring im Bereich des Königsees ein Naturschutzgebiet besonderer Ordnung einrichten um sein Jagdrevier zu sichern.

1952 stimmte der Bayerische Landtag der Herausnahme des Jenners aus dem örtlichen Naturschutzgebiet zu, um dort eine Seilbahn errichten zu können.

1952 forcierte der Präsident des Deutschen Naturschutzrings Hans Krieg einen Deutsch-Österreichischen Nationalpark rund um den Königssee.

1955 richtete die Regierung Oberbayerns ein Pflanzen- und Tierschongebiet rund um den Königssee ein.

1968 legten die Berchtesgadener Bergbahnen Pläne für eine Grosskabinenbahn auf den Watzmann vor.

1972 beschloss der Bayerische Landtag im Naturschutzgebiet Königsee einen Bayerischen Alpenpark zu planen.

1978 trat die Verordnung über einen Alpen- und Nationalpark Berchtesgaden in Kraft.

1981 nahmen Forscher die Arbeit zum MaB-Projekt 6 «Ökosystemare Forschung Berchtesgaden» auf.

1990 erkannte die UNESCO das Biosphärenreservat Berchtesgaden mit dem Nationalpark als Kernzone an.

1990 erhielt der Nationalpark Berchtesgaden erstmals das Europäische Naturschutzdiplom.

2003 nach Kritik des Rechnungshofes und der UNESCO wurden die Verwaltungsstrukturen im Nationalpark reformiert.

2013 erhielt der Nationalpark mit dem Haus der Berge ein Besucherzentrum, das neue Massstäbe im Bereich der Umweltbildung setzt.

4.1.3 Forschergeist und Politik – Akteure

1797 bereiste der Gelehrte Alexander von Humboldt das Königsseegebiet und stellte in dem noch weitgehend unbekannten Gebiet erste Forschungen an. Unter anderem gelang ihm die Erkundung der «Eiskapelle», eines Gletscherhöhlensystems am Fusse des Watzmann.[90] Rund hundert Jahre später lancierte ein anderer Forscher die Idee fortlaufende Vegetationsaufnahmen im Königsseegebiet zu machen, um die Entwicklung der Vegetation besser verfolgen zu können.[91] Es war der in München lehrende Forstbotaniker Carl Freiherr von Tubeuf. Er war unter den ersten, der sich für die Unterschutzstellung des Königsseegebiets einsetzte. Tubeuf war Gründungsvorsitzender des 1913 gegründeten Bund Naturschutz in Bayern (ZIERL 1980: 11).

Auch der Verein zum Schutz der Alpenpflanzen strebte den Schutz des Gebietes an. Dieser Verein war 1900 gegründet worden und nannte sich später Verein zum Schutz der Alpenpflanzen und -Tiere (heute: Verein zum Schutz der Bergwelt). Die Bemühungen des Vereins hatten jedoch wenig Aussicht auf Erfolg. Prinzregent Luitpold, der zu dieser Zeit die Staatsgeschäfte leitete, war ein passionierter Jäger und mehr an der Wahrung seiner Jagdinteressen als an der Errichtung von Schutzgebieten im Berchtesgadener Land interessiert.[92] Die Jagd hatte in Berchtesgaden Tradition, die bis in die Zeit der Fürstpröbste im 12. Jahrhundert zurückreicht (Abb. 25).

Auch die Repräsentanten des bayerischen Königshauses weilten gerne «zur Sommerfrische und Hofjagd» in Berchtesgaden und trugen damit dazu bei, dass sich Berchtesgaden zu einem vielbesuchten Ausflugs- und Urlaubsort entwickelte. Die umliegenden Berge machten Berchtesgaden zu einer beliebten Destination für den Alpintourismus. Schon 1875 formierte sich hier eine selbständige Sektion des nur wenige Jahre zuvor (1869) gegründeten Deutschen Alpenverein. Als gegen Ende des 19. Jahrhunderts der Anschluss das Berchtesgadener Landes an das Eisenbahnnetz erfolgte (Abb. 26), erlebte der Tourismus endgültig seinen Aufschwung (ZIERL 1980: 11).

Ab 1923 war der Obersalzberg Feriendomizil Adolf Hitlers und wurde ab 1933 zum Führersperrgebiet ausgebaut. Die Spitzen der nationalsozialistischen Partei unterhielten hier Zweitwohnsitze.[93] Hitler führte einen grossen Teil seiner Regierungsgeschäfte von Berchtesgaden aus. Bekannt ist das Berchtesgadener Abkommen, dass dem Anschluss Österreichs an das Deutsche Reich vorausging. Auch in der Nachkriegszeit blieb das

Abb. 25. Bärenjagd am Königssee. Auf einem Ölgemälde aus dem 17. Jahrhundert im Fürstpröbstlichen Jagdhaus in St. Bartolomä ist diese Jagdszene am Königssee zu sehen. Die dazugehörende Inschrift berichtet von einem gewissen Urban Fürstmüller, der «hat gefällt 25 Bären mit seiner Hand». Nationalparkverwaltung Berchtesgaden.

Berchtesgadener Land attraktiv für den Tourismus und es wurden immer wieder neue Erschliessungsprojekte ersonnen.

Der Wissenschaftler und Präsident des Deutschen Naturschutzringes Hans Krieg setzte sich in den 1950ern dafür ein, das Gebiet um den Königssee zum Nationalpark zu machen. Er wusste die im Naturschutzring zusammengefassten Verbände, wie den Bund Naturschutz in Bayern, den Verein zum Schutz der Alpenpflanzen und -Tiere, die Bergwacht, den Deutschen Alpenverein und die Gesellschaft der Naturfreunde hinter sich.[94] Der Hamburger Unternehmer und Vorsitzende des Vereins Naturschutzpark Alfred Toepfer warb 1957 anlässlich einer Konferenz des Vereins Naturschutzpark in München ebenfalls für diese Idee. Die Bayerische Staatsregierung versprach dem Verein Geldmittel für die Errichtung eines Nationalparks. Zwei Jahre später verkündete Toepfer, dass man das Vorhaben wegen ernster Bedenken oberster bayerischer Behörden einstweilen fallen lassen habe müssen.[95]

1970 arbeitete der Bund Naturschutz in Bayern mit weiteren deutschen und österreichischen Naturschutzstellen (darunter Verein zum Schutz der Bergwelt und Alpenverein) ein Projekt für einen Deutsch-Österreichischen Nationalpark aus. Damit wurden die Pläne von Tubeuf und Krieg wieder aufgegriffen.[96] Der Präsident des Deutschen Naturschutzringes Wolfgang Engelhardt wandte sich in dieser Angelegenheit an den bayerischen Ministerpräsidenten Alfons Goppel.[97]

Abb. 26. Eisenbahn mit Watzmann. Mit dem Anschluss ans Eisenbahnnetz hielt der Tourismus im Berchtesgadener Land Einzug. Bundesarchiv Bild 102-11678.

Anfang 1975 versprach die bayerische Regierung die baldige Realisierung eines Alpennationalparks. Doch das Projekt drohte am Widerstand von Forstleuten, Tourismusmanagern und Jägern zu scheitern. Der Berchtesgadener Landrat Rudolf Müller hatte schon früher kritisiert, dass man über die Köpfe der Bevölkerung hinweg agiere.[98] Nun sah er gar den nahen Untergang der Region voraus und fürchtete, dass «die Leute vielleicht eines Tages alle betteln» und «die Bevölkerung auswandern» müsste, und dass Mauern und Zäune errichtet würden, «hinter denen die Berchtesgadener wie Affen auf den Bäumen leben» sollten.[99] Die Gemeinden würden «entrechtet und die bäuerliche Bevölkerung ihrer Existenz beraubt».[100]

Trotz solcher Einwände beschloss die Staatsregierung im Juli 1976 einen Alpen- und Nationalpark Berchtesgaden zu errichten.[101] Die kommunalen Gremien des Berchtesgadener Landes akzeptierten mit Ausnahme des Berchtesgadener Marktgemeinderates den geplanten Nationalpark und empfahlen auch dem Kreistag für den Nationalpark zu stimmen.[102]

Bereits 1973 war der Forstwirt Georg Meister zum Planungsbeauftragten für den Alpenpark am Königssee ernannt worden.[103] 1976 legte er diese Funktion zurück, da er sich «wiederholt scharfen Angriffen der einheimischen Bevölkerung ausgesetzt» sah, die dem Projekt noch immer «äußerst reserviert» gegenüberstand.[104] Meister lagen der Wiederaufbau naturnaher Bergmischwälder und die Reduktion überhöhter Wildbestände am Herzen. Diese Themen brachten ihm viel Kritik aus den Kreisen von Jägern und Forstwirten ein.

1977 wurde der Forstwirt Hubert Zierl zum Chef der Verwaltung des Alpen- und Nationalparks Berchtesgaden bestellt. Er sollte die Details der Nationalparkverordnung mit allen beteiligten Interessen aushandeln und unbegründete Ängste ausräumen.[105] In dem seit Jahrhunderten genutzten Gebiet meldeten Jagd, Fischerei, Almwirtschaft, Tourismus und Naturschutz ihre Ansprüche an. Zierl bemühte sich vertretbare Lösungen für alle Beteiligten zu finden und bewegte sich dabei auf einem schmalen Grat. Beispielsweise sollten alte Waldweiderechte der Bauern abgelöst werden. Zum Ausgleich wurden sekundäre Fichtenbestände gerodet, um Lichtweiden zu schaffen. Das beschwor den Protest der Naturschützer herauf, für die Rodungen im Nationalpark ein Sakrileg darstellten.[106] Besonders vehemente Vertreter des Naturschutzes forderten, im Nationalpark jegliche Nutzung einzustellen. Sie bestärkten damit das in der Bevölkerung weit verbreitete Gefühl, als Einheimische im eigenen Gebiet nichts mehr machen zu dürfen. Gleichzeitig schienen Forscher aus weit entfernten Städten viele Privilegien zu geniessen, z. B. durften sie bestimmte Gebiete zu Forschungszwecken mit Fahrzeugen befahren.[107] Die Forstleute taten sich schwer damit, den Wald sich selbst zu überlassen anstatt ihn zu pflegen und aufzuräumen. Die Jägerschaft stiess sich wiederum an dem Plan, dass in den Reh- und Rotwildbestand nach einer erforderlichen Reduktion nicht mehr eingegriffen werden sollte. «Ungeniert» schürten die Jäger «mit Pamphleten und Bambi Bildern» den «Volkshass» gegen die Nationalparkplaner. Sogar der Berchtesgadener Pfarrer meldete sich zu Wort und verkündete, dass «in Deutschland wieder planmäßig der Hungertod geschehen» solle, «wie einst in den Vernichtungslagern (...) einer romantischen Alpenparkvorstellung zuliebe» würde «bewusst der grausamste Wildmord geplant».[108] All das wirkte sich negativ auf die Akzeptanz des Nationalparks aus.

Während der Dachverband des Alpenvereins sich zum Nationalpark bekannte, war die Alpenvereinssektion Berchtesgaden tendenziell dagegen. Die Sektion wollte sich das Aussehen der Wegschilder, die alpenweit einheitlich gestaltet werden sollten, auf ihrem Territorium nicht vorschreiben lassen. Der Bund Naturschutz in Bayern, der sich zuvor für einen Nationalpark eingesetzt hatte, stellte nach der Gründung des Nationalparks 1978 sein Engagement weitgehend ein. Der Verein begründete seine ablehnende Haltung damit, dass der Park «touristisch überlaufen» sei.[109] Erst in den 1990ern erfolgte im Rahmen einiger gemeinsam bewerkstelligter Wiederansiedelungsprojekte (z. B. des Luchses) eine Annäherung zwischen dem Bund Naturschutz und der Nationalparkverwaltung.[110]

Schon seit 1957 war in Bad Reichenhall (ausserhalb des Nationalparkgebietes) ein Gebirgsjägerbataillon der Deutschen Bundeswehr stationiert, das den Nationalpark als Übungsgelände nutzte. Im Nationalparkgebiet befinden sich neunzehn Hubschrauberlandeplätze. Die Nutzung des Nationalparkgebiets durch das Militär wurde 1986 mit einer Vereinbarung zwischen Umweltministerium und Wehrbereichsverwaltung geregelt. 1996 wurde eine Zusatzvereinbarung zu den Hubschrauberflügen der Bundeswehr getroffen.[111]

Die Tourismusverantwortlichen des Berchtesgadener Landes standen dem Nationalpark lange Zeit sehr kritisch und ablehnend gegenüber. Sie befürchteten, dass der Ort durch den Nationalpark in seinen Entwicklungsmöglichkeiten sehr eingeschränkt würde. Heute haben die Tourismusverantwortlichen den Wert des Parks für das Marketing erkannt und sprechen von «ihrem» Nationalpark. Und die Gemeinden werben auf ihren Begrüssungsschildern mit der Lage im oder ihrer Nähe zum Park.[112] Auch die Spitzen der bayerischen Landespolitik stehen hinter dem Nationalpark und lassen sich Auftritte zu verschiedenen Veranstaltungen nicht nehmen. Bei der Festveranstaltung zum 20. Geburtstag des Nationalpark Berchtesgaden 1998 lobte Ministerpräsident Stoiber den Nationalpark als «Aushängeschild für den Naturschutz in Bayern».[113] Anlässlich des 25-jährigen Jubiläums des Nationalpark Berchtesgaden 2003 sagte der amtierende bayerische Umweltminister Schnappauf, er sei «verliebt in den Nationalpark Berchtesgaden» und «innerhalb der 14 Nationalparke in Deutschland» sei «der Alpen-Nationalpark die unumstrittene Perle».[114]

4.1.4 Borkenkäfer und Kabinenseilbahn – Herausforderungen

1888 erfolgte der Anschluss Berchtesgadens ans Eisenbahnnetz. Damit war es plötzlich vielen Menschen möglich, diesen Ort zu besuchen. Tatsächlich erhöhte sich das Besucheraufkommen beträchtlich. Das Sammeln von und der Handel mit Alpenpflanzen erlebte einen Boom. Erstmals wurde die Pflanzenwelt als in ihrem Bestand bedroht wahrgenommen und Überlegungen zu ihrem Schutz angestellt (SACHER 1897, zitiert in ZIERL 1980: 8).

Ein Vorhaben ganz anderer Art rief 1916 in Naturschutzkreisen grosse Empörung hervor: Eine «der schönsten Steilwände des Königssees», die Falkensteiner Wand, sollte zerstört werden, um ein Kriegerdenkmal zu errichten. Als 1919 auch noch die Gaststätte auf der abgelegenen Königsseehalbinsel St. Bartholomä vergrössert werden sollte, setzte sich Carl Freiherr von Tubeuf vehement gegen «diese und mögliche weitere Eingriffe» ein. Tubeuf sah in der Erschliessung mit «Eisenbahnen, Autos, Seilbahnen, Flughäfen, Hotels aller Art und Grösse, für Massenquartiere, Festversammlungen und vieles andere» eine grosse Bedrohung für die «reine, stille, heilige Natur» (ZIERL 1980: 11f.).

Dem Massentourismus wurde auch in der Zeit des Dritten Reichs grosses Gefährdungspotenzial für die Natur zugeschrieben, sobald er unkontrolliert und ohne Einschränkungen agieren dürfe. Der «Sachwalter für Naturschutz im Deutschen und Österreichischen Alpenverein», Paul Dinkelacker, warnte in einem Rundschreiben an «alle im reichsdeutschen Alpengebiet tätigen Sektionen» davor, dass «durch die ungeahnte Zunahme des Reiseverkehrs in den Alpen ... die Landschaft des Hochgebirges schwer geschädigt» würde, «sofern nicht diese erwachte Freude am Hochgebirge in rechte Bahnen gelenkt» würde. Besonders das Wild hätte «unter dem Massenbesuch zu leiden». Im Winter würde das Wild «von den Schifahrern aus sicheren Lagen in Tobel und Lawinenhänge abgedrückt». Dadurch ginge mehr Wild als früher zugrunde. Diese Entwicklungen forderten daher «gebieterisch Wildschutzgebiete». Dieser Forderung kam Reichsforst- und Reichsjägermeister Hermann Göring gerne nach und liess um den Königssee Wildschutzgebiete ausweisen. Die Gegend zählte zu den bevorzugten Revieren des passionierten Jägers (ZIERL 1980: 12).

1927 tauchte erstmals ein Plan für eine Seilbahn auf den Watzmann auf, doch mit Berufung auf das kurz zuvor eingerichtete Naturschutzgebiet Königssee rief der Bezirksbaumeister am Bezirksamt Berchtesgaden und Vertrauensmann des Landesausschusses für Naturpflege im Alpenverein «zum heftigsten Widerstand gegen die Vergewaltigung des herrlichsten deutschen Schutzparkes» auf (ZIERL 1980: 14).

1948 war erneut die Errichtung einer Seilbahn im Gespräch. Kreistag und Landratsamt verlangten die Herausnahme des Jenners aus dem örtlichen Naturschutzgebiet, um eine Seilbahn auf den Gipfel errichten zu können.[115] Das Landtagsplenum stimmte der Erschliessung des Jenner nach monatelangen Debatten 1952 schliesslich zu[116], «da das

Berchtesgadener Land im Gegensatz zu ähnlich stark frequentierten Fremdenverkehrsgebieten noch keine entsprechende Bahn besitze.»[117] Naturschützern, die Einwände dagegen hatten, wurde in Aussicht gestellt, dass nach Genehmigung der Jennerbahn keine weitere Bergbahn im Berchtesgadener Land in Erwägung gezogen würde.[118]

Nicht einmal zwanzig Jahre später, 1968, wurde dieses Versprechen auf die Probe gestellt: Wieder war es der Watzmann, der mit einer Seilbahn erschlossen werden sollte. Die Naturschützer wiesen darauf hin, dass eine Seilbahn immer «Massenbetrieb» nach sich ziehe und, dass es bei der Genehmigung der Jennerbahn geheissen habe, sie würde die einzige im Naturschutzgebiet Königssee bleiben.[119] Organisationen wie die Union Internationale des Associations d'Alpinisme, der Deutsche Alpenverein, der Touristenverein «Die Naturfreunde», der Verband deutscher Gebirgs- und Wandervereine und der Deutsche Naturschutz sprachen sich unmissverständlich gegen das Vorhaben aus.[120] Die Befürworter des Seilbahnprojekts führten abermals ökonomische Argumente ins Feld. Wer glaube, «es gäbe keine wirtschaftliche Notwendigkeit für den Bau der Watzmannbahn», der würde «vollständig den Ernst der Konkurrenzsituation» verkennen. Berchtesgaden würde sich «in diesem verschärften Wettbewerb nur behaupten können», wenn es seine «Leistungen für den Gast» weiter verbessern würde, wie das auch im Ausland geschehe.[121] Gemeinden und Tourismus bekräftigten dies. Die Menschen in Berchtesgaden würden nur vom Fremdenverkehr leben. Das Projekt sei deshalb «eine Existenzfrage».[122] In einer Bergsteigersendung des Bayerischen Rundfunks stimmte Franz Grassler, ein gebürtiger Berchtesgadener und bekannter Alpinist, zu, dass Berchtesgaden «unbedingt eine Ausweitung des vorhandenen Schigebietes am Jenner» brauchen würde. «Doch das Naturschutzgebiet ‹Königssee› würde in seiner Substanz zerstört, wenn ausgerechnet sein hochalpines Zentrum, das heißt der Watzmann für eine solche Maßnahme preisgegeben und mit einem Netz von Seilbahnen und Liften überzogen werden sollte».[123] Der Deutsche Bund für Landespflege wurde zu einer Stellungnahme gebeten. In seinem Gutachten war von einem «brutalen Eingriff» ins Landschaftsbild die Rede. «Ohne zwingende Notwendigkeit würde … eine einzigartige Natur- und Erholungslandschaft, deren Bedeutung weit über die Grenzen Bayerns hinausreiche, durch ein Projekt gefährdet, dessen Folgen in keinem Verhältnis mehr zum Nutzen stünden.»[124] Nach Ansicht des langjährigen Leiters der Landesstelle für Naturschutz Otto Kraus wäre die Erschliessung des Watzmann durch eine Seilbahn einer «Schändung dieses herrlichen Berges» gleichgekommen.[125]

Mit einer Initiative für einen Nationalpark sollte die Watzmannbahn abgewehrt werden und tatsächlich gab die Regierung entsprechende Planungen in Auftrag. Doch einen ersten Verordnungsentwurf für den Nationalpark kritisierten Mitglieder der Botanischen Gesellschaft 1975 als «Aufweichung des Naturschutzes zugunsten der Fremdenverkehrsförderung», mit der man die «Verrummelung dieser einmaligen Landschaft» riskiere.[126] In einem Beitrag des Magazins «Spiegel» im Jahr 1977 wurden die vielfältigen Bedrohungen für die Alpen und Reaktionen darauf dargestellt: Massentourismus, Zersiedelung und Zweitwohnsitze, Landschaftszerstörung durch Strassen, Hotelbauten und Liftanlagen, Waldzerstörung durch viel zu hohe Rotwildbestände. Der Deutsche Alpenverein (DAV), der bis dahin nach eigenen Worten «überwiegend Vorkämpfer für den Fremdenverkehr» gewesen war, setzte sich angesichts dieser Bedrohungen im Berchtesgadener Land für einen Nationalpark ein, in dem «zivilisatorische Eingriffe aller Art» verboten wären. Dagegen protestierten wiederum die Einheimischen, die sich den Nationalpark – so die Wahrnehmung der Naturschützer – «als Magnet für zu schröpfende Menschenmassen» wünschen würden.[127]

Im Vorfeld der Nationalparkerrichtung gab es wiederholt Diskussionen um die Gefahr grossflächiger Waldzusammenbrüche durch Schädlingsbefall und durch Wildschäden als Folge zu hoher Rotwildbestände.[128] Da man in einem Nationalpark nichts tun dürfe, so die Meinung der Gegner der Nationalparkidee, könnten Borkenkäfer und Hirsch unbehelligt wüten. Der Planungsbeauftragte für den Nationalpark bestätigte, dass der Verbiss durch

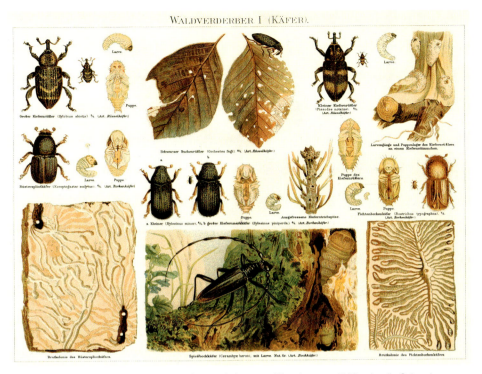

Abb. 27. Waldverderber. Die Litographie eines unbekannten Künstlers aus 1893 zeigt die Schrecken vieler Forstleute – damals wie heute. Litographie «Waldverderber I» 1888, Meyers Konversationslexikon.

die zu hohen Wildbestände problematisch wäre. Das Problem wäre aber durch geeignete Massnahmen in den Griff zu bekommen.

Das Thema «Borkenkäfer» polarisierte nicht nur vor, sondern auch nach der Ausweisung des Nationalparks (Abb. 27). Der Umgang der Nationalparkverwaltung mit diesem «Schädling» wurde wiederholt kritisiert. Der von 1990 bis 1994 amtierende Umweltminister Gauweiler griff während einer Sitzung des Nationalparkbeirats Direktor Zierl an. Es wäre ein «Verbrechen», wenn nichts «gegen die Schädigung des Staatsforstes durch den Borkenkäfer» unternommen würde. Zierl wusste, dass Gauweiler ein zutiefst religiöser Mensch war, parierte: «Derselbe Herrgott, der den Wald gemacht hat, hat auch den Borkenkäfer geschaffen.»[129]

Im Sommer 1978 bestimmt das Thema der «Verdrahtung des Alpenparks» für einige Wochen die Schlagzeilen im Berchtesgadener Land. Eine 110kV-Freileitung sollte nach den Vorstellungen der Elektrizitätswerke Lech durch das Tal der Berchtesgadener Ache geführt werden. Das Vorhaben stiess auf Widerstand bei Naturschutz, Tourismusverbänden und Gemeinden.[130] Die Bürgerinitiative «Nein zur Verdrahtung des Alpenparks» setzte sich mit einer Unterschriftenaktion und einer Medienkampagne gegen den Bau einer 110kV-Freileitung durch das Berchtesgadener Achental zur Wehr.[131] Auch der Naturschutzbeirat bei der Unteren Naturschutzbehörde beim Landratsamt sprach sich gegen die Freileitung und für eine Verkabelung aus.[132] Das Umweltministerium stellte fest, dass «die vorgesehene Freileitung … ein Eingriff in Natur und Landschaft» wäre, der das Landschaftsbild erheblich beeinträchtigen würde. Der Alpenpark Berchtesgaden stelle «eine besonders schützenswerte Landschaft dar», daher sollten hier «Energieleitungen nach dem Landesentwicklungsprogramm möglichst unterirdisch verlegt werden.»[133]

Abb. 28. Verbriefte Rechte. Die Urkunde aus dem 17. Jahrhundert ermächtigte den Inhaber zum Ernten der Enzianwurzel zum Zwecke der Schnapsherstellung. Enzianbrennerei Grassl.

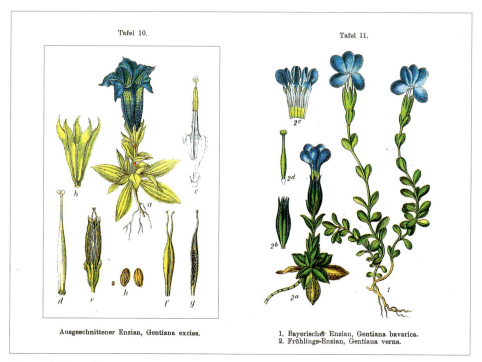

Abb. 29. Strittiges Objekt. Die Etiketten des überall zum Verkauf angebotenen Enzianschnaps zeigen fast immer blau blühende – meist geschützte – Arten. Zur Herstellung wird aber ausschliesslich der Gelbe Enzian *Gentiana lutea* verwendet und zu diesem Zweck auch angebaut. Stich aus J. Sturms Flora von Deutschland (1903).

Ende der 1970er Jahre geriet eine Berchtesgadener Brennerei in die Kritik, weil sie den Rohstoff für ihren Enzianschnaps im Nationalparkgebiet sammeln wollte. Das führte zu Kontroversen darüber, dass die «netten kleinen Blumen» im Nationalpark profan genutzt würden.[134] Die Besitzer der Brennerei hatten schon seit langem Enziangrabrechte im Gebiet (Abb. 28). Ungünstiger Weise druckte die Brennerei auf die Etiketten ihrer Schnapsflaschen ein Bild des Stängellosen Enzian *(Gentiana clusii)*.[135] Diese Pflanze ist in Bayern in der Roten Liste als «gefährdet» eingestuft. Sie wurde durch ihr charakteristisches Aussehen zum Archetyp der Alpenblumen. Ihr Abbild findet sich auf allem, was alpenländisch wirken soll (Abb. 29). Tatsächlich enthalten Schnäpse niemals Bestandteile von Stängellosem Enzian sondern meist Bitterstoffe aus den Wurzeln des grosswüchsigen Gelben Enzians *(Gentiana lutea)*, der dafür auch gezielt angebaut wird.[136]

Seit den 1990er Jahren stellen Freizeitsportler ein immer grösser werdendes Problem im Nationalpark dar: einerseits wegen der durch sie verursachten Beunruhigung und Störung der Tierwelt, andererseits wegen Konflikten zwischen verschiedenen Besuchergruppen wie z. B. Fussgängern und Radfahrern.[137] Sind die Freizeitsportler in Verbänden organisiert, so haben sich die Zusammenarbeit mit den Verbänden und die Suche nach gemeinsamen Lösungen bewährt. Schwieriger gestaltet sich der Umgang mit Individualisten, wie z. B. Kletterern.[138]

Ein Konfliktfeld der letzten Jahre ist der Almwegebau. Nach dem Empfinden der Naturschützer wird für jede kleine Weidefläche eine Zufahrt errichtet, aus Sicht der Bauern sind die Wege schlichte Notwendigkeit, um die Bewirtschaftung aufrechterhalten zu können. 2006 kritisierte der Bund Naturschutz, dass ein Almzubringer wesentlich breiter gebaut worden war, als im behördlichen Bescheid bewilligt. Sollte er nicht rückgebaut werden, so befürchtete man die Schaffung eines Präzedenzfalles, der zu weiteren «nicht vertretbaren Landschaftseingriffen» führen könne.[139]

4.1.5 Natur schützen, geniessen und nutzen – Schutzziele

An der Wende zum 20. Jahrhundert florierte der Handel mit Alpenpflanzen. Um sie zu schützen wurde 1910 ein Pflanzenschonbezirk eingerichtet (Abb. 30). 1914 wurden die Schutzbestimmungen gelockert: Statt des gesamten Pflanzenbestandes waren nun nur mehr bestimmte Pflanzen geschützt. Der Verein zum Schutze und der Pflege der Alpenpflanzen zweifelte die Sinnhaftigkeit einer solchen Massnahme an. «Zweck eines Pflanzenschonbezirks» wäre doch, «den gesamten Pflanzenbestand zu schützen, ihn dem natürlichen Wachstum zu überlassen, um dadurch wichtige Fragen der Pflanzengeographie usw.» lösen zu können. «Um nur gewisse Pflanzen vor der Ausrottung zu schützen», bedürfe es keines Schonbezirks (ZIERL 1980: 11). Die Bedeutung der Schutzgebiete für die Forschung unterstrich der Botaniker Karl Magnus in seiner 1915 fertiggestellten Dissertationsarbeit. Das «höchste wissenschaftliche Interesse» galt dabei den «natürlichen Verhältnissen», die sich durch «allmähliche Verwilderung» einstellen sollten, sobald Gebiete jeglichem «Einflusse des Menschen» entzogen würden (MAGNUS 1915: 302). Die Einrichtung des Pflanzenschonbezirks stellte aus dieser Perspektive betrachtet nicht nur eine Massnahme zum Schutz der Pflanzen, sondern auch die Fortsetzung einer Forschungstradition dar, die Alexander von Humboldt mit seinen Forschungen im Königsseegebiet begründet hatte.

1921 konnte der Schutz durch die Bestimmungen des Naturschutzgebietes Königssee auch auf die Tierwelt ausgedehnt werden.[140] Einer Tiergruppe war, wenn auch aus einer anderen Motivlage heraus, schon zuvor besondere Aufmerksamkeit zuteil geworden: dem jagdbaren Wild. Seit Jahrhunderten «war der Wildbestand rund um den Königssee gehegt und hochgepäppelt worden, damit die jeweils herrschenden hohen Herren ihrem Jagdvergnügen nachgehen konnten».[141] Den Anfang machten die Berchtesgadener Fürst-

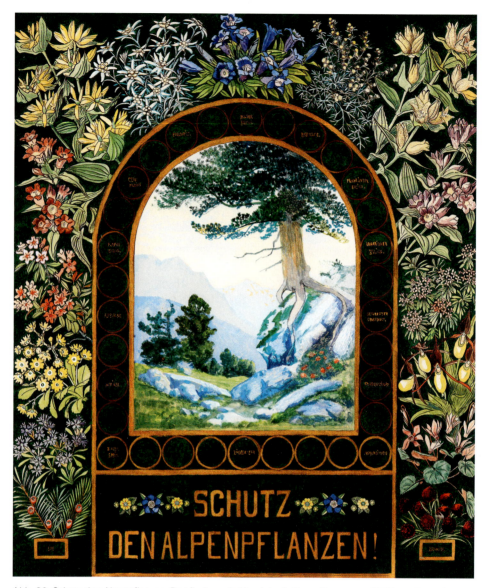

Abb. 30. Schutz den Alpenpflanzen. Der florierende Handel mit Alpenpflanzen um 1900 machte schon bald Schutzmassnahmen notwendig. Plakat von Gustav Jahn (1910), Alpenvereins-Museum Innsbruck.

pröbste. Es folgte das Geschlecht der Wittelsbacher, die als grösstenteils leidenschaftliche Jäger die Jagd über alle anderen Interessen im Königsseegebiet stellten.[142] Auch Reichsjägermeister Göring ging es in erster Linie um die Wahrung seiner Jagdinteressen (Abb. 31), als er das Gebiet unter Schutz stellen liess (ZIERL 1980: 12).

Bei einer Tagung der deutschen Arbeitsgemeinschaft für Naturschutz und Landschaftspflege 1952 in Frankfurt konstatierte der Vorsitzende Hans Klose, dass mit der Erklärung zum Schutzgebiet «vorausschauend ein Forschungsreservat geschaffen» würde. «Volkshygienische, wirtschaftliche und soziale Gründe von höchster Bedeutung» stünden hinter diesen Ideen. «Auch das Thema ‹Nationalpark› bezeichnete er für die Volksgesundheit

Abb. 31. Hermann Göring. Der von 1934 bis 1945 amtierende Reichsforstmeister, Reichsjägermeister und Oberste Beauftragte für den Naturschutz liess in drei der untersuchten Schutzgebiete – Berchtesgaden, Schorfheide und Donau-Auen – «Naturschutzgebiete besonderer Ordnung» einrichten und ging dort auch seinen Jagdinteressen nach. Bundesarchiv Bild 146-1979-145-04A.

und -erholung als höchst aktuell.» Seiner Ansicht nach wäre das Berchtesgadener Gebiet für die Schaffung solcher Parks «nach amerikanischem Vorbild» geeignet.[143] Hans Krieg regte die Umwandlung des Naturschutzgebietes Königssee in einen Nationalpark an, um eines der letzten relativ unberührt gebliebenen Landschaftsgebiete zu erhalten.[144] Doch sollten weder die Grossviehalmen noch der Holzeinschlag aufgegeben werden. Ziel war ein «in seiner Intensität graduell abgestuft(er) Schutz der Natur», der sich dem Grad der Fruchtbarkeit und wirtschaftlichen Nutzung» anpassen sollte.[145]

Die Pläne zur Erschliessung des Watzmann mit einer Grosskabinenbahn Ende der 1960er Jahre wurden nicht nur von Naturschützern, sondern auch von Teilen der Bevölkerung abgelehnt: Eine solche Einrichtung dürfe nicht in «unserem schönsten Naturschutzgebiet» genehmigt werden, appelierte in der Süddeutschen Zeitung der Verfasser eines Leserbriefs. Der Watzmann gehöre «wie die Alpspitze, der Piz Palü oder gar das Matterhorn zu jenen Bergen, die einfach unangetastet bleiben» müssten.[146] Die verantwortlichen Politiker betonten in dieser Angelegenheit immer wieder ihre Absicht, «die Belange des Naturschutzes sowie des Fremdenverkehrs miteinander in Einklang zu bringen und zugleich die Weiterentwicklung des Fremdenverkehrs sicherzustellen».[147] Der Erholungsraum Alpen sollte erhalten[148] und «die Berglandschaft wieder zu ihrem natürlichen Gleichgewicht» zurückgeführt werden.[149]

Als 1970 Verhandlungen zu einem grenzüberschreitenden Nationalpark am Königssee aufgenommen wurden und Gerüchte über die Wiedereinbürgerung von Wildtieren kursierten, empörte sich der Berchtesgadener Bürgermeister. So etwas könne er den «Sommerfrischlern nicht zumuten». Wer würde sich «auf eine Almwiese legen, wenn da Bären in der Nähe umhertappen». Ausserdem würden solche Pläne den Bau einer Seilbahn auf den Watzmann gefährden, ein Projekt, das er für den Fremdenverkehr als attraktiver als Tiere in freier Wildbahn einschätzte. Was sollten «diese Spinnereien»? «Wilde Tiere» gäbe es «im Zoo genug». Die Nationalparks wären «zu einer richtigen Krankheit geworden».[150]

Der Ausschuss für Ernährung und Landwirtschaft im Bayerischen Landtag ersuchte 1972 die Staatsregierung «einen bayerischen Alpenpark im Naturschutzgebiet Königsee zu planen, der dem Naturschutz» dienen «und gleichzeitig Fremdenverkehr und Naherholung» fördern sollte.»[151] Der CSU (Christlich-Soziale Union) Fachausschuss Kulturlandschaft, der sich «für eine konsequente Verwirklichung der Nationalparkidee» einsetzte, betrachtete es hingegen als oberstes Ziel eines künftigen Nationalparks «die Natur sich selbst zu überlassen, um natürliche Entwicklungen» erforschen zu können.[152] Der Nationalparkplaner Georg Meister, vertrat die These, dass der grösste Nutzen des Schutzgebietes in der Nichtnutzung liege. «Diese Nichtnutzung, das freie Spiel der Naturkräfte» müsse «genauestens beobachtet werden». Er betonte, «dass solche Forschungen keinesfalls Selbstzweck sein» könnten, sondern «eine Sonderform der Nutzung», die für die «Volkswirtschaft von viel größerem Gewinn sein» könne als herkömmliche Nutzung (wie z. B. Holzeinschlag oder Jagd)». Der Park könnte ausserdem eine «Arche Noah» für «Tausende von Tier- und Pflanzenarten» werden.[153]

Im Beschluss zur Errichtung eines Alpen- und Nationalparks Berchtesgaden 1976 legte die bayerische Staatsregierung folgende Ziele fest: «die gesamte Natur zu schützen, die natürlichen Lebensgemeinschaften sowie einen möglichst artenreichen Tier- und Pflanzenbestand zu erhalten und wissenschaftlich zu beobachten». Und das Gebiet sollte «der Bevölkerung zu Bildungs- und Erholungszwecken erschlossen werden».[154] Die Opposition, die Sozialdemokratische Partei Deutschlands (SPD), kritisierte, dass die Vorlage zur Rechtsverordnung nicht auf einen Nationalpark abziele, sondern auf eine «unter falscher Flagge ... bevorzugte Förderung des Fremdenverkehrs».[155] Auch der Deutsche Alpenverein (DAV) drohte, «sich vom künftigen Alpennationalpark zu distanzieren, sollten nicht einige wesentliche Voraussetzungen erfüllt werden». Dazu gehörte, «dass auf dem größten Teil der Parkfläche und in allen Lebensgemeinschaften die natürlichen Entwicklungsabläufe unbeeinflusst vom Menschen ablaufen» könnten.[156]

Der Widerstand gegen die Errichtung der 110kV-Freileitung 1978 schien den Widerspruch zwischen Naturschutz und Fremdenverkehr in gewisser Weise aufzuheben und machte die beiden Interessengruppen zu Kämpfern für dieselbe Sache (Abb. 32). Der Fremdenverkehrsverband des Berchtesgadener Landes argumentierte, dass eine Freileitung «angesichts der überragenden Schönheit und Einmaligkeit der betroffenen Landschaft, ihrer Bedeutung für die Existenz der weitgehend vom Fremdenverkehr lebenden Bevölkerung sowie im Hinblick auf Sinn und Funktion des künftigen Alpen- und Nationalparks Berchtesgaden nicht hingenommen werden» könne und war sich hierin einig mit dem Bund Naturschutz.[157]

Die Verordnung des Nationalpark Berchtesgaden 1978 erfolgte mit den Zielen «die gesamte Natur zu schützen, ... die natürlichen und naturnahen Lebensgemeinschaften sowie einen möglichst artenreichen heimischen Tier- und Pflanzenbestand zu erhalten, wissenschaftlich zu beobachten, zu erforschen und, soweit dies bei Wahrung der Eigentumsrechte und bei Erhaltung der Schutzfunktion möglich ist, einer natürlichen Entwicklung zuzuführen, (...) das Gebiet der Bevölkerung zu Bildungs- und Erholungszwecken zu erschließen, soweit es der Schutzzweck» erlaube.[158] Es wurde auch festgelegt, dass im Parkgebiet wieder natürliche Bergmischwälder zu etablieren wären. Durch die Bemühungen der Nationalparkverwaltung ist es seither gelungen, Waldgesellschaften mit bis zu siebzehn Baumarten an die Stelle von Fichtenmonokulturen treten zu lassen.[159] Mit der Verleihung des Europadiploms 1990 wurde der Nationalpark Berchtesgaden offiziell als Gebiet anerkannt, das zum «Schutz des europäischen Erbes von Flora und Fauna, seiner Umwelt und seiner Ökosysteme» beiträgt (Nationalpark Berchtesgaden 2001: 15).

Abb. 32. Alpentourismus. Das Plakat aus der Zeit um 1900 warb mit der landschaftlichen Schönheit der Berchtesgadener Alpen. Bereits damals war sich die Fremdenverkehrswirtschaft der Bedeutung einer intakten Landschaft bewusst und nahm damit spätere Entwicklungen vorweg. Plakat von Anton Reinbold, Berchtesgadener Land Tourismus GmbH.

1996 druckte die Süddeutsche Zeitung einen Artikel mit dem Titel «Kleine Oasen der Wildnis». Der Beitrag schilderte, wie Spaziergänger im Nationalpark «natürliche Waldverjüngung» verstehen lernen könnten. Nach einem Windwurf kreuz und quer liegende Stämme würden von Käfern und Pilzen aufgearbeitet und so einem «bewährten Recycling-Prozess» zugeführt.[160] Für die Mehrheit der Bevölkerung scheint es auch heute noch schwierig, einen nicht bewirtschafteten Wald mit Totholz und Windwurf als intakte Natur wahrzunehmen. Der langjährige Nationalparkdirektor Hubert Zierl, selbst Forstwirt, sieht das «Bedürfnis nach einem ordentlichen sauberen Wald» als «zweifelhaften Verdienst seiner Forstkollegen» an. Nach wie vor seien viele von ihnen der Meinung, dass nur die von Menschen gepflegte Natur überlebensfähig sei.[161]

1998 im Rahmen des 20-jährigen Jubiläums des Nationalpark Berchtesgaden stellte Ministerpräsident Stoiber fest, dass im Schutzgebiet eine «beispielgebende Symbiose» gelungen sei, nämlich «Natur zu schützen, Natur zu geniessen und Natur mit Augenmass zu nutzen».[162] Auch zehn Jahre später waren Politiker voll des Lobes für den Nationalpark: die Arbeit der Nationalparkverwaltung sei ein «Paradebeispiel für den Artenschutz», der «Erhalt der Schöpfung» ein «ethischer Imperativ» und die Strategie seines Ministeriums zur Erhaltung der Biodiversität ein «Meilenstein der Naturschutzpolitik», verkündete Umweltminister Bernhard.[163]

4.1.6 Stammtisch und internationale Konferenz – Instrumente und Strategien

In seinem 1898 erschienenen Reisebericht «Aus dem Berchtesgadener Land» bezeichnete der Schriftsteller Heinrich Noë das Gebiet als den «Yellowstone Park der Deutschen Alpen» und empfahl als erster seine Unterschutzstellung (ZIERL 1980: 9). Diese erfolgte tatsächlich 1910 mit der Ausweisung des Pflanzenschonbezirks Königssee. Mit mehr als 8000 Hektar Fläche war dieser zu seiner Zeit das grösste Schutzgebiet der Alpen. Die zugehörige Verordnung legte zahlreiche Verbote fest, so «das Pflücken, Abreissen, Ausgraben, Ausreissen, Sammeln und Fortbringen wildwachsender Pflanzen» (ZIERL 1980: 11). Die Einhaltung dieser Verbote wurde von Naturschutzstreifen überwacht.[164]

Um das Monument eines assyrischen Löwen, der als Kriegswahrzeichen in eine Felswand über den Königssee geschlagen werden sollte, zu verhindern, veröffentlichte Carl von Tubeuf 1916 eine «kämpferische Stellungnahme» mit der Überschrift «Der Anschlag auf den Königsee» in einer Münchner Tageszeitung. Um ähnlichen Vorhaben von vornherein eine Absage zu erteilen, erschien im Jahr 1920 eine Denkschrift in den «Blättern für Naturschutz und Naturpflege». Nach langen Verhandlungen mit verschiedenen Ministerien, Forst- und Gutsverwaltungen, Kammern und dem Bezirksamtmann erreichte Tubeuf unterstützt von der Alpenvereinssektion München 1921 die Erklärung des Königssees zum Naturschutzgebiet.

Im Jahr 1934 wurde das Gebiet der Röth südlich und nördlich des Obersees auf Anordnung des Reichsforst- und Reichsjägermeisters Hermann Göring zum «Naturschutzgebiet besonderer Ordnung» erklärt. Die grösste Besonderheit lag darin, dass der Schutz vor allem dem Jagdrevier Görings galt. Göring selbst übte die Jagdhoheit aus. Bis auf vier Steige, die mit Passierschein begangen werden durften, herrschte Betretungsverbot. Damit war es nur mehr wenigen Personen zugänglich und Göring konnte weitgehend ungestört seiner Jagdleidenschaft nachgehen (ZIERL 1980: 12). Auf Betreiben Görings und des Berliner Zoodirektors Lutz Heck erfolgte ein Versuch zur Wiedereinbürgerung des Alpensteinbocks im Berchtesgadener Raum. Die daraus hervorgegangene Steinbockkolonie hat sich bis heute gehalten.[165]

In den Jahren des Wiederaufbaus nach dem Zweiten Weltkrieg überreichte der US-Hochkommissar für Deutschland dem deutschen Naturschutzring 25 000 Deutsche Mark und widmete diese Schenkung der «Errichtung eines Nationalparks in Bayern». Obwohl die amerikanischen Nationalparks nach wie vor als Vorbild galten, hielten aber selbst Naturschützer die «Unterbindung jeglicher wirtschaftlichen Nutzung» und damit die «Nachahmung amerikanischer Nationalparks für völlig unmöglich. Weder der bayerische Staat noch der Naturschutz könnten die Millionenbeträge aufbringen, die für die Ablösung der Forst- und Almrechte erforderlich wären.»[166] Die Schaffung eines «Musternaturschutzgebietes» sei trotzdem unerlässlich, urteilte der Präsident des Deutschen Naturschutzringes Hans Krieg, der die Idee eines Deutsch-Österreichischen Nationalparks verfolgte. Und «der Begriff Nationalpark» symbolisiere «die Tatsache des Nationaleigentums und die Verantwortung jedes einzelnen nun einmal eindringlicher als der eines Naturschutzgebietes».[167]

Den Bemühungen Kriegs trug die Salzburgische Landesregierung insofern Rechnung, als Göll-, Hagen-, Hochkönigsgebirge und Steinernes Meer 1953 zu Landschaftsschutzgebieten erklärt wurden. Damit stand das gesamte Gebiet um den Königssee auf deutscher und österreichischer Seite unter Schutz.[168] 1955 verordnete die Regierung Oberbayerns innerhalb weniger Wochen 26 neue Landschaftsschutzgebiete, so dass es in Oberbayern nun über 47 Naturschutzgebiete und 123 Landschaftsschutzgebiete gab. Eines der grössten war mit mehr als 20 000 Hektar Fläche das Pflanzen- und Tierschongebiet rund um den Königssee.[169]

Der Bau einer Kabinenbahn auf den Watzmann würde dem Schutz des Landschaftsbildes entgegenstehen, damit «Artikel 141 der Bayerischen Verfassung verletzen ... und das Vertrauen in die Wirksamkeit des staatlichen Naturschutzes erschüttern», stand im 1969 verfassten Gutachten des Deutschen Bund für Landespflege.[170] Der Wirtschaftsminister beauftragte, veranlasst durch das Seilbahnprojekt, den «Entwurf für eine Gesamtkonzeption zur Erschließung des bayerischen Alpen- und Voralpenlandes». Bei der Ausarbeitung des Entwurfs wäre das öffentliche Interesse, «insbesondere des Fremdenverkehrs, des Natur- und Landschaftsschutzes sowie der Land- und Forstwirtschaft zu würdigen».[171] Anlässlich einer Veranstaltung zum Europäischen Naturschutzjahr hob der bayerische Ministerpräsident Goppel diese Pionierleistung Bayerns hervor. Es habe sich als erstes Alpenland entschlossen, so ein Erschliessungskonzept zu erstellen. Danach «hätten auch die Schweiz, Italien und Österreich die Notwendigkeit solcher Planungen erkannt.» Dabei unterscheide man zwischen Erschliessungszonen, Pufferzonen und Ruhezonen. Dazu kam «der vom bayerischen Innenministerium vorgelegte Alpenplan». Als weiteren Beitrag zum Europäischen Naturschutzjahr hätte die Bundesregierung der Errichtung eines naturkundlichen Bildungszentrums zugestimmt. Der Leiter des Bund Naturschutz in Bayern, Hubert Weinzierl, sprach seinen Dank für diese Massnahmen und Planungen aus und betonte gleichzeitig «unter großem Beifall der Teilnehmer» seine ablehnende Haltung gegenüber dem Bau der Watzmannbahn.[172]

Der Bund Naturschutz griff die Idee aus den 1950er Jahren zu einem grenzüberschreitenden Alpennationalpark rund um den Königssee auf. Der Bund war der Meinung, dass der Nationalpark «eine einzigartige Attraktion» für den Landkreis darstellen würde. Er erhoffte ein entscheidendes «Ja» noch im europäischen Naturschutzjahr 1970. Das Naturschutzgebiet Königssee, eines «der größten, ältesten und wertvollsten Naturschutzgebiete der Bundesrepublik», wäre aufgrund «seiner besonderen landschaftlichen Schönheit und Eigenart... wie kaum ein anderes Schutzgebiet im mitteleuropäischen Raum dazu prädestiniert, in den Status eines Nationalparks erhoben zu werden».[173]

Ab den 1960er Jahren vermochte auch das Fernsehen ein grosses Publikum für die Natur zu interessieren und zu begeistern. 1967 zeigte das Erste Deutsche Fernsehen «eindrucksvolle Bilder» von den Naturschutzgebieten in den Alpen. Der grösste Teil der Sendung war dem Naturschutzgebiet Königssee gewidmet. «Alles in allem eine ausgezeichnete Sendung aus dem Berchtesgadener Land, an der jeder Freund der Natur seine helle Freude gehabt haben dürfte», urteilte der Berchtesgadener Anzeiger.[174]

Am 7. Februar 1970 kündigte der Berchtesgadener Anzeiger in seiner Faschingsausgabe das Zusammentreffen zweier Grossereignisse an: die Eröffnung des «für Berchtesgaden so wichtigen und in der breiten Öffentlichkeit diskutierten» Naturschutzpark Berchtesgaden und der Berchtesgadener Straßenfasching, der aus gegebenem Anlass unter dem Motto «Naturschutzpark» stattfinden würde. Ein ausführlicher Artikel beschrieb das Festprogramm, das z. B. die Aussetzung von Alligatoren in den Königssee beinhaltete. Des Weiteren wurden die Verbote und Gebote, die während des Aufenthalts am Festgelände galten, in der Manier einer Nationalparkordnung aufgelistet.[175] Das Erscheinen dieser Satire zeigt, dass der Nationalpark Gegenstand der öffentlichen Diskussion war. Sie spiegelte wider, was der Park in der Erwartung der Berchtesgadener bringen würde: Zugangsbeschränkungen und Betretungsverbote sowie die Ansiedelung gefährlicher Raubtiere.

Nach Beratung in verschiedenen politischen Gremien fasste der Bayerische Landtag im Juli 1972 den Beschluss, einen Bayerischen Alpenpark im Naturschutzgebiet Königssee zu planen. Man entschloss sich das Wort «National» im Parkbegriff zu vermeiden, weil damit schwerwiegende Auflagen und Zuständigkeiten des Bundes verbunden wären. Weiterhin wurde die Verwirklichung eines bilateralen Alpenparks gemeinsam mit dem Nachbarland Salzburg angestrebt.[176]

In den folgenden Jahren wurde der Entwurf einer Nationalparkverordnung ausgearbeitet.[177] Der Berchtesgadener Gemeinderat legte sich aber quer. Besonderes Missfallen erregten Gerüchte über die angeblich geplante Wiederansiedelung des Braunbären und die vorgesehenen Einschränkungen der Bewirtschaftung, wo doch das Berchtesgadener Land «die Lieblichkeit seines Aussehens erst durch die jahrhundertelange Arbeit seiner Bewohner erhalten» habe.[178] Der Planungsbeauftragte Georg Meister hielt dem entgegen, dass durch die Nichtnutzung unseren Enkeln «eine heilere Umwelt» gesichert werden könne und führte damit die Generationenverantwortung ins Feld.[179] Umweltminister Streibl startete eine Kampagne um alle Falschmeldungen richtig zu stellen und die Bevölkerung mit Vorträgen und Faltblättern über die Ziele des Alpennationalparks zu informieren.[180]

Im Juli 1976 beschloss die Regierung die Errichtung eines Alpen- und Nationalparks Berchtesgaden. Gegenüber der Presse erklärte der zuständige Minister, dass es mit einem «Drei-Zonen-Konzept» gelungen sei, «die Belange des Naturschutzes mit den Belangen der Bevölkerung in Übereinstimmung zu bringen». Die beteiligten Verbände, Gemeinden und Landkreise hätten in einem Anhörungsverfahren Gelegenheit zur Stellungnahme.[181] Dem war ein «monatelanger Kompetenzstreit zwischen dem Umwelt- und dem Landwirtschaftsministerium vorangegangen», bei dem es im Wesentlichen um Waldbaumassnahmen und Jagd ging. In der Verordnung wurde nun festgelegt, dass das dem Umweltministerium zugeordnete Nationalparkamt bestimmen solle, was und in welchem Umfang geschossen werden darf. Die Durchführung der Jagd würde aber der Staatsforstverwaltung obliegen, ebenso wie die in gewissem Umfang gestatteten Waldbaumassnahmen.[182]

1977 wurde Forstdirektor Hubert Zierl zum Leiter der Verwaltung des Alpen- und Nationalparks Berchtesgaden bestellt. Er wurde dafür vom Landwirtschaftsministerium an das Landratsamt Berchtesgaden versetzt und für das Umweltministerium freigestellt.[183] Damit war die Nationalparkverwaltung eine Abteilung im Landratsamt, dienstrechtlich dem Innenministerium zugehörig. Die fachliche Kompetenz nahm das Umweltministerium für sich in Anspruch während die Forstverwaltung die grundstücksbesitzende Behörde im Nationalpark war.[184] Die Unterstellung der Nationalparkverwaltung unter das Landratsamt war eine Bedingung der Gemeinden gewesen, damit sie dem Nationalpark zustimmten. Sie erhofften sich dadurch bessere Möglichkeiten zur Einflussnahme, da der an der Spitze des Landratsamtes stehende Landrat von ihnen gewählt wurde.[185]

Am 1. August 1978 trat die Verordnung über den Alpen- und Nationalpark Berchtesgaden in Kraft. In der Verordnung sind die Verpflichtung zur Erstellung eines Landschaftsrahmenplanes und eines Nationalparkplanes, sowie dessen regelmässige Fortschreibung (etwa alle zehn Jahre) festgelegt, die Organisation der Nationalparkverwaltung, Funktion und Zusammensetzung des Nationalparkbeirates und des Kommunalen Nationalparkausschusses.[186]

Nationalparkdirektor Zierl führte regelmässige Stammtische mit den Akteuren im Nationalparkgebiet ein. Er wollte damit einen Rahmen schaffen, in dem Probleme angesprochen werden konnten, bevor sich Missstimmung in der einheimischen Bevölkerung verbreitete.[187] Seit 2008 laden Nationalparkgemeinden und Nationalparkverwaltung regelmässig gemeinsam zu Bürgerversammlungen ein. Sie stellen ein offenes Kommunikations- und Diskussionsgremium dar.[188]

Von Beginn an forcierte die Nationalparkverwaltung die Trennung von Wald und Weide. Für die Ablösung der 1978 noch mehr als 700 bestehenden Waldweiderechte erhielten die Bauern Ausgleichsflächen. Die Ablösung erfolgte auf freiwilliger Basis. Ziel war eine völlige Auflassung der Waldweide.[189] Als weitere Aufgabe betrachtete die Nationalparkverwaltung die Pflege des Kulturerbes und übernahm daher in der Pflegezone die Kosten für die Erhaltung und Sanierung historischer Almkaser (Almhütte).[190] Umstritten waren einige Fälle, in denen Almkaser unter hohem Aufwand abgetragen, verlegt und an anderer Stelle wieder aufgebaut wurden. Sowohl Gemeinderat als auch Nationalparkbeirat wurden aufgefordert dagegen vorzugehen.[191]

Der Nationalparkverwaltung, die sich von Beginn an auch als Forschungskoordinationsstelle verstand, gelang es sehr schnell, den Kontakt zu anderen Forschungseinrichtungen herzustellen; so begann noch im selben Jahr eine Kooperation mit der alpinen Forschungsstelle der Universität Innsbruck. Der Nationalpark Berchtesgaden sollte einerseits einen Beitrag zur inneralpinen Forschung, andererseits zur weltweiten Nationalparkforschung leisten (Abb. 33).[192] Als Nachfolgeprogramm des Internationalen Biologischen Programms (IBP) wurde von der United Nations Educational, Scientific and Cultural Organization (UNESCO) 1971 ein international und interdisziplinär ausgerichtetes ökologisches Langzeitforschungsprogramm zum Thema «Man and the Biosphere» (MaB) aufgestellt und verwirklicht. Ziel war die Erforschung der globalen Ökosysteme unter Einbeziehung des Menschen und seiner Wirkung auf die Biosphäre. 1977 beschloss das Deutsche MaB-Nationalkomitee eine Beteiligung Deutschlands am «MaB-Bereich 6 – Einfluss menschlicher Aktivitäten auf Gebirgs- und Tundraökosysteme» und wählte den Alpen- und Nationalpark Berchtesgaden als Forschungsgebiet. 1981 wurden die Arbeiten zum MaB-Projekt 6

Abb. 33. Limnologische Untersuchungen am Königssee. Die Wissenschaft im heutigen Nationalpark Berchtesgaden hat eine lange Tradition, die mit den Forschungen des Alexander von Humboldt im Königsseegebiet begann. Foto Nationalpark Berchtesgaden.

«Ökosystemforschung Berchtesgaden» aufgenommen (SPANDAU 1988: 10). Allgemein bewährte sich im Nationalpark im Umgang mit Forschung folgende Praxis: Wissenschaftler erhalten im Park Zugang zu allen vorliegenden Daten und Forschungsergebnissen, müssen aber im Gegenzug ihre Ergebnisse dem Park zur Verfügung stellen.[193] Seit 1979 wurden 55 Forschungsberichte veröffentlicht.[194]

Nationalparkleiter Zierl legte sich bald nach Amtsantritt folgende Devise zurecht: «Dort wo potenzielle Konfliktfelder vorhanden sind, sollte man die Akteure zu Partnern machen, bevor sie zu Gegnern werden.» Beispiele sind die Durchführung von Fachexkursionen zu strittigen Themen wie dem Borkenkäfer, an denen Forstfachleute ebenso teilnahmen, wie Waldbesitzer und Interessenvertreter.[195] Oder die Kooperation mit dem Gebirgsjägerbataillon der Deutschen Bundeswehr, das schon seit 1957 in Bad Reichenhall (ausserhalb des Nationalparkgebietes) stationiert war und den Nationalpark als Übungsgelände nutzte. Mit einer Vereinbarung zwischen Umweltministerium und Wehrbereichsverwaltung wurde 1986 die Nutzung des Nationalparkgebiets durch das Militär geregelt. Die Soldaten absolvieren ihre Leistungsmärsche auf den Wanderwegen im Nationalparkgebiet, nutzen die vorhandene Hütteninfrastruktur zur Versorgung der Truppe und sammeln unterwegs Müll. Im Nationalparkgebiet befinden sich auch neunzehn Hubschrauberlandeplätze. 1996 wurde eine Zusatzvereinbarung zu den Hubschrauberflügen der Bundeswehr getroffen (Nationalpark Berchtesgaden 2001: 67). Auch im Nationalparkplan wurde von Anfang an festgehalten, wie die militärische Nutzung durchzuführen ist. Die Nationalparkverwaltung beteiligt sich an der Fortbildung der militärischen Führungskräfte und vermittelt ihnen die Grundlagen der Ökologie und Verhaltensregeln für Einsätze im Nationalparkgebiet.[196] Auch Zierls Nachfolger beherzigt diese Strategie: Beispielsweise wird in Kooperation mit den Tourismusverbänden jährlich ein Wanderfestival ausgerichtet, gemeinsam mit den Gemeinden werden Landschaftsrahmenplan, Landschaftspläne und Flächennutzungspläne erarbeitet und aufeinander abgestimmt. Die Vorgangsweise ist in einem Kooperationsvertrag zwischen Gemeinden und Nationalparkverwaltung festgelegt.[197]

1984 startete ein Projekt zur Wiedereinbürgerung des Luchses im Nationalpark Berchtesgaden. Es sorgte für Kontroversen zwischen Befürwortern und Gegnern. Man einigte sich schliesslich auf folgende Formel: «Kommt er (der Luchs) von selbst, wird er geduldet … Aus einem Käfig herausspringen soll er nicht.»[198] 1994 wurde ein Forschungsprojekt begonnen, das Erkenntnisse zum Ausbreitungsgebiet von Steinadlern bringen sollte.[199] 2006 wurde erstmals von einem erfolgreich brütenden Adlerpaar im Nationalparkgebiet berichtet.[200] 2008 wurde das Artenhilfsprogramm Steinadler beendet. Die Ergebnisse der Langzeit-Überwachung hätten gezeigt, «dass für den Greifvogel sowohl in Bayern als auch im gesamten Alpenraum keine aktuelle Gefährdung mehr» bestünde.[201]

Ab den 1990er Jahren wurden Massnahmen zur Besucherlenkung notwendig. 1992 wurde der Radfahrverkehr stark eingeschränkt, Verstösse gegen die entsprechende Verordnung wurden «mit empfindlichen Geldbussen» belegt. Das Landratsamt betonte, «dass die Maßnahme nichts mit dem besonderen Schutzstatus dieses Nationalparks zu tun habe. Der Grund sei vielmehr der besonders starke Erholungsdruck».[202] 1995 wurde die Informationsstelle Klausbachhaus eröffnet.[203] In diesem Jahr wurden etwa 350 000 Wanderer im Nationalpark gezählt. Die Passagierschiffe auf dem Königssee beförderten sogar rund 800 000 Personen.[204] Um die Besucher an den Informationsstellen, aber auch im Gelände, bei Führungen und Veranstaltungen zu betreuen, wurde ein Nationalparkdienst eingerichtet. Die Mitarbeiterinnen und Mitarbeiter des Nationalparkdienstes kontrollieren die Einhaltung der Nationalparkregeln durch die Besucher und den Zustand der Besucherinfrastrukturen. Sie unterstützen auch die Forschungsarbeiten im Nationalpark, z.B. die Betreuung von Klimastationen, Gewässeruntersuchungen, die Beobachtung von Pflanzen und Tieren. Von 2004 bis 2006 führte die Nationalparkverwaltung gemeinsam mit deutschen und österreichischen Universitäten, der Salzburger Landesregierung und dem Deutschen Alpenverein das Projekt «Monitoring moderner Landnutzungsformen in

Großschutzgebieten» durch. Die Besucherstruktur und das Besucherverhalten im Nationalpark wurden eingehend untersucht. Aus dem mit EU-Mitteln geförderten Projekt erhoffte man sich Erkenntnisse, die als Grundlage zur Verbesserung des Tourismusangebotes und der regionalen Wertschöpfung herangezogen werden sollten.[205] Eine der wichtigsten Erkenntnisse für die Parkverwaltung war, dass der Grossteil der Besucher sich rund vier Stunden im Parkgebiet aufhält. Dementsprechend wurde das Parkgebiet in einer Entfernung von rund zwei Stunden Gehzeit von den grossen Parkplätzen am Rand des Parks mit einer sehr guten Infrastruktur ausgestattet, auch die meisten Besucherattraktionen wurden hier platziert. Im übrigen Parkgebiet wurden keinerlei Massnahmen gesetzt.[206] In den stark frequentierten Bereichen bemüht sich die Nationalparkverwaltung um barrierefreie Gestaltung der Besuchereinrichtungen.[207] Im 35. Jahr des Bestehens des Nationalparks konnte ein neues Besucherzentrum, das «Haus der Berge» eröffnet werden.

1990 wurde der Nationalpark Berchtesgaden mit dem «Europäischen Naturschutzdiplom für geschützte Landschaften, Reservate und Naturdenkmäler» des Europarates ausgezeichnet.[208]. Der Europarat hatte wegen einer Reihe von Kritikpunkten lange mit der Verleihung gezögert, den schwersten Mangel sah er in der komplizierten Verwaltungsstruktur.[209] Schon 1982 hatte der Rechnungshof nach einer Prüfung die unübersichtlichen Verwaltungsstrukturen kritisiert. Die IUCN hatte gedroht, den Nationalparkstatus zu entziehen.[210] Bei den Überprüfungen zur Verlängerung des Europäischen Naturschutzdiploms 1995 und 2000 wurde neuerlich die Änderung der Organisationsstrukturen angemahnt. 2004 ging man daran, die Verwaltung internationalen Richtlinien anzupassen. Bei einer neuerlichen Beanstandung im Jahr 2005 wäre das Europäische Naturschutzdiplom nicht verlängert worden. Die Abteilung im Landratsamt wurde in eine eigenständige Verwaltung umgewandelt, die direkt dem Umweltministerium unterstellt war. Der Landrat sollte weiterhin Ansprechpartner für die Bevölkerung sein und ein «Kommunaler Nationalparkausschuss» sollte die Stellung der Gemeinden stärken.[211] Nach wie vor hatte die Nationalparkverwaltung die Aufgaben einer unteren Jagd-, und Forstbehörde wahrzunehmen.[212]

1990 erkannte die UNESCO das Biosphärenreservat Berchtesgaden an. Die Kernzone lag im Nationalpark Berchtesgaden, die Pufferzone bestand aus der Pflegezone des Nationalparks und zwei Naturschutzgebieten. Das Nationalparkvorfeld stellte die Entwicklungszone dar. Zunächst befürchteten Grundbesitzer, Land- und Forstwirte, dass ihnen Fremdbestimmung und Einschränkungen bei der Bewirtschaftung ihrer Grundstücke drohe. Ihre Interessenverbände kritisierten die Ausweisung des Biosphärenreservats. Einen Stimmungswechsel leitete das Versprechen des Umweltministeriums ein, jährlich beträchtliche Geldmittel für Projekte des Biosphärenreservats zur Verfügung zu stellen.[213] Im Juni 2010 stimmten die Gemeinden zu, das Biosphärenreservat auf den gesamten Landkreis Berchtesgadener Land auszuweiten. Da viele Menschen Vorbehalte gegenüber dem Begriff «Reservat» hatten, folgte 2012 die Umbenennung in «Biosphärenregion Berchtesgadener Land».[214]

2001 wurde der Nationalpark Berchtesgaden Teil des Europäischen Schutzgebietsnetzwerks Natura 2000. Die Meldung erfolgte als Vogelschutzgebiet nach Anhang I der Vogelschutzrichtlinie (VRL) und als FFH-Gebiet nach Anhang II und IV der Fauna-Flora-Habitat(FFH)-Richtlinie.[215]

Mit der Übernahme der Leitung durch Michael Vogel 2001 bekam der Nationalpark Berchtesgaden eine noch stärkere internationale Ausrichtung, als sie schon unter Direktor Zierl gegeben war. Vogel ist seit 2003 auch Präsident des Lenkungsausschusses des Netzwerkes alpiner Schutzgebiete ALPARC und pflegt Kontakte und Austausch mit anderen Schutzgebieten. Beispielsweise schlossen sich für das Projekt HABITALP elf internationale Partner, darunter der Nationalpark Hohe Tauern und der Schweizerische Nationalpark, aus dem Netzwerk Alpiner Schutzgebiete zusammen und erarbeiteten von 2002 bis

2004 unter der Leitung des Nationalpark Berchtesgaden Methoden zur Erfassung und Analyse der Landschaft auf Basis von Farbinfrarot-Luftbildern. Die Finanzierung erfolgte mit Mitteln des Europäischen Regionalentwicklungsfonds im Rahmen des INTERREG III B Alpenraumprogramms (Lotz 2006).

Der Herausforderung des globalen Klimawandels trägt der Nationalpark mit der Organisation internationaler Konferenzen zu diesem Thema und mit einer verstärkten Forschungstätigkeit zu Klimaveränderungen und ihren Auswirkungen auf alpine Lebensräume Rechnung.[216] Zu diesem Zweck werden mehrere Klimastationen und zwei phänologische Gärten im Nationalpark betrieben. Der Nationalpark Berchtesgaden wirkt auch an GLORIA (Global Observation Research Initiative in alpine Environments), einem internationalen Projekt zum Hochgebirgsmonitoring, mit.

Neben naturwissenschaftlichen Studien spielen zunehmend auch sozio-ökonomische Arbeiten eine Rolle. Eine 2004 veröffentlichte Studie zu den regionalökonomischen Effekten des Nationalparks ergab, dass der Nationalpark mit einem Äquivalent von 380 Vollzeitarbeitsplätzen der grösste Arbeitgeber der Region ist.[217] Der amtierende Umweltminister Bernhard bezeichnete in seiner Festrede zum 30-jährigen Bestehen des Nationalparks 2008 den Nationalpark als «Motor der Regionalentwicklung».[218]

Im Rahmen des EU-LIFE-Projekts Ursus, das die Wiederansiedlung des Braunbären im Alpenraum und die Vernetzung der dort noch bestehenden Bärenpopulationen zum Ziel hatte, wurden ab 1999 im italienischen Naturpark Adamello-Brenta zehn slowenische Braunbären angesiedelt. Von ihnen stammte der Braunbär JJ1 ab. Er wanderte im Mai 2006 nach Norden und hielt sich dann über längere Zeit im bayerisch-österreichischen Grenzgebiet auf. In den Medien wurde Braunbär JJ1 als «Bruno» bekannt. Bruno war seit über 170 Jahren der erste Braunbär, der in Deutschland in freier Wildbahn auftrat. Die Naturschützer hiessen ihn willkommen. Weniger erfreut zeigten sich Landwirte, Jäger und die zuständigen Politiker. Der Bär riss einige Schafe, auch in Siedlungsnähe. Er wurde, da er eine potenzielle Bedrohung für den Menschen darstellte, von der bayerischen Regierung als «Problembär» eingestuft und zum Abschuss freigegeben. Die Freigabe wurde nach massiver öffentlicher Kritik zurückgezogen. Dennoch wurde der Bär, nach vergeblichen Versuchen ihn lebend zu fangen, im Juni 2006 im Spitzingseegebiet in Bayern erlegt aufgefunden.[219] Die Tötung des Bären zog zahlreiche Reaktionen von Naturschutzverbänden und Politikern aus dem In- und Ausland nach sich. Beispielsweise legte Italien Protest bei der EU-Kommission ein, da JJ1 ja Teil des EU-finanzierten LIFE-Nature-Kooperationsprojekts gewesen war. Brunos jüngerer Bruder JJ2 wurde 2005 im Engadin und in Tirol gesichtet, verschwand im Herbst desselben Jahres aber plötzlich. Man vermutet, dass er von Wilderern geschossen wurde. Ein weiterer Bruder, der «Schweizer Risikobär» JJ3, wurde 2008 getötet, da er mehrfach Abfallcontainer plünderte und keine Menschenscheu zeigte.[220]

Die Debatte um die Rückkehr wilder Tiere wiederholte sich wenige Jahre später. 2011 rief die Bezirksalmbauernschaft Berchtesgaden dazu auf, gegen die Rückkehr des Wolfes vorzugehen. Es sei nicht auszuschliessen, dass sich Wölfe in Berchtesgaden ansiedeln könnten. Die Landwirte und ihre Interessenvertreter machten Stimmung dagegen. Zwar sei im Berchtesgadener Land noch nichts vorgefallen, doch anderswo habe man mit dem Wildtier «furchtbare Erfahrungen» gemacht. Es nütze nichts für gerissene Schafe «die Ausgleichszahlungen zu verdoppeln». Man müsse den strengen Schutz für den Wolf aufgeben und ihn «zum Abschuss freigeben». Andernfalls drohe nicht nur Schaden für die Almbauern, sondern auch für den Tourismus.[221]

Seit 2009 besteht die grenzüberschreitende Pilotregion Ökologischer Verbund Berchtesgaden–Salzburg im Projekt ECONNECT. Für das im Rahmen des EU-Programms «Alpine Space» geförderte Projekt schlossen sich 16 Projektpartner aus dem Alpenraum zusammen: Schutzgebietsverwaltungen, wissenschaftliche Einrichtungen und Partnerinstitutionen sowie internationale Organisationen. Ziel ist es Methoden zu erarbeiten, die «effektive grenzüberschreitende Kooperation und die Harmonisierung des Vorgehens bei der Wiederherstellung ökologischer Verbindungen im gesamten Alpenraum ermöglichen».[222]

2010 wurde die Qualität des Schutzgebietsmanagement im Nationalpark Berchtesgaden von einem unabhängigen Fachkomitee, das sich aus Vertretern von Land und Bund, von Universitäten, Naturschutzverbänden sowie Vertretern des Dachverbandes der Nationalen Naturlandschaften zusammensetzte, überprüft. Anhand festgelegter Qualitätskriterien und -standards sollten im selben Jahr alle deutschen Nationalparks einer Evaluierung unterzogen werden.[223]

Die Nationalparkverwaltung investiert viel Zeit in die Öffentlichkeitsarbeit. Beispielsweise wurden im Jahr 2011 rund 70 Arbeitstage für die Betreuung von Journalisten und Fernsehteams aufgewendet. Nach Meinung der Nationalparkleitung sei diese Vorgangsweise für beide Seiten von Vorteil: Die Medienleute würden von den Nationalparkmitarbeitern zum richtigen Zeitpunkt an die besten Orte gebracht, um spektakuläres Bildmaterial erstellen zu können, und sie bekämen Informationen aus erster Hand. Für die Nationalparkverwaltung ergebe sich daraus wiederum die Möglichkeit Einfluss auf die Art und Weise zu nehmen, wie die Berichterstattung erfolgt.[224]

2013 erhielt der Nationalpark mit dem Haus der Berge (Abb. 34) ein neues Besucherzentrum und hoffte damit in Zukunft «der grossen Nachfrage von Schulklassen, Kindergärten und Jugendgruppen in Sachen Umweltbildung» besser gerecht werden zu können. Ihrem Bildungsauftrag kommt die Nationalparkverwaltung auch durch die Teilnahme an verschiedenen Austausch- und Traineeprogrammen mit anderen Berggebieten nach. Der Erfahrungsaustausch mit Kollegen aus den Karpaten, dem Himalaya Gebiet oder dem Karakorum wird als grosse Bereicherung für die eigene Arbeit gesehen.

Abb. 34. Haus der Berge. Das 2013 eröffnete Besucherzentrum des Nationalpark Berchtesgaden nimmt für sich in Anspruch neue Massstäbe der Naturvermittlung zu setzen. Foto Nationalpark Berchtesgaden.

4.1.7 Engagement und massgeschneiderte Lösungen – Resümee

Die bayerischen Könige, die Berchtesgaden zu ihrer Sommerresidenz erwählten, machten den Ort als Tourismusdestination beliebt. War der Ausflug in die wunderschöne Bergkulisse zunächst noch ein eher exklusives Vergnügen, das mit einer aufwändigen Anreise verbunden war, so änderte sich das mit dem Anschluss ans Eisenbahnnetz in der zweiten Hälfte des 19. Jahrhunderts. Der Besucherzustrom vervielfachte sich schlagartig. Zum Problem wurde schliesslich, dass das Sammeln von Alpenpflanzen um die Jahrhundertwende populär wurde. Auf Betreiben von Forschern und Naturschützern wurde das Pflanzenschongebiet Königssee eingerichtet, zu seiner Zeit das grösste Schutzgebiet in den Alpen.

Bereits aus dieser Zeit mag die oft schwierige Beziehung zwischen Naturschutz und Tourismus herrühren. Der Tourismus war wichtiger Akteur und touristischer Aufschwung ein Ziel der Region. Die für den Tourismus zu schaffende Infrastruktur stellte im Berchtesgadener Land die grösste Bedrohung für Naturschutzbestrebungen dar. Der Naturschutz wiederum galt als der grosse Verhinderer, wenn es um die Weiterentwicklung der Region ging. Damit unterscheidet sich der Nationalpark Berchtesgaden grundlegend z. B. vom Nationalpark Hohe Tauern, wo der Naturschutz von Beginn an als Vorteil für den Tourismus wahrgenommen worden war. Mittlerweile hat sich das Verhältnis von Naturschutz und Tourismus auch im Berchtesgadener Land gewandelt und die verantwortlichen Politiker in den bayerischen Kommunen sehen den Nationalpark als ihr grösstes Kapital.[225] Mit ausschlaggebend dafür dürfte sein, dass sie heute erstmals einer Generation entstammen, die bereits mit dem Nationalpark aufgewachsen ist.

Immer wieder suchten die bayerischen Promotoren eines Schutzgebietes den Schulterschluss mit den Kollegen in Salzburg. Der Wunsch mag historisch begründet sein: Anfang des 19. Jahrhunderts gehörten Berchtesgaden und Salzburg zum österreichischen Kaiserreich, dann zum bayerischen Königreich. Die Österreicher plagten sich ab dem Beginn des 20. Jahrhunderts mit der Ausweisung eines Naturschutzparkes in den österreichischen Alpen. Doch den von den Bayern zugespielten Ball zur Initiative für ein gemeinsames Schutzgebiet um den Königssee griffen sie scheinbar nicht (vehement genug) auf.

Die relativ rasche Umsetzung des Nationalparks scheint umso bemerkenswerter, als es nicht leicht gewesen sein dürfte, die für ihren nahezu sprichwörtlichen Eigensinn bekannte bayerische Bevölkerung von der Sinnhaftigkeit eines derartigen Unterfangens zu überzeugen. So scheiterte beispielsweise die Zustimmung der lokalen Sektion des Alpenvereins zum Nationalpark an der Gestaltung der Wegbeschilderung, die man sich nicht vorschreiben lassen wollte. Konflikte dieser Art waren im Vorfeld und in der Einrichtungsphase des Nationalparks Berchtesgaden laut Berichterstattung und Zeitzeugenaussagen wohl an der Tagesordnung. «Nicht jeder hat im Berchtesgadener Bauerntheater eine Rolle bekommen. Die, die meinten, sie wären gut dafür gewesen, die traten natürlich dann auf, wenn es in Diskussionen um den Nationalpark ging», beschrieb der erste Berchtesgadener Nationalparkdirektor die Situation damals.[226] Wichtig schien es, die Auseinandersetzungen mit Humor und einer gewissen Unverdrossenheit zu führen. Eine weitere Strategie Zierls war es, durch das Einbeziehen der Kritiker in das Nationalparkgeschehen die «Akteure zu Partnern» zu machen.[227]

Sehr schwierig gestaltete sich das Umdenken im Umgang mit dem Borkenkäfer. Durch unermüdliche Informations- und Aufklärungsarbeit durch die Nationalparkverwaltung ist es letztendlich gelungen, Ängste vor verheerenden Schädlingskalamitäten und ihren wirtschaftlichen Folgen abzubauen. Mit regelmässig stattfindenden Stammtischen und Bürgerversammlungen bemühte man sich um ständigen Kontakt zur Bevölkerung. Nach Aussage des aktuellen Direktors ist der Nationalpark Berchtesgaden heute der einzige deutsche Nationalpark, zu dem es keine Initiative gegen den Nationalpark gibt.[228] Er schreibt dieses Verdienst seinem Vorgänger zu.

Doch auch er selbst darf sich einige Erfolge auf seine Fahne heften. So gelang es unter seiner Leitung, den Nationalpark Berchtesgaden als Drehpunkt und Kompetenzzentrum in internationalen Forschungsprojekten und -programmen zu etablieren. Dabei fehlt es auch ihm nicht an Volksnähe und er nimmt als Repräsentant des Nationalparks am lokalen Geschehen teil.

Beide Direktorenpersönlichkeiten haben sich als sehr geschickt in der Interaktion mit der Politik erwiesen und den Nationalpark im besten Licht erscheinen lassen. Nach wie vor gilt der Nationalpark Berchtesgaden als «Perle» unter den deutschen Nationalparks.[229] Deutsche Politiker suchen die beeindruckende Kulisse des Alpen-Nationalparks sowohl zu Repräsentationszwecken mit internationalen Kollegen als auch als Ort für interne politische Beratungen auf.[230] Damit stehen sie ebenfalls in einer langen Tradition, die von den bayerischen Königen über das «Führersperrgebiet» im Dritten Reich bis zum Erholungszentrum amerikanischer Streitkräfte nach dem Zweiten Weltkrieg reicht.

Eine besondere Herausforderung ist es Ordnung in die äusserst komplexen Strukturen der Nationalparkverwaltung zu bringen. Inhaltliche Kompetenzen, dienstrechtliche Zugehörigkeit und Grundbesitzerrechte sind über mehrere Ministerien verteilt und unterstehen überdies noch dem Landratsamt. Von aussen ist dieses Organisationsgefüge nicht zu durchschauen, wie auch mehrfach von internationaler Seite bemängelt wurde.[231] Die komplizierte Verwaltungsstruktur symbolisiert aber gleichzeitig eine langsam gewachsene individuelle Lösung, wie sie in einem komplexen europäischen Rechtssystem zustande kommt und alle Beteiligten vor Ort zufrieden zu stellen scheint.

4.2   Biosphärenreservat Schorfheide-Chorin

4.2.1   Die Region Schorfheide-Chorin

Lage: Das Biosphärenreservat Schorfheide-Chorin liegt im Bundesland Brandenburg etwa 75 Kilometer nordöstlich von Berlin, in den Landkreisen Uckermark, Barnim, Märkisch-Oderland und Oberhavel. Mit rund 1290 Quadratkilometern zählt es zu den grössten Schutzgebieten Deutschlands.

Schutzkategorien: 1907 Naturschutzgebiet, 1936 Reichsnaturschutzgebiet, 1937 geschützter Landschaftsteil, 1957 Landschaftsschutzgebiet, 1962 Sonderjagdgebiet, 1990 Biosphärenreservat, 1997 Vogelschutzgebiet (SPA), FFH-Gebiet (SCI), 2002 Natura 2000-Gebiet, 2011 Weltnaturerbe.

Die Landschaft im Biosphärenreservat Schorfheide-Chorin ist stark von der letzten Eiszeit (vor ca. 12 000 bis 15 000 Jahren) geprägt. Es finden sich typische Landschaftselemente wie Endmoränenhügel, Sanderflächen oder Kesselmoore. Durch das Biosphärenreservat verläuft die Wasserscheide zwischen Nord- und Ostsee. Während grosse Fliessgewässer im Gebiet fehlen, gibt es eine sehr grosse Zahl von Stillgewässern in Form von Seen, Weihern, Teichen und moorigen Bereichen.

Ursprünglich bedeckten Buchenwälder weite Teile des Gebietes. Mit der deutschen Besiedlung und der Christianisierung der slawischen Bevölkerung setzte die Herausbildung der heutigen Kulturlandschaft ein. Wesentlichen Anteil daran hatten die Orden der Prämonstratenser (Kloster Gramzow), der Zisterzienser (Kloster Chorin) und der Franziskaner (Kloster Angermünde), die die umliegenden Ländereien bewirtschafteten (Abb. 35). Der Wildreichtum der Schorfheide machte sie ab dem 12. Jahrhundert zum herrschaftlichen Jagdgebiet deutscher Fürsten und Könige (Henne 2013: 132). Eine Ausnahme bildete König Friedrich der II. (1712–1786), der – da er kein Interesse an der Jagd hatte – die Beweidung der Wälder erlaubte. Das Vieh wurde in so grosser Zahl hinein getrieben, dass

Abb. 35. Die Schorfheide im 16. Jahrhundert. Karte der Mark Brandenburg von 1588. Kolorierter Kupferstich von Abraham Ortelius (1588), Landesvermessung und Geobasisinformation Brandenburg.

Die Schutzgebiete

die Folgen in Form ausgedehnter Hutewälder, bis heute zu sehen sind. Mitte des 18. Jahrhunderts entstand in der Region Eberswalde eines der ersten deutschen Industriegebiete. Der grosse Holzbedarf für die Verarbeitung von Eisen führte zum Raubbau an den Wäldern. Die Wiederaufforstungen mit schnellwüchsiger Kiefer bestehen zum Teil bis heute.[232] In weiten Teilen des Gebietes dominierte aber die Jagdnutzung. Während des nationalsozialistischen Regimes und in DDR-Zeiten waren sie für die Allgemeinheit nicht zugänglich. So konnten sie sich abgesehen von grossem Wilddruck weitgehend ungestört entwickeln.

Neben dem typischen Grosswild (Rothirsch, Wildschwein, Reh) kommen Biber und Fischotter häufig vor. Es gibt Bestände der stark bedrohten Europäischen Sumpfschildkröte und der Rotbauchunke. In den Wäldern brüten See-, Fisch- und Schreiadler, besonders stolz ist man im Biosphärenreservat auf den Kranich, der hier mit mehr als 500 Paaren die dichteste Konzentration an Brutpaaren in Deutschland erreicht (Abb. 36).

Etwa 32 000 Menschen leben in 65 Gemeinden und den drei Kleinstädten Joachimsthal, Oderberg und Greiffenberg; damit zählt das Biosphärenreservat zu den am dünnsten besiedelten Gebieten Deutschlands.[233] Die Bevölkerungsentwicklung ist bis auf die südlichen nahe Berlin gelegenen Bereiche rückläufig. Die Landwirtschaft ist nach wie vor der wichtigste Erwerbszweig der Region. In den letzten Jahren wurde die Region Schorfheide-Chorin mit Unterstützung der Biosphärenreservatsverwaltung zu einer führenden Ökolandbau-Region in Deutschland. Durch das Bemühen der Verwaltung in allen Belangen gemeinsam mit den hier lebenden Menschen und den Betrieben vor Ort Perspektiven für die Region zu erarbeiten, zählt das Gebiet Schorfheide-Chorin zu den am vorbildlichsten entwickelten Biosphärenreservaten in Deutschland (SCHRADER 2006: 507ff.).

Abb. 36. Zug der Kraniche. Der Kranich *Grus grus* zählt zu den attraktivsten Arten, die im Biosphärenreservat anzutreffen sind. Aquarell von Werner Schinko (2002), Studienarchiv Umweltgeschichte.

Ein gut ausgebautes Netz von Wander- und Fahrradwegen sowie zahlreiche Badeseen machen die Schorfheide auch zu einem beliebten Erholungsgebiet vor allem der Berliner Bevölkerung. Besonders attraktive Ausflugsziele stellen das Kloster Chorin, der Wildpark Schorfheide und das NABU-Naturerlebniszentrum Blumberger Mühle, das gleichzeitig das Hauptinformationszentrum des Biosphärenreservats Schorfheide-Chorin ist, dar.

4.2.2 Meilensteine

1900 gab der Botanische Verein Brandenburg ein «Forstbotanisches Merkbuch» heraus, das alle schützenswerten Bäume und Bestände in Brandenburg verzeichnete.

1907 wurde auf Vorschlag des Försters Max Kienitz das Plagefenn als Naturschutzgebiet ausgewiesen.

1933 liess Reichsjägermeister Göring das Anwesen Carinhall in der Schorfheide errichten, um hier zu jagen und Kunstschätze zu sammeln.

1934 richtete die Internationale Gesellschaft zur Rettung des Wisents ein Zuchtgehege in der Schorfheide ein.

1939 wurde der Zugang zum Naturschutzgebiet Plagefenn beschränkt und nur mehr «wirklichen Naturfreunden» gestattet.

1957 begann die Ausweisung von Landschaftsschutzgebieten um die grossen Seen, um den Erhalt der Erholungsfunktion dieser Gebiete sicherzustellen.

1962 entstand auf der Grundlage des Jagdgesetzes von 1953 das Sonderjagdgebiet Schorfheide.

1989 konzipierten Mitglieder der Bürgerbewegung das «Nationalparkprogramm der DDR als Baustein für ein europäisches Haus».

1990 verabschiedete der Ministerrat der DDR in seiner letzten Sitzung das Nationalparkprogramm, das auch die Ausweisung der Schorfheide als Biosphärenreservat vorsah.

1990 erfolgte die internationale Anerkennung des Biosphärenreservats Schorfheide-Chorin durch die UNESCO.

1991 wurde Eberhard Henne zum Leiter des Aufbaustabes für das Biosphärenreservat Schorfheide-Chorin bestellt.

1994 gründete sich der Förderverein des Biosphärenreservates «Kulturlandschaft Uckermark e.V.».

2011 wurde der Buchenwald im Grumsiner Forst zu einem Teil des Weltnaturerbes «Buchenurwälder in den Karpaten und alte Buchenwälder in Deutschland» erklärt.

4.2.3 Machtbewusste Funktionäre – Akteure

Auf Anregung des deutschen Botanikers und Naturschützers Hugo Conwentz forderte der preussische Minister für Landwirtschaft, Domänen und Forsten 1904 die Forstdienststellen auf, «Objekte zu benennen, die es wert wären, unter Schutz gestellt zu werden». Forstmeister Max Kienitz schlug daraufhin das Plagefenn und den Plagesee vor.[234] Kienitz war im Gegensatz zu den meisten der zeitgenössischen Forstkollegen viel am Schutz und an der natürlichen Entwicklung des Waldes gelegen. Und so war er mitverantwortlich für die Ausweisung des ersten Naturschutzgebietes in Brandenburg.[235]

1924 gründete Hans Klose den Naturschutzring Berlin–Brandenburg (Abb. 37). Klose hatte später als Naturschutzfunktionär im Dritten Reich wesentlichen Anteil an der Ausarbeitung des Reichsnaturschutzgesetzes (ENGELS 2003: 374ff.). Der von Klose gegründete Naturschutzring Berlin–Brandenburg verstand sich «als Spitzenorganisation aller an der Erhaltung der Heimatnatur interessierten Stellen und Verbände». Etwa 30 Vereine mit rund einer Million Mitgliedern waren in diesem Dachverband zusammengeschlossen. Der Naturschutzring setzte sich um 1930 unter anderem für die Unterschutzstellung des Werbellinsees ein.[236]

Abb. 37. Naturdenkmalpflege und Naturschutz. Der Naturschutz in Berlin und Brandenburg erlangte in den 1920er und 1930er Jahren unter prominenten Mitstreitern wie Hans Klose grosse Bedeutung. Archiv Haus der Natur Potsdam.

1933 liess Reichsjägermeister Hermann Göring in der Schorfheide für sich und seine Jagdgäste das Anwesen Carinhall errichten. Es war dem Andenken an Görings 1931 verstorbene erste Frau Carin gewidmet. Er empfing dort ausländische Staatsgäste und unternahm mit ihnen Jagdausflüge in die Schorfheide. In den Repräsentationsräumen von Carinhall war Görings Privatsammlung ausgestellt. Sie bestand zum grossen Teil aus Raub- und Beutekunst. 1943 liess Göring einen Teil seiner Sammlung im Bergungsort Salzbergwerk Altaussee (Österreich) einlagern (Als Bergungsorte wurden Einlagerungsstätten für wertvolle bewegliche Kunstgüter während des Naziregimes bezeichnet). Die restlichen Kunstwerke wurden im Januar 1945 mit drei Sonderzügen nach Berchtesgaden verbracht. Als im April 1945 die Rote Armee heranrückte, gab Göring Befehl die Gebäude von Carinhall zu sprengen.[237] Eine noch intakte Bunkeranlage des Anwesens wurde Ende der 1990er Jahre von einem Hobby-Archäologen entdeckt und mit Hilfe des Naturschutzbundes (NABU) zur Beherbergung von Fledermäusen umgebaut.[238]

Ab den 1950er Jahren waren in der Schorfheide die Datschen (Wochenendhäuser) und Jagdhäuser der Parteispitzen der Sozialistischen Einheitspartei Deutschlands (SED) anzutreffen.[239] In der Deutschen Demokratischen Republik (DDR) war das jagdbare Wild Volkseigentum, die Jagd unterlag der Leitung staatlicher Organe. Jeder Bürger konnte den Jagdschein machen und durfte jagen. Die benötigten Waffen konnten tageweise ausgeliehen werden. In den ostdeutschen Medien wurde Bindung des Jagdausübungsrechts an Grund und Boden, wie in der Bundesrepublik Deutschland (BRD) üblich, als «Bonzenjagd» bezeichnet und als eine Folge des Kapitalismus angeprangert. Dem wurde das vergleichsweise egalitäre Volksjagdrecht der DDR gegenübergestellt.[240] Allerdings erhielt unter dem SED-Regime nur Privatwaffen, wer über entsprechende politische Beziehungen verfügte. Ein beträchtlicher Teil der Jagdflächen der DDR – die mit den höchsten Wildbeständen – war den Spitzen der SED, der Nationalen Volksarmee (NVA) und sowjetischen Militärs vorbehalten. Staats- und Parteichef Erich Honecker nutzte unter anderem das Jagdhaus Wildfang in der Schorfheide, der Chef der Staatssicherheit (Stasi) Erich Mielke das Jagdschloss Wolletz bei Angermünde. In DDR-Zeiten hiess es: «Die Jagd gehört dem Volke – und die Hirsche dem Politbüro».[241]

Bereits nach dem Ende des Zweiten Weltkriegs war der Kulturbund der DDR als überparteiliche Sammelbewegung für alle intellektuell Interessierten geschaffen worden. Er sollte die DDR-Staatspartei SED bei der Schaffung «einer sozialistischen Kultur in der Gesellschaft» unterstützen.[242] Innerhalb des Kulturbundes gab es die Abteilung «Natur- und Heimatfreunde», die sich mit Naturschutzthemen befasste. 1980 wurde die Gesellschaft für Natur und Umwelt (GNU) als Vereinigung im Kulturbund gegründet. Sie war die einzige offizielle Organisation in der DDR, die sich um Umweltbelange kümmerte, ein «staatlich zugelassenes Sammelbecken ehrenamtlich tätiger Naturschützer».[243] Das DDR-Regime wollte damit die Kontrolle über ihre Aktivitäten behalten. Die Gesellschaft für Natur und Umwelt setzte sich für die Biodiversitätssicherung, die Erhaltung von Elementen der Kulturlandschaft (z. B. Alleen) und Landschaftspflege ein. In der Hoffnung, den Umweltschutz auch auf politischer Ebene voranzubringen, engagierte sich der Biologe Michael Succow in der Gesellschaft für Natur und Umwelt. Eine Auseinandersetzung mit der Politik der DDR war vom Regime nicht gewünscht und daher in der Organisation nicht vorgesehen.[244]

Aus den Reihen der Gesellschaft für Natur und Umwelt gingen schliesslich die treibenden Kräfte für die Bürgerbewegung der DDR hervor. Die Bürgerbewegung war eine Organisationsform von politischen Gruppierungen in der DDR der Wendezeit und in den Folgejahren. Sie entstand in bewusster Abgrenzung zur Form der Partei und setzte sich unter anderem auch für den Naturschutz ein (ULLMANN 2001: 528f.). Anfang 1990 bekam Michael Succow auf Drängen der Bürgerbewegung die Chance, stellvertretender Umweltminister in der Regierung Modrow zu werden.[245] Schon in den 1970er Jahren hatte Succow gemeinsam mit dem Schriftsteller und Umweltaktivisten Reimar Gilsenbach Überlegungen zur Errichtung eines Biosphärenreservates in der Schorfheide angestellt. Sie wurden von der politischen Führung abgelehnt. Nun konnte Succow – plötzlich selbst in einflussreicher Position – mit Kollegen aus seinem wissenschaftlichen Umfeld, namentlich Matthias Freude, Lebrecht Jeschke und Hans Dieter Knapp, das sogenannte Nationalparkprogramm vorbereiten.[246] Für seine Verdienste um den ostdeutschen Naturschutz konnte Succow unter anderem 1992 den Grossen Binding-Preis für Natur- und Umweltschutz und 1997 den Right Livelihood Award entgegen nehmen (Abb. 38).

Das Nationalparkprogramm sah unter anderem die Unterschutzstellung der Schorfheide vor. Mit seiner Verabschiedung wurde die Einrichtung des Biosphärenreservates Schorfheide-Chorin beschlossen. Nun meldeten neue Akteure ihre Ansprüche an: Tourismus-, Industrie- und Handelsunternehmen versuchten die plötzlich der Allgemeinheit zur Verfügung stehenden Grundflächen in der Schorfheide zu erwerben, wurden aber vom Aufbaustab des Biosphärenreservats abgewiesen. Die Tourismuswirtschaft erkannte in der Schorfheide das Potenzial, erholungsbedürftige Grossstädter aus dem nahen Berlin anzuziehen. Die Gemeinden der ökonomisch schwach entwickelten Region versuchten, Gewerbegebiete auszuweisen und Unternehmer zu finden, die hier investieren wollten. Einer der Bürgermeister gab deutlich zu verstehen: Wenn jemand «mehr als zehn Arbeitsplätze» verspräche, würde er darüber hinweg sehen, in einem Biosphärenreservat zu sein und alles erlauben.[247] Landwirtschaft und Fischerei blickten einer unsicheren wirtschaftlichen Zukunft entgegen und sahen durch ein Biosphärenreservat ihre Optionen eingeschränkt.[248] Und die Bevölkerung sprach von der Naturwacht als von der «grünen Stasi» oder der «Umwelt-Mafia».[249]

«Eine Mischung aus Hoffnung und Not» zwinge «die Naturschützer und die Landwirte in eine spannungsgeladene Partnerschaft» umschrieb der Referent für Landwirtschaft der Landesanstalt für Grossschutzgebiete (LAGS) die Situation kurz nach der Einrichtung

Abb. 38. Ikonen des DDR-Naturschutzes. Uwe Wegener, Hans-Dieter Knapp, Michael Succow und Leberecht Jeschke (v.l.n.r.) gelten gemeinsam mit dem hier nicht abgebildeten Matthias Freude als «Väter» des Nationalparkprogramms von 1990. Foto Uwe Wegener (1986) aus: Jeschke et al. (2012).

des Biosphärenreservat Schorfheide-Chorin.[250] Gut gemeistert wurde diese von den Bauern in Brodowin. Noch in DDR-Zeiten, ab 1981, hatte der Schriftsteller und Umweltaktivist Reimar Gilsenbach die «Brodowiner Gespräche» über das menschliche Verhalten zur Umwelt organisiert. Unter dem Eindruck von Gilsenbachs Ideen entwickelten einige Bauern, Naturschützer und der Pfarrer des Dorfes Brodowin die Idee für ein Ökodorf Brodowin, in dem nur mehr nach biologisch-dynamischen Gesichtspunkten gewirtschaftet werden sollte. Das zunächst von den übrigen Dorfbewohnern argwöhnisch betrachtete Projekt entwickelte sich zu einer Erfolgsgeschichte. 1999 wurde von einem grossen Teil der Brodowiner Landwirte der Verein Ökodorf Brodowin e.V. gegründet. Der Betrieb Ökodorf Brodowin ist heute einer der grössten Arbeitgeber der Region (HENNE 2013: 134).

4.2.4 System im Umbruch – Bedrohungen/Herausforderungen

Ein früher Konflikt, der sich in zeitgenössischen Medien widerspiegelte, entspann sich zwischen Wanderern und Kraftfahrern rund um die Benutzung der Uferstrassen des Werbellinsees. Die «Erhabenheit der Naturlandschaft» soll 1926 den ersten Reichspräsidenten Ebert dazu bewogen haben, sich am Werbellinsee ein «Tuskulum» (ruhiger, behaglicher Landsitz) für seine «spärlichen Erholungsstunden» einzurichten. Um ihn nicht zu belästigen, war die «Fahrstraße» am Westufer des Sees «zur freudigen Genugtuung des Wandervolks» für den Kraftverkehr gesperrt worden. Der Verkehr auf der Ausweichstrecke verursachte aber nun «eine empfindliche Störung wertvoller Hochwildreviere», so dass die Staatsforstverwaltung 1929 die Uferstrasse wieder für den Kraftverkehr freigab. «Der Öffentlichkeit bemächtigte sich schon beim Bekanntwerden des Planes eine starke Erregung», da stündlich «fünfzig und hundert staubwirbelnde Kraftfahrzeuge» eine «völlige Entwertung» dieser beliebten Wanderstrecken bedeuten würden. Im Namen des Naturschutzrings Berlin–Brandenburg trat Hans Klose dafür ein, die Strasse wieder zu sperren oder noch besser, «die wundervolle Umgebung des Werbellinsees zum Naturschutzgebiet zu erklären».[251]

Klose sprach sich auch entschieden gegen die Verbauung von Seeufern, beispielsweise am Werbellinsee aus. «Sünde und ewige Schande wäre es», so Klose, «wenn die heimattreuen Märker und Berliner sich ihren kostbarsten Besitz, ihre schönen Seen und Seenufer, rauben oder bis zur Unkenntlichkeit beeinträchtigen ließen.» Seiner Ansicht nach würden landschaftlich schöne Gegenden nicht nur vom Ausflugsverkehr, sondern auch vom Siedlungsbau bevorzugt in Anspruch genommen. «In ungeheuer beschleunigtem Maße» würden «großstadtmüde, natur- und sportfreudige Kreise auf Erwerb von Land- oder Wochenendhäusern streben». Besonders beliebt wären Seeufer mit «Sport- und Bademöglichkeit vom Hause aus». Bodenspekulanten und «Terraingesellschaften» würden für «Propaganda» sorgen, das Gelände parzellieren und den Erwerb durch die Möglichkeit von Ratenzahlungen erleichtern. Durch den Kraftverkehr würden immer entferntere Gebiete erreichbar und wären damit von dieser Entwicklung betroffen. Durch die Steigerung der Seeuferbesiedlung würden zahlreiche Ausflugsgebiete der Allgemeinheit entzogen. Die übriggebliebenen Gebiete würden durch den zu erwartenden Massenbesuch ebenfalls entwertet.[252] Der Naturschutzring Berlin–Brandenburg kritisierte «die viel zu schüchternen Versuche der Behörden» gegen die «Bodenspekulation und planlose Siedlung» an märkischen Seeufern vorzugehen.[253]

Nach Ansicht der amtlichen Stelle für Naturdenkmalpflege zeigten sich Ende der 1930er Jahre im Naturschutzgebiet Plagefenn «mehr Gäste als zuträglich». Die fehlende Rücksichtnahme auf die Tier- und Pflanzenwelt führte dazu, dass ab 1939 nur mehr «wirklichen Naturfreunden» der Zugang gestattet wurde. Sie erhielten einen entsprechenden Ausweis von der Brandenburgischen Provinzstelle für Naturschutz.[254] Mit den Zutrittsbeschränkungen schienen die Gefahren für die Natur gebannt. Zwar wurden in den Schutzanordnungen der Forstverwaltung Kienhorst im Kreis Eberswalde 1961 Schälschäden, starke Verbisserscheinungen an der Bodenvegetation und ein Ausbleiben der Verjüngung festgestellt (FISCHER *et al.* 1982: 129). Thematisiert wurden diese Waldschäden aber erst rückblickend nach Ende der DDR. Die Schäden dürften die Auswirkungen des sehr hohen Wildbestandes in den Sonderjagdgebieten der Parteifunktionäre gewesen sein. In diesen Gebieten wurde das Wild ohne Rücksicht auf forstliche Belange und auf die Schäden ganzjährig gefüttert, um «stattliche Trophäenträger» zu erhalten.[255] Riesige Futterplätze und ausbetonierte Suhlbecken wurden angelegt.[256] Die Hirschbestände sollen bis auf das Zehnfache eines der Natur zuträglichen Bestandes überhöht gewesen sein.[257] Das Schwarzwild sei in einem «verwahrlosten Zustand, verwurmt mit Lungenwürmern» gewesen, der an «Tierquälerei» grenzte, so die Einschätzung des zu dieser Zeit im Kreis amtierenden Tierarztes.[258]

Nach dem Fall des Eisernen Vorhangs drängten die wieder gegründeten Jagdverbände in die lange gesperrten Gebiete und setzten weiterhin auf die Trophäenjagd, die ein lukratives Geschäft darstellte. Je grösser und schöner das Geweih, desto höher das Abschussgeld, das Jagdtouristen bereit waren, für «echte Honecker-Hirsche» zu zahlen. Um die entsprechenden Merkmale bei den Hirschen zu fördern, wurde weiterhin Wildfütterung in grossem Massstab betrieben[259], bis mit der Einrichtung des Biosphärenreservats diese Praxis unterbunden wurde.

Die politische Führung der DDR erachtet eine umfassende Steigerung der landwirtschaftlichen Produktion für notwendig. Ab den 1960er Jahren wurden Wiesen und Weiden in Ackerflächen umgewandelt, durch Melioration und Düngung erreichte man eine «radikale Umgestaltung der Agrarlandschaft zugunsten industriemäßiger Produktionsmethoden». Die «vollständige Kollektivierung der landwirtschaftlichen Produktion, die auf die Industrialisierung der Landwirtschaft und die Umwälzung der sozialen Verhältnisse in den Dörfern abzielte», brachte einen enormen Nutzungsdruck auf die Landschaft mit sich. Wie in der Land- so wurde auch in der Forstwirtschaft die «sozialistische Intensivierung» propagiert.[260] Dank seines Status als Sonderjagdgebiet blieb das Gebiet des heutigen Biosphärenreservats von Intensivierung im Forstbereich verschont, nicht aber in der Landwirtschaft.

In den 1970er Jahren entstanden im Bereich des Barnim und der Uckermark riesige Tierproduktionsanlagen. Die Schweinezucht und Mast Eberswalde (Abb. 39) war mit 190 000 Tierplätzen der grösste Betrieb des Kombinats Industrieelle Tierproduktion.[261] Eines der Hauptprobleme ergab sich aus der Entsorgung der täglich anfallenden Gülle. Flächen, auf denen die Gülle ausgebracht wurde, sogenannte «Verwertungsgebiete» lagen auch im Bereich des heutigen Biosphärenreservats, erhöhte Stickstoffkonzentrationen im Boden sind noch heute nachweisbar. Im Nordwesten des Biosphärenreservats setzt sich seit 2004 ein niederländischer Investor für die Wiederaufnahme des Betriebs der im Jahr 1991 stillgelegten Schweinezucht- und Mastanlage Haßleben mit einer Kapazität von mehr als 36 000 Schweinen ein. Einwände von Tier- und Umweltschutzverbänden konnten bisher eine Reduzierung der ursprünglich geplanten 85 000 Tierplätze und eine Verzögerung der Wiederinbetriebnahme bewirken.[262]

Die DDR hatte keine Nationalparks gekannt, da sie eine amerikanische Erfindung und somit eine «Idee des Klassenfeinds» waren. In der Wahrnehmung der ostdeutschen Naturschützer drohte die neu entstehende kapitalistische Gesellschaft, die Natur noch viel effizienter auszubeuten, als es bisher durch die Politfunktionäre geschehen war. Diese Gefahr sollte nach dem Zerfall der DDR schnellstmöglich ausgeräumt werden. Eines der Hauptanliegen des 1990 beschlossenen Nationalparkprogramms war es, Natur- und Kulturlandschaft vor den Zugriffen von Materialismus und Kapitalismus zu bewahren.[263]

Die Gebiete, die unter Schutz gestellt werden sollten, waren lange Zeit für das Volk nicht zugänglich gewesen und weckten nun die Neugier der Erholungssuchenden. Man befürchtete einen Besucheransturm, dem die Landschaft nicht standhalten würde.[264]

Abb. 39. Schweinezucht und Mast Eberswalde. Das Kombinat Eberswalde zählte zu den gössten Betrieben im Bereich Industrielle Tierproduktion in der DDR. «Verwertungsgebiete» für die anfallende Gülle lagen auch im Gebiet des heutigen Biosphärenreservats. Foto Bogda (1974), Gesellschaft zur Erforschung und Förderung der Märkischen Eiszeitstraße e.V Eberswalde.

1991 tagten die Naturparkchefs Deutschlands erstmals im Osten im neu errichteten Biosphärenreservat Schorfheide-Chorin. Sie diskutierten mit ihren Kollegen die vor Ort anstehenden Probleme. Einige warnten vor allzu viel «sanftem Tourismus»: Manchmal würden von 50 gezielt durch den Busch geführten Touristen weniger Schäden angerichtet als von 50 einzelnen daher marschierenden «Waldbesuchern». Allerdings wären aber auch jene bundesdeutschen Parks, «die zu einer Art ‹Rummelplatz› verkommen sind» kein gutes Vorbild.[265] Im Aufbaustab des Biosphärenreservats fürchtete man die Zersiedelung des Gebietes[266], klagte über «Bodenspekulationen aufgrund gestiegener Quadratmeterpreise und unklarer gesetzlicher Grundlagen» und «in plötzlicher Vehemenz auftretendem Tourismus» als Folge der Entdeckung der reizvollen Landschaft vor allem durch Erholungssuchende aus Berlin. Um Investoren anzulocken, waren die Kommunen bereit, sehr vieles zu genehmigen. So gab es zum Beispiel ein Projekt zur Errichtung einer «exklusiven Fünf-Sterne-Hotelanlage samt Golfplatz» am streng geschützten Meelakemoor. In einem anderen Fall forderte ein japanisches Unternehmen als Gegenleistung für die Ansiedlung eines Hightech-Betriebes die Genehmigung «Eigenheime und einen Golfplatz im Reservat» zu errichten.[267] Brandenburgs Umweltminister Matthias Platzeck (Bündnis 90/Grüne) sah sich veranlasst zu warnen, dass Umwelt und Natur nicht «auf dem Altar des bedingungslosen Aufschwungs und Wachstums geopfert werden» dürften.[268]

Vegetations- und bodenkundliche Untersuchungen im Bollwintal stellten 1993 eine Veränderung der charakteristischen Artenzusammensetzung und einen Rückgang gefährdeter Farn- und Blütenpflanzen fest. Die Ursachen wurden einerseits in Nutzungsaufgabe, z. B. Einstellung der Wiesenmahd, und andererseits in Eutrophierung durch Stickstofffreisetzung als Folge der Entwässerung von Niedermooren gesehen.[269] Sechzehn Jahre später kam eine Studie zu dem Ergebnis, dass sich der Zustand der Moore verschlechtert habe. Die Moorstandorte im Biosphärenreservat Schorfheide-Chorin drohten als Folge der kumulierten Wirkung von «anthropogen bedingtem Grundwasserabfall, Fehlbestockungen im Einzugsgebiet» und Klimaänderung – namentlich «zunehmende Kontinentalisierung» – trocken zu fallen. Dabei trage man gerade im Biosphärenreservat Verantwortung langfristig wirksame Strategien und Massnahmen dagegen zu entwickeln (LUTHARD et al. 2010: 146).

2008 beabsichtigte der Energiekonzern Vattenfall eine 380kV-Freileitung durch das Biosphärenreservat zu führen.[270] Das Vorhaben stiess auf ebenso grosse Ablehnung wie verschiedene Projekte zur Windkraftnutzung (Abb. 40). Die Bewohner des Biosphärenreservats befürchteten vor allem eine «Beeinträchtigung des Landschaftsbildes und die Behinderung der touristischen Entwicklung».[271] Grossen Widerstand verursachte auch die geplante Erweiterung eines Milchviehbetriebs von 560 auf 1400 Milchkühe und die Errichtung einer daran angeschlossenen Biogasanlage. Die Gegner dieses Projektes sorgten sich wegen «Verkehrsbelastungen durch Traktoren und Milchtanker, Geruchsbelästigungen durch die Biogasanlage, Rückschläge für den aufkeimenden Tourismus».[272] Das Land Brandenburg versagte die Genehmigung für die Erweiterung der Milchviehanlage, da dem Landkreis Uckermark schwere Fehler im Genehmigungsverfahren unterlaufen wären.[273]

Abb. 40. «Windrad-Wahn in der Uckermark». Wie in den Alpengebieten, so ist auch im Biosphärenreservat Schorfheide-Chorin die Energieerzeugung ein Thema, das für Konflikte sorgt. Hier diskutiert man über Windkraftnutzung und Energie aus Biomasse. Interessengemeinschaft «Keine neuen Windräder Crussow».

4.2.5 Uriges Grosswild oder funktionsfähige Landschaft – Schutzziele

Bereits im Preussischen Königreich wurde die Schorfheide als Jagdgebiet genutzt, ebenso im Deutschen Kaiserreich, im Dritten Reich und in der DDR. Damit blieb es von der sonst üblichen intensiven forstwirtschaftlichen Nutzung weitgehend ausgenommen und naturnahe Wälder, Seen und Moore konnten erhalten werden.[274] 1931 beschrieb der Botaniker Karl Hueck in der Monatszeitschrift «Naturschutz» die abwechslungsreiche Landschaft und die unterschiedlichen Vegetationstypen der Schorfheide. Er hielt auch fest, dass der Wildbestand in der Schorfheide und die gute Geweihbildung des Rot- und Damwildes in Jagdkreisen weithin berühmt wären und es daher auch verständlich erschiene, dass die Bestimmungen zum Schutz der Schorfheide «zunächst noch vorzugsweise eine Schonung des Wildbestandes bezwecken» würden. Es wäre jedoch sehr zu begrüssen, wenigstens für die «vegetationskundlich bemerkenswertesten Teile des Naturschutzgebiets besondere Schutzmaßnahmen vorzusehen».[275]

Nach dem ersten Weltkrieg wurden in Deutschland sehr viele Wälder zu Naturdenkmälern erklärt, weil man sie für Urwälder hielt. Tatsächlich handelte es sich in den meisten Fällen um durch verschiedene Formen der Landnutzung anthropogen überformte Wälder. Ein Beispiel für diesen typischen Ansatz des Waldnaturschutzes war das Breitefenn.[276] Eine Schilderung von 1928 rühmt den Reichtum des Breitefenn an alten Bäumen, wie man ihn andernorts kaum wiederfände. «Einzeln und in Gruppen würden hier malerische, breitkronige alte Eichen von 35 m Höhe und 4,5 m Stammumfang» stehen. Noch grösser würden «die Rotbuchen, die über die ganze Naturschutzfläche verstreut» vorkämen. Und als «besonderen Schatz» berge der Wald einige alte Linden. Viele der Bäume wären hohl und dienten «höhlenbrütenden Vögeln, Mardern und anderen Tieren als Unterschlupf». Alljährlich würden mehrere von ihnen zusammenbrechen und «im Schatten des Waldes» vermodern.[277] Das so urtümlich anmutende Breite Fenn war noch in der zweiten Hälfte des 19. Jahrhunderts als Waldweide und für die Brennholzgewinnung genutzt worden.

Dem Naturschutzring Berlin-Brandenburg war es um 1930 ein grosses Anliegen, die heimatliche Natur als Erholungsraum für Naturliebhaber und Wanderfreunde zu bewahren. Ein Gebiet wie der Werbellinsee wäre zwar auch in Bezug auf seine Tier- und Pflanzenwelt erhaltenswert, die Einrichtung eines Schutzgebietes wäre aber vor allem «sozialpädagogisch zu begründen». Der Naturschutzring vertrat die Ansicht, dass «die Aufgaben des Naturschutzes in allererster Linie auf volkserzieherischem Gebiete» lägen, und dass Naturschutzgebiete «Erziehungsmittel erster Ordnung» wären.[278] Hans Klose, der Begründer des Naturschutzrings, hielt «die Heimatnatur» aus «sozialhygienischen und sozialethischen Gründen» für «schlechthin unentbehrlich». Den Grossstädtern würden «die an sich notwendigen Parks und Sportplätze» nicht mehr genügen. Sie bräuchten daneben «Erholungsmöglichkeiten vor den Toren der Weltstadt: Ausflugs-, Wochenend- und Wanderziele in schöner harmonischer Natur». Klose setzte sich daher für die Bewahrung «höchster und unersetzlicher Heimatgüter» ein.[279] Dazu gehörten «bestimmte Teile des ausgezeichneten Waldgeländes der Schorfheide» wie die Seen (z. B. Pinnowseen oder Werbellinsee mit angrenzenden Plenterbeständen), Moore (z. B. Meelakemoor) oder die historischen Waldweideflächen der Wacholderjagen.[280]

Klose betonte aber auch die Bedeutung von Schutzgebieten für die naturwissenschaftliche Forschung. Während nämlich der Schutz von Einzelbäumen, erratischen Blöcken und dergleichen vornehmlich aus Gründen des Heimatschutzes erfolge, würden Naturschutzgebiete die Möglichkeit bieten, «geschlossene Pflanzen- und Tiergemeinschaften sowie Bodenformen zu erhalten». Vor allem die «pflanzensoziologische und biozönotische Forschung» würde solche Gebiete dringend benötigen.[281]

Als 1932 der Zutritt zu einigen Waldgebieten, «zum großen Teil herrliches Wandergelände» durch behördliche Verordnung beschränkt wurde, fiel die Reaktion ambivalent aus. Der Reichsverband für Deutsche Jugendherbergen veröffentlichte auf Antrag des Lehrers E. Pankow eine Entschliessung mit der Überschrift «Öffnet der Jugend die Wälder»: Soweit solche Einschränkungen «zur Pflege des Waldes in besonderen Fällen, zur Sicherstellung der Aufforstung, zum Schutze des Wildes notwendig» wären, würde «jeder Einsichtige sie begrüßen». Tatsächlich aber würden «ohne Not zu weit gehende Verbote erlassen». Diese würden «die Jugend erheblich in ihrer Hingabe zur Natur und ihrem Heimatsinn» beeinträchtigen, «die von allen behördlichen Stellen gepflegt und gefördert werden sollten». Die Wege, die als «wanderwichtig und unentbehrlich» erschienen, sollten daher freigegeben werden.[282]

Im Naturschutz der NS-Zeit findet sich immer wieder der «Kult um charismatisches Großwild und die Wiedereinbürgerung vermeintlich germanischer Urwildarten». In diese Denktradition fielen auch Görings Versuche zur Erhaltung des Wisents (GISSIBL 2014: 119).[283] Er arbeitete dabei mit Lutz Heck, dem Direktor des Berliner Zoos und Präsidenten der «internationalen Gesellschaft zur Rettung des Wisents» zusammen. Heck war der NSDAP beigetreten und sollte 1938 Leiter der Abteilung Naturschutz im Reichsforstamt werden.[284] Bereits 1934 wurde in der Schorfheide ein Wisentgehege errichtet.[285] Lutz Heck unterhielt darin eine «Verdrängungszucht» zwischen reinrassigen Wisentstieren und amerikanischen Bisonkühen. Heck verfolgte ein (in wissenschaftlichen Kreisen als unzureichend geltendes) Programm zur Rückzucht des Auerochsen. Neben dem Zuchtgehege gab es ein Schaugatter mit 15 reinblütigen Wisenten und ein Jagdgatter mit jagdbaren Wisentstieren für Hermann Göring und seine Jagdgäste.

> Wisentdenkmal (Abb. 41)
> «Der Bildhauer Max Esser schuf eine monumentale Halbplastik eines angreifenden Wisents mit der Inschrift: ‹Einst zog uriges Großwild durch Deutschlands Wälder seine Fährte. Jagd war Mutprobe unserer germanischen Vorfahren. Im Jahre 1934, unter Reichsjägermeister Hermann Göring, entstand an dieser Stelle ein Urwildgehege. Wisent, Auer, Elche, Wildpferde, Biber und anderes Getier fanden darin eine Freistätte und sollten Zeugnis geben von dem Tierreichtum des einst von Menschen noch nicht beherrschten Deutschland!› Neben einem Vers aus dem Siegfried-Epos ‹Das Nibelungenlied› zeigte das Denkmal den Reichsadler mit Eichenkranz und Runenzeichen.
> Noch bevor die Rote Armee Berlin erreichte, wurden in diesen Gattern alle Tiere von Göring und seinen Jagdbeamten geschossen.»
> (Wildhüter St. Hubertus (o. A.): Wisentdenkmal.)[286]

Das Schaugatter hätte zur Erbauung und Bildung der Berliner Bevölkerung beitragen sollen. Die Berliner klagten allerdings über das nun versperrte Naherholungsgebiet und fragten, ob «diese ursprüngliche Natur nur einigen Herrenreitern und Jagdliebhabern» vorbehalten bleiben solle (GISSIBL 2014:119).[287] Tatsächlich schien das die Entwicklung zu sein, die der Schorfheide in den nächsten Jahren bestimmt war.

Zunächst bevorzugtes Jagdrevier Görings wurde die Schorfheide zu Zeiten der DDR für Jagdaufenthalte zur Pflege politischer Kontakte und zu repräsentativen Zwecken eingesetzt. Das Gebiet war völlig auf die Bedürfnisse der Politfunktionäre ausgerichtet. Auf Staatskosten wurde eine aufwändige Infrastruktur mit eigens angelegten Strassen, grossem Fuhrpark und exklusiv ausgestatteten Jagdhäusern geschaffen. Die Jagden selbst verliefen unwaidmännisch: Zur üblichen Praxis gehörte die Jagd im Scheinwerferlicht und der Abschuss an der Futterstelle. Die Ausrichtung von Diplomatenjagden sollte dazu dienen, «bei den Botschaftern aus westlichen Ländern für die Anerkennung als selbständiger Staat zu werben» und bot Gelegenheit «wirtschaftliche Potenz und damit die überlegene Rolle des Sozialismus zu demonstrieren».[288]

In den 1950er Jahren begann eine neue Phase im Naturschutz der DDR. Neben eher traditionellen, dem konservierenden Naturschutz verpflichteten Zielsetzungen (Abb. 42) wurden erstmals wissenschaftliche Aspekte des Naturschutzes erwähnt. Demnach sollten Naturschutzgebiete ausgewiesen werden, wenn sie sich durch «bemerkenswerte, wissenschaftlich wertvolle oder vom Aussterben bedrohte Pflanzen- oder Tiergemeinschaften» auszeichneten oder wenn sie geeignet wären «der naturwissenschaftlichen Forschung zu dienen» (SCAMONI 1957: 56). Auch schon lange ausgewiesene Naturschutz-

Abb. 41. Wisentdenkmal in Eichhorst. Die von Max Esser geschaffene Plastik zierte den Eingang zu Hermann Görings «Urwildgehege» in der Schorfheide. Foto Bernhard Gißibl (2012).

gebiete, wie z. B. der Plötzendiebel wurden dahingehend überprüft, ob sie modernen Anforderungen entsprächen und beibehalten werden könnten. Es sollten nur solche Gebiete unter Schutz gestellt werden, «die wirklich der Lehre und Forschung geeignete Möglichkeiten bieten» würden.[289]

In den 1960er Jahren erforderte die rasche Entwicklung des Bezirkes Frankfurt (Oder) «zu einem modernen sozialistischen Industrie-Agrarbezirk» die «planmäßige Entwicklung des Erholungswesens» in einem sozialistischen Staat, «in dem die Sorge um den Menschen zum obersten Gesetz erhoben wurde». Es wäre die Aufgabe der staatlichen Organe, «den Erholungswert bestimmter Landschaftsteile» zu verbessern und zu sichern».[290] Für das Gebiet Werbellinsee–Grimnitzsee wurde in den 1970ern die Erholungsfunktion sogar als wichtigste Funktion dieser Landschaft ermittelt. Sie wäre allerdings durchaus mit anderen Funktionen zu kombinieren, so gäbe es enge Beziehungen zur Bildungsfunktion, zur Naturschutzfunktion, zur Forst-, Land-, Fisch- und Wildwirtschaft. Jedenfalls würden sich die verschiedenen Funktionen auf einer Fläche nicht ausschliessen und eine Mehrfachnutzung der Landschaft wäre im gegebenen Fall möglich, so das Ergebnis einer Studie des Forstwissenschaftlers Alexis Scamoni.[291]

Mit der politischen Wende von 1989 wurden die grossen Vorbehaltsflächen, die den Jagdinteressen der Politfunktionäre, der Grenzsicherung oder militärischen Zwecken gedient hatten, plötzlich frei für neue Nutzungen. Das Nationalparkprogramm von 1990 sah vor, diese Flächen als Naturerbe Europas und «als Baustein für ein Europäisches Haus» zu sichern.[292] Hier lebten Arten, die in den alten Bundesländern bereits ausgerottet oder ernsthaft gefährdet waren, darunter See-, Schrei- und Fischadler, Kranich und Fischotter.[293] «Die landschaftliche Schönheit und der Biotopreichtum» würden ihresgleichen suchen und sich dem Besucher «in ihrer Ursprünglichkeit» erschliessen. Geschlossene Waldgebiete mit hohem Laubholzanteil, Seen und Mooren sowie seltene Pflanzengesell-

Abb. 42. Pflanzenschutz in der DDR. Der Aufruf zum Schutz heimischer Orchideen stellte eine attraktive Artengruppe als Aushängeschild für den Naturschutz in den Vordergrund. Plakat von Zimmermann, Engemann (1974), Studienarchiv Umweltgeschichte.

schaften würden der Landschaft «ein unverwechselbares Gepräge» verleihen.[294] Etwa drei Prozent der Fläche sollten als Kernzonen «der natürlichen Dynamik überlassen bleiben». Hier sollte der Mensch nur für wissenschaftliche Beobachtungen natürlicher Strukturen und Prozesse Zutritt haben.[295]

Mit der Errichtung des Biosphärenreservates wuchs die Sorge darüber, ob nun, nachdem das Gebiet jahrzehntelang für die Politbonzen reserviert gewesen war, die öffentliche Zugänglichkeit neuerlich in Frage gestellt wäre. Einer der Initiatoren des Nationalparkprogramms, NABU-Vizepräsident Michael Succow, hielt diesen Bedenken entgegen, dass ein Biosphärenreservat nicht nur ökologische, sondern auch ökonomische, soziale und moralische Zielsetzungen verfolge: Ein Biosphärenreservat «sei eine Form der Landnutzung, die den Menschen» einschliesse, «ihm Gewinn» bringe «und damit auch gesamtgesellschaftlich und wirtschaftlich tragfähig» wäre.[296] Eine Chance in diese Richtung würden z. B. die ehemaligen Freizeiteinrichtungen der SED-Führungsriege bieten. Sie könnten in Zukunft für sanften Tourismus genutzt werden und damit zur Belebung der wirtschaftlichen Situation der Region beitragen.[297]

1991 gründete sich der Verein «Ökodorf Brodowin». Mit ökologisch erzeugten landwirtschaftlichen Qualitätsprodukten beabsichtigten die teilnehmenden Bauern ihre wirtschaftliche Existenz zu sichern und die intakte Landschaft der Schorfheide zu bewahren.[298] Eine funktionierende Landwirtschaft wurde als «Voraussetzung für das ländliche Leben» gesehen, eine «naturverträgliche landwirtschaftliche Nutzung» als «beste Möglichkeit, die Kulturlandschaft zu erhalten». «Die ökologisch wirtschaftenden Betriebe» würden «die Region mit frischen, gesunden Nahrungsmitteln versorgen und mit dem Siegel ‹Biosphärenreservat› für ihre Produkte werben». Sie würden «Statistiken zufolge doppelt so viele Arbeitskräfte pro Nutzfläche» beschäftigen wie konventionelle Landwirtschaftsbetriebe. So könne man mit «Naturschutz gegen Arbeits- und Perspektivlosigkeit im ländlichen Raum» vorgehen.[299] Heute wird auf rund 30 Prozent der landwirtschaftlichen Nutzfläche des Biosphärenreservats ökologisch gewirtschaftet. Der Betrieb Ökodorf Brodowin ist einer der grössten Arbeitgeber der Region und leistet einen wesentlichen Beitrag zur Regionalwirtschaft.[300]

4.2.6 Ein Sonderjagdgebiet wird Modellregion – Instrumente und Strategien

1900 erstellte der Botanische Verein Brandenburg ein Gutachten für die amtliche Naturdenkmalpflege, in dem auf die «Notwendigkeit des Schutzes pflanzlicher Naturdenkmäler» hingewiesen wurde. Der Verein hatte schon ab der zweiten Hälfte des 19. Jahrhunderts eine wesentliche Rolle im brandenburgischen Naturschutz gespielt. Neben der «ausgezeichneten Forschungsarbeit seiner Mitglieder» machte sich der Verein um den Naturschutz verdient, indem er auf schutzwürdige Gebiete hinwies. Unter anderem gab er ein «Forstbotanisches Merkbuch» heraus. Es verzeichnete alle «bemerkenswerten Bäume und Bestände» und diente der provinziellen Naturdenkmalpflege lange Zeit als Grundlage für die Erstellung ihrer Inventare.[301]

1903 verabschiedete der preussische Landtag ein «Gesetz zum Schutz besonders schöner Landschaftsteile. Nur zehn Jahre später lehnte der Landtag ein umfassenderes Naturschutzgesetz ab. Die Grundbesitzer und Gutsherren hatten dagegen protestiert, da sie wirtschaftlichen Schaden durch die damit verbundenen Einschränkungen befürchteten.[302]

1906 stellte Forstmeister Kienitz den Antrag, «ein echtes, möglichst unberührtes Denkmal der Natur in seinem Bestand und seiner naturgemäßen Entwicklung zu schützen»[303]. Er fand das geeignete Gebiet in Plagefenn und Plagesee. Es wurde 1907 zum ersten Naturschutzgebiet in Brandenburg erklärt (SCHOENICHEN 1954: 267). Die Staatliche Stelle für Naturdenkmalpflege beklagte, dass weitere Massnahmen in diese Richtung unterblieben und veröffentlichte aus diesem Grund 1916 eine «Denkschrift über die Notwendigkeit der Schaffung von Moorschutzgebieten», die auch die Ausweisung von weiteren Schutzgebieten zur Folge hatte.

1924 wurde das Hochmoor- und Seengebiet des Plötzendiebel als Naturschutzgebiet ausgewiesen,[304] 1930 schliesslich die Schorfheide. Damit erlangten auch ein Wegegebot und ein Sammelverbot für Pflanzen Gültigkeit.[305] Die Brandenburgische Provinzialkommission für Naturdenkmalpflege nahm die Unterschutzstellung «mit größter Freude» zur Kenntnis. Die Schorfheide würde nun «ein Schutzgebiet von wirklich ansehnlichem Ausmaße, eine in ihrer Ganzheit zu erhaltende Heimatlandschaft» darstellen. Die Kommission führte eine Bereisung des neuen Schutzgebietes durch. Nach einer Uferwanderung am Werbellinsee, besuchte man die Wacholderjagen und «umfuhr in Kraftwagen den nordöstlichen Teil des Sees, um die zur Zeit für den Kraftverkehr freigegebene Uferstraße kennen zu lernen».[306]

1932 wurden die Endmoränenlandschaft bei Ringenwalde zum Naturschutzgebiet erklärt[307]. Eine Entwicklung, die der Leiter der Stelle für Naturdenkmalpflege Walter Schoenichen sehr begrüsste.[308] Daneben gab es im Kreis Angermünde auch zahlreiche Naturdenkmäler wie Einzelbäume, Findlinge, Aussichtspunkte oder Moorflächen.[309]

1935 wurde das Reichsnaturschutzgesetz erlassen. Das darin vorgesehene Reichsnaturschutzbuch diente als Grundlage für die rechtskräftige Sicherung von Schutzgebieten. Erst durch Eintragung in diese beim Reichsforstmeister als oberster Naturschutzbehörde zu führende Liste erhielt ein Gelände den Status eines Naturschutzgebietes. Ringenwalde und Schorfheide wurden 1936 in das Reichsnaturschutzbuch aufgenommen[310], 1937 kamen der Hechtdiebel bei Glambeck[311], 1938 der Faule Ort[312], das Plagefenn und der Urwald Breitefenn hinzu[313]. Letzterer war durch eine Ministerialverfügung schon seit den 1920er Jahren unter Schutz gestanden.[314] In den Reichsnaturschutzgebieten war es verboten Pflanzen zu sammeln oder Tieren nachzustellen, ausgenommen waren «berechtigte Abwehrmaßnahmen gegen Kulturschädlinge oder sonst lästige Insekten». Es herrschte Wegegebot. Im Reichsnaturschutzgebiet Schorfheide durfte man sich nur mit einem Erlaubnisschein der «Stiftung Schorfheide» frei im Gelände bewegen. Bauliche Massnahmen bedurften der Zustimmung des Reichsforst- und Reichsjägermeisters Göring.[315] Nachdem der Besucherzustrom im Plagefenn nach Ansicht der amtlichen Stelle für Naturschutz zu gross war, wurde das Gelände eingezäunt und der Zutritt auf Besucher mit einem von der brandenburgischen Provinzstelle für Naturschutz ausgestellten Ausweis beschränkt.[316]

Diese Massnahmen leiteten einen Jahrzehnte währenden Zeitabschnitt ein, währenddessen die Bevölkerung keinen oder nur sehr eingeschränkten Zugang zu diesen Gebieten hatte. Daran änderte sich auch nach dem Weltkrieg und unter der neuen politischen Führung der DDR wenig. Zwar wurde im Jagdgesetz der DDR von 1953 das Jagdrecht vom Grundeigentum getrennt und in ein Volksjagdrecht überführt. Gleichzeitig wurde aber auch festgelegt, dass der Staat «Sonderjagdgebiete» einrichten durfte. Sie wurden als Staatsjagd-, Diplomatenjagd- oder Wildforschungsgebiete ausgewiesen und standen nur exklusiven Personengruppen zur Verfügung.[317]

Die Entwicklung, die der Naturschutz in den folgenden Jahren in der DDR nahm, entsprach dem sozialistischen Gesellschaftsmodell. 1954 wurde mit dem Gesetz zur Erhaltung und Pflege der heimatlichen Natur der Naturschutz rechtlich festgeschrieben. Er bestand aber in vielerlei Hinsicht nur auf dem Papier. Gleichzeitig erfolgten nämlich auch die Weichenstellungen in Richtung Intensivierung der Landnutzung.[318]

Das Gebiet um Werbellinsee und Grimnitzsee und das Wolletzseengebiet wurden 1957 bzw. 1965 unter Landschaftsschutz gestellt. Dabei betonten die ausweisenden Behörden, dass im Unterschied zum Naturschutzgebiet der Zweck der Landschaftsschutzgebiete nicht darin lag, «die Landschaft konservierend zu erhalten». Landschaftsschutzgebiete sollten «im Sinne der Erholung erschlossen, ausgebaut und vielfach durch forstliche und landeskulturelle Maßnahmen verbessert werden». Die «bodenwirtschaftliche Nutzung» sollte nicht ausgeschlossen werden, hatte «jedoch immer unter Berücksichtigung des Wirtschaftszweiges Erholung zu erfolgen».[319]

1962 wurden die Staatsjagdgebiete Schorfheide und Neuhaus eingerichtet, die bis zur politischen Wende im Jahr 1989 von Staats- und Parteichef Erich Honecker bzw. Stasi-Chef Erich Mielke regelmässig aufgesucht wurden. Das in den letzten Tagen der Existenz der DDR ausgearbeitete Nationalparkprogramm, sah die Unterschutzstellung der ehemaligen Staatsjagdgebiete und Vorbehaltsflächen in fünf Nationalparks, sechs Biosphärenreservaten und drei Naturparks vor.[320]

In der letzten Zusammenkunft des Ministerrates der DDR am 12. September 1990 wurde das Nationalparkprogramm verabschiedet und damit die Ausweisung von vierzehn Schutzgebieten beschlossen. Eines dieser neuen Schutzgebiete sollte das Biosphärenreservat Schorfheide-Chorin werden. Innerhalb weniger Monate erarbeitete der Aufbaustab des Biosphärenreservates unter Beteiligung des ehrenamtlichen Naturschutzes die Abgrenzung und Zonierung des Schutzgebietes. Die Anerkennung durch die UNESCO erfolgte noch im Dezember desselben Jahres (HENNE 2012: 133).

In der Schutzverordnung für das Biosphärenreservat wurden vier Schutzzonen definiert. Die Schutzzone I (Kernzone) wurde als strenges Naturschutzgebiet ausgewiesen und mit einem Nutzungsverbot belegt. Auch Schutzzone II war Naturschutzgebiet, allerdings waren hier gewisse Pflegemassnahmen erlaubt. Die Schutzzonen III und IV wurden als Landschaftsschutzgebiete ausgewiesen: Zone III mit umweltverträglichen traditionellen Landnutzungsformen, Zone IV mit den naturfernsten Flächen. Ein Gesamtentwicklungsplan und die Bebauungs- und Landschaftspläne der Gemeinden sollten die Entwicklungsziele im Detail festlegen.[321]

Zum ersten Leiter des Biosphärenreservats Schorfheide-Chorin wurde 1991 der aus Ostdeutschland stammende Naturschützer und Tierarzt Eberhard Henne bestellt. 1992 wurde die Landesanstalt für Grossschutzgebiete (LAGS) als Dachorganisation für die Verwaltungen der Grossschutzgebiete in Brandenburg eingerichtet, die unter anderem für Personalfragen zuständig war. Damit war der Rahmen geschaffen, um mit dem systematischen Aufbau einer Schutzgebietsverwaltung zu beginnen.[322]

Der Verwaltung erschien es als eine der vordringlichsten Aufgaben, Massnahmen zur Besucherlenkung zu setzen. Vor allem aus dem Grossraum Berlin strömten unzählige Menschen in das Gebiet, das ja vor der Ostöffnung für die Öffentlichkeit kaum zugänglich gewesen war.[323] Im Oktober 1991 nahmen 150 Naturschutzwarte ihre Tätigkeit auf. Sie sollten Besucher nicht nur «auf eventuelle Umweltfrevel» hinweisen, sondern sie «bildend, erklärend und erziehend» durch die Natur begleiten. In ihrer Erscheinung sollten sie möglichst nicht an die von Stasi-Chef Mielke in DDR-Zeiten beschäftigten Aufsichtsorgane erinnern, sondern im Safarilook «eher einen freundlichen Anblick bieten und zum Dialog auffordern».[324]

1994 wurde «Kulturlandschaft Uckermark e. V.», der Förderverein des Biosphärenreservates Schorfheide-Chorin, gegründet. Der Verein hat die «Förderung einer natur- und sozialverträglichen Entwicklung in der Region» zum Ziel und verfolgt dieses in «teils ehrenamtlichem Engagement in Kooperation mit verschiedenen lokalen und regionalen Akteuren. Der Förderverein ist berechtigt Fördermittel zu beantragen und Projekte abzuwickeln.[325]

1996 wurde das Kuratorium des Biosphärenreservates Schorfheide-Chorin gegründet. Das Kuratorium versteht sich als Begleiter und Berater der Verwaltung des Biosphärenreservats und betrachtet es als eine seiner wichtigsten Aufgaben bei Kommunikationsproblemen zwischen der Verwaltung und anderen Akteuren in der Region zu vermitteln (SCHOERNER 2013: 49).

1997 wurde mit der Blumberger Mühle das grösste Besucherinformationszentrum des Naturschutzbundes (NABU) im Biosphärenreservat Schorfheide-Chorin eröffnet (Abb. 43). Es stellte gleichzeitig das Hauptinformationszentrum des Biosphärenreservates Schorfheide-Chorin dar. In der Region erhoffte man sich vom Zentrum eine spürbare Belebung der Regionalwirtschaft und die Schaffung neuer Arbeitsplätze.[326]

Noch in den 1990er Jahren wurden wissenschaftliche Studien im Biosphärenreservat Schorfheide-Chorin begonnen, die sich unter anderem mit der ökosystemaren Umweltbeobachtung zur Erfassung ökologischer Tendenzen, der Entwicklung von Monitoringprogrammen[327] oder einer «übertragbaren Methodik zum integrierenden Naturschutzmanagement» befassten.[328]

Die Bundesministerin für Verbraucherschutz, Ernährung und Landwirtschaft Renate Künast initiierte 2001 den bundesweiten Wettbewerb «Regionen aktiv» zur Förderung der

Abb. 43. Natur vermitteln. Umweltbildung auch für die Kleinsten ist dem Management des Biosphärenreservats Schorfheide-Chorin ein grosses Anliegen. Foto E.C.O., Jungmeier (2012).

ländlichen Entwicklung. Der Verein «Regionale Partnerschaften Barnim-Uckermark aktiv e.V.» wurde ausgewählt und nahm von 2002 bis 2004 an dem Projekt teil. Im Zuge des Projektes erweiterte man die Inhalte der bereits 1998 geschaffenen Regionalmarke Schorfheide-Chorin und setzte strenge Produktionsrichtlinien fest. 2010 konnte das Prüfzeichen Schorfheide-Chorin Biosphärenreservat präsentiert werden (Bundesamt für Naturschutz 2012: 75). Es wurde zu einem wichtigen Instrument der Biosphärenreservatsverwaltung und soll zur Stärkung regionaler Wirtschaftskreisläufe beitragen.

Das Biosphärenreservatsmanagement hat es sich ausdrücklich zum Ziel gesetzt, innovative Projekte zu forcieren und zu zeigen, dass ein Biosphärenreservat eine zeitgemässe Möglichkeit ist, um Naturschutz und technologischen Fortschritt zu vereinen.[329] Eines der jüngst durchgeführten Forschungs- und Entwicklungsprojekte beschäftigte sich mit dem Thema Biosphärenreservat als Modellregion für Klimaschutz und Umgang mit Klimawandel. Im Rahmen einer zweijährigen Modellstudie der Fachhochschule Trier 2009 wurden drei Dörfer in der Region als «Bioenergie-Dörfer» ausgewählt und ein Energiekonzept für sie ausgearbeitet.[330] Ziel war es «die Erzeugung von Bioenergie-Rohstoffen mit der Lebensmittelproduktion, Funktionen für den biotischen und abiotischen Ressourcenschutz und der Erholungsfunktion» der Landschaft in Einklang zu bringen (Bundesamt für Naturschutz 2012: 83). Mit Unterstützung des Fördervereins wurde 2012 ein weiteres Projekt realisiert. Ein solar betriebenes Forschungsschiff auf dem Werbellinsee soll einen anschaulichen Beitrag zum Thema «Bildung für nachhaltige Entwicklung» darstellen. Es wurde in Kooperation mit Schulen der Region entwickelt und ist für die Nutzung als «schwimmendes Klassenzimmer» gedacht. Das Forschungsschiff soll bei den jungen Menschen Bewusstsein für Nachhaltigkeit und die Möglichkeiten der erneuerbaren Energien schaffen. Neben den Schulen gibt es im Gebiet mehr als zwanzig ausserschulische Bildungseinrichtungen, die mit dem Biosphärenreservat zusammenarbeiten. Die Hochschule für Nachhaltige Entwicklung Eberswalde und die Universitäten Potsdam und Greifswald stehen als Forschungseinrichtungen dem Biosphärenreservat sehr nahe.[331]

Die Finanzierung der Projekte im Biosphärenreservat erfolgt mit Mitteln des Landes Brandenburg, des Bundes und der Europäischen Union.[332] Die Biosphärenreservatsverwaltung sähe es als hilfreich, wenn sie selbst durch finanzielle Anreize weitere Entwicklungsimpulse setzen könnte.

Ein wichtiges Instrument für die Umsetzung von Naturschutzmassnahmen ist der Vertragsnaturschutz. Ein Experte der Landesanstalt für Grossschutzgebiete (LAGS), der dieses Instrument am Beispiel des Biosphärenreservates Schorfheide-Chorin untersuchte, kam 1994 zu dem Schluss, dass der Vertragsnaturschutz der «Schlüssel» für das Erreichen «von Naturschutzzielen in der genutzten Agrarlandschaft» sein könnte. Die Vergabe von Mitteln zur Landschaftspflege und Ausgleichszahlungen würden «die gezielte Förderung fachlich erwünschter Produktionsverfahren» ermöglichen.[333]

Aufgrund ihres Artenreichtums nominierte das Land Brandenburg 1997 drei Teilgebiete des Biosphärenreservates als Europäische Vogelschutzgebiete (SPAs). 167 Brutvogelarten konnten nachgewiesen werden, darunter mehr als zwei Drittel der Arten der Roten Liste des Landes Brandenburg, rund ein Drittel der Arten der bundesweit geltenden Roten Liste und 32 der in der EU-Vogelschutz-Richtlinie angeführten Brutvogelarten.[334] Ausserdem liegen im Biosphärenreservat 39 nach der Fauna-Flora-Habitat(FFH)-Richtlinie nominierte Gebiete. Sie repräsentieren 27 verschiedene «natürliche Lebensräume von gemeinschaftlicher Bedeutung».[335]

Von 1999 bis 2003 wurde das EU-Life-Projekt «Förderung der Rohrdommel im SPA Schorfheide-Chorin» durchgeführt.[336] Nach vier Jahren Laufzeit zog man positive Bilanz: die Zahl der Brutpaare war deutlich gestiegen. Als weitere Erfolge konnte eine Verbesserung der Wasserqualität einiger Seen, die Renaturierung trockengelegter Moore als Wasserspeicher und die Realisierung verschiedener Besucherangebote verbucht werden.[337]

In den 1990ern starteten verschiedene Projekte zur Wiederansiedlung im Gebiet ehemals heimischer Tiere.[338] 1992 begann das Institut für Zoo- und Wildtierforschung Berlin in Zusammenarbeit mit der Humboldt Universität im Rahmen des europäischen Erhaltungs- und Zuchtprogramms (EEPP) für Przewalskipferde ein Projekt zur Wiederansiedlung dieser Wildpferde in der Schorfheide.[339] Die Tiere können heute im Wildpark Schorfheide bewundert werden.

2004 wurde der Bau einer Grünbrücke über die Bundesautobahn BAB 11 begonnen, die «die Durchlässigkeit der Landschaft im Biosphärenreservat Schorfheide-Chorin» gewährleisten sollte. Sie wird seit ihrer Fertigstellung 2005 vom Landeskompetenzzentrum Forst Eberswalde (LFE) wissenschaftlich betreut. Die Erfolgskontrolle wurde auf einen Zeitraum von 10 Jahren festgelegt.[340]

Nachdem der langjährige Leiter des Biosphärenreservats Eberhard Henne sich 2008 in den Ruhestand verabschiedete, gab es bis 2013 keine kontinuierliche Leitung und der Posten wurde mehrmals neu besetzt.[341] Schon der erste Führungswechsel ging mit einer empfindlichen Personalreduktion einher. Darunter haben nach dem Empfinden der Mitarbeiter der Verwaltung vor allem die Möglichkeiten der Kommunikation und Partizipation mit der Bevölkerung gelitten. Der erste Leiter des Biosphärenreservats hatte sich stets darum bemüht und regelmäßig die Bürgermeister zu Zusammenkünften und die Bevölkerung zu Einwohnerversammlungen gebeten. Während diese intensive Form der Zusammenarbeit aus personellen Gründen nicht aufrechtzuerhalten war, bemühte sich die Verwaltung weiterhin sehr darum, regelmäßig Aktionstage zu organisieren und Exkursionen anzubieten, um den Kontakt zur Bevölkerung aufrecht zu erhalten.[342] Erst mit der Bestellung des aktuellen Leiters Martin Flade 2013 kehrte wieder mehr Kontinuität in den Arbeitsalltag ein.

Gegen die Pläne des Energiekonzerns Vattenfall zur Errichtung der «Uckermarkleitung» quer durch das Biosphärenreservat hatte sich 2008 eine Bürgerinitiative formiert.[343] Sie suchte unter anderem Unterstützung beim MaB-Komitee und fragte an, ob mit den geplanten Leitungen nicht die Anerkennung als UNESCO-Biosphärenreservat in Frage ge-

Abb. 44. Internationale Prädikate. Urkunden zur Anerkennung des UNESCO-Biosphärenreservats Schorfheide-Chorin von 1990 und zur Aufnahme des Grumsiner Forsts als Teilgebiet der «Buchenurwälder der Karpaten und Alten Buchenwälder Deutschlands» in die Welterbeliste 2011. Biosphärenreservatsverwaltung Schorfheide-Chorin.

United Nations
Educational, Scientific and
Cultural Organization

World Heritage
Convention

CONVENTION CONCERNING THE PROTECTION OF THE WORLD CULTURAL AND NATURAL HERITAGE

The World Heritage Committee has inscribed

Primeval Beech Forests of the Carpathians and the Ancient Beech Forests of Germany

on the World Heritage List

Inscription on this List confirms the outstanding universal value of a cultural or natural property which requires protection for the benefit of all humanity

DATE OF INSCRIPTION
25 June 2011

Irina Bokova
DIRECTOR-GENERAL
OF UNESCO

stellt wäre. Die Antwort fiel leider nicht so klar aus, wie es die Bürgerinitiative und die Verwaltung des Biosphärenreservats wünschten: Sie hätten die internationale Anerkennung gerne als Argumentationshilfe benutzt und wären daher auch mit strengeren Massstäben bei der regelmässigen Evaluierung des Biosphärenreservates einverstanden. Die Stromleitung konnte bis heute verhindert werden. Weitere Bürgerinitiativen bildeten sich in den letzten Jahren gegen industrielle Produktionsweisen mancher Landwirtschaftsbetriebe im Biosphärenreservat. Am Beginn solcher Initiativen seien noch in den 1990er Jahren hauptsächlich zugezogene Städter gestanden, meint ein langjähriger Mitarbeiter des Biosphärenreservates. Mittlerweile fänden sie aber auch in den Kommunen breite Unterstützung und zeigten so, dass sich etwas im Bewusstsein der Menschen geändert hätte.[344]

Die Flächen, die heute das Weltnaturerbe Buchenwälder darstellen, wurden mit der Ausweisung des Biosphärenreservates zum Naturschutzgebiet erklärt. Sie befanden sich im Eigentum der staatlichen Bodenverwaltungs- und -verwertungs GmbH (BVVG) und sollten veräussert werden. Der Förderverein des Biosphärenreservats suchte nach einem Weg, die Flächen selbst zu kaufen und sie so als Kernzonen sicherzustellen. Der Förderverein beantragte zu diesem Zweck Lottomittel beim Ministerium für Umwelt, Gesundheit und Verbraucherschutz (MUGV) des Landes Brandenburg. Aus der Konzessionsabgabe Lotto wurden Fördergelder für Projekte zur Verfügung gestellt, die «auf das Gemeinwohl gerichtetes Verhalten widerspiegeln», unter anderem auch für Massnahmen des Naturschutzes und der Umweltbildung.[345] 1998 konnte der Förderverein die Waldflächen erwerben. In den 2000er Jahren war man in Deutschland auf der Suche nach Gebieten, die sich als Weltnaturerbe eignen würden, und wurde schliesslich auf den Buchenwald Grumsin aufmerksam. Der Grumsiner Forst war zu DDR-Zeiten Jagdrevier des Stasi-Chefs Erich Mielke mit strengem Betretungsverbot gewesen und hatte sich ungestört entwickeln können. 2011 wurde der Buchenwald Grumsin zusammen mit vier anderen deutschen Teilgebieten als «Buchenurwälder der Karpaten und Alte Buchenwälder Deutschlands» in die Welterbeliste eingetragen und damit als UNESCO-Welterbe anerkannt (Abb. 44). Verbunden damit war die deutsche Empfehlung den Prozess über Deutschland und die Karpaten hinaus weiterzuführen.[346] Von der Ernennung des Grumsiner Buchenwaldes zum Welterbe «werde die Region profitieren», meinten die Bürgermeister im Biosphärenreservat Schorfheide-Chorin.[347] Und die brandenburgische Umweltministerin Anita Tack zeigte sich überzeugt, dass damit das Biosphärenreservat «sein touristisches Alleinstellungsmerkmal» erhalte.[348]

4.2.7 Richtungsgebende Machtwechsel – Resümee

In einem stadtnahen landschaftlich reizvollen Gebiet wie dem Biosphärenreservat Schorfheide-Chorin, das ja dem Grossraum Berlin zuzuordnen ist, steht ausser Frage, dass es unter anderem auch die Erholungsbedürfnisse der Bevölkerung zu befriedigen hat. Damit unterscheidet es sich wesentlich von den alpinen Schutzgebieten, die erst mit Eisenbahn und Strassen erschlossen werden mussten, damit Touristen in grosser Zahl die Landschaft zu Erholungszwecken in Anspruch nehmen konnten. Im Umfeld der Grossstadt fanden sich auch ohne solche Massnahmen genügend «Wandervolk»[349] und «grossstadtmüde, natur- und sportfreudige Kreise»[350], die hier ihre Land- oder Wochenendaufenthalte geniessen wollten. Das ging manchmal zu Lasten der Landschaft.

Nachdem solche Nutzer in den Augen der Naturschützer überhand zu nehmen drohten, war es zunächst ganz in ihrem Sinne, dass der Zugang zu manchen besonders wertvollen Gebieten eingeschränkt wurde. Schleichend passierte hier aber eine Machtübernahme: Was vordergründig im Interesse des Naturschutzes lag, führte dazu, dass sich eine kleine Elite die Verfügungsgewalt über diese Flächen sichern konnte. Sie dienten letztendlich nur mehr der persönlichen Bedürfnisbefriedigung, im Falle der Schorfheide der Jagdleidenschaft des Reichsforstmeisters im Dritten Reich.

Bemerkenswert ist, dass die Funktion mit der Einrichtung des Sonderjagdgebietes von der demokratischen Volksrepublik nahezu nahtlos übernommen wurde. Reichsnaturschutzgebiet und Staatsjagd dienten auch Repräsentationszwecken. Die Volkskammer berichtete 1989 im letzten Jahr der DDR von Kosten für den Erhalt des Staatsjagdgebietes Schorfheide und aus dem Entgang forstlicher Erträge von über 12 Millionen Mark. Mehr als 300 Mitarbeiter sollen ausschliesslich für das Jagdvergnügen Erich Honeckers zuständig gewesen sein.[351]

Der Naturschutz war im Arbeiter- und Bauernstaat seit den 1950er Jahren mit ständigen Forderungen nach Steigerung der land- und forstwirtschaftlichen Produktion konfrontiert. Obwohl Naturschutz nach offiziellen Vorgaben als gleichberechtigte Landschaftsfunktion neben anderen zu behandeln gewesen wäre, beschränkte er sich auf wenige Inseln, die Schutzgebiete. Landwirtschaft, Siedlung und Industrie wurden vorrangig behandelt und der Braunkohletageabbau erlebte besonders nach dem Ölschock 1973 eine Renaissance. Die Folgen für die Umwelt waren verheerend.

Die ostdeutschen Naturschützer versuchten im Rahmen ihrer Möglichkeiten sich für den Erhalt der wenigen verbleibenden naturnahen oder intakten Flächen einzusetzen. Sie arbeiteten schon in den letzten Jahren der DDR an einem Konzept für ein Schutzgebietssystem der DDR, das die Einrichtung grossflächiger Schutzgebiete, sogenannter «Landschaftsparke», vorsah. Sie entsprachen den westlichen Nationalparks. Diese Begrifflichkeit galt aber als amerikanisch und wurde von der offiziellen DDR abgelehnt (JESCHKE et al. 2012: 50). Das Konzept hatte wenig Aussicht auf Verwirklichung. Das Ende der DDR eröffnete aber plötzlich neue Möglichkeiten. Die Sonderjagdgebiete und militärischen Sperrzonen waren von den ressourcenraubenden Nutzungen weitgehend verschont geblieben. Die Promotoren des nun Nationalparkprogramm genannten Konzepts nutzten die Gunst der Stunde und brachten es fertig, dass diese Gebiete unter Schutz gestellt wurden, bevor neue von Materialismus und Kapitalismus geprägte Ansprüche an sie herangetragen werden konnten. Mit westlichen Instrumenten – den Nationalparks – schützte man sie vor westlichen Gefahren und dem Zugriff westlicher Akteure.

Die Initiative zu diesem Programm hatte ihre Ursprünge in der Bürgerbewegung. Diese setzte sich für eine Reformierung des politischen Systems der DDR und auch für Belange des Naturschutzes ein. So kann hier das Erreichen von Naturschutzzielen in gewisser Weise als Ausdruck für die Demokratisierung einer Gesellschaft gedeutet werden. Die Durchsetzung folgte allerdings auf undemokratischem Wege durch Beschlussfassung durch genau jenes Regime, das abgewählt werden sollte – und unmittelbar bevor ihm seine Macht entzogen wurde. Die Bevölkerung stand der Einrichtung der neuen Schutzgebiete einigermassen skeptisch gegenüber. Für sie stellte sich erneut die Frage nach der öffentlichen Zugänglichkeit. Die Befürchtungen, wieder ausgesperrt zu werden, erwiesen sich als grundlos und für die Entwicklung der Region Schorfheide-Chorin haben sich aus der Ausweisung des Schutzgebietes mehr Vor- als Nachteile ergeben. Das Biosphärenreservat hat sich in den letzten Jahren als Stätte der Innovation präsentiert und einige beispielhafte Projekte hervorgebracht. Die Chancen als Region eigenständig zu bleiben sind mit der Teilnahme am Biosphärenprogramm gestiegen. Ohne diesen Schutzstatus würde sie wohl bald im Speckgürtel Berlins aufgehen.

Einige interessante Erbstücke aus den Zeiten der verschiedenen Regimes sind geblieben: In den Jagdsitzen der DDR-Politfunktionäre wurde zunächst der Aufbaustab des Biosphärenreservats untergebracht. Mittlerweile wurden sie zu Hotels für anspruchsvolle Naturgeniesser umgebaut. Um einiges kurioser ist die Nachnutzung der ehemaligen Bunkeranlagen von Görings Carinhall, die der deutsche Naturschutzbund (NABU) zu Fledermausquartieren umfunktioniert hat.

4.3 Nationalpark Hohe Tauern

4.3.1 Die Nationalparkregion Hohe Tauern

Lage: Der Nationalpark Hohe Tauern erstreckt sich über die drei Bundesländer Kärnten, Salzburg und Tirol. Mit rund 1856 Quadratkilometern Fläche bildet er das grösste Schutzgebiet der Alpen.

Schutzkategorien: 1921 Naturbanngebiet, 1921 Pflanzenschonbezirk, 1931 Naturdenkmal, 1935 Naturschutzgebiet, 1942 Landschaftsschutzgebiet, 1967 Europadiplom, 1981 Nationalpark, 1986 Sonderschutzgebiet, 1995 Important Bird Area, Ende der 1990er Jahre Naturwaldreservat, 2000 Natura 2000-Gebiet, 2001 Schutzgebiet der IUCN-Kategorie II.

In der ostalpinen Hochgebirgslandschaft der Hohen Tauern findet sich eine geologische Besonderheit, das sogenannte Tauernfenster. Der Grund des vor rund 190 Millionen Jahren existierenden Penninischen Ozeans wurde während der Alpenbildung überschoben. Im Zuge der Alpenhebung traten die durch die geologischen Vorgänge veränderten Gesteine im Tauernfenster wieder zu Tage. Die sehr harten verwitterungsbeständigen Ge-

Abb. 45. Pasterzengletscher und Großglockner. Die Landesaufnahme aus den Jahren 1833/1834 zeigt ein Gebiet, das heute Bestandteil des Nationalpark Hohe Tauern ist. Karte BIX a 59-2, Österreichisches Staatsarchiv.

steine sind der Grund dafür, dass hunderte Gipfel über 3000 Meter Seehöhe reichen. Mit dem 3798 Meter hohen Grossglockner liegt auch der höchste Berg Österreichs im Nationalpark Hohe Tauern (Abb. 45). Das Nebeneinander von wilden alpinen Urlandschaften, weitläufigen Almlandschaften und einer grossen Zahl an Wildbächen, Wasserfällen und Seen bedingt einen grossen Reichtum an Tier- und Pflanzenarten, darunter zahlreiche Endemiten und attraktive Arten wie Steinadler, Bartgeier, Steinbock, Gämse und Murmeltier.

Die Spuren menschlicher Anwesenheit reichen in den Hohen Tauern in vorchristliche Zeit zurück. Zunächst waren es Handelswege über die Alpen, die die Menschen hierher führten. Mit der dauerhaften Besiedlung der Täler ab etwa 250 v. Chr. fingen sie an, die Almgebiete in Besitz zu nehmen und Vieh aufzutreiben. Vor rund 2000 Jahren begann die Suche nach Erzen und im Mittelalter erlebte der Abbau des «Tauerngoldes» eine regelrechte Blütezeit (GRUBER 2006: 202ff.).

Das Nationalparkgebiet erstreckt sich grösstenteils über unbesiedelten Raum. Die Bewohner der Gemeinden in der angrenzenden Nationalparkregion erzielen ihre Einkommen vor allem aus Landwirtschaft und Tourismus. Der Nationalpark wurde zum wichtigen Wirtschaftsfaktor in der Region. Die eindrucksvolle Landschaft, attraktive Ausflugsziele wie Grossglockner oder Krimmler Wasserfälle und die gute Erreichbarkeit über die Glockner Hochalpenstrasse machen ihn zu einem Anziehungspunkt für rund 1,7 Millionen Besucherinnen und Besucher jährlich.[352] Den Gästen stehen ein über 4500 Kilometer langes Wanderwegenetz, vier grosse Besucherzentren sowie Ausstellungen und Infostellen in den 30 Nationalparkgemeinden zur Verfügung.[353]

4.3.2 Meilensteine

1800 gelang einer Expedition unter der Leitung des Fürstbischofs von Salm die Erstbesteigung des Grossglockners. Schon in den Jahrzehnten davor hatten sich Forscher im Glocknergebiet der «Pflege der Naturgeschichte» gewidmet.

1912 propagierte der Stuttgarter Verein Naturschutzpark einen Naturschutzpark in den Alpen und kaufte erste Flächen im Stubach- und Felbertal.

1918 erwarb Albert Wirth Grossglockner und Pasterze. Er übertrug den Besitz an den Alpenverein mit dem Auftrag, hier ein Schutzgebiet zu schaffen.

1921 richtete das Land Salzburg einen 170 Quadratkilometer grossen Pflanzenschonbezirk in den Hohen Tauern ein.

1930 erfolgte der Spatenstich für den Bau der Grossglockner Hochalpenstrasse, 1935 nach nur fünf Jahren Bauzeit die Freigabe für den Verkehr.

1935 erreichten Naturschützer, dass der Grossglockner mit Pasterze und die Gamsgrube zu den ersten Kärntner Naturschutzgebieten erklärt wurden und blockierten damit Erschliessungsprojekte.

1952 bewirkte eine österreichweite Unterschriftenaktion die Aufgabe der Pläne zur hydroelektrischen Nutzung der Krimmler Wasserfälle.

1955 fand mit der Inbetriebnahme der Tauernkraftwerke Kaprun ein gigantisches Kraftwerksprojekt der 1930er Jahre seinen Abschluss.

1967 vergab der Europarat das erste Europäische Diplom für Naturschutz an die Krimmler Wasserfälle.

1971 vereinbarten die Landeshauptleute von Kärnten, Salzburg und Tirol in Heiligenblut in einem festlichen Akt die Errichtung eines Nationalparks in den Hohen Tauern.

1972 konstituierte sich eine Nationalparkkommission, um die Planungsarbeiten für den Nationalpark durchzuführen.

1981 erklärte das Land Kärnten Teilgebiete des heutigen Nationalpark Hohe Tauern zum Nationalpark.

1983 folgte die Verordnung des Nationalpark Hohe Tauern Salzburg.

1987 lehnte die Bevölkerung des Dorfertals die Errichtung eines grossen Speicherkraftwerks ab und ebnete damit den Weg für den Nationalpark Hohe Tauern Tirol.

1993 machte die Einbeziehung des Osttiroler Anteils den Dreiländernationalpark komplett.

1994 trat die 15a-Vereinbarung über die Zusammenarbeit von Bund und Ländern in Belangen des Nationalpark Hohe Tauern in Kraft.

2001 erreichte der NPHT Kärnten die internationale Anerkennung als Nationalpark der IUCN-Kategorie II, Salzburg und Tirol folgten im Jahr 2006.

4.3.3 Pioniere auf allen Ebenen – Akteure

Hatten sich die Menschen bis dahin aus purer Notwendigkeit in den Hohen Tauern aufgehalten – etwa um Handelswege zu nutzen oder um das Vieh aufzutreiben, so erwachte im 18. Jahrhundert ein wissenschaftliches Interesse an den Hohen Tauern. Diese Form der Naturaneignung blieb zunächst «der ‹Liebhaberei› einzelner Personen überlassen», die sich «vom interessierten Laien bis hin zum anerkannten Fachmann entwickelten». Sie bezeichneten ihre Tätigkeit als «Pflege der Naturgeschichte» (KLEMUN 1988b: 88). Die Gelehrten dieser Zeit hatten meist eine geistliche oder medizinische Ausbildung genossen. Unter den Forschern, die im Gebiet der Hohen Tauern forschten, waren Belsazar Hacquet, der das Mölltal und den Grossglockner schon 1779 beschrieb (KLEMUN 1988a: 8), die Botaniker Franz Xaver von Wulfen (Jesuit, Botaniker, Mineraloge), Sigismund von Hohenwart (Bischof von Linz), Heinrich Gustav Flörke (Naturhistoriker, Pfarrer) und der deutsche Arzt, Apotheker und Botaniker David Heinrich Hoppe. Ihm wurde die Entdeckung der Gamsgrube 1813 zugeschrieben (HARTL 1988: 17). Bei einer vom Bischof von Gurk finanzierten Expedition zur Erstbesteigung des Grossglockners 1800 waren es die mitgereisten Botaniker, die den anderen Teilnehmern einige Mühe bereiteten, wie der ebenfalls mitgereiste Pfarrer Josef Orasch berichtete: «Die meiste Verwirrung auf dem Fußsteig machten mir einige Botaniker (...) In jeden Graben, in jeden Winkel wurde hineingegukt, wo ein seltenes Pflänzchen steckte, da wurde hineingestiegen. Man mußte bald den einen aus einem Graben herausholen, bald dem anderen aus Klippen, wohin er sich verkrochen hatte, heraushelfen. Es war zum Todtaergern ...» (KLEMUN 2003: 228). Gegen Ende des 19. Jahrhunderts avancierte die Botanik zu einer der populärsten Wissenschaftsdisziplinen (KLEMUN 2003: 242f.). Durchaus willkommen war den Forschern dieser Zeit die Unterstützung durch Alpintouristen. Sie wurden regelrecht darum gebeten, Pflanzen, Flechten oder Steine von ihren Wanderungen mitzubringen und den Forscher zur eingehenden Untersuchung zu überlassen.[354]

Ab 1912 setzte sich der Stuttgarter Verein Naturschutzpark e.V. (VNP) vehement für die Errichtung eines Naturschutzparkes in den Alpen ein. Unterstützt wurde diese Idee vom Salzburger Landtagsabgeordneten August Prinzinger, dem es gelang für den Verein Grundstücke in den Hohen Tauern zu erwerben. Prinzinger hatte die USA und Skandinavien bereist und war von den dort besuchten Nationalparks sehr angetan (DRAXL 1996: 7f.).

Abb. 46. Albert Wirth. Der weitgereiste und naturbegeisterte Holzindustrielle Albert Wirth legte 1918 mit einer Schenkung den Grundstein für den Nationalpark Hohe Tauern in Kärnten. Foto Nationalpark Hohe Tauern.

Im südlichen Teil der Hohen Tauern bemühten sich vor allem der Holzindustrielle Albert Wirth (Abb. 46) und der Österreichische und Deutsche Alpenverein (Ö.u.D.AV) um ein Schutzgebiet. Wie Prinzinger hatte Wirth die Nationalparks in den USA kennengelernt und wollte ähnlich Grossartiges in seiner Heimat verwirklicht sehen. Der 1862 gegründete Alpenverein hatte schon seit 1898 Gletscherstandsmessungen an der Pasterze durchgeführt. Ab dem Zeitpunkt als Wirth einen Grossteil des Glockner- und Pasterzengebietes erwarb und dem Alpenverein übertrug, war der Alpenverein auch in die weitere Entwicklung des Schutzgebietes eingebunden (Draxl 1996: 19). In den Jahren 1938 bis 1942 kaufte der Alpenverein Flächen aus dem Staatsschatz der ersten Republik und erweiterte seinen Besitz in Tirol um Glockner- und Venedigergebiet.[355] Die eigentlichen Bemühungen für den Nationalpark setzten erst in den 1970ern ein. Dem Alpenverein gelang es aber, seinen Besitz über einen langen Zeitraum gegen Begehrlichkeiten, z. B. von Seiten der Energiewirtschaft oder des Tourismus, zu verteidigen.

Der aus dem Österreichischen Verein Naturschutzpark 1924 hervorgegangene Österreichische Naturschutzbund (ÖNB) erlebte während des zweiten Weltkriegs schwere Turbulenzen, wurde 1946 als Gesellschaft für Naturkunde und Naturschutz neu gegründet und schliesslich 1948 wieder in Österreichischer Naturschutzbund umbenannt (Farkas 2013: 13, 17f.). Nach Kriegsende übernahm der ÖNB die Besitzungen des Stuttgarter Vereins Naturschutzpark e.V. in den Hohen Tauern zur treuhändigen Verwaltung.[356] Ähnlich wie der Alpenverein opponierte, mobilisierte und demonstrierte der ÖNB – in vielen Fällen erfolgreich – gegen Kraftwerks-, touristische Erschliessungs- und Strassenbauprojekte. Er bediente sich dabei gerne «der Stimme des Volkes.» Anfang der 1950er Jahre gründete der ÖNB die Österreichische Naturschutzjugend. Hier sollten junge Menschen für die Belange der Natur sensibilisiert und für die Idee eines österreichischen Nationalparks geöffnet werden.[357]

Als Gegenspieler der Naturschützer trat bereits zur Zeit des nationalsozialistischen Regimes die Energiewirtschaft auf. Um die grossdeutsche Energieversorgung sicherzustellen, wurden monströse Kraftwerksprojekte in den Hohen Tauern geplant. In den Nachkriegsjahren versprachen sich viele finanzschwache Gemeinden neue Arbeitsplätze und ökonomische Vorteile aus der Zusammenarbeit mit der Energiewirtschaft. Tatsächlich waren Einkünfte für die Gemeinden nur dann zu erwarten, wenn sie Talschaftsverträge mit den Kraftwerksbetreibern vereinbaren konnten.[358] Eine besondere Rolle kam der Tiroler Wasserkraft AG (TIWAG) zu. Ihr gelang es die Realisierung des Nationalpark Hohe Tauern in Tirol über lange Zeit zu verzögern. Ihren Höhepunkt erreichte die Auseinandersetzung zwischen Energiewirtschaft und Nationalpark-Befürwortern in den Hohen Tauern 1986 mit der Diskussion um den Dorfertalspeicher.

1950 wurde das dem ÖNB nahe stehende Institut für Naturschutz von den Landeshauptleuten von Kärnten, Salzburg und Tirol beauftragt, die wissenschaftlichen Grundlagen für die Einrichtung eines Nationalparks in den Hohen Tauern bereitzustellen.[359] Das Institut kam diesem Auftrag nach und liess darüber hinaus keine Gelegenheit ungenützt verstreichen, um die Vorbehalte der Naturschützer gegenüber diversen Kraftwerks- und Erschliessungsprojekten fachlich begründet vorzubringen.

Später war es die 1973 gegründete Österreichische Gesellschaft für Natur- und Umweltschutz (ÖGNU, Dachverband der österreichischen Natur- und Umweltschutzorganisationen; heute: Umweltdachverband), die ihre Mitgliedsorganisationen im Streben nach einem Nationalpark und in der Ablehnung der Kraftwerksprojekte in den Hohen Tauern unterstützte.[360]

Eine schwierige Position hatte der Touristenverein Naturfreunde in den Hohen Tauern zu vertreten. Im Grunde sahen die Naturfreunde die verschiedenen Kraftwerksprojekte ebenso kritisch wie die anderen grossen Naturschutzorganisationen. Durch ihre politische Nähe zur SPÖ und damit zur Energiewirtschaft erwartete man aber von den Naturfreunden, dass sie den Projekten positive Seiten abgewannen oder zumindest nicht offen gegen sie auftraten. Als Quasi-Wiedergutmachung setzten die Naturfreunde ihre Kräfte dort ein, «wo die Wunden geheilt werden sollen, die der Natur beim Kraftwerksbau zugefügt werden mussten.»[361] Die Naturfreunde stellten Flächen am Sonnblick zur Verfügung und plädierten «mit aller Entschiedenheit» für die Errichtung des Nationalpark Hohe Tauern.[362] Sie forderten, dass «die Planungsarbeiten für das Kraftwerk Osttirol auf das Nationalparkvorhaben ‹Hohe Tauern› Bedacht zu nehmen haben», berichtete der «Naturfreund» 1979.[363] Die besondere Situation der Naturfreunde wird in einem Artikel der Wochenpresse aus 1980 ersichtlich: «Der Präsident der sozialistischen ‹Naturfreunde› will mit einem Verfassungsgesetz gleich zwei Fliegen auf einen Schlag treffen: Über Bundesregelung das geplante Kraftwerk in Osttirol und den Nationalpark Hohe Tauern» installieren.[364] Die österreichischen Naturfreunde gingen davon aus, «daß die Verwirklichung des Nationalparks Hohe Tauern mit dem Bau des geplanten Kraftwerks in Osttirol nicht unvereinbar» wäre.[365] Nachdem die Bevölkerung des Dorfertales den Bau des Speichers abgelehnt hatte, bezogen die Naturfreunde eine neue Position: «In einer vielbeachteten Pressekonferenz der Naturfreunde» tat Heinz Fischer seine Einschätzung kund: «Das Kraftwerk Dorfertal ist gestorben.»[366] Er zeigte sich überzeugt, «daß die E-Wirtschaft den Zeitpunkt für einen vernünftigen Kompromiß versäumt» habe.[367]

Erste Pläne, das Gebiet des heutigen Nationalpark Hohe Tauern touristisch zu nutzen, existierten schon um 1900. Der Nationalpark als Anliegen der Fremdenverkehrswirtschaft tauchte aber erst 50 Jahre später auf, als von Seiten des Fremdenverkehrs die «Frage der Errichtung von Naturschutzparken begrüßt und in jeder Hinsicht unterstützt» wurde. Der Hintergrund war, «daß die beabsichtigte Errichtung von Kraftwerken an den Krimmler Wasserfällen … von den Fremdenverkehr so schwer schädigenden Wirkungen begleitet wäre, dass von Seite der Fremdenverkehrswirtschaft nie und nimmer die Zustimmung gegeben werden könnte.»[368] In den 1950er Jahren verfolgten Naturschutz und Tourismus oft dieselben Ziele, wenn auch aus einer anderen Motivlage heraus. Sie traten dementsprechend oft als Verbündete auf. Der Leiter der Nationalpark-Geschäftsstelle Matrei, der Forstwirt Anton Draxl, formulierte das 1980 im Rahmen einer Informationsveranstaltung «Warum Nationalpark Hohe Tauern?» so: «Land-, Forst-, Jagd und Fremdenverkehrswirtschaft hätten im Nationalpark ihren Platz und könnten mit dem Naturschutz gemeinsame Ziele definieren».[369] Das änderte sich aber, sooft die Fremdenverkehrswirtschaft Pläne ausarbeitete, «durch welche bisher unberührte Gebiete und Gletscherregionen im Bereich des Nationalparks für den technisierten Massentourismus systematisch und schonungslos erschlossen werden sollen».[370] Umgekehrt sah sich der Fremdenverkehr durch die Einrichtung des Nationalparks in seinen «Interessen beschnitten» (GRAZE 1981: 178). In diesem Spannungsfeld bewegt sich der Tourismus bis heute: Er tritt als Gegner des Naturschutzes auf, wenn es z. B. um die Erschliessung oder Erweiterung von Gletscherskigebieten geht, als Verbündeter bei der Erstellung touristischer Angebote im und mit dem Nationalpark, was wiederum die Akzeptanz für den Nationalpark steigen lässt.

Die Grundbesitzer und die Landwirte in den Hohen Tauern hatten zunächst grosse Vorbehalte gegenüber dem Nationalpark. Sie befürchteten nicht mehr über ihren Grund und Boden verfügen zu können. «Die ortsansässige Bevölkerung sprach von Enteignung, von Glassturz über ihr Gebiet, Indianerreservat.»[371] «Aus der Befürchtung vor einer Art Käseglocke wurde in Salzburg 1975 eine ‹Schutzgemeinschaft der Grundbesitzer im geplanten Nationalpark› gegründet (Zweck laut Statuten: «die Interessen ihrer Mitglieder zu vertreten, im besonderen gegen die zwangsweise Einbeziehung in den Nationalpark»). Im Jahr 1976 formierte sich auch in Tirol eine «Grundbesitzergemeinschaft Hohe Tauern – Osttirol» (laut Statut, «um im Tiroler Teil der Hohen Tauern den anstehenden Problemen wie Kraftwerksbau und Nationalpark wirkungsvoller begegnen zu können») (DRAXL 1980: 104). In der Diskussion um den Speicher Dorfertal solidarisierten sich die Naturschützer mit der ortsansässigen Bevölkerung. Es war der Widerstand der Bauern und vor allem der Bäuerinnen, die um ihre Sicherheit und ihre Existenz bangten, der den Bau des Speichers letztendlich verhinderte. Das soll den damaligen Tiroler Landeshauptmann Wallnöfer zu folgenden Worten veranlasst haben: «Wenn schon einmal die Weiber sich dafür interessieren, dann sind wir verloren.»[372]

Die Politik spielte bei der Entwicklung des Schutzgebietes eine wichtige, wenn auch wechselvolle Rolle. Nachdem sich August Prinzinger als erster Politiker für ein Schutzgebiet in den Hohen Tauern eingesetzt hat, wandte sich die Aufmerksamkeit der Politik während der Weltkriege anderen Themen zu. Bundeskanzler Figl begrüsste 1950 die Nationalparkinitiative.[373] Der Salzburger Landeshauptmann Josef Klaus sprach sich 1951 für die Erhaltung der Krimmler Wasserfälle aus.[374] Im Jahre 1967 berieten die «beamteten Naturschutzreferenten» der österreichischen Bundesländer über einen Beitrag Österreichs zum Europäischen Naturschutzjahr 1970. Sie setzten sich die Verwirklichung «des so lange vergeblich geforderten Nationalparkes Hohe Tauern» zum Ziel.[375] Von dieser Idee ausgehend bereiteten die Landesbeamten alle weiteren Schritte vor. Ihnen oblag die Ausarbeitung der Nationalparkpläne, die Beratung der Landesregierungen und sie hatten die Auseinandersetzung um Bundes- und Länderkompetenzen in Nationalparkangelegenheiten zu führen. Der Kärntner Landesplaner Hugo Hansely führte 1970 aus, dass «eine Schwierigkeit bei der Schaffung eines überregionalen Nationalparks ... in der Länderkompetenz in Naturschutzfragen» liege. Deshalb würde «verschiedentlich auch in Sache Nationalpark einer Verfassungsänderung durch Schaffung einer Bundeskompetenz in Fragen des Naturschutzes das Wort geredet.» Dagegen würden die Bundesländer glauben, «daß Koordinationsprobleme einen solchen Schritt nicht rechtfertigen» (HANSELY 1970). Von Bund und Ländern wurde jeweils höchstmögliche Einflussnahme bei möglichst geringer finanzieller Beteiligung angestrebt.

Mit der Erklärung der Landeshauptleute Kärntens, Salzburgs und Tirols, die als Vereinbarung von Heiligenblut bekannt wurde, schaffte das Thema Nationalpark 1971 den

Sprung auf die tagespolitische Agenda (FRITZ 1971: 33ff.). Die Bürgermeister der in Frage kommenden Gemeinden waren fast geschlossen gegen den Nationalpark, da ihren Gemeinden dadurch das Geld, das ihnen die Energiewirtschaft versprochen hatte, zu entgehen drohte. Die Haltung der drei grossen politischen Parteien zum Nationalpark variierte von Bundesland zu Bundesland sehr stark. In Salzburg vertrat die Österreichische Volkspartei (ÖVP) die Bauern, die Sozialistische Partei Österreichs (SPÖ) hatten viele Vertreter der Energiewirtschaft in ihren Reihen – beide Gruppen waren eher negativ zum Nationalpark eingestellt, die Haltung der Freiheitlichen Partei Österreichs (FPÖ) schwankte. Tirol war fest in Händen der ÖVP, die die Interessen der Bauern und der im Landeseigentum befindlichen TIWAG in Personalunion vertrat. «Ein Kraftwerk ist eine Bereicherung eines Gebietes» erzählte LH Wallnöfer 1979 den Osttirolern.[376]

Die in Kärnten regierende SPÖ trat noch am ehesten für einen Nationalpark ein. Sie rechnete mit positiven wirtschaftlichen Impulsen für die Region. Vielleicht entschloss sich Kärnten aus dieser Position heraus 1981 als erstes Bundesland, den Nationalpark Wirklichkeit werden zu lassen. Im gleichen Jahr lehnte der Salzburger Landeshauptmann Wilfried Haslauer (ÖVP) gegen den Willen der eigenen Fraktion die energiewirtschaftliche Nutzung der letzten frei fliessenden Gletscherbäche ab und setzte damit einen Schritt in Richtung Nationalpark.[377] Entscheidungsnotstand sprach der Nationalratsabgeordnete Gerulf Stix (FPÖ) der Tiroler Landesregierung zu: «Der Herr Landeshauptmann» könne oder wolle sich nicht entscheiden. Er sei «ein Zerrissener, weil er gleichzeitig höchste Aufsichtsfunktion in der E-Wirtschaft und die Naturkompetenz des Landes in seiner Person» verkörpere. «Als überzeugtem Technokraten, dem Straßen- und Kraftwerksbau über alles» ginge, «und zwar in der besten menschlichen Absicht, dem Land zu dienen», fehle «ihm der innere Zugang zum modernen ökologischem Denken.» Dennoch spüre «Wallnöfer als erfahrener Politiker», dass er «einer starken, neuen Bewegung» gegenüberstehe.[378] Mit Ausnahme der Umweltministerin Marilies Flemming (ÖVP), die eine gute finanzielle Ausstattung des Nationalpark Hohe Tauern über die Errichtungsphase hinaus erreichte[379] wurden die Bundespolitiker eher als «uninformierte Wiener» gesehen, die von den Problemen vor Ort wenig verstanden.[380]

4.3.4 Wasserkraft und Fremdenindustrie – Herausforderungen

Zwischen 1921 und 1929 wurde im Süden des Stubachtales der Tauernmoosstausee errichtet.[381] Sein Wasser sollte für die Kraftwerksgruppe Stubachtal der Österreichischen Bundesbahnen verwendet werden. Die im Stubach- und im Felbertal gelegenen Grundstücke des Vereins Naturschutzpark wurden aus diesem Grund enteignet.[382] 1928 legte die Allgemeine Elektrizitäts-Gesellschaft Berlin (AEG) Pläne für ein gigantisches Kraftwerksprojekt, das so genannte Zentralisationsprojekt, vor: Wasser aus dem gesamten Zentralalpenraum sollte über ein hunderte Kilometer langes Netz aus Kanälen und Stollen in drei riesigen Staubecken gesammelt und ins Kapruner Tal geleitet werden.[383] Lediglich die Krimmler Wasserfälle konnten aus der Planung herausreklamiert werden. Dafür setzte der damalige Leiter des naturkundlichen Museums der Stadt Salzburg Paul Tratz seine Verbindungen zum nationalsozialistischen Regime ein.[384] Der Spatenstich für die Tauernkraftwerke erfolgte 1938 durch Hermann Göring. Während des Zweiten Weltkrieges fehlten trotz des Einsatzes von Zwangsarbeitern kriegsbedingt die Mittel zur Realisierung des ambitionierten Vorhabens.[385] 1947 wurden mit Geldern aus dem Marshall-Plan die Bauarbeiten für das heutige Tauernkraftwerk Kaprun wieder aufgenommen, 1955 ging das Kraftwerk in Betrieb. Nach Kriegsende war Strom ein gefragtes und gleichzeitig knappes Gut, daher hatten Kraftwerksprojekte nahezu keinen Rechtfertigungsbedarf (Abb. 47). Viele Zeitgenossen sahen in der durch die Wasserkraftnutzung veränderten Landschaft sogar einen ästhetischen Gewinn. So wurde ein Einspruch des Alpenvereins gegen die

Errichtung der Tauernkraftwerke mit dem Hinweis abgewiesen, «dass die Kraftwerkseinrichtungen die schöne Landschaft noch schöner machen würden (LEITNER 2003: 35f.). Die Festschrift zur Eröffnung der Oberstufe des Tauernkraftwerks Kaprun 1955 verkündete: «Die Landschaft wurde gänzlich verändert. Das Bild des toten unfruchtbaren Talbodens mit seinen zerklüfteten Schluchten und zerstörend dahinstürzenden Bächen wurde abgelöst von dem Anblick einer ruhigen Gebirgslandschaft mit einem, die wilden Wasser bändigenden Alpensee, an dessen Ufern sich schüchtern wiedererwachte Vegetation bemerkbar macht» (GÖTZ und EMANOVSKY 1955 zitiert nach SCHMID und VEICHTLBAUER 2006: 28).

In den 1930er Jahren erwog die Allgemeine Elektrizitätsgesellschaft (AEG) die energiewirtschaftliche Nutzung der Abflüsse des Maltatales. Das Maltatal wurde wegen seiner Vielzahl an Wasserfällen auch als das «Tal der stürzenden Wasser» bezeichnet. 1939 richtete der Alpenverein Innsbruck eine Anfrage an den Landeshauptmann für den Reichsgau Kärnten zur Unterschutzstellung des Maltatals, begründet wurde dies so: Wenn eines der Tauerntäler noch den Ruf völliger Unberührtheit verdient, so ist es das Maltatal ... fast ganz unbesiedelt, wenig genutzt und verkehrsfern» (BACH 1968: 8). Am 26. Jänner 1943 wurde dementsprechend das Naturschutzgebiet «Gößgraben-Maltatal» verordnet und später in den Rechtsbestand der Zweiten Republik übernommen. Im Oktober 1954 wurde die Güterwegegenossenschaft «Inneres Maltatal gegründet, zu der auch die Draukraftwerke gehörten. Die Anlage eines Weges wurde 1957 genehmigt, da im Maltatal «hervorragende energiewirtschaftliche Möglichkeiten zu erblicken» wären. Gleichzeitig suchte die Österreichische Draukraftwerke AG beim Bundesministerium für Land- und Forstwirtschaft um Erklärung des geplanten Speicherkraftwerks im Maltatal zum bevorzugten

Abb. 47. Das Gold der Alpen. In den Nachkriegsjahren stieg der Energiebedarf mit der wiedererblühenden Wirtschaft stetig an. Kraftwerksprojekte hatten Hochkonjunktur. Das Bild zeigt die Limbergsperre (Kaprun) mit Krafthaus. Foto Verbund AG (1959).

Wasserbau an. Dies wurde 1959 im Einvernehmen mit dem Ministerium für Verkehr und Elektrizitätswirtschaft genehmigt (BACH 1968: 18). Die Einwände der Naturschutzverbände (unter anderen Österreichischer Alpenverein, Naturschutzbund, CIPRA) bewirkten wenig. Im Oktober 1964 fasste die Kärntner Landesregierung den Beschluss zur Auflösung des Naturschutzgebietes (BACH 1968: 28), im Juli 1965 wurde schliesslich die Bewilligung zur Errichtung eines Staudammes erteilt (BACH 1968: 32). Trotz anhaltender Proteste wurde in den Jahren 1971–1978 eine Talsperre errichtet.

In Tirol stand das Kraftwerksprojekt Osttirol in zahllosen Planungsvarianten lange Zeit im Mittelpunkt der Auseinandersetzungen von Naturschutz und Energiewirtschaft. Tirol ist auch der Schauplatz der jüngsten Debatten zu Kraftwerksbauten. Im Jahr 2006 legte die TIWAG Pläne zur Errichtung von Speicherkraftwerken in Raneburg-Matrei oder im Frossnitztal, beide Orte am Rande des bzw. im Nationalpark Hohe Tauern gelegen, vor. Der amtierende Tiroler Landeshauptmann Herwig van Staa unterstützte das Vorhaben: «Im Zuge einer Interessenabwägung müsste halt das Nationalparkgesetz geändert werden», erklärte er der Presse.[386] Mittlerweile hat sich das Interesse der TIWAG zum Tauernbach hin verlagert.

Durch einen verheerenden Reaktorunfall in einem japanischen Atomkraftwerk im März 2011 erhielten neue Wasserkraftprojekte zuletzt Vorschub. Wasserkraft wird als sicherer, nachhaltiger und sauberer Gegenentwurf zur «gefährlichen» und «schmutzigen» Atomenergie diskutiert. Das lässt die Konflikte um die energiewirtschaftliche Nutzung von Bächen im oder im Vorfeld des Nationalparks erneut aufleben.

Kurz vor dem Ersten Weltkrieg gab es Pläne zur touristischen Erschliessung des Grossglockners und der Pasterze (Abb. 48). Am 29. April 1914 schrieb Otto Kallas, ein k.k. Bergbaubeamter: «Ein zu gründendes Konsortium soll das gesamte Gebiet aufkaufen und sperren, bzw. nur gegen einzuhebendes Eintrittsgeld zugänglich machen. In der Gamsgrube – oberhalb der Franz-Josefs-Höhe – soll ein fashionables Hotel mit Sportplätzen (Wintersport im Sommer auf der Pasterze) errichtet werden. Von der Pasterze aus soll eine schwebende Drahtseilbahn, für welche die Projekte bereits ausgearbeitet sein sollen, auf die Glocknerspitze erbaut werden. Das Bestehen eines solchen Projektes wurde mir gelegentlich meines vorjährigen Sommeraufenthaltes von Personen, die der Familie Aichenegg nahe stehen, bestätigt, desgleichen wußten Glocknerführer von der Anwesenheit von Vermessungsingenieuren im Glocknergebiet zu berichten.» (Brief Otto Kallas an den Alpenverein vom 29. 4. 1914, zitiert in: DRAXL 1996: 19) Das betroffene Gebiet stand im Besitz von Sidonie, Dorothea und Johanna Aichenegg, den Schwestern von Albert Wirths Frau Maria. Wirth kaufte seinen Schwägerinnen die Glocknergründe ab, überliess sie dem Alpenverein und freute sich, «den Großglockner samt Pasterze ein für allemal der spekulativen ‹alpinen Fremdenindustrie› zu entziehen.»(Brief Albert Wirth an den Alpenverein vom 20. 7. 1918, zitiert von DRAXL 1996: 19).

Ein ganze Reihe von Gefahren nahm Podhorsky 1927 wahr, als er ein neues Gesetz zum Schutz der Salzburger Landschaft kommentierte: «namentlich seit Überhandnehmen des Automobilverkehrs in den Gebirgsgegenden in den letzten beiden Jahren (es gibt heute auch hier fast keinen fahrbaren Weg mehr, wohin diese Landplage samt Verwandten nicht schon eingedrungen wäre) erscheint unser vor kurzem noch idyllisches Bergland mit Reklame übelster Aufmachung übersäet. Die Landschaft sinkt dadurch zur Nebensache herab, der ‹Amerikanismus› triumphiert; alles ist auf die Fremdenindustrie im schlechten Sinne eingerichtet – Einer sucht den Andern zu überschreien, daß Bewußtsein, daß die Fremden eigentlich doch urwüchsige Natur sehen wollen und nicht endlos aneinander gereihte Plakate von stets gleichem Inhalt, ist diesen gräßlichen ‹Industrierittern› gänzlich verloren gegangen ...»[387]

1935 wurde nach fünfjähriger Bauzeit die Nordrampe der Grossglockner-Hochalpenstrasse eröffnet. Sie wurde als «vorbildliche Darstellung und Interpretation eines hochalpinen Landschaftsraumes» gefeiert, als neue Harmonie von Kunst und Natur, durch die

Abb. 48. Der blaue Montag. Für das Glocknergebiet wurden grosszügige Erschliessungspläne von Seiten des Tourismus kolportiert. Karikatur von H. Einer (1914), OeAV Archiv Innsbruck.

Technik geschaffen. Die Natur- und Landschaftsschützer waren zwar gegen das Strassenprojekt. Bis ins Jahr 1935 wirkten sich ihre Einwände aber kaum aus. Für das Vorhaben der Grossglockner-Hochalpenstrassen AG die Strasse zur Gamsgrube zu verlängern und eine Seilbahn auf den Fuscherkarkopf zu errichten, wurde der Alpenverein 1935 enteignet. Dieses Vorgehen erzeugte heftigen Widerstand seitens der Naturschutzorganisationen und namhafter Wissenschaftler. Dennoch wurden ab 1937 die Bauarbeiten vorbereitet, der Ausbruch des Zweiten Weltkriegs machte aber alle Erschliessungspläne zunichte (Riegele 1998, zitiert nach LEITNER 2003: 34f.). Die Diskussion um das Projekt zur Erschliessung der Gamsgrube flammte 1950 nochmals auf. Nach erneutem Einspruch der Naturschützer und wohl auch wegen anderer finanzieller Prioritätensetzung wurde es nicht realisiert (WENDELBERGER 1953: 8).

Projekte zur Errichtung von touristischer Infrastruktur sorgten weiter für Diskussionen. So wollte man zum Beispiel 1966 ein Gletscherskigebiet auf den Johannisberg, mitten im Naturschutzgebiet Grossglockner-Pasterze gelegen, errichten.[388] 1981 gab es ähnliche Pläne für den Grossvenediger. Ihre Realisierung hätte den Nationalpark in seiner heutigen

Form vereitelt. Die Naturschutzorganisationen vermuteten in diesem Zusammenhang, dass diese neu ins Spiel gebrachte Variante der Erschliessung «ein Tauschgeschäft Großvenediger gegen Umbalfälle» Tirol erzwingen sollte.[389] Organisationen wie der Alpenverein oder die Naturfreunde bemühten sich, «den in diesem Raum lebenden Menschen verständlich zu machen, daß eine kurzfristige Ertragssteigerung durch Monsterprojekte der Fremdenverkehrsindustrie keine Lösung ihrer wirtschaftlichen Probleme» bringen würde.[390]

Ab 1985 wurde das Wurtenkees auf dem Schareck trotz heftiger Proteste des Alpenvereins für den Sommerskilauf erschlossen (Hartl 1985: 309). Wegen der schlechten Presse in den Jahren der Planung und Errichtung wurde das Gebiet ab 1987 unter dem Namen «Mölltaler Gletscher» vermarktet. Für Kontroversen sorgte und sorgt weiterhin der allmählich voranschreitende Ausbau des Skigebietes, von dem auch das Naturschutzgebiet Alteck betroffen ist. Es wurde 1989 eingerichtet, um als Puffer zum Nationalpark Hohe Tauern zu dienen und eine weitere Erschliessung des Wurtenkeesgletschers zu verhindern. Doch 2006 wurde es umgewidmet und für die Errichtung einer Sesselbahn freigegeben.[391] 2006 war eine geplante Stollenbahn im Gespräch, die Bad Gastein mit dem Skigebiet Mölltaler Gletscher verbinden sollte. Die Bahn sollte unterirdisch die Kernzone des Nationalpark Hohe Tauern queren und hätte damit gegen das Nationalparkgesetz verstossen, nach dem das darin verankerte Bauverbot auch unter Tage gilt.[392] 2013 geriet das Skigebiet abermals in die negativen Schlagzeilen. Ein Investor versprach die Errichtung einer grossen Hotelanlage in der strukturschwachen Region. Er knüpfte die Umsetzung dieses Vorhabens aber an die Genehmigung einer Talabfahrt, die zwei Naturschutzgebiete queren würde. Wieder ging es um die Gebiete, die Naturschützer 24 Jahre zuvor nach monatelangen Protesten durchgesetzt hatten.[393] Die Diskussion ist aktuell im Gange (Stand November 2014).

4.3.5 Botanische Schatzkammer und Erholungsreservat Europas – Schutzziele

Lange Zeit bewerteten Menschen des europäischen Kulturraumes Natur vor allem nach ihrer Eignung als Lieferant von Rohstoffen und als Grundlage der Nahrungsmittelproduktion. Die Natur, die nicht unmittelbar zur Deckung dieser menschlichen Bedürfnisse beitrug, blieb für grosse Teile der Bevölkerung ein Mysterium. Im 18. Jahrhundert begann eine neue Art der Auseinandersetzung mit Natur: Es war vor allem die Begeisterung am Forschen und Entdecken, die bekannte Wissenschaftler dieser Zeit in die Alpen lockte. Ihr Ziel war die Inventarisierung und Beschreibung der Natur. Damit folgten sie einem Grundprinzip der Naturphilosophie des 18. Jahrhunderts: Es besagte, dass Gott alle Wesen und Dinge erschaffen hätte und, dass es die Aufgabe des Forschers sei, «das Schöpfungswerk Gottes in seiner unendlichen Fülle zu erkennen, zu beschreiben und mittels gelehrter Arbeit zu verehren» (Klemun 1988b: 88).

Ein 1818 in der Zeitschrift Carinthia erschienener populärer Artikel über den Pasterzen-Gletscher gibt Hinweise zu den Schutzzielen Anfang des 19. Jahrhunderts: Die Pasterze wurde darin als «eine Schatzkammer für den Botaniker, die für ihn die merkwürdigsten Kleinodien enthält», gerühmt, «denn hier und in der Gegend um den Glockner und Leiterbach zählt Flora über 350 verschiedene, so schöne wie seltene, Alpenkinder» (Klemun 2003: 218). Der Wiener Botaniker Leopold von Tratinnick bezeichnete in seiner «Flora des österreichischen Kaiserthumes» (1816) die Alpenhöhen als «vegetabilische Schatzkammer». Die Alpenpflanzen würden sich durch eine «paradiesische Urtümlichkeit» auszeichnen. «Diese Heiligthümer hat nie der ersten Sünde Fluch erreicht (…) Die Alpenpflanzen gleichen im Gegentheil den verborgenen Wesen, die ihren Geist zur höchsten Vollkommenheit ausbilden, doch nie den körperlichen Wohlstand als das Höchste ihrer Bestimmung betrachten» (Trattinnick 1916, zitiert in Klemun 2003: 236f.).

Als 1846 die Brüder Schlagintweit in Heiligenblut erstmals ihre Gletscherstandsmessungen durchführten, leiteten sie damit «eine neue Periode der alpinen Forschung ein, bei der die Verbindung von Geologie, Klimatologie und Vegetationskunde ganz neuartige Ergebnisse» brachte (KLEMUN 2003: 242f.).[394] Auch international anerkannte Wissenschaftler suchten die Tauernregion zum Zwecke der alpinen Forschung auf. Beispielsweise veröffentlichte der renommierte Schweizer Botaniker Braun-Blanquet im Jahr 1931 seine Studien Recherches phytogéographiques sur le Massif du Groß Glockner (AICHINGER 1932: 58). 1939 versuchte der Kulturhistoriker Rudolf Preuß die Beziehung zwischen Mensch und Landschaft in den Hohen Tauern zu ergründen. Ganz der Blut-und-Boden-Ideologie dieser Zeit verpflichtet kam er zu dem Schluss: «In dem urdeutschen und nur deutschen Charakter dieser Bergbauern liegt die Zukunft auch dieser Alpenlandschaft begründet».[395]

Biologen und im Besonderen Ornithologen fanden in den Hohen Tauern stets ein reiches Forschungsfeld. Welcher Methoden sie sich dabei bedienten, schildert ein Bericht aus dem Jahr 1960: «Daß gerade diese Gebiete ornithologisch besser untersucht sind, dürfte einerseits wohl mit der verkehrsgeographisch günstigen Lage zusammenhängen, andererseits auch damit, daß das Gasteiner Gebiet als Kur- und Sommeraufenthaltsgebiet viel häufiger von Ornithologen besucht wurde.» Besondere Erwähnung fand die zwischen 1847 und 1860 in Hofgastein angelegte Vogelsammlung des Weissgerbers A. Hampel, «weil sie selten auftretende Vogelarten, Durchzügler und Wintergäste» enthielte, «die in den Alpentälern in der Umgebung von Gastein erlegt werden konnten» (SCHÖNBECK 1960: 101). Ganz anders ging man in den 1980ern mit den Bartgeiern um. Die Bemühungen diesen urtümlich wirkenden Vogel wieder heimisch zu machen, können als Versuch zur Wiederherstellung eines ursprünglichen Zustandes, gedeutet werden. Ähnliches gilt für die Wiederansiedelung des Steinwildes. Bemerkenswerterweise hat man die Ansiedlung grosser Beutegreifer bis heute nicht forciert.

Die Forschung hat in den Hohen Tauern lange Tradition. Mit der Einrichtung des Nationalparks etablierte sich eine neue Art von Forschung. Die Forschung beschränkte sich nun nicht mehr darauf Arten zu erfassen, sondern zum Verständnis von komplexen Systemen beizutragen. Forschung ist Bestandteil des Nationalparkkonzepts, der Nationalpark ist oft selbst Gegenstand der Forschung oder dient als Referenzfläche für Forschungen aller Art, wie auch aus dem Forschungskonzept Nationalpark Hohe Tauern hervor geht (BAUCH *et al.* 2007: 4).

Neben der Forschung wurde in den Hohen Tauern auch allem, was dem Tourismus und der wirtschaftlichen Entwicklung in irgendeiner Weise förderlich sein könnte, schon früh grosses Interesse entgegen gebracht. 1904 unterbreitete ein Ausschuss des naturhistorischen Museums Kärnten der k. k. Landesregierung Vorschläge, welche Besonderheiten als Naturdenkmäler zu schützen wären. Die Liste enthielt seltene Pflanzen und Tiere, prähistorische Fundstätten und merkwürdige Einzelbäume. «Für Wasserfälle, die mit ihren oft mehr als bizarren Felsformen zur Belebung eines Landschaftsbildes beitragen», würde man aber nach Ansicht der Verfasser «bei einer Verwendung derselben zu Kraftzwecken in einem so armen Lande wie Kärnten keinen Schutz in Anspruch nehmen» können. Würden «sie für produktive Zwecke ausgenützt», so könnten sie «mehr Wohlstand verbreiten», als durch ihre Erhaltung. «Als Anziehungspunkte für Fremde» sollten sie «leicht zugänglich erhalten und mit sicheren Steigen versehen werden». Als Beispiele für «Objekte von besonderer Anziehungskraft» wurden genannt: der Möllfall und der Jungfernsprung bei Heiligenblut.[396] Die neu errichtete Tauernbahn beförderte die Reiselustigen komfortabel zu den schönsten Gletschergebieten und den malerischsten Tälern der Alpen (Abb. 49).

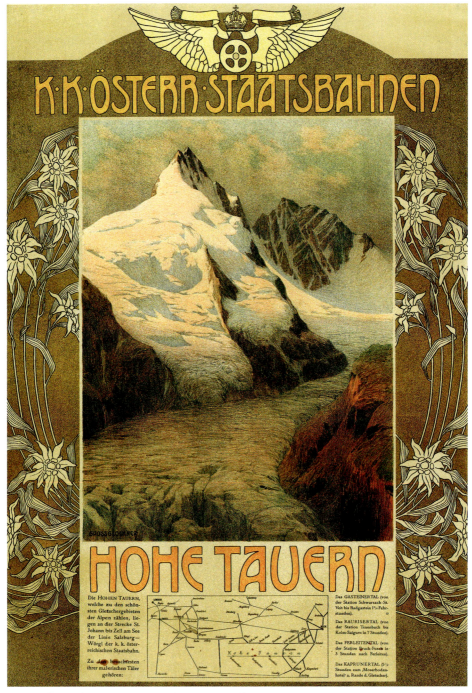

Abb. 49. Tauernbahn. Mit dem Anschluss an die k. k. Österreichischen Staatsbahnen wurde die Bergwelt der Hohen Tauern besser erreichbar und als Reisedestination wohlhabender und mehr oder weniger gut gebildeter Schichten entdeckt. Plakat von Gustav Jahn (1910), Privatsammlung Gustav Jahn.

Die schöne Landschaft galt als das Wertvollste, das Österreich zu bieten hatte. Anlässlich der Pläne zur Nutzung der Krimmler Wasserfälle für die Energieerzeugung war der fachliche Naturschutz fassungslos. «Niemand [würde] ... die Vernichtung zweier Sehenswürdigkeiten von internationaler Berühmtheit und ihre Rückwirkung auf den österreichischen Fremdenverkehr begreifen.»[397] In seiner Eröffnungsrede zum 1. Österreichischen Naturschutztag bemerkte der Salzburger Landeshauptmann Josef Klaus dazu: «Eine Zerstörung unseres Landschaftsbildes würde auch eine Zerstörung unseres Fremdenverkehrs, einer wesentlichen Reichtumsquelle des Landes, bedeuten.»[398] Als 1951 Pläne zur Erschliessung der Gamsgrube publik wurden, stellten die Gegner dieses Vorhabens öffentlich folgende Frage: «Die Hohen Tauern sind in vieler Hinsicht wirtschaftlich karg und arm, doch desto reicher an landschaftlichen Schönheiten. Wollen wir wirklich diese Schönheit, ein unschätzbares ruhendes Kapital des Fremdenverkehres Stück für Stück zerstören?»[399]

Bei der Tagung des Bundesausschusses für Fremdenverkehr 1950 in Igls wurden die zuständigen Stellen der Länder gebeten, die Bestrebungen für einen Nationalpark Hohe Tauern im Interesse des Fremdenverkehrs zu unterstützen.[400] 1951 verfasste Lothar Machura eine «Denkschrift zur Errichtung eines Alpen-Nationalparks» und vertrat darin die Meinung, dass sich «der österreichischen Fremdenverkehrswirtschaft ... sehr bedeutsame Perspektiven eröffnen würden». Es wäre allerdings erforderlich «eine spezifisch österreichische Prägung des Begriffs Nationalpark zu formulieren». Der Schutz des Gebietes dürfe «nicht Selbstzweck im Sinne des Naturschutzes als philosophischer Begriff sein», sondern hätte auch «der Belehrung und Erholung des österreichischen Volkes und der Weckung und Pflege des Heimatgefühls zu dienen. Darüber hinaus solle er eine bedeutende Aufgabe im Hinblick auf den österreichischen Fremdenverkehr erfüllen.»[401]

«Der Schutz der Natur, die Erhaltung unserer einmaligen Erholungslandschaft» sei ein «Gebot der Zeit», das 20. Jahrhundert «gekennzeichnet von einer imposanten Entwicklung der Technik und der Wissenschaft (...) Die Wandlung zur modernen Gesellschaft» hätte «soziale Umwälzungen zum Inhalt, wie man sie (...) kaum für möglich gehalten hätte» urteilte der Kärntner Landeshauptmann in seiner Festrede in Heiligenblut 1971. Die Kärntner bemühten sich seit Jahren «erfolgreich, die gottgegebene Landschaft wirtschaftlich zu nutzen». Die «Erholungswirtschaft» würde Seen, Wälder und Berge beleben, die «Existenzen unserer Landsleute» festigen und «ein größeres Einkommen für unsere Bergbauern» bringen. Dafür würde «den Gästen aus aller Welt, aus den industriellen Ballungszentren, Erholung und sinnvolle Gestaltung ihrer Freizeit» geboten. «Kärnten im allgemeinen und das Tauerngebiet im besonderen» wären «ein Erholungsreservat Europas». Der Festakt habe «die Erhaltung einer typischen Hochgebirgslandschaft und die Gestaltung eines Ferienparadieses Hohe Tauern» zum Inhalt (FRITZ 1971: 35f.). Der Bürgermeister der späteren Nationalparkgemeinde Heiligenblut stimmte dem zu und meinte, es wäre gar nicht hoch genug einzuschätzen «welche Bedeutung die Erholungslandschaft für unsere vielgeplagten Menschen des Industriezeitalters» habe (FRITZ 1971: 34).

Kritischer sah das der in der Kärntner Landesplanung tätige Hugo Hansely. Er erwartete, dass «in der Zukunft ein immer größerer Urlauberstrom sich über die ländlichen Regionen und Erholungsgebiete unserer Heimat ergießen» würde. Dazu käme, «vor allem in den landschaftlich reizvollsten Gebieten das Phänomen der ‹Zweitwohnung›.» Hansely meinte, dass in den alpinen Regionen «der Fremdenverkehr zu keinem Aktivposten der regionalen Wirtschaft werden» würde. «Feriendörfer, Almsiedlungen, Berghotels u. ä. m.» würden «dort nur ein kurzzeitiges Leben fristen und ungemein hohe Primärkosten, aber nicht minder hohe Dauerlasten für das Umland verursachen. Solche Regionen sollten vielmehr als Naturreservate erhalten und geschützt werden» (HANSELY 1972: 7). Der Salzburger Planungsbeauftragte Hans Helmut Stoiber sah eine «übergeordnete Aufgabe des Nationalparks» darin, «dem Alpinismus eine ideale Heimstatt zu schaffen» und «den Massenstrom» der Alpin-Touristen «in jene Zonen zu verweisen, in denen technische Einbrüche im Gebirge bereits erfolgt sind.»[402]

Die alpinen Organisationen wie Alpenverein und Naturfreunde fürchteten zwar den «technisierten Massentourismus», hatten aber selbst durchaus touristische Zielsetzungen, die sie in «alternativen Urlaubsformen in einer heilen Bergwelt verwirklicht sahen».[403] Der Präsident der Naturfreunde Österreich versprach 1980 alle Möglichkeiten zu einer raschen Schaffung des Nationalpark Hohe Tauern auszuschöpfen. «Natur erleben und erhalten» sei «die gesellschaftspolitische Aufgabe der Gegenwart und damit eines der wichtigsten Vereinsziele der österreichischen Naturfreunde (...) Schon in naher Zukunft wird es sich weisen, daß eine unzerstörte Erholungslandschaft das wertvollste Kapital der Alpenländer ist».[404] Die Naturfreunde wünschten «diese Naturlandschaft für die Zwecke der aktiven Erholung, aber auch für den Fremdenverkehr in ihrer Natürlichkeit» zu erhalten.[405] Um 1980 entwickelten sich Idee und Begriff des «sanften Tourismus»[406] und schienen ein gangbarer Weg für künftige Nationalparkregionen.[407] Die Naturfreunde versuchten entsprechende Modellprojekte umzusetzen.[408] Nationalparktourismus wurde vielfach als die wirtschaftliche Alternative zum Kraftwerksbau betrachtet.[409] 2012 urteilte der Tourismusverantwortliche des Nationalpark Hohe Tauern: «Sanfter Tourismus» ist keine Lösung. Vielmehr müssten die Schutzgebiete gemeinsam mit den Tourismusregionen «an der Entwicklung eines nachhaltigen, servicierten und wertschöpfungsorientierten Naturtourismus» arbeiten[410] (Abb. 50).

4.3.6 Nationalpark auf Raten – Instrumente und Strategien

Erste Verdienste um die «Errichtung von Naturschutzreservationen» in Österreich wurden Adolf von Guttenberg zugeschrieben. Er benutzte «die ästhetische Bedeutung des Waldes» als Argument und trat «oft für die Schönheit und Schutzbedürftigkeit des Alpenwaldes und der alpinen Vegetation überhaupt ein».[411] Eigentlicher Ausgangspunkt der Bemühungen um ein grosses Schutzgebiet in den österreichischen Alpen war aber ein «Aufruf zur Begründung eines Naturschutzparks» des deutschen Naturforschers und Redakteurs

Abb. 50. Magic Moments. In den Hohen Tauern kooperieren Nationalparkverwaltung und Tourismus heute eng und erstellen gemeinsame Angebote. Foto Martin Steinthaler, Nationalpark Hohe Tauern.

der Zeitschrift «Kosmos» Kurt Floericke im Jahr 1909. Floericke trug durch sein Wirken massgeblich zur Verbreitung des Naturschutzgedankens im deutschsprachigen Raum bei (STÖGER 2013: 28; ZIERL 1980: 8f.). Ab 1913 begann der Verein Naturschutzpark Flächen im Stubach- und im Felbertal zu erwerben, um die Grundlage für einen künftigen Nationalpark zu schaffen.[412] Alle Nutzungen mit Ausnahme der Almwirtschaft und der Jagd wurden eingeschränkt. 1921 erreichte der Verein, dass seine Flächen zum Naturbanngebiet erklärt wurden. Das Land Salzburg richtete hier ein Pflanzenschongebiet ein. Die «Blätter für Naturkunde und Naturschutz» berichteten 1926 über ersten Erfahrungen damit: Es seien Pflanzenschontafeln aufgestellt worden, «welche das Pflücken, Ausreißen, Feilhalten und Handeln der geschonten Pflanzen bei Strafe» verbieten würden. «Die Wirksamkeit solcher Schontafeln dürfte gegenüber auswärtigen Touristen eher fühlbar geworden sein als gegenüber den einheimischen Ausflüglern, besonders aber gegenüber der einheimischen ländlichen Bevölkerung». Letztere würde «die Berge und was auf ihnen als Edelpflanzen wächst, seit altersher ebenso als Gemeingut» betrachten wie das Wild und «solche Schon- bzw. Verbotstafeln eher als eine Herausforderung zu gegenteiligem Verhalten ‹empfinden› (...) die bloße In-Schonung-Legung» würde eine gewisse Bildungsstufe und Selbstkontrolle voraussetzen, «die der Städter weit eher besitzt als der sich stets frei und ungebunden fühlende Land- und noch mehr Gebirgsbewohner, der die Natur für unerschöpflich hält.»[413]

Durch Ankauf und Schenkung grosser Teile des Glockner- und Pasterzengebietes an den Deutschen und Österreichischen Alpenverein setzte in Kärnten Albert Wirth den ersten Akt für einen «Naturschutzpark der Zukunft».[414] Als nächste Schritte wurden die Gamsgrube[415] und das Gebiet des Grossglockners mit Pasterze 1935 als erste Naturschutzgebiete Kärntens erlassen (BACH und GLANZER 1962: 72).

Mit dem Anschluss Österreichs an das Deutsche Reich 1938 stellten die Machthaber Überlegungen an, Teile Österreichs als «Reicherholungsgebiete» einzurichten. Bei einer «Naturschutzbereisung der Ostmark» wurde ein «Deutscher Nationalpark Hohe Tauern» als dafür geeignet befunden. Mit diesem Ziel vor Augen wurde der Salzburger Teil der Hohen Tauern 1942 als Landschaftsschutzgebiet deklariert, das Maltatal und der Gössgraben in Kärnten 1943 unter Naturschutz gestellt. In den letzten Kriegsjahren wurden alle weiteren Schutzgebietsplanungen eingestellt (STÖGER 2013: 30).

Nach dem Weltkrieg versuchten die Naturschutzverbände mit der Veröffentlichung von Denkschriften und Sonderzeitschriften eine breite Öffentlichkeit zu erreichen, sie gegen Erschliessungsprojekte zu mobilisieren und im besten Falle für einen Nationalpark zu gewinnen (LEITNER 2003: 34; WENDELBERGER 1953: 8).

Der Österreichische Naturschutzbund (ÖNB) versuchte in Appellen an die politisch Verantwortlichen von der Notwendigkeit des Naturschutzes im Allgemeinen und der Errichtung eines Nationalparks im Besonderen zu überzeugen. Laufend wurden Vorträge und Veranstaltungen organisiert, mit denen die Bevölkerung für eben diese Anliegen gewonnen werden sollte, ebenso wie grosse Sommerferienlager, Mal- und Aufsatzwettbewerbe, die vor allem die Jugend für die Natur und für einen Nationalpark begeistern sollten. Daneben war der ÖNB um ein gutes Gesprächsklima mit der Energiewirtschaft bemüht. Das sah der ÖNB als Voraussetzung um Kompromisse auszuhandeln, die für alle Beteiligten vertretbar schienen.[416]

1950 richteten der Verband alpiner Vereine Österreichs (VAVÖ), der Österreichische Naturschutzbund, die Zoologisch-Botanische Gesellschaft und die Österreichische Akademie der Wissenschaften (ÖAW) ein Schreiben an Bundeskanzler Figl, in dem sie ihren Unmut über die Pläne zur Nutzung der Krimmler Wasserfälle zum Ausdruck brachten, und veranstalteten eine Pressekonferenz um die Öffentlichkeit zu informieren. Die ÖAW warnte davor, «die uns von der Natur verliehenen Gaben unseres Landes nur vom Nützlichkeitsstandpunkt aus zu betrachten und ihre ethischen und ästhetischen Wirkungen zu unterschätzen» und «die erhabene Schönheit unseres Landschaftsbildes ... Nutzzwecken zuliebe» zu opfern.»[417] Auch der Bundesausschuss für Fremdenverkehr lehnte die Vorhaben in einer Resolution entschieden ab.[418] Im Institut für Naturschutz und Landschaftspflege meinte man dazu: «Der Weg führt zu einer technisierten, amerikanisierten Landschaft – aber selbst die Amerikaner schaffen den schönsten Teilen ihres Landes eine Heimstatt in ihren Nationalparken!»[419] 1952 startete der ÖNB eine Unterschriftenaktion zur Rettung der Krimmler Wasserfälle. Bis 1953 waren 120000 Unterschriften zur Erhaltung der Fälle abgegeben worden und brachten das Projekt zum Stillstand.[420] Als 1961 die Krimmler Wasserfälle zum Naturdenkmal erklärt wurden, schien ihr Schutz sichergestellt (DRAXL 1996: 34). Doch erst mit der Verleihung des Europadiploms 1967[421] war die Debatte um die energiewirtschaftliche Nutzung der Fälle endgültig vom Tisch.

Bei Gelegenheiten, wie den seit den 1950er Jahren stattfindenden Österreichischen Naturschutztagen, erklärten Politiker wiederholt ihre Absicht zur Errichtung eines Nationalpark Hohe Tauern.[422] Die Naturschutzverbände wollten endlich Ergebnisse sehen. 1958 verfassten sie eine Resolution an die Österreichische Bundesregierung: «Die Unterzeichneten sehen in der Gründung von österreichischen Nationalparken nicht nur eine kulturelle Verpflichtung, sondern noch mehr auch eine wirtschaftliche Zweckmäßigkeit. Es ist nicht einzusehen, daß sich Österreich im Gegensatz zum Ausland immer noch dem Gedanken an Nationalparks verschließt, was seinem kulturellen Ruf abträglich ist, wodurch aber auch auf die fremdenverkehrswirtschaftliche Anziehungskraft von Nationalparks notwendig verzichtet wird.»[423] Bereits 1968 im Vorfeld des «Europäischen Naturschutzjahres 1970» wurde das Schwerpunktjahr als die Gelegenheit wahrgenommen, den schon lange geplanten Park zu errichten. Der Volkskundler Kurt Conrad war davon überzeugt, dass der Zweck eines Nationalpark Hohe Tauern nicht darin bestehen könne, ein «unbekanntes oder schlecht erschlossenes alpines Gebiet als Erholungsraum einzurichten, sondern darin, eine seit Jahrzehnten bereits erschlossene, weithin bekannte Hochgebirgslandschaft durch die Verleihung des Prädikats ‹Nationalpark› endlich ihrer gesamtösterreichischen und wahrhaft europäischen Bedeutung zu würdigen und in der Vielfalt, Eigenart und Ursprünglichkeit ihrer Erscheinungsformen zu bewahren». Der Europarat in Strassburg habe «das Jahr 1970 zum ‹Europäischen Naturschutzjahr› proklamiert und seine Mitgliedsstaaten aufgefordert, in diesem Jahr die Bedeutung des Naturschutzes durch bleibende Werke zu unterstreichen». Das «Kulturland Österreich» könne «dieses Naturschutzjahr nicht besser feiern als mit der Verwirklichung des seit langem ersehnten Nationalparks in seiner großartigsten Hochgebirgslandschaft, den Hohen Tauern.»[424]

Unter dieser Prämisse wurde 1971 die Vereinbarung über die Schaffung des Nationalparks Hohe Tauern in Heiligenblut getroffen (Abb. 51). Die Landeshauptleute von Kärnten, Salzburg und Tirol unterzeichneten sie «geleitet von dem Wunsche, die Hohen Tauern als einen besonders eindrucksvollen und formenreichen Teil der österreichischen Alpen in ihrer Schönheit und Ursprünglichkeit als Beispiel einer für Österreich repräsentativen Landschaft und zum Wohle der Bevölkerung und zur Förderung der Wirtschaft für alle Zukunft zu erhalten» (FRITZ 1971: 33).

Gemäss Artikel 5 der Vereinbarung war eine Nationalparkkommission Hohe Tauern einzurichten, um folgende Aufgaben wahrzunehmen: «zunächst die Grenzen des Nationalparks zu bestimmen, sodann Schutzvorschriften und solche der Abgrenzung zu erlassen; nicht zuletzt Investitionen vorzunehmen und Förderungen zu vergeben» (FRITZ 1971: 40). Ausserdem oblag der Nationalparkkommission, die sich im Mai 1972 konstituierte, «die Beratung der Landesregierungen der vertragschließenden Länder in allen den Nationalpark betreffenden Angelegenheiten» (GRAZE 1973: 98). Bei ihrer Aufgabe sich mit Fragen der Abgrenzung und Zonierung zu befassen, stiess die Nationalparkkommission auf mehr oder weniger grosse Ablehnung: Mit «der Idee eines Nationalparks» hätte eine fast «gesetzmäßige Entwicklung eingesetzt», berichtete der Naturfreund. Plötzlich würden «bisher wertlose Gründe wertvoll», «unbeachtete Gebiete wirtschaftlich wichtig, «Alm- und Waldflächen und bisher öde und daher nutzlose Gebirgsregionen interessant, klettern

Abb. 51. Heiligenbluter Vereinbarung. Die Landeshauptleute von Kärnten, Salzburg und Tirol vereinbarten 1971 die gemeinsame Errichtung eines Nationalparks in den Hohen Tauern. Foto Lottersberger (1971), Nationalpark Hohe Tauern Kärnten.

Grundstückspreise unaufhörlich». Jede Einbeziehung des Gemeindegebietes in den Nationalpark würde «als existenzbedrohend für die Bevölkerung angesehen». Durch «Nichtund Fehlinformation» sei der Eindruck entstanden, der Nationalpark «wäre das Ende der Gemeinde oder des Ortes» und man «wäre von der zukünftigen Entwicklung ausgeschlossen. Nicht ganz zu Unrecht fiel der Ausdruck eines ‹Reservats›, in dem die Fremden und Besucher mit Staunen alpenländische österreichische Natur und Kultur erleben» könnten.[425] Um den Informationsfluss zu verbessern und um ein «verständnisvolles Gesprächsklima» mit den Schutzgemeinschaften der Grundbesitzer zu schaffen, wurde 1975 in Matrei in Osttirol eine Geschäftsstelle der Nationalparkkommission eingerichtet (DRAXL 1980: 104). Der Forstwirt Anton Draxl leitete die Geschäftsstelle von 1975 bis 1992 und war Wegbereiter für einen Interessenausgleich zwischen Land- und Forstwirten auf der einen und Naturschützern auf der anderen Seite.

Als die Tiroler Landesregierung Anfang der 1970er Jahre die Errichtung des Speicherkraftwerks Dorfertal Matrei beschloss, erntete sie heftige Kritik aus den Reihen engagierter Bürger, zu denen auch der Osttiroler Lehrer Wolfgang Retter gehörte. Retter war der Meinung, dass die Regierung die Bevölkerung nicht ausreichend über die Nachteile des geplanten Riesenspeichers im Dorfertal informierte.[426] Er gründete 1973 den «Verein zum Schutz der Erholungslandschaft Osttirol» und versuchte in zahllosen Informations- und Diskussionsveranstaltungen, die Bevölkerung von den Vorteilen, die ein Nationalpark mit sich brächte, zu überzeugen.

Die ÖGNU und ihre Mitgliedsorganisationen forderten ab 1976 in mehreren Resolutionen, Neuplanungen für das Kraftwerksprojekt Osttirol vorzunehmen, in denen auf den Nationalpark Bedacht zu nehmen wäre. Im Jahr 1979 intervenierte die ÖGNU bei den Landeshauptleuten von Tirol, Salzburg und Kärnten und verfasste mehrere Presseaussendungen.[427] Der OeAV leitete die Unterschriftenaktion «SOS Innergschlöß» ein, um die Beileitung letzter frei fliessender Gletscherbäche im Rahmen des Kraftwerksprojektes Dorfertal-Matrei zu verhindern, und konnte rund 100 000 Unterstützungserklärungen sammeln.[428]

Am 28. November 1980 fand eine parlamentarische Enquete zur Schaffung eines Nationalparks Hohe Tauern statt, zu der Vertreter der Länder, der Energiewirtschaft und des Naturschutzes eingeladen waren.[429] Die alpinen Vereine Österreichs gaben eine Stellungnahme ab und erhoben Anspruch auf Mitarbeit in einer einzurichtenden Nationalparkkommission, denn sie würden über 400 000 Österreicher aus allen Bevölkerungsschichten vertreten, Infrastruktur bereitstellen und brächten darüber hinaus eigenen Grundbesitz ein. Um diese Gebiete für kommende Generationen zu erhalten eigneten sich nicht Projekte der Energiewirtschaft und der Gletschererschliessung, sondern ein Nationalpark.

Einschränkungen sollten der einheimischen Bevölkerung finanziell abgegolten werden, Qualitäts-Fremdenverkehr der Nationalparkregion Wohlstand bringen.[430] Ein Antrag der alpinen Vereine, ihren Grundbesitz in Osttirol zu Naturschutzgebieten zu erklären und so für einen künftigen Nationalpark zu sichern, wurde abgelehnt.[431]

Die Naturfreunde versuchten mit Pilotprojekten wie z. B. dem Nationalparkmodell Kolm/Saigurn zu veranschaulichen «wie der Nationalpark im Sinne des sanften Tourismus genutzt werden könnte».[432] In einer 1982 von den Naturfreunden initiierten bundesweiten Unterschriftenaktion konnten 110 000 Unterschriften für den Nationalpark gesammelt werden.[433]

1981 wurde der Kärntner Anteil des Nationalparks Hohe Tauern auf Basis des Kärntner Naturschutzgesetzes und des Kärntner Landschaftsschutzgesetzes als Naturschutzgebiet verordnet. Diese gesetzlichen Grundlagen ermöglichen «lediglich einen konservierenden, den Bestand sichernden Schutz ... und in Anbetracht der Notwendigkeit, im Nationalpark aktiven, den besonderen Reiz dieser Landschaft erhaltenden Naturschutz betreiben zu können», beschloss Kärnten am 1. Juli 1983 als erstes österreichisches Bundesland ein Nationalparkgesetz. Damit wurde «eine eigenständige gesetzliche Grundlage zur Schaffung und Ausgestaltung von Nationalparks geschaffen» (GLANTSCHNIG 1983: 93f.).[434] 1986 erfolgte die Verordnung des Nationalparks auf Basis dieses Gesetzes und erst damit wurde der rechtlich fragliche Zustand beendet, in dem sich der Kärntner Nationalpark bis dahin befand.[435] Bereits 1983 hatte sich das im Kärntner Nationalparkgesetz vorgesehene Nationalparkkomitee, dem Landesbeamte, Bürgermeister, Grundbesitzervertreter und ein Delegierter der Nationalparkkommission angehörten, konstituiert. Dem Komitee oblagen folgende Aufgaben: «a) die Koordinierung der wissenschaftlichen und administrativen Betreuung des Nationalparks; b) die Koordinierung der Förderungsmaßnahmen und der Investitionstätigkeiten im Nationalpark; c) die Information und Beratung der Bevölkerung sowie die Bewußtseinsbildung über den Nationalpark und die Öffentlichkeitsarbeit» (GLANTSCHNIG 1983: 94). (1990 kamen je ein Vertreter des OEAV und des Bundes dazu.) In Heiligenblut wurde 1984 die Geschäftsstelle der Nationalparkverwaltung Kärnten eingerichtet. 1989 übersiedelte die Nationalparkverwaltung ins Nationalparkhaus Alte Schmelz in Grosskirchheim. Der zunächst als Nationalparkbetreuer berufene junge Lehrer Peter Rupitsch leitet den Nationalpark Hohe Tauern Kärnten von 1984 an bis heute und ist damit der dienstälteste Nationalparkdirektor Österreichs. Er stammte aus der Region und sah «im Nationalpark eine Chance zur eigenständigen Entwicklung der Region des Oberen Mölltales unter Verzicht auf Großerschließungen und Großtechnologie» (GLANTSCHNIG 1983: 97). Zehn Jahre nach der Einrichtung des Nationalparks gelangte der Soziologe Josef Langer in einer Akzeptanzstudie zum Nationalpark Hohe Tauern zu dem Schluss: Der Nationalpark könne «ein Instrument ‹sanfter› Modernisierung» (LANGER 1991: 91) sein und er biete «die Möglichkeit, die zerfallende ländliche Gesellschaft wieder zusammenzuführen und entscheidungsfähig zu machen» (LANGER 1991: 97).

In Salzburg drohte die Situation 1981 zu eskalieren. Aus Sicht der Naturschützer wurden Mitarbeiter der Tauernkraftwerke Kaprun zur Polarisierung der Bevölkerung missbraucht. Sie forderten die Gemeindebürger von Hollersbach dazu auf, die Stromversorgung des Hauses der Natur in Salzburg zu kappen: «Geht hin, Ihr Hollersbacher und zerstört das Kabel, durch das das Haus der Natur mit Strom versorgt wird – unter dem Motto «Wer Euch nicht die sechs Millionen Schilling pro Jahr vergönnt, verdient kein Licht». Der Hintergrund war, dass der Direktor des Hauses der Natur, Eberhard Stüber, gleichzeitig Präsident des Österreichischen Naturschutzbundes und gegen eine Wasserkraftnutzung im Hollersbachtal war.[436] Trotz dieser Konflikte konnte am 19. Oktober 1983 das Salzburger Nationalparkgesetz verabschiedet und der Salzburger Anteil am Nationalpark Hohe Tauern verordnet werden.[437] Nationalparkdirektor wurde der Forstwirt Harald Kremser. Im 1984 geschaffenen Salzburger Fondbeirat waren Vertreter der Kammern, der Jäger, der Grundbesitzer, des Wasserbaus, der Gemeinden und des Alpenvereins repräsentiert.[438] Daraus formierte sich ein später siebenköpfiges Nationalparkkuratorium bestehend «aus dem zuständigen Mitglied der Landesregierung, zwei Landesbeamten, zwei Bürgermeistern sowie zwei bäuerlichen Grundbesitzern».[439]

Abb. 52. Bedrohtes Paradies. Die Initiative «Rettet das Dorfertal» wurde von den örtlichen Bäuerinnen und Bauern getragen und von verschiedenen Naturschutzorganisationen und dem Künstler Arik Brauer unterstützt. Radierung von Arik Brauer (1989).

Die Situation in Osttirol spitzte sich unterdessen weiter zu. Nach wie vor standen Kraftwerkspläne dem Nationalpark entgegen. Nach Intervention zahlreicher Naturschutzverbände konnte die Bevölkerung von Kals davon überzeugt werden, dass ein Nationalpark ihnen bessere Zukunftsperspektiven bot als eine riesige Staumauer. Bei einer Volksabstimmung auf Gemeindeebene am 20. September 1987 lehnte die Bevölkerung das Projekt «Dorfertalspeicher» mit einer klaren Mehrheit ab. Zahlreiche Naturschutzorganisationen und örtliche Bürgerinitiativen organisierten 1988/89 die Initiative «Rettet das Dorfertal». Der Künstler Arik Brauer fertigte Gemälde und Drucke an, deren Verkaufserlös der Aktion zu Gute kam (Abb. 52). Die Initiative wurde 1988 mit dem Österreichischen Staatspreis für Umweltschutz (Konrad-Lorenz-Preis) ausgezeichnet.[440] Die Stimmung in anderen Gemeinden Osttirols war nach wie vor gegen den Nationalpark. Volksbefragungen in Matrei (1989) und Prägraten (1991) erteilten dem Nationalpark eine klare Absage.[441] Dennoch beschloss am 9. Oktober 1991 Tirol als drittes Bundesland zwanzig Jahre nach der Vereinbarung von Heiligenblut ein Nationalparkgesetz und machte damit den Dreiländernationalpark komplett.[442] Die Leitung der Nationalparkverwaltung in Matrei übernahm Hermann Stotter. «Am 30. März 1990 konstituierte sich das provisorische Tiroler ‹Nationalparkkuratorium› (...) aus sieben Mitgliedern, nämlich dem zuständigen Landesrat sowie je zwei Landesbeamten, Gemeindevertretern und bäuerlichen Grundeigentümern.»[443]

Die Nationalparkkuratorien sollten die Grundanforderungen an einen Nationalpark festlegen. Dazu gehörte beispielsweise die Verankerung des sogenannten «Vertragsnaturschutzes» ... Diese zwischen dem Grundeigentümer und dem Nationalparkfonds partnerschaftlich abgeschlossenen Vereinbarungen, bewertete der Leiter der Fachabteilung Raumordnung und Naturschutz des Oesterreichischen Alpenvereins, Peter Haßlacher, 1991 als «das zukunftsträchtige Werkzeug für eine qualitativ hochstehende Landschaftspflege in der Nationalparkregion» (HASSLACHER 1991: 101f.). Das Modell «Vertragsnaturschutz» wurde im Nationalpark Hohe Tauern z. B. in Form der «Kulturlandschaftsabgeltung» (Kulturlandschaftsprogramm) umgesetzt, mit der landschaftspflegerische Leistungen der Bauern auf der Alm abgegolten werden. Heute fliesst ein grosser Teil des Nationalparkbudgets in den Vertragsnaturschutz.

1994 trafen Bund und Ländern eine Vereinbarung über die Zusammenarbeit bei Schutz und Förderung des Nationalparks Hohe Tauern gemäss § 15a des österreichischen Bundesverfassungsgesetzes und richteten einen länderübergreifenden Nationalparkrat ein.[444] Er löste die bis 1992 bestehende Nationalparkkommission ab. Der Nationalparkrat setzte sich aus den Nationalparkreferenten der drei Nationalparkländer zusammen und hatte die Kooperation und Koordination in Nationalparkangelegenheiten unter Einbeziehung des Bundes zur Hauptaufgabe.[445]

Bereits in den 1980er Jahren richtete der Österreichische Alpenverein einen «Patenschaftsfonds für den Nationalpark Hohe Tauern» ein und fördert seither mit diesen Mitteln verschiedene Projekte im Nationalpark. Die Bemühungen um eine internationale Anerkennung des Nationalpark Hohe Tauern erfolgten unter anderem mit der Erwartung, dadurch eine Aufstockung der Nationalpark-Bundesmittel und der EU-Fördergelder zu bewirken.[446] Die Verwaltungen bemühten sich auch um alternative Finanzierungsquellen: Um «ideelle und finanzielle Unterstützung bei der ‹Ausgestaltung des Nationalparks› bereitzustellen» wurde 1993 der «Verein der Freunde des Nationalparks» gegründet. In den mittlerweile mehr als zwanzig Jahren seines Bestehens trug er zur Verwirklichung zahlreicher Projekte bei (RETTER et al. 1993: 25). «In Zeiten leerer öffentlicher Kassen sucht der Nationalpark Sponsorunternehmen, deren Philosophie sich mit den eigenen Zielen vereinbaren lässt» erklärte der Tiroler Nationalparkdirektor 2002 im Rahmen einer Pressekonferenz.[447] Und die Salzburger Nationalparkreferentin vermutete anlässlich der Vertragsunterzeichnung mit einem privaten Sponsor, dass die Partnerunternehmen nicht nur «in allen Bereichen, von der Forschung, Umweltbildung, dem Artenschutz bis hin zu den ganz großen

Infrastruktureinrichtungen wie dem Nationalparkzentrum in Mittersill» präsent sein, «sondern auch einen Beitrag zu einer erfolgreichen Weiterentwicklung leisten» wollten.[448] Die zunehmende Bedeutung von Sponsoring als Finanzierungsinstrument wird von manchen Naturschützern kritisch gesehen, etwa wenn Unternehmensziele oder Produktionsbedingungen der Sponsoren nicht mit Naturschutzzielen kompatibel sind.

Schon im Vorfeld der Nationalparkeinrichtung unternahmen die Mitarbeiter der zuständigen Fachabteilungen Exkursionen, um erfolgreiche Konzepte in bestehenden Nationalparks im benachbarten Ausland kennenzulernen. Die Kärntner Landesbeamten reisten beispielsweise in den Nationalpark Bayerischer Wald, um mehr über Besucherlenkung und Besucherangebote zu erfahren.[449] Die Erfahrungen der ersten Nationalpark-Jahre zeigten dann auch, dass «der stetig steigende Besucherdruck ... immer öfter im Gegensatz zu den Naturschutzintentionen» stand, eine «merkliche Belastung für die hochwertige Naturausstattung des Gebietes» darstellte und daher Besucherstromlenkung unumgänglich wäre (JUNGMEIER 1992: 8). Besucherlenkung und Besucherbetreuung zählen heute zu den vordringlichen Aufgaben der Verwaltungen des Drei-Länder-Nationalparks. Mit der Eröffnung des Nationalparkzentrums Mittersill 2007 und der Neueröffnung der BIOS Erlebniswelt in Mallnitz wurden hier wichtige Schritte gesetzt. In einer Presseaussendung teilte der Kärntner Naturschutzreferent 2011 mit, dass der Nationalpark «heute aus der Region nicht mehr wegzudenken» sei. Durch den Nationalpark wären im gesamten Gebiet «Besuchereinrichtungen – Informationszentren, Nationalparkhäuser, Lehrwege und Ausstellungen – als wichtige touristische Infrastruktur entstanden».[450] Nachdem mit den Tauernalpin Nationalpark-Partnern einige Jahre Pionierarbeit für eine enge Kooperation zwischen Schutzgebieten und Tourismus geleistet wurde, gründeten 2012 der Nationalpark Hohe Tauern Kärnten, sechs weitere Kärntner Schutzgebiete samt der jeweils mit ihnen assoziierten Tourismusregionen und die Kärnten Werbung die ARGE Naturerlebnis Kärnten. Ihr Ziel ist es, Kärnten zu «Europas führender Destination für qualitativ hochwertigen Naturtourismus» zu machen.[451]

Abb. 53. Steinbockfreilassung. Um den Alpensteinbock wieder heimisch zu machen, griff man auf die Tiere und auf die Erfahrung der Kollegen aus dem Schweizerischen Nationalpark zurück. Foto Hans Pichler (1960).

Unter den zahlreichen Naturschutzmassnahmen, die das Nationalparkmanagement forciert, soll beispielhaft die Wiedereinbürgerung einst heimischer Tierarten herausgegriffen werden. Erste Versuche zur Wiederansiedelung von Steinböcken in den Hohen Tauern waren bereits im Jahr 1924 unternommen worden, erfolgreich waren sie nicht. Die Befürworter dieser Versuche gaben dem «völligen Ausschluss allgemeiner öffentlicher Anteilnahme» die Schuld für den Misserfolg.[452] «Ein Blick in die Schweiz» zeige, «dass dort diese Bestrebung als vaterländisches Werk gestempelt wurde und geradezu als nationale Angelegenheit des Schweizers bezeichnet wird», stellten die Blätter für Naturschutz fest.[453] Erfolgreich waren Wiederansiedlungsversuche erst in den 1960er Jahren, bei denen man auf Schweizer Tiere zurückgriff (HANKE 1964: 113ff.; KNAUS 1964: 62; Abb. 53). Wenige Jahre nach der Errichtung des Nationalparks (1986) startete ein Projekt zur Wiedereinbürgerung des Bartgeiers. 2005 konnte das Nationalparkmanagement berichten, dass es wieder einen überlebensfähigen Bestand in den Hohen Tauern gäbe.[454] 2009 wurden erste Erfolge des 2003 gestarteten Projekts zur Wiederansiedelung der «Urforelle» *Salmo trutta fario* gemeldet.[455]

Mit Zustimmung des Grundeigentümers OEAV waren Grossglockner mit Pasterze und Gamsgrube 1986 zu Sonderschutzgebieten erklärt worden. In diesen ist «jeder Eingriff in die Natur und in den Naturhaushalt sowie jede Beeinträchtigung des Landschaftsbildes verboten».[456] Ab dem Jahr 2000 wurden grosse Teile des Nationalpark Hohe Tauern als Natura 2000-Gebiete nach der Flora-Fauna-Habitat-Richtlinie bzw. nach der Vogelschutzrichtlinie gemeldet. Während Tirol und Salzburg das gesamte Nationalparkgebiet meldeten, beschränkte Kärnten sich auf die Kernzonen und die Sonderschutzgebiete im Nationalpark (GUTLEB et al. 2000: 4f.). Im Jahr 2014 musste das Land Kärnten aufgrund eines Vertragsverletzungsverfahrens die Aussenzone des Nationalparks Hohe Tauern Kärnten als Natura 2000-Gebiet nachnominieren. Im Jahr 2000 begründete die Nationalparkverwaltung auch internationale Partnerschaften mit den Nationalparks Ecrin (F) und Triglav (SL) und nahm die Mitarbeit in Organisationen wie ALPARC und EUROPARC auf.[457]

In anderer Sache hatte man sich schon länger um internationale Legitimation bemüht. Bereits 1986 bereiste eine Delegation der International Union for Conservation of Nature (IUCN) die damals eingerichteten Kärntner und Salzburger Teile des Nationalpark Hohe Tauern. Zur Enttäuschung der politisch Verantwortlichen wurde der Park aber als Gebiet der Schutzkategorie V (geschützte Landschaft) eingestuft und war damit nach internationaler Lesart kein Nationalpark. Die Delegation stiess sich an den Landnutzungen – vor allem an der Jagd – die in der Kernzone toleriert wurden. 2000 gelang es der Kärntner Nationalparkverwaltung in Kooperation mit dem World Wide Fund for Nature (WWF) die Jagd durch ein «nationalparkgerechtes Wildtiermanagement» abzulösen und Vereinbarungen mit Jägerschaft und Grundbesitzern im Nationalpark zu treffen.[458] Sie sollten Entschädigungen für entgangenen Pachtzins und Abschussgelder erhalten.[459] Damit war der Weg für die Einstufung des Kärntner Anteils als Schutzgebiet der IUCN-Kategorie II geebnet. 2001 erlangte der Kärntner Nationalpark Hohe Tauern dank der Kooperationsbereitschaft der Kärntner Jägerschaft und «durch den unermüdlichen Einsatz des Kärntner Nationalparkdirektors» die internationale Anerkennung als Nationalpark (Abb. 54). Salzburg und Tirol folgten im Jahr 2006.[460]

4.3.7 Das Ganze ist nicht die Summe dreier Teile – Resümee

«Es ist möglich, dass alle Möglichkeiten möglich sind», antwortete der amtierende Tiroler Landeshauptmann Wallnöfer, als er auf einer Pressekonferenz 1984 gefragt wurde, wie es denn nun um den Nationalpark Hohe Tauern in Tirol bestellt sei.[461] Der für diesen Satz belächelte Landeshauptmann hatte damit (ungewollt) ein Phänomen beschrieben, das für den Nationalpark Hohe Tauern geradezu symptomatisch ist: das Verhandeln von Möglich-

Abb. 54. Internationale Anerkennung. Im Jahr 2001 konnten Nationalparkdirektor Peter Rupitsch und der Kärntner Landesrat Georg Wurmitzer die Urkunde der IUCN präsentieren. Foto Nationalparkverwaltung Kärnten (2001).

keiten und Nutzungsalternativen. «Dass alle Möglichkeiten möglich sind», spiegelt in gewisser Weise auch die Ratlosigkeit der Entscheidungsträger im Umgang mit dem Naturschutz wider. Diese Ratlosigkeit könnte geradezu als Charakteristikum der späten Siebziger und frühen Achtziger Jahre des 20. Jahrhunderts bezeichnet werden, taucht sie doch auch andernorts auf: in den Diskussionen um das Atomkraftwerk Zwentendorf und das Kraftwerksprojekt Hainburg in Österreich ebenso wie in den deutschen Protesten gegen das Atommülllager Gorleben oder in der Initiative gegen einen Waffenplatz im schweizerischen Rothenthurm. Gräbner beschreibt die Turbulenzen dieser Zeit für die Kärntner Nockberge.[462]

Im Nationalpark Hohe Tauern sind auch andere Tendenzen im Wechselspiel zwischen Naturschutz und Gesellschaft in der Geschichte seiner Entstehung abgebildet. Seine Entwicklung stellt gleichsam ein Bodenprofil des europäischen Naturschutzes dar. Der Nationalpark Hohe Tauern kann als Beispiel für ein durch und durch europäisches Schutzgebiet gelten. Nahezu alle in Europa auftauchenden Vorstellungen von Naturschutz wurden an die Hohen Tauern herangetragen und hier verhandelt. Das erklärt auch das umfangreiche Instrumentarium, das in Reaktion darauf entstanden ist und das dem Naturschutz heute zur Verfügung steht. Es reicht vom ersten «Aufruf zur Begründung eines Naturschutzparks» (STÖGER 2013: 28; ZIERL 1980: 8f.) im Jahr 1909 über das Erschliessen neuer Finanzierungsinstrumente wie Patenschaften und Sponsoring bis zum Instrument des Vertragsverletzungsverfahren 2014, bei dem europäisches Recht in zuvor nicht gekannter Weise wirksam wurde.

Dennoch ist die Geschichte des Nationalpark Hohe Tauern keine (reine) Geschichte des Naturschutzes. Oft waren nicht die Interessen des Naturschutzes Gegenstand der Auseinandersetzung, sondern die Interessen verschiedener Wirtschaftszweige. So standen sich Tourismus und Energiewirtschaft sehr häufig als Konkurrenten gegenüber. Ein prominentes Beispiel dafür sind die Krimmler Wasserfälle, bei denen es um die Frage «Wasserkraftnutzung oder Touristenattraktion?» ging. Die Schönheit der Landschaft galt als «Kapital des Fremdenverkehres»[463]. Doch welcher Anblick war für den Touristen attraktiver: der reissender Wildbäche oder der «einer ruhigen Gebirgslandschaft mit einem, die wilden Wasser bändigenden Alpensee»? (GÖTZ und EMANOVSKY 1955, zitiert nach SCHMID und VEICHTLBAUER 2006: 28). Machten gar nach allen Regeln der Ingenieurskunst errichtete Kraftwerksbauten die Landschaft noch schöner, wie die Errichter der Tauernkraftwerke meinten?

Unter den Vertretern der Tourimusinteressen wurde ein Diskurs darüber geführt, welche Technologien gefördert werden sollten. Aus heutiger Sicht ist schwer nachzuvollziehen, warum Strassenprojekte wie das der Grossglockner Hochalpenstrasse mit gravierenden Auswirkungen auf das Umland mehr oder weniger widerstandslos hingenommen wurden. Durch dieselben Organisationen, die hier schwiegen, ging ein Aufschrei, sobald die Errichtung einer Seilbahn – ein vergleichsweise geringer Eingriff – diskutiert wurde.

Schliesslich stellt sich die Frage, welche Angebote des Tourismus als «naturverträglich» erachtet wurden? Die Erschliessung mit Aufstiegshilfen lehnen die alpinen Vereine bis heute als «Monsterprojekte der Fremdenindustrie»[464] entschieden ab. Infrastrukturen wie Hütten und Wegenetze für den «sanften Tourismus» wurden hingegen nie als störend empfunden. Und auch der nach dem neuesten Stand der Sport- und Bekleidungstechnologie ausgerüstete Individualtourist wird toleriert, selbst wenn er in bis dato unerschlossene Gebiete vordringt. Die frühen Ausflugsstrassen ermöglichen ihren Benutzern das leichte Erreichen entlegener und attraktiver Landschaftsräume (Abb. 55). Sie boten grossartige Ausblicke, die nicht durch profane Bauten wie etwa eine Seilbahn gestört wurden, und damit exklusiven Naturgenuss.

Dieses Naturerlebnis war zunächst den gut situierten und gebildeten Schichten vorbehalten, die auch in den alpinen Vereinen und Naturschutzorganisationen repräsentiert waren. In den 1970er Jahren erreichte der Wohlstand ein Mass, das gelegentliche Urlaubsreisen und Ausflugsfahrten für grosse Teile der Bevölkerung möglich machte. Mit zunehmenden Beschäftigtenanteilen in Industrie, Gewerbe und im Dienstleistungssektor mit oft monotonem Arbeitsalltag, stellte sich auch ein Bedürfnis nach Ausgleich und Erholung in der Natur ein. Das trug dazu bei, dass die Alpinregion im Allgemeinen und die Hohen Tauern im Besonderen als Erholungsraum an Bedeutung gewannen. Bezeichnend für die Hohen Tauern ist, dass in allen zeitgenössischen Kommentaren die Sorge um das Wohlergehen der Fremden im Vordergrund stand. Sie sollten hier ein Ferienidyll vorfinden. Nach den Befindlichkeiten der einheimischen Bevölkerung wurde kaum gefragt, die sollte sich damit begnügen von den Erholungssuchenden zu leben. Aus der jeweiligen Perspektive wurden Natur und Landschaft als Wirtschaftsgrundlage bzw. als paradiesischer Zustand wahrgenommen. Diese Sicht der Dinge wurde 1990 bei der Erstausstrahlung der umstrittenen TV-Verfilmung der «Piefke-Saga» von Felix Mitterer treffend auf die Spitze getrieben (MITTERER 1991).

Die Natur der Hohen Tauern war tatsächlich bei weitem nicht so unberührt, wie sie wahrgenommen wurde (und wird). Ihre Nutzung als Handelsweg, für Bergbau und Almwirtschaft reicht Jahrtausende zurück, neu war nur ihre Entdeckung für den Tourismus. Möglicherweise war die grosse Frage des letzten Jahrhunderts nicht «Wie kann man die Natur der Hohen Tauern am besten schützen?» sondern die Frage «Mit welchen Strukturen, Technologien und Angeboten organisiert man Tourismus in den Hohen Tauern am besten?» Der Diskurs wurde jedenfalls im Namen und unter Beteiligung des Naturschutzes geführt.

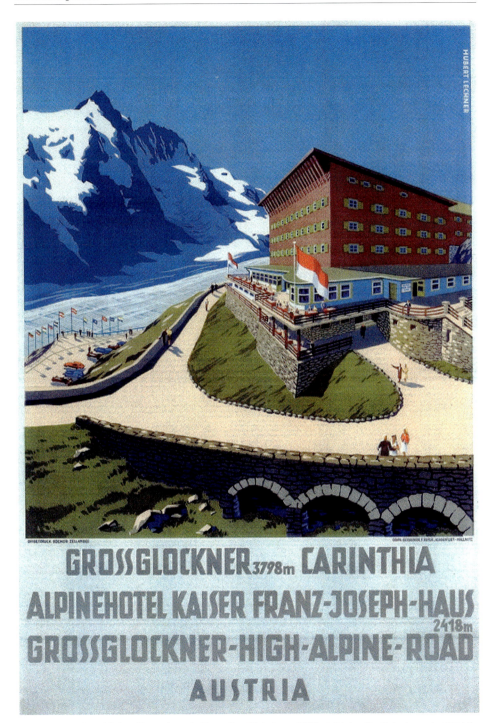

Abb. 55. Alpenhotel Kaiser Franz-Joseph-Haus. Das Plakat von 1950 rückt den Großglockner als attraktives Ausflugsziel für ein zunehmend mobilitätsbegeistertes und zahlungskräftiges Publikum in den Mittelpunkt. Kärntner Landesarchiv, Plakatsammlung A 276.

Von der ersten Idee bis zur Einrichtung des Nationalpark Hohe Tauern verstrich eine sehr lange Zeit. In einem geordneten europäischen Rechtsstaat ist es sehr schwierig, ein Schutzgebiet in bestehende Rechtsmaterien einzubetten. Jeder Anspruch trifft zwangsläufig auf Gegebenheiten, die sich aus den bereits bestehenden Besitzverhältnissen, Nutzungsrechten und vielfältigen Rechtsbeständen ergeben, und muss neu verhandelt werden. Ein plakatives Beispiel bietet die Jagdausübung in den Hohen Tauern. Die Jagdgesetzgebung ist zwar Sache der Bundesländer, in ganz Österreich gilt aber ein Revierjagdsystem. Das heisst, das Jagdrecht ist an Grund und Boden gebunden. Selbst auf eigenem Grundbesitz müssen Abschusspläne der Jagdbehörde erfüllt und Abschüsse vorgenommen werden, auch wenn der Besitzer nicht jagen will. Der Widerspruch zwischen Verpflichtung zum Abschuss und von der IUCN gefordertem Verzicht auf die Jagd in der Kernzone war lange Zeit das Hindernis auf dem Weg zur internationalen Anerkennung des Nationalpark Hohe Tauern.

Die föderalistische Struktur der Republik Österreich macht die Einrichtung und die Verwaltung eines Parks nicht leichter. In jeder Talschaft gibt es eine Vielzahl von Institutionen, deren Ansprüche und Reglemente zu berücksichtigen sind: Gemeinden, Gebietskörperschaften, Agrargemeinschaften, Jagdgenossenschaften, örtliche Sektionen verschiedener Vereine, usw. Der Nationalpark Hohe Tauern erstreckt sich über drei Bundesländer mit drei Gesetzgebungen und drei unterschiedlichen Verwaltungsstrukturen. Dazu kommen die Einrichtungen, die sich aus der § 15a-Vereinbarung mit dem Bund und der Verpflichtung zur Zusammenarbeit bei der Weiterentwicklung des Parks ergeben. Nicht einmal die Position und Bezeichnung des Nationalparkdirektors ist einheitlich geregelt, geschweige denn Funktion und Zusammensetzung diverser Gremien und Komitees. Es war nicht möglich aus den offiziellen Dokumenten eine Organisationsgeschichte des Nationalparks zu zeichnen. Der Park bildet ein derart vielschichtiges institutionelles System, dass bis zum heutigen Tag kein gültiges Organigramm aller Gremien im Nationalpark existiert.

Auch abseits der institutionellen Verwirrungen ist die Komplexität der Aufgaben der Schutzgebietsverwaltungen gestiegen. Die Verwaltungen fungieren als Regionalmanagement, als Förderstellen, als akademische Institutionen mit Forschungsagenden und als Betreibergesellschaften für eine Vielzahl von Infrastrukturen. In Kärnten erfüllt der Nationalpark sogar die Funktion des regionalen Tourismusmanagements. In allen drei Bundesländern verfügen die Nationalparkverwaltungen über nur geringe Naturschutzkompetenzen, sie gehen kaum über Anhörungsrechte hinaus. Die weitest reichenden Kompetenzen in dieser Hinsicht bestehen in Salzburg, wo eine Novellierung des Nationalparkgesetzes bevorsteht.

Die heutige Organisationsform mit drei eigenständigen Verwaltungen bedingt mitunter grosse Schwierigkeiten im Bemühen um eine gemeinsame Weiterentwicklung des Dreiländernationalparks. Sie ermöglicht es aber auch auf die spezifischen Bedürfnisse vor Ort zu reagieren. Trotz aller Schwierigkeiten im Detail ist es bislang gelungen, den Nationalpark Hohe Tauern in der Aussenwahrnehmung als einen Nationalpark zu verankern. Das setzt bei den Verantwortlichen eine hohe Bereitschaft zur Zusammenarbeit voraus und das Bewusstsein, dass man nur gemeinsam das grösste Schutzgebiet der Alpen bilden kann.

4.4 Nationalpark Donau-Auen

4.4.1 Die Region um den Nationalpark Donau-Auen

Lage: Der Nationalpark Donau-Auen liegt in den beiden österreichischen Bundesländern Wien und Niederösterreich. Er erstreckt sich entlang der Donau östlich von Wien bis zur slowakischen Staatsgrenze. Mit einer Fläche von mehr als 93 Quadratkilometern bildet er ein grünes Band zwischen den beiden Metropolen Wien und Bratislava.

Abb. 56. Stadt am Fluss. Die Donau-Auen bei Wien zur Zeit der Josephinischen Landesaufnahme 1767–1784. Bundesamt für Eich- und Vermessungswesen.

Schutzkategorien: 1905 Schutzgebiet Wald- und Wiesengürtel, 1937 schützenswertes Naturgebilde, 1938 Reichsnaturschutzgebiet, 1977 Biosphärenreservat, 1978 Landschaftsschutzgebiet, 1978 Naturschutzgebiet, 1982 Ramsarschutzgebiet, 1996 Natura-2000-Gebiet, 1996 Nationalpark, 1997 Schutzgebiet der IUCN-Kategorie II.

Die Donau ist mit ihren rund 2860 Kilometern der zweitlängste Fluss Europas. Sie entspringt im deutschen Schwarzwald und mündet ins Schwarze Meer. Sie durchquert sieben Staaten und bildet für drei weitere Nationen einen Grenzfluss. Ihr Einzugsgebiet ist mehr als 800 000 Quadratkilometer gross. Bis ins späte 19. Jahrhundert war die Donau in Österreich ein völlig unregulierter Fluss und suchte sich ihr Flussbett selbst. Im Bereich des Wiener Beckens war sie durch zahlreiche Schotterbänke und Inseln in mehrere Arme verzweigt (Abb. 56).

Donauhochwässer verwüsteten immer wieder weite Teile des nördlich angrenzenden Marchfeldes, das als die «kaiserliche Kornkammer» galt und auch heute noch intensiv agrarisch genutzt wird. Zwei besonders schwere Hochwasserereignisse 1830 und 1862 gaben Anlass zur Donauregulierung der 1870er Jahre. Am linken Donauufer wurde ein Überschwemmungsgebiet geschaffen. Das neue Hauptgerinne diente der Schifffahrt, ein grosser Hauptarm wurde als Alte Donau erhalten. Für die wasserbaulichen Arbeiten wurden Maschinen, die auch beim Bau des Suezkanals eingesetzt worden waren, nach Wien geholt.

Die Donau bildet eine der ältesten europäischen Handelsrouten. Sie wurde schon in frühgeschichtlicher Zeit genutzt und ab der Römerzeit durchgehend mit Schiffen befahren, ab 1830 verkehrte das erste Dampfschiff Franz I. regelmässig zwischen Wien und Budapest. Im 20. Jahrhundert bekam die Donau zusätzlich Bedeutung für die Energiegewinnung. Das führte zum Bau einer ganzen Reihe von Kraftwerken entlang ihrer Fliessstrecke. In den 1970er Jahren wurde der Hochwasserschutz um Wien als noch immer nicht ausreichend erachtet und eine zweite Phase der Donauregulierung eingeleitet. Es entstanden die Donauinsel und die Neue Donau.

In den 1980er Jahren sollte in den Donauauen bei Hainburg ein Kraftwerk errichtet werden. Der Widerstand einiger Naturschützer wuchs sich zu einem Konflikt aus, der die gesamte österreichische Gesellschaft erfasste und damit auch einen demokratiepolitischen Wendepunkt im Nachkriegsösterreich markierte. Am Schauplatz dieser historischen Auseinandersetzung, einem der letzten unverbauten Flussabschnitte der Donau, liegt heute der Nationalpark Donau-Auen.

Der Nationalpark Donau-Auen misst an seiner breitesten Stelle gerade einmal vier Kilometer – die schützenswerten Auenwälder gedeihen nur in unmittelbarer Flussnähe. Die Lobau und die östlich angrenzenden Donauauen sind die letzten geschlossenen Flussauen dieser Grösse in Mitteleuropa. Sie sind Lebensraum und Rückzugsgebiet für zahlreiche vom Aussterben bedrohte Tier- und Pflanzenarten. Beispielsweise nutzt der Eisvogel steile Uferböschungen für den Bau seiner Bruthöhlen. Für viele Arten stellt die Donau eine wichtige Wanderstrecke dar. Der Nationalpark liegt zwischen zwei europäischen Hauptstädten und ist ein bedeutendes Freizeit- und Erholungsgebiet für die beiden Ballungsräume. Mehr als eine Million Menschen besuchen den Nationalpark jährlich. Ihnen stehen zwei Informationszentren zur Verfügung. Die rund 20 Ranger des Nationalpark Donau-Auen bieten fachkundige Begleitung für Erlebniswanderungen, Themenexkursionen, Bootstouren und Schulklassenprogramme im Nationalpark.

4.4.2 Meilensteine

1870 veränderten die Massnahmen zur Donauregulierung die Auenlandschaft um Wien grundlegend.

1905 erhielt die Lobau durch ihre Einbeziehung in den Wiener Wald- und Wiesengürtel erstmals gesetzlichen Schutz.

1918 ging die Lobau in öffentliches Eigentum über und wurde für Besucher zugänglich.

1937 wurde die Untere Lobau nach dem Wiener Naturschutzgesetz unter Schutz gestellt.

1938 erklärte das nationalsozialistische Regime die Untere Lobau zum Reichsnaturschutzgebiet und liess die Obere Lobau zum Ölhafen ausbauen.

1955 erhielt die Lobau durch das erneute Inkrafttreten des Wiener Naturschutzgesetzes wieder ihren früheren Schutzstatus.

1958 forcierte das Institut für Naturschutz eine Medienkampagne gegen den weiteren Ausbau des Ölhafens Lobau.

1977 erkannte die UNESCO die Schutzwürdigkeit der Unteren Lobau an. Sie wurde als Biosphärenpark ausgewiesen.

1978 bewirkte die «Lobauverordnung», dass fast die gesamte Lobau unter Natur- bzw. unter Landschaftsschutz gestellt wurde.

1982 erfolgte die Ausweisung des Ramsargebietes Untere Lobau.

1983 formierten sich Umweltschützer gegen ein geplantes Kraftwerk bei Hainburg und bekamen dabei mediale Unterstützung durch die Kronen-Zeitung.

1984 erreichten die von grossen Teilen der Bevölkerung unterstützte Besetzung der Hainburger Au und Initiativen wie der Aufruf zum Konrad-Lorenz-Volksbegehren eine Verzögerung des Kraftwerksbaus.

1985 bedeutete eine Entscheidung des Verwaltungsgerichtshofes das faktische Aus für das Kraftwerk Hainburg.

1989 startete die Aktion Natur frei kaufen! mit der die Regelsbrunner Au für den späteren Nationalpark Donau-Auen gesichert werden konnte.

1996 eröffneten die Landeshauptleute von Wien und Niederösterreich gemeinsam mit dem Umweltminister feierlich den Nationalpark Donau-Auen.

1997 folgte die internationale Anerkennung des Nationalpark Donau-Auen als Schutzgebiet der IUCN-Kategorie II.

2004 präsentierten Vertreter der Behörden und der Nationalparkverwaltung das Flussbauliche Gesamtprojekt in Bad Deutsch-Altenburg.

2005 öffnete das Nationalparkzentrum «schlossORTH» seine Pforten.

2007 startete mit der «Declaration of Tulcea» eine Kooperation der Schutzgebiete entlang der Donau (DANUBEPARKS).

4.4.3 Von Neandertalern und Wirbellosen – Akteure

Bis ins 19. Jahrhundert war die Donau ein ungezähmter Fluss, regelmässig kam es zu grossräumigen Überschwemmungen der angrenzenden Gebiete. Mit der «Großen Donauregulierung» zwischen 1870 und 1875 und der Errichtung des Marchfeldschutzdammes wurde der Grundstein für eine intensivere Nutzung dieses Landschaftsraumes gelegt. Doch bis zum Zusammenbruch der Monarchie 1918 waren die Donauauen den Jagdaktivitäten des Kaisers vorbehalten, andere Nutzergruppen waren weitgehend ausgeschlossen. Nach 1918 wurden die Donauauen für die Bevölkerung geöffnet und erhielten Bedeutung für Wanderer und Naherholungssuchende.

Nach dem Zweiten Weltkrieg stieg der Energiebedarf in Westeuropa sprunghaft an (PFISTER 1994: 79). In Österreich wurden in den 1940er und 1950er Jahren zahlreiche Wasserkraftprojekte unter dem Beifall der Öffentlichkeit realisiert (z. B. Kaprun, Maltatal). Zaghaft begannen sich auch kritische Stimmen zum Wasserkraftausbau zu melden. Naturschutzverbände, alpine Vereine und Wissenschaftler organisierten sich und versuchten die Errichtung neuer Kraftwerke zu verhindern oder sich wenigstens an der Planung zu beteiligen. 1979 sprach sich der Niederösterreichische Naturschutzbund erstmals für einen Nationalpark Donau-March-Thaya-Auen aus und regte an, die «projektierten Donaukraftwerke Greifenstein, Regelsbrunn und Hainburg in Naßbau- und nicht in Trockenbauweise zu errichten … um eine weitere Dezimierung der Augebiete entlang der Donau zu verhindern».[465]

1978 lehnte die Bevölkerung die Inbetriebnahme des ersten und einzigen österreichischen Atomkraftwerks bei Zwentendorf bei einer Volksabstimmung ab. Die Verantwortlichen der Energiewirtschaft gingen davon aus, dass nun aus ihrer Sicht unverzichtbare Wasserkraftprojekte auf weniger Widerstand seitens der Naturschützer stossen würden. Die Wasserkraftnutzung galt ja als vergleichsweise saubere und sichere Form der Energiegewinnung. In den Reihen der Naturschützer gingen die Meinungen zum Wasserkraftausbau jedoch weit auseinander.

Der renommierte Zoologe Otto Koenig beispielsweise stand den geplanten Kraftwerken an der Donau nicht grundsätzlich negativ gegenüber. Er bezog die Position, dass «rein konservierender Naturschutz nicht alle Probleme im Spannungsfeld Natur-Technik-Kultur lösen» könnte und, dass Wasserkraft eine ökologische vertretbare Energiequelle sein könne, wenn die damit verbundenen Baumassnahmen Rücksicht auf die Natur nehmen würden. Koenig prägte den Begriff «Lebensraum aus zweiter Hand». Er argumentierte, dass es den Organismen egal sei, «wie ein Lebensraum entstanden ist, solange er nur die Bedingungen erfülle, die der Organismus zum Leben brauche». Um sicherzustellen, dass möglichst wenig natürlicher Lebensraum zerstört würde und «neue Ausweich-Lebensräume» geschaffen würden, sollte jedes Bauvorhaben von Ökologen begleitet werden. Die meisten Naturschützer seiner Zeit teilten Koenigs Standpunkt nicht. Sie warfen ihm ein Naheverhältnis zur Energiewirtschaft vor, die seine Forschungsinstitute finanziell unterstützte.[466] Die Haltung Koenigs führte letztendlich sogar zum Bruch mit seinem Lehrer, dem Verhaltensforscher und Nobelpreisträger Konrad Lorenz.

Vertreter der Energiewirtschaft hatten versucht Lorenz für ihre Anliegen zu gewinnen und ihn von den Vorteilen, die der Bau eines Donaukraftwerks bei Greifenstein mit sich bringen würde, zu überzeugen. Sie versprachen, dass «die Auen schöner und die Landschaft ökologisch reichhaltiger sein würden, als sie es wegen der Eintiefungstendenzen der Donau ohne Stau je sein könnten». Lorenz hatte Kindheit und Jugend in Greifenstein verbracht und war dieser Landschaft emotional tief verbunden. Er erhob zunächst keinen Einspruch gegen das Kraftwerk. Als jedoch die Flusslandschaft nach der Fertigstellung des Kraftwerks Greifenstein in Lorenz Augen ihren urtümlichen Aucharakter verloren hatte, wurde er zu einem der vehementesten Gegner jeder weiteren energiewirtschaftlichen Nutzung der Donau.[467]

1982 wurden Pläne der Österreichische Donaukraftwerke AG zur Errichtung eines Kraftwerks bei Hainburg publik. Der World Wide Fund for Nature (WWF) Österreich versuchte mit Unterstützung des WWF Schweiz auf das geplante Wasserkraftwerk bei Hainburg und die dadurch drohende Zerstörung eines Teils der Donauauen aufmerksam zu machen. Auch der Österreichische Naturschutzbund (ÖNB) hatte Vorbehalte gegen das Projekt. Der amtierende Umweltminister Kurt Steyrer (SPÖ: Sozialistische Partei Österreichs, ab 1991 sozialdemokratische Partei Österreichs) sagte zunächst seine Unterstützung im Kampf gegen das Kraftwerksprojekt zu, gab aber wenig später parteiinternem Druck nach und wurde dafür von den Naturschützern heftig kritisiert.[468]

Das Interesse der österreichischen Öffentlichkeit erwachte erst als ab Mai 1984 Journalisten, Künstler, Wissenschaftler, Politiker verschiedener Parteien, Studentenvertreter und Umweltaktivistinnen geschlossen und medienwirksam für die Erhaltung der Donauauen und gegen die Errichtung des Kraftwerk Hainburg eintraten. Der breiten Front des Widerstands gehörten unter anderen an: Günther Nenning – Journalist, Mitglied der SPÖ und des Österreichischen Gewerkschaftsbundes (er bezeichnete sich selbst einmal als politisch «Rot-Grün-Hellschwarzen»)[469], die Schriftsteller Peter Turrini und Jörg Mauthe (Mauthe war zu diesem Zeitpunkt auch Wiener Kulturstadtrat für die Österreichische Volkspartei (ÖVP)), der Ökologe Bernd Lötsch, der Nationalratsabgeordnete Othmar Karas (ÖVP), der Bundesobmann des Rings Freiheitlicher Jugend (FPÖ) Hubert Gorbach, der Vorsitzende der Österreichischen Hochschülerschaft Herbert Rainer und die politisch und ökologisch engagierte Freda Meissner-Blau (zu diesem Zeitpunkt bis zur Gründung der Grünen Alternative Mitglied der SPÖ), die zuvor schon gegen die Inbetriebnahme des Atomkraftwerks Zwentendorf aufgetreten war.

Auf Seiten der Kraftwerksbefürworter formierten sich Gewerkschaften und die Regierungspartei SPÖ. Sie stellten ein Aktionskomitee für den Kraftwerksbau in Hainburg zusammen und organisierten am 17. Mai 1984 eine Kundgebung von 50 000 Arbeitnehmern in Wien.

Die Stimmung zwischen den Lagern war zunächst durchaus von Humor geprägt. Der Ökologe Bernd Lötsch, der an den Geschehnissen rund um das Kraftwerk Hainburg unmittelbar beteiligt war, erinnert sich an folgende Begebenheit: Bei einer grossen Veranstaltung zum Thema Donauauen und möglicher Verzicht auf ein Kraftwerk Hainburg erklärte «Österreichs geist- und funkensprühender Elektro-General», der Generaldirektor des Verbundkonzerns (Österreichische Elektrizitätswirtschafts-AG) Walter Fremuth: «Die Schutzwürdigkeit von Kröten, Fröschen, Kriech- und Weichtieren und Restbeständen von Neandertalern, steht in keinem Verhältnis zum wirtschaftlichen Verzicht.» Konrad Lorenz hat sich nach der Veranstaltung «mit mir aufgepflanzt vor dem Fremuth und gesagt: ‹Herr

Generaldirektor, vor Ihnen stehen zwei Neandertaler! Und die Kriech-, Weichtiere und Wirbellosen, vermuten wir eher in Ihrem Lager!›»[470]

Als im November desselben Jahres der niederösterreichischer Landesrat Ernest Brezovsky (SPÖ) mit einem naturschutzrechtlichen Bescheid den Bau des Kraftwerks Hainburg bewilligte, spitzte sich die Lage zu (STROHMEIER 2004: o.A.). Der WWF reichte beim Verwaltungsgerichtshof Beschwerde gegen den Bescheid ein. Die Bundesregierung hielt weiter an den Kraftwerksplänen fest. Die Rodungsarbeiten für den Kraftwerksbau sollten umgehend aufgenommen werden. Doch tausende Kraftwerksgegner blockierten die Zufahrten und errichteten Barrikaden. Mehrere Räumungsversuche durch die Gendarmerie scheiterten, die Zahl der Aubesetzer wuchs auf über 7000 an. Der Chef der Gewerkschaft drohte mit der Räumung der Au durch die Bau- und Holzarbeiter. Die Situation eskalierte am 19. Dezember 1984 (Abb. 57). Es kam zu gewaltsamen Auseinandersetzungen zwi-

Abb. 57. Titelblatt 19. Dezember 1984. Der Befehl zum Polizeieinsatz war Ausdruck der Ratlosigkeit der österreichischen Bundesregierung. Im Bild ist der Künstler Friedensreich Hundertwasser (l.) zu sehen. Neue Kronen Zeitung.

schen Exekutivbeamten und Kraftwerksgegnern mit mehreren Verletzten, darunter Angehörige eines deutschen Fernsehteams. Auch die internationale Presse wurde nun auf die Geschehnisse in Hainburg aufmerksam und berichtete über das vehemente Vorgehen der österreichischen Regierung. Die österreichischen Medien bezeichneten diesen Tag als «Tag der Schande». Spontan versammelten sich 40 000 Menschen vor der Oper in Wien, um gegen das Vorgehen der Regierung zu demonstrieren. Der österreichische Kardinal Franz König sprach einen Friedensapell aus.[471] Bundeskanzler Sinowatz (SPÖ) gab im Parlament das vorläufige Aussetzen der Rodungsarbeiten bekannt und wies auf das «im Ministerrat beschlossene 11-Punkte-Programm hin, indem sich die Bundesregierung zum weiteren Ausbau der Wasserkraft und damit auch zur Errichtung eines Donaukraftwerkes bei Hainburg bekannte, weiters zu beschäftigungspolitischen Maßnahmen und zur Errichtung eines Nationalparks Thaya-March-Donau-Auen.»[472] Am 22. Dezember verkündete der Bundeskanzler einen «Weihnachtsfrieden» und verordnete allen Beteiligten eine «Nachdenkpause», um die Situation zu entspannen. Am 2. Jänner 1985 hob der Verwaltungsgerichtshof den Wasserrechtsbescheid für das KW Hainburg wegen Rechtswidrigkeit auf und verhängte einen Baustopp.[473]

Eine besondere Rolle nahm im Hainburg-Konflikt die SPÖ-nahe Naturschutzorganisation Naturfreunde ein. Die Naturfreunde bemühten sich, gleichzeitig im Sinne des Naturschutzes und im Namen der Arbeiterbewegung zu agieren. Sie wiesen in ihren Stellungnahmen zu Hainburg einerseits «auf die Schutzwürdigkeit unberührter Naturlandschaft» hin. Sie meinten aber auch, dass «das Hainburg-Problem in Schwarz-Weiß-Manier auf ein Ja-Nein-Problem reduziert und nicht ein vernünftiger Dialog über die Komplexhaftigkeit der Verknüpfung von Naturschutz, Umweltschutz, Landschaftsschutz, sauberer Energiegewinnung, Energiesparen geführt» würde. Dies wäre auch kaum möglich, da das Spektrum der «Aubesetzer von idealistischen Naturschützern bis zu Berufsdemonstranten aus der Bundesrepublik, von jungen Studenten bis zu den Politfunktionären der ÖVP, von linken fortschrittlichen Menschen bis zu den Leuten aus der Umgebung des Herrn Dichand» reichen würde, die alle «als Eigendarsteller» fungieren würden. Während sich die Naturfreundebewegung «mit der Arbeiterbewegung eng verbunden» wähnte, sprach sie den «Exponenten der Kraftwerksgegner», z. B. der «Kronen-Zeitung mit Hans Dichand», «ÖVP-Funktionären wie Busek und Mauthe», der Kirche, «in hohem Maße einen bürgerlichen Hintergrund» zu. Die Aufgabe der Naturfreunde wäre es daher, «Naturschutzanliegen voranzutreiben ohne mit wohlverstandenen Interessen der arbeitenden Bevölkerung in Widerspruch zu kommen, das heißt Naturfreunde-, Naturschutz- und Ökologieanliegen in Zusammenarbeit mit dem Einklang der Arbeiterbewegung zu realisieren». Die Naturfreunde wären «als eigenständige Organisation nicht an Entscheidungen der Bundesregierung gebunden, doch jeder Naturfreund könne unterschreiben, dass das 11-Punkte-Programm der Bundesregierung «ein wesentlicher Beitrag zur vernünftigen Umweltpolitik» sein würde.[474]

In der Auseinandersetzung um Hainburg waren neben den in Österreich traditionellen Naturschutzvereinen erstmals jüngere Organisationen wie der WWF in den Vordergrund getreten. In den Debatten zu verschiedenen Verkehrs- und Flussbauprojekten der 2000er Jahre, die die Donauauen berührten, bezogen neben dem Umweltdachverband fast ausschliesslich Organisationen wie WWF, Greenpeace, Global 2000, sowie lokale Initiativen Stellung. Die traditionellen, entweder den Arbeitern oder dem bürgerlichen Lager zugeordneten Vereine traten hingegen kaum in Erscheinung.

4.4.4 Staustufen und transeuropäische Netze – Herausforderungen

Mit der Öffnung der Au für die Bevölkerung nach dem Ersten Weltkrieg rückte sie auch mehr ins öffentliche Bewusstsein und Interesse. 1926 beklagte ein Leser der «Blätter für

Naturkunde und Naturschutz» in der Rubrik «Naturschutzsünden» das Verschwinden der Kormorankolonie in der Lobau und machte Fischer, die er nahe den ehemaligen Brutplätzen antraf, dafür verantwortlich. «Der Blick auf die leeren Horste und die Gesellschaft mit Sportmütze und Auto» dränge «unwillkürlich die Frage nach dem Zusammenhang beider Erscheinungen auf». Es sei nicht verwunderlich, dass die Kormorane vor «Benzinqualm und Menschenlärm» flohen, «besonders da es von seiten der Fischer nicht an absichtlichen Behelligungen fehlte». Der Brief schliesst mit der Frage: «Wann werden die Reiherhorste daran glauben müssen und die vielen anderen Schätze der Lobau?»[475] Für einen weiteren Vorfall zeigte man seitens des Naturschutzes keinerlei Verständnis: Ein «Forstorgan» hatte in der Lobau einen Purpurreiher erlegt. Zwar würde, weil der Abschuss nicht in Niederösterreich erfolgt sei, «keine Gesetzesverletzung» vorliegen. Der Vorfall verdiene aber «umso schärfere Mißbilligung, als die Besitzer dieser Augebiete vom ‹freiwillig gepflegten Naturschutzgebiete› Lobau zu sprechen» pflegten.[476]

Die Fachstelle für Naturschutz kritisierte auch das undisziplinierte Verhalten der Besucher in der Lobau, die eine Umzäunung des Gebietes durch die «Land- und Forstwirtschaftliche Betriebsgesellschaft» notwendig gemacht hätten.[477] Die stadtnahen Donauauen waren schon seit der Zwischenkriegszeit mit dem Problem des hohen Besucherdrucks konfrontiert. Diese Herausforderung dürfte sich mit dem raschen Wachstum der beiden nahe gelegenen Grossstädte Wien und Bratislava, deren Bewohner die Auen als Naherholungsgebiet nutzen, in Zukunft noch verstärken.

Während des Zweiten Weltkriegs wurde die Obere Lobau zur Industriezone und es entstanden für die Kriegsführung wichtige Infrastrukturen wie ein Ölhafen mit Raffinerie, Tanklager, Strassen- und Bahnanlagen. 1958 erwog die Stadt Wien die Erweiterung und den Ausbau des Ölhafens in der Lobau.[478] Der Österreichische Naturschutzbund und das Institut für Naturschutz bezogen in einer Reihe von offenen Briefen an die Wiener Stadtpolitiker dagegen Stellung. Der Leiter des Instituts, Lothar Machura warf den Behörden «Unkenntnis, Unvermögen in der Sache des Naturschutzes, fehlende Koordination innerhalb der Behörden, wenig vorausschauende Planung und Kapitalismusgesinnung» vor.[479] Mit einer Medienkampagne, in der die Erholungsfunktion der Lobau für die Bevölkerung gepriesen wurde, konnte das Vorhaben abgewendet werden.[480]

Just im Europäischen Naturschutzjahr 1970 begann man das Dampfkraftwerk Donaustadt auf einer Orchideenwiese zu errichten.[481] In den zeitgenössischen Ausgaben der Arbeiter-Zeitung wurde das durchaus positiv kommentiert: Das Baugelände wäre grösstenteils Sumpf gewesen, es gab lediglich ein paar Hütten – die Hüttenbesitzer waren abgesiedelt und entschädigt worden – und «viele Ratten». Der Kraftwerksbau würde für die gesamte Umgebung «eine Sanierung und Aufwertung» bedeuten und wäre notwendig, weil sich der Strombedarf Wiens in etwa zehn Jahren verdoppeln würde und «für diese Zunahme rechtzeitig vorgesorgt werden muß».[482] Auch an den Umweltschutz hatte man gedacht: «Bei der Planung wurde strikt darauf geachtet, die Reinhaltung der Luft, die Erhaltung der Grünflächen und die Schönheit des Lobaugebietes zu gewährleisten. Nach Beratung mit vielen Experten wurde die Rauchfanghöhe mit 150 Metern fixiert.» Die Rauchgase würden so «von höheren Luftschichten aufgenommen und verdünnt», sie könnten «de facto keine Luftverunreinigung bewirken».[483] Die zuständigen Stellen behielten sich vor, einen der drei geplanten Kraftwerksblöcke als Atomkraftwerk zu errichten, um die Stromversorgung Wiens gewährleisten zu können und betonten, die gesamte Anlage könne «ohne Gefährdung des Erholungsgebietes in der Lobau errichtet werden». Der Wald-und-Wiesen-Gürtel würde «von dem Bauvorhaben nicht betroffen», das Landschaftsbild der Lobau bliebe «von störenden Einflüssen frei».[484]

Anfang der 1970er Jahre sahen Naturschützer die Lobau von verschiedensten Seiten bedroht: Das Gelände des Ölhafens wurde vergrössert, die Auswirkungen grosser Bauvorhaben wie die Errichtung des Autobahnostrings oder der Bau der Donauinsel und der Neuen Donau konnten noch kaum abgeschätzt werden. Während Donauinsel und Entlastungsgerinne in den 1970er und 1980er Jahren realisiert wurden, sorgt die Nordost-Umfahrung der Stadt Wien nach wie vor für Debatten. Die Pläne der Strassenbauer beinhalten eine Verlängerung der Wiener Aussenringschnellstrasse und die Untertunnelung des Nationalparks Donau-Auen. «Öko-Aktivisten» befürchten, dass diese Massnahmen «mehr Verkehr und stärkere Belastung der Umwelt» nach sich ziehen werden.[485]

Die Donau weist auf ihrer Fliessstrecke in Österreich ein beachtliches Gefälle bei gleichzeitig grosser Wassermenge auf. Das machte sie aus Sicht der Energiewirtschaft sehr attraktiv für die Stromerzeugung aus Wasserkraft. Schon in den 1950er Jahren setzte im österreichischen Teil der Donau die Errichtung einer nahezu lückenlosen Kette von Flusskraftwerken und Staustufen, der so genannten «Goldenen Treppe», ein. Die Kraftwerksplaner rieten dringend davon ab, zwischen den Staustufen freie Fliessstrecken zu belassen. Eine frei fliessende Donau würde grosse Mengen an Flussschotter durch ihren Querschnitt bewegen. Bei Errichtung einer Staustufe würde dieses Geschiebe in den Geröllsperren hängen bleiben und unterhalb der Staustufe fehlen. Der Fluss würde sich immer weiter in sein Bett eingraben und in letzter Konsequenz würde «der Fluss zum Canyon und die Au zur Steppe». Da bis 1980 schon acht Staustufen an der Donau oberhalb von Wien errichtet bzw. in Bau befindlich waren, wollte man dieser Argumentationslinie folgend den Ausbau fortsetzen, um «die Donau zu retten». 1984 sollte mit der Errichtung des Kraftwerks Hainburg begonnen werden. Kraftwerksgegner wie Konrad Lorenz hielten dem entgegen: «Man kann doch nichts retten, indem man es zerstört.» Durch den Stau wäre die natürliche Dynamik des Fliessgewässers, wie sie für die Erhaltung eines Auen-Ökosystems notwendig sei, empfindlich gestört. Der Stau würde ausserdem den Austausch mit der frei fliessenden ungestauten Donau unterbinden, durch den es zu einer Reinigung und Belüftung des Grundwassers im Schotterkörper der Au käme. Die Filterwirkung der Auböden würde wegfallen, die Schadstoffe aus der Intensiv-Landwirtschaft im angrenzenden Marchfeld könnten leichter ins Grundwasser gelangen und damit die Trinkwasserreserven gefährden.[486] Die Staustufe bei Hainburg würde «einen schwerwiegenden Eingriff in die schönsten und unberührtesten Auenwälder an der österreichischen Donau, das Herzstück des vorgesehenen Nationalparks Donau-March-Thaya-Auen» bedeuten.[487]

In einem Brief an den niederösterreichischen Landeshauptmann Ludwig (ÖVP) erklärte Konrad Lorenz: «Ungehemmte Bautätigkeit und Industrieansiedlungen, Straßen- und Kraftwerksbauten, regulierte Flüsse, verrohrte Bäche, drainierte Feuchtwiesen, zugeschüttete Teiche, ausgeräumte Traktorensteppen haben uns in nur einer Generation einen Landschaftsverbrauch beschert, der heute in immer mehr Mitbürgern, jungen wie alten, die Bereitschaft weckt, den demokratischen Kampf für die letzten verbliebenen Naturwerte unseres Landes aufzunehmen ...» (LORENZ 1984: 43). Für viele Kraftwerksgegner war Hainburg «ein Beispiel für die überholte, altmodische Vorstellung, dass Ökonomie auf ökologische Rücksichtnahme verzichten könnte». Die Natur würde «als Gegenstand bedenkenloser Ausbeutung behandelt. Der Bewegung gegen die Ausbeutung und Zerstörung im Dienste wirtschaftlicher Interessen, der sich die Gewerkschaften verpflichtet fühlen (oder fühlten)», müsse «nun eine Bewegung gegen die Ausbeutung der biologischen Lebensgrundlagen folgen». Der Maler Friedensreich Hundertwasser sah das Kraftwerksprojekt gar als «Krieg gegen die Natur, angestiftet vom Staat, der noch immer an den Endsieg der Technik über die Natur glaubt» (HUNDERTWASSER 1984: 115).

Auch nachdem der Bau des Kraftwerks Hainburg abgewendet war, zweifelten Naturschutzorganisationen wie z. B. der ÖNB daran, dass nun tatsächlich ein Nationalpark Donau-Auen errichtet würde. In seiner Zeitschrift «Natur und Land» kritisierte er, dass der Regierungsbeschluss zum Bau drei weiterer Donaukraftwerke unterhalb von Greifenstein im Widerspruch stehen würde zur deklarierten Absicht «größtmögliche Bereitschaft zur Errichtung von Nationalparks und zum Schutz der Natur zu zeigen». Dieser würde ausserdem «weiterer Energieverschwendung Vorschub» leisten und die Illusion nähren, dass «das Wachstum der Energieproduktion unvermindert fortgesetzt werden könne».[488]

Am 25. September 1992 wurde der Rhein-Main-Donau-Kanal eröffnet. Beim ÖNB weckte dies Befürchtungen, dass alte Kraftwerksprojekte nun erneut zur Diskussion stehen würden.[489] Tatsächlich zeigte das umstrittene Grossprojekt Rhein-Main-Donaukanal keine unmittelbaren Auswirkungen auf den Nationalpark Donau-Auen, es stellte jedoch einen Schauplatz interessanter Naturschutzdebatten dar. Im Kontext des Projekts wurde der Rückgang der Artenvielfalt im Zusammenhang mit der Zerstörung von Feuchtgebieten diskutiert. «Als weitere ökologische Gefahr durch die Wasserstraße» wurden die Neobiota betrachtet. Sie würden heimische Arten verdrängen, da sie sich aufgrund fehlender Fressfeinde überproportional vermehren könnten. «Bereits 16 exotische Tierarten seien über den Main-Donau-Kanal, der die Wasserstraßen vom Schwarzen Meer bis zur Nordsee verbindet, in deutsche Flüsse eingedrungen.»[490] Auch im heutigen Nationalpark Donau-Auen stellt die Ausbreitung der Neobiota eine Herausforderung für das Management dar, vor allem die beiden Neophyta Götterbaum und Eschenahorn bereiten Probleme. Sie wurden ursprünglich als Zierpflanzen in Grünanlagen eingebracht. Durch ihr rasches Wachstum und ihre Konkurrenzstärke verdrängen sie standorttypische heimische Arten.[491]

Bereits seit dem 17. Jahrhundert existierten Pläne zum Bau eines Donau-Oder-Elbe-Kanals (DOEK), Teile davon waren auch schon realisiert worden. Seinen Zweck, einen durchgehenden Schifffahrtsweg von der Ostsee bis zum Schwarzen Meer zu bilden, würde das Projekt aber nur in seiner Gesamtheit von über 1600 km Länge und durch den Bau von rund 80 Staustufen, Schiffshebewerken, Kanalbrücken und Schiffstunneln erfüllen. Im Vorfeld der Osterweiterung der Europäischen Union wurde in den 1990er Jahren sowohl in Österreich als auch in Tschechien für den Weiterbau dieses grossen europäischen Schiffverkehrsweges geworben. Allerdings gab es grosse Bedenken seitens des Naturschutzes. Der WWF präsentierte 1999 eine Studie, nach der bei einem Bau insgesamt 61 Naturschutzgebiete mit einer Gesamtfläche von 400 000 Hektar betroffen wären.[492] Der niederösterreichische Naturschutzbund protestierte «aufs Schärfste gegen Bestrebungen zum Bau des österreichischen Teilstückes eines künftigen Donau-Oder-Elbe-Kanals» und vermutete «die Wiener Hafenverwaltung und eine Tiefbaulobby» hinter dem Vorstoss. «Der immense Schaden an Natur und Landschaft» würde «in keinem Verhältnis zum fragwürdigen Nutzen eines Schifffahrtsweges in diesem Ausmaß» stehen. «Eine Projektbegutachtung durch das ‹Österreichische Institut für Raumplanung (ÖIR)›» würde dies ebenso bestätigen wie eine «vom ‹Österreichischen Institut für Wirtschaftsforschung (WIFO)› veröffentlichte Studie ‹Regionales Wirtschaftskonzept für das Umland Wien›. Folgen eines Kanals wären großflächige Zerstörungen im Nationalpark Donau Auen und Ramsarschutzgebiet Marchauen, Beeinträchtigung von gleich drei Naturschutzgebieten an der Trasse durchs Marchfeld und Verlust von bis zu 500 Hektar landwirtschaftlicher Nutzfläche. Bei genauerer Betrachtung entpuppt sich der DOEK als eines der größten Natur zerstörerischen Projekte Europas.»[493] Während Tschechien nach wie vor an den Plänen festhält, ist es heute für das österreichische Verkehrsministerium «aus umwelttechnischer Sicht ... nicht vertretbar».[494]

Die 42 Kilometer der Donau zwischen Wien und Bratislava liegen auf der Achse eines Transeuropäischen Netzes (TEN), dessen Ausbau durch die Europäische Union gefördert wird. Die Schifffahrt plädierte schon seit langem für eine grössere Ausbautiefe der Fahrrinnen und argumentierte, dass dies auch zu besseren Grundwasserverhältnissen im Nationalpark Donau-Auen führen würde. «Sohleintiefung, ökologische Defizite und veränderte Anforderungen der Schifffahrt» hätten «zur Forderung nach umfangreichen wasserbaulichen Maßnahmen für die freie Fließstrecke der Donau östlich von Wien geführt». Dabei solle «auf die Interessen von Wasserbau, Schifffahrt und Naturschutz Rücksicht genommen» werden, berichtete die Austria Presse Agentur im Februar 2004 anlässlich der Präsentation des «Flussbaulichen Gesamtprojektes» für den Nationalpark Donau-Auen.[495] Neben der Eintiefung der Donau unterhalb der Staustufen hatte sich ein weiteres Problem ergeben. Mit der Errichtung der Staustufen waren Räume entstanden, in denen das Wasser stagnierte und die Schleppkraft des Flusses gegen Null ging. Dort setzten sich Sedimente ab und bildeten meterdicke Schlammschichten, die auch durch Hochwässer nicht mehr abgetragen werden konnten. Die Auböden wuchsen in Folge über den Donauspiegel hinaus, die «weiche» Au begann sich zu einer «harten» Au zu wandeln, die Auvegetation einem Mischwald zu weichen. Würde man keine Gegenmassnahmen treffen, drohte der Lebensraum Au zu verschwinden.[496]

Dass Sohleintiefung und Feinsedimentablagerung ein Problem darstellten, darüber waren sich Nationalparkverwaltung und Behörden auf der einen und Umweltschutzorganisationen auf der anderen Seite einig. Welche Massnahmen dagegen ergriffen werden sollten, spaltete jedoch die Lager. Nach den Vorstellungen der Nationalparkverwaltung und des Staatssekretariats für Infrastrukturen sollte das «Flussbauliche Gesamtprojekt» eine «Win-Win-Situation» ermöglichen – Schifffahrt und Nationalpark sollten profitieren. Zahlreiche Experten aus dem Bereich der Gewässerökologie hätten bestätigt, dass dies möglich wäre. Die Wasserstrassenverwaltung hätte sich mit dem Projekt verpflichtet, das Niveau der Sohllagen durch Geschiebezugabe zumindest zu halten, wenn nicht zu verbessern. Nach Ansicht der meisten Umweltorganisationen (darunter Greenpeace, WWF, Virus, Bürgerinitiative Donaufreunde, UWD) stellte das «Flussbauliche Gesamtprojekt» der via donau aber ein Zugeständnis an die Forderungen der Schifffahrt dar (Abb. 58).[497] Der Rechnungshof hielt 2006 in seinem Bericht zum Nationalpark Donau-Auen fest, dass die Projekte «Flussbauliches Gesamtprojekt», Donauquerung der Wiener Aussenring-Schnellstrasse, Donau-Oder-Elbe-Kanal und Ausbau des Flughafens Wien-Schwechat – jedes für sich und auch im Zusammenwirken – «eine mögliche Bedrohung

Abb. 58. Nein zum Flussbaulichen Gesamtprojekt. Nach wie vor gehen die Meinungen darüber auseinander, ob das Flussbauliche Gesamtprojekt den Interessen des Naturschutzes oder jenen der Schifffahrt zum Durchbruch verhilft. Alliance for Nature.

für die ökologische Situation des Nationalparks» darstellen würden.[498] Die Befürworter des Projektes hielten dem entgegen, dass jedes weitere Jahr, in dem keine Massnahmen gegen die Sohleintiefung getroffen würden, mit einem «irreversiblen Spiegelverlust» und entsprechendem «drastischen Rückgang von Augewässern und Flächen der weichen Au» verbunden wären.[499]

4.4.5 Urlandschaft und Allgemeingut – Schutzziele

Ab dem 15. Jahrhundert war die Lobau Jagdrevier des Habsburger Hofes. Die Jagd war der kaiserlichen Familie und ihren Jagdgästen vorbehalten. 1745 ging das Gebiet in Form einer Stiftung der Kaiserin Maria Theresia an die Stadt Wien über mit der Widmung, mit den Erträgen der forstlichen und landwirtschaftlichen Nutzung die armen Bevölkerung von Wien zu versorgen. Das Servitut der Jagd blieb weiterhin beim habsburgischen Kaiserhaus.

In Wien hatte sich die Bevölkerung im Zeitraum von 1869 bis 1900 nahezu verdoppelt und betrug um 1900 knapp 1,8 Mio. Menschen.[500] Im Zuge des zu erwartenden weiteren Bevölkerungswachstums und einer anstehenden Stadterweiterung erwog man auch die Schaffung von «Stätten der Erholung im Freien und Grünen für alle Schichten». An der Stadtperipherie sollte ein Bereich, dem auch die Lobau angehörte, von Bebauung freigehalten und mit Vegetation versehen werden, «um ausreichende Erholungs- und Vergnügungsstätten bereitstellen» und «als hochwertiges Luftreservoir» für die Stadt dienen zu können (Fischer 1971, zitiert in Pusz 2009: 77).

Nach dem ersten Weltkrieg wurde die Lobau geteilt und gelangte in öffentliches Eigentum: Die Obere Lobau ging an die Stadt Wien, die Untere Lobau an den Kriegsgeschädigtenfonds, der die Unterstützung der Bedürftigen mit den Erträgen der Fondsgüter zum Ziel hatte (Pusz 2009: 28). Teile des Auwaldes wurden abgeholzt und höher gelegene Auflächen in Ackerland umgewandelt, um Lebensmittel für die notleidende Bevölkerung anbauen zu können.[501]

Gegen Ende des 19. Jahrhunderts kam in Europa die «Freikörperkultur» als «Reformbewegung» auf. «Sie propagierte eine ‹natürliche Lebensform› zur Pflege von Körper, Seele und Geist und sah den unbekleideten Körper als Gegenentwurf zur zunehmenden Verstädterung des Menschen an, als ein Ausbrechen aus den ‹bürgerlichen Zwängen› und aus der trostlosen industriellen Lebensweise.» Im Jahre 1913 gehörten der Bewegung bereits mehr als 50 Verbände in Deutschland, Österreich und der Schweiz an. Am Wiener Donauufer wurde «eine der ersten Anlagen für die Freunde des textilfreien Badens» in Mitteleuropa eingerichtet. «Die Ideologie der ›Naturisten‹ und ihr Erscheinungsbild wurde von den unterschiedlichsten politischen und weltanschaulichen Richtungen beeinflusst – von bürgerlich-mondänen Strömungen ebenso wie von sozialdemokratisch-proletarischen bis hin zu völkisch-nationalen Gruppierungen. Die Propagierung einer gesunden Lebensweise, die Förderung sportlicher Betätigung und der Verzicht auf gesellschaftliche Drogen gingen bereits damals auch mit Forderungen nach Umwelt- und Naturschutz einher.»[502]

Ab 1926 öffnete die Stadt Wien die Obere Lobau für das «gemeine Volk». Schnell hatten die Wiener die Lobau als Wanderziel und Naherholungsgebiet entdeckt. Auch Anhänger der Freikörperkultur fanden ihren Weg in die Donauauen und schufen an den Donaualtarmen in der Lobau ihre Treffpunkte, die bis heute bestehen. Um 1970 griff diese Form der Freizeitkultur auf die während der zweiten Donauregulierung neu geschaffenen benachbarten Naherholungsgebiete Neue Donau und Donauinsel über. Die Meinungen zur Freikörperkultur sind bis heute geteilt.

Gästebucheintrag auf der Website des Nationalpark Donau-Auen
«Einmal und nie wieder! Wir sind mit 4 Kindern im Park gewesen und [haben] unzählige nackte Männer gesehen. Es ist unglaublich dass das toleriert wird!!!» Die Antwort der Nationalparkverwaltung: «Es tut uns leid, dass ihr Ausflug in die Lobau durch diese Begegnungen gestört wurde. Die MA 49, Nationalpark-Forstverwaltung Lobau ist mit ihrer Forstaufsicht laufend im Gebiet unterwegs und ist bemüht, neben vielen anderen Belangen auch diese Problematik zu regeln. Wenn wir nackte Personen am Weg antreffen oder in Gebieten, wo es nicht erlaubt ist, werden diese informiert, abgemahnt bzw. gebeten, in den ausgewiesenen FKK-Bereichen der Lobau zu bleiben. Diese Informationsgespräche verlaufen zum größten Teil nicht sehr kooperativ, die MitarbeiterInnen müssen sich oft auch beschimpfen lassen. Aus rechtlicher Sicht kann die Forstaufsicht direkt nicht sehr viel mehr tun (z.B. Strafen, Betretungsverbote aussprechen, ...) außer Abmahnen. Für eine Anzeige benötigte Ausweise bekommt man von nackten Menschen im Regelfall nicht vorgezeigt ... Mit freundlichen Grüßen das Nationalparkteam.»
(Eintrag Online-Gästebuch des Nationalpark Donau-Auen vom 1.5.2013 und Antwort der Nationalparkverwaltung vom 6.5.2013.)[503]

Ab 1938 erhielt unter dem nationalsozialistischen Regime die Nutzung der Au für die Jagd erneut Bedeutung. Reichsmarschall Hermann Göring erklärte die Untere Lobau zum Reichsnaturschutzgebiet, das durch die Reichsforste verwaltet wurde. Es wurde damit de facto zum Jagdrevier Görings und unterlag etwa den gleichen Nutzungen wie das frühere kaiserliche Jagdgebiet. Der jagdliche Leiter des Reviers strebte die «Aufartung» der Rothirsche an, in der Au sollten die stärksten Hirsche Europas gezüchtet werden (Pusz 2009: 44).

Ab 1970 wurden in der Lobau im Auftrag des Magistrats der Stadt Wien Studien zur Erfassung des Naturraumpotenzials durchgeführt. Die Forschung zeigte grosses Interesse an der Wasserfauna, der Vogelwelt und der Vegetation der Auen. Deren Vielfalt war schon im «Kronprinzenwerk» des ausgehenden 19. Jahrhunderts gerühmt worden (Abb. 59). Im immer noch weitgehend unberührten Auwald fanden zahlreiche vom Aussterben bedrohte Tier- und Pflanzenarten einen Lebensraum. Es entstand die Idee, die Lobau in das Weltnetz der Biosphärenreservate aufzunehmen.[504] In seiner Zeitschrift «Natur und Land» forderte der Naturschutzbund 1979 den Schutz «der letzten naturbelassenen, großen, zusammenhängenden Augebiete in West- und Mitteleuropa», die «nach Meinung namhafter Wissenschafter» mit ihrer «artenreichen Fauna und Flora weitaus die Schönheiten östlicher Donaugebiete» übertreffen würden, in einem Nationalpark Donau-March-Thaya-Auen.[505]

Die Kraftwerksgegner von 1984 argumentierten ähnlich: «Der rasche Wechsel verschiedenartigster Standorte» mache «den unvergleichlichen Reiz der Aulandschaft aus. Das dadurch gegebene Angebot an verschiedensten Lebensräumen» würde «den besonderen Artenreichtum an Pflanzen und Tieren» bedingen. Darüber hinaus hätten die Donauauen eine wichtige Funktion als «Erholungsraum des Menschen», eine «ausgleichende Wirkung auf Klima und Wasserhaushalt», sie dienten als Quelle «reinen Trinkwassers» und «als Produzent des erneuerbaren Rohstoffs und Energieträgers Holz» (Zukrigl 1985: 258). Das Grundwasser der Donauauen stellte nach Meinung verschiedener Experten «eine Trinkwasserreserve für etwa 750 000 Menschen dar, die entnommen werden könnte, ohne die ökologische Integrität der Auen damit zu stören». Durch die besondere Grundwasserdynamik in den Donauauen wäre das Wasser im Gegensatz zu den angrenzenden Intensivlandwirtschaftsgebieten nicht pestizid- oder nitratbelastet. Die Errichtung eines Kraftwerks in Hainburg hätte diese Dynamik empfindlich gestört. Darauf bezog sich ein

Blick auf die Donau-Auen.

Die Donau-Auen von Wien bis zur ungarischen Grenze.

Zwischen den beiden Donaudurchbrüchen, dem einen nördlich von Wien, wo der Wienerwald vom Bisamberg getrennt wird, und dem anderen an der ungarischen Grenze, der den Hundsheimer Berg von den kleinen Karpathen scheidet, durchfließt der Strom trägen Laufes eine Ebene, die zu Auen und Inselbildungen reichliche Gelegenheit bietet. Dieses Donaugebiet ist, sowohl was die Flora und das gesammte Pflanzenleben als auch das reiche Thierleben betrifft, ein in mancher Beziehung höchst eigenartiger, interessanter Landstrich. Nahe sehr verschiedenen Gebirgszügen: den Karpathen, Alpen, den Ausläufern des Leithagebirges und des Mähren und Böhmen durchziehenden Hochplateaus, ferner

Wien und Niederösterreich.

Abb. 59. «Höchst eigenartiger, interessanter Landstrich». So wurden die Donau-Auen von Wien bis zur ungarischen Grenze im Kronprinzenwerk beschrieben, «sowohl was das gesamte Pflanzenleben als auch das reiche Thierleben betrifft». Stich «Blick auf die Donauauen» von Julius Marack, k. k. Hof- und Staatsdruckerei (1887b).

Kommuniqué der Niederösterreichischen Ärzteschaft mit dem Satz «Kilowattstunden kann man nicht trinken.»[506]

1989 fasste der Vorsitzende der Ökologiekommission Bernd Lötsch die Ziele des geplanten Nationalparks Donau-Auen so zusammen: «Schutz, Erhaltung und Pflege weitgehend natürlicher Ökosysteme und der ökologischen Dynamik sowie landschaftlicher Besonderheiten (höchste Priorität), erlebnis- und naturorientierte Erholung (Umweltpsychohygiene als Maßnahme gegen den Anstieg nervlich-psychischer Zivilisationsschäden und Naturverlustschocks), Erziehung und Bildung, Forschung (besseres Verständnis ökologisch intakter Funktionsgefüge, Genreservat)».[507]

Der amtierende Wiener Umweltstadtrat und Vizepräsident der Naturfreunde, Michael Häupl (SPÖ), befürwortete 1993 eine Maximalvariante des geplanten Nationalpark Donau-March-Thaya-Auen, die von der Lobau bis zur Staatsgrenze reichen sollte und begründete dies so: «Die Sehnsucht Natur pur zu erleben» würde «gerade beim lärm- und streßgeplagten Großstädter immer stärker, unberührte Natur hingegen immer seltener». Im Nationalpark ginge es «um Naturschutz, um die Erhaltung einer Landschaft, um die Bewahrung unseres Naturerbes». Das sei «Allgemeingut» und stünde «nicht für Eigeninteressen zur Verfügung.» Der Mensch wäre hier «Gast der Natur.»[508]

1997 berichtete die Österreichische Forstzeitung über den Nationalpark Donau-Auen: «Österreichs kleiner ‹Regenwald›, die Donauauen in Wien und östlich davon» würden «die größte, weitgehend intakte Urlandschaft Mitteleuropas bilden». Sie wären «wichtiger Trinkwasserspeicher, natürlicher Hochwasserschutz» und würden als «Luftbefeuchter» für die Region wirken. Bestimmender Faktor für dieses Ökosystem sei «die natürliche Wasserdynamik, der Austausch von Strom und Au über Hochwässer und das Grundwasser.»[509] Durch «großräumige Regelung der Flächennutzung» sollten im Managementplan von 1999 für den niederösterreichischen Teil des Nationalparks «die dauerhafte Erhaltung und Förderung der einheimischen Donaufischfauna» und Habitate «für störungsempfindliche Vogelarten» sichergestellt werden.

In der Gemeinde Fischamend wurde 2000 ein «gewässerökologisches Optimierungskonzept» erarbeitet, das die Erhaltung und Verbesserung der ökologischen Qualität der Aulandschaft» zum Ziel hatte. Gleichzeitig sollte «die Attraktivierung als Erholungsraum wieder intensives Naturerleben ermöglichen und derart die Lebensqualität der Gemeindebevölkerung steigern». Dabei sollten die Zielsetzungen des Naturschutzes mit den Nutzungsansprüchen von Forstwirtschaft, Jagd und Fischerei abgestimmt werden.[510] «Weniger Forstwirtschaft, aber Jagd, Fischerei und kontrollierter Tourismus» betrachtete das Forstamt der Stadt Wien – mit der operativen Verwaltung des Wiener Anteils am Nationalpark Donau-Auen betraut – als seine Ziele.[511]

Die Massnahmen im Rahmen des Flussbaulichen Gesamtprojekts sollten sowohl «der Natur guttun als auch die Standards für die Schifffahrt verbessern». Es sollten wieder «natürliche Ufer» entstehen und «Altarme der Donau wieder ganzjährig an den Hauptfluss angebunden» werden, um Fischen und Vögeln «Refugien zur Aufzucht der Kinder» zu schaffen und «wieder die Dynamik in die Au» zu bringen, «die für dieses Ökosystem so wichtig ist».[512]

4.4.6 Rechte, Pflichten und Widerstand – Instrumente und Strategien

Im Jahr 1905 wurde die Lobau in den Wiener Wald- und Wiesengürtel, der rechtliche Schutzmassnahmen im Rahmen des Flächenwidmungsplans enthielt, einbezogen und erhielt damit zum ersten Mal gesetzlichen Schutz.[513]

Um den Besucherzustrom nach der Öffnung der Lobau für die Bevölkerung unter Kontrolle zu halten, wurde 1926 eine Eintrittsgebühr von 20 Groschen eingeführt. Das Wandern in der «Städtischen Lobau» war nur mehr auf einigen markierten Wegen gestattet und zeitlich auf die Zeit zwischen Ostern und Allerheiligen beschränkt. Unter den Besuchern ernteten die neuen Auflagen Kritik. Die Fachstelle für Naturschutz stimmte zwar zu, «daß es traurig sei, in unserer überkultivierten Zeit solche Maßnahmen ergreifen zu müssen», zeigte aber angesichts des Benehmens vieler Besucher auch Verständnis für das Vorgehen der «Land- und Forstwirtschaftlichen Betriebsgesellschaft». Als vorbildlich beurteilte die Fachstelle die Informationen auf den Einlass-Scheinen, die das «Abweichen von den markierten Wegen und Rastplätzen, Verunreinigung durch Papier, Flaschen usw., sowie Feld-, Wald- und Wildfrevel bei Strafe» strengstens untersagten. Ein weiteres Verbot betraf das Mitnehmen von Hunden. Der Text schloss mit der Aufforderung «Schützet die Natur!»[514]

Im selben Jahr stellte die Fachstelle mehrere Anträge für Naturschutzmassnahmen an die zuständigen Landes bzw. Bezirksstellen: Die Kormorankolonie in der Orther Au an der Donau sollte zum Naturdenkmal der Tierwelt[515], ein alter Aubestand und eine Schotterflur in der Lobau zu Banngebieten erklärt werden.[516]

Im Jahr 1935 wurde das Wiener Naturschutzgesetz erlassen. Auf Grundlage dieses Gesetzes wurde die Untere Lobau 1937 zum Naturschutzgebiet erklärt.[517] Mit dem Anschluss Österreichs an das Deutsche Reich verloren alle Schutzbestimmungen ihre Gültigkeit. Die Untere Lobau wurde im Jahr 1938 zum «Reichsnaturschutzgebiet Lobau» erklärt (PUSZ 2009: 44f.). Nach dem Ende des nationalsozialistischen Regimes wurde die Lobau wieder Teil des Wald- und Wiesengürtels. Die Untere Lobau ging mit den Auflagen eines Teilnaturschutzgebietes 1946 in den Besitz der Österreichischen Bundesforste über. Erst 1955 erhielt die Obere Lobau wieder ihren früheren Schutzstatus (PUSZ 2009: 84f.).

1969 wurde eine Bürgerinitiative zum Schutz der Lobau ins Leben gerufen und mit einer Unterschriftenaktion versucht, den geplanten Ausbau der Wiener Aussenringautobahn zu verhindern. Pläne zum weiteren Strassenausbau, zum Bau des Kraftwerks Donaustadt und der Donauinsel lagen vor. Der Österreichische Naturschutzbund forderte mit Berufung auf das Europäische Naturschutzjahr die Rückwidmung der noch unverbauten Gebiete in der Lobau von Industrie- in Landschaftsschutzgebiet um neue Infrastrukturprojekte von der Lobau fernzuhalten.

Im Jahr 1977 organisierte der Limnologe Heinz Löffler für die Teilnehmer einer in Wien stattfindenden UNESCO-Konferenz Exkursionen ins Augebiet. Sie zeigten sich begeistert von Landschaft und Artenvielfalt. Noch im selben Jahr kam es zur Anerkennung der Schutzwürdigkeit der Unteren Lobau durch die UNESCO und zur Ausweisung des Biosphärenparks Untere Lobau (KLAFF et al. 1999: 228ff.; JUNGMEIER und ZOLLNER 2004: 62).

Mit der Lobauverordnung wurden 1978 das Naturschutzgebiet, das in etwa dem Wiener Anteil des heutigen Nationalparks Donau-Auen entspricht, und stadteinwärts anschliessend das Landschaftsschutzgebiet Lobau eingerichtet.[518] In Niederösterreich wurde 1979 das Landschaftsschutzgebiet Donau-March-Thaya-Auen ausgewiesen.

Am 16. 12. 1982 wurde die Untere Lobau zum Ramsargebiet erklärt.[519] 1983 trat die österreichische Bundesregierung der Ramsar-Konvention und der Berner Konvention bei.[520] Der Inhalt der Übereinkünfte stand in starkem Widerspruch zum Bau eines Kraftwerks in den Donauauen. Dennoch stellte kurze Zeit später die Donaukraftwerke-Gesellschaft DOKW erfolgreich die Anträge auf wasserrechtliche Bewilligung und für die Erklärung des Kraftwerks Hainburg zum bevorzugten Wasserbau an die zuständigen Bundesministerien. Das bedeutete eine Verfahrenskonzentration aller behördlichen Genehmigungen bei der Wasserrechtsbehörde und eine Einschränkung des Instanzenzuges, da das Wasserbauvorhaben «im besonderen öffentlichen Interesse» stand.[521]

Hainburg war als eine der letzten Staustufen einer Reihe von Kraftwerken entlang der Donau vorgesehen. «Bereits 1980 war eine örtliche Bürgerinitiative in Hainburg gegen den Plan aufgetreten, ein Donaukraftwerk in Hainburg zu errichten» (STROHMEIER 2004: o.A.). Die Marchfelder Rauchfangkehrermeisterin Sylvia Leitgeb hatte Diskussionsrunden und Vorträge in den Gasthäusern der Region organisiert. Es war ihr gelungen, etwa 30 000 Unterschriften gegen den Bau des Kraftwerks und für die Errichtung eines Naturparks im Bereich der Donau-March-Auen zu sammeln.[522] Ab 1983 unterstützte der WWF die Bürgerinitiative und begann gegen das Kraftwerksprojekt zu informieren. Der WWF richtete ein Kampagnen-Büro «Rettet die Auen» ein und startete damit die erste Naturschutzkampagne dieser Art in Österreich. Im Herbst 1983 gründete sich die «Aktionsgemeinschaft gegen das Kraftwerk Hainburg». Mit der «Neuen Kronen Zeitung» unterstützte auch die Boulevardpresse die Bewegung gegen den Kraftwerksbau (STROHMEIER 2004: o.A.). Höhepunkt der Kampagne war ein von der «Kronen Zeitung» gesponserter Ruderwettbewerb, an dem die berühmten Mannschaften von Oxford und Cambridge teilnahmen (GRAUPE 1989: 117). Eine neue Form des «Merchandising» erfasste den Umweltschutz.[523] Der Künstler Gottfried Helnwein gestaltete ein Plakat, auf dem der schreiende Kopf eines scheinbar in braunem Wasser Ertrinkenden und die Aufschrift «BEVOR ES ZU SPÄT IST, RETTET DIE DONAU» zu sehen war. Das Sujet war als leicht zu verteilender Aufkleber oder Ansteckbutton überall in Österreich präsent.

Bald gab es auch internationale Unterstützung im Kampf gegen das Kraftwerk Hainburg. «Von Professoren der Universität Wien zu Hilfe gerufen» reiste der Schweizer Naturschutzaktivist Franz Weber im November 1983 nach Wien. «Zusammen mit den verzweifelten Gegnern eines geplanten, gigantischen Wasserkraftwerkes an der Donau entwarf er an Ort und Stelle einen Kriegsplan zur Rettung der Hainburger Au.»[524] Der Präsident des WWF, Prinz Phillip sagte den Kraftwerksgegnern seine Unterstützung zu, deutsche Naturschützer drohten Österreich mit einem Tourismusboykott.

Im Mai 1984 organisierte eine Gruppe bekannter österreichischer Journalisten, Künstler, Politiker und Umweltaktivisten eine «Pressekonferenz der Tiere»: sie traten als Roter Auhirsch, Kormoran, Purpurreiher, Schwarzstorch, Laufkäfer, Rotbauchunke, Eisvogel und Blaukehlchen verkleidet auf und kündigten die Einleitung eines Volksbegehrens zur Erhaltung der Auen und zur Errichtung eines Nationalparks in den Donauauen an (Abb. 60). Konrad Lorenz konnte als prominenter Unterstützer des Volksbegehrens gewonnen werden, es wurde als Konrad-Lorenz-Volksbegehren bekannt.[525] Die Vertreter des Volksbegehrens verfassten und verlasen ein politisches Manifest, den Schwur von Hainburg: «Wir werden nicht lockerlassen, bis die letzten Reste der Natur- und Kulturlandschaft gerettet sind (…) Wir wollen diesem Land Hoffnung geben, anstelle grauer und fader Politik wollen wir lebendige, phantasievolle direkte Demokratie» (STROHMEIER 2004: o.A.). Aufgrund der umfangreichen Berichterstattung zu diesem Ereignis rückten die Geschehnisse in Hainburg langsam in den Mittelpunkt des öffentlichen Interesses.

Drei Bezirkshauptmannschaften lehnten den Bau des Kraftwerks in Hainburg im naturschutzrechtlichen Verfahren ab. Der Niederösterreichische Landtag übertrug daraufhin dem Landesrat für Naturschutz Ernest Brezovsky die alleinige Kompetenz über den Kraftwerksbau zu entscheiden. «Obwohl es im NÖ-Naturschutzrecht hieß, dass jede Veränderung einer geschützten Landschaft verboten sei, die zu ihrem Nachteil gereiche, wurde eine Genehmigung des Projektes ausgesprochen.» Am 27. November 1984 präsentierte Landesrat Brezovsky die Naturschutzbewilligung der niederösterreichischen Landesregierung. Diese Vorgangsweise wurde als «Rechtsbruch, der Rechtsgültigkeit hat» angesehen (STROHMEIER 2004: o.A.).[526]

Am 28. 11. 1984 konnten die drei Bevollmächtigten des Konrad-Lorenz-Volksbegehrens Günther Nenning, Freda Meissner-Blau und Gerhard Heilingbrunner dem Innenminister Karl Blecha (SPÖ) 60 000 beglaubigte Unterschriften vorlegen und damit ein Volksbegehren für die verfassungsrechtliche Verankerung von Umweltschutz, gegen die Errichtung von Grosskraftwerken und für die Errichtung von Nationalparks einleiten.[527]

Am 5. 12. 1984 präsentierte Landwirtschaftsminister Günther Haiden (SPÖ) den positiven Wasserrechtsbescheid und den Rodungsbescheid für das Kraftwerksprojekt in Hainburg. Der WWF konnte einen Grundbesitzer ausfindig machen, der von seinem Recht

Abb. 60. Pressekonferenz der Tiere. Um mediale Aufmerksamkeit zu erlangen, griffen die Hainburg-Aktivisten zu unkonventionellen Mitteln. Foto Pressefoto Votava (1984).

der Parteienstellung Gebrauch machte und beim Verwaltungsgerichtshof eine Beschwerde gegen diesen Bescheid einreichte. Am 8. Dezember 1984 veranstalteten die Auinitiativen einen Sternmarsch in die Stopfenreuther Au. Die Schlusskundgebung fand unter Beteiligung zahlreicher prominenter Künstler und Politiker statt. Einige hundert Auschützer blieben, übernachteten und besetzten die Au (Abb. 61). Sie wollten die Rodungsarbeiten verhindern, die am 10. Dezember in der Hainburger Au beginnen sollten. Die Regierung hielt zunächst an den Kraftwerksplänen fest und schickte Exekutivbeamte in die Au. Bewacht von Gendarmen sollten die Rodungsarbeiten fortgesetzt werden. In den darauffolgenden Tagen wuchs die Zahl der Aubesetzer auf mehr als 7000 an.[528] Der Maler Friedensreich Hundertwasser inszenierte aus Protest gegen die Vorgangsweise der Regierung die Rückgabe des «Großen Österreichischen Staatspreis», mit dem er 1980 ausgezeichnet worden war. Er zerriss die ihm verliehenen Urkunde vor laufender Kamera.[529]

Am 19. Dezember begannen Einheiten der Wiener Polizei die Lager der Aubesetzer gewaltsam zu räumen, der Innenminister bezeichnete den Einsatz als «angemessen», während der Verfassungsgerichtshof «unverhältnismäßige Härte» ortete. Einzelne Demonstranten erlitten schwerere Verletzungen. Bilder von prügelnden Polizisten und blutenden Studenten beherrschten die Schlagzeilen und schockierten die Öffentlichkeit.[530] Die Teilnahme ausländischer Umweltschützer an der Aubesetzung brachte internationale Berichterstattung über die Vorgänge in Hainburg mit sich. Der österreichische Schriftsteller Peter Henisch richtete einen offenen Brief an den Innenminister: «Sehr geehrter Herr Minister Blecha! Mit tiefer Bestürzung höre und sehe ich die Nachrichten über die Polizeiaktion in der Stopfenreuther Au. Daß dort nicht nur ein wesentliches Stück Natur, sondern auch ein wesentliches Stück Demokratie unter dem Vorwand, sowohl das eine als auch das andere von oben herab zu schützen, wahrscheinlich irreversibel ruiniert wird, haben schon andere gesagt, und sie haben fürchte ich, recht gehabt ...» (HENISCH 1985: 155).[531]

Abb. 61. Zeltlager der Aubesetzer. Die Aubesetzer trotzten nicht nur den Bautrupps für das Kraftwerk Hainburg, sondern auch klirrender Kälte. Foto Archiv Nationalpark Donau-Auen (1984).

Die Kraftwerksgegner orteten im gewaltsamen Vorgehen der Exekutive faschistoide Merkmale und bangten um die Demokratie. Die Aubesetzer gaben das Motto aus: «Wo Unrecht zu Recht wird, wird Widerstand zur Pflicht.»[532] Auch die Vertreter der Gegenseite, die Kraftwerksbefürworter in SPÖ und Gewerkschaft fürchteten um die Rechtsstaatlichkeit, da die Aubesetzer behördliche Bescheide einfach ignoriert hatten.

Für alle Vorhaben in Schutzgebieten in Österreich muss eine Abwägung öffentlicher Interessen vorgenommen werden. Wenn das öffentliche Interesse an einem geplanten Projekt höher bewertet wird als der Schutzzweck des Gebietes, kann einem Vorhaben im Schutzgebiet stattgegeben werden. Das niederösterreichische Landschaftsschutzgesetz kannte 1984 keine Interessensabwägung, «dass heißt selbst Badestege wären im Landschaftsschutzgebiet unzumutbar gewesen. Erst recht galt das für einen Kraftwerksbau. Eine zweite Schwachstelle im Genehmigungsverfahren war die Unvereinbarkeit von Auenschutz und Kraftwerksbau, die aus ökologischen Gutachten hervorging. Die Auswirkungen einer geänderten Gewässerdynamik auf die Trinkwasserreserven waren im Wasserrechtsbescheid nicht berücksichtigt worden. Schliesslich war das Gebiet durch ein internationales Abkommen zum Schutz von Feuchtgebieten, das Ramsar-Abkommen, geschützt. Diese Fakten waren bei der Bewilligung des Kraftwerks Hainburg wissentlich oder unwissentlich übersehen worden und brachten das Projekt letztendlich zu Fall. Grosse Teile der Bevölkerung empfanden die Vorgangsweise der Behörden als Affront gegen den Rechtsstaat Österreich und sympathisierten mit den Demonstranten.»[533] Am 2. Jänner 1985 verhängte der Verwaltungsgerichtshof einen Baustopp bis zur Sanierung des mangelhaften Wasserrechtsbescheids.

Die Bundesregierung richtete umgehend eine so genannte Ökologie-Kommission ein. Sie bestand aus etwa sechzig Experten verschiedener Disziplinen, die die Regierung bei der weiteren Vorgehensweise beraten sollten. Die Kommission kam zu der Erkenntnis, dass durch den Kraftwerksbau die Funktion und Vielfalt der Au unwiederbringlich geschädigt würde und schlug alternative Kraftwerksvarianten vor. Für den ursprünglich geplanten Standort empfahl sie die Errichtung eines Nationalpark Donau-March-Thaya-Auen. In diesem Punkt stimmte sie mit den Forderungen der 353906 Unterzeichner des Konrad-Volksbegehrens überein, das im März 1985 durchgeführt wurde.[534] Die Nationalparkwürdigkeit der Donauauen wurde mit der hohen Vielfalt, dem Vorkommen seltener Arten und der internationalen Bedeutung für Wasservögel begründet, die Einrichtung eines Nationalparks als «wahrscheinlich die langfristig zukunftsträchtigste Investition für die österreichische Wissenschaft» bezeichnet.[535] Ausserdem bestünde durch den Beitritt Österreichs zum Ramsar-Abkommen eine internationale Verpflichtung zum Schutz dieses Feuchtgebietes.[536]

Nachdem die Ökologie-Kommission ihre Arbeit beendet hatte, wurde 1986 die Nationalparkplanung Donau-Auen gegründet, ein vom Umweltministerium und verschiedenen Umweltorganisationen (NGOs) getragener Verein unter der Federführung von Bernd Lötsch. Der Verein warb für die Nationalparkidee, erstellte wissenschaftliche Grundlagen für einen späteren Nationalpark und befasste sich mit Abgrenzung, Zonierung und den Voraussetzungen, die ein Nationalpark erfüllen musste, wenn er den internationalen Kriterien der IUCN entsprechen sollte. Der Verein nannte sich ab 1991 Nationalparkinstitut Donau-Auen. Das Nationalparkinstitut stellt heute eine Aussenstelle des Naturhistorischen Museums Wien dar und befasst sich vor allem mit Fragen der Umweltbildung. Die Nationalparkplanung wurde ab 1990 von Bund und Ländern gemeinsam getragen und lag nun bei der Betriebsgesellschaft Marchfeldkanal.

1989 zeigte der Verband der Österreichischen-Arbeiter-Fischerei-Vereine (VÖAFV) Interesse im Privatbesitz befindliche Augrundstücke bei Petronell zu erwerben. Die Grundstücke lagen im Herzen des heutigen Nationalparks Donau-Auen. Die Hainburgaktivisten Lötsch und Hundertwasser vermuteten einen Schachzug der dem VÖAFV nahestehenden Donaukraft AG hinter dem Kaufangebot, die durch den Erwerb grosser Auflächen die Möglichkeit zukünftiger Kraftwerksbauten offen halten wollte. Sie verfassten ein Manifest, in dem sie dazu aufriefen, «die versklavte Natur der Donauauen freizukaufen, um ihr Schönheit und Würde zurückzugeben». Mit dem WWF gemeinsam initiierten sie die Aktion «Natur freikaufen!», die auch von Österreichs auflagenstärkster Tageszeitung mit einer gross angelegten Medienkampagne unterstützt wurde. Insgesamt rund 120000 Spender kamen dem Aufruf nach und stellten innerhalb eines Jahres die Kaufsumme für 4,5 Quadratkilometer Auwald zur Verfügung. Damit konnten Flächen im heutigen Nationalpark gekauft werden. Sie befinden sich nach wie vor im Besitz des WWF und wurden dem Nationalpark treuhändisch übergeben. Die Aktion «Natur freikaufen!» erlangte grosse Bekanntheit und fand Nachahmer auf internationaler Ebene: Ein bekanntes Beispiel ist der «Regenwald der Österreicher» in Costa Rica (Nationalpark Piedras Blancas).[537]

«Der Naturfreund» berichtete 1989, dass die Bewohner der Anrainer-Gemeinden des geplanten Nationalparks Donau-Auen wesentliche Nutzungsbeschränkungen befürchteten, und daher die Bemühungen um einen Nationalpark auf wenig Gegenliebe stossen würden. Sie kritisierten, dass die Nationalpark-Proponenten ihre Aktivitäten vorwiegend an die Medienöffentlichkeit richten würden und Massnahmen über die Köpfe der Anrainer hinweg entschieden würden. In der weiteren Planung würden sie sich Diskussion und Zusammenarbeit mit der Bevölkerung wünschen.[538]

Die Naturfreunde erstellten einen Forderungskatalog betreffend den Nationalpark Donau-Auen an den Gesetzgeber. Gefordert wurde «die Einsetzung einer Nationalpark-Vorbereitungsgesellschaft, die fachlich kompetent und bürgernah» agieren sollte, «gesetzlich fixierte Mitsprache- und Mitwirkungsrechte der lokalen Bevölkerung, gesetzlich festgelegte Definition des Begriffs Nationalpark, Anstreben internationaler Anerkennung, Einbeziehung der Österreichischen Bundesforste als Grundbesitzer».[539]

Die Nationalparkplanung Donau-Auen beauftragte 1993 eine Studie, die die wirtschaftlichen Aspekte verschiedener Nationalparkvarianten und ihrer Auswirkungen beleuchten sollte. Die Kosten-Nutzen-Analyse kam zu dem Ergebnis, dass bei Verwirklichung des Nationalparks Donau-Auen ein höherer Wohlfahrtseffekt je Kosteneinheit erzielt werden könnte, als bei Errichtung eines Flusskraftwerkes (SCHÖNBÄCK et al. 1997: 287).

1994 unterzeichneten die Länder des Donauraumes die Konvention zum Schutz der Donau und des Donaueinzugsgebietes. Zur ihrer Implementierung wurde die Internationale Kommission zum Schutz der Donau gegründet, die ihre Arbeit 1998 aufnahm. Ihr Arbeitsfeld reichte «von der nachhaltigen Wasserbewirtschaftung, der Reduktion von Nähr- und Schadstoffen und dem Hochwasserschutz bis zum Schutz und der nachhaltigen Nutzung von Grund- und Oberflächenwasser». Höchste Priorität hatte «die Implementierung der EU-Wasserrahmenrichtlinie (EU-WRRL) innerhalb des Donaueinflussgebietes».[540] Auch Österreichs Beitritt zu Europäischen Union 1995 zeigte Wirkung auf die Naturschutzpolitik entlang der Donau. «Bereits im Sommer 1995 waren zahlreiche Schutzgebiete bzw. Schutzgebietsprojekte als Beitrag Niederösterreichs zum Europäischen Schutzgebietssystem Natura 2000 nominiert worden.» Im September 1996 beschloss die Niederösterreichische Landesregierung weitere Gebiete, darunter die Donauauen östlich von Wien nach Brüssel zu melden. «Mit dieser Nachnominierung sollten die (…) eingegangenen Verpflichtungen gegenüber der Europäischen Union eingelöst werden.»[541]

Im Jänner 1996 trat das Niederösterreichische, im Juni das Wiener Nationalparkgesetz in Kraft. Die Initiative Nationalparkkritische Orther richtete noch im Juli ein Schreiben an Bundespräsident Thomas Klestil. Die Initiative beklagte, dass der Orther Bevölkerung jahrelang zugesagt worden sei, dass «die seit Menschengedenken von den Bürgern unter Schonung der Natur vorgenommenen Freizeitaktivitäten wie Radfahren, Bootfahren, Eislaufen, Blumenpflücken etc. auch in einem Nationalpark» möglich sein würden. Nun würde die Orther Bevölkerung «ausgesperrt» werden. Jede Freizeitaktivität wäre – mit Ausnahme des Begehens der vorgegebenen Wege – mit empfindlichen Geldstrafen bedroht. Dass «die, im Nationalparkgesetz verankerte Akzeptanz der Bevölkerung» nicht erreicht wurde, sei unter anderem darauf zurückzuführen, dass der Eindruck entstanden sei, der Nationalpark sei bereits «eine beschlossene Sache» und «von oben diktiert». Zusagen würden «ja sowieso nicht eingehalten werden». Der Brief schloss mit der Bitte an den Bundespräsidenten, auf die Wahrung der «Rechte der Bevölkerung» zu achten, da sonst «mit umfangreichen Protestaktionen» zu rechnen wäre und «eine Eröffnung des Nationalparks sicher nicht in einer harmonischen Atmosphäre vor sich gehen» könnte.[542] Tatsächlich kam es zu Demonstrationen, Drohungen gegen Landespolitiker und die Eröffnungsfeier des Nationalparks 1996 fand unter dem grössten Polizeiaufgebot statt, das Hainburg seit der Aubesetzung von 1984 gesehen hatte.[543]

Trotz dieser Widerstände trat mit 1. Oktober 1996 die Nationalparkverordnung für Wien, am 1. Jänner 1997 für Niederösterreich in Kraft. Mit Ausnahme der Schifffahrtsrinne wurde die Donau rechtskräftig zum Nationalpark erklärt. Am 27. Oktober 1996 unterzeichneten Bundesumweltminister Bartenstein (ÖVP) und die Landeshauptleute Pröll (ÖVP) und Häupl (SPÖ) einen Staatsvertrag – eine Vereinbarung gemäss Artikel 15a Bundesverfassungsgesetz – zwischen der Republik Österreich und den Ländern Niederösterreich und Wien, der die Einrichtung, Organisation und Finanzierung des Nationalpark Donau-Auen regelte. In die Freude über die Eröffnung des Nationalpark Donau-Auen mischte sich Kritik wegen der «Entschädigungszahlungen an die Bundesforste für die Flächenbereitstellung – Finanzmittel, die in der Nationalparkregion für konkrete Maßnahmen fehlen» würden[544], wegen des unklaren «Verhältnis des Nationalparkgeschäftsführers zu den weiterhin bestehen bleibenden Forstverwaltungen der Stadt Wien (Lobau) und der Bundesforste AG (Eckartsau)» und der ungleichen Verteilung finanzieller und personeller Ressourcen.[545]

Die Nationalparkverwaltung setzt sich aus den zwei Teileinheiten Nationalparkbetrieb Donau-Auen der Österreichischen Bundesforste AG, Eckartsau, und der Nationalpark-Forstverwaltung Lobau der Magistratsabteilung 49 – Forstamt und Landwirtschaftsbetrieb der Stadt Wien zusammen und wurde mit der Durchführung von Managementmassnahmen betraut. Die Leiter der beiden Forstverwaltungen bildeten gemeinsam mit dem Nationalparkdirektor den Geschäftsführenden Ausschuss. Der Geschäftsführende Ausschuss sollte in regelmässigen Sitzungen Jahresprogramm, Projekte und Aktivitäten des Nationalparks abstimmen. Die Stelle des Nationalparkdirektors nimmt seit 1996 Carl Manzano ein.

In den beiden Bundesländern, die Anteil am Nationalpark Donau-Auen hatten, konstituierten sich jeweils eigene Nationalparkbeiräte. Der Niederösterreichische Nationalparkbeirat verstand sich vor allem als Gremium «zur Sicherung der regionalen Interessen», während der Wiener Nationalparkbeirat «zur Beratung der Nationalpark-Verwaltung in grundsätzlichen Fragen» eingerichtet wurde. Beide setzten sich aus Vertretern der verschiedenen Kammern und Interessensverbände sowie der bedeutendsten Naturschutzorganisationen zusammen. Daneben gab es Örtliche Beiräte zur Behandlung vordringlicher Themen in den Nationalparkgemeinden. Die meisten haben ihre Tätigkeit heute eingestellt, nach wie vor besteht ein Örtlicher Beirat in Orth an der Donau. Ein Wissenschaftlicher Beirat steht der Nationalparkverwaltung in fachlichen Fragen zur Seite.[546]

Bereits 1997 erfolgte die internationale Anerkennung des Nationalpark Donau-Auen durch die IUCN.[547] Das machte die rasche Erarbeitung eines Managementplans erforderlich, der den IUCN-Anforderungen entsprach. 1999 wurden die ersten Managementpläne für Wald, Wild, Fischerei und Freizeitnutzung präsentiert.[548] Das «Lebensraummanagement Wald» gab «eine Zonierung in Natur- und Außenzone vor». In der Naturzone sollte «der Ablauf dynamischer, selbstregulierender Prozesse unter weitestgehendem Rückzug des Menschen wieder zugelassen werden. In stark anthropogen beeinflussten Beständen» sollte «die Renaturierung der Bestände eingeleitet werden» Geringfügige Eingriffe, «die der Sicherheit der Besucher dienen und zur Gestaltung von Erlebnismöglichkeiten erforderlich sind», sollten im «Nahbereich von Besuchereinrichtungen» erlaubt sein. Es würde «die dauerhafte Erhaltung und Förderung der einheimischen Donaufischfauna sowie die großräumige Regelung der Flächennutzung, die auch für störungsempfindliche Vogelarten ausreichende Habitatgrößen verfügbar macht», angestrebt. «Wildtiermanagement und Besucherlenkung» sollten auf «die wildökologischen Rahmenbedingungen» abgestimmt werden.[549] 2009 wurde der nächste Managementplan präsentiert, der die Massnahmen und Ziele bis 2018 festlegt.

In der Gemeinde Fischamend wurde 2000 ein «gewässerökologisches Optimierungskonzept» erarbeitet, das die Erhaltung und Verbesserung der ökologischen Qualität der Aulandschaft» zum Ziel hatte. Gleichzeitig sollte «die Attraktivierung als Erholungsraum wieder intensives Naturerleben ermöglichen und derart die Lebensqualität der Gemeindebevölkerung steigern». Zielsetzungen des Naturschutzes sollten mit den Nutzungsansprüchen von Forstwirtschaft, Jagd und Fischerei abgestimmt werden. Eine erste Kooperation mit der Forstwirtschaft bestand darin, «ausgewählte Totbäume» stehen zu lassen. «Als Teil eines gemeindeumfassenden Landschaftsplanes» sollte «das Gewässermanagementkonzept ökologischen Lebens- und menschlichen Erlebnisraum gleichermaßen wiederherstellen».[550]

2005 öffnete ein Besucherzentrum im Schloss Orth seine Pforten. Es sollte einen Beitrag zur Erfüllung der Bildungsfunktion des Nationalparks leisten, die «Donau-Auen mit allen Sinnen erfahrbar machen» und «eine neue Dimension an Unterhaltung und Service für alle Besucher» darstellen. Diese Massnahmen erscheinen sehr wichtig, um das Interesse der Öffentlichkeit am Nationalpark wach zu halten (Abb. 62). Die Zeitung des Nationalpark Donau-Auen stellte klar:«Trotz des faszinierenden Zentrums mit multimedialer Ausstellung, Veranstaltungsräumen, Bistro, Shop und fachkundiger Beratung bleibt die Natur das Wichtigste». Ausserdem wäre es «spannend, die Aulandschaft auch ‹live› zu erleben».[551]

Im Dezember 2006 kam es zu einer Neuauflage der Aubesetzungen in der Lobau. Umweltaktivisten brachten damit ihren Protest gegen den Bau der Nordost-Umfahrung von

Wien zum Ausdruck.[552] GLOBAL 2000 stellte die Rechtmässigkeit des Projekts in Frage: «Die Schnellstraße widerspricht – auch wenn sie unter dem Auenparadies durchführt – klar dem Nationalparkgesetz.» Ausserdem würde «eine Autobahn, die pro Baukilometer mehr als 100 Millionen Euro verschlingen könnte, ... zum Fall für den Rechnungs- und Verfassungsgerichtshof».[553] Am 15.12.2012 berichtete der Kurier, dass nach positivem Abschluss der Umweltverträglichkeitsprüfung (UVP) im Jahr 2014 mit dem Strassenbau begonnen werden könne.[554] Mittlerweile verschob die ASFINAG (Autobahnen- und Schnellstrassen-Finanzierungs-Aktiengesellschaft, eine österreichische Infrastrukturgesellschaft) den Baustart für den umstrittenen Lobautunnel auf 2018, die Freigabe für den Verkehr auf 2025.[555]

2007 wurde mit der Deklaration von Tulcea das Schutzgebietsnetzwerk Danubeparks gegründet. Das Netzwerk basiert auf den Grundsätzen der Ramsar-Konvention und des Donauschutzübereinkommens (Sofia 1994). Unter den acht Gründungsmitgliedern war auch der Nationalpark Donau-Auen. Mittlerweile gehören diesem Netzwerk 17 Schutzgebiete unterschiedlicher Kategorien in neun Nationen entlang der Donau an. Durch Austausch von Kompetenzen im Schutzgebietsmanagement und Abstimmung der Managementaktivitäten sollen «gemeinsame Naturschutzziele besser und effizienter erreicht werden» und ein Beitrag zum Erhalt des Europäischen Naturerbes geleistet werden.[556] Eine aktuelle Studie (IONITA et al. 2013) zeigt, dass die beteiligten Parks hinsichtlich Ausstattung, Aufgaben und Strukturen nicht unterschiedlicher sein könnten.

Das UVP-Verfahren zum «Flussbaulichen Gesamtprojekt» war 2006 mit einer positiven Gesamtbeurteilung abgeschlossen worden. Mehrere Umweltorganisationen gaben Gegengutachten in Auftrag, die zu anderen Ergebnissen kamen. Von 2007 bis 2009 wurden im Pilotprojekt Witzelsdorf Uferrückbaumassnahmen durchgeführt und ihre Wirkung als günstig für die Naturnähe der Donau bewertet (Abb. 63). Die Erfahrungen daraus sollten in die Folgeprojekte einfliessen. Gegen die Bedenken der Umweltorganisationen erteilte die Niederösterreichische Landesregierung eine Ausnahmegenehmigung für eine Versuchsstrecke zum «Flussbaulichen Gesamtprojekt» der via donau im Nationalpark. 2010 wurden die Arbeiten dazu aufgenommen. Da das Projekt eine knapp unter drei Kilometer lange Fliessstrecke betraf, musste es keiner Umweltverträglichkeitsprüfung unterzogen werden. Und auch die Flora-Fauna-Habitatrichtlinie der EU sei unterlaufen worden, kritisierte der Umweltdachverband. Beim Umweltdachverband war der Eindruck entstanden, «dass der strenge Naturschutz im Nationalpark scheibchenweise unterwandert werden» sollte.[557] 2011 strengte der UWD bei der EU ein Verfahren wegen Nichtbeachtung des Gemeinschaftsrechts an. Der Nationalpark Donau-Auen sprach sich für das «Flussbauliche Gesamtprojekt» aus, da aus seiner Sicht nur so der Prozess der Sohleintiefung gestoppt werden könne.[558] Ein Pilotversuch Bad Deutsch-Altenburg» wurde im Herbst 2012 gestartet.[559] Die Debatte zu diesem Vorhaben hält bis heute an.

4.4.7 Staatsmacht und Zivilgesellschaft – Resümee

In der Geschichte des Nationalpark Donau-Auen stellt die Aubesetzung in Hainburg das zentrale Ereignis dar. In der Parteigeschichte der Grünen Partei Österreichs wurde die Aubesetzung sogar zur «Geburtsstunde der Bewegung» erklärt und eine Art Gründungsmythos geschaffen.[560] Die Bedeutung, die dem Geschehen in der Au beigemessen wird, liegt darin begründet, dass sich seine Auswirkungen nicht auf die Belange des Naturschutzes beschränkten. Der Konflikt um Hainburg war das äussere Zeichen grosser gesellschaftlicher Veränderungen auf vielen Ebenen. Wenn im nachfolgenden von «Generationen» gesprochen wird, ist damit nicht das Alter der betroffenen Personen, sondern ihre Denk- und Sichtweise gemeint.

Abb. 62. Macht der Bilder. Spektakuläre Aufnahmen, wie diese der kämpfenden Seeadler im Nationalpark Donau-Auen, vermögen das Interesse der Öffentlichkeit am Schutzgebiet zu wecken bzw. zu erhalten. Foto B. Hoyer, Nationalpark Donau-Auen.

Abb. 63. Bagger im Dienste eines Ökosystems. Im Pilotprojekt Witzelsdorf will man die Stromsohle verbessern und die Niedrigwasserregulierung nach ökologischen und nautischen Kriterien optimieren. Foto Korner (2008).

Das politische System im Österreich der Nachkriegsjahre war auf Stabilität ausgerichtet. Das österreichische Modell der Sozialpartnerschaft, eingeführt um die Interessen von Wirtschaft und Arbeitgeberverbänden auf der einen, Arbeitnehmern und Gewerkschaften auf der anderen Seite ausgeglichen zu repräsentieren, hatte sich etabliert und bewährt. Österreich erfuhr einen lange nicht gekannten Wohlstand, und die ältere Generation war dankbar dafür. Durch die Proporzwirtschaft der grossen Koalition zwischen Sozialistischer Partei und Volkspartei, in der alle einflussreichen Posten und Institutionen dem Stimmgewicht der Partei entsprechend aufgeteilt wurden, schien diese Errungenschaft gesichert.

Und nun trat erstmals in der Geschichte der Zweiten österreichischen Republik eine Generation in Erscheinung, die nicht unter den Entbehrungen der Weltkriege und der Nachkriegsjahre gelitten hatte. Die Angehörigen dieser Generation stellten die Entscheidungen der verantwortlichen Politiker mit einer Selbstverständlichkeit in Frage, die noch wenige Jahre zuvor undenkbar gewesen wäre. Sie strebten eine politische Einflussnahme der Bürger auf den Staat in Abgrenzung zur Parteipolitik an und bildeten die «Zivilgesellschaft».

Die Reaktion der verantwortlichen Politiker war Ausdruck der Rat- und Hilflosigkeit im Umgang mit der ungewohnten Situation. Der Schriftsteller Peter Turrini auf Seiten der Kraftwerksgegner appellierte sogar an seine Mitstreiter Verständnis aufzubringen für die Angst, «die in der Seele eines Experten, eines Politikers rumort, der noch vor Jahren hochgelobt wurde für etwas», das nun zutiefst abgelehnt wurde (TURRINI 1985: 26). Im Konflikt um Hainburg wird ein Zusammenrücken von Naturschutz und Demokratie sichtbar: Den Kraftwerksgegnern ging es neben dem Schutz der Auen auch oder vor allem darum, demokratischen Grundsätzen zum Durchbruch zu verhelfen.

Zunächst versuchte die Regierung an den Kraftwerksplänen festzuhalten und sie unter Einsatz von Polizei und Gendarmerie durchzusetzen. Sie hatte nicht mit einer neuen Kraft gerechnet, die in Österreich zum ersten Mal in diesem Ausmass spürbar war: die Macht der Medien. Als die Titelseiten der Tageszeitungen Bilder von Polizisten mit Gummiknüppeln auf der einen und blutüberströmten Demonstranten auf der anderen Seite zeigten, schlug die öffentliche Meinung zugunsten der Kraftwerksgegner und gegen die Vorgangsweise der Regierung aus. Da Umweltschützer aus dem benachbarten Ausland an den Protesten teilnahmen, berichteten auch internationale Medien über die Vorgänge in Hainburg. Die Schlagzeilen widersprachen dem bis dahin gepflegten Bild Österreichs als etwas rückständige aber liebenswerte «Insel der Seligen» grundlegend: In der Manier einer Militärdiktatur standen sich Polizei und Bevölkerung einander gegenüber und auf Seiten der Demonstranten floss Blut.

Conrad Seidel schrieb 1989: «Ohne die katalytische Wirkung der Medien wäre die Hainburg-Besetzung ohne besonderen Effekt geblieben» (SEIDEL 1989: o.A.). Das trifft sicher zu. Sowohl Kraftwerksgegner als auch -befürworter entwickelten ein sehr vielfältiges Instrumentarium der Agitation: Es reichte vom Behindern der Rodungsarbeiten über das Verlesen von Manifesten, aufsehenerregende Pressekonferenzen und die Organisation von Aufmärschen – immer mediengerecht aufbereitet. Dass dies möglich war, ist zu einem guten Teil dem urbanen Umfeld zuzuschreiben. Die stadtnahe Au war für alle – ob Student, Bauarbeiter oder Journalist – leicht erreichbar. Sämtliche Aktivitäten liessen sich schnell organisieren. Die Möglichkeit zur zeitnahen Berichterstattung und die hohe Wahrscheinlichkeit bewegende oder schockierende Bilder zu erhalten, machten die Au aus Sicht der Medien äusserst attraktiv. Die täglichen Reportagen trugen dazu bei, viele Menschen zu mobilisieren und damit einerseits die Entscheidungsträger unter Zugzwang zu setzen. Andererseits trugen die Medien den Konflikt um das Kraftwerk Hainburg in jedes Wohnzimmer Österreichs. Der Einzelne konnte sich dem Druck, in dieser Angelegenheit Position zu beziehen, kaum entziehen.

Bevor die Situation völlig eskalierte, griff die Bundesregierung ein. Bundeskanzler Sinowatz gestand ein, dass die Ereignisse «Gegner und Befürworter des projektierten Kraftwerksbaues überrascht und allseits Betroffenheit verursacht» hätten. Die Regierung hätte sich daher für «einen friedlichen», der «politischen Tradition seit 1945 entsprechenden spezifischen österreichischen Weg entschieden» und alle Rodungs- und Bauarbeiten ausgesetzt.[561] Sinowatz verordnete allen Beteiligten eine Nachdenkpause und nahm so den Druck aus der Situation. Eine Expertenkommission sollte unter Abwägung aller erdenklichen Aspekte die Regierung bei ihrer weiteren Vorgangsweise beraten und so geschah es auch.

Die Kraftwerksgegner verteidigten ihrer Ansicht nach ursprüngliche Natur gegen ihre Zerstörung durch unverbesserliche und unbelehrbare Technokraten. Doch dieses Bild der Donauauen entspricht nicht der Realität. Durch flussbauliche Massnahmen entlang der Donau und damit verändertem Wasserregimes unterliegt der Lebensraum schon lange starken anthropogenen Einflüssen, der Fluss selbst wurde seit frühgeschichtlicher Zeit als Transport- und Handelsroute genutzt, die Flussauen hatten zunächst grosse Bedeutung als Jagdrevier und später als stadtnahes Erholungsgebiet.

Bis heute pflegen «klassische» Naturschützer die Vorstellung vom dynamischen Lebensraum und vom anarchischen Fluss, der sich seinen Weg selbst sucht. Die Diskrepanz zwischen der Wunschvorstellung «ursprüngliche Natur» und der Realität «vielgenutzte Flusslandschaft» könnte grösser nicht sein. Sie kristallisiert im «Flussbaulichen Gesamtkonzept», das genau genommen das «kontrollierte Chaos» zum Ziel hat. (Hier ergibt sich eine Parallele zum «Dynamischen Restwasserregime» im Schweizerischen Nationalpark, siehe Kapitel 4.6.3) Während die Nationalparkverwaltung im «Flussbaulichen Gesamtkonzept» ein adäquates Mittel erkennt, um die schützenswerten Lebensräume und Arten im gewünschten Zustand zu erhalten, sehen diese Naturschützer darin einen schweren Eingriff, der nur den Interessen der Schifffahrt förderlich ist.

Dieselben Personen, die sich in Hainburg gemeinsam gegen Kraftwerk und Regierung stark gemacht hatten, gehören plötzlich unterschiedlichen Lagern an. Während die einen ihren Kampf gegen technische und flussbauliche Eingriffe fortsetzen, scheinen sich die anderen auf die Seite der staatsnahen Infrastrukturgesellschaft via donau geschlagen zu haben. In dieses Bild fügt sich noch die prachtvolle Unterbringung der Nationalparkverwaltung in Schloss Orth, das einst als grundherrschaftliche Residenz diente. Es wurde aus rationalen Überlegungen als Verwaltungssitz gewählt. Für den, der es nicht so sehen will, spricht die Symbolik eine andere Sprache.

Tatsächlich liegt es in der Natur der Sache, dass die Nationalparkverwaltung – als gemeinnützige Gesellschaft mit dem Bund und den Ländern Niederösterreich und Wien als Gesellschafter – staatsnäher ist, als es die Hainburgaktivisten von 1984 waren. Sie ist bemüht, einen modernen – bisweilen auch pragmatischen – Ansatz des Naturschutzes zu verfolgen und zeigt besonders in den Bereichen Umweltbildung und internationale Vernetzung der Schutzgebiete an der Donau grosse Aktivität.

Die Akteure, die Konflikte und die Ziele im Nationalpark Donau-Auen sind urban geprägt und unterscheiden sich stark von denen in anderen Regionen Österreichs. Die nationale und über den Naturschutz hinausreichende Bedeutung des Nationalpark Donau-Auen liegt aber vor allem in seiner Entstehungsgeschichte begründet. Ein grundlegender Wandel im gesellschaftlichen und politischen System Österreichs manifestierte sich in der Besetzung der Hainburger Au im Winter 1984.

4.5 Naturpark Dobratsch

4.5.1 Die Naturpark Dobratsch-Region

Lage und Grösse: Der Naturpark Dobratsch liegt im Süden Österreichs, im Bundesland Kärnten, nahe der Staatsgrenze zu Italien und Slowenien. Drei Gemeinden und die Bezirkshauptstadt Villach bilden die Naturparkregion. Der Naturpark umfasst eine Fläche von rund 72 Quadratkilometern, die Naturparkregion rund 88 Quadratkilometer.

Schutzkategorien: 1942 Naturschutzgebiet, 1948 Naturdenkmal, 1970 Landschaftsschutzgebiet, 1995 Important Bird Area, 1995 Natura-2000-Gebiet, 1998 Wasserschongebiet, Ende der 1990er Jahre Naturwaldreservat, 2002 Naturpark.

Das markanteste Landschaftselement des Naturparks ist der 2166 Meter hohe Bergstock des Dobratsch, der auch unter dem Namen Villacher Alpe bekannt ist (Abb. 64). Die Südwand des Dobratsch war Schauplatz von mindestens zwei grossen Bergsturzereignissen, eines davon in prähistorischer Zeit das zweite und jüngste im Jahr 1348 (TILL 1908: 69). Es entstand eine beeindruckende Bergsturzlandschaft, die so genannte «Schütt». Mit bizarren Felsformationen, Blockhalden, Latschengebüschen, Rotkiefer- und Mannaeschen-Hopfenbuchen-Wäldern ist das Gebiet heute ein Refugium für viele Tier- und Pflanzenarten. Die besonderen klimatischen Verhältnisse – der Dobratsch bildet eine mediterrane Wärmeinsel – tragen zu einem grossen Artenreichtum bei. Viele Arten haben ihr einziges Vorkommen in Österreich oder finden ihre Verbreitungsgrenze hier im Dobratschgebiet: z. B. Illyrische Gladiole *(Gladiolus illyricus)* und Hornotter (*Vipera ammodytes*, auch Sandviper genannt).[562]

Auf dem Gipfel des Dobratsch befinden sich zwei Bergkirchen: Die «Windische Kapelle» wurde 1690 von der Herrschaft Wasserleonburg, die Kirche «Maria am Stein» oder «Deutsche Kapelle» 1692 von den Bleiberger Bergknappen erbaut. Sie gehörten lange Zeit zu den am häufigsten besuchten Wallfahrtskirchen Kärntens (KOROSCHITZ 2002: 75f.).

Die Stadt Villach ist die neben der Landeshauptstadt Klagenfurt die bevölkerungsreichste und wirtschaftlich bedeutendste Stadt in Kärnten, grosse international tätige Unternehmen unterhalten hier Niederlassungen. Villach gilt als einer der wichtigsten Technologiestandorte im Alpen-Adria-Raum. Durch die Nähe zur Stadt Villach betrachteten die Villacher den Dobratsch schon seit jeher als «ihren Hausberg». Dementsprechend intensiv nutzte und nutzt die Stadtbevölkerung den Dobratsch für Naherholung und Freizeiterlebnis.

Der Naturpark Dobratsch ist heute ein zu jeder Jahreszeit vielbesuchtes Wander- und Ausflugsgebiet: Fünf ganzjährig bewirtschaftete Hütten stehen zur Verfügung. Regelmässig werden geführte Wanderungen angeboten. Auf 1500 Meter Höhe liegt als weitere Attraktion der Villacher Alpengarten mit mehr als 900 alpinen Pflanzenarten. Selbst im Winter ist der Dobratsch über eine gut ausgebaute Alpenstrasse bis in eine Höhe von 1700 Metern befahrbar und daher beliebter Ausgangspunkt für Schneeschuhwanderungen und Skitouren. An schönen Tagen zählt man bis zu tausend Besucher.

4.5.2 Meilensteine

1807 erschien die erste wissenschaftliche Publikation zur Villacher Alpe.

1942 richtete der Reichsstatthalter Kärntens am Dobratsch-Südabhang eines der ersten Naturschutzgebiete in Kärnten ein.

1965 setzte mit Fertigstellung und Eröffnung der Villacher Alpenstrasse und dem Ausbau zum Skigebiet die Realisierung der seit Ende des 19. Jahrhunderts existierenden Pläne zur touristischen Erschliessung des Dobratsch ein.

1970 richtete das Land Kärnten die Landschaftsschutzgebiete «Dobratsch (Villacher Alpe)», «Schütt-West» und «Schütt-Ost» ein.

1971 komplettierte die Errichtung einer Sendeanlage die technische Erschliessung des Dobratsch.

1984 erfolgte die Fertigstellung eines Abschnitts der «Südautobahn A2», der den Lebensraum Schütt querte und für viele Lebewesen eine unüberwindbare Barriere darstellte.

1995 nominierte das Land Kärnten den Dobratsch und 2000 das Gebiet Schütt-Graschelitzen als Natura 2000-Gebiete.

2002 beschloss die Stadt Villach den Rückbau des wirtschaftlich nicht mehr rentablen Skigebiets am Dobratsch. Im Herbst desselben Jahres wurde der Naturpark Dobratsch als erster Naturpark Kärntens verordnet.

2005 markierte die Freigabe der sogenannten «Bärenbrücke» den Abschluss eines grossen von 2001 bis 2005 durchgeführten LIFE-Natur-Projektes.

2008 erhielt der Naturpark Dobratsch die Auszeichnung «Naturpark des Jahres».

4.5.3 Im Berg und auf dem Berg – Akteure

Über lange Zeit war der Bergbau ein bedeutender Wirtschaftsfaktor für die Region um den Dobratsch: Ab dem 14. Jahrhundert hatte man Blei und Zink im Untertagebau gewonnen. Das führende Unternehmen war ab 1867 die Bleiberger Bergwerksunion (BBU). Grosse Flächen im Dobratschgebiet befanden sich in ihrem Besitz. Das Holz aus den Wäldern wurde für den Stollenbau benötigt. Die Tätigkeit des Bergbauunternehmens zeigte sowohl unter als auch ober Tage Einfluss auf Landschaft und Region. Im Jahr 1951 kam es zu einem grossen Wassereinbruch, der den betroffenen Stollen weitgehend zerstörte. Als sich herausstellte, dass es sich um eine Thermalwasserquelle mit heilender Wirkung handelte, war damit indirekt der Grundstein für den späteren Thermentourismus in Bad Bleiberg gelegt. 1993 wurde die BBU nach vielen Höhen und Tiefen des Unternehmens in mehrere Teilbetriebe aufgeteilt und der Bergbau stillgelegt.[563] Geblieben sind das Schaubergwerk Terra Mystica, ein Thermalbad und zwei Heilklimastollen als touristische Anziehungspunkte. (Das Thermalbad wurde aufgrund finanzieller Schwierigkeiten im Februar 2014 geschlossen.[564])

Lange Tradition im Dobratschgebiet hatte die Naturforschung. 1807 widmete der Montanwissenschaftler Friedrich Mohs eine Publikation der Villacher Alpe und verfasste eine «geognostische Skizze» des Berges und seiner Umgebung (KLEMUN 2013: 23). Lange Zeit beherrschten inventarisierende und beschreibende Forscher die Szenerie. Unter ihnen fanden sich Archäologen aus Wien (TRIMMEL 1963: 116) ebenso wie Mitglieder der k.k. Geographischen Gesellschaft[565], aber auch «weitab jeder Universität botanisierende Lehrer», die «von der Öffentlichkeit kaum bedankt, ihrem wissenschaftlichen Auftrag» nachgingen, wie z. B. Franz Pehr (LEUTE 1992: 550; Abb. 65). In den 1930ern begann Erwin Aichinger mit der Durchführung pflanzensoziologischer Studien in der Schütt, dem Bergsturzgebiet des Dobratsch. Er gehörte damit zu den Pionieren der modernen Sukzessionsforschung. Wegen seines Verhältnisses zum Nationalsozialismus nahm Aichinger aber auch eine umstrittene Rolle unter den Kärntner Naturwissenschaftlern ein (KLEMUN 1998: 282). Lokale Naturschutzorganisationen wie der Naturwissenschaftliche Verein für Kärnten beschäftigten sich intensiv mit dem Dobratsch und der Schütt. Sie erforschten die hier vorkommenden Arten und Lebensräume aber nicht nur, sondern sie setzten auch Massnahmen zu ihrer Erhaltung. Die Landesgruppe Kärnten des Österreichischen Naturschutzbundes kaufte besonders interessante Flächen an, wie z. B. 1980 die Gladiolenwiese.

Abb. 64. Dobratschgebiet um 1880. Kartenwerk der Dritten oder Franzisco-Josephinischen Landesaufnahme. Bundesamt für Eich- und Vermessungswesen (BEV).

Die Schutzgebiete

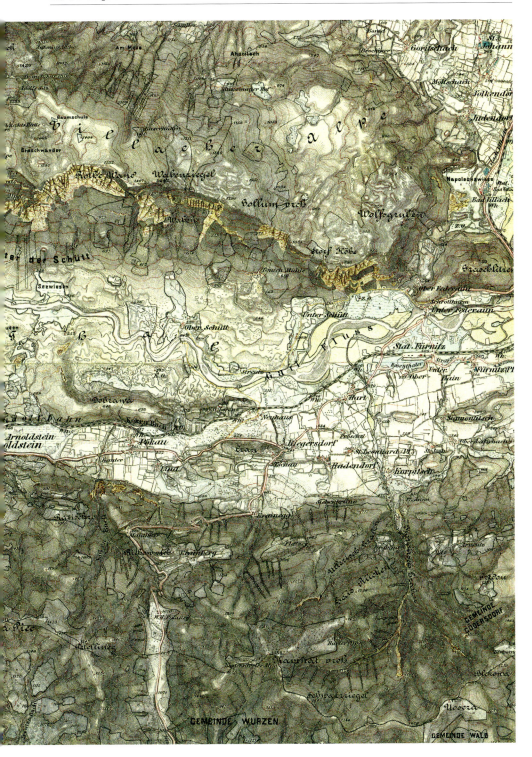

Abb. 65. Franz Pehr. Der Kärntner Franz Pehr war einer der zahlreichen Botaniker, der sich eingehend mit der Flora im Dobratschgebiet befasste. Aus: JUNGMEIER (1996a).

Diese Flächen sind nach wie vor im Eigentum des Naturschutzbundes.[566] Und auch Birdlife Österreich engagiert sich im Gebiet. Auf Initiative der Birdlife-Landesgruppe Kärnten fanden sich erstmals 2007 in- und ausländische Vogelfreunde ein, um den Greifvogelzug zu beobachten. Mittlerweile hat sich das alljährlich im Spätsommer stattfindende «Raptor Migration Camp» als gut besuchter Fixtermin im Veranstaltungskalender des Naturparks Dobratsch etabliert.[567]

Zu Beginn des 20. Jahrhunderts sammelte sich eine Gruppe moderner Künstler, darunter die aus Nötsch stammenden Maler Sebastian Isepp und Franz Wiegele, und gründete «eine progressive Künstlervereinigung …, die sich bewusst von der akademischen Tradition abwandte» (KIRCHMEIR 2013: 247). Die Maler Anton Kolig und Anton Mahringer schlossen sich ihnen an und liessen sich in Kärnten nieder, mit Künstlerkollegen wie Egon Schiele und Oskar Kokoschka standen sie in engem Kontakt. Die Gruppe wurden später als «Nötscher Kreis» bekannt. Sie setzte sich in ihren expressionistischen Gemälden unter anderem mit den Landschaften des Dobratsch und der Schütt auseinander und rückte so deren Schönheit und Besonderheit ins öffentliche Bewusstsein (Abb. 66).

Den Auftakt zur touristischen Erschliessung setzten im achtzehnten Jahrhundert Wallfahrer, die zu den beiden Bergkirchen am Gipfel des Dobratsch pilgerten. Schlichte Gebäude dienten ihnen als einfache Unterkunft. In London veröffentlichten zwei Engländer 1864 ein Buch, das erste Tourenbeschreibungen auf den Dobratsch enthielt (KOROSCHITZ 2002: 92f.). Mit der Gründung der Alpenvereine wurde der Bau von Schutzhütten forciert. 1869 bildete sich das Villacher Alpenkomitee, das bereits bestehende Unterkünfte adaptierte und in den Jahren 1871 und 1872 das Rudolfhaus errichtete. Es war schon um die Jahrhundertwende ein äusserst beliebtes Ausflugsziel und wurde Anfang des 20. Jahrhunderts zum Ludwig-Walter-Haus erweitert. «Immer mehr Alpintouristen begeisterten sich

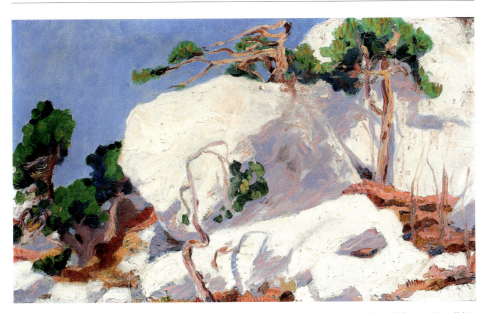

Abb. 66. Felsen in der Schütt. Der Kreis der expressionistischen Nötscher Maler liess sich von der wilden Landschaft des Bergsturzgebietes inspirieren. Sebastian Isepp (1910), Grafisches Atelier Neumann GmbH Wien.

für den Dobratsch als Aussichtsberg»(KOROSCHITZ 2002: 96). Bald wurde der Dobratsch auch für den langsam einsetzenden Wintertourismus und den Skisport entdeckt und beworben «Wer den weiten Rücken des Dobratsch … dutzendemale mit Skiern befahren hat, kann immer mit neuen Erlebnissen und Ausblicken heimkehren.»[568] Die ersten Ideen zur technischen Erschliessung des Dobratsch gab es um 1900. 1910 war die Errichtung einer Seilbahn auf den Gipfel des Dobratsch bereits projektiert.[569] Vorbild waren Seil- und Zahnradbahnen in der Schweiz und in anderen Teilen Österreichs, die erfolgreich realisiert worden waren und Touristenströme anlockten. Geldmangel verhinderte die Umsetzung dieser Pläne am Dobratsch, auch ein touristisches Strassenbauprojekt im Jahr 1912 wurde aus Mangel an Finanzierungsmöglichkeiten verworfen.[570] Erst 1965 wurde die 16,5 Kilometer lange «Villacher Alpenstraße» eröffnet. Mit der ebenfalls 1965 in Betrieb genommenen Liftanlage war der Dobratsch eines der ersten Skigebiete Kärntens und galt zu dieser Zeit als eines der modernsten Europas.[571]

In den 1990er und 2000er Jahren beeinflussten Politik und Verwaltung die Entwicklung des heutigen Schutzgebietes ganz wesentlich. Sowohl seitens des Landes Kärnten als auch der Stadt Villach sah man grossen Handlungsbedarf, den Berg als stadtnahes Naherholungsgebiet zu erhalten und weiterzuentwickeln. Das zähe Ringen der Stadt Villach, der Naturparkgemeinden und des Landes Kärnten um Einflussnahme hält bis heute an: Das Land ist formal zuständig für die Naturparkagenden und finanziert den Naturpark zum grössten Teil. Es hat aber wenig Mitspracherecht. Die Stadt Villach beansprucht ihren «Hausberg», Wasserspender und eines der bedeutendsten Naherholungsgebiete der Villacher für sich. Die Gemeinden versuchen über die interkommunale Plattform den Naturpark in ihrem Sinne mitzugestalten. Die Plattform setzt sich aus Vertretern der Politik und der Villacher Alpenstrassen- und Fremdenverkehrsgesellschaft m.b.H., jeweils einem Naturparkkoordinator aus jeder Naturparkgemeinde sowie einem Naturparkrat zusammen.

In den letzten Jahrzehnten entstand mitunter der Eindruck, dass der Naturpark der Profilierung der jeweiligen politischen Verantwortlichen dienen sollte. Häufige Wechsel der zuständigen Landespolitiker verstärkten dieses Bild noch. Das Naturparkmanagement Kärnten stellte 2012 dazu fest: «Die Organisationsstruktur ist sicher noch eine der großen Herausforderungen. Dass das Regionalmanagement innerhalb der letzten acht, neun Jahre jetzt drei verschiedene Organisationsstrukturen hat, ist sicher nicht förderlich.»[572]

4.5.4 Schlangenjäger und Autoschlangen – Herausforderungen

«Es ist nicht die Trasse, die vom geschickten Baumeister halbwegs gedeckt werden kann, aber Masten, Stationen, Hotels, Verkaufsbuden u. dgl., die auffallen ‹wollen›, sind es, die den Widerstand des Naturschutzes herausfordern» (PASCHINGER 1928: 66f.). So äusserten sich 1928 Zeitgenossen zu den Plänen eine Autostrasse auf die Villacher Alpe zu errichten (Abb. 67). Man fürchtete – nicht zu Unrecht –, dass es nicht dabei bleiben würde, sondern weitere Infrastrukturen folgen und das exklusive Naturerlebnis am Gipfel des Dobratsch schmälern würden. Bis in die 1950er Jahre hinein herrschte Skepsis gegenüber Technik und Wachstum vor. Man befürchtete Verstädterung und die Verunstaltung der Landschaft. Nach dem Bau der Villacher Alpenstrasse 1965 wurde diese Argumentation aufgegeben. Gegen die Aufnahme des Liftbetriebs und die Errichtung der Rundfunksendeanlage wenig später wurden kaum Einwände vorgebracht.

Der Dobratsch und vor allem das Bergsturzgebiet Schütt beherbergten schon immer seltene Tier- und Pflanzenarten. Diese Besonderheiten wurden lange Zeit als wenig bedroht wahrgenommen, am wenigsten im Gebiet am Südabhang des Dobratsch, das sehr unwegsam und daher kaum frequentiert war. Doch keine Regel ohne Ausnahme: Das Sammeln von und der Handel mit Reptilien stellten vor allem in den 1960er Jahren eine ernsthafte Gefährdung der Fauna dar. Verschiedenen Berichten zufolge wurden wöchentlich Dutzende Exemplare der Hornotter für die private Terrarienhaltung gefangen. Daneben handelten sogenannte «Schlangenfänger» mit Giftschlangen zur Giftgewinnung für medizinische Zwecke (HAPP 2013: 200). Im Jahr 2012 machten die «Schlangenjäger» in der Schütt abermals Schlagzeilen: Angeblich lockten die hohen Preise, die für die unter

Abb. 67. Automobilstrasse auf die Villacher Alpe. Wofür wie hier schon 1912 geworben wurde, wurde mit der Eröffnung der Villacher Alpenstraße 1965 Realität. Tafel aus 1912, Museum der Stadt Villach.

Naturschutz stehenden Tiere im illegalen Handel erzielt werden konnten, die Tierfänger zur Jagd auf die Reptilien.[573]

Immer wieder stellten Verkehrsinfrastrukturen eine Herausforderung für die Anliegen des Naturschutzes dar. In den 1980ern ergab sich mit dem Bau des Grossverschiebebahnhofs Villach-Süd und der Südautobahn durch das Bergsturzgebiet ein aus naturschutzfachlicher Sicht «äußerst bedenklicher Faktor», denn die Autobahn durchschnitt südlich der Gail die Flächen und bildete «einen für viele Arten unüberwindlichen Riegel» bzw. musste «insbesondere für die Reptilien als tödliche Falle angesehen werden.» Der Verfasser des Berichts führte weiter aus: Die Populationen würden aufgesplittert, «sodaß nur mehr ein unzureichender genetischer Austausch möglich» sei und «ein gewisser Prozentsatz der Tiere ... durch Fahrzeuge überrollt» würde (WALLNER et al. 1993: 210 und 220).

Etwa zur gleichen Zeit wurden Gefährdungen wie Wasser- und Luftverschmutzung evident. Der Umweltschutzgedanke gewann an Bedeutung. Der Biologe und Pädagoge Helmut Hartl schilderte in einem Artikel die «Umweltsituation der achtziger Jahre im Lande Kärnten» und führte auch die Entwicklung am Dobratsch als Beispiel an: «Zeitlos und daher eigentlich Erziehungssache sind Probleme wie Müll, Zersiedelung, Abbrennen von Wiesen und verschiedene Meliorierungsmaßnahmen, Waldweide (...) Zeitbedingt, aber auch schwieriger und nur mit Hilfe der öffentlichen Hand zu lösen sind Probleme, die sich aus der Wasser- und Luftverschmutzung, der Energiegewinnung, dem Schipisten- und Straßenbau ergeben (...) Der wirtschaftliche Aufschwung der vergangenen Jahre führte in Kärnten zu einem kaum mehr vertretbaren Ausbau von Schipisten. Unabhängig von vorhandenen Winterniederschlägen und örtlichen Gegebenheiten wurden in vielen Orten Kärntens Liftanlagen gebaut, um die Infrastruktur der Umgebung zu beleben. Auf Erosionsprobleme, Verkarstungsmöglichkeiten, Bodenverdichtung, Waldschäden, Hochwasser- und Lawinenschäden wird man erst heute langsam aufmerksam» (HARTL 1985: 293f.). Mitte der 1990er Jahre wurden Überlegungen der Liftbetreibergesellschaft zur künstlichen Beschneiung des Skigebietes Dobratsch publik. Darin sah man eine ernsthafte Gefährdung der Trinkwasserversorgung der Stadt Villach und der Marktgemeinde Bad Bleiberg, die über den Dobratsch erfolgte.

Im Jahr 2001 sollte am Fusse des Dobratsch die Putzi-Arena entstehen, «ein grosses Eventspektakel ... eine schwere Bedrohung».[574] Dieses grosse Bauvorhaben konnte mit Verweis auf die nahegelegenen Schutzgebiete verhindert werden, ebenso die Errichtung eines Fun-Park im Jahr 2002.[575] 2010 entbrannte eine Diskussion über Windenergienutzung am Dobratsch. Befürworter stellten Windenergienutzung als saubere Form der Energiegewinnung dar. Die Gegner hielten dem «negative Auswirkungen für den Tourismus» «nachhaltigen Schaden für die Natur» und mögliche «Aberkennung des Naturpark-Prädikates» entgegen und setzten sich durch.[576] Als eine internationale Investorengruppe 2013 plante, südlich an den Naturpark angrenzend ein Logistikzentrum mit Fertigung zu errichten, erhielt sie Unterstützung durch die Politik. Die Bevölkerung steht all diesen Infrastrukturen kritisch gegenüber (Abb. 68).

Die Nordseite des Dobratsch wurde lange Zeit als naturschutzfachlich weniger wertvoll und weniger sensibel gegenüber Eingriffen eingeschätzt als die schon früh unter Schutz gestellten Gebiete am Südabhang. Das wachsende Verkehrsaufkommen auf der Villacher Alpenstrasse – knapp 49 000 Personenkraftwagen im Sommer 2011, dazu Radfahrer und im Gelände Mountainbiker – führten aber zunehmend zu Störung und Beunruhigung verschiedener Raufusshühnerarten, die hier ihre Reviere haben. Im Winter führte die seit Einstellung des Liftbetriebs stetig steigende Zahl an Skitourengehern zu ähnlichen Problemen. In der Schütt wiederum erfreuen sich Freizeitnutzungen wie Grillen, Baden und Campieren an der Gail immer grösserer Beliebtheit und erhöhen den Besucherdruck auf diesen Lebensraum.

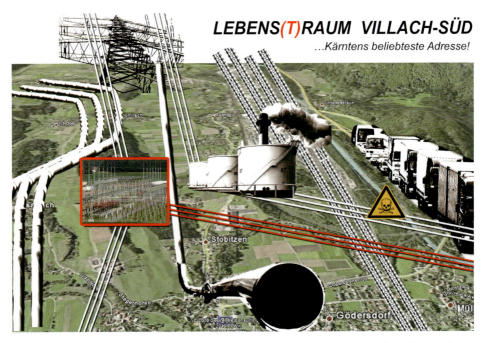

Abb. 68. Lebens(t)raum. Das Gebiet südlich des Dobratsch ist durch zahlreiche technische Infrastrukturen belastet. Die Anrainerinnen und Anrainer stehen weiteren Planungen sehr kritisch gegenüber. Postkarte Bürgerinitiative Raum Villach Süd.

4.5.5 Vielfalt im Dreiländereck – Schutzziele

Sein Artenreichtum, seine zentrale Lage und gute Erreichbarkeit haben den Dobratsch spätestens ab 1900 zu einem «Hotspot» der naturwissenschaftlichen Forschung gemacht. Besonders die Höhlenforschung hat eine lange Tradition. Die ersten systematischen Grabungen führte der Wiener Wissenschaftler Felix Ritter von Luschan 1872 zur urgeschichtlichen Forschung durch (TRIMMEL 1963: 116). Höhlen wurden aber nicht nur erforscht. Sie zählten auch zu den ersten Gütern, die unter Schutz gestellt und zu Naturdenkmälern erklärt wurden (WIGOTSCHNIG und ZAWORKA 1982: 182). Auch anderen Disziplinen wie der Geologie, der Mineralogie, verschiedenen Zweigen der Zoologie und der Botanik kam und kommt im Dobratschgebiet grosse Bedeutung zu. Die forschende Gesellschaft erfreut sich seit mehr als einem Jahrhundert an Erstnachweisen seltener Käfer (DEMELT 1957: 144ff.), an Funden aussergewöhnlicher Mineralien (FRITSCH und STREHL 1961: 67ff.) und am Anblick besonders schöner Pflanzen. Sogar heute noch birgt das Bergsturzgebiet «entomologische Schätze» für Insektenforscher, wie einer Schilderung des Gebiets von 2013 zu entnehmen ist (AURENHAMMER 2013: 150).

Die historischen Bergsturzereignisse und die besonderen klimatischen Verhältnisse im Dobratschgebiet haben zu einer grossen Arten- und Lebensraumvielfalt beigetragen. Was heute unter dem Begriff Biodiversität subsumiert wird, wurde schon früh als schützenswert erkannt: «Das Pflanzenkleid und die Tierwelt weisen eine Fülle von Vertretern der verschiedenen Floren- und Faunenelemente auf (...) Das Land Kärnten besitzt mit diesem Naturschutzgebiet eine Naturschöpfung, wie sie in diesem grandiosen Ausmaß in Mitteleuropa kaum ein zweites Mal anzutreffen ist» schrieb BACH (1963: 36). Der pflanzliche Reichtum wurde dem geneigten Besucher ab 1973 im neu eröffneten Alpengarten Villacher Alpe präsentiert. Die Sicherung und Erhaltung der biologischen Vielfalt (Biodiversität) wurde 2001 mit dem LIFE-Projekt Dobratsch angestrebt.[577] Verschiedene Fledermausarten wurden ebenso mit einem besonderen Schutzstatus bedacht, wie einige Raufusshühnerarten, verschiedene Amphibien- und Reptilienarten und eine Reihe von weiteren Tieren, die entweder sehr selten sind oder die hier an ihre Verbreitungsgrenze stossen. Ähnliches galt für die Pflanzenwelt. Im Naturparkplan 2005 wurden die Entwicklungsziele den vier Bereichen Naturschutz, Erholung, Bildung und Regionalentwicklung zugeordnet, die erste Stelle sollte «gemäß den zahlreichen Schutzgebiets-Verordnungen und Verpflichtungen die Erhaltung und nachhaltige Entwicklung der Biodiversität» einnehmen.[578]

Der Dobratsch hat eine lange zurückreichende Tradition als Ausflugsziel und Freizeitdorado (Abb. 69). Die Wahrung des Landschaftsbildes war schon ein frühes Anliegen der Kärntner Naturschutzbehörden, die damit gleichzeitig die Ressourcen für den Tourismus sichern wollten. «Der Fremdenverkehr ist gegenwärtig und aus begreiflichen Gründen in Kärnten Trumpf und gilt als Unternehmung, aus der man beliebig viele Aktien ausschütten kann, obwohl das zugrunde liegende Vermögen einer Steigerung nicht fähig ist. Bei aller Berücksichtigung der wirtschaftlichen Notwendigkeiten muß sich daher der Naturschutz als Anwalt mit dem Fremdenverkehr auseinandersetzen, nicht zum wenigsten zu dessen Gunsten selbst, um die Werte zu bewahren, die seine Grundlage bilden», schrieb PASCHINGER (1928: 66f.). Diese Sichtweise hatte auch in den 1950ern noch Gültigkeit: «Kärnten ist in der Vergangenheit nicht übermäßig industrialisiert worden. So weist es nicht allzuviele Narben und Verunstaltungen der technisierten Wirtschaft und der sich ausbreitenden Räude sogenannter städtischer Siedlungen auf. Das ist von der Landschaftspflege und besonders vom Fremdenverkehr her gesehen, ein in seinem Werte kaum zu schätzendes Glück.»[579] Die Landschaft als Lebens- und Wirtschaftsgrundlage wurde auch in die aktuellen Naturparkziele transformiert, wo Erholung und Regionalentwicklung scheinbar denselben Stellenwert haben, wie der Naturschutz.[580]

Abb. 69. Skiausflug auf den Dobratsch 1926. Als Naherholungsgebiet der Stadt Villach hat der Dobratsch eine lange Tradition. Foto Museum der Stadt Villach.

4.5.6 Vom Reichsnaturschutzgebiet zum Naturpark des Jahres – Instrumente und Strategien

Mit dem mittelalterlichen Bergbau in der Region und der Höhlenforschung im 19. Jahrhundert begann die Auseinandersetzung der Menschen mit dem Innenleben des Dobratsch. Der Höhlenforscher Hubert Trimmel trieb die katastermässige Erfassung der Höhlen der Villacher Alpe voran. In den 1920er Jahren wurden zahlreiche dieser Höhlen und Naturschächte zu touristischen Schauhöhlen ausgebaut und verfielen später grösstenteils. 1948 erfolgte die erste Unterschutzstellung einer Höhle: Das Eggerloch wurde zum Naturdenkmal erklärt (TRIMMEL 1963: 116).

Wenige Jahre zuvor, am 8. Jänner 1942, wurde das Gebiet der Villacher Alpe vom Reichsstatthalter Kärntens zum Landschaftsschutzgebiet erklärt: Es war verboten, «innerhalb des ... Gebietes und an seinen Bestandteilen Veränderungen vorzunehmen, welche geeignet sind, die Natur zu schädigen, den Naturgenuß zu beeinträchtigen oder das Landschaftsbild und seine Bestandteile zu verunstalten.»[581] Auch nach 1945 wurde der Landschaftsschutz als wichtig erachtet: «Im Land der Berge und Seen, Kärnten soll einem weitgehenden Landschaftsschutz ganz besondere Beachtung geschenkt werden. Es geht nicht an, daß das Gesicht der Landschaft durch unüberlegte Eingriffe wie z. B. unmögliche Bauten, und die Gesundheit der Natur z. B. durch Schlägerungen Schaden erleidet.»[582]

Am 12. Juni 1942 wurde der Südabhang der Villacher Alpe vom Reichsstatthalter Kärntens als eines der ersten Naturschutzgebiete Kärntens verordnet, in das Reichsnaturschutzbuch eingetragen und damit dem Schutz des Reichsnaturschutzgesetzes unterstellt. Damit galten folgende Verbote: Beschädigung von Pflanzen, Einfangen freilebender Tiere, Einbringen von nicht standortgemässen Pflanzen und Tieren, Verlassen der Wege sowie jegliche Nutzung mit Ausnahme der rechtmässigen Jagd und der ordnungsmässigen land- und forstwirtschaftlichen Nutzung.[583] Nach dem Zusammenbruch des Dritten Reiches wurde der Schutzstatus gemäss dem Rechtsübertragungsgesetz des Jahres 1945 prolongiert und 1953 ins Kärntner Naturschutzgesetz übernommen (JUNGMEIER und SCHNEIDERGRUBER 1998: 20).

Dem Fang und Verkauf von Giftschlangen, der in den 1960er Jahren bedrohliche Ausmasse angenommen hatte, bereitete die Verordnung zum Schutz von Pflanzen und Tieren von 1972 ein Ende. Das Sammeln und Handeln von seltenen Arten wurde darin verboten.[584]

1970 wurden in Kärnten unter dem Eindruck des Europäischen Naturschutzjahres zahlreiche Landschaftsschutzgebiete ausgewiesen, darunter die drei Landschaftsschutzgebiete «Dobratsch (Villacher Alpe)», «Schütt-West» und «Schütt-Ost». Aufgrund des geringen Nutzungsdrucks – die Steilabfälle und das unwegsame Bergsturzgelände waren hauptsächlich für die Forschung von Interesse – wurde das Naturschutzgebiet Dobratsch lange Zeit nicht in Frage gestellt. Allerdings konnten Anfang der 1980er Jahre weder Landschafts- noch Naturschutzgebiet verhindern, dass sich der Korridor der A2 Südautobahn tief in die Bergsturzlandschaft schnitt.[585]

Mitte der 1980er Jahre begann Birdlife die für Europa wichtigen Vogelschutzgebiete nach einheitlichen Kriterien zu erfassen, 1989 wurde das erste Inventar der «Important Bird Areas in Europe» (IBAs) veröffentlicht. Da sich die politische Landkarte Europas in den darauffolgenden Jahren dramatisch änderte, wurde das Inventar bereits 1995 überarbeitet. In diesem überarbeiteten Inventar wurden Dobratsch und Schütt-Graschelitzen als IBAs eingestuft. Nach der Vogelschutz-Richtlinie müssen die Mitgliedsstaaten der Europäischen Union besonders geeignete Gebiete für den Vogelschutz nominieren. Kärnten meldete die IBAs als solche Special Protection Areas (SPAs). Diese bildeten wiederum die Grundlage für die Nominierung der Natura 2000-Gebiete Dobratsch im Jahr 1995 und Schütt-Graschelitzen im Jahr 2000. Das Vorkommen verschiedener Fledermausarten, des Braunbären (Durchzügler), der Hornotter, verschiedener Raufusshühnerarten, prädes-

Abb. 70. Bärenbrücke. Die ungeplant in die Konstruktion eingefügte Kontur eines Bären ziert heute die Grünbrücke über die Südautobahn. Die Errichtung war Teil eines EU-Life-Projektes. Foto Klaus Krainer.

tinierte das Gebiet aber auch für die Nominierung als Natura 2000-Gebiet nach der FFH-Richtlinie (Schiegl und Krainer 2002: 125ff.). Ende der 1990er Jahre wurden mehrere Flächen im Dobratschgebiet (Graschelitzen, Warmbad) zu Naturwaldreservaten erklärt.

Im Jahr 2000 begann man mit der Vorbereitung eines LIFE-Natur-Projektes. LIFE-Natur ist ein Finanzierungsinstrument um Massnahmen zur Umsetzung der Fauna-Flora-Habitat-Richtlinie und der Vogelschutzrichtlinie zu fördern und so den Aufbau des gesamteuropäischen Schutzgebietsnetzwerks Natura 2000 zu unterstützen. Das Projekt wurde 2005 abgeschlossen und beinhaltete folgende Massnahmen: Erstellung von Grundlagenkarten, Managementplan, Monitoring, Schlegeln und Schwenden, Bestandesumwandlungen, wasserbauliche Massnahmen und Öffentlichkeitsarbeit.[586] Zur populärsten Massnahme wurde die Errichtung einer Grünbrücke, die die von der Autobahn A2 durchschnittenen Lebensräume wieder verbinden und zahlreichen Arten den gefahrlosen Wechsel ermöglichen sollte. Ein Bauarbeiter hatte gehört, dass sie unter anderem dem Braunbären als Querungshilfe dienen würde, und integrierte spontan einen in Beton gegossenen Bären in das Bauwerk.[587] Obwohl nur zwei Querungen der Brücke durch Braunbären nachgewiesen sind[588], ist die Brücke in der Bevölkerung seither als «Bärenbrücke» bekannt (Abb. 70).

Als sich 1989 das Ende des Bergbaubetriebes in Bad Bleiberg abzeichnete, gab die BBU eine erste Machbarkeitsstudie für einen Naturpark in Auftrag.[589] Die Idee wurde zunächst nicht weiterverfolgt. Auf Initiative des vielgereisten Fotografen, Verlegers und Naturliebhabers Gerhard Leeb wurde der «Verein Alpenstadt des Jahres» gegründet. Das Anliegen des Vereines war es, das Leben in den Alpen nachhaltig zu gestalten und die Ziele der Alpenkonvention umzusetzen. 1997 wurde Villach als erste «Alpenstadt des Jahres» ausgezeichnet. Damit waren die Themen Umweltschutz und Nachhaltigkeit in der Öffentlichkeit präsent. Als Ende der 1990er Jahre einige schneearme Winter aufeinanderfolgten, geriet nach dem Bergbau auch das Skigebiet am Dobratsch wirtschaftlich ins

Straucheln. Die von den Liftbetreibern in Erwägung gezogene Errichtung künstlicher Beschneiungsanlagen wurde weder von der Bevölkerung noch von den politisch Verantwortlichen unterstützt. Die Umweltschutzabteilung des Landes Kärnten stellte in einem hydrologischen Gutachten fest, dass eine solche Massnahme im Widerspruch zu Grundwasser- und Karstschutz stehen würde. Der Liftbetrieb am Dobratsch wurde nach einer Saison ohne einen einzigen Betriebstag im Frühling 2002 eingestellt. Von Seiten der Politik wurde nach einer neuen Nutzungsstrategie gesucht.[590] Am 24. September 2002 wurde vom Land Kärnten der Naturpark Dobratsch als erster Naturpark Kärntens verordnet.

Die Entwicklung des Naturparkmanagements erfolgte über mehrere Stationen und ist nach wie vor nicht abgeschlossen. Von 1997, als es erstmals die Absicht zur Errichtung eines Naturparks gab, bis 2003 war der Naturpark Dobratsch über die Stadt-Umland-Regionalkooperation Villach organisiert. Ab 2004 agierte der Verein Naturpark Dobratsch mit den vier Naturparkgemeinden und dem Land Kärnten als Mitgliedern. Ab 2006 war es die Interkommunale Plattform Naturpark Dobratsch mit den Naturparkgemeinden und der Villacher Alpenstrasse als Partnern. Jede Gemeinde entsandte einen Naturparkkoordinator, das Land Kärnten stellte einen Naturparkmanager für Kärnten. Der Interkommunalen Plattform wurde ein Naturparkrat zur Seite gestellt. Es handelte sich dabei um ein Expertengremium, in dem die verschiedenen Interessengruppen vertreten waren, und das den Naturpark bei seinen Vorhaben beraten sollte.

Der Dobratsch erlebte seit der Einstellung des Liftbetriebs und der Einrichtung des Naturparks einen Besucheransturm wie kaum jemals zuvor mit allen denkbaren Begleiterscheinungen. Das Management des Naturparks beschäftigt sich daher heute vor allem mit Massnahmen zur Besucherlenkung (Abb. 71, Abb. 72). Die Bereiche Marketing und Öffentlichkeitsarbeit werden insofern erfolgreich geführt, als man auf ständige Präsenz in lokalen und regionalen Medien verweisen kann. Das Management bemüht sich um Kooperation und Kommunikation mit verschiedenen Interessengruppen. In Zusammenarbeit mit dem Tourismus entstanden in jüngster Zeit buchbare Naturparkangebote, die einen positiven Beitrag zur Regionalentwicklung leisten können. Aus der Kooperation mit Birdlife enstanden Angebote wie das Greifvogelcamp (Carinthian Raptor Migration Camp), das wiederum mit den Naturparksäulen Naturschutz und Bildung korrespondiert.[591]

«Für seine Bemühungen um die vier Säulen (Regionalentwicklung, Schutz, Erholung und Bildung)» wurde der Naturpark Dobratsch von einem bundesländerübergreifenden Fachgremium zum Naturpark des Jahres 2008 gewählt.[592]

4.5.7 Die Stadt und der Berg – Resümee

Möglicherweise brachte es die Nähe zur Stadt mit sich, dass gesellschaftliche Entwicklungen und Trends relativ rasch den Berg bzw. das Schutzgebiet Dobratsch erreichten und dort Wirkung gezeigt haben.

Die naturwissenschaftliche Forschung erlebte im 19. Jahrhundert eine Hochblüte. Durch seine leichte Erreichbarkeit konnte am Dobratsch Forschung ohne übermässigen Aufwand quasi «vor der Haustüre» betrieben werden. Noch dazu war das Dobratschgebiet wegen seiner vielen Höhlen und seiner ungewöhnlich reichen Artenausstattung ein attraktives Studienobjekt, das Forscher aus ganz Österreich anzog. Die frühe Forschungstätigkeit brachte wesentliche Impulse für den Naturschutz (PICHLER-KOBAN 2013: 28f.).

Mit dem wirtschaftlichen Aufschwung der Nachkriegszeit stellte sich ein gewisser Wohlstand ein und weckte in den Menschen das Bedürfnis nach neuen Möglichkeiten der Freizeitgestaltung.[593] Immer mehr Familien verfügten über ein Auto und waren mobil. Österreich wurde zu einem beliebten und gut erreichbaren Reiseziel vor allem der deutschen Urlauber. Als in Kärnten das «Goldene Zeitalter» des Tourismus anbrach, nutzte

Abb. 71. Begehbare Information. Die Besuchereinrichtung im Naturpark Dobratsch bietet Informationen zum Gebiet und ist gleichzeitig gut bespielbar. Foto E.C.O., Jungmeier (2013).

Abb. 72. Naturpark-Team. Wie alle in diesem Buch beschriebenen Parks setzt der Naturpark Dobratsch auf professionelle Naturvermittlung. Foto © Hannes Kohlmeier, Naturpark Dobratsch.

man die Gunst der Stunde: Das lange geplante Projekt einer Ausflugsstrasse auf den Dobratsch wurde verwirklicht, dazu kamen als weitere touristische Einrichtungen moderne Liftanlagen und ein Alpengarten. Selbst die nicht mehr benötigten Infrastrukturen der Montanindustrie wurden vom Tourismus übernommen. Zu einer Ikone der konsumorientierten Gesellschaft wurde das Fernsehgerät. Kaum hatten die ersten Apparate Einzug in den durchschnittlichen österreichischen Haushalt gehalten, stand auf dem Gipfel des Dobratsch schon eine moderne Sendeanlage zur Verfügung.

Als Ende der 1990er Jahre die Wirtschaftlichkeit des Skigebietes Dobratsch in Frage gestellt wurde, entschieden sich die verantwortlichen Politiker gegen eine Modernisierung mit künstlichen Beschneiungsanlagen und neuen Aufstiegshilfen. Sie bekannten sich zum Trinkwasserschutz und richteten den ersten Naturpark in Kärnten ein, um die Entwicklung der Region in die aus ihrer Sicht optimale Richtung zu lenken. Damit entsprachen sie den Wünschen eines Grossteils der Bevölkerung. Vor allem bei den Stadtbewohnern hatte sich in den Jahren zuvor ein neues Umweltbewusstsein herausgebildet, das auch den sorgsamen Umgang mit der Ressource Wasser beinhaltete. Ebenfalls ein urbanes Phänomen war das verstärkte Bedürfnis nach Freizeiterlebnis und sportlicher Betätigung in der Natur. Schutz und Nutzung schien unter dem Prädikat Naturpark gut vereinbar. Der Park wurde gut angenommen. Daraus resultiert heute ein hoher Besucherdruck, der mitunter Konflikte zwischen verschiedenen Nutzergruppen mit sich bringt.

Neue Instrumente des Naturschutzes kamen im Dobratschgebiet sehr schnell zur Anwendung. Hier wurde eines der ersten Naturschutzgebiete Kärntens nach dem Reichsnaturschutzgesetz verordnet. Dem österreichweiten Trend der 1970er Jahre zur Ausweisung von Landschaftsschutzgebieten folgend wurden die Landschaftsschutzgebiete «Dobratsch (Villacher Alpe)», «Schütt-West» und «Schütt-Ost» eingerichtet. Das Life-Natur-Projekt «Schütt-Dobratsch» zählte zu den ersten, die nach dem österreichischen Beitritt zur Europäischen Union in Österreich durchgeführt wurden.

Der Naturschutz nahm auf dem Berg und in seiner Umgebung Schritt für Schritt Gestalt an. Die Besonderheiten des Naturraumes wurden erkannt und mit den jeweils zur Verfügung stehenden Mitteln geschützt. All das wurde in den grösseren Rahmen eines Naturparks gestellt. Der Naturpark Dobratsch kann heute alle Funktionen des in Österreich geltenden 4-Säulenmodells für Naturparks – Schutz, Erholung, Bildung und Regionalentwicklung – bedienen. Und obwohl für grosse Teile des Dobratschgebietes strenge Schutzziele verordnet bzw. vereinbart sind, wird Naturschutz kaum als einschränkend wahrgenommen. Das weist auf eine grosse Akzeptanz hin, die der Naturpark Dobratsch seit seiner Gründung 2002 erreichen konnte.

4.6 Schweizerischer Nationalpark

4.6.1 Die Region um den Schweizerischen Nationalpark

Lage: Der Schweizerische Nationalpark liegt im Kanton Graubünden und nimmt eine Fläche von rund 170 Quadratkilometern ein. Im Süden grenzt er an Italien, die Staatsgrenze zu Österreich liegt nur wenige Kilometer Luftlinie entfernt.

Schutzkategorien: 1909 Totalreservat, 1914 Nationalpark, 1967 Europäisches Diplom, 1979 Biosphärenreservat, 1996 Landschaft von nationaler Bedeutung, 2000 IUCN-Kategorie Ia Strenges Naturreservat.

Der Schweizerische Nationalpark umfasst eine alpine Hochgebirgslandschaft mit dem Piz Pisoc als höchstem Gipfel (3174 Meter). Es herrschen extreme Lebensbedingungen mit grossen Temperaturschwankungen an exponierten Stellen. Starke Winde, geringe Niederschläge und karger Dolomituntergrund erschweren das Pflanzenwachstum. Fels und Geröllhalden dominieren daher das Bild des Nationalparks. Der Park beherbergt typische Alpentiere wie Gämse, Rothirsch und Murmeltier. Besonders stolz ist man im Nationalpark auf den erfolgreich wieder angesiedelten Steinbock.

Die Flächen des heutigen Nationalparks sind im Eigentum der fünf Gemeinden Zernez (Abb. 73), S-chanf, Scuol, Val Müstair und Lavin und werden an den Nationalpark verpachtet. Die Lage des Parks hat seine Geschichte wesentlich beeinflusst. Das Engadin ist die zweigeteilte obere Talstufe des Inns. Das Oberengadin ist als einer der winterkältesten Landstriche der Alpen für den Wintersport prädestiniert. Hier finden sich so exklusive Tourismusdestinationen wie der mondäne Kurort St. Moritz. Das Unterengadin hingegen zählte lange Zeit zu den wirtschaftlich schwächsten Regionen der Schweiz. Bei der Einrichtung des Nationalparks erhofften sich die betroffenen Gemeinden Impulse für den Tourismus in der Region.

Die Hauptsprache des Engadin ist das Bündnerromanisch. Mit dem im 19. Jahrhundert einsetzenden Tourismus fand auch das Schweizerdeutsch weite Verbreitung. In allen Parkgemeinden wird romanisch gesprochen, in Zernez ist Romanisch die Mehrheitssprache (über 60 Prozent bei der Volkszählung im Jahr 2000), in S-chanf ist es nach wie vor die einzige Amtssprache.

Das gesamte Parkgebiet ist völlig aus der Nutzung genommen. Seit 1914 werden im Gebiet weder Jagd noch Fischerei betrieben, die Wälder und Weiden werden nicht mehr bewirtschaftet. Die Pflanzen- und Tierwelt soll völlig ihrer natürlichen Entwicklung überlassen und wissenschaftlich erforscht werden. Etwa 150 000 Gäste besuchen den Schweizerischen Nationalpark pro Jahr. Ihnen stehen 80 Kilometer Wanderwege und zwei Übernachtungsmöglichkeiten innerhalb des Nationalparks zur Verfügung (Cluozza-Hütte, Hotel Il Fuorn). Im Park herrscht strenges Wegegebot, einige Täler sind für den menschlichen Zutritt überhaupt gesperrt. Im Gegenzug wird der Park von einer Reihe von Infrastrukturen bedrängt: Mit der Ofenpassstrasse führt eine vielbefahrene Ausflugsstrasse und gleichzeitig die einzige Schweizer Verbindung ins Val Müstair durch den Park. Der Park grenzt an einen Stausee und mit dem Spöl wird ein Fluss im Nationalpark energiewirtschaftlich genutzt.

Anlässlich des 100-jährigen Bestehens des Schweizerischen Nationalpark im Jahr 2014 hat die Forschungskommission des Schweizerischen Nationalparks den Historiker Patrick Kupper beauftragt, die Geschichte des Parks zu erforschen und zu dokumentieren. 2012 erschien das Buch «Wildnis schaffen», in dem Kupper unter anderem auf die trotz seiner Kleinheit grosse «transnationale Bedeutung» des Schweizerischen Nationalpark hinweist (KUPPER 2012b: 9). Das folgende Kapitel nimmt immer wieder Bezug auf Kuppers umfassende und detailreiche Darstellung. Dem wurden neue Aspekte aus der vorliegenden Studie hinzugefügt.

4.6.2 Meilensteine

1906 gründeten Mitglieder der Schweizerischen Naturforschenden Gesellschaft die Schweizerische Naturschutz-Kommission, die in der Schweiz ein Netzwerk von Reservationen schaffen sollte.

1909 schloss die Schweizerische Naturschutzkommission einen ersten Pachtvertrag mit der Gemeinde Zernez und legte mit der Unterschutzstellung der Val Cluozza den Grundstein für den späteren Nationalpark.

1914 folgte das Schweizerische Parlament dieser Idee und erklärte das Gebiet zum Schweizerischen Nationalpark.

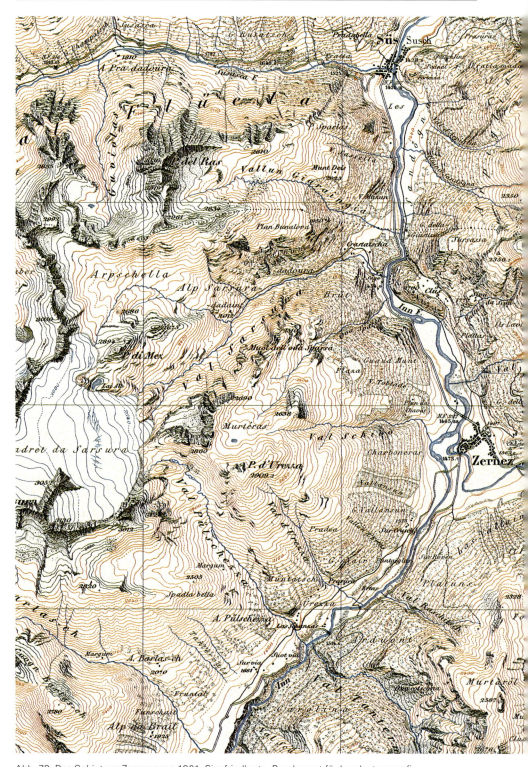

Abb. 73. Das Gebiet um Zernez anno 1901. Siegfriedkarte. Bundesamt für Landestopografie

Die Schutzgebiete

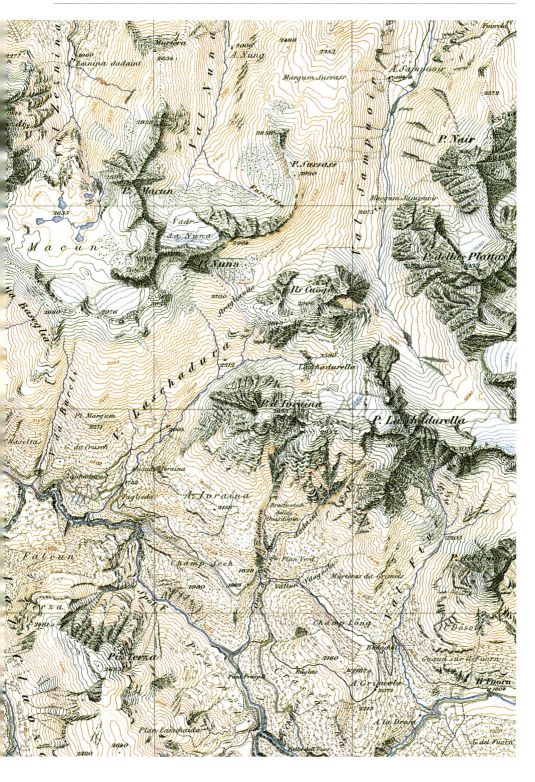

1920 erreichte die Eidgenössische Nationalparkkommission die Erweiterung des Parks um das Falcun und nahm dafür die Ergänzung des Pachtvertrages um die sogenannte Spölklausel in Kauf.

1944 geriet der Nationalpark durch ein grosses Hirschsterben in die Kritik vor allem der Jägerschaft.

1956 einigten sich Nationalparkkommission, Naturschützer und Kraftwerksbetreiber nach jahrelangem Streit auf die Verständigungslösung, die Wasserkraftnutzung im Nationalpark unter gewissen Auflagen zuliess.

1957 stimmte die Mehrheit der Schweizer Bevölkerung einer Wasserkraftnutzung des Spöl im Nationalparkgebiet zu.

1958 Mit der Berichterstattung um den Spöl-Konflikt gewann der Nationalpark an Popularität und erzielte Besucherrekorde, die die Parkverwaltung vor neue Herausforderungen stellte.

1968 erhielt mit der Fertigstellung des Nationalparkhauses die Verwaltung einen eigenen Sitz in Zernez.

1979 erlangte der Schweizerische Nationalpark das Label Biosphären-Prädikat der UNESCO.

1980 trat ein neues Nationalparkgesetz in Kraft, das dem Nationalpark eine klare rechtliche Grundlage verschaffte.

1996 erfolgte die Aufnahme des Schweizerischen Nationalpark in das Bundesinventar der Landschaften und Naturdenkmäler von nationaler Bedeutung.

2000 stimmte die Gemeinde Lavin einer Erweiterung des Nationalparks auf ihrem Territorium zu, die Nationalparkgemeinde Zernez lehnte gegen die Erwartung der Nationalparkverwaltung ab.

2008 öffnete ein neues Besucherzentrum in Zernez seine Pforten, die Verwaltung übersiedelte ins Schloss Planta-Wildenberg.

2010 erkannte die UNESCO das Biosphärenreservat Val Müstair Parc Naziunal an.

2014 feierte der Schweizerische Nationalpark sein 100-jähriges Bestehen und wurde mit dem King Albert Mountain Award ausgezeichnet.

4.6.3 Forscher, Komitees und Kommissionen – Akteure

1815 wurde die Schweizerische Naturforschende Gesellschaft mit dem Ziel ein Netzwerk für Naturwissenschaften zu schaffen gegründet (Kupper und Schär in Vorbereitung). Die Schweizerische Naturforschende Gesellschaft zeigte aber auch bald Engagement in Naturschutzbelangen. 1905 schlug der Präsident der Gesellschaft, Fritz Sarasin, vor, eine Schweizerische Naturschutzkommission mit der zentralen Aufgabe, wissenschaftlich bedeutsame Naturdenkmäler zu schützen, einzurichten. Die Schweizerische Naturschutzkommission wurde 1906 tatsächlich gegründet und Sarasins Cousin, der Naturwissenschaftler und Forschungsreisende Paul Sarasin (Abb. 74), zu ihrem Präsidenten gewählt.[594] Die Schweizerische Naturschutzkommission setzte sich bald zum Ziel, in der Schweiz eine Reservation zu schaffen. Unter den Proponenten der Idee war der renommierte Botaniker Carl Schröter. Bereits 1902 hatte er gemeinsam mit dem Eidgenössischen Forstinspektor Johann Coaz das Unterengadin besucht und Überlegungen angestellt, hier ein Schutzgebiet einzurichten. Ab 1906 lancierten die beiden die Idee offiziell.[595] Bei einer

Abb. 74. Paul Sarasin. Der weitgereiste Wissenschaftler brachte nicht nur im Schweizerischen sondern auch im internationalen Naturschutz vieles in Bewegung. Foto Schweizerischer Nationalpark.

Bereisung des Gebiets im Sommer 1908 machte der mitgereiste Botaniker Steivan Brunies die Mitglieder der Naturschutzkommission auf das Cluozzatal, ein unbewohntes, schwer zugängliches und kaum genutztes Seitental des Unterengadin, aufmerksam, das quasi «wie aufgespart geblieben» sei für eine Reservation gemäss den Vorstellungen der Schweizerischen Naturschutzkommission (KUPPER 2012b: 63).

Im Oktober 1908 formierte die Schweizerische Naturschutzkommission ein Reservationen-Komitee. Es sollte alle Gebiete, die für Reservationen vorgeschlagen worden waren, prüfen.[596] Die Mitglieder dieses Komitees gelten heute als die Begründer des Schweizerischen Nationalparks: Paul Sarasin, Fritz Sarasin, Carl Schröter, Steivan Brunies, Hermann Christ und Friedrich Zschokke. Eine besondere Rolle kam Brunies zu: Er war in S-chanf geboren, hatte eine akademische Ausbildung, er kannte die lokalen Gepflogenheiten und Hierarchien und korrespondierte mit den Einheimischen auf Romanisch. So gelang es ihm, die Rolle des Mittlers zwischen den «deutschsprachigen städtisch-bürgerlichen Naturschützern» und den «dörflichen Engadiner Eliten» einzunehmen und so die Angelegenheiten der Schweizerischen Naturschutzkommission voranzubringen (KUPPER 2012b: 110f.).

Die Gemeindepräsidenten der Unterengadiner Gemeinden Zernez und S-chanf begrüssten das Interesse, ihr Gebiet als Naturschutzreservat einzurichten. Sie berichteten, dass die Idee Flächen «mietweise als Nationalpark abzutreten» in den Gemeinden «allgemeinen Beifall» gefunden hätte (KUPPER 2012b: 110). Allerdings deckte sich die Meinung der politischen Mandatsträger, die die Verhandlungen mit der Schweizerischen Naturschutzkommission führten, nicht zwingend mit der Entscheidung der Gemeindeversammlung, in der alle Bürger teilnahme- und stimmberechtigt waren. Die Verhandlungen verliefen dementsprechend von Gemeinde zu Gemeinde unterschiedlich erfolgreich.

Die Zernezer Gemeindeversammlung lehnte im August 1909 eine Verpachtung der Flächen ab, das Gesuch der Schweizerischen Naturschutzkommission scheiterte vor allem an den Gegenstimmen der Jäger. Sie waren zwar nicht grundsätzlich gegen eine Reservation, sie befürchteten aber, «dass ein unbeaufsichtigtes Gebiet zu einem ‹Tummelplatz für fremde Jäger› werden würde und, dass die sich korrekt verhaltenden einheimischen Jäger das Nachsehen hätten.» Als diese Bedenken zerstreut werden konnten, bevollmächtigte die Zernezer Gemeindeversammlung ihren Gemeinderat nur zwei Monate später dazu, die Val Cluozza an die Schweizerische Naturschutzkommission zu verpachten (KUPPER 2012b: 121ff.).[597]

Nach ihrem ersten Erfolg war die Schweizerische Naturschutzkommission bestrebt die Nationalparkfläche auszudehnen. Doch jede Änderung musste mit den Gemeinden mühsam neu verhandelt werden. Da die finanziellen und personellen Ressourcen nicht dafür ausreichten, stellte die Schweizerische Naturschutzkommission während dieser Zeit Bemühungen um weitere Schutzgebiete in der Schweiz zurück. Diesbezügliche Aktivitäten des Schweizerischen Forstvereins und der Schweizerischen Gesellschaft für Vogelkunde und Vogelschutz wurden wohlwollend zur Kenntnis genommen.[598] Die Schweizerische Naturschutzkommission selbst gründete den Schweizerischen Bund für Naturschutz (heute Pro Natura), um sich mit den Mitgliedsbeiträgen mehr finanziellen Spielraum zu verschaffen.

Schon wenige Jahre nach seiner Gründung hatte der Nationalpark in der gesamten Schweizer Bevölkerung an Bekanntheit gewonnen. Die Nationalparkverwaltung berichtete mit Stolz über die zahlreichen Wissenschaftler, die im Nationalpark forschen und zum Nationalpark publizierten: Würde «ein Blick auf die Literatur, die den Park zum Gegenstand hat, geworfen», so würde sich «das Bild einer reichen geistigen Tätigkeit als Beweis für das große Interesse, das der Naturschutzgedanke und die große schweizerische Reservation nicht nur bei den Männern der Wissenschaft und den begeisterten Naturfreunden, sondern im ganzen Lande herum gefunden hat» zeigen.[599] Zunehmendes Unbehagen bewirkten allerdings die Touristen, für die der Nationalpark zu einem beliebten Ausflugsziel geworden war. «So erfreulich diese Beweise des Interesses für unser nationales Unternehmen» auch wären, so hätte «der zunehmende Besuch auch seine Schattenseiten».[600] 1938 wurden von Hoteliers und Reisebüros erstmals «organisierte Gesellschaftsreisen» in den Nationalpark angeboten. Die Eidgenössische Nationalparkkommission (EPNK) hielt fest, dass «eine gewisse Regelung solcher Gesellschaftswanderungen im Park von Seiten der Kommission» nicht zu umgehen sein würde.[601]

In den Sommern 1946 und 1947 wurde der Nationalpark auch von zahlreichen internationalen Naturschützern besucht. Auf Initiative des Schweizerischen Naturschutzbundes wurde 1948 in Fontainebleau die International Union for the Protection of Nature (IUPN) gegründet. In der zweijährigen Vorbereitungsphase, die der Gründung vorausging, wurde dem Schweizerischen Nationalpark viel Aufmerksamkeit zuteil (KUPPER 2012b: 143).

Nach langen Diskussionen zwischen Naturschutzorganisationen und Nationalparkverantwortlichen auf der einen, Kraftwerksbetreibern und Gemeinden auf der anderen Seite ging 1970 eine Kraftwerksanlage am Spöl in Betrieb. In den 1990er Jahren begannen die Betreiber, die Engadiner Kraftwerke, der Nationalpark und eine Gruppe von Wissenschaftlern gemeinsam an der Entwicklung eines dynamischen Restwasserregimes für den Spöl zu arbeiten. Nach mehr als 10-jähriger Testphase wurde das Restwasserregime mit periodischen künstlichen Hochwässern 2011 definitiv eingeführt.[602] Damit konnte der Spöl «einen Teil seines natürlichen Charakters als Gebirgsbach» zurück gewinnen. Das Projekt stellte aus Sicht sowohl der Forscher, als auch der Nationalparkverwaltung und der Kraftwerksbetreiber «ein gelungenes Beispiel für die Vereinbarkeit von Schutz und Nutzung» dar.[603] Die Beziehung der Beteiligten zueinander wurde auf die Probe gestellt, als im April 2013 ein Wasserkraft-Unglück katastrophale Wirkung auf den Lebensraum Spöl zeigte. Die Nationalparkverwaltung reagierte zunächst verärgert: Die Kraftwerksbetreiber hätten für unbestimmte Zeit nicht bemerkt, dass im Spöl kein Restwasser mehr fliesse und sie seien dann ohne Rücksprache mit den Parkverantwortlichen oder anderen Experten vorgegangen.[604] Die Wissenschaftler der Eidgenössischen Anstalt für Wasserversorgung, Abwasserreinigung und Gewässerschutz zeigten sich gelassen. Sie bezeichneten den Vorfall als «aus Forscherperspektive sehr interessant», da sozusagen ein «Habitat-Reset» stattgefunden hätte und untersucht werden könne, «wie sich Ökosysteme nach einer Katastrophe verhalten» würden.[605]

Mittlerweile haben Nationalparkverwaltung, Kraftwerksbetreiber und Wissenschaftler wieder zu einem Modus der Zusammenarbeit gefunden. Vertreter der zuständigen kantonalen Ämter, der Engadiner Kraftwerke, des Nationalparks und der Forschungskommission des Schweizerischen Nationalpark (FOK SNP) sowie privater Ökobüros bildeten eine Taskforce Spöl. Gemeinsam zeichneten sie für die Regenerationsmassnahmen verantwortlich. Nach einem Jahr waren bereits deutliche Anzeichen für eine natürliche Wiederbesiedelung des Spöl festzustellen.[606] Trotz aller Schwierigkeiten sieht der Nationalpark angesichts anhaltender Diskussionen um CO_2-Haushalt und globalen Klimawandel seine Zusammenarbeit mit der Energiewirtschaft bestätigt. «Die Wasserkraftnutzung im Nationalpark wandelte sich von der Bedrohung zum Beitrag zur Stromversorgung mit erneuerbaren Energien und zum Klimaschutz.»[607]

Gegen die Jahrtausendwende war eine Erweiterung des Nationalparks im Gespräch. Während die die Bürger von Lavin einer Erweiterung der Nationalparkkernzone zustimmten,[608] lehnten die Stimmberechtigten von Zernez 2000 eine Parkerweiterung auf ihrem Gemeindegebiet klar ab (KUPPER 2012b: 96). Unterstützt wurde diese ablehnende Haltung von der im politischen Spektrum rechts angesiedelten Schweizer Volkspartei. Dieser Partei gelang es in ihrer Darstellung, die Nationalparkerweiterung mit Fremdbestimmung der Region durch den Bund gleichzusetzen. Damit erzielte sie Erfolge bei der Schweizer Bevölkerung, die grössten Wert auf Selbstbestimmung legt. Die Nationalparkverwaltung war von der negativen Entscheidung völlig überrascht, hatte doch gerade die Gemeinde Zernez seit vielen Jahren vom Pachtzins für die Nationalparkflächen profitiert. Kritische Stimmen meinten, dass es die Verwaltung nie geschafft habe, den Kontakt zur Bevölkerung herzustellen. In der Nationalparkverwaltung meint man heute, aus der ablehnenden Haltung der Bevölkerung gelernt zu haben und seither an der Kommunikation zu arbeiten. Mit der Person des aktuellen Stiftungsratspräsidenten Robert Giacometti, einem aus der Region stammenden Gemeindepolitiker, versuche man einen Bezug zur Region herzustellen.[609]

Die Schweizerische Naturforschende Gesellschaft bildet heute ein feinmaschiges Netzwerk von über 35 000 Naturwissenschaftlerinnen und Naturwissenschaftlern aller Fachrichtungen. Seit den 1980er Jahren bezeichnet sich die Schweizerische Naturforschende Gesellschaft als Schweizerische Akademie der Naturwissenschaften, seit 2004 als Akademie der Naturwissenschaften Schweiz (SCNAT).[610] Als SNG hatte sie einst die Gründung des Nationalparks initiiert. Als SCNAT bestimmt sie bis heute mit ihren Vertretern in der Eidgenössischen Nationalparkkommission dem obersten Entscheidungsgremium des Nationalparks die Geschicke des Nationalparks mit und stellt die fünfzehn Mitglieder der Forschungskommission.

4.6.4 Der Mensch und sein Wirken – Herausforderungen

Die Initiatoren des Nationalparks beobachteten die fortschreitende Erschliessung der Bergwelt und die zunehmende Industrialisierung zu Beginn des 20. Jahrhunderts mit Sorge und wollten dieser Entwicklung entgegen steuern. Sie fürchteten beispielsweise, dass die alpine Pflanzenwelt «durch unverständige oder gewinnsüchtige Plünderung Schritt für Schritt ihrem Untergange entgegen» ginge.[611] Einer von ihnen, Carl Schröter, beklagte wie viele seiner Zeitgenossen, «den Verlust einer intimen Beziehung zur Natur». Er sah darin nicht nur «eine Schattenseite des zivilisatorischen Fortschrittes, sondern eine moralische Gefährdung der Zivilisation selbst (KUPPER 2012b: 44).

Der 1909 ergangene Aufruf zur Bildung des Schweizerischen Bundes für Naturschutz warnte davor, dass die Naturwelt «der fortschreitenden Kultur, deren Siege wir bewundern» unterliegen und «durch die Gewaltsamkeit der nur nach Ausnutzung fragenden Technik roh zerrissen, der liebliche, geistig so gehaltvolle Schmuck auch der einsamsten Berge und Täler ... durch frevle Hand geraubt, durch barbarische Rücksichtslosigkeit zermalmt» würde. Dieser drohenden Zerstörung sollte das Schweizervolk entgegentreten, indem es den SNB unterstützte.[612]

Zivilisation, Fortschritt und vor allem der menschliche Einfluss ziehen sich als *die* Bedrohungen durch die Geschichte des Schweizerischen Nationalparks. Im «Bundesbeschluss betreffend die Errichtung eines schweizerischen Nationalparks im Unterengadin» von 1914 wurde im ersten Absatz festgehalten, dass im Nationalpark «die gesamte Tier- und Pflanzenwelt grundsätzlich vor jedem menschlichen Einfluss geschützt» werden solle. Der Nationalratsabgeordnete Walter Bissegger meinte in der diesbezüglichen Parlamentsdebatte, es gäbe «viele gewaltige Dinge auf der Welt», nichts aber sei «gewaltiger als der Mensch». Dies würde «durch nichts lebendiger und eindringlicher illustriert als durch die Tatsache», dass der Mensch sich genötigt fühlt, «gegen seine eigene Macht und seine Vergewaltigungsgelüste gewisse Schranken aufzurichten». Der Mensch wäre der «unumschränkte Gebieter», er habe «zu seinem Nutzen den größten Teil der Erde kultiviert». Gerade die Schweizer wüssten von dieser schweren und verdienstvollen Arbeit zu erzählen. «Mit unerschöpflichem Eifer und ohne den Geldaufwand zu beachten» würden sie Flüsse und Bergbäche «korrigieren», die Trockenlegung von Sümpfen und Mooren und die Aufforstung selbst steilster Berghänge verfolgen. «In die gerechte Freude über das Errungene» würde sich «neuerdings ein Gefühl der Bitternis und fast der Reue über die Opfer, die uns das alles gekostet hat», mischen «über das Aussterben gewisser Tierarten, die einst den Stolz des Landes bildeten ....»[613]

Ein Angebot des Kurvereins St. Moritz, Dam- und Edelhirsche aus den dortigen Beständen für den Nationalpark zur Verfügung zu stellen, lehnte die Eidgenössische Nationalparkkommission (ENPK) 1916 dankend ab mit dem Hinweis, dass es sich um kein einheimisches Wild handle und es somit nicht im Zwecke des Parks liegen könne, den Wildbestand künstlich zu heben.[614] Die oft geäusserte Ablehnung jedes Eingriffs in natürliches Geschehen seitens der Nationalparkverantwortlichen wurde von Akteuren ausserhalb der Eidgenössischen Nationalparkkommission (EPNK) immer wieder in Frage gestellt und scharf kritisiert. Im Frühjahr 1917 verendeten viele Rehe, da sie den Winter über zu wenig Nahrung gefunden hatten. Für die Redakteure der Schweizer Jagdzeitung war die Parkverwaltung dafür verantwortlich. Man habe in «vollem Bewusstsein das Wild dem Hungertod» zu überantworten, «es völlig sich selbst» überlassen, «im Bestreben, den ‹Urzustand der Natur› zu kopieren»[615] (Abb. 75).

Bereits 1919 liess die Gemeinde Zernez ein Projekt zur hydroelektrischen Nutzung der Flüsse Inn und Spöl ausarbeiten, da sie sich gute Einkünfte aus den Wasserzinsen versprach. Während des Zweiten Weltkriegs litt die Schweiz unter eklatanter Stromknappheit. Als Folge davon erlangte der Wasserkraftausbau hohe Priorität. Eine Reihe von Grosskraftwerken wurde projektiert und auch die Nutzung des Spöl wurde wieder aktuell.

Abb. 75. Hirschsterben. Das Massensterben von Rothirschen im Winter 1951 war eines von mehreren dieser Art, das Anlass zu harter Kritik an der Nationalparkverwaltung vor allem seitens der Jägerschaft gab. Foto Rudolf Grass, Nachlass Rudolf Grass.

Mehrere Konsortien liessen Studien zur Ausnutzung der Wasserkräfte des Inn und des Spöl ausarbeiten.[616] Die EPNK stellte klar, dass sie den Weiterbestand des Nationalparks und Wasserkraftnutzung im Nationalparkgebiet für nicht vereinbar hielt. Alle Vorschläge der Projektanten, die Auswirkungen des Kraftwerks zu minimieren, wurden rundweg abgelehnt, da «jede Änderung in positivem oder negativem Sinne ... einen starken Eingriff in das natürliche Geschehen» bedeuten und der wissenschaftlichen Forschung im Nationalpark die Grundlage entziehen würde. Indem sie das Kraftwerk verhinderten, wollten die Gegner des Projektes die heimatliche Natur «vor einer zügellosen Technik» schützen (Zbinden 1953 zitiert in KUPPER 2012b: 243).

Das gelang ihnen nicht. Ab 1962 wurde der Schweizerische Nationalpark für mehrere Jahre zu einer Grossbaustelle: unmittelbar an seinem Rand wurden das Wehr für den Stausee Ova Spin errichtet. Der ursprünglich nur als Transportweg für das zum Bau des Staudammes benötigte Material konstruierte Strassentunnel Munt la Schera stellt heute eine stark frequentierte Verbindung ins italienische Livigno dar.

Tourismus im Nationalpark war von den Initiatoren des Parks mehr geduldet als erwünscht. Bereits 1908 strich Hermann Christ in einem Gutachten zu den amerikanischen Nationalparks heraus, dass sie den «ausgesprochenen Zweck» hätten, «dem Publikum als Erholungsgebiet zu dienen». Dies würde «weniger auf unsere Reservate» passen.[617] Die heimischen «Naturwunder» wollte Christ «mit starkem nationalem Schutz umhegen und vor jeder weiteren Ausschlachtung durch die Gier der Spekulation schützen» (Christ 1908 zitiert in KUPPER 2012b: 251), für die er den Tourismus verantwortlich machte. Der Alpentourismus hatte gerade einen grossen Aufschwung erlebt, der in der Schweiz mit der Idee zur Errichtung einer Gipfelbahn auf das Matterhorn seinen Höhepunkt erreichte. Die touristische Erschliessung der Alpen wurde aber zunehmend als Bedrohung für die heimatliche Natur wahrgenommen.

Gegen die Intention seiner Begründer hatte der Schweizerische Nationalpark schon wenige Jahre nach seiner Errichtung grosse Bekanntheit erlangt und zog Besucher an. Während das Interesse von Forschern und Naturschützern wohlwollend zur Kenntnis genommen wurde, standen die Parkverantwortlichen dem Zustrom der Wandertouristen und Erholungssuchenden stets mit einem Gefühl der Ohnmacht gegenüber. Sie sahen sich vor konkrete Herausforderungen gestellt: «Die Fälle mehren sich, wo Touristengesellschaften im Parkgebiet, insbesondere auf Fops und beim Blockhaus, Tagesbiwak beziehen, Abfälle aller Art, Konservenbüchsen, Proviantpapiere usw. zum grossen Ärger aller Naturfreunde liegen lassen, trotz bestehender Vorschriften die gestatteten Wege verlassen, herumstreifen und durch ihr ganzes Gebahren die Tier- und Pflanzenwelt beunruhigen und beeinträchtigen»[618] klagte die EPNK in ihrem Jahresbericht. Leider würden «sich unter den vielen Besuchern immer wieder einzelne» finden, «denen der Sinn für Ordnung und Anstand zu fehlen scheint, seien es solche, die auf Murter, il Pra und anderen Rastplätzen in Form von Proviantpapieren, Blechbüchsen, Scherben ihre Besuchskarte hinterlassen. Oder andere, die den Nationalpark als geeignete Gefilde für Sonnen- und Luftbäder im Adamskostüm betrachten.»[619]

Eine bezeichnende Begebenheit aus der Dienstzeit des ersten vollamtlichen Nationalparkdirektors Robert Schloeth (1964–1990) schilderte ein Parkwächter in Schloeths «Tagebuch aus dem Schweizer Nationalpark». Der Parkwächter fühlte sich verpflichtet, am Rastplatz lärmende Kinder zurechtzuweisen. Die Eltern beklagten, dass nicht nur in der Stadt, sondern auch hier überall Verbote nötig wären. Darauf erwiderte der Parkwächter «Die Schweiz ist groß und vielseitig. Warum kommen Sie denn ausgerechnet in den Nationalpark?» (SCHLOETH 1989: 122). Mit wachsendem Unbehagen nahm die EPNK zur Kenntnis, dass der Besucherstrom in den Park nicht abriss. Der Höhepunkt des Besucherandrangs mit allen negativen Begleiterscheinungen wurde 1971 mit 270 000 geschätzten Besuchern erreicht. «Zum ersten Mal in der Geschichte des Schweizerischen Nationalparks war die Frequenz so hoch» und die Eidgenössische Nationalparkkommission stellte «an verschiedenen, besonders beanspruchten Punkten eine Übersättigung fest».[620]

Verlässliche Zählmethoden ab 2007 und retrospektive Berechnungen ergaben, dass diese Schätzungen deutlich zu hoch angesetzt waren und die tatsächlichen Besucherzahlen etwa bei der Hälfte lagen (KUPPER 2012b: 263).[621] Das änderte nichts an dem Sachverhalt, dass die Parkverwaltung mit dem hohen Verkehrsaufkommen und Parkplatzproblemen zu kämpfen hatte. Ausserdem häuften sich Klagen über «das gedankenlose Wegwerfen oder absichtliche Verstecken von Abfällen», das «erschreckend zugenommen» habe, und für das «im Grunde genommen desinteressierte und oberflächliche Quick-Besucher» verantwortlich gemacht wurden.[622] Während die Engadiner Touristiker wirtschaftliche Einbussen befürchteten, wurde ein Rückgang der Besucherzahl im Jahr 1984 von der Parkverwaltung folgendermassen kommentiert: «Im Park selbst fiel diese Abnahme eher angenehm auf, im Sinne einer Entlastung sozusagen … Man hat deshalb von der Parkseite aus keinen Grund zur Besorgnis wegen Mangel an Touristen …».[623] Nationalparkdirektor Robert Schloeth, stellte immer wieder bedauernd fest, dass die Nutzung der ehemaligen Kulturlandschaft im Nationalparkgebiet seit der Gründung des Nationalparks nicht etwa aufgehört hätte, «sondern sich auf diejenige des Tourismus verlagert» habe. «Das einst abgelegene Gebiet» sei – dank der Motorisierung – «zu einem argen Tummelfeld aller menschlichen Eigenschaften und Qualitäten geworden» (SCHLOETH 1989: 8). Erst in den letzten Jahren hat der Tourismus Eingang in die Parknormalität gefunden und wird auch von Seiten der Parkverwaltung toleriert.

Ein anderes Problem, das den Park durch viele Jahre begleitete waren hohe Wildbestände. Ende der 1940er Jahre wurde das Gedeihen des Rotwilds im Nationalpark zunächst positiv zur Kenntnis genommen, das zeigte «die Ansammlung von Jägern, die alljährlich während der Hochjagd rings um die Parkgrenze herum auf Beute» lauerte.[624]

Schon wenige Jahre später war die Rotwildpopulation so hoch, dass die Nahrung knapp wurde und eine grosse Zahl von Tieren verendete. Die zu hohen Wildbestände im Nationalpark verursachten ausserdem im Wald grosse Schäden durch starken Verbiss. Das auflagenstarke Boulevard-Blatt «Sonntagsblick» titelte 1986 «Nationalpark in Gefahr: Hirsche grasen geschützte Pflanzen ab!», auch in anderen Medien kursierten Berichte über kahlgefressene Wälder (KUPPER 2012b: 284f.). Der Jäger B. Steiner veröffentlichte im «Tages Anzeiger» einen Beitrag unter dem Titel «Der Nationalpark oder das Walten der Natur gegen eine Idee». Angesichts dahinsiechender Wälder würden die Parkverantwortlichen stets darauf hinweisen, dass sie keine unberührte Natur übernommen hätten und dies die Spätfolgen der «Sünden der Vorväter» wären, kritisierte er. Schon die «Rotwildforschung der siebziger Jahre» hätte «zur Diagnose ‹eines aus dem Gleichgewicht geratenen Systems'» geführt. Dennoch würde keinerlei Konsequenz daraus gezogen und das «Experiment» des Nichteingreifens in die Natur fortgeführt (SCHLOETH 1989: 150f.). Die Nationalparkleitung sah sich unter dem Druck dieser Berichterstattung gezwungen, Massnahmen in Form eines umfangreichen Hegeabschusses zu ergreifen.

Fast zur gleichen Zeit diskutierte man europaweit das Phänomen des Waldsterbens. Auch die Parkverwaltung äusserte sich besorgt dazu. Aktuelle Untersuchungen hätten gezeigt, dass das Waldsterben «auch vor Reservatsgrenzen nicht Halt» mache. Als primäre Ursache vermutete man Luftverschmutzung oder Schädlinge wie Pilze oder Käfer.[625] Für den allgemein schlechten Zustand des Waldes machte man aber auch den hohen Wildbestand verantwortlich. Die beiden Themen «Waldsterben» und «Wildschäden» wurden zwar nicht unmittelbar miteinander in Beziehung gesetzt. Die Diskussion um das «Waldsterben» hatte aber Mitte der 1980er ihren Höhepunkt erreicht und sensibilisierte für alle Themen, die den Wald betrafen (KUPPER 2012b: 284f.).

Schon in den 1980er Jahren klagten Besucher über den «unmenschlichen» Verkehr auf der Ofenbergstrasse. Waren es zunächst rücksichtslose Autofahrer, die als Gefahr für die Fussgänger und Wildtiere gesehen wurden, wird aktuell der Motorradverkehr am Ofenpass als immer stärkere Belastung empfunden. Neben den Schadstoffemissionen stört vor allem der weithin hörbare Lärm der Motorräder, die in grosser Zahl die Ofenpassstrasse benutzen, um «den Schweizer Nationalpark mit seinem herrlich duftenden Bergwald» zu queren.[626]

Thomas Scheurer (Forschungskommission Nationalpark) sieht aktuell eine Reihe von Herausforderungen im Nationalpark, die seiner Meinung nach nicht ausreichend thematisiert würden: Dazu zählen Strassenbau und Verkehrsaufkommen im und am Rande des Nationalparks, die grossen Mengen herumliegenden Totholzes, die sich leicht entzünden und Waldbrände auslösen könnten, und schliesslich sanitäre Fragen: Es gibt keine Toiletten für Besucher im Nationalpark.[627]

4.6.5 Heimat des Urhelvetiers – Schutzziele

Den Mitgliedern der Schweizerischen Naturschutzkommission schwebte 1909 vor eine «Reservation» zu schaffen. Sie verstanden darunter ein grösseres Gebiet, «welches für Tiere und Pflanzen zum absoluten Freigebiet erklärt würde, in welchem also jeder Eingriff in den Bestand des pflanzlichen und tierischen Lebens ausgeschlossen sein müsste». Grosse Nationen hätten «glänzende Vorbilder solcher Reservationen» geboten, die dazu ermutigen mussten ähnliches in der Schweiz zu versuchen. «Die natürliche Flora und Fauna des europäischen Alpenzugs sollte in einem bestimmt umgrenzten Gebiet ihre unangetastete Heimat finden; hier sollte sie sich vermehren, in ihren Gestalten sich gegenseitig anpassen, und es sollte so im Laufe der Jahre wieder eine Pflanzen- und Tiergenossenschaft gewonnen werden, wie sie die Alpen noch vor dem Eindringen des Menschen als ein reines Werk der Natur geschmückt hatte, eine natürliche Lebensgenossenschaft, eine

Biocoenose, wie die Wissenschaft es nennt, sollte im Herzen Europas, im Herzen des schönsten Gebirgslandes der Welt begründet werden.»[628] Mit diesen Worten richtete sich das Reservationenkomitee der Schweizerischen Naturschutzkommission an den Zernezer Gemeinderat, um die Verhandlungen für eine Reservation zu eröffnen und gab damit auch die Ziele vor, die im Schweizerischen Nationalpark über die nächsten Jahrzehnte verfolgt wurden.

1904 war zum letzten Mal ein Bär in der Val S-charl erlegt worden. Im Sommer 1909, in dem die Nationalparkpläne in Zernez diskutiert wurden, wurden vereinzelt Bären im Ofengebiet gesichtet. In der lokalen Bevölkerung sorgten die neuerlichen Bärensichtungen für Unbehagen. Für die Naturschützer hingegen waren sie ein erfreuliches Indiz für die Wildheit des Gebiets («wo der Bär haust» (KUPPER 2012b: 113)), hatten sie doch vor, ein Stück Land zu reservieren, damit sich dort die Natur – vom Menschen ungestört – entwickeln könnte. Dies schien notwendig, «da nur durch ein solches großangelegtes Werk zu erhoffen» wäre, «die noch erhalten gebliebene ursprüngliche Tier- und Pflanzenwelt unseres Landes in einem bestimmten Gebiete für immer retten zu können» (BRUNIES 1920, 16).

Der Botaniker Gustav Hegi veröffentlichte 1911 sein Buch «Die Naturschutzbewegung und der schweizerische Nationalpark» und propagierte darin die «Schaffung größerer Naturparke, in denen alles, was ursprünglich einheimisch war, ein dauerndes Asyl bekommt» (KUPPER 2012b: 53). Der Parlamentarier Bissegger bezeichnete 1914 den Naturschutz als «eine Art Abzweigung der Heimatschutzvereinigung» und wünschte: «… möge das Bild, das uns der Nationalpark verspricht … einen neuen Zug beifügen zu dem, was ein welscher Prophet des Heimatschutzes so schön genannt hat: Das geliebte Antlitz des Vaterlandes.»[629]

Die Schweizer Nationalparkbegründer orientierten sich zunächst am amerikanischen Vorbild Yellowstone National Park und studierten dieses Modell eingehend. Der amerikanische Nationalpark umfasste «durch besondere Schönheit und Großartigkeit der Vegetation und Landschaft anziehende Täler und Gebirgsteile, welche als Naturdenkmäler erhalten werden sollen». Der touristische Zweck der amerikanischen Nationalparks traf sich nicht mit den Zielen der Schweizerischen Naturschutzkommission, «während die der Erhaltung der Naturobjekte dienenden Vorschriften ganz in unser Gebiet fallen» würden, urteilte Hermann Christ in seinem Gutachten zu den Gesetzen amerikanischer Reservationen. In den Beschlüssen zu den amerikanischen Parks würde stets der populäre Zweck hervorgehoben: Das Terrain würde «dem Verkehr entzogen ‹for the benefit and enjoyment of the people›». Hie und da würde «aber auch noch darauf hingewiesen, dass die großen und merkwürdigen Bäume und die Tiere des Schutzes» bedürften.[630] Die Schweizer Naturschützer wollten in ihren Schutzbemühungen weiter gehen und versuchten den Begriff «Nationalpark» neu zu besetzen. Sie wollten Natur schützen und für die Forschung bereitstellen und lehnten jede andere Nutzung ab. Das Cluozzatal empfahl sich für so ein Vorhaben: Es wurde als «weitgehend unberührte Wildnis beschrieben, deren reichhaltige Naturphänomene noch der Erforschung harrten» und es wäre «bislang auch der Aufmerksamkeit des Tourismus entgangen» (KUPPER 2012b: 63). Ganz im Gegensatz zu Yellowstone, wurde der Schweizerische Nationalpark nicht unter dem Aspekt der Sehenswürdigkeit, sondern als Teil gewöhnlicher Alpennatur eingerichtet, die sich hier ungestört entwickeln sollte.[631] Der Schweizerische Nationalpark war somit dem Schutz natürlicher Prozesse verpflichtet. Auch hier ein Unterschied zu anderen zeitgenössischen Naturschutzbestrebungen, die sich meist auf rein konservierenden Naturschutz beschränkten.[632]

Grosse Ziele verfolgte Paul Sarasin. 1910 trug er auf dem Internationalen Zoologenkongress in Graz erstmals seine Idee für einen «Weltnaturschutz» vor (SCHOENICHEN 1954: 264). Die Schweiz sollte dabei mit ihrem Nationalpark eine Vorreiterrolle einnehmen. Sarasin konnte den Schweizer Bundesrat dazu bewegen, zu einer Internationalen Konferenz für Weltnaturschutz in Bern einzuladen, zu der Delegierte aus 17 «weißen» Ländern kamen. Sarasin wurde von der Konferenz zum Vorsitzenden der nur mit sehr eingeschränkten Kompetenzen eingesetzten Kommission mit Sitz in Basel gewählt. Sarasins Forderung, den Schutz «primitiver Völker» ins Aufgabenfeld aufzunehmen, scheiterte. Der bald darauf ausbrechende Erste Weltkrieg markierte den Beginn einer langen Unterbrechung der Bemühungen um einen internationalen Naturschutz.[633]

Der Feuilletonist Josef Viktor Widmann ersann 1910 einen Aprilscherz für die Zeitung «Der Bund»: Im Schweizerischen Nationalpark sollte ja die eigentümliche Pflanzen- und Tierwelt der Schweiz «ihrer natürlichen von Menschenhand ungestörten Entwicklung» überlassen werden mit der Hoffnung, dass in dem abgegrenzten Gebiet mit der Zeit eine Art Urwald entsteht. Das Projekt solle nun dahingehend erweitert werden, «dass auch die menschlichen Repräsentanten der schweizerischen Heimat … mit möglichster Reinheit darzustellen seien». In der Reservation solle auch der Urtypus des alpinen Helvetiers rückgezüchtet werden. Es sei nun ein Streit darüber entbrannt, ob der Verlauf völlig der Natur und damit in gewisser Weise auch dem Zufall überlassen werden solle oder ob die Ausgangsexemplare für dieses Experiment auszuwählen seien. Ein geeignetes Paar «ausgesuchter Prachtexemplare jetzt schon lebender Schweizer» wurde präsentiert. Der Aprilscherz von 1910 legt nahe, dass der Nationalpark ein öffentliches Gesprächsthema war. Er zeigte eine nationalistische Tendenz der Naturschutzidee und spielte auf die wissenschaftlichen Begründungen und Expertisen in der Nationalparkdiskussion an. Vor allem aber hatte der Verfasser des Aprilscherzes erkannt, dass es den Initiatoren des Nationalparks primär nicht darum ging, Natur zu erhalten, sondern Natur in ihrer Ursprünglichkeit wieder entstehen zu lassen (KUPPER 2012b: 57ff.).

Als das schweizerische Parlament 1914 tatsächlich die Schaffung eines Nationalparks beschloss, sollte damit eine «Freistätte» geschaffen werden, «aus der jeder menschliche Einfluss soweit immer möglich ausgeschlossen» wäre.[634] Die Natur völlig sich selbst zu überlassen war nicht immer einfach. Trotz hoher Wildsterblichkeit hatte die EPNK 1917 die Einrichtung von Futterstellen als unzulässigen Eingriff abgelehnt, gleichzeitig gestattete sie in einem Grundsatzbeschluss den Einsatz künstlicher Salzlecken im Parkgebiet. Das hatte folgenden Hintergrund: Bündner Jäger betrieben entlang der Parkgrenzen Salzlecken, um Steinwild aus dem Park zu locken. Nachdem die Kommission das erfahren hatte, wies sie die Parkwächter an, «in diskreter Weise ebenfalls an geeigneten Stellen Salzlecken anzulegen, um dieses Herauslocken unwirksam zu machen» (Eidgenössische Nationalparkkommission 1918 zitiert in KUPPER 2012b: 151). Die Salzlecken wurden einerseits zu Kampfmitteln in einem verdeckt ausgetragenen Konflikt zwischen Parkverwaltung und Jägern. Gleichzeitig waren sie symptomatisch für die Unterwanderung des selbst auferlegten Prinzips Naturprozesse unbeeinflusst laufen zu lassen (KUPPER 2012b: 51). Thomas Scheurer meinte im Interview zu diesem Thema, dass von den Parkverantwortlichen «ein gewisser Pflegedrang» ausgegangen wäre: Sie hätten Holz von den Wegen geräumt, Feuchtbiotope, die trocken zu fallen drohten, mit Wasser gespeist und Wildtiere mit Salzlecken angelockt, um den Parkbesuchern einen guten Eindruck vom Park zu vermitteln. Teilweise wurden diese Vorgänge in den Tagebüchern der Parkwächter aufgezeichnet, da sie stolz darauf waren, etwas für dem Park tun zu können.[635]

Die Forscher hatten erwartet, dass durch den völligen Ausschluss von Menschen und menschlichen Nutzungen die Artenvielfalt im Nationalpark zunehmen würde, z. B. durch Zuzug aus den südlich oder östlich anschliessenden Alpentälern. Doch tatsächlich schien das Gegenteil der Fall zu sein, wie die EPNK in ihrem Jahresbericht von 1923 feststellte: «Die Abwesenheit des Menschen und des Weideviehs scheint die Verarmung zu bedingen.»[636] Zwei Jahre später wurde von einer langsamen aber steten Zunahme aller Wildarten berichtet und erwartet oder erhofft, dass «in nicht allzuferner Zeit ein gewisser Gleichgewichtszustand sowohl hinsichtlich des Bestandes der einzelnen Tierarten als im Verhältnis zwischen Nutz- und Raubwild eintreten» würde.[637]

Schröter berichtete 1925 über die zehnjährige Tätigkeit der wissenschaftlichen Kommission im Nationalpark: «Aus den bisherigen Resultaten dürfen wir wohl schließen, dass aus diesen zielbewussten, vielseitigen Arbeiten mit der Zeit ein vollständiges Bild der unorganischen und organischen Natur des Parkgebietes erstehen wird und das die sorgfältig verfolgten säkularen Veränderungen in diesem Bild wichtige allgemeine Resultate ergeben werden. Das Eigenartige, Neue an dieser Forschung ist das programmmäßige Zusammenarbeiten der 40 Beobachter im gleichen Gebiete, so dass alle Seiten einer ausgedehnten Biozönose zur Beobachtung kommen und auf lange Zeit hin verfolgt werden können.»[638] Gezielte Zusammenarbeit und interdisziplinäre Forschung wurden dadurch möglich, dass die Wissenschaftler mit dem Schweizerischen Nationalpark einen definierten Ort der Forschung hatten. Davon profitierten auch international anerkannte Forschergrössen wie z. B. Braun-Blanquet.[639]

Das Bundesgesetz zum Schweizerischen Nationalpark von 1980 griff in Art. 1 (Wesen und Zweck) im Wesentlichen die ursprünglichen Ziele von 1914 wieder auf: «Der Schweizerische Nationalpark im Engadin und Münstertal im Kanton Graubünden ist ein Reservat, in dem die Natur vor allen menschlichen Eingriffen geschützt und namentlich die gesamte Tier- und Pflanzenwelt ihrer natürlichen Entwicklung überlassen wird. Es sind nur Eingriffe gestattet, die unmittelbar der Erhaltung des Parks dienen. Der Nationalpark ist der Allgemeinheit zugänglich, soweit es die Parkordnung zulässt. Er soll Gegenstand dauernder wissenschaftlicher Forschung sein»[640] (Abb. 76, Abb. 77) Die Ziele hatten sich über die Jahre wenig geändert. Allerdings wurden sie um die allgemeine Zugänglichkeit erweitert, die sich für die Parkverwaltung immer noch problematisch darstellte, umso mehr als «das ursprüngliche Zielbild unseres Nationalparks zum bloßen Touristenprojekt verblasst.»[641] In den letzten Jahren wuchs aber auch die Bereitschaft, sich dieser Herausforderung zu stellen und Besucherkonzepte zu entwickeln.

Ein Ziel, das im Schweizerischen Nationalpark von Anbeginn an verfolgt wurde, der Schutz von Wildnis wirkt auch im aktuellen Parkgeschehen. 2011 wurde der Schweizerische Nationalpark Mitglied von PAN Parks. Die Organisation PAN Parks hatte sich zum Ziel gesetzt bis 2015 eine Million Hektar Wildnisflächen in Europa zu sichern.[642] 2014

Abb. 76. Forschung und Dokumentation. Von Anfang an war der Schweizerische Nationalpark vor allem der Forschung gewidmet. Foto Archiv Schweizerischer Nationalpark.

Die Schutzgebiete

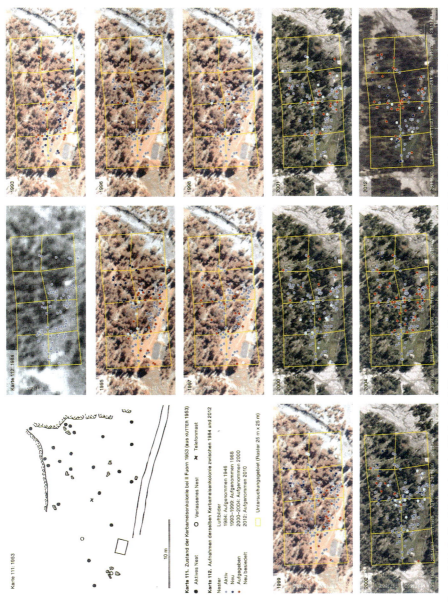

Abb. 77. Präzise Zeitreihen als Aushängeschild. Anlässlich des hundertjährigen Jubiläums präsentierte der Schweizerische Nationalpark eine umfassende Dokumentation des Parks. Dargestellt ist die Entwicklung von Kolonien der Kerbameise zwischen 1953 und 2012. Cherix in FREITAG et al. (2014: 113).

wurde die PAN Parks Foundation liquidiert und von der European Wilderness Society (EWS) abgelöst. Diese neu gegründete Organisation hat sich der Förderung von Wildnis und Wildnisgebieten in Europa verschrieben.[643]

4.6.6 Eine Kopie besser als das Original – Instrumente und Strategien

Die Initiative für die Gründung des Schweizerischen Nationalparks ging von der Schweizerischen Naturschutzkommission aus. Sie hatte sich 1906 gebildet, um «in ihrer Existenz gefährdete Naturdenkmäler … vor der Zerstörung zu bewahren». Die Mitglieder der Schweizerischen Naturschutzkommission widmeten sich zunächst der Rettung erratischer Blöcke und der Ausarbeitung eines Entwurfs zu kantonalen Pflanzenschutzverordnungen. Sie gingen aber davon aus, dass die Schaffung von grossen abgelegenen Schutzgebieten (Reservationen) das am besten geeignete Instrument sei, um ihr Anliegen – den vollkommenen Schutz der Pflanzen- und Tierwelt – zu verwirklichen.[644] Man suchte zunächst nach geeigneten Flächen, um eine Reservation zu schaffen und wurde schliesslich mit dem auf Zernezer Gemeindegebiet gelegenen Val Cluozza fündig. Die Gemeinde Zernez hatte bis dahin vor allem von den bescheidenen Einkünften aus Holzproduktion und Viehwirtschaft gelebt und war gegenüber neuen Einkommensquellen aufgeschlossen. Im Dezember 1909 wurde ein erster Pachtvertrag mit der Gemeinde Zernez unterzeichnet (Abb. 78). «In zehn Artikeln regelte dieser die ‹Überlassung› der Val Cluozza an die Schweizerische Naturschutzkommission auf den 1. Januar 1910 für 25 Jahre und gegen einen jährlichen ‹Pacht- und Anerkennungszins› von 1400 Franken. Dafür sollte die Gemeinde «ein allgemeines Jagd-, Holzungs- und Weideverbot für die Reservation erlassen, resp. bei der zuständigen Behörde erwirken».[645] Der Pachtzins machte deutlich mehr aus, als durch die Aufgabe der forst- und landwirtschaftlichen Nutzung der Fläche wegfiel (KUPPER 2012b: 114). Damit war der Grundstein für den Nationalpark gelegt.

Der Pachtzins belastete die Finanzen der Schweizerischen Naturschutzkommission bald so sehr, dass diese sich genötigt sah, neue Finanzierungsquellen zu erschliessen. Der Vorsitzende der Kommission, Paul Sarasin, sandte einen Aufruf zur Bildung eines Schweizerischen Bund für Naturschutz an 48 deutsche und 21 französischen Zeitungen, um dies «einem weiteren Publikum zur Kenntnis zu geben» (Abb. 79). Um «alle mit dem Naturschutz zusammenhängenden Bestrebungen zu verwirklichen, bedürfen wir einer starken finanziellen Mithilfe, welche wir dadurch zu gewinnen hoffen, dass wir uns an das Schweizerische Volk wenden mit der Bitte, den Wert an unseren Bestrebungen nicht zu verkennen, vielmehr, von der Wichtigkeit der Angelegenheit durchdrungen, mit dem kleinen Opfer, um das wir bitten müssen, sie zu fördern und so den eigenen Wunsch zu erkennen zu geben, durch Erhaltung der freien Natur unseres Vaterlandes in ihrem vollem Schmucke, in all ihrem Reichtum sowohl selbst Freude und Erhebung zu gewinnen, als auch den Dank der Nachwelt zu verdienen.»[646] Die Mitgliedsbeiträge in der Höhe von einem Franken jährlich wurden dazu verwendet, den Pachtzins zu begleichen. (Noch heute zahlt Pro Natura – wie der Schweizerische Bund für Naturschutz sich seit 1997 nennt – pro Mitglied einen Franken an den Betrieb des Nationalparks im Engadin.[647])

Die Schweizerische Naturschutzkommission hatte ursprünglich vor, das Land mit einem Netz von «Reservaten» und «Reservationen» zu überziehen. Durch die Begründung des Schweizerischen Nationalparks gerieten diese Bemühungen ins Hintertreffen. Die Schweizerische Naturschutzkommission berichtete, dass «auch der Schweizerische Forstverein sich in Tätigkeit gesetzt» hätte, «Schutzgebiete anzukaufen oder zu pachten, um aus ihnen partiell botanische Reservate zu schaffen». Und die Schweizerische Gesellschaft für Vogelkunde und Vogelschutz hätte Schritte «zur Anlegung von Vogelschutzgehölzen getan». Der Schweizerische Bund für Naturschutz, «dessen Mittel für die Bestreitung von Kosten des Nationalparks noch fast völlig in Anspruch genommen» wären,

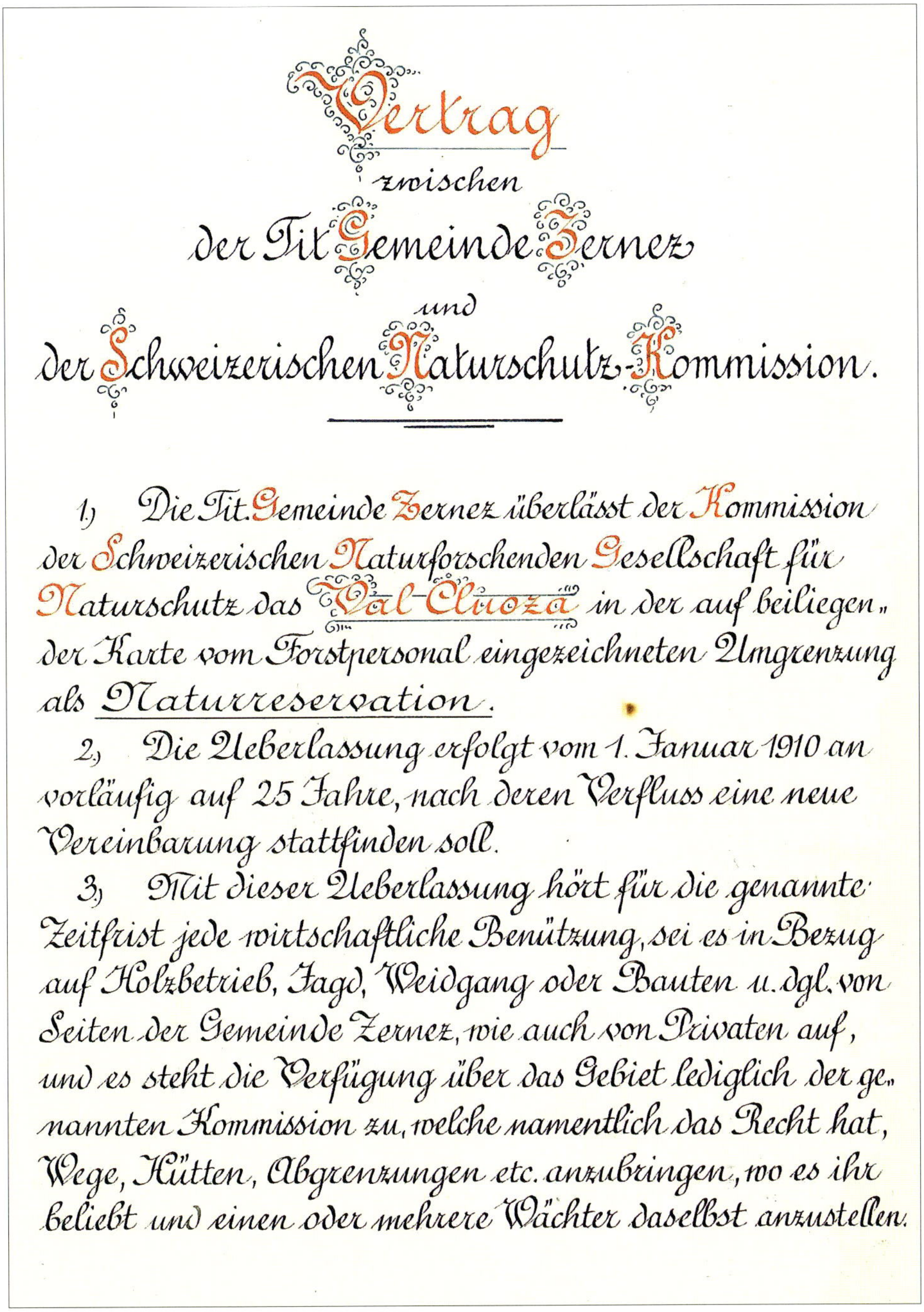

Vertrag

zwischen der Tit. Gemeinde Zernez und der Schweizerischen Naturschutz-Kommission.

1) Die Tit. Gemeinde Zernez überlässt der Kommission der Schweizerischen Naturforschenden Gesellschaft für Naturschutz das _Val Cluoza_ in der auf beiliegender Karte vom Forstpersonal eingezeichneten Umgrenzung als _Naturreservation_.

2) Die Ueberlassung erfolgt vom 1. Januar 1910 an vorläufig auf 25 Jahre, nach deren Verfluss eine neue Vereinbarung stattfinden soll.

3) Mit dieser Ueberlassung hört für die genannte Zeitfrist jede wirtschaftliche Benützung, sei es in Bezug auf Holzbetrieb, Jagd, Weidgang oder Bauten u. dgl. von Seiten der Gemeinde Zernez, wie auch von Privaten auf, und es steht die Verfügung über das Gebiet lediglich der genannten Kommission zu, welche namentlich das Recht hat, Wege, Hütten, Abgrenzungen etc. anzubringen, wo es ihr beliebt und einen oder mehrere Wächter daselbst anzustellen.

Abb. 78. Historisches Dokument. Der Pachtvertrag von 1909 markiert einen Meilenstein in der europäischen und alpinen Naturschutz- und Schutzgebietsgeschichte. Archiv Schweizerischer Nationalpark.

4.) Die Gemeinde Zernez wird für diese 25 Jahre ein allgemeines Jagd-, Holzungs- und Weidverbot für die Reservation erlassen, resp. bei der zuständigen Behörde erwirken. Für den Fall, dass Steinböcke in dem genannten Gebiete angesiedelt würden, bleiben besondere Vereinbarungen zum Schutze derselben vorbehalten. Sollte durch Bären, welche im Reservationsgebiete sich aufhalten, Schaden angerichtet werden, so würde die Schweizerische Naturschutzkommission für den Schadenersatz aufzukommen und eventuell den Abschuss zu veranlassen haben.

5.) Der Gemeinde Zernez bleibt das Aufsichtsrecht über die Reservation in dem Sinne gewahrt, dass ihre Beamten die im Gemeindegebiet üblichen Polizeibefugnisse in derselben auszuüben berechtigt sind. Die Gemeinde Zernez wird dagegen der genannten Kommission die zum Schutze des Gebietes vor fremden Eingriffen, namentlich auch vor Wilderern erforderliche polizeiliche Hilfe nach Möglichkeit und gegen Ersatz der Unkosten leisten.

6.) Allfällig benötigtes Holz ist die Kommission im Einverständnis mit der Forstbeamtung der Gemeinde Zernez aus der Waldung der Reservation, sowie auch anderes Material, zu beziehen berechtigt.

7.) Die Gemeinde wünscht, dass von der Kommission ein gut gangbarer Pfad von der Zernezer-Seite aus in den nächsten Jahren angelegt werde.

8.) Die Naturschutzkommission wird der Gemeinde Zernez

würde sich «mit ganzer Kraft der Schaffung schweizerischer Reservate zuwenden, sobald er mehr erstarkt sein» würde. Der Schweizerische Bund für Naturschutz hoffte, dass «die Eidgenossenschaft die jährlichen Unkosten des Schweizerischen Nationalparks übernehmen und so den Naturschutzbund von dieser drückenden Last befreien» würde.[648]

Zunächst wurde den eidgenössischen Räten ein Subventionsgesuch vorgelegt. Mit dem Zuschuss aus Bundesmitteln sollten die Pachtzinsen für den Distrikt Zernez gezahlt

> gegen diese Ueberlassung einen jährlichen Pacht- und An-
> erkennungszins von Franken eintausend vierhundert
> (frs. 1400.-) per 1. Januar 1911 erstmals entrichten.
>
> 9.) Bei eventueller Einführung des Revierjagdpacht-
> systems müsste die Naturschutzkommission für den ent-
> sprechenden Ausfall an Nutzen der Gemeinde eine weitere
> Entschädigung ausrichten, wobei maaßgebend wäre das
> Areal, nicht aber der Wildstand.
>
> 10.) Die Naturschutzkommission ist berechtigt, die aus
> diesem Vertrag fliessenden Rechte und Pflichten an die
> Schweizerische Eidgenossenschaft abzutreten, sobald diesel-
> be sich zu deren Uebernahme bereit erklärt.
>
> Basel, den 1. Dezember 1909.
>
> Im Namen
> der Schweizerischen Naturschutz-Kommission:
>
> Dr. Paul Sarasin
> Präsident.

werden. Hier konnte inzwischen ein Pachtvertrag auf die Dauer von 99 Jahren abgeschlossen werden. «Auf Wunsch des Bundesrates sprach die Schweiz. Naturforschende Gesellschaft als juristische Person ihre Solidarität mit der Naturschutz-Kommission für die Erfüllung einer Reihe von Verpflichtungen aus, die sich aus der Errichtung und dem Betrieb des Nationalparks ergeben» würden.[649] Ab 1910 wurde anstatt des bis dahin verwendeten Begriffs «Reservation» zunehmend vom «Nationalpark» gesprochen. Gründe

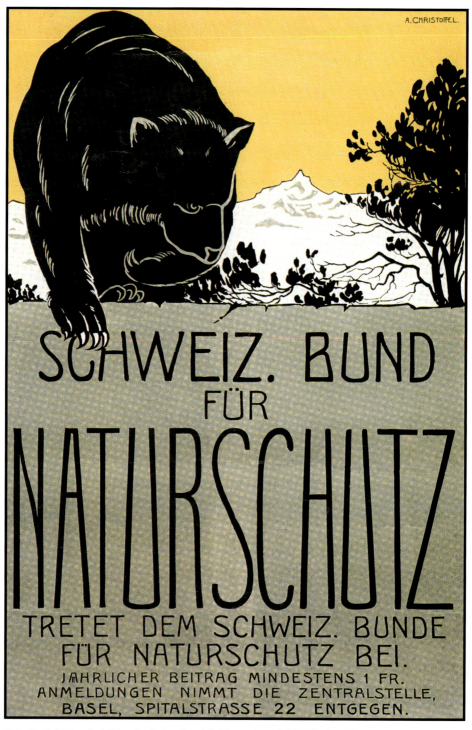

Abb. 79. Beitrittsaufruf Schweizerischer Bund für Naturschutz 1908. Mit dem Bild des zu dieser Zeit in der Schweiz bereits ausgerotteten Bären bekannte sich der Schweizerische Naturschutzbund zu dem Ziel ursprüngliche Natur wieder entstehen zu lassen. Plakat Archiv Pro Natura.

BERN, Freitag 27. März | Jahrg. XXIV 1914 XXIVme année | BERNE, vendredi 27 mars

Amtliches stenographisches Bülletin der schweizerischen Bundesversammlung

BULLETIN STÉNOGRAPHIQUE OFFICIEL DE L'ASSEMBLÉE FÉDÉRALE SUISSE

№ 12

Abonnemente: Jährlich Fr. 2. — für die Schweiz, Fr. 6. — für das übrige Postvereinsgebiet. In der Schweiz kann **nur bei der Post** abonniert werden.

Abonnements: Un an: Suisse frs. 2. —, Union postale frs. 6. —. On s'abonne en Suisse **exclusivement aux offices postaux.**

Nationalrat — Conseil national

Sitzung vom 27. März 1914, vormittags $8^1/_4$ Uhr — Séance du 27 mars 1914, à $8^1/_4$ heures du matin.

Vorsitz: / Présidence: Hr. *Planta*

Tagesordnung: — *Ordre du jour:*

Bundesbeschluss betreffend die Errichtung eines schweizerischen Nationalparkes im Unterengadin.

Arrêté fédéral concernant la création d'un parc national suisse dans la Basse-Engadine.

Fortsetzung. — *Suite.*

(Siehe Seite 181 hievor. — Voir page 181 ci-devant.)

Antrag des Herrn Nationalrat Ed. Scherrer.
25. März 1914.

Art. 1, Absatz 1.

Art. 1. Auf dem vertraglich näher bezeichneten Gebiete der Gemeinde Zernez wird ein schweizerischer Nationalpark errichtet, in dem die gesamte Tier- und Pflanzenwelt vor jedem ausserhalb dem Zwecke des Parkes liegenden menschlichen Einflusse geschützt wird.

Antrag des Herrn Nationalrat Siegrist.
26. März 1914.

Art. 1, Absatz 1 und 2.

Art. 1. Auf dem vertraglich näher bezeichneten Gebiete der Gemeinde Zernez wird ein schweizerischer Nationalpark errichtet, in dem die gesamte

Proposition de M. Ed. Scherrer, conseiller national.
25 mars 1914.

Art. 1er, alinéa 1er.

Article premier. Il est créé un parc national suisse sur le territoire délimité par contrat et qui appartient à la commune de Zernez L'ensemble des animaux et des plantes compris dans ce territoire sera soustrait d'une manière absolue à toute influence humaine qui s'exercerait en dehors du but poursuivi par la création du parc.

Proposition de M. Siegrist, conseiller national.
26 mars 1914.

Art. 1er, alinéas 1er et 2.

Article premier. Il est créé un parc national suisse sur le territoire délimité par contrat et qui appartient à la commune de Zernez. L'ensemble

Abb. 80. Nationalsache. Mit dem parlamentarischen Beschluss von 1914 wurde der Schweizerische Nationalpark vom Bemühen einer privaten Initiative zu einer Angelegenheit von nationaler Bedeutung. Amtliches stenographisches Bulletin der schweizerischen Bundesversammlung.

dafür dürften die leichte Übersetzbarkeit dieses Begriffs und die hohe Wiedererkennbarkeit in allen Landessprachen gewesen sein (Kupper 2012b: 77).

Eine parlamentarische Kommission aus Bern besuchte 1913 die Val Cluozza und zeigte sich von der Idee des Nationalparks begeistert. 1914 stimmte auch das schweizerische Parlament der Schaffung eines Nationalparks zu (Abb. 80). So erhielt das zuvor auf private Initiative errichtete Schutzgebiet eine bundesstaatliche Verankerung (Kupper 2012b: 53). Der Bund übernahm einen grossen Teil der Pachtverträge und damit auch die Oberaufsicht über den Park. Unter Beteiligung der SNG, des Schweizerischen Bund für Naturschutz und des Bundes wurde die Eidgenössische Nationalparkkommission eingerichtet, die die weiteren Geschicke des Parks lenken sollte.

1920 erfolgte die «Aufstellung einer Geschäftsordnung für die Nationalparkkommission, durch welche die Obliegenheiten der Behörden und Beamten des Parkes in verbindlicher Weise einlässlich und klar festgestellt» wurden. Darunter fielen auch die Vorschriften für die Parkwächter. Sie sollten genaue Aufzeichnungen (z. B. zu Wildstand, Besucherzahlen, usw.) führen, die «wertvolles Material für das Studium der Entwicklung des Parkes» boten. Ausserdem hatten sie über die Einhaltung der Parkvorschriften zu achten.[650] Es galt beispielsweise ein Wegegebot: Nur wenige als solche gekennzeichnete Wege durften ohne Bewilligung der Parkkommission begangen werden. Informationsmaterialien dazu wurden «an den Bahnstationen der Umgebung und weiteren geeigneten Orten zu Handen der Besucher aufgelegt».[651]

Schon ab 1850 hatten sich die Naturforschenden Gesellschaften der Schweiz dafür eingesetzt, den zuletzt im 16. Jahrhundert auf Schweizer Gebiet gesichteten Steinbock wieder heimisch zu machen (Kupper 2012b: 148). Von Anbeginn an begleitete diese Idee die Nationalparkbegründer. Im Jahre 1920 nahm «die Wiedereinbürgerung des edlen Steinbocks in die Fauna des Nationalparks ganz unerwartet greifbare Gestalt» an. Mit sieben Tieren aus Beständen in Interlaken und St. Gallen wurde ein erster Versuch unternommen. Unter den Zoologen herrschte die Meinung vor, dass das Steinwild nur deswegen in hochalpines Gelände ausweiche, da es vom Menschen dorthin gedrängt würde, dass der optimale Lebensraum aber tiefer läge. Im Nationalpark sollte für die Auswilderung nun der ideale Platz zur Verfügung gestellt werden und die EPNK meinte diesen im Falcun mit seinen geschlossenen Hochwäldern gefunden zu haben. Einem Gutachten zur Auswahl eines geeigneten Steinwildgebietes folgend trat man mit der Gemeinde Zernez in Verhandlung. «Nach einigen anfänglichen Differenzen kam am 14. Juni Dank des freundlichen Entgegenkommens der Gemeinde ein Nachtrag zum bestehenden Dienstbarkeitsvertrag zustande, durch welchen das Falcun dem Nationalparke mit einigen Vorbehalten (…) einverleibt wurde.»[652] Der Nachtrag besagte, dass sich die Eidgenossenschaft einer allfälligen «Stauung des Spöls im Parkgebiet» nicht widersetzen würde und erlangte später als «Spölklausel» zweifelhafte Berühmtheit (Kupper 2012b: 238). Leider war das Steinwild anderer Meinung als die Experten und hielt sich viel lieber im kargen hochalpinen Cluozzatal als im teuer erkauften Falcun auf. Dennoch wuchs die 1920 begründete Steinwildkolonie nach weiteren Aussetzungen zur drittgrössten der Schweiz heran.[653]

Im Anschluss an eine Parkerweiterung 1932 wurden neue Bronzegusstafeln an den Parkzugängen angebracht. Sie trugen in Abkehr von der bisherigen Praxis die romanische Aufschrift «Parc naziunal svizzer». Für ausländische Besucher trug dies dazu bei, dass sie den Schweizerischen Nationalpark als «wahrhaftigen Ausdruck reiner Schweizer Kultur» empfanden. Es blieb aber «die Identifikation von Parknatur und rätoromanischer Kultur eine Aussenwahrnehmung, die vor Ort kaum geteilt wurde». Zwar waren auch Verträge, die in den darauffolgenden Jahren zwischen Schweizerischem Bund für Naturschutz und Gemeinden geschlossen wurden, in romanischer Sprache verfasst. Für die Gemeindebewohner blieb der Nationalpark aber ein Ort, der vom fernen Bern oder Basel aus regiert wurde und der im besten Fall half, ihr Einkommen aufzubessern. Die Nationalparkverantwortlichen betrachteten wiederum die Gemeinden als «Vertragspartner des Nationalparks mit fixen Rechten und Pflichten. Ihre dauernde Partizipation oder aktive Mitwirkung am Park waren nicht vorgesehen.» Bereits in den 1920er hatte sich Zernez erstmals vergeblich um eine Stimme in der Nationalparkkommission bemüht. Auch die informellen Kontakte zwischen lokalen und Nationalparkakteuren waren selten und so blieb der Nationalpark lange Zeit ein Fremdkörper in der Region (KUPPER 2012b: 132ff.).

Die grossen Hirschsterben der 1940er und 1950er Jahre veranlassten die bündnerische Regierung zur Ergreifung drastischer Massnahmen, um den zu hohen Wildbestand einzudämmen. Sie erliess ein «Dekret über einen außerordentlichen Hirschabschuss ... im Jagdgebiet, angrenzend an den ‹Nationalpark› im Unterengadin», das vor allem in Jagdkreisen für heftige Reaktionen sorgte: Über 100 Stück Hirschwild seien innerhalb von zwei Tagen «diesem unwürdigen Massaker zum Opfer gefallen». Diese Jagd sei «kein Ruhmesblatt für die bündnerische Regierung» und würde «mit Recht nicht nur in Patentjägerkreisen scharf kritisiert». Sie hätte «auch bei der Schuljugend, die in schneereichen und kalten Wintern unter Leitung der Lehrerschaft auf Skiern auszieht, um dem notleidenden Wild durch Heufütterung etwas auf die Beine zu helfen, einen bemühenden Eindruck hinterlassen ... Viele rechte Jäger» hätten sich geweigert, mitzumachen.»[654]

Nicht zuletzt diese Kritik gab den Anstoss für die Aufnahme systematischer wildbiologischer Untersuchungen im Nationalparkgebiet. Es wurden internationale Studien zu Rate gezogen, die nahelegten, dass solche Wintersterben periodisch auftreten könnten. Auch Wildfütterung könne daran nichts ändern.[655] Ab 1987 unterstützte die EPNK «die Bemühungen des Kantons Graubünden um Reduktion des Rothirsches im Engadin und Münstertal, in dem sie Eingriffe in den Hirschbestand des Schweizerischen Nationalparks durch die Parkaufsicht zuliess.[656] Schliesslich wurden die Wildtiere mit Sendern ausgestattet, um ihre Bewegungen und Wanderungen mitverfolgen zu können. Das war Ausgangspunkt und Grundlage eines modernen Wildtiermanagements, wie es heute auch andernorts nach dem Vorbild des Schweizerischen Nationalpark praktiziert wird. Die Erkenntnisse aus dem Schweizerischen Nationalpark und das System der Wildschutzzonen wurden für die Jagdplanung der ganzen Schweiz herangezogen.[657]

1944 als Pläne aus den 1920er Jahren zur Wasserkraftnutzung am Spöl wieder aufgenommen wurde, lehnten EPNK, Wissenschaftliche Nationalparkkommission (WNPK, heute: Forschungskommission des Schweizerischen Nationalparks), Schweizerische Naturforschende Gesellschaft und Schweizerische Bund für Naturschutz dies kompromisslos ab und verwiesen auf den Bundesbeschluss von 1914, der den absoluten Schutz des Parks vor menschlichen Eingriffen zusicherte. Die Gemeinden und der Kanton Graubünden wollten auf in Aussicht gestellte Wasserzinsen in der Höhe von je rund 500 000 Schweizer Franken (gegenüber 30 000 aus der Verpachtung der Nationalparkflächen) nicht verzichten. Sie und die Kraftwerksprojektanten verwiesen auf die Spölklausel von 1920. Sie widersprach zwar dem übergeordneten Bundesbeschluss, doch die rechtliche Lage war nicht eindeutig. Von beiden Seiten in Auftrag gegebene Rechtsgutachten kamen erwartungsgemäss zu gegenteiligen Auffassungen. Auch auf politischer Ebene schienen die Positionen lange Zeit unverrückbar. 1954 gelangte eine Volksinitiative, mit der Natur- und Heimatschützern ein Laufkraftwerk bei Rheinau verhindern wollten, zur Abstimmung. Sie wurde ebenso deutlich abgelehnt wie die nachfolgende Wasserrechts-Initiative 1956. Die EPNK ahnte, dass einer Nationalparkinitiative kein Erfolg beschieden sein würde, änderte ihren Kurs und suchte fortan nach einem Kompromiss, der eine Wasserkraftnutzung im Park unter gewissen Auflagen zuliess – der «Verständigungslösung» von 1956 (KUPPER 2012b: 239ff.). Auch Wissenschaftliche Nationalparkkommission und Schweizerischer Bund für Naturschutz überdachten ihre Position. Zuvor hatten zahlreiche Mitglieder des Naturschutzbundes ihren Austritt aus der Organisation erklärt, da sie die Radikalposition der Naturschützer im Kampf gegen die Wasserkraft nicht mittragen wollten. Umgekehrt erklärten drei Vorstandsmitglieder des Schweizerischen Bund für Naturschutz ihren Rücktritt. Sie gründeten ein eigenes Nationalpark-Komitee, da sie die Verständigungslösung nicht verantworten könnten. Gemeinsam mit der lokalen Widerstandsbewegung Lia Naira organisierten sie 1957 eine Nationalpark-Initiative und ein Referendum, das sich gegen ein Abkommen zur gemeinsamen Spöl-Nutzung mit Italien wandte. Als das Referendum 1958 überaus deutlich abgelehnt wurde, stellten die Kraftwerksgegner ihre Aktivitäten ein (Kupper 2012b: 241ff.).

Mit der Berichterstattung rund um den Spöl-Konflikt erreichte der Nationalpark einen neuen Grad der Popularität und verzeichnete für das Jahr der Spöl-Abstimmung 1958 einen Höhepunkt des Besucherzustroms (Kupper 2012b: 263). Die EPNK bemerkte in ihrem Jahresbericht: «Diese Tatsache mag als erfreuliche Steigerung des Interesses am Nationalpark gewertet werden; sie bringt aber neue Aufgaben, die gelöst werden müssen. Vermehrung der Unterkunftsmöglichkeiten für die Besucher, Führungen durch den Park, Auskunftsstellen u. a.».[658] Einen gewissen Anteil am Erreichen der Besucherrekorde von 1970 und 1971 sprach man dem Europäischen Naturschutzjahr zu. Es habe das allgemeine Interesse am Naturschutz und speziell am Schweizerischen Nationalpark noch gesteigert. «Als positiver Einfluss des Europäischen Naturschutzjahres – neben dem gesteigerten Bewusstsein für die Fragen des Umweltschutzes – konnte auch im Nationalpark ein besseres Verhältnis zur Natur festgestellt werden. Trotz der enorm angestiegenen Besucherzahl war beispielsweise die Verschmutzung der Parkwege und Rastplätze geringer als früher.»[659] Bis etwa 1990 betrieb man im Schweizerischen Nationalpark «Naturschutz mit erhobenem Zeigefinger», auf den Tourismus reagiert man defensiv. Erst danach versucht man sich für den Tourismus zu öffnen und Angebote zu schaffen.

In den 1960er Jahre erfolgten erste ernsthafte Versuche, den Nationalpark stärker in der Region zu verankern. 1960 wurde die Oberaufsicht über den Nationalpark einem Einheimischen, dem Zernezer Gemeindeförster Jachen Könz, übertragen. Die 1964 neu geschaffen Position eines Nationalparkdirektors nahm mit dem Basler Biologen Robert Schloeth aber wieder eine Person ein, die nicht aus der Region kam. Um den Bau des Nationalparkhauses in Zernez zu finanzieren wurde 1966 die Stiftung «Pro Nationalpark» gegründet. Der Stiftungsrat setzte sich aus Mitgliedern der Eidgenössischen Nationalparkkommission zusammen zuzüglich des Gemeindepräsidenten von Zernez, der nun auch zu Sitzungen der Nationalparkkommission eingeladen wurde. Doch erst mit dem Nationalparkgesetz 1980 wurde den Parkgemeinden eine ständige Vertretung in der Nationalparkkommission zuerkannt. Und 2008 übernahm mit Robert Giacometti schliesslich erstmals eine Persönlichkeit aus einer der Nationalparkgemeinden die Leitung der Kommission (Kupper 2012b: 134f.)

In den 1970ern sollten weltweit Biosphärenreservate eingerichtet werden. In vielen Nationen – darunter auch die Schweiz – wurden bereits bestehende Schutzgebiete als geeignet für dieses Label erachtet. So wurde der Schweizerische Nationalpark 1979 zu einem Biosphärenreservat, das den zeitgenössischen Vorstellungen entsprach: die Hauptzwecke waren Forschung und Schutz der Natur. Der Beschluss der Sevilla-Strategie von 1995 änderte die Zielsetzung der Biosphärenreservate massgeblich. Seitdem bemüht sich die Parkverwaltung um die Schaffung einer Umgebungszone, die durch menschliche Nutzungen veränderte Landschaften (Kulturlandschaften) mit einbezieht. Im Jahr 2010 erfolgte mit Vorbehalten die Anerkennung der «Biosfera Val Müstair-Parc Naziual» durch die UNESCO. Im Biosphärenreservat Val Müstair-Parc Naziual bildet der der Schweizerische Nationalpark die Kernzone, das Val Müstair die Umgebungszone. Daraus ergibt sich, dass die Kernzone ausserhalb der Umgebungszone liegt und damit nicht den Vorgaben der UNESCO entspricht.[660] Bis 2013 sollte die Zonierung angepasst werden. In den Gemeinden müsste dafür angrenzend an den Schweizerischen Nationalpark (Kernzone) eine durchgehende Pflegezone eingerichtet werden. Da für die Entscheidungsfindung auf Gemeindeebene «noch vertiefte Abklärungen benötigt würden», wurde diese auf unbestimmte Zeit verschoben.[661]

In vielen Fällen als Ausgleich für die Zugeständnisse an die Wasserwirtschaft gab es in den 1960er Jahren einige Erweiterungen und Anpassungen der Nationalparkfläche. 1997 stellte die EPNK schliesslich ein Konzept zur Parkerweiterung vor. Es sah vor, die Kernzone auf 200 Quadratkilometer zu vergrössern und eine Umgebungszone mit nachhaltiger menschlicher Nutzung zu schaffen. Die Reaktionen darauf wurden als mehrheitlich positiv empfunden. 1999 gaben die Stimmberechtigten der Gemeinde Lavin ihre Zustimmung, die Seenplatte von Macun in die Kernzone des Nationalparks einzubeziehen (MÜLLER und KOLLMAYR 2004). Die Stimmberechtigten der ältesten Nationalparkgemeinde Zernez, in der auch die Nationalparkverwaltung ihren Sitz hatte, erteilten im Dezember 2000 der Erweiterung eine Absage. Die Nationalparkkommission gab daraufhin ihre Erweiterungspläne auf (KUPPER 2012b: 96). Die Parkerweiterung scheiterte aus Sicht der Nationalparkverwaltung nicht wegen ihrer Inhalte, sondern daran, dass sie als von aussen und von oben herab bestimmt wahrgenommen wurde. Für die Nationalparkverwaltung war das ein Anlass, die eigene Rolle kritisch zu betrachten und sich vorerst auf innere Erneuerung zu konzentrieren. 2008 wurde ein neues Besucherzentrum eröffnet (Abb. 81). Der Verwaltungssitz wurde ins Zernezer Schloss Planta-Wildenberg verlegt, der Gemeinderat zog ins ehemalige Verwaltungsgebäude. Der Gebäudetausch sollte sichtbares Zeichen für die Verbundenheit von Nationalpark und Gemeinde sein.

Am 1. Dezember 2009 jährte sich die erste Unterzeichnung eines Pachtvertrags zwischen der Gemeinde Zernez und der Schweizerischen Naturschutzkommission zum 100. Mal. Beim Festakt zu diesem Anlass zeigte sich der Gemeindepräsident überzeugt, «dass die damaligen Pioniere die Gunst der Stunde richtig einschätzten und einen nachhaltigen Beitrag zum Schutz dieser einzigartigen Landschaft leisten wollten. Doch auch wirtschaftlich hätte sich dieser Mut ausgezahlt: Der Schweizerische Nationalpark sei zum wichtigsten Angebot im touristischen Bereich geworden».[662]

Abb. 81. Besucherzentrum Zernez. Schnörkellos wie diese Architektur ist das Selbstverständnis des Schweizerischen Nationalparks. Foto E.C.O., Jungmeier (2012).

Der Schweizerische Nationalpark verfügt über sehr viele internationale Kontakte und gilt international als Vorzeigepark. 2010 war der Schweizerische Nationalpark zweimal Gastgeber für internationale Veranstaltungen des Netzwerks Alpiner Schutzgebiete (ALPARC). Das seit 1994 bestehende Netzwerk ALPARC ist eine Arbeitsgemeinschaft der Schutzgebiete der Alpenländer und zählt mehrere hundert Mitglieder. Ihre Vertreterinnen und Vertreter trafen sich in Zernez, um sich «über Landes- und Schutzgebietsgrenzen hinweg auszutauschen und die Zusammenarbeit zu vertiefen».[663] Besonders enge Beziehungen werden zu den Nationalparks Stilfserjoch (Italien), Berchtesgaden (Deutschland), und Hohe Tauern (Österreich) gepflegt.[664] Dabei können die anderen Schutzgebiete oft von den Erfahrungen im Schweizerischen Nationalpark profitieren. Beispielsweise beraten aktuell Mitarbeiter des Schweizerischen Nationalpark den Nationalpark Hohe Tauern im Belangen des Wissensmanagements.

Führend sind die Schweizer auch in den Bereichen Geoinformation, Geografische Informationssysteme (GIS) und GIS-Applikationen. Alle räumlichen Daten werden laufend aktualisiert und dokumentiert. So können langfristige Entwicklungen besser erfasst und verstanden werden. In den letzten Jahren lag der Schwerpunkt der Forschung bei der Waldbrandmodellierung und bei Habitatanalysen verschiedener Tierarten.

Eine besondere Innovation ist der digitale Wanderführer iWebPark. Diese Smartphoneapplikation begleitet den Besucher mit detaillierten Karten, Informationen und Geschichten durch den Nationalpark.[665]

Im Schweizerischen Nationalpark steht man der Tatsache, dass man «Nationalpark» heisst, gemäss IUCN-Kriterien aber nicht «Nationalpark» ist, ambivalent gegenüber. Auch wenn seitens der Parkdirektion betont wird: «Wir sind besser. Wir sind Kategorie Ia.»[666] Bestätigt wird das durch eine Auszeichnung die der Park im 100. Jahr seines Bestehens erhielt. Die King Albert I Memorial Foundation zeichnet seit 1994 Menschen und Institutionen aus, die sich in besonderem Masse um die Bergwelt verdient gemacht haben. 2014 wurde der King Albert Mountain Award an den Schweizerischen Nationalpark vergeben, «für seinen langjährigen Einsatz zugunsten der Bewahrung und Erforschung einer Berglandschaft, in welcher der Mensch seit 100 Jahren konsequent auf Eingriffe verzichtet, sowie für die kontinuierliche Information und Sensibilisierung der Besucherinnen und Besucher über die Gebirgsnatur»[667] (Abb. 82).

4.6.7 Kontrollierte Wildnis – Resümee

«In den Schweizerischen Nationalpark kommt man, weil es Nationalpark ist. Und es ist nicht Nationalpark, weil es schön ist», lautet die Antwort eines Mitarbeiters der Nationalparkverwaltung auf die Frage, warum der Schweizerische Nationalpark lange Zeit gleichzeitig populär und in der Region wenig verankert war, und warum die Nationalparkverantwortlichen sich im Umgang mit dem Tourismus so schwer taten.[668]

Der Schweizerische Nationalpark ist heute tatsächlich nicht Nationalpark, weil er etwa schöner oder aufgrund seiner naturräumlichen Ausstattung bedeutender wäre als andere Orte in der Schweiz. Der Schweizerische Nationalpark entstand vor rund hundert Jahren aus dem Wunsch einiger Gelehrter und Forscher heraus, ein Stück Land zu reservieren, in dem sich die Natur «von allen Kultureinflüssen unberührt» entwickeln könnte. Gleichzeitig sollte diese Entwicklung wissenschaftlich erforscht und dokumentiert werden. Der Park sollte zwar für jedermann zugänglich, doch ausdrücklich «kein Ort gewöhnlichen Vergnügens» sein (BRUNIES 1920: 17).

Dennoch kamen die Besucher häufig mit der Erwartung «1a-Natur» und «Tierli» zu sehen. Was sie vorfanden, war aber keine liebliche Landschaft, sondern eine grosse Zahl umgestürzter, sterbender Bäume und jede Menge Verbote. Die unerfüllte Erwartungshaltung einerseits und das fehlende Verständnis für so banale Wünsche von Seiten der Park-

Abb. 82. Nationalparkteam. Optimistisch blickt das aktuelle Verwaltungsteam, hier vor dem Besucherzentrum in Zernez, in die Zukunft seines schon über 100 Jahre alten Nationalparks. Foto Schweizerischer Nationalpark.

verantwortlichen führten zu jahrelangen unterschwelligen Konflikten zwischen Touristen und Parkverwaltung (SCHLOETH 1989: 148f.). Die Besucher ärgerten sich über die nur sehr eingeschränkten Möglichkeiten der Nutzung in einem aus öffentlichen Geldern mitfinanzierten Park. Die Parkverwaltung klagte wiederum über die «desinteressierten und oberflächlichen Quick-Besucher».[669] Die Journalistin Margrit Sprecher äusserte 1985 in einem Artikel in der «Weltwoche» die Vermutung, dass sich die Parkverantwortlichen «an der Dummheit und der Ignoranz der Menschen» stossen würden. Nationalparkdirektor Schloeth fühlte sich missverstanden, doch für Sprecher war die von ihr wahrgenommene Haltung der Parkverantwortlichen ein wesentlicher Grund für die schwierige Beziehung zwischen der Schweizer Bevölkerung und ihrem Nationalpark (SCHLOETH 1989: 148f.).

Die Entwicklung, die der Nationalpark nahm, erfüllte aber auch nicht die Erwartungshaltung der Initiatoren. Statt üppig spriessender Wildnis waren im Park rund sieben Jahrzehnte nach seiner Gründung, in denen die Natur weitestgehend sich selbst überlassen war, «dahinsiechende Wälder» anzutreffen. Die Jäger machten das Fehlen von Wildregulierungsmassnahmen für den Zustand der Wälder verantwortlich. Die Parkverantwortlichen fanden eine andere plausible Erklärung dafür. Die Natur laboriere noch an den Spätfolgen der «Sünden der Vorväter», schliesslich habe man keine unberührte Natur, sondern eine durch viele Jahre der menschlichen Nutzung überformte Kulturlandschaft übernommen (SCHLOETH 1989: 150f.). Und sie hielten lange Zeit weiter am selbst auferlegten Prinzip des Nichteingreifens in natürliche Prozesse fest. Als der Druck zu gross wurde und die Verwaltung schliesslich doch Regulierungsmassnahmen ergriff, rechtfertigte man dies mit wissenschaftlichen Argumenten.

Den Forschern sei in der jüngeren Geschichte des Schweizerischen Nationalpark «eine schlichtende rationalisierende Rolle» zugekommen, meinte Thomas Scheurer im Interview. Mehrmals hätten sie Konfliktsituationen entschärft, indem sie Zahlen und Fakten auf den Tisch legten, über die die verschiedenen Lager emotionslos verhandeln konnten. Dies betreffe z. B. die Rotwildbestände oder die Besucherzahlen. Die Gefahren wären grösser gemacht worden, als sie tatsächlich waren. Die Forschung hätte schliesslich «Zahlen und Fakten geliefert, über die die beteiligten Interessen emotionslos verhandeln konnten». Damit seien die Themen «von der Agenda verschwunden».[670]

Wie gingen nun die Parkverantwortlichen damit um, dass der Nationalpark an einen Stausee grenzte und ein Fluss im Nationalpark zur Stromerzeugung genutzt wurde? Dass der menschliche Eingriff eine Bedrohung für die Schutzziele darstelle und unter allen Umständen zu vermeiden sei, war sowohl im Bundesbeschluss von 1914[671] als auch im Nationalparkgesetz von 1980[672] festgeschrieben. Als klar wurde, dass an der Nutzung des Spölbaches im Nationalparkgebiet kein Weg vorbeiführte, begannen sich Wissenschaftler und Parkverwaltung mit der Situation zu arrangieren und gaben abermals das Prinzip des Nichteingreifens auf. Zunächst entwickelten sie das dynamische Restwasserregime und feierten es als Musterbeispiel für die «Vereinbarkeit von Schutz und Nutzung». Ein «Wasserkraftunfall» im Frühjahr 2013 zog den Lebensraum Spöl arg in Mitleidenschaft. Der Vorfall wurde dennoch als Glücksfall für die Forschung interpretiert, da man nun völlig neue Erkenntnisse gewinnen könne. Da die Wasserkraftnutzung im Nationalpark nun einmal gegeben ist, erfolgen gelegentliche Versuche, sie als Form der erneuerbaren Energie als nachhaltig und als Beitrag zum Klimaschutz darzustellen.[673]

Forscher und Forschung waren und sind die Triebfeder des Schweizerischen Nationalparks. Sie initiierten seine Einrichtung, legten die Ziele fest und interpretierten sie bei Bedarf neu. Bis heute ist der Schweizerische Nationalpark in Fragen der Forschung führend. Die Forschungskommission des Nationalparks ist eine Kommission der Schweizerischen Akademie der Wissenschaften, die SCNAT ist damit in alle Entscheidungen eingebunden. Das erlaubt nach Ansicht der Verantwortlichen langfristigere Zielsetzungen und Unabhängigkeit von der Tagespolitik.

Der Schweizerische Nationalpark war in vielerlei Hinsicht international wegweisend, vor allem in Fragen der Forschung und des strengen Schutzes. Der Historiker Patrick Kupper meint, dass schon Paul Sarasin den Schweizerischen Nationalpark als Testfeld für seine Ideen vom internationalen Naturschutz betrachtet habe. Er habe die Vision gehabt, Naturschutz über die Weltnaturschutzkommission weltweit so zu organisieren, wie es vorher in der Schweiz erfolgreich erprobt worden war.[674] Der Ausbruch des Ersten Weltkriegs warf den internationalen Naturschutz um Jahrzehnte zurück, bis zur Gründung der IUCN im Jahr 1948. Sie hat ihren Hauptsitz bis heute in Gland (Schweiz).[675]

Von Anfang an versuchten sich die Initiatoren des Schweizerischen Nationalparks dezidiert von den touristischen Zielen der US-amerikanischen Nationalparks abzugrenzen. Trotzdem kam es gerade in diesem Bereich zu parallelen Entwicklungen. Aus den schriftlichen Aufzeichnungen der Parkwächter geht hervor, dass sie immer wieder der Natur nachgeholfen haben, um den Park bei den Besuchern optimal in Szene zu setzen. Thomas Scheurer spricht von einem «Pflegedrang» der Parkwächter.[676] Das betraf das Wegräumen von herumliegendem Holz ebenso wie das Anlocken von Wildtieren. Ähnliches ist aus den amerikanischen Parks bekannt. Das amerikanische Gesetz forderte Wildnis in «natürlichem Zustand» zu erhalten. Im Parkalltag bedeutete das, ein ansprechendes Bild von Natur zu schaffen. Um die Natur zu verbessern wurden störende Bäume gefällt (um eine schöne Aussicht freizugeben) oder exotische Gewächse gepflanzt (um ein gefälliges Ensemble zu schaffen). Gute und böse Tiere wurden unterschieden und entsprechend gefördert oder dezimiert (JONES 2012: 40). Solches Verhalten widersprach natürlich zutiefst den Prinzipien der Schweizer Nationalparkgründer, trotzdem kam es vor.

Die geplante Parkerweiterung im Jahr 2000 scheiterte nach dem Verständnis der Nationalparkverwaltung nicht am Inhalt, sondern an der Art, wie vorgegangen wurde. Auch eine ausgeprägte «Anti-Alles-was-von-aussen-kommt»-Stimmung (Anti-EU, Anti-EWR, Anti-Globalisierung, Anti-Bern, ...) soll der ablehnenden Haltung der Bevölkerung förderlich gewesen sein. Als «fremd» galt dabei alles, was von ausserhalb des Engadins, des Unterengadins, oder sogar nur der eigenen Gemeinde kam. Die regionale Identität sei sehr stark ausgeprägt, manifestiere sich auch in der Sprache und könne sehr schnell instrumentalisiert werden. Schliesslich habe sich negativ ausgewirkt, dass die Nationalparkverwaltung nicht imstande war mit der Bevölkerung in einen Dialog zu treten, wurde seitens der Nationalparkverwaltung selbstkritisch angemerkt. Gleichzeitig betonten die Verantwortlichen aus der Abfuhr gelernt zu haben. Tatsächlich wurde mit der Einbeziehung aus der Region stammender Persönlichkeiten in die Nationalparkkommission ein erster Schritt in Richtung Annäherung zwischen Verwaltung und Region gemacht. Im Jubiläumsjahr 2014 wurden grosse und öffentlichkeitswirksame Feierlichkeiten ausgerichtet, die den Nationalpark und die Region zum Mittelpunkt der Schweiz machen sollten.

4.7 Parc Adula

4.7.1 Die Park Adula-Region

Lage: Der Parc Adula liegt im Südosten der Schweiz in den Kantonen Graubünden und Tessin. Mit einer geplanten Fläche von rund 1060 Quadratkilometern würde er nach seiner Realisierung das grösste Schutzgebiet der Schweiz darstellen.

Schutzkategorien: 1977 Landschaften und Naturdenkmäler von nationaler Bedeutung, 1991 Jagdbanngebiet, 1991 Hoch- oder Übergangsmoor von nationaler Bedeutung, 1992 Auengebiet von nationaler Bedeutung, 1994 Flachmoor von nationaler Bedeutung, 1996 Moorlandschaft von besonderer Schönheit und von nationaler Bedeutung, 2005 Wildruhezone, 2010 Nationalparkkandidat, 2010 Trockenwiesen und -weiden von nationaler Bedeutung, 2011 Landschaftsruhezone.

Namengebend für den Park ist der höchste Gipfel des Tessins, das 3402 Meter hohe Rheinwaldhorn (italienisch: Adula; Abb. 83). Die Höhendifferenz von rund 3000 Metern zwischen den tiefsten und höchsten Lagen im Park bedingt eine grosse klimatische Bandbreite, die von milden submediterranen Bedingungen bis zum hochalpinen Klima reicht. Während oben Gletscher, Firn- und Schneefelder, Geröllfluren und alpine Rasen das Landschaftsbild prägen, sind es weiter unten Wiesen, Weiden und Almen. Als besonderes Naturjuwel gilt die alpine Tundrenlandschaft der Greina, ein in 2200 Meter Seehöhe gelegenes baumloses Hochplateau, das nur nach mehrstündigem Fussmarsch erreichbar ist.

Die Adula-Region ist eines der wenigen grossen naturnahen Gebiete in der Schweiz. Allerdings wurden hier wie auch in anderen Teilen der Schweiz die Wälder bis vor etwa hundert Jahren intensiv genutzt. Danach nahm der Holzeinschlag stark ab, so dass der Wald sich gut regenerieren konnte. Zu den Besonderheiten zählen heute die submontanen Auwälder entlang des Flusses Brenno oder die «Selva Secca» in Acquacalda mit ihren mächtigen Arven *(Pinus cembra),* daneben zahlreiche seltene und streng geschützte Arten, wie etwa die Südalpine Tulpe *(Tulipa sylvestris ssp. australis)* oder die Kastanienbraune Binse *(Juncus castaneus).*

Am Projekt Parc Adula beteiligen sich zwei Kantone, fünf Regionen und 20 Gemeinden (Stand September 2014). Die rund 14 000 Menschen, die hier leben, gehören grössteils drei Volksgruppen an: deutsche, italienische und rätoromanische Schweizer. Über historische Wege erfolgten der Handel mit Nutztieren und landwirtschaftlichen Produkten

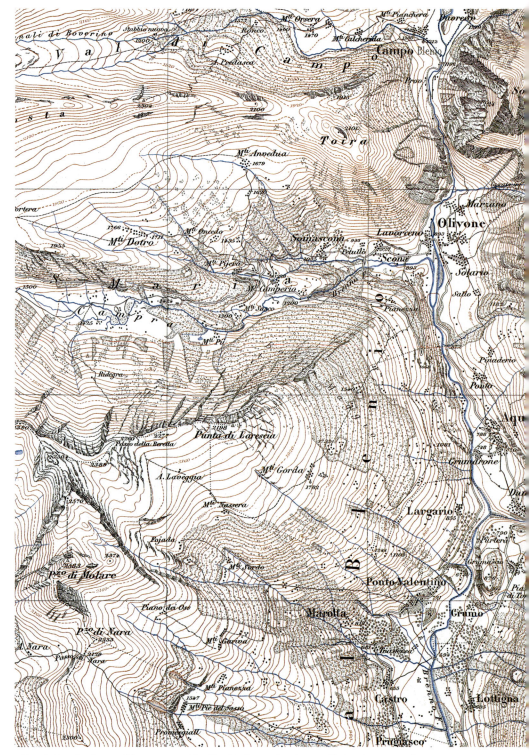

Abb. 83. Das Gebiet um Olivone anno 1907. Siegfriedkarte. Bundesamt für Landestopografie.

Die Schutzgebiete

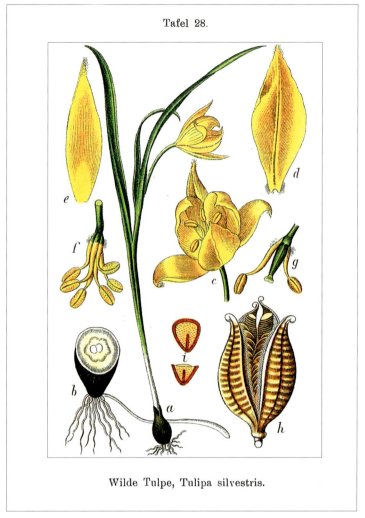

Abb. 84. Südalpine Tulpe. Eine Unterart der abgebildeten Tulpe, *Tulipa sylvestris ssp. australis,* ist eine der vielen seltenen oder streng geschützten Arten, die in der Adula-Region vorkommen. Stich aus J. Sturms Flora von Deutschland (1906).

und der kulturelle Austausch zwischen den Bevölkerungsgruppen. Der Greinapass beispielsweise ist eine Nord-Südverbindung, die schon von den Römern benützt wurde.

Heute ist die wirtschaftliche Entwicklung der Region rückläufig, die Bevölkerungszahlen sinken, zentrale Einrichtungen schliessen. Die Einkommen aus der Landwirtschaft werden geringer und trotz attraktiver Landschaftskulisse spielt der Tourismus nur eine untergeordnete Rolle. Von einem Nationalpark erhoffen sich die Initiatoren nun wesentliche Impulse für die Regionalentwicklung. Den Besucherinnen und Besuchern des Adula-Gebiets stehen ein 1160 Kilometer langes Wanderwegenetz für ausgedehnte Bergtouren sowie 25 Hütten und Biwaks für Übernachtungen zur Verfügung.[677] In allen fünf teilnehmenden Regionen gibt es einen eigenen Ansprechpartner für Parkangelegenheiten, die Geschäftsführung des Parks ist derzeit in Roveredo (ausserhalb des Parkgebietes) untergebracht.

4.7.2 Meilensteine

1914 vergaben die Gemeinden eine erste Konzession zur Wasserkraftnutzung auf der Greina-Hochebene.

1949 verhinderte eine kantonale Verfassungsinitiative das Kraftwerksprojekt Greina-Campra-Blenio.

1958 sah ein grosses Staudammprojekt die Flutung der Greina vor und erhielt eine Konzession.

1977 nahm der Bundesrat drei Gebiete im heutigen Planungsareal ins Bundesinventar der Landschaften und Naturdenkmäler von nationaler Bedeutung auf.

1986 konstituierte sich die Schweizer Greina-Stiftung zur Erhaltung alpiner Fliessgewässer. Das Kraftwerkskonsortium verzichtete auf die Konzession zur Errichtung eines Greina-Kraftwerks.

1991 erfolgte die Erklärung der Greina zum eidgenössischen Jagdbanngebiet.

1992 erhielten die Greina-Gemeinden erstmals Ausgleichsleistungen für die Erhaltung schützenswerter Landschaften.

1996 wurde die Greina-Hochebene ins Bundesinventar für Naturdenkmäler und Landschaften von nationaler Bedeutung aufgenommen.

2000 startete Pro Natura den Wettbewerb «Gründen wir einen neuen Nationalpark».

2003 gaben der Bund, die Kantone Tessin und Graubünden und einige Gemeinden eine Machbarkeitsstudie für einen Nationalpark im Adulagebiet in Auftrag.

2006 stellten die Parkverantwortlichen ein erfolgreiches Gesuch für eine Regio Plus-Förderung des Adula-Projektes durch das SECO (Staatssekretariat für Wirtschaft).

2010 erkannte das BAFU (Bundesamt für Umwelt) das Projekt Parc Adula als Kandidat für einen Nationalpark an.

2017 soll in einer Volksabstimmung über die Einrichtung des Nationalpark Adula entschieden werden.

4.7.3 Stiftungen und Volksvertreter – Akteure

Seit Beginn des 20. Jahrhunderts war die Greina-Hochebene, die heute ein Kernstück des geplanten Nationalparks Adula bildet, für verschiedene Kraftwerksprojekte vorgesehen. Unter den interessierten Kraftwerksgesellschaften waren die Rhätischen Werke für Elektrizität und die Nordostschweizerischen Kraftwerke (NOK). Sie erwarben die Wasserrechtskonzessionen der Gemeinden Vrin und Sumvitg. Die finanzschwachen Gemeinden waren den Plänen gegenüber aufgeschlossen, da sie auf die Einnahmen aus der Vergabe der Wasserrechtskonzessionen angewiesen waren und verlängerten sie daher über Jahrzehnte hinweg immer wieder. 1957 wurden den Gemeinden Vrin und Sumvitg jährliche Einkünfte aus Wasserzinsen und Steuern in der Grössenordnung von 2,4 Millionen Schweizer Franken nach Inbetriebnahme des Kraftwerks in Aussicht gestellt. Doch die Bevölkerung der Konzessionsgemeinden stellte sich gegen das Kraftwerksprojekt und wurde dabei von einer Reihe von Akteuren unterstützt (Abb. 85): von Pro Rein Anteriur (PRA), einer Vereinigung, die sich 1978 gebildet hatte, als Pläne zur Wasserkraftnutzung des Vorderrhein und seines Einzugsgebietes konkret wurden (CADONAU 1997); vom 1960 im Kampf gegen das Kraftwerk Rheinau gegründeten Rheinaubund[678]; von der Schweize-

Abb. 85. Unterstützung im Kampf um die Greina. Die Akteure, die sich für die Erhaltung der Rheinau eingesetzt hatten, machten sich auch für die Erhaltung der Greina stark, als sie im Zuge eines grossen Kraftwerksprojektes geflutet werden sollte. Werbemarke des Initiativkomitees «Rettet Rheinfall-Rheinau» (1954), Schweizerisches Sozialarchiv.

rischen Gesellschaft für Umweltschutz, die 1971 aus dem Aktionskomitee gegen den Ueberschallknall ziviler Luftfahrzeuge hervorgegangen war[679]; von der Schweizerischen Stiftung für Landschaftsschutz und Landschaftspflege, die 1970 vom Schweizerischen Bund für Naturschutz, Schweizer Heimatschutz, Schweizerischer Vereinigung für Landesplanung, Schweizer Alpen-Club und dem Schweizer Tourismus-Verband gegründet worden war und 1999 in Stiftung Landschaftsschutz Schweiz umbenannt wurde[680]; von Schweizerischem Bund für Naturschutz und WWF.

Im September 1986 wurde die Schweizer Greina-Stiftung zur Erhaltung der alpinen Fliessgewässer (SGS) gegründet. Der SGS-Stiftungsrat setzte sich aus Politikern verschiedener Parteien und Persönlichkeiten anderer Bereiche des öffentlichen Lebens, wie Kultur, Wissenschaft und Wirtschaft, zusammen. Über die Parlamentarier in ihren Reihen versucht die SGS Einfluss auf die Gesetzgebung im Sinne der Ziele der Stiftung zu nehmen. Das vordringlichste Anliegen der SGS war aber zunächst der Schutz der Greina-Hochebene vor den Zugriffen der Energiewirtschaft. Nachdem sich auch die Greina-Stiftung der breiten Front des Widerstands gegen ein Kraftwerk anschloss, gaben die NOK das Vorhaben auf (CADONAU 1997).

1914 war im Engadin der erste Nationalpark in den Alpen eingerichtet worden. Auf Schweizer Boden war kein zweiter hinzugekommen, obwohl die Schaffung eines Netzes von Schutzgebieten der ausdrückliche Wunsch der Initiatoren des Schweizerischen Nationalparks gewesen war.[681] Im Jahr 2000 startete Pro Natura eine Kampagne zur Schaffung eines neuen Nationalparks. In den Kantonen Graubünden und Tessin fand sich eine Gruppe von Vertretern öffentlich-rechtlicher Institutionen zusammen und beschloss, sich mit dem Projekt Parc Adula den Bemühungen um einen neuen Nationalpark anzuschliessen. In dieser ersten Projektgruppe waren vier Regionen und 15 Gemeinden vertreten, heute sind es fünf Regionen und 20 Gemeinden. Obwohl die Vorbehalte gegenüber dem Parc Adula gross waren, gaben 2009 alle betroffenen Gemeinden grünes Licht, mit den Bemühungen um den Nationalpark fortzufahren. «Es handle sich um einen Zug, der nur einmal haltmache; deshalb müsse man einsteigen», begründete Moreno Grandi, der Gemeindepräsident von Malvaglia die Zustimmung seiner Gemeinde. Der Nationalpark würde «eine einmalige Entwicklungsmöglichkeit für die Bergregionen» bieten. Deshalb wäre es wichtig, «als Hauptdarsteller dabei zu sein, anstatt sich Entscheiden von aussen zu beugen, oder, was noch schlimmer wäre, resignierend dem langsamen Niedergang der ganzen Region zuschauen zu müssen».[682]

2010 erkannte das Bundesamt für Umwelt (BAFU) den Parc Adula als offiziellen Kandidaten für einen Nationalpark an und sicherte die Finanzierung der Errichtungsphase bis 2014 zu.[683] In verschiedenen thematischen Arbeitsgruppen sollte versucht werden, mit Akteuren aus Jägerschaft, Landwirtschaft, Grundbesitzern und Tourismus Einigung über die künftigen Nutzungen im Parkgebiet zu erzielen.[684]

Die Jäger standen dem Parkprojekt von Anfang an kritisch gegenüber und fürchteten, dass die Jagd grosse Einschränkungen würde hinnehmen müssen. In einer Ausgabe des «Bündner Jägers» von 2009 wurde der Standpunkt der Jäger so dargestellt: Die Jäger wollen nicht «zurück zu Wildnis», ihr Wunsch sei es, die «traditionelle Kulturlandschaft vor dem Untergang zu bewahren». Gegen den «Ausverkauf» der Heimat «nach amerikanischem Muster» müssten sich «die Jäger, zusammen mit den Alpinisten, Forstwirten, Landwirten wehren». Nicht die Jäger wären die Gegner der Natur sondern diejenigen, die unter dem «Vorwand des Schutzes» die Natur «zur Walt Disney Show degradieren wollen». Die «letzten wilden Täler» sollten vor Menschenmassen und Tafeln, die den Besucherstrom lenken, bewahrt werden.[685]

Auch aus den Kreisen von Fischern, Wanderern und Strahlern (Mineraliensammlern) wurden die Bedenken immer lauter. «Jede Einschränkung des Sammelns würde zu einem lückenhaften mineralogischen Verständnis führen.» Zudem würde «das Suchen von Kristallen und Mineralien für die Strahler der Region oft einen wichtigen Nebenerwerb darstellen».[686] Mit der Erklärung der Greina-Hochebene zum Nationalpark würde ihnen eine der letzten «Oasen» genommen, ohne dass daraus Vorteile erwachsen würden. Sie befürchteten Verbote oder starke Einschränkungen ihrer Tätigkeiten. So meinte etwa ein Jäger und Fischer aus der Gemeinde Disentis, dass er auch in Zukunft Beeren und Pilze sammeln oder Wandern wolle, wo und wann es ihm einfiele, ohne dass er «von der Aufsicht ertappt und bestraft» würde. Da in der Umgebungszone «alles beim Alten» bliebe, bräuchte man keinen Park.[687]

Die Bevölkerung war und ist geteilter Meinung. Der Gemeindepräsident und Restaurantbesitzer einer kleinen Tessiner Gemeinde meint beispielsweise, dass man sich heute «eher um die Tiere und Pflanzen» kümmere «als um die Bauern im Tal». Die Natur wäre «ja längst geschützt», während die Bauern «ums Überleben» kämpften. Man laufe Gefahr, «die ganze Kultur des Tals zu verlieren, seine Identität». Das wären «die echten Probleme», nicht ein neuer Nationalpark. Ganz anders sieht das eine Biobäuerin, die vor rund 30 Jahren hierher gezogen ist. Ihr habe «die Mentalität der Einheimischen» oft «Mühe bereitet». Sie neideten ihr, dass sie vieles anders mache und damit «erstaunlich erfolgreich» wäre. Für sie «hat der Nationalpark grosses Potential», er könnte «ein Mittel gegen die alpine Brache» sein und «zu mehr Zukunftsvisionen und zu mehr Enthusiasmus und Gemeinschaftssinn in der Region» führen.[688]

4.7.4 Leere Dörfer, verlassene Alpen – Herausforderungen

Die ersten Pläne für die Wasserkraftnutzung auf der Greina und die Vergabe der ersten Konzessionen gehen bereits auf das Jahr 1912 zurück. Konkret wurden die Ausbaupläne allerdings erst Anfang der 1940er Jahre mit dem Kraftwerksprojekt Greina-Campra-Blenio. Nachdem dieses abgewendet werden konnte, reichte das Greina-Konsortium (Rhätische Werke und Nordostschweizerische Kraftwerke) 1957 ein neues Kraftwerksprojekt ein. Es sah die Errichtung einer 80 Meter hohen Staumauer und die Überflutung der Greina-Hochebene vor. Die Gemeinden Sumvitg und Vrin erteilten die notwendigen Konzessionen.[689] Wegen anhaltender Proteste von Seiten des Naturschutzes und drohender Unwirtschaftlichkeit verzichtete das Greina-Konsortium 1986 auf das Kraftwerksprojekt.

2011 bekam die Debatte um die Wasserkraftnutzung nochmals Aktualität. Ein Reaktorunfall im japanischen Fukushima bewirkte, dass sich die Schweiz zum Ausstieg aus der Atomenergienutzung entschied. Dafür bekannte sich der Bundesrat zu einem «bescheidenen Ausbau der Wasserkraft». Das Bundesamt für Energie (BFE) stellte zur Diskussion, dass auch geschützte Gebiete – wie beispielsweise die Greina-Hochebene – wieder für die Energiegewinnung durch Wasserkraft genutzt werden könnten. Diese Aussage wurde sofort heftig kritisiert. Pro Natura wertete das als «Ausstieg aus dem Natur- und Landschaftsschutz», obwohl das BFE versicherte, «dass es sich um einen ökologisch vertretbaren Ausbau» handeln würde.[690]

Das Gebiet des geplanten Nationalpark Adula wird innerhalb der Schweiz als «wirtschaftliches Krisengebiet» wahrgenommen.[691] Die Häuser würden leer stehen, zentrale Einrichtungen wie Schulen oder Bahnhöfe würden geschlossen, die Bauern ihre Betriebe aufgeben und die Menschen die Region verlassen. Zurück bleiben würden «leere Dörfer. Verlassene Alpen. Wald statt Wiesen. Stallruinen» und eine allgemein spürbare «Lethargie inmitten einer traumhaft schönen Landschaft».[692] Tatsächlich kämpft die Region mit Abwanderung und ihren Folgeerscheinungen. Es fehlen Arbeitsplätze in der Region. Die Menschen, die geblieben sind, bestreiten ihr Einkommen mehrheitlich aus kleinen Landwirtschaftsbetrieben.

2009 präsentierte der Agrarwissenschaftler Peter Rieder ein Nutzungskonzept für die Alpen im Parkgebiet. Er wies darauf hin, dass sowohl die Intensivierung der Nutzung als auch der völlige Rückzug der Landwirtschaft erhebliche Probleme mit sich brächten und empfahl eine individuell angepasste «optimale Eingriffsintensität». Damit machte er deutlich, dass menschliches Wirken im Parc Adula (im Gegensatz zur Tradition des Schweizerischen Nationalpark) nicht als Bedrohung, sondern als Bestandteil des Parkkonzepts verstanden würde (Rieder 2009: 4).

In der künftigen Kernzone des geplanten Nationalparks werden sich voraussichtlich vier bewirtschaftete Hütten des Schweizer Alpen-Club (SAC) befinden, die bis jetzt mit Helikoptern versorgt wurden. Der SAC würde diese Praxis der Hüttenbewirtschaftung gerne beibehalten. Die Parkleitung könnte sich vorstellen, dies bis zur Einrichtung des Parks zu tolerieren und dann schrittweise anzupassen. Die Pärkeverordnung des Bundes verbietet aber jegliches Starten und Landen mit Luftfahrzeugen in der Kernzone. Es sei unklar, wie die Bewirtschaftung der Hütten in der Kernzone in Zukunft handzuhaben sei, begründet der SAC seine Skepsis gegenüber dem Nationalpark.[693]

Die zum Parkprojekt kritisch eingestellte Jägerschaft sieht weitere Probleme auf das Parkgebiet zukommen, sollte es Nationalpark werden: zu grosse Wildpopulationen, wie sie vom Schweizerischen Nationalpark bekannt wären, weil jagdliche Eingriffe nicht mehr möglich wären, nachhaltige Beeinträchtigung des Landschaftsbildes durch Besucherinfrastrukturen wie Aussichtsplattformen und Informationstafeln, Beunruhigung der Tierwelt und Zerstörung der Natur durch zu hohen Besucherdruck.[694]

Ein potenzielles Konfliktfeld stellt der Panzerwaffenplatz des Bundes in Hinterrhein dar. Er grenzt an die geplante Kernzone bzw. kommt teilweise darauf zu liegen. Vor Einrichtung des Schiessplatzes befand sich hier eine beliebte Wanderroute, heute klagen Besucher über Lärmbelästigung, zu bestimmten Zeiten besteht auch Schussgefahr. Die Platzverantwortlichen zeigten sich allerdings sehr kooperativ. Die Gemeinden und die Alpgenossenschaft vor Ort profitieren von den Abgeltungen für entgangene Weideflächen und Schussgelder (Hunziker 2013: 25; 28).

4.7.5 Der Traum vom sozioökonomischen Aufschwung – Schutzziele

In den 1990er Jahren erfolgte die Aufnahme von Gebieten, die heute im geplanten Nationalpark liegen, in die Inventare der Landschaften, Auengebiete oder Moore von nationaler Bedeutung. Der Schutz dieser Gebiete sollte zur Erhaltung und Förderung der standorttypischen einheimischen Pflanzen- und Tierwelt beitragen und, soweit «sinnvoll und machbar» zur Wiederherstellung der natürlichen Dynamik.[695]

Ähnliche Ziele verfolgten die Gegner der Wasserkraftnutzung in der lange währenden Auseinandersetzung um die Greina, wenn sie sich für die Erhaltung der alpinen Fliessgewässer und intakter Hochgebirgslandschaften einsetzten. Sollten sich Kraftwerksbauten nicht vermeiden lassen, so sollte wenigstens für angemessene Restwassermengen gesorgt werden. Es ging aber auch oder vor allem um «die Achtung der demokratischen Spielregeln und der Gemeindeautonomie sowie die Berücksichtigung der ökonomischen Interessen der Einheimischen», wie «Pro Rein Anteriur» und die Greina-Stiftung wiederholt betonten. Im konkreten Fall Greina sollte den Gemeinden kein finanzieller Nachteil daraus erwachsen, dass sie aus Naturschutzgründen auf die Vergabe der Wasserrechtskonzessionen verzichteten (Cadonau 1997).

Der Wunsch nach einer Verbesserung der ökonomischen Situation der peripheren Region zieht sich wie ein roter Faden durch die jüngere Parkgeschichte. Aus einem Bericht des Instituts für Agrarwirtschaft der ETH Zürich (Eidgenössische Technische Hochschule Zürich) von 2006 zur Haltung der Gemeinden gegenüber dem geplanten Nationalpark geht hervor, dass die lokalen Akteure die Aufgabe des Parks hauptsächlich darin sahen, den Parkgemeinden wirtschaftliche Impulse zu geben (Buchli et al. 2006). 2007 bekam das Adula-Projekt Gelder aus dem Regio-Plus-Programm des Bundesamtes für Wirtschaft (Seco) zugesprochen. Regio Plus war ein Impulsprogramm der Eidgenossenschaft zur Unterstützung des Strukturwandels im ländlichen Raum und lief von 1997 bis 2007.[696] Mit dem Zuschlag wurde die Bedeutung des Parks für die Regionalentwicklung unterstrichen. Das Schweizerische Parlament konstatierte, dass den «Pärken von nationaler Bedeutung» des neuen Natur- und Heimatschutzgesetzes (NHG) ein anderes Parkmodell zugrunde liegen würde, als jenes aus Sarasins Zeiten: Das Ziel dieser Parks sei es, «besondere Naturwerte einer Region – reiche Biodiversität, schöne Landschaften, Kulturgüter, funktionierende Ökosysteme – zu erhalten und sie für die wirtschaftliche und soziale Entwicklung der Region» zu nutzen (BAUMGARTNER 2011: 6).

Abb. 86. Morgenröte. Gemeinsam mit kulturellen Initiativen organisiert die Parkverwaltung geführte Themenwanderungen und andere Veranstaltungen, die die regionalen Stärken in Szene setzen sollen. Grafik Pierluigi Alberti, Parc Adula.

Das 2007 gegründete Netzwerk Schweizer Pärke wollte die Parkträgerschaften bei folgenden Aufgaben unterstützen: Erhaltung und Weiterentwicklung von Natur-, Landschafts- und Kulturwerten, Förderung der Umweltbildung und Förderung und Vermarktung einer nachhaltig betriebenen Wirtschaft.[697]

Im ersten Managementplan für den Parc Adula, den die Projektträger 2009 vorlegten, standen «der Schutz eines wertvollen alpinen Gebiets» mit seiner grossen «landschaftlichen und geologischen Vielfalt und hohem Reichtum an alpiner Fauna und Flora» und die Entwicklung der regionalen Wirtschaft» als gleichwertige Ziele nebeneinander. Selbst der Forschung wurde die Aufgabe zugedacht, «den Park stärker in Wert zu setzen und dessen Qualität und Angebot zu verbessern». Daneben sollte bei Besuchern und Einheimischen Bewusstsein für die Landschaft geschaffen und der einzigartige Aspekt der Multikulturalität (Deutsch, Rätoromanisch, Italienisch) im nationalen und internationalen Kontext bekannt gemacht und ausgenützt werden[698] (Abb. 86).

Die Mitglieder des Leitungsausschusses und des Vereins Parc Adula zeigten sich 2011 überzeugt, dass der Nationalpark «für die ganze Region enormes Entwicklungspotenzial» biete (FITZE 2011: 31). Das Projekt Parc Adula solle ein «Zukunftsmodell für nachhaltige Entwicklung in den Alpenregionen» sein, «ein lebendiger Raum in dem die Menschen jeden Tag im Einklang mit der natürlichen Umgebung leben und zusammenarbeiten können»[699] und ein Instrument für die «sozioökonomische Regionalentwicklung».[700]

> Informationsblatt zum Parc Adula
> «Das Gebiet rund um den Adula-Gipfel ist eines der grössten in der Schweiz ohne tief greifende menschliche Eingriffe. Atemberaubende Ausblicke und imposante Gletscher umrahmen die hochwertigen natürlichen Lebensräume, die heute noch eine unvergleichliche landschaftliche und geologische Vielfalt mit einzigartig reichhaltiger Fauna und Alpenflora beinhalten. Dieses Potenzial entspricht genau der Suche des modernen Menschen nach Authentizität, Freiheit und direkter Beziehung zur Natur. (…) Ein Tourismus im Einklang mit der lokalen Wirtschaft, der einheimisches Personal und lokale Güter oder Landwirtschaftsprodukte einbezieht, schafft Wohlstand, ohne den Respekt für die Umwelt, die Landschaft und die ursprünglichen Wurzeln zu vernachlässigen. Nachhaltige Entwicklung bedeutet eine höhere Lebensqualität für alle – nicht nur heute, sondern auch für die zukünftigen Generationen –, die auf den drei Eckpfeilern wirtschaftliche Entwicklung, Umweltschutz und soziale Verantwortung beruht. Die Idee des Parc Adula ist genau aus diesem Anspruch entstanden, entsprechend versteht sich das Projekt als Modell für nachhaltige Entwicklung. Es verbindet auf respektvolle und harmonische Art den Grundsatz des Erhalts einer grossartigen alpinen Landschaft und des Schutzes ihrer natürlichen Ressourcen mit dem Wunsch nach einem sozioökonomischen Aufschwung der beteiligten Regionen.»
> (Offizieller Flyer Parc Adula-Projekt.)[701]

Anlässlich einer öffentlichen Debatte zum Parc Adula im Dezember 2013 zeigten sich die Diskussionsteilnehmer geteilter Meinung: Während ein Landwirt Vorteile für seinen Betrieb durch die Vermarktung unter dem Park-Label erhoffte, äusserte sich ein Vertreter des Schweizer Alpen-Clubs (SAC) sehr kritisch zur Errichtung des Parc Adula: «Im Zusammenhang mit dem Nationalpark würden die Promotoren stark mit dem wirtschaftlichen Mehrwert werben, das Ziel eines Nationalparks sei aber doch in erster Linie die Verbesserung des Naturschutzes,» meinte er. Die ursprüngliche Kernzone sei «stark modelliert und den Wünschen verschiedenster Interessengruppen angepasst worden» und «für die Natur schaue bei dem Parc Adula nicht viel heraus».[702]

4.7.6 Initiativen und Inventare – Instrumente und Strategien

Die Bevölkerung des Kantons Graubünden stimmte 1949 mit grosser Mehrheit der sogenannten «Wasserrechtsinitiative» zu. Diese Initiative übertrug die Entscheidungsgewalt darüber, Wasser von einem Kanton zu Zwecken der Wasserkraftnutzung in einen anderen Kanton abzuleiten, dem Volk. Damit war das Wasserkraftprojekt Greina-Campra-Blenio, bei dem Wasser aus dem Kanton Graubünden in den Kanton Tessin übergeleitet und dort in einem Kraftwerk unterhalb von Biasca genutzt werden sollte, faktisch zu Fall gebracht (CADONAU 1997).

Auch gegen nachfolgende Wasserkraftprojekte für die Greina gelang es den Naturschützern genügend Kräfte für eine erfolgreiche Widerstandsbewegung zu mobilisieren.

1984 wurde eine «Volksinitiative zur Rettung unserer Gewässer» eingereicht, in der es unter anderem um den Schutz der Greina ging. Pro Rein Anteriur (PRA) gab eine Broschüre «Rettet die Greina, die einzigartige Gebirgslandschaft zwischen Graubünden und Tessin» heraus. Und die Schweizerische Greina-Stiftung warb mit prachtvollen Landschaftsbildern auf Wandkalendern und in Magazinen für den Erhalt der Greina. Die Kampagne stiess in der Bevölkerung auf positives Echo, die Nordostschweizerische Kraftwerke AG (NOK) liess ihre Kraftwerkspläne endgültig fallen (CADONAU 1997). Die potenziellen Standortgemeinden waren darüber nicht sehr glücklich, denn ihnen entgingen erhebliche Wasserzinseinnahmen.

Diese für die Gemeinden unbefriedigende Situation erkennend war schon 1979 die Bündner Energie-Initiative entstanden. Sie verlangte, dass Gemeinden Ausgleichszahlungen erhalten sollten, wenn sie ihre Wasserrechtskonzession aus Gründen des Landschafts- und Umweltschutzes nicht verkauften. Die Zahlungen sollten durch einen von den Wasserkraftwerken zu finanzierenden Energiefonds erfolgen. Die Initiative wurde vom Bundesrat wegen Zielkonflikten zwischen kantonalem und Bundesrecht für ungültig erklärt.[703] Das dahinterliegende Anliegen wurde aber ernst genommen.

In einem parlamentarischen Vorstoss forderte der Nationalratsabgeordnete Erwin Akeret (Schweizerische Volkspartei SVP) die Aufnahme der Greina ins Bundesinventar der Landschaften von nationaler Bedeutung und die Einführung des Landschaftsrappens. Der Bund sollte «angemessene Ausgleichsbeiträge zur Erhaltung und Unterschutzstellung von schützenswerten Landschaften von nationaler und überregionaler Bedeutung» leisten.[704] Der Nationalrat stimmte in den folgenden Jahren diesem Vorschlag mehrmals zu, doch der Ständerat lehnte ihn immer wieder ab. Die Gewässerschutz-Initiative von 1984 wurde 1992 verworfen, hatte zu diesem Zeitpunkt aber die Ausarbeitung eines neuen Gewässerschutzgesetzes bewirkt, das beim Referendum angenommen wurde und das auch die Ausgleichsleistungen bundesrechtlich verankerte. Die Schweiz zahlte damit erstmals den Gemeinden eine Abgeltung für ein nichtgebautes Wasserkraftwerk. Die Gelder mussten zweckgebunden für landschaftserhaltende Massnahmen eingesetzt werden.[705] 1994 versuchte das Finanzdepartments des Bundes, diese Ausgleichsleistungen wieder aus dem Gesetz zu streichen. Sechzehn der bedeutendsten Staats- und Verwaltungsrechtsprofessoren aller Schweizer Hochschulen bezogen dagegen Stellung. Im Jänner 1995 wurde im Nationalrat «für die Ausgleichsleistungen und die Achtung der direkten Demokratie gekämpft». Die Abgeordnete Menga Danuser (Sozialdemokratische Partei Schweiz SP) kritisierte, dass es «sehr befremdlich» sei, «wie der Bundesrat das Naturschutzjahr 1995» einläute und stellte fest: «Wo Recht zu Unrecht wird, wird Widerstand zur Pflicht.» Die Nationalrätin Lili Nabholz (Freisinnig-Demokratische Partei der Schweiz FDP) ergänzte, wenn im Rahmen eines Finanzpaketes ein substantieller Bestandteil aus einem vom Volk beschlossenen Gesetz gestrichen würde, würde man nicht nur «der Umwelt einen Bärendienst erweisen», sondern «dem Ansehen unserer politischen Institutionen Schaden zufügen». Nach zähem Ringen entschieden sich National- und Ständerat für das Belassen der Ausgleichsleistungen im Gesetz (CADONAU 1997).

Im Jahr 1977 wurden die Piora-Lucomagno-Dötra, das Quellgebiet des Hinterrhein und die San Bernardino Passhöhe, alle im Gebiet des Parc Adula, in das Bundesinventar der Landschaften und Naturdenkmäler von nationaler Bedeutung (BLN) aufgenommen.[706] Mit der Aufnahme in das Inventar sollten diese Landschaften möglichst unverändert erhalten werden, sie bedeutete aber noch keine naturschutzrechtliche Unterschutzstellung. Diese erfolgte im Allgemeinen durch die Aufnahme in die kantonalen Richt- bzw. Nutzungspläne.

1991 wurde die Greina zum eidgenössischen Jagdbanngebiet erklärt und unterlag damit einem grundsätzlichen Jagdverbot (vorbehaltlich der Wildstandsregulierung) und besonderen Lebensraumschutzbestimmungen. Anfang der 1990er Jahre fanden weitere Gebiete im Umfeld der Greina Aufnahme in die Inventare für Hoch- und Übergangsmoore,

Auengebiete, Flachmoore, Landschaften und Naturdenkmäler von nationaler Bedeutung. 1996 gelang dies endlich auch für die Hochebene von Greina-Piz Medel.[707]

Ende der 1990er Jahre standen bereits zwei parlamentarische Vorstösse mit der Forderung, das Bundesgesetz über den Natur- und Heimatschutz (NHG) mit einem Passus über neue Parks zu ergänzen zur Entscheidung an. Auch Pro Natura forderte eine «neue Generation von Schutzgebieten» und startete im April 2000 die Kampagne «Gründen wir

Abb. 87. Gründen wir einen neuen Nationalpark! Den Bemühungen zur Schaffung eines Nationalparks in der Adula-Region ging im Jahr 2000 ein Wettbewerb von Pro Natura voraus. Plakat Pro Natura (2000).

einen neuen Nationalpark!» (Abb. 87). Die Kampagne sollte einerseits bewirken, dass die adäquaten gesetzlichen Rahmenbedingungen für neue grosse Schutzgebiete geschaffen würden. Sie sollten in Übereinstimmung mit internationalen Programmen und den IUCN-Kategorien neben unberührter Natur auch Landschaften mit menschlicher Nutzung einbeziehen. Und die Kampagne sollte in der Bevölkerung Akzeptanz für einen neuen Nationalpark bringen, in möglichst vielen Regionen Parkprojekte initiieren und die Realisierung mindestens eines neuen Nationalparks nach sich ziehen. Pro Natura forderte alle Schweizer Gemeinden auf, zu prüfen, ob sich ihr Gebiet für einen neuen Nationalpark eigne. Sie bot an, Vorstudien zu finanzieren, und versprach als weiteren Anreiz eine Million Franken für die Realisierung des ersten neuen Nationalparks. Ein Jahr später gab es sechs Bewerbungen für neue Nationalparks: Adula (GR/TI), Haut Val de Bagnes (VS), Les Muverans (VD/VS), Locarnese (TI), Maderanertal (UR) und Matterhorn (VS). Heute sind noch zwei Kandidaturen übrig: Adula und Locarnese.[708]

Unterdessen arbeitete der Bundesrat eine Vorlage zum NHG aus, die allerdings keine finanzielle Unterstützung der Schutzgebiete durch den Bund vorsah. Entgegen dieser Vorlage beschloss das Parlament aber mit grosser Mehrheit, dem Bund die Aufgabe zu übertragen, Schutzgebiete von nationaler Bedeutung mit einem Label auszuzeichnen und auch zu ihrer Finanzierung beizutragen. Ende 2007 trat der Abschnitt «Pärke von nationaler Bedeutung» im NHG in Kraft (BAUMGARTNER 2011: 6). Ein Park von nationaler Bedeutung sollte auf einer regionalen Initiative beruhen und in einem demokratischen und partizipativen Prozess entstehen. Der Prozess soll aus den drei Etappen Planung, Errichtung und Betrieb bestehen. Der Park muss die Anforderungen der «Richtlinie für Planung, Errichtung und Betrieb von Pärken» erfüllen. «Die Richtlinie adressiert sich an die Initianten und Trägerschaften von Parkprojekten. In ihr sind die in den verschiedenen Etappen notwendigen Grundlagen beschrieben. Den Kantonen dient sie als Vorlage zur Formulierung ihrer Anträge für die Verleihung des Parklabels und der Gesuche um globale Finanzhilfen.» Das Parklabel würde für jeweils zehn Jahre verliehen.[709]

Vertreter einiger Bündner und Tessiner Regionen und Gemeinden beschlossen eine Machbarkeitsstudie in Auftrag zu geben, um zu erfahren, ob Akzeptanz und Durchführbarkeit für ein Nationalparkprojekt im Gebiet des Adula/Rheinwaldhorn gegeben wären. Unter Einbeziehung der lokalen Bevölkerung wurden Arbeitsgruppen zu parkspezifischen Themen gebildet. Die Machbarkeitsstudie wurde 2003 abgeschlossen und kam zu dem Ergebnis, dass ein Nationalpark grundsätzlich denkbar wäre. Er würde allerdings nur Akzeptanz finden, wenn er auf einem modernen Konzept aufbaue.[710] Die Annahme der Machbarkeitsstudie in allen Gemeinden ermöglichte die offizielle Kandidatur für ein Nationalparkprojekt beim Bund.

Im Mai 2007 war der Parc Adula eines von 19 Parkprojekten, die den Verein «Netzwerk Schweizer Pärke» gründeten. Der Verein versteht sich als Dachverband, «der die Interessen seiner Mitglieder wahrnimmt und ihnen hilft, Pärke zu errichten und zu betreiben und ihre Qualität langfristig sicher zu stellen». Das Netzwerk organisiert seither den Erfahrungsaustausch zwischen den Parks, betreibt gemeinsame Öffentlichkeitsarbeit und erhält dafür finanzielle Unterstützung vom Bund.[711]

Die Projektverantwortlichen des Parc Adula verfassten ein Regio Plus-Gesuch, um Förderungsgelder durch das Staatssekretariat für Wirtschaft (SECO) zu erhalten. Auf Empfehlung des Bundesamtes für Umwelt (BAFU) und mit der Vorgabe, dass auch die Kantone einen Finanzbeitrag leisten müssten, sicherte das SECO im Juli 2007 die Finanzierung der Planungsphase zu. 2008 gründeten die beteiligten Regionen den Verein Parc Adula, der die Projektträgerschaft übernahm.[712]

Der Leitungsausschuss und die Projektleitung des Parc Adula erarbeiteten in Abstimmung mit der Bevölkerung einen Managementplan, der 2009 zur Vernehmlassung bei den Gemeindebehörden auflag. Die Gemeinden stimmten zu, mit dem Projekt fortzufahren. Nachdem auch die beiden Kantone Graubünden und Tessin ihre finanzielle Beteiligung am Parkprojekt gemäss einem anteilsmässigen Verteilungsschlüssel beschlossen hatten, wurde das Projekt Parc Adula im Jänner 2010 zur Evaluation beim BAFU eingereicht. Im August wurde es genehmigt und damit der Status «Nationalpark-Kandidat» offiziell anerkannt. «Das Projekt» stünde «der Schweiz insofern gut, als es interkantonal und mit den deutsch-, romanisch- und italienischsprachigen Gemeinden aus fünf Regionen mehrsprachig ist», kommentierte die Tessiner Zeitung.[713] Der Parc Adula hatte gute Aussichten der erste Schweizer Nationalpark nach neuer Gesetzgebung zu werden, «vollständig auf dem Ansatz der Freiwilligkeit und partizipativen Entstehung in den Regionen» beruhend.[714] Allerdings forderte das BAFU noch, dass neben dem vorerst vorgesehenen alpinen Gelände auch Lebensräume unterhalb der Waldgrenze in die Kernzonen einbezogen würden. Gerade sie wären «spannende und kostbare Gebiete für die dynamische Entwicklung der Natur», während die Umgebungszone Perspektiven für eine nachhaltige Regionalentwicklung bieten sollte.[715]

Mit der Genehmigung durch das BAFU startete die Errichtungsphase, deren Ziel die Ausarbeitung und Verabschiedung einer gemeinsamen Charta mit zehn Jahren Gültigkeit war. Die Charta sollte in einem partizipativen Prozess bis 2015 gemeinsam mit der einheimischen Bevölkerung und allen Akteuren im Parkgebiet entwickelt werden. Dazu mussten Lage und Grösse der Kern- und Umgebungszonen, der Verlauf der Zonengrenzen und die in den verschiedenen Zonen des geplanten Nationalparks geltenden Nutzungsverbote oder -beschränkungen geklärt werden. Da das Projekt nicht am Widerstand von Jägern, Mineraliensammlern, Bauern oder Rusticobesitzern scheitern sollte, erklärten die Parkpromotoren ihre Bereitschaft Kompromisse einzugehen. In Arbeitsgruppen zu den Schwerpunkten «Jagd und Naturschutz», «Alpbewirtschaftung» und «nachhaltiger Tourismus» sollten diese Themen diskutiert und verhandelt werden.[716]

Die Geschäftsführung, die Mitglieder des Leitungsausschusses und des Vereins Parc Adula bemühten sich, die Veränderungen, die ein Nationalpark bringen kann, zu kommunizieren, unter anderem in Form eines halbjährlich erscheinenden Magazins und mit Informationsveranstaltungen (beides in den drei Sprachen Deutsch, Italienisch und Rätoromanisch). Ihrer Ansicht nach gab es grossen Informationsbedarf hinsichtlich der zu erwartenden Einschränkungen in den Kernzonen (Wegegebot, Nutzungsbeschränkungen, Sammel- und Handelsverbote). Vor allem aber sollten die Chancen aufgezeigt werden, die ein Nationalpark bieten würde: bessere Vermarktungsmöglichkeiten für regionale Produkte durch ein gemeinsames Label, Qualitätstourismus, innovative Projekte.[717]

2011 erklärte das Bundesamt für Zivilluftfahrt (BAZL) vier Gebiete zu Landschaftsruhezonen, um den Erholungscharakter der Schweizer Bergwelt zu bewahren und den Fluglärm einzudämmen, darunter das Gebiet Adula/Greina.[718]

Im selben Jahr übernahm Stefano Quarenghi als neuer Direktor die Leitung der operativen Geschäfte des Parc Adula und stellte ein neues Managementteam zusammen. Ihre Hauptaufgabe sahen Quarenghi und sein Team darin, eine Charta für den Nationalpark Adula auszuarbeiten und die (zu diesem Zeitpunkt noch) für das Jahr 2015 anberaumte Volksabstimmung vorzubereiten.[719] 2011 wurde auch der Unterstützungsverein «Freunde des Parc Adula» gegründet. Mit einer jährlichen Mitgliedsgebühr von CHF 100.- konnte man seither ein Projekt unterstützen, «das die Natur schützt und die intelligente wirtschaftliche Entwicklung einer bezaubernden Region fördert», warb der Verein um Mitglieder.[720] Um die Realisierung des Parkprojektes bewältigen zu können, benötigte der Park weitere Geldmittel, für die auch private Sponsoren gesucht wurden. Die Unterstützer und Sponsoren werden auf der Website des Parc Adula genannt.

Ebenfalls im Jahr 2011 versprach Pro Natura dem zweiten Nationalparkkandidaten Locarnese die im Jahr 2000 in Aussicht gestellte Million. Mit dem Geldversprechen wolle Pro Natura der Nationalparkdiskussion neuen Schwung verleihen und die Verhandlungsposition der Locarneser Projektleitung gegenüber den Grundbesitzern in den anstehenden Gesprächen über Kompensationszahlungen stärken. Das Projekt im Locarnese hatte erst ein Jahr nach Adula den offiziellen Kandidatenstatus erlangt.[721] Fast die Hälfte der hier vorgesehenen Kernzonen hätte die Gemeinde Cevio einbringen sollen. Doch das Vorhaben war bei den lokalen Fischern, Jägern und Rustici-Besitzern auf grossen Widerstand gestossen, da sie grosse Einschränkungen durch den Park befürchteten. Die Gemeinde war 2009 aus dem Projekt ausgestiegen und hätte es damit beinahe zu Fall gebracht.[722]

Dennoch erfüllte das Projekt im Locarnese gewisse Vorgaben von Pro Natura besser als das Adula-Projekt. Das Geld sei «bloss versprochen» und der Park würde es erst erhalten, wenn er den Betrieb aufnähme.[723] Es sei «keine Blanko-Million, sondern eine zweckgebundene Spende für Nationalpark-Kernzonen», sagte Pro Natura Präsidentin Silva Semadeni.[724] Und Pro Natura versicherte ausserdem, dass auch Adula das Geld erhalten würde, sobald der Park eingerichtet sei. Doch die Projektleitung von Adula fühlte sich benachteiligt. Der Direktor erklärte, dass man sich die Vorgangsweise nicht diktieren lassen wolle, da dies das Bottom up-Prinzip verletzen würde und verzichte daher auf die Million.[725] Der Vizepräsident des Parcs Adula relativierte die Aussage dahingehend, dass man «bei der Errichtung des Parks ganz frei sein und sich nicht von den Vorgaben von Pro Natura einengen lassen» wolle. Man würde «die angebotene Million aber nicht einfach ablehnen».

Nicht nur im Locarnese, auch im Adula waren die Promotoren des Parc Adula immer wieder mit Ablehnung und Skepsis konfrontiert: 2009 wurden sie bei Informationsveranstaltungen zum Nationalparkprojekt in Olivone mit «Parc Adula – no grazie»-Transparenten empfangen und als «Diktatoren» oder «Lügner» beschimpft.[726] Die Parkgegner fürchten vor allem die Entscheidungsfreiheit über «ihre Täler» zu verlieren. Einer der prominentesten Skeptiker ist der Bündner Schriftsteller Leo Tuor. Er meint, der Park sei «eine Idee von Städtern». Gegen aussen würden sie vorgeben, «die Natur in der Bündner und Tessiner Bergregionen bewahren zu wollen». Gegen innen würden sie versprechen, «der Park fördere die Wirtschaft». So würden sie «der einheimischen Bevölkerung ihre Ideen schmackhaft machen» wollen. Doch wüsste man, «dass sich die geschaffenen Arbeitsplätze in einem Nationalpark an zwei Händen abzählen» liessen. Der Park hätte den übergeordneten Zweck «die Unterländer und Städter in ihrer Freizeit aus ihrer Konsumwelt» in die Bergregion zu locken. Dafür würde «die Freiheit von denen, die hier leben, eingeschränkt durch Reglemente und Verbote, die ihren Lebensraum zerstören» würden. In der Kernzone dürfe «man weder bauern noch bauen, auch keine Schafe hüten». Obwohl das die hiesige Kultur wäre. Zudem sei «die Region schon geschützt genug».[727]

2013 wurde eine Studie mit Vorschlägen für Verhaltens- und Nutzungsregeln in der Kern- und Umgebungszone des Parc Adula fertiggestellt. Sie kam zu dem Ergebnis, dass die Konflikte im Kernzonenbereich sehr vielfältig wären. «Das Zauberwort» sei «die Sensibilisierung der verschiedenen Akteure». Nur wer verstünde, dass «alle von funktionierenden Kreisläufen abhängig» wären und dass vieles auch ohne menschliches Zutun funktioniere, könne nachvollziehen, «weshalb Kompromisse und Einschränkungen in der Kernzone notwendig» wären. «Mit einem sorgfältig erarbeiteten Besucherlenkungs-Konzept» sei «das Nebeneinander von Mensch und freier Naturentwicklung in der Kernzone gut vereinbar. Wertschätzungs- und Wertschöpfungspotenzial» sei in den abgelegenen Regionen durchaus vorhanden. Der Parc Adula sei für die betroffenen Gemeinden «eine Chance sich weiter zu entwickeln, die Wirtschaft zu stärken und vor allem ein Zeichen für die nachhaltige Nutzung der lebensnotwendigen Ressourcen zu setzen» (HUNZIKER 2013: 45).

In Absprache mit der wissenschaftlichen Kommission des Parc Adula führte die Eidgenössische Forschungsanstalt für Wald, Schnee und Landschaft (WSL) im Dezember 2013 eine Umfrage in den 20 Projektgemeinden durch. Damit wollte man erfahren, «wie gut die Bevölkerung über das Projekt informiert» sei. Die Einwohnerinnen und Einwohner sollten «die Möglichkeit erhalten, ihre Bedürfnisse, Vorstellungen und auch Befürchtungen auszudrücken, damit diese in die Projektgestaltung einbezogen werden» könnten. Erste Ergebnisse lagen im April 2014 vor. Die Verfasser der Studie werteten die Einstellung der Befragten als «eher positiv» gegenüber dem Parkprojekt, es würde «mit leicht positive Auswirkungen auf die Region» gerechnet. Je nach Parkregion weiche aber die Akzeptanz stark voneinander ab. Die Menschen wären umso positiver gegenüber dem Parkprojekt eingestellt, je besser sie sich darüber informiert fühlten. Zudem spiele die Wahrnehmung der eigenen Region eine wichtige Rolle: Würde die Lage der eigenen Region als eher kritisch wahrgenommen, so war man «eher für die Einrichtung eines Nationalparks».[728]

Wirklich sicher konnten sich die Parkinitiatoren der Zustimmung der Bevölkerung zum Nationalparkprojekt nach wie vor nicht sein und so wurde die Abstimmung immer wieder verschoben. Zum Zeitpunkt der Endredaktion zu diesem Buch war die Abstimmung über die Realisierung des Parks für das Jahr 2017 anberaumt.

4.7.7 Nebenwirkung Naturschutz – Resümee

Zu Gründungszeiten des Schweizerischen Nationalparks hatte es sich die Vorläuferorganisation von Pro Natura zum Ziel gesetzt, in der Schweiz ein Netz von Reservationen zu schaffen. 90 Jahre gab es einen Nationalpark mit sehr strengen Bestimmungen. Schutzgebiete nahmen im Jahr 1999 zwar rund ein Viertel der Landesfläche ein. Nur rund ein Fünftel dieser Fläche fiel aber auf sehr kleine Gebiete mit strengem Schutzstatus, der Rest verfügte nur über schwachen Schutz. Daher griff Pro Natura die Idee wieder auf und startete eine Kampagne zur Schaffung von neuen Grossschutzgebieten: Um den Rückgang der Natur- und Landschaftsvielfalt aufzuhalten, sollten rund 30 Prozent der Schweizer Landesfläche unter verbindlichen Schutz gestellt werden. Damit sollte auch Verpflichtungen auf internationaler (Biodiversitätskonvention CBD) und europäischer Ebene (Berner Konvention) Genüge geleistet werden (FEHR et al. 2006: 14).

Die Kampagne schien ein voller Erfolg zu werden: Bald gab es zahlreiche Bewerbungen für die Errichtung neuer Parks. Doch während es Pro Natura prioritär um naturschutzfachliche Inhalte ging, hatten die sich bewerbenden Regionen hauptsächlich die «regionalwirtschaftlich viel versprechenden Konzepte» im Visier.[729] So sahen auch die betroffenen Gemeinden im Adula-Gebiet in einem Nationalpark in erster Linie ein notwendiges Übel um Schlimmeres – den «Niedergang der ganzen Region» zu verhindern.[730]

In der Schweiz lässt der Begriff Nationalpark im Kopf der Menschen Bilder vom Schweizerischen Nationalpark entstehen: ein Gebiet mit strengsten Nutzungs- und Eingriffsverboten, in dem nichts erlaubt ist. Jeder Versuch einen neuen Nationalpark zu schaffen trifft auf Widerstand, da schwere Einschränkungen befürchtet werden. Mit dieser vorgefassten Meinung hatten auch die Promotoren des Parc Adula zu kämpfen. Sie verlegten sich daher von Anfang an darauf, die wirtschaftlichen Möglichkeiten, die der Park bieten könnte, anzupreisen und zu versichern, dass keine Entscheidung ohne Zustimmung und Einbindung der Bevölkerung getroffen würde. Die Einrichtung des Parks wurde gemäss Bundesgesetzgebung als reiner Bottom up-Prozess konzipiert.

In dem Bemühen es allen Beteiligten recht zu machen, gerieten Naturschutzziele bisweilen zur Nebensache, regionalwirtschaftliche Aspekte rückten in den Vordergrund. Dieser Eindruck wird sowohl durch den Bericht zur Haltung der Parkgemeinden (BUCHLI et al. 2006), als auch durch die Förderungen aus dem Regio-Plus-Programm[731] erhärtet. In beiden Fällen werden vom Park hauptsächlich wirtschaftliche Impulse für die Region erwartet. «Der Begriff Nationalpark steht für ein weites Schutzgebiet von Ökosystemen, das zugleich Erholungsgebiet für die Bevölkerung und Besucher ist. Diese doppelte Funktion eines Nationalparks entspricht genau den Zielsetzungen, die Parc Adula erreichen will: die Entwicklung der Regionen mittels In-Wert-Setzung und Erhalt des Reichtums von Natur und Landschaft ermöglichen», wirbt die Parkleitung für das Projekt.[732] In der Nationalpark-Definition der IUCN ist die Zielsetzung anders gewichtet. Entwicklung der Region oder In-Wert-Setzung der Natur werden zwar nicht ausgeschlossen, im Vordergrund steht aber der Schutz der Natur und natürlicher Prozesse.[733] Vermutlich messen die Parkkandidaten den IUCN-Kategorien keine allzu grosse Bedeutung zu, da im Schweizer Nationalparkgesetz nicht darauf Bezug genommen wird.[734]

Möglicherweise liesse sich im Adula-Gebiet das Biosphärenparkkonzept, das unter anderem wirtschaftliche Entwicklung in seinen Zielen festschreibt, viel besser zur Anwendung bringen, als das Nationalparkkonzept. Allerdings würde die Anerkennung als Nationalpark – der grösste, der erste seit mehr als 100 Jahren und der erste «echte» Nationalpark der Schweiz überhaupt – ein echtes Alleinstellungsmerkmal für die Region bedeuten. In der Kategorie Biosphärenreservat konnte sich in der Schweiz schon die Region Entlebuch sehr erfolgreich präsentieren.

In der Beschäftigung mit der Berichterstattung zum Parc Adula ist auffallend, dass das Nationalparkprojekt und die frühen Schutzbemühungen um die Greina – im Herzen des geplanten Nationalparks gelegen – kaum miteinander in Beziehung gesetzt wurden. Der Kampf um die Greina hatte die Schweiz sehr bewegt und war letztendlich erfolgreich, doch versuchten die Parkpromotoren niemals die Schutzbestrebungen des 20. Jahrhunderts aufzugreifen. Umgekehrt endete die Geschichte der Greina für die Schweizerische Greina-Stiftung anscheinend mit dem Durchsetzen der Ausgleichszahlungen an die Gemeinden Vrin und Sumvitg für die Nichtvergabe der Wasserrechtskonzessionen. Es findet sich von Seiten der Stiftung kein Hinweis auf die geplante Parkeinrichtung.

Eine der wenigen Ausnahmen in dieser Hinsicht verkörpert der britische Architekt und Künstler Bryan Cyril Thurston, der seit 1955 in der Schweiz lebt. Er setzte sich jahrzehntelang für die Intaktheit der Greina und gegen einen geplanten Stausee ein, heute wünscht er sich eine baldige Realisierung des Parc Adula.[735] Auch der Bündner Architekt Gion Caminada sieht im Parc Adula keine Einschränkung, sondern «die Entfaltung einer breiten Palette von Möglichkeiten».[736] Andere Intellektuelle fühlen sich durch einen Park in ihrer Freiheit eingeschränkt und gestört, wie z. B. Leo Tuor. Der Schriftsteller stammt aus der Region, studierte in Zürich, Fribourg und Berlin und lebt heute mit seiner Familie zurückgezogen in Val/Surrein. Er schreibt ausschliesslich in Sursilvan, einem Idiom, das von einigen zehntausend Menschen im Surselva-Tal in Graubünden gesprochen wird. Er meint, man solle den Städtern, die man «aus ihrer Konsumwelt hierher» locken will, lieber bewohnbarere Städte anbieten, damit sie dort bleiben können.[737] Städter, die hierher gezogen sind und sich einen ruhigen Landsitz eingerichtet haben, schaffen es oft besser sich Gehör zu verschaffen als diejenigen, die schon immer hier waren, und präsentieren sich als Stimmen der Region, z. B. Rodolfo Keller, ehemaliger Gemeindepräsident einer Kleinstadt im Kanton Zürich.[738]

Das Parkprojekt versteht sich als multikulturelles Projekt, dieser einzigartige Aspekt soll den Park unverwechselbar machen.[739] In den Materialien fand sich kaum ein Hinweis darauf, worin sich die Multikulturalität manifestiert. Zwar ist im Managementplan nachzulesen, dass sich im Parkgebiet drei Kulturen – «die italienische, die rätoromanische und die deutsch-walsersche» – vereinigen und «die Beziehungen unter diesen drei Kulturen über das Gebirge aufrechterhalten» wurden. Mit dem Park will man diese Beziehungen weiter vertiefen, «damit der authentische kulturelle Reichtum stärker in Wert gesetzt wird».[740] An anderer Stelle derselben Quelle wird jedoch eingeschränkt, es fehle «noch die Identifikation mit dem Projekt», denn «die verschiedenen Regionen haben früher keine gemeinsamen Ziele verfolgt».[741]

Es ist tatsächlich eine Besonderheit des Adula-Projektes, dass im Gebiet drei Volksgruppen leben und drei Sprachen gesprochen werden: italienisch, deutsch und rätoromanisch. Der Umgang mit Sprache wird in allen Volksgruppen sehr unterschiedlich gehandhabt und auch die Grundeinstellungen der drei Gruppen sind sehr verschieden. Während die einen gut und gerne zwischen den verschiedenen Sprachen wechseln, legen sich die anderen auf «ihre» Sprache fest, auch wenn sie die anderen beherrschen. Aus der Aussensicht scheint die drei Mentalitäten mehr zu trennen, als sie eint. Es bedarf noch grosser Anstrengungen aus den beteiligten Regionen und Volksgruppen eine Parkregion zu bilden.

5 Schutzgebiete gestern, heute und morgen

5.1 Die Schutzgebiete im Vergleich

Die in den vorangehenden Kapiteln dargestellten Geschichten der Schutzgebiete mit Fokus jeweils auf die Akteure, Herausforderungen, Schutzziele und Instrumente sind das Ergebnis einer umfangreichen qualitativen Textanalyse. Die Analyse brachte aber auch quantitative Ergebnisse in Form sogenannter Kookkurrenz-Tabellen hervor. In der Kookkurrenz-Tabelle wird dargestellt, mit welcher Häufigkeit zwei beliebig zu wählende Codes gemeinsam auftreten. Diese Häufigkeit gibt einen Hinweis auf eine mögliche Abhängigkeit der Codes. Die Zeilen der in diesem Kapitel vorgestellten Kookkurrenz-Tabellen (Tab. 2, Tab. 3, Tab. 4, Tab. 5) entsprechen den in der Analyse vergebenen Codes, die Spalten den untersuchten Schutzgebieten. Um die Lesbarkeit und Aussagekraft zu erhöhen, wurden die Codes in Gruppen und Untergruppen zusammengefasst. Das heisst, es wurde eine Code-Hierarchie erstellt. Die Spalte mit der Bezeichnung SG gibt an, wie oft ein Code für alle sieben untersuchten Schutzgebiete vergeben wurde. Die Spalte PG gibt an, wie oft der betreffende Code insgesamt vergeben wurde. In die Textanalyse waren auch Daten zu den Schutzgebieten Biosphärenpark Wienerwald und Biosphäre Entlebuch einbezogen worden, sie wurden aber nicht weiter ausgewertet.

Bei der Interpretation der Kookkurrenz-Tabellen zu den Themen «Akteure», «Herausforderungen», «Schutzziele» und «Instrumente» wil die Autorin auf eine detailgetreue Wiedergabe der Tabellen verzichten und sich auf die exemplarische Erläuterung einiger besonders interessant erscheinender Aspekte beschränken. Gleichzeitig soll auf die Bedeutung und Verwendung der einzelnen Codes näher eingegangen werden.

5.1.1 Die Akteure

Die Eigentumsverhältnisse in den untersuchten Schutzgebieten stellen sich in Deutschland, der Schweiz und in Österreich unterschiedlich dar. In Deutschland sind grosse Teile der Schutzgebietsfläche in öffentlichem Eigentum. Eigentümer und Verwalter der Fläche sind institutionell eng miteinander verbunden, wenn nicht identisch. Bei den Flächen des Schweizerischen Nationalparks handelt es sich grösstenteils um kommunales Eigentum. Die Nutzung wird durch Pachtverträge geregelt, so dass es bei bestehenden Verträgen kaum zu Konflikten kommt. Auch im Parc Adula werden letztendlich die Kommunen darüber entscheiden, ob ein Park auf ihrem Gemeindegebiet zustande kommt oder nicht. Die Zahl der Verhandlungspartner bleibt sowohl in der Schweiz als auch in Deutschland überschaubar. Ganz anders stellt sich die Situation in Österreich dar, wo Schutzgebiete grösstenteils auf privatem Grund errichtet werden. Daraus ergibt sich eine Vielzahl von Gegenübern, was aufwändige und manchmal zähe Verhandlungen für jede neue Regelung notwendig macht. Auch der 1997 privatisierte Staatsbetrieb Österreichische Bundesforste – dem vor allem Flächen in den Donau-Auen gehören – tritt als öffentlicher Grundbesitzer wie ein Privateigentümer auf. Am augenfälligsten traten aber die Grundbesitzer in den Hohen Tauern in Erscheinung, wo sie sich in Schutzgemeinschaften gegen einen Nationalpark organisierten und damit die Einrichtung des Nationalparks lange Zeit verzögern konnten.

In den Alpenparks Berchtesgaden, Hohe Tauern und Dobratsch gab es mit den Bauern immer wieder kleinere Konflikte zu Fragen der Almnutzung und der Waldweide. Prinzipiell suchte man sie aber als Pfleger der Kulturlandschaft und Repräsentanten traditioneller Bewirtschaftungsformen im Gebiet zu halten. Ein ähnliches Ziel verfolgt man wohl auch

Tab. 2. Kookkurrenz-Tabelle Akteure. Die Farbintensität gibt wieder, welche Bedeutung die jeweiligen Akteure in den untersuchten Schutzgebieten hatten. Die Zahlen entsprechen den Nennungen in den analysierten Texten. Die Interpretation der Zahlen und Zuordnung zu den Bewertungsstufen (hell = geringe, mittel = mittlere, dunkel = hohe Bedeutung) erfolgte durch die Studienleiterin.
BG = Nationalpark Berchtesgaden, SC = Biosphärenreservat Schorfheide-Chorin, HT = Nationalpark Hohe Tauern, DA = Nationalpark Donau-Auen, DO = Naturpark Dobratsch/Villacher Alpe, SN = Schweizerischer Nationalpark, PA = Parc Adula, SG = Schutzgebiete gesamt, PG = Projekt gesamt.

Akteure	Untergruppe		BG	SC	HT	DA	DO	SN	PA	SG	PG
Eigentümer u. Nutzer	Eigentümer	Grundbesitzer	3	4	14	4	5	0	2	32	42
		öffentliche Grundbesitzer	0	1	4	7	0	1	0	13	27
	Produzenten Bewirtschafter Landnutzer	Landwirtschaft	14	10	20	2	6	0	8	60	70
		Forstwirtschaft	10	11	4	5	0	5	1	36	49
		Jagd und Fischerei	10	8	12	5	9	11	12	67	78
	kommerzielle Nutzer	Industrie, Gewerber, Bergbau, Bauwesen	2	4	10	15	4	0	2	37	46
		Energiewirtschaft	1	3	36	7	1	10	5	65	71
		Erschliessung und Verkehrwesen	3	0	6	7	11	0	0	27	33
		Investoren	0	11	0	0	2	0	0	13	17
		Tourismuswirtschaft	16	8	14	0	12	4	3	57	64
		Militär	6	1	0	0	0	0	2	9	10
	private Nutzer	Alpinisten und Freizeitsportler	8	9	7	1	6	1	3	26	28
		Naherholungssuchende und Touristen	9	13	4	3	4	7	5	45	60
		Bevölkerung	13	10	18	11	3	11	10	76	92
		ausgewählte Gesellschaftsgruppen	0	3	6	5	2	1	1	18	26
Forschung und Bildung		Wissenschaft und Forschung	7	7	31	9	24	10	0	88	93
		Bildungseinrichtungen	3	7	14	5	6	3	0	38	52
Planungs- und Fachinstitute		Planungs- und Fachinstitute	0	1	14	5	1	1	0	22	27
Politik und Verwaltung		Politik	55	34	91	42	15	18	10	265	314
		Verwaltung	23	22	27	9	16	13	14	124	143
		supranationale Organisation	1	5	1	0	0	3	0	10	18
Zivilgesellschaft	nichtstaatliche Organisationen	internationaler Dachverband	6	0	5	0	0	1	0	12	14
		nationaler Dachverband	7	0	20	8	2	0	0	37	51
		international tätige NGO	2	1	8	17	7	3	0	38	49
		national tätige NGO	0	0	1	1	2	1	0	5	7
		nationale NGO alpiner Verein	22	0	73	5	5	0	2	107	112
		nationale NGO naturforschende Gesellschaft	1	0	4	0	0	2	0	7	9
		national tätige Naturschutzorganisation	11	5	40	15	4	30	13	127	156
		regional tätige Naturschutzorganisation	15	10	10	4	4	1	1	45	66
	private Initiative	Einzelakteure	4	19	8	5	0	12	0	48	61
		Initiative von Forschern und Naturliebhabern	10	9	24	28	4	11	1	87	97
		Initiative von Bildungsbürgern	1	4	9	30	3	1	0	48	52
	sonstige	Fonds, Stiftung	0	0	1	1	0	1	2	5	7
		Grüne Bewegung	0	1	4	1	0	0	0	6	7
		Medien, Öffentlichkeit	2	1	6	10	3	1	0	23	28

im Parc Adula. Im Schweizerischen Nationalpark hingegen gab man seit jeher der natürlichen Entwicklung Vorrang, eine landwirtschaftliche Nutzung war nicht vorgesehen. Völlig andere Voraussetzungen herrschten in der Schorfheide. Nicht kleinteilige bäuerliche Strukturen sondern industrielle Tier- und Pflanzenproduktionsanlagen prägten jahrzehntelang das Bild der DDR. Mit der Einrichtung des Biosphärenreservates konnten ökologische Produktionsmethoden Fuss fassen. Tauchen heute Pläne zu konventionellen landwirtschaftlichen Grossbetrieben auf, so reagieren Bevölkerung und Naturschützer gleichermassen empfindlich und ablehnend.

Forstleute gehörten überall zu den Pionieren des Naturschutzes: Auf Vorschlag des Forstbotanikers Max Kienitz wurde 1907 das Plagefenn als erstes Naturschutzgebiet Norddeutschlands eingerichtet. Der Schweizerische Forstverein bemühte sich etwa zur gleichen Zeit um die Schaffung von Urwaldreservaten. Die ersten Schutzgebietsverwaltungen wurden fast durchwegs aus Forstleuten rekrutiert, da sie als naturverbunden galten. Gerade die Forstleute kritisierten aber eine unkontrollierte Entwicklung der Wälder aufs heftigste. Sie befürchteten den Niedergang der Wälder durch zu hohe Wildbestände oder verheerenden Schädlingsbefall. Bis heute widerspricht es dem Berufsbild des Försters, den Wald sich selbst zu überlassen und nicht für Ordnung zu sorgen.

Dass jagdliche Interessen ausschlaggebend für einen besonderen Schutzstatus vieler Gebiete waren, wurde bereits mehrfach angesprochen. Hier soll daher nur kurz auf das sehr unterschiedliche Jagdrecht in den drei Ländern eingegangen werden. In Deutschland und Österreich gilt das auf das Reichsjagdgesetz zurückgehende Prinzip der Revierjagd: Das Ausüben der Jagd ist an das Eigentum von Grund und Boden gebunden, der Grundstückseigentümer hat dafür Sorge zu tragen, dass die Jagd in angemessenem Umfang ausgeübt wird und haftet für etwaige Wildschäden. In dieser Regelung liegen vielfach die Konflikte begründet, wie sie zwischen Jagd und Naturschutz etwa in den Hohen Tauern oder in Berchtesgaden immer wieder auftraten. Die Schweiz kennt drei Jagdsysteme. Neben der Revierjagd, wie sie in den deutschsprachigen im Norden der Schweiz gelegenen Kantonen ausgeübt wird, gibt es die Verwaltungsjagd und die Patentjagd. Der Kanton Genf kennt die Verwaltungs- oder Regiejagd, die ausschliesslich durch staatlich besoldete Wildhüter ausgeübt wird. In den übrigen Kantonen – darunter auch Tessin und Graubünden – gibt es die Patentjagd. Nach Erwerb eines staatlichen Jagdpatents kann jeder Jäger im ganzen Kanton mit Ausnahme der Jagdbanngebiete jagen.

Weit verbreitet unter Land- und Forstwirten, Jägern und Fischer sind starke Vorbehalte gegenüber der Wiedereinwanderung grosser Beutegreifer wie des Bären oder des Wolfes. Dahinter alleine die Befürchtung der Konkurrenz oder des ökonomischen Verlustes zu vermuten, greift zu kurz – durch diese Tiere verursachte Schäden werden in der Regel grosszügig abgegolten. Vielmehr wirft diese Ablehnung die prinzipielle Frage auf, ob diese «Repräsentanten der Wildnis» heute im menschlichen Siedlungsraum Platz haben sollen. So würden beispielsweise im Schweizer Berggebiet jährlich rund 5000 Schafe und Ziegen verunglücken, etwa 200 Tiere würden gerissen. Während Tötungen durch Grossraubtiere vergütet werden, sind die übrigen Verluste vom Besitzer selbst zu tragen. Dies wird jedoch kaum thematisiert.[742]

Zu den am häufigsten in Erscheinung tretenden Akteuren in der Gruppe der kommerziellen Nutzer zählt die Energiewirtschaft. Stromengpässe während der Weltkriegsjahre und das Streben nach Energieautarkie führten zu einem starken Ausbau der Wasserkraftnutzung. Als davon zunehmend auch geschützte Landschaften, wie z. B. der italienische Nationalpark Gran Paradiso tangiert waren, gab dies letztendlich den Anstoss zur Gründung der Internationalen Alpenschutzkommission CIPRA 1952.[743] In den Alpen wurden Naturschutz und Energiewirtschaft zu erbitterten Konkurrenten in der Frage der Nutzung von Gebirgsbächen. In Österreich scheint die Energiewirtschaft für lange Zeit der «Lieblingsfeind» der Naturschützer gewesen zu sein. In Richtung der Gemeinden unterbreitete die Energiewirtschaft verlockende Angebote. Dennoch gelang es dem Naturschutz mehrmals, grosse Teile der Bevölkerung gegen Wasserkraftprojekte zu mobilisieren und als Sieger im Kampf «David» gegen den «Goliath» Energiewirtschaft hervorzugehen. Die Entwicklung in der Schweiz verlief anders, wenn auch nicht weniger konfliktreich. Nachdem die Bevölkerung der Wasserkraftnutzung im Nationalpark aber einmal zugestimmt hatte, fanden Nationalparkverantwortliche und Kraftwerksbetreiber zu einem Modus der Zusammenarbeit und verstehen sich heute als Partner.

Der Wunsch nach Wasserkraftausbau machte auch vor den grossen Flusslandschaften nicht halt. In den 1980er Jahren konnte mit den Protesten gegen das Donaukraftwerk Hainburg neuerlich ein Projekt der österreichischen Energiewirtschaft vereitelt werden. In den deutschen Schutzgebieten sind es meist Windkraftprojekte, die kontrovers diskutiert werden – so auch im Biosphärenreservat Schorfheide-Chorin.

Neben der Energie- ist die Tourismuswirtschaft die zweite «Grossmacht» im Alpengebiet. In Berchtesgaden, den Hohen Tauern und am Dobratsch konnten Tourismus und Schutzgebietseinrichtungen sich – oft nach jahrlangem Ringen – in vielen Belangen einigen. In gewisser Hinsicht hat man eine wechselseitige Abhängigkeit erkannt. Der Schweizerische Nationalpark hat seine ablehnende Haltung gegenüber touristischer Nutzung erst in jüngster Zeit aufgegeben. Nachdem der Park sich lange Zeit jeder «profanen» Nutzung verschloss, blieb er ein Fremdkörper in der Region. Das ändert sich nun langsam.

Zu den in der Tabelle 2 als «ausgewählte Gesellschaftsgruppen» bezeichneten Akteuren zählen die Jugend, die Arbeiter – erstere traten oft den Naturschutz unterstützend in Erscheinung, letztere sind eher in der Gegnerschaft zu finden – sowie die Städter bzw. die Landbewohner, die sich in einem schwierigen Spannungsfeld von Naturschutz einerseits und Leben mit und von der Natur andererseits bewegen und denen es oft an gegenseitigem Verständnis fehlt.

In der Kookkurrenz-Tabelle sind Wissenschaft und Forschung in den Schutzgebieten Nationalpark Hohe Tauern und Naturpark Dobratsch überrepräsentiert. Beide stellen zwar in diesen Gebieten wichtige Aktivitäten mit sehr langer Tradition dar. Durch die Einbeziehung einer Datenquelle[744], in der jede Messung des Gletscherstands und jeder Insektenfund für die beiden Gebiete vermerkt sind, und die in vergleichbarer Form für die anderen Gebiete nicht zur Verfügung stand, ergab sich hier ein verzerrtes Bild. Bis heute sind aber nur im Schweizerischen Nationalpark Forscher und Wissenschaftler verbindlich in Managemententscheidungen eingebunden.

Fachinstitute erlebten ab den 1950/60er Jahren einen Gründungsboom. Sie zeichneten sich durch praxisnahe, wirtschaftsorientierte Forschung und Mischformen aus staatlicher und privater Finanzierung aus. Planer und Planungsbüros kommen erst ab etwa 1990 in der Medienberichterstattung vor. Zu dieser Zeit setzte eine weitgehende Professionalisierung des Naturschutzes ein, der bis dahin meist eine ehrenamtliche oder eine staatliche Aufgabe war. Diese relative junge Berufsgruppe hat in den Entstehungsgeschichten keine grosse Rolle gespielt, trägt aber ganz wesentlich zur Gestaltung moderner Schutzgebiete bei. Als Dienstleister findet sie auch in aktuellen Berichten kaum Erwähnung.

Zu den nichtstaatlichen Organisationen ist zu bemerken, dass die Bedeutung regionaler und nationaler Naturschutzverbände zunehmend hinter jene international tätiger Organisationen zurücktritt. Gleichzeitig hat eine Debatte über die Erfüllung internationaler Kriterien eingesetzt. Die im Rahmen der Studie relevanten internationalen Dachverbände sind das Netzwerk Alpiner Schutzgebiete ALPARC und der Dachverband der Europäischen Schutzgebiete Europarc. Mehr Einfluss üben aber international tätige NGOs wie z. B. IUCN, WWF, Global2000, Birdlife aus. Auf Europa beschränkt sich der Wirkungsraum der CIPRA, der Donaukommission, des Vereins Alpenstadt des Jahres und der 2014 aufgelösten PAN-Parks.

Zu den nationalen Dachverbänden zählen der Deutsche Naturschutzring in Deutschland und der Umweltdachverband in Österreich als Interessenvertretungen von Naturschutzorganisationen und alpinen Vereinen. Als Kooperationsplattformen der Schutzgebiete mit dem Schwerpunkt gemeinsame Öffentlichkeitsarbeit haben sich in den letzten Jahren der Verband der Naturparke Österreichs und die Nationalparks Austria (beide Österreich), die Nationalen Naturlandschaften (Deutschland) und das Netzwerk Schweizer Pärke (Schweiz) gebildet.

Die alpinen Vereine haben die Geschichte Berchtesgadens (Verein zum Schutz der Bergwelt) und der Hohen Tauern massgeblich geprägt, zumal Alpenverein und in kleinerem Umfang auch die Naturfreunde in den Hohen Tauern als Grundbesitzer auftraten. Heute konzentrieren sich die Vereine auf die Aufrechterhaltung der Hütten- und Wegeinfrastruktur und die Alpinausbildung ihrer Mitglieder. Ausser den bereits genannten seien noch der Schweizer Alpen-Club (SAC), die Alpine Allianz, die Bergwacht und der Österreichische Touristenklub erwähnt.

Die naturforschenden Gesellschaften, wie Kosmos-Gesellschaft für Naturfreunde, die Schweizerische Naturforschende Gesellschaft, Zoologisch-Botanische Gesellschaften traten bei der Initiierung der ersten Parks in Erscheinung, haben aber nur wenig Einfluss auf ihre weitere Entwicklung genommen. Die Initiative wurde von den Naturschutzorganisationen übernommen, die allerdings oft aus den naturforschenden Gesellschaften hervorgingen, wie das Beispiel des Schweizerischen Naturschutzbund (Pro Natura) zeigt. Zu den nationalen Naturschutzorganisationen wurden auch der Bund für Umweltschutz und Naturschutz Deutschland, Naturschutzbund Deutschland, der Verein Naturschutzpark, der Deutsche Rat für Landespflege, die Naturwacht, die Gesellschaft für Natur und Umwelt (alle Deutschland), der Österreichische Naturschutzbund (Abb. 88) und die Schweizerische Gesellschaft für Vogelkunde und Vogelschutz gezählt. Regional tätige Naturschutzorganisationen haben sich sehr für die Einrichtung der Schutzgebiete in Berchtesgaden und Schorfheide-Chorin eingesetzt. Stellvertretend seien hier der Bund Naturschutz in Bayern und der Naturschutzring Berlin-Brandenburg genannt.

Im Vorfeld der meisten Schutzgebietseinrichtungen spielten prominente Vertreter des Naturschutzes eine wichtige Rolle. Diese Persönlichkeiten kamen fast immer aus einem akademischen Umfeld (z. B. Sarasin im Schweizerischen Nationalpark, Lorenz in den Donau-Auen), sehr oft mit forstwissenschaftlichem Schwerpunkt (z. B. Guttenberg in Österreich, Tubeuf in Berchtesgaden), zumindest aber aus wirtschaftlich besser gestellten und gebildeten Kreisen (z. B. Prinzinger und Wirth in den Hohen Tauern). Auch die grossen Naturschutz-Pioniere der DDR hatten einen intellektuellen Hintergrund (z. B. Succow, Gilsenbach in der Schorfheide). Rückblickend wurden sie alle zu Ikonen des Naturschutzes stilisiert. Auffallend ist, dass in den untersuchten Schutzgebieten diese Rolle ausschliesslich Männern zugedacht war.

Auch bei den als private Initiativen bezeichneten Akteuren wurden einzelne Personen aktiv, auch unter ihnen gab es Forscher und Naturliebhaber. Sie wurden aber in den Quellen entweder nicht namentlich genannt, traten als Gruppe auf oder ihr Eintreten für den Naturschutz bildete – anders als bei den zuvor genannten Personen – nur einen kleinen Teil ihrer Biographie. Als ein Beispiel mögen die Donau-Auen gelten. Durch das Engagement einiger der bekanntesten Wissenschaftler des Landes wurde das öffentliche Interesse auf diese Flusslandschaft gelenkt. Noch stärker dürfte sich aber der Schulterschluss von Künstlern, Journalisten, Studentinnen, Studenten (subsumiert unter dem Begriff Bildungsbürger) und selbst Politikern ausgewirkt haben, die zur Verteidigung der Natur angetreten waren. In den Donau-Auen gelang es der Umweltaktivistin Freda Meissner-Blau ausnahmsweise als Frau ebensolche Aufmerksamkeit auf sich zu ziehen und ebenso ernst genommen zu werden wie ihre männlichen Kollegen. Vielleicht ein weiteres Indiz dafür, dass Hainburg Ausdruck eines tiefen gesellschaftlichen Wandels war. Meissner-Blau gilt als eine Begründerin der Grünen Bewegung in Österreich. Diese Bewegung ist einer der ersten mit Naturschutz assoziierten Bereiche, in dem sich Frauen etablieren konnten.

Abb. 88. Veteranen. Anlässlich des 100jährigen Bestehens des Österreichischen Naturschutzbundes posierten einige seiner engagiertesten Mitstreiter unter dem Motto «Der Kampf lohnt sich doch». Mit dabei: Erich Czwertnia (NP Donauauen), Wolfgang und Erika Retter (NP Hohe Tauern Tirol) und Eberhard Stüber (NP Hohe Tauern Salzburg). Foto Naturschutzbund Kerstin Hölzl und Thomas Janke (2013).

5.1.2 Die Herausforderungen

Wenn hinter einer als Veränderung zum schlechteren hin wahrgenommenen Entwicklung der Natur oder des Schutzgebietes eine allgemeine gesellschaftliche Tendenz vermutet wurde, so wurde das in der Studie als abstrakte Bedrohung (Tab. 3) bezeichnet. Dazu gezählt wurden beispielsweise Amerikanisierung, die Naturausbeutung, der Rationalisierungsdruck und das Wachstum, die alle der Untergruppe Materialismus und Kapitalismus zugeordnet wurden. Gegen die Ausbeutung der Natur wandten sich die Hainburg-Aktivisten der 1980er Jahre. Viele von ihnen waren überzeugt, dass der Verlust der Natur von einem Werteverfall begleitet würde und letztlich auch die Seelengesundheit des Menschen Schaden nehmen würde.

Tab. 3. Kookkurrenz-Tabelle Herausforderungen. Die Farbintensität gibt wieder, welche Bedeutung die jeweiligen Herausforderungen in den untersuchten Schutzgebieten hatten. Die Zahlen entsprechen den Nennungen in den analysierten Texten. Die Interpretation der Zahlen und Zuordnung zu den Bewertungsstufen (hell = geringe, mittel = mittlere, dunkel = hohe Bedeutung) erfolgte durch die Studienleiterin. BG = Nationalpark Berchtesgaden, SC = Biosphärenreservat Schorfheide-Chorin, HT = Nationalpark Hohe Tauern, DA = Nationalpark Donau-Auen, DO = Naturpark Dobratsch/Villacher Alpe, SN = Schweizerischer Nationalpark, PA = Parc Adula, SG = Schutzgebiete gesamt, PG = Projekt gesamt.

Gefahren	Untergruppe		BG	SC	HT	DA	DO	SN	PA	SG	PG
abstrakt	Eigentümer	Materialismus/Kapitalismus	0	12	15	5	1	1	0	34	61
		Zivilisation	4	2	10	4	2	16	0	38	51
		Naturverlust	1	2	11	9	3	4	1	31	46
konkret	mittelbar	globale/lokale Veränderungen	2	3	3	0	0	1	4	13	22
	unmittelbar	Landwirtschaft	8	14	5	4	2	2	4	39	55
		Jagd, Fischerei	3	3	6	1	0	2	0	15	20
		Sammeln, Handel	5	0	4	0	3	3	1	16	24
		Forstwirtschaft	1	5	2	1	3	0	0	12	38
		Waldschäden	8	2	1	2	0	4	0	17	26
		überhöhter Wildbestand	9	7	3	0	0	6	0	25	31
		Infrastrukturen	20	12	25	13	9	1	1	81	100
		Verkehr	3	4	3	12	5	2	0	29	39
		Siedlungstätigkeit	3	10	4	5	4	0	1	27	58
		Tourismus	5	2	19	2	2	4	1	35	48
		Besucherdruck	11	8	2	4	5	9	2	41	48
		Vandalismus	2	3	1	2	1	5	0	14	22
		Energieerzeugung	1	5	74	40	3	14	9	146	166
		Umweltverschmutzung	1	1	7	4	4	3	1	21	25

Schon viel früher – zu Beginn des 20. Jahrhunderts – warnten Natur- und Heimatschützer in Deutschland und Österreich eindringlich vor der Amerikanisierung der Landschaft, gleichzeitig anerkannten sie aber, dass die Amerikaner mit ihren Nationalparks die bis dahin grösste Errungenschaft im Naturschutz kreiert und realisiert hatten und strebten ähnliches an. Später ging in der offiziellen DDR die Ablehnung alles Amerikanischen so weit, dass keine Nationalparks – die weiterhin als amerikanische Schöpfung galten – eingerichtet werden durften. Auch nach dem Mauerfall stand lange Zeit alles, was aus dem Westen kam, unter dem Generalverdacht des zerstörerischen Kapitalismus. Auch deshalb bemühten sich die ostdeutschen Naturschützer so sehr, ihre noch intakten Landschaften unter Schutz zu stellen und sie dem Zugriff der «Verführungs-Animations-Gesellschaft» zu entziehen.[745] In der Schorfheide wurde wiederholt der Rationalisierungsdruck als grosses Problem des Naturschutzes genannt. Er mag sich hier tatsächlich stärker ausgewirkt haben, als anderswo. In der alten Gesellschaftsordnung hatte der Naturschutz auf einen grossen Stab an ehrenamtlichen und halbehrenamtlichen Mitarbeitern zurückgreifen können. Mit der Umstellung auf professionelle bezahlte Mitarbeiter wurden die personellen Ressourcen plötzlich als stark eingeschränkt wahrgenommen.

Die Schweizer Naturschützer näherten sich im Vergleich zu ihren deutschen und österreichischen Zeitgenossen der Herausforderung des Amerikanismus viel rationaler. Was ihnen am amerikanischen System gut schien, übernahmen sie, den Rest erklärten sie einfach für ihre Zwecke ungeeignet und passten so das Konzept Nationalpark ihren Bedürfnissen an (KUPPER 2012a: 136). Als wesentlich grössere Gefahr stuften die Protagonisten des Schweizerischen Nationalpark die Zivilisation an sich ein. Jedes Zeichen menschlicher Anwesenheit stellte eine Bedrohung für ihr Schutzziel, den ungestörten Ablauf natürlicher Prozesse dar. Letztendlich fanden sie zu einem pragmatischen Umgang auch mit diesem Problem, wie am Beispiel der Wasserkraftnutzung im Nationalpark zu sehen ist.

Als konkrete Bedrohungen betrachtete die Autorin solche, die nachweisbare/messbare Auswirkungen auf das Schutzgut erwarten lassen, sollte die gefürchtete Entwicklung tatsächlich eintreten. Sie wurden weiter in mittelbare und unmittelbare Bedrohungen untergliedert. Mittelbare Bedrohungen (also solche, die sich indirekt auf das Schutzgut auswirken) spielen in den untersuchten Quellen mit Ausnahme der Quellen zum Parc Adula nur eine untergeordnete Rolle. Im Adulagebiet fürchtet man die Abwanderung und die Folgen des menschlichen Rückzuges aus der Landschaft – vermutlich vor allem die regionalökonomischen Folgen. Weitere mittelbare Bedrohungen sind das Auftreten fremder Arten und der globale Klimawandel. Beide Themen werden in der einen oder anderen Form überall diskutiert, jedoch nicht im direkten Zusammenhang mit dem Schutzgebiet.

Im Gegensatz zu den mittelbaren, wirken die unmittelbaren Gefahren direkt auf das Schutzgebiet. Angeführt wird die Liste der wahrgenommenen Bedrohungen ganz klar von der Energieerzeugung. Im Alpengebiet und an der Donau sorgen vor allem der Ausbau der Wasserkraft (Abb. 89), in der Schorfheide die Erzeugung von Energie aus Windkraft oder Biomasse und die Errichtung der zugehörigen Anlagen für Diskussionen. Ein zweites grosses Konfliktfeld stellen Infrastrukturen aller Art dar. In Berchtesgaden, den Hohen Tauern und in abgeschwächter Form am Dobratsch geht es dabei vor allem um touristische Infrastrukturen wie Seilbahnen, Ausflugsstrassen und Hotelbauten, im Gebiet der Donau-Auen um den Ausbau der Donau als Handels- und Transportweg und um grossräumige Verkehrskonzepte für die Stadt Wien.

Abb. 89. Gefahr Wasserkraft. Mit dem Flugblatt sollte die Bevölkerung Kärntens gegen Kraftwerkspläne mobilisiert werden. Der Naturschutz wollte sich hier das Sicherheitsbedürfnis der Menschen zu seinen Gunsten nutzen und verwies auf zwei nur kurz zurückliegende Unglücksfälle, die tausende Menschenleben forderten. Flugblatt des Kärntner Naturschutzbundes (1965) Archiv Österreichischer Naturschutzbund.

Zu hohe Besucherzahlen wurden bisweilen in Berchtesgaden, der Schorfheide und im Schweizerischen Nationalpark als problematisch angesehen. Keine Gefahren im engeren Sinne, aber Konflikte, die ausgetragen werden mussten, ergaben sich in diesen drei Parks und den Hohen Tauern zu folgenden Themen: mit der Jagd zu Fütterungspraxis und Bestandsregulierung, mit der Forstwirtschaft zum Umgang mit Forstschädlingen wie dem Borkenkäfer.

5.1.3 Die Schutzziele

Bei den von der Autorin als abstrakt bezeichneten Schutzzielen (Tab. 4) standen Wünsche zum Erreichen eines Idealzustandes im Mittelpunkt. Sowohl in den Hohen Tauern als auch im Schweizerischen Nationalpark wurden Ursprünglichkeit und Unberührtheit als höchstes Schutzgut betrachtet. Die Protagonisten in den Hohen Tauern verbanden diese Begriffe eng mit Attributen wie traditionell und unverdorben. Dazu passend sollten die zu schützenden Gebiete einem Idealbild von Landschaft («eindrucksvoll», «schön»), Schöpfung oder Heimat entsprechen. Im Schweizerischen Nationalpark war mit Unberührtheit schlicht das Nichteingreifen des Menschen gemeint, das Kriterium der Abwesenheit des Menschen war letztendlich ausschlaggebend für die Gebietswahl.

Der Gruppe der anthropozentrischen Schutzziele wurden Konzepte zugeordnet, die den Vorteil oder das Wohl des Menschen in den Mittelpunkt stellen. Demgegenüber sollten die biozentrischen Schutzziele auf Naturerscheinungen oder natürliche Prozesse fokussieren (Abb. 90).

Am Anfang der Schutzbemühungen stand häufig die Absicht die Grundlagen der Primärproduktion zu bewahren. In Berchtesgaden, Schorfheide-Chorin und Donau-Auen galt

Tab. 4. Kookkurrenz-Tabelle Schutzziele. Die Farbintensität gibt wieder, welche Bedeutung die jeweiligen Schutzziele in den untersuchten Schutzgebieten hatten. Die Zahlen entsprechen den Nennungen in den analysierten Texten. Die Interpretation der Zahlen und Zuordnung zu den Bewertungsstufen (hell = geringe, mittel = mittlere, dunkel = hohe Bedeutung) erfolgte durch die Studienleiterin.
BG = Nationalpark Berchtesgaden, SC = Biosphärenreservat Schorfheide-Chorin, HT = Nationalpark Hohe Tauern, DA = Nationalpark Donau-Auen, DO = Naturpark Dobratsch/Villacher Alpe, SN = Schweizerischer Nationalpark, PA = Parc Adula, SG = Schutzgebiete gesamt, PG = Projekt gesamt.

Schutzziele		BG	SC	HT	DA	DO	SN	PA	SG	PG
abstrakt	Ursprünglichkeit, Unberührtheit	10	9	22	6	1	24	4	76	105
	Landschaftsideal	4	7	35	9	6	9	2	72	95
	Konservieren eines Idealzustandess der Natur	7	2	4	4	6	0	2	25	40
anthropozentrisch	Grundlagen der Primärproduktion	15	35	5	15	4	4	6	84	109
	Grundlagen flächebezogener Leistungen	12	4	36	8	10	6	6	82	92
	Wohlfahrtswirkung	12	33	26	19	11	5	1	107	166
	Multifunktionaler Raum	3	12	20	0	6	3	16	60	108
	Forschungsgegenstand, Erkenntnisgewinn	15	10	38	3	27	17	3	113	130
	Wert für Bildung und Erziehung	11	11	13	4	10	1	4	54	86
biozentrisch	Fels, geologische Erscheinung	3	6	2	0	6	1	0	18	28
	Artenschutz	19	45	26	15	34	20	1	160	234
	Landschaft	2	19	13	5	6	4	15	64	87
	Naturgebiet	6	38	23	31	8	5	8	119	165
	Ökosystem und Prozessschutz	13	10	11	13	7	7	3	64	83
	Biodiversität und Vielfalt	8	6	8	4	4	4	4	36	62

Abb. 90. Reiherinsel im Frühjahr. Gewässer und Verlandungszonen mit grossem Pflanzen- und Tierreichtum galten schon zu Kaisers Zeiten als bemerkenswerte Lebensräume. Stich «Reiherinsel im Frühjahr» von Franz von Pausinger, k. k. Hof- und Staatsdruckerei (1887a).

dieser Schutz vor allem der Jagd, in geringerem Ausmass der Land- und Forstwirtschaft und der Fischerei. Alle drei durchliefen eine Entwicklung vom kaiserlichen oder königlichen Jagdgebiet zum Reichsnaturschutzgebiet und Jagdrevier des Reichsforstministers. Die jagdlichen Interessen standen in der Schorfheide bis zur deutschen Wiedervereinigung 1989 im Vordergrund.

Ein weiterer Aspekt verbindet die Schorfheide mit den Donau-Auen und auch mit dem Dobratsch: Alle drei Gebiete liegen in Stadtnähe. Dementsprechend gross war und ist ihre Bedeutung für die Naherholung, ein Schutzziel, das gemeinsam mit Boden-, Wasser-, Klimaschutz, öffentlicher Zugänglichkeit und ecosystem services den Wohlfahrtsfunktionen zugeordnet wurde. Ihre Bedeutung als Erholungsraum proklamierten auch die Nationalparks Hohe Tauern und Berchtesgaden wiederholt. Die Hoffnungen richteten sich hier aber vor allem darauf, sich zu touristischen Destinationen zu entwickeln und davon ökonomisch zu profitieren.

Sonderfälle stellen die Schweizer Pärke dar, das legt zumindest der Blick auf die Kookkurrenz-Tabelle nahe. In den untersuchten deutschen und österreichischen Gebieten haben sich die Schutzziele und ihre Gewichtung abhängig von den Akteuren und allgemeinen gesellschaftlichen Entwicklungen mehrmals geändert. Als Konsequenz trägt man heute ein Bündel von Erwartungen an die Parks heran: Sie sollen Erholungsort sein, Naturparadies, bequem zu bereisen, die regionale Wertschöpfung ankurbeln, …. Im Schweizerischen Nationalpark wurde bereits bei seiner Einrichtung ein Schwerpunkt gesetzt und konsequent daran weitergearbeitet: das Erreichen eines idealen Forschungssettings (die Errichtung eines Freilandlabors), in dem ganz kontrolliert Akzente gesetzt und Entwicklungen beobachtet werden können. Die bereits zu Beginn des Kapitels diskutierte Unberührtheit, der Artenschutz und der Erkenntnisgewinn als wichtigste identifizierte Schutzziele unterstützen dieses Hauptziel. Diese Annahme findet auch im Atlas des Schweizerischen

Nationalparks, der 2014 anlässlich des 100jährigen Bestehens des Parks herausgegeben wurde, Bestätigung.

Für den Parc Adula lässt sich aus der Tabelle mit den Zielen Landschaft und multifunktionaler Raum ein ökonomischer Schwerpunkt ablesen. Wahrscheinlich ist der Park aber auch noch zu jung um Kontinuitäten irgendwelcher Art zeigen zu können.

5.1.4 Die Instrumente

Grundsätzlich lässt sich sagen, dass die Zahl der Instrumente im Naturschutz sehr gross ist. Allein in der vorliegenden Arbeit wurden 200 Instrumente identifiziert, die für die vorangehende Darstellung in 45 Begriffen zusammengefasst wurden (Tab. 5). Zur Veranschaulichung: Hinter dem Begriff «Klassische Finanzierungsinstrumente verbergen sich beispielsweise die Instrumente «Eintritt gegen Gebühr», «Förderung», «LIFE», «Spenden», «Mitgliedsbeiträge», «Sponsoring», «Stiftung», «Fonds». Da eine Beschreibung jedes einzelnen Instrumentes ein eigenes Buch füllen würde, sei hier auf den Anhang verwiesen, der eine vollständige Liste der vergebenen Codes enthält. An dieser Stelle soll das Augenmerk lediglich auf einige bemerkenswerte Phänomene gelenkt werden.

Im Gebrauch der Instrumente der Gruppe «politische Aktion» verfolgt man in den drei untersuchten Ländern ganz unterschiedliche Strategien. Die Österreicher scheinen diesbezüglich sehr aktiv gewesen zu sein: Enquete, Resolution und Unterschriftensammlung wurden erstmals in den 1950er Jahren erfolgreich eingesetzt, ihre Hochblüte erlebten sie aber in den 1980er Jahren. Auch Zweckgemeinschaften in Gestalt von Bürgerinitiativen oder Arbeitsgemeinschaften sind Kinder dieser Zeit. Diese Form der politischen Aktion hat in Deutschland nach wie vor Konjunktur, aktuell treten Bürgerinitiativen im Biosphärenreservat Schorfheide-Chorin gegen mehrere strittige Grossprojekte an. In der Schweiz scheinen die Instrumente der direkten Demokratie und die Routine im Umgang damit politischen Aktionismus weitgehend überflüssig gemacht zu haben. Strittige Punkte können damit verbindlich entschieden und die Konflikte meist beendet werden. Während in den deutschen Schutzgebieten gar nicht davon Gebrauch gemacht wurde, kamen Instrumente der direkten Demokratie in Österreich in ausgesuchten Fällen zum Einsatz. Sie alle stellen heute Meilensteine der österreichischen Naturschutzbewegung dar.

Auf Propaganda in vielfältigster Form, die von öffentlicher Kritik über Aktionstage, Wettbewerbe, Vorträge und Unterricht reichte, konnte kein einziger der untersuchten Parks verzichten. Erwähnenswert ist in diesem Zusammenhang das Europäische Naturschutzjahr 1970. Es hinterliess in allen untersuchten Gebieten Spuren, bewirkte Absichtserklärungen zur Einrichtung eines Schutzgebietes oder beschleunigte dessen Ausweisung. Eine Ausnahme bildet der Parc Adula, dessen Entstehungsgeschichte erst später aber ebenfalls mit Propaganda – nämlich mit der Ausrufung eines Wettbewerbs – ihren Anfang nahm.

Während Europäische Richtlinien in Deutschland und Österreich in zunehmendem Masse die nationalen Naturschutzpolitiken bestimmen, tangieren sie die Schweiz nicht. Damit bleibt der Schweiz aber auch der Zugang zu Finanzierungsinstrumenten, wie sie in den europäischen Programmen vorgesehen sind, weitgehend verwehrt.

Die nationale Gesetzgebung ist vor allem bei der Einrichtung des ersten Schutzgebietes seiner Art von grosser Bedeutung, da meist zeitgleich Gebiet und Gesetz entwickelt werden. In allen untersuchten Ländern ist die Naturschutzgesetzgebung Länder- bzw. Kantonssache, die Einrichtung von Schutzgebieten wird unterschiedlich gehandhabt. In Deutschland gibt der Bund den Ländern über ein Rahmengesetz einen bestimmten Flächenanteil, der als Schutzgebiet auszuweisen ist, vor. Die Einrichtung und das Management von Schutzgebieten erfolgen in enger Abstimmung mit raumplanerischen Elementen wie Entwicklungskonzepten oder Landschaftsrahmenplänen. In Österreich ist die

Tab. 5. Kookkurrenz-Tabelle Instrumente. Die Farbintensität gibt wieder, welche Bedeutung die jeweiligen Instrumente in den untersuchten Schutzgebieten hatten. Die Zahlen entsprechen den Nennungen in den analysierten Texten. Die Interpretation der Zahlen und Zuordnung zu den Bewertungsstufen (hell = geringe, mittel = mittlere, dunkel = hohe Bedeutung) erfolgte durch die Studienleiterin.
BG = Nationalpark Berchtesgaden, SC = Biosphärenreservat Schorfheide-Chorin, HT = Nationalpark Hohe Tauern, DA = Nationalpark Donau-Auen, DO = Naturpark Dobratsch/Villacher Alpe, SN = Schweizerischer Nationalpark, PA = Parc Adula, SG = Schutzgebiete gesamt, PG = Projekt gesamt.

Instrumente	Untergruppe		BG	SC	HT	DA	DO	SN	PA	SG	PG
Agitation und Propaganda	politische Aktion	Zweckgemeinschaften	2	5	10	4	1	0	0	22	35
		Widerstand	0	0	4	20	0	1	0	25	28
		Beziehen von Verhandlungspositionen	1	0	20	5	1	1	4	32	36
		Botton up-Initiativen	3	3	29	12	2	0	4	53	74
		Instrumente der direkten Demokratie	0	0	4	2	0	7	8	21	39
	Propaganda	Kritische Stimmen	7	4	21	6	0	2	4	44	59
		öffentlichkeitswirksame Auftritte	14	5	18	18	10	5	6	76	114
		Bewusstseinsbildung	14	10	33	10	4	6	2	79	107
Schaffung von Tat- und Rechtsbeständen	Finanzierungsinstrumente	Gestaltung von Besitz und Nutzung	1	3	23	8	3	18	7	63	90
		klassische Finanzierungsinstrumente	5	13	13	5	14	7	16	73	85
	rechtlicher Rahmen	Internationale Konventionen	0	0	1	2	1	0	0	4	8
		Europäische Richtlinien	1	2	1	4	2	0	0	10	13
		Nationale Gesetzgebung	1	7	12	4	1	6	3	34	90
		gesetzliche Organe	2	8	3	4	7	5	2	31	48
		raumordnerische Instrumente	9	7	0	2	1	0	0	19	21
		gesetzliche Verfahren	2	4	3	11	0	2	0	22	29
		gesetzliche Verbote	8	19	17	10	3	11	10	78	111
	Inventare	Internationale Listen	0	0	1	2	4	0	0	7	8
		Nationale Inventare	1	9	0	1	2	0	11	24	31
	Internationale Programme	Internationale Programme	0	7	1	0	0	4	1	13	21
	Naturschutzmassnahmen	Naturschutzmassnahmen	17	7	10	10	7	16	1	68	75
	Schutzgebietsmanagement	Schutzgebietsverwaltung	19	27	31	7	3	36	10	133	164
		verwaltungsassoziierte Organe	9	8	6	5	4	8	7	47	63
		Managementinstrumente	77	85	75	29	52	95	41	454	517
	Unterschutzstellung	Artensschutz	0	0	0	0	3	0	0	3	8
		Naturdenkmal	2	9	10	2	3	0	1	33	58
		Schutzgebiet allgemein	0	3	4	0	0	6	1	14	23
		gemanagte Grossschutzgebiete	55	23	99	33	23	38	30	301	438
		Schwerpunkt- Arten und Landschaftsschutz	23	40	46	15	13	9	1	147	211
		Schwerpunkt Landschaftsschutz	7	10	5	8	5	1	1	37	54
		Schwerpunkt Wild- und Jagdregulierung	4	2	3	0	0	2	5	16	22
Argumentation	ästhetisch	ästhetisch	5	3	16	4	2	0	3	33	38
	ethisch	naturzentriert	3	4	12	4	1	2	0	26	31
		patriotisch	0	3	5	1	0	1	0	10	12
		rational	3	1	7	6	1	1	2	21	25
		sozial	1	8	17	3	0	2	2	33	40
		demokratisch	1	1	10	24	0	0	0	36	38
	funktional	volksgesundheitlich	6	7	9	5	0	1	0	28	46
		nützlich	2	1	4	5	0	2	2	16	18
	naturschutzfachlich	naturschutzfachlicher Wert	5	3	13	7	6	0	3	37	45
	ökonomisch	ökonomisch	18	31	49	16	11	14	18	157	208
	Prestige	Reputation	9	8	30	8	6	12	6	79	109
		Zukunftsorientierung	7	12	17	2	3	13	4	58	72
	Argumentationslinien	Argumentationslinien	24	6	9	7	3	6	7	62	82

Einrichtung von Schutzgebieten grundsätzlich Ländersache, die Finanzierung von Nationalparks durch den Bund wird über Staatsverträge geregelt. In der Schweiz werden die drei Kategorien der Pärke von nationaler Bedeutung nach den Vorgaben des Bundes eingerichtet und von diesem entsprechend dotiert. In der Schweiz gibt es zwei Klassen von Nationalparks: den Schweizeischen Nationalpark und alle anderen neu zu errichtenden Nationalpärke – jeweils auf einer anderen gesetzlichen Grundlage.

Die Schutzgebietsverwaltungen sind ursprünglich als Instrument konzipiert, um den Betrieb eines Schutzgebietes aufrechtzuerhalten und die Interessen verschiedener Akteure im Schutzgebiet und seinem Umfeld zu koordinieren. Mittlerweile sind die Schutzgebietsverwaltungen selbst zu Akteuren mit sehr spezifischen Organisationsstrukturen geworden und haben ein umfangreiches Repertoire an Managementinstrumenten entwickelt, mit dem sie ihre Interessen durchsetzen (Abb. 91).

In allen sieben Parks wurde oder wird versucht mit ökonomischen Argumenten die Zustimmung zum Schutzgebiet zu gewinnen oder zu wahren. Im Parc Adula sind die erwarteten Entwicklungsimpulse für die Regionalwirtschaft – übereinstimmend mit den Schutzzielen – sogar das zentrale Argument für die Einrichtung des Parks. Doch nicht einmal im Schweizerischen Nationalpark – dessen Zielsetzungen dem diametral entgegenstehen – konnte man in den Anfangsjahren umhin, diesbezügliche Hoffnungen zu schüren.

5.2 Parks zwischen gestern und morgen

Schutzgebiete sind die Flaggschiffe der Naturschutzbewegung, sie haben sich zu «komplexen sozioökonomisch-ökologischen Systemen» entwickelt (VOLL und LUTHE 2014: 15). Das vorliegende Forschungsprojekt versucht, unter dem Blickwinkel von «Naturschutzkonzeptionen» die historischen Wurzeln von Naturschutz freizulegen. Dabei wird das ideologische Substrat von und für Naturschutz in Auszügen sichtbar. Erkennbar wird ein vielschichtiges Konglomerat aus Ideen und weltanschaulichen Versatzstücken.

«Naturschutz ist in sich nicht widerspruchsfrei».[746] Wie ist es zu bewerten, wenn der selbst unter Schutz stehende Fischotter eine gefährdete Fischart frisst, natürliche Sukzessionen ein wertvolles Biotop verändern oder fremdländische Arten standortstypische Le-

Abb. 91. Österreichische Nationalparkmitarbeiter. Die ursprünglich als Instrument konzipierten Schutzgebietsverwaltungen haben sich zu Akteuren in den Schutzgebietsregionen entwickelt – unter anderem sind sie wichtige Arbeitgeber. Wenn sich die Mitarbeiterinnen und Mitarbeiter einmal im Jahr treffen, versammeln sich, wie hier im Nationalpark Kalkalpen, mehrere hundert Menschen. Foto Nationalpark Kalkalpen (2014).

bensgemeinschaften überwuchern? Naturschutz ist ein Konzept der Widersprüche, die ungelöst neben einander stehen (dürfen?). Der Tourismus ist einmal Bedrohung, einmal Hoffnung, die Landwirtschaft Segen und Fluch zugleich, die Kraftwerksbetreiber einmal Gegner einmal Partner. Die Darstellung in den vorigen Kapiteln belegt, wie stark Naturschutz in diesen Widersprüchen hin- und herpendelt und sich in seinen Konzepten, Zielen und vor allem Instrumenten gewandelt hat und laufend weiter entwickelt (Abb. 92).

Der Fokus der historischen Arbeit bleibt aus praktischen Gründen auf den deutschen Sprachraum beschränkt. Der Bogen des Forschungsprojektes sollte jedoch räumlich weiter gespannt werden und vor allem auch eine Zukunftsperspektive enthalten.

Unter dem Arbeitstitel Parks 3.0 – Protected Areas for a Next Society diskutierten 35 europäische Expertinnen und Experten (Tab. C im Anhang) verschiedene Hypothesen zur zukünftigen Entwicklung von Schutzgebietskonzeptionen. Die Ergebnisse erschienen 2014 in englischer Sprache (LANGE und JUNGMEIER 2014). Einzelne Aspekte werden im Folgenden mit den Befunden der historischen Analyse abgeglichen (vgl. Kapitel 2.7 Methode). Die detailreich recherchierte und klar begrenzte Forschungsaufgabe wird einem zwangsläufig plakativen und grob aufgelösten Gesamtbild gegenübergestellt und diskutiert. Damit wird versucht, die Erkenntnisse aus der historischen Analyse im Lichte aktueller Diskussionen zu betrachten.

5.2.1 Parks 3.0 Schutzgebiete für die Nächste Gesellschaft[747]

Wie Frank Sinatra, Klonschaf Dolly, Kubismus und Mondlandung sind Natur-, National- und Biosphärenparks Kinder des 20. Jahrhunderts. In allen Ländern der Erde sind bedeut-

Abb. 92. Interessenbefreites Gebiet. Eine Kunstaktion im Lakeside-Park/Alpen-Adria-Universität Klagenfurt verweist auf die Widersprüchlichkeiten, die Schutzkonzepten innewohnen. Foto E.C.O., Jungmeier (2013).

same Lebensräume und Ökosysteme unter Schutz gestellt worden. Gegen Ende des Jahrhunderts haben supranationale Vereinbarungen, internationale NGOs und globale Bewusstseinsbildung die Ausweisung von Schutzgebieten zunehmend beschleunigt. Es ist erstaunlich, dass sehr unterschiedliche Gesellschaftsordnungen, Ideologien und Regimes Schutzgebiete hervorgebracht haben. Heute ist mehr als jeder zehnte Quadratmeter Land auf der Erde als Schutzgebiet ausgewiesen. Naturschutz im 20. Jahrhundert ist die Erfolgsgeschichte einer Idee: Auch die Natur braucht Platz auf dem enger werdenden Planeten. Schutzgebiete sind grosse Menschheitsprojekte (Abb. 93).

Serengeti, Yellowstone, Lake District, Galapagos oder Barriere-Riff sind Begriffe geworden, Markennamen. Sie sind aus dem Selbstverständnis einer Region oder eines Landes ebenso wenig wegzudenken wie aus Tourismusprospekten. Viele Parks sind heute fixe Bestandteile regionaler und nationaler Folklore, typisch für Land und Leute. Zebras, Pinguine und Wölfe wiehern, schnattern und heulen rund um die Uhr aus Geo- und Discovery-Channels. Die Schutzgebietsverwaltungen haben sich zu grossen Institutionen entwickelt. Für benachteiligte Regionen und Bevölkerungsgruppen sind Parks als «landscapes of hope»[748] eine wichtige Zukunftsperspektive. Dies und vieles mehr hätten sich die Naturschutzpioniere am Beginn des 20. Jahrhunderts nicht vorzustellen gewagt, vorstellen können oder wollen.

Technologische Revolutionen, demografische Trends und neue Formen der Wissensarbeit definieren die Eckpunkte eines elementaren gesellschaftlichen Wandels. Damit verbunden sind Unsicherheiten und verschobene Perspektiven. Nationalparks, Biosphärenparks und Welterbestätten stehen für Kontinuität. Sie repräsentieren ein grosses Erbe und sind Ruhe- und Ankerpunkte. Zusätzlich jedoch sind neue Anforderungen an sie gestellt.

Abb. 93. Weltumspannendes Netz. Parallel zu einem globalen Bewusstseinswandel sind in allen Ländern der Erde im 20. Jahrhundert bedeutsame Lebensräume und Ökosysteme unter Schutz gestellt worden. Foto E.C.O., Jungmeier (2012).

Wenn man ins 21. Jahrhundert hinausblickt: Was sind die Trends und Entwicklungen, die zu erwarten sind? Werden unsere Instrumente noch zu brauchen sein? Ist das Konzept Schutzgebiet überhaupt noch aktuell, stammt es doch aus einer Zeit der Kutschen, Morsegeräte und Kaiserhäuser? Diese Diskussion soll mit den folgenden Hypothesen eröffnet werden.

5.2.2 Die 23 Hypothesen[749]

Parks für die nächste Gesellschaft
1. Next society: Eine sich wandelnde Gesellschaft verlangt von den Schutzgebieten neue Funktionen zu übernehmen und neue Formen der Leistungserbringung zu entwickeln. Schutzgebiete der Zukunft können mehr, als ihre Erfinder, die Naturschützer, jemals zu denken gewagt haben.
2. Parks 3.0: Das Verständnis von Parks, ihre Ziele, Aufgaben und Methoden ändern sich kontinuierlich, mitunter sprunghaft, manchmal dem Zeitgeist voraus, manchmal dem Zeitgeist hinterher. Aktuell ist eine neue Generation von Schutzgebieten im Entstehen und in ihren Umrissen erkennbar: Wir nennen sie die Parks 3.0.
3. Zentrale Prinzipien: Die erste Generation von Parks funktionier(t)e nach dem Prinzip Vorgabe und Kontrolle. Die zweite Generation ist ziel-, problem-, und lösungsorientiert. Die Entwicklung eines Parks 3.0 ist ein Prozess, der entlang von drei Prinzipien mäandriert: Nachhaltigkeit, Good Governance und Benefit sharing.

Parks 3.0 – Naturräumliche Perspektiven
4. Lückenschluss: Viele Parks liegen nicht dort, wo sie gebraucht werden, sondern dort, wo ihre Einrichtung möglich ist oder war. Parks 3.0 liegen in den Zentren der Biodiversität, in den Konfliktzonen konkurrierender Interessen, in urbanen und peri-urbanen Räumen und in den Meeren.
5. Grenzen des Wachstums: Nach Jahrzehnten der stetigen Zunahme von geschützten Flächen treten die Schutzgebietssysteme nunmehr in eine Phase der Konsolidierung. In Parks 3.0 verlagert sich der Fokus von Quantität (Flächengrössen) auf Qualität.
6. Post Management: Das Naturraum-Management verliert sich zunehmend in bürokratischen Prozessen, populistischen Aktionen und nicht gelösten Zielkonflikten. Parks 3.0 stehen auch für ein neues Loslassen, einen neuen Extensiv-Naturschutz. Die Natur entwickelt sich nach ihren Gesetzen, auch wo dies vom Naturschutz unerwünscht ist.
7. Neue Schutzgüter: Die wichtigsten Schutzgüter in den Parks sind Arten, Habitate und Ökosysteme, oft auch Landschaftsbilder oder spezifische Ressourcen. Das Konzept von Parks 3.0 erweitert sich um die Schutzgüter der Zukunft. Den Landscapes von heute folgen die Soundscapes (natürliche Klangkulissen), Climatescapes (klimatisch interessante Räume) und Airscapes (Frischluftgebiete) von morgen.

Parks 3.0 – Gesellschaftliche Perspektiven
8. Nachhaltigkeit: Das Prinzip Nachhaltigkeit ist zu einem Leitprinzip vieler Schutzgebiete geworden. Mehr noch als heute sind Parks 3.0 eine laufende Intervention für Nachhaltigkeit.
9. Governance: Im Gegensatz zu den Parks der ersten Generation (command and controll) und den Parks der zweiten Generation (target oriented) sind Parks 3.0 prozessorientiert. Sie sind daher komplexe Experimentierfelder für neue Formen des Gemeinwesens.
10. Empowerment: Schutzgebiete werden von vielen, oft ohnehin benachteiligten Bevölkerungsgruppen, als Belastung gesehen. Parks 3.0 hingegen können sich zu einem kraftvollen Instrument zur Aktivierung und Unterstützung von marginalisierten oder diskriminierten Bevölkerungsgruppen entwickeln.

11. Innovation: Schutzgebiete haben neue Probleme aufgeworfen und dafür vielfältige Lösungen gesucht, entwickelt und umgesetzt. Die Innovationsleistung von Schutzgebieten liegt im Zusammenführen von ortsbezogenem, tradiertem Wissen mit internationalen state-of-the-art-Technologien und Erkenntnissen. Parks 3.0 werden sich zu Innovationsregionen zwischen Beharrung und Avantgarde entwickeln.
12. Wissensmanagement: Schutzgebiete sind regionsgebundene, wissensbasierte Organisationen (geworden). Dem Aufbau, der Verwertung, Anwendung und Archivierung von Wissen kommt immer mehr Bedeutung zu. Parks 3.0 werden sich zu komplexen Wissenslandschaften zwischen Lebenswelt und Exzellenz entwickeln.
13. Zukunftsplattform: Mehr als heute brauchen Gesellschaften der Zukunft Orte der Reflexion, Inspiration und Rekreation. Parks 3.0 sind Räume, wo Zukunft gedacht werden kann.
14. Regionale Fraktale: Weltweit verfolgen Schutzgebiete ähnliche Ziele. Es entwickeln sich Institutionen mit ähnlichen Aufgaben und Kulturen. Parks 3.0 sind selbstähnliche Strukturen und können so zu Eckpunkten einer ökologischen Globalisierung werden.

Parks 3.0 – Ökonomische Perspektiven
15. Verortete Ökonomie: Schutzgebiete werden zu Promotoren und Modellregionen für eine green economy, die ortsbezogen und unternehmerorientiert ist. Parks 3.0 sind damit ein Gegenkonzept zu investmentgetriebenen globalen Wirtschaftsräumen.
16. Benefits: Als Arbeitgeber, Innovationsdrehscheiben, Nachfrager und Stimulans für Dienstleistungen sowie als touristische Angebote sind Schutzgebiete regional bedeutsame Wirtschaftsfaktoren. Parks 3.0 systematisieren ihre regional- und volkswirtschaftlichen Effekte und Impulse.
17. Rückkehr des öffentlichen Auftrags: Schutzgebiete sind in der überwiegenden Mehrheit öffentliche Einrichtungen, die auch öffentlich finanziert werden. Sie müssen auch in Zukunft keine Finanzbeschaffungsstellen sein, die sich am freien Markt um Geld von Sponsoren, Spendern und Gästen bemühen müssen.

Parks 3.0 – Perspektiven für das Management
18. Systematisches Lernen: Ein Langstreckenflug erfordert hochqualifiziertes, spezialisiertes Personal, vom Servicetechniker zum Piloten. Auch in den Parks 3.0 ist die Zeit der Autodidakten endgültig vorbei. Vom Direktor bis zum Ranger sind zertifizierte Wissensarbeiter am Werk.
19. Extreme Planning: Die Planung eines Schutzgebietes zählt zu den räumlich grössten Vorhaben einer modernen Gesellschaft. In komplexen Prozeduren werden naturräumliche, rechtliche, technische, soziale und ökonomische Rahmenbedingungen zusammengeführt. Planung und Umsetzung sind ineinander verschränkt.
20. Neue Muster im Raum: Schutzgebiete haben Effekte, viele davon ausserhalb des Schutzgebietes. Dadurch lösen sich die scharfen Grenzen zwischen innen und aussen sichtbar auf. Diese Entwicklung wird sich verstärken. Parks 3.0 werden so zu pulsierenden Kernen mit ausstrahlender Wirkung.
21. Geschwindigkeitsbrecher: Evolutive Prozesse und geologische Entwicklungen haben eine andere Geschwindigkeit als gesellschaftliche Trends oder ökonomische und technische Prozesse. Das Management von Parks 3.0 muss diese Unterschiede überbrücken.
22. Synthese-Kategorien: Die IUCN-Kategorien sortieren erfolgreich die Schutzgebiete des 20. Jahrhunderts. Sie werden mit Welterbestätten, Biosphärenreservaten und vielen anderen Typen zu den Parks 3.0 des 21. Jahrhunderts fusionieren und ein neues Kategorien-System begründen, das weniger an Management-Zielen denn an Management-Prinzipien orientiert ist.

23. Systemforschung: Die Inventarisierung der Schwebfliegen und Strudelwürmer geht zu Ende. Parks 3.0 sind Forschungs- und Beobachtungsplattformen, die sich globalen Themen und Forschungsfragen zuwenden, ohne aber regionale Grundlagen- und Detailstudien zu vernachlässigen.

Parks für eine nächste Gesellschaft

Der aus Österreich stammende Ökonom Peter Drucker untersuchte und diskutierte die Auswirkungen, die Internet und andere Kommunikationstechnologien auf Gesellschaft und Wirtschaft haben. Er ging von rapiden und grundlegenden Veränderungen aus und konstatierte eine nächste Gesellschaft: «Irreversibly, the Next society is already here» (DRUCKER 2007: xvi). Die Entwicklung wird auch vor den Schutzgebieten, deren Zielen, Akteuren und Instrumenten sowie wahrgenommenen Gefährdungen nicht Halt machen.

Prof. Dr. Hubert Weiger resümiert anlässlich des Deutschen Naturschutztages in Mainz 2014 die Entwicklung im Naturschutz: «Wir haben mehr erreicht, als man sich in den 70er Jahren erwartet hat, aber wir müssen feststellen, dass es nicht reicht»[750]. Mit den hier aufbereiteten historischen Unterlagen lässt sich unschwer illustrieren, welche Breite an Aufgaben die Schutzgebiete teilweise übernommen haben bzw. wie gross die gesellschaftliche Erwartungshaltung an die Gebiete geworden ist. Die Proponenten des geplanten Parks Adula beispielsweise sehen in dem Park ein Instrument des Aufschwungs, welches das Leben in «leere Dörfer» und «verlassene Almen» zurückbringt.[751]

Was von den Gründervätern des Schweizerischen Nationalparks als «Urmodell eines wissenschaftlichen Naturschutzgebiets (...) ebenso visionär wie zeitlos»[752] erdacht war, ist heute eine grosse Institution mit umfassenden Aktivitäten und Wirkungen, sorgt doch zum Beispiel «der Parktourismus in der Region für eine jährliche Wertschöpfung von rund 20 Mio CHF».[753]

Neben Bildung, Information und touristischer Inwertsetzung spielt die Forschung bis heute eine zentrale Rolle im Selbstverständnis des Parks. Dies wurde auch bei den Feierlichkeiten anlässlich 100 Jahre Schweizerischer Nationalpark sichtbar.

In den Hohen Tauern war es über Jahrzehnte Vision der Naturschützer, das Gebiet frei von technischen Infrastrukturen zu halten, ein «Bollwerk vor einer Reihe grosstechnischer Erschliessungswünsche» zu schaffen.[754] Dieses wurde mit der Einrichtung des Nationalparks Realität, die Umsetzung der Naturschutzmassnahmen musste erst konzipiert werden. Heute ist der Park ein bedeutsamer touristischer Faktor; er setzt Impulse im Bereich Regionalwirtschaft, Kultur sowie regionale und überregionale Kooperationen. Wie auch bei den anderen untersuchten Parks reicht der Aktionsradius weit über die Parkgrenzen hinaus. «Benefits beyond borders» (UNESCO 2012), also Nutzen stiften jenseits der Parkgrenzen, wird von internationalen Organisationen zunehmend als Parkfunktion erkannt und eingefordert.

Somit gehen die untersuchten Parks räumlich und inhaltlich über die ursprünglich hinterlegten Visionen hinaus. Da sich die Park-Konzepte nicht beliebig «dehnen» lassen, wird sich in Zukunft die Frage nach den zentralen Visionen, Hauptaufgaben und Kernkompetenzen der Parks verstärkt stellen.

In seiner Analyse von Schutzgebietskonzepten spannt Norbert Weixelbaumer einen weiten Bogen vom «religiösen und hoheitlichen Reservat» über den «integrativen Interessensverbund» bis hin zur «Funlandschaft», die «vorwiegend der regionalwirtschaftlichen Förderung sowie der naturnahen Erholung dient» (WEIXLBAUMER 2010). In «innovativen Naturschutz-Landschaften» sieht er «Naturverständnis und Paradigmen im Wandel» (WEIXLBAUMER 2006: 7). Daran anknüpfend hat Michael Jungmeier im Vergleich der unterschiedlichen Konzepte drei Generationen von Parks herausgearbeitet und die jüngste als Parks 3.0 bezeichnet (JUNGMEIER 2014: 55; Tab. 6).

Tab. 6. Generationen von Schutzgebieten (nach Jungmeier 2011: 212).

	1. Generation	2. Generation	3. Generation
Ansatz	Statisch	Dynamisch	Integriert
Konzept	Segregation	Balance, Ausgleich	Integrierte Perspektive
Motivation	Ethisch, romantisch	Emotional, ethisch-politisch?	Rational, evidenzbasiert?
Steering	Verwaltung top down regulierend	Management top down and bottom up mediierend	Governance Netzwerk stimulierend
Schutzziel	Arten, Lebensräume, Szenerien	Nutzungs- und Ökosysteme	Menschen in Ökosystemen
Disziplinen	Naturwissenschaften	Naturwissenschaften Wirtschaftswissenschaften (Gesellschaftswissenschaften)	Naturwissenschaften Wirtschaftswissenschaften Gesellschaftswissenschaften Planungswissenschaften Geisteswissenschaften
Prinzipien	Langzeitperspektive (Internationalität)	Langzeitperspektive Internationalität Partizipation (Nachhaltige Entwicklung) (Inter- und Transdisziplinarität) (Effektivität) (Innovation)	Langzeitperspektive Internationalität Partizipation Nachhaltige Entwicklung Inter- und Transdisziplinarität Effektivität Innovation Benefit Sharing
Prozess	unveränderlich	zyklisch	zyklisch-linear (FoAs)
Quellen	Lane (2010) Weixlbaumer (1998)	Lane (2010) Weixlbaumer (1998) Imboden (2007) Mose (2005)	Imboden (2007) Getzner und Jungmeier (2009)

Vermutlich entsprechen Biosphärenreservate, die nach den Prinzipien der Sevilla-Strategie[755] von 1995 (UNESCO 1996) eingerichtet sind, am eindeutigsten den Parks der dritten Generation. Gemäss dem Madrid-Action-Plan von 2008 will die UNESCO mit den Biosphärenreservaten ein weltweites Netzwerk von Landschaften, die als Modellgebiete und lernende Regionen fungieren, schaffen: «a worldwide network of places acting as demonstration areas and learning sites with the aim of maintaining and developing ecological and cultural diversity, and securing ecosystem services for human well-being».[756] Dieses Netzwerk soll die wichtigsten international designierten Gebiete für eine nachhaltige Entwicklung im 21. Jahrhunderts umfassen: «the principal internationally-designated areas dedicated to sustainable development in the 21st century».[757]

Naturräumliche Perspektiven

Trotz weltweiter Bemühungen konnte die bisherige Ausweisung von Schutzgebieten den globalen Verlust an Biodiversität nicht aufhalten. Studien (Le Saout et al. 2013; Rodrigues et al. 2004) belegen, dass die Schutzgebiete oft nicht dort ausgewiesen sind, wo aus Sicht der Biodiversität der höchste Bedarf besteht. Broggi et al. (1999: 53) vertreten in einer Analyse der Grossschutzgebiete im Alpenraum die Hypozhese, dass «Nutzungsinteressen Art und Lage der Gebiete» bestimmen und nicht der eigentliche Schutzbedarf.

Dies lässt sich auch für tropische und subtropische Regionen und Meere feststellen, ebenso für Gebiete mit hohem Nutzungsdruck sowie urbane und peri-urbane Räume. Das Schliessen dieser Lücken ist zentrales Anliegen einer Reihe von internationalen Organisationen, Strategien und Verträgen. In diesem Zusammenhang erwähnenswert ist die weitreichende Initiative «Nature Needs Half». Sie fordert, dass die Hälfte aller Land- und Wasserflächen dem Schutz der Biodiversität gewidmet werden, um die nachhaltige Entwicklung der Erde zu gewährleisten.[758]

In der Analyse der Parkgeschichten finden sich zahlreiche Hinweise auf herausragende Arten und Lebensräume, jedoch kein Hinweis auf eine systematische Gebietsauswahl und -festlegung. Die Abgrenzung der bearbeiteten Parks erfolgte offenkundig anhand von Nutzungs-, Besitz- und Verwaltungsgrenzen. Aus Sicht des Naturraumes ist bislang – zumindest für den Alpenraum – nicht systematisch untersucht, ob die Parks ihre Sicherungsfunktion für Biodiversität erfüllen. Zu prüfen wäre, ob Lage und Verteilung der Schutzgebiete biodiversitätsorientiert sind, die Kategorie den Anforderungen entspricht und ein entsprechender Umgebungsbezug gegeben ist (JUNGMEIER et al. 2008: 240f.).

Die untersuchten Parks liegen in wirtschaftlich peripheren Regionen. Eine Ausnahme ist der Nationalpark Donau-Auen. Das bandförmige Schutzgebiet liegt in einer landwirtschaftlich geprägten Region zwischen den zusammenwachsenden Metropolen Wien und Bratislava. Generell scheinen sich neue Parks, wie etwa der Parc Adula, eher in der Peripherie zu entwickeln, wo ihnen auch oder hauptsächlich Regionalentwicklungsfunktion zugeschrieben wird.

Auf europäischer Ebene soll das Schutzgebietsnetz Natura 2000 die bestehenden Lücken schliessen. Mit Stand 2013 sind 27 308 Gebiete mit einer Gesamtfläche von 1 039 332 km² als Natura 2000-Gebiete nach Flora-Fauna-Habitat- beziehungsweise Vogelschutz-Richtlinie der Europäischen Union ausgewiesen.[759] Sowohl das theoretische Konzept, als auch die praktische Umsetzung der Richtlinien sind biodiversitätsorientiert. Daraus ergeben sich völlig neue Verteilungsmuster der geschützten Gebiete, in vielen Fällen auch heftige Konflikte. Die beiden Richtlinien erlangen durch die Judikatur des Europäischen Gerichtshofes eine hohe «Treffsicherheit». Durch drastische Strafen im Rahmen von Vertragsverletzungsverfahren lassen sich die Vorgaben auch entsprechend umsetzen. Das Konzept, der Umfang und die Wirksamkeit des Instrumentes Natura 2000 sind in der globalen Naturschutzgeschichte allein gestellt. Die europäische Schutzgebietskulisse ist daher aktuell in einer Phase beeindruckender Weiterentwicklung.

Neben dem flächen- und gebietsmässigen Zuwachs gilt die Aufmerksamkeit auch zunehmend der Managementqualität der Gebiete. Evaluierungen von einzelnen Parks und Parksystemen, Zertifizierungen, Projekte zu Managementqualität und Management-Effektivität sowie eine Reihe von neuen Ausbildungen geben Hinweis darauf. Die Evaluierung der deutschen Nationalparks beurteilt zum Beispiel neben der Gebietskulisse auch die Rahmenbedingungen und die Qualität der Massnahmen: «Die Nationalparke repräsentieren Großlandschaften von nationaler und internationaler Bedeutung ... Eine Grundfinanzierung ... ist gegeben ... Für das Wildtiermanagement in Nationalparken ist bisher keine dauerhaft tragfähige Lösung gefunden.» (SINNER 2014: 85f.) Eine Evaluierung der österreichischen Nationalparks wurde im Jahr 2014 vorgenommen. Schwerpunkte dabei sind: «Evaluierung des Managements, ... Stärken-Schwächen-Profile der einzelnen Nationalparks, empfohlene Maßnahmen».[760] Nach den Jahrzehnten der Aufbauarbeit scheint die Blickrichtung zunehmend der Konsolidierung und Qualitätssicherung im Management zu folgen. Die Grenzen des Wachstums werden sichtbar.

In den untersuchten Schutzgebieten sind Arten, Habitate, Ökosysteme und Naturprozesse, in geringerem Ausmass auch landschaftliche Kulissen, geologische, geomorphologische, glaziale und glazigene Formationen zentrale Schutzgüter. Dies zeigt sich in allen Aktivitäten der Parks. Die Wiedereinbürgerung oder Bestandssicherung von Arten, etwa des Bartgeiers als prominentes «Wappentier» der Alpenparks, der Ur-Forelle im Nationalpark Hohe Tauern oder der Wildpferde im Biosphärenreservat Schorfheide-Chorin sind Beispiele dafür. Die Bewusstseinsarbeit für den Haussen im Nationalpark Donau-Auen, das Life-Projekt «Förderung der Rohrdommel im EU-Vogelschutzgebiet Schorfheide-Chorin», die Anlage der Bärenbrücke im Naturpark Dobratsch zeigen das Bemühen um prominente und attraktive Arten, mit denen sich Naturschutz nicht nur umsetzen, sondern auch gut kommunizieren lässt. Bestandsumwandlungen im Wald, Revitalisierung von Altarmen und Gewässern, Pflege von Rasen, Wiesen, Almen und Weiden sind ebenfalls im Repertoire.

Es gibt auch Anzeichen dafür, dass die europäische Wildnis-Debatte in den Parks verstärkt aufgegriffen wird. Ein Indiz dafür war die Abhaltung der ersten European Wilderness Days 2014 im Nationalpark Hohe Tauern.[761] Für Parks wie den Schweizerischen Nationalpark, die Nationalparks Hohe Tauern oder Berchtesgaden war Natur ohne menschliche Eingriffe immer schon zentrales Schutzgut. Die Konferenz von Prag (27. und 28. Mai 2009) und die Resolution des Europäischen Parlaments (3. Februar 2009) sind Auftakt einer emotional aufgeladenen Suche nach europäischer Urnatur und wahrer Wildnis (prestine nature, true wilderness[762]). In einer gemeinsamen Studie über Wildnis in Österreich beschreiben Österreichische Bundesforste (ÖBf) und der Worldwide Fund for Nature (WWF) eine «New Wilderness – Bewegung», die «anstelle theorielastiger Diskussionen empirischen Erfahrungsgewinn und intensive Forschung im Rahmen von visionären Experimenten zu Wiederherstellung möglichst naturnaher Landschaften» setzte.[763] Der Salzburger Anteil des Nationalparks Hohe Tauern[764] sowie der Schweizerische Nationalpark[765] wurden beide 2014 von der European Wilderness Society als Europäische Wildnisräume zertifiziert. Bill Adams hat einen wesentlichen Aspekt der Wildnisdebatte hervorgehoben: «The challenge is not to preserve ‚the wild' but peoples' relationships with the wild.» (Adams zitiert in Dowie 2009: ix). Diesem Anliegen will unter anderem der Naturerlebnispark Sihlwald gerecht werden, in dem einem urbanem Publikum «Zürichs Wildnis» vermittelt und erlebbar gemacht werden soll.[766] Der Parc national des Calanques vor den Toren Marseilles (Frankreich) nimmt für sich in Anspruch der erste Parc periurbain in Europa zu sein.

Es gibt in Europa auch Initiativen, die auf andere, weitgehend neue Schutzgüter abzielen. Die Initiative Dark-Sky Switzerland setzt sich für die «Erhaltung der Nacht im Alpenraum» und gegen Lichtverschmutzung, also eine «künstliche Aufhellung des Nachthimmels» mit negativen Auswirkungen auf Mensch und Natur, ein.[767] 2009 hat die IUCN eine Dark Sky Advisory Group etabliert, welche die anthropogene Lichtverschmutzung und den Schutz der natürlichen Dunkelheit thematisiert sowie Lichtschutzgebiete propagiert. Ein Kategoriensystem klassifiziert zum Beispiel Starlight Reserves für wissenschaftliche Zwecke (etwa Observatorien), Dark-Sky Parks als Naturräume von natürlicher Dunkelheit oder Dark Sky Heritage Sites zum Schutz von Kulturerbe mit Bezug zum Nachthimmel.

Auch andere Umweltmedien werden zunehmend als Schutzgüter erkannt. Lärmbelastung wurde zunächst hauptsächlich in urbanen Ballungs- und Verkehrsräumen sowie in Umweltprüfverfahren thematisiert – so veranstaltet etwa die Deutsche Gesellschaft für Akustik einen jährlichen Tag gegen Lärm.[768] Zudem rückt auch die Erhaltung natürlicher oder naturnaher Klanglandschaften und charakteristischer Klangkulissen in das Interesse der Öffentlichkeit. Diese oder ähnliche Schutzziele (mindscapes, healthscapes, spiritual homes) spielen in den untersuchten Parks derzeit keine Rolle.

Auf einen interessanten Aspekt weist Thomas Weidenspuhl in einem Diskussionsbeitrag hin. Im Hinblick auf den Klimawandel und leicht «flüchtige» Schutzgüter werde ein neuer Bedarf an «wandernden Schutzgebieten» entstehen.[769] Dies würde auch neue rechtliche und technische Instrumente erfordern.

Gesellschaftliche Perspektiven

Drei «grosse» Begriffe haben in den letzten beiden Jahrzehnten Eingang in Konferenzen, Literatur und Theorie zu Schutzgebieten gefunden: Nachhaltigkeit, Good Governance und Benefit sharing.

Dabei ist etwa das Konzept «Nachhaltigkeit» im deutschen Sprachraum bereits im Mittelalter nachweisbar, etwa in den frühen Wald- und Weideordnungen. Renate HÜBNER (2013) zeichnet einen interessanten Begriffswandel nach: Sie zitiert zunächst das mittelalterliche Verständnis, ausgedrückt von Herzog Rudolf IV im Jahr 1359: «bedarff untz daz im sein holtz gewachsse und widerchome». Der Begriff selbst geht auf Hans Carl von Carlowitz, königlich-polnischer und kurfürstlich-sächsischer Kammer- und Bergrat sowie Oberberghauptmann des Erzgebirges, zurück. Er empfiehlt 1713: «eine sothane Conservation und Anbau des Holtzes anzustellen, daß es eine continuierliche beständige und nachhaltende Nutzung gebe». Der Begriff Nachhaltigkeit in seiner heutigen Bedeutung wird im UNO-Umweltgipfel von Rio 1992 manifest, wo in der Agenda 21 sogar das «Recht» auf nachhaltige Entwicklung (Sustainable development) verankert ist.[770]

Viele der historischen Diskussionen und Lösungen, die die beschriebenen Park-Geschichten hervorgebracht haben, lassen sind durchaus als Bemühen um eine nachhaltige Entwicklung interpretieren, auch wenn diese Begrifflichkeit selten explizit verwendet wird. So nimmt etwa die Zonierung des Nationalparks Hohe Tauern – konzipiert in den 1970er, umgesetzt in den 1980er Jahren – den Ausgleich zwischen Schützen und Nützen um Jahrzehnte vorweg. Auch andere Beispiele für das Bemühen um eine nachhaltige Entwicklung lassen sich in den Gebietsgeschichten finden. Besonders augenscheinlich sind diese im Biosphärenreservat Schorfheide-Chorin sowie im dargestellten Planungsprozess für den Parc Adula. Ob dort die Vision «ein lebendiger Raum (zu sein), in dem Menschen jeden Tag im Einklang mit der Natur leben können» (Kapitel 4.7.5), den Boden berühren wird, werden die kommenden Jahre erst zeigen.

Auch der relativ junge Begriff der Good Governance lässt sich in den Gebietsgeschichten weit zurückverfolgen: Österreich, Deutschland und die Schweiz sind föderal organisierte, gewachsene Rechtsstaaten, in denen grund-, boden- und nutzungsbezogene Rechtstitel einen zentralen Platz haben. Die jahrzehntelangen Planungs- und Einrichtungsgeschichten legen Zeugnis ab vom Aufwand, Schutzkonzepte in diesem Rahmen zu verwirklichen.

2013 konstatierte Dirk Niebel, deutscher Bundesminister für Wirtschaftliche Zusammenarbeit und Entwicklung «a dramatic change in understanding about how protected areas can and should be governed and managed» (einen dramatischen Wandel des Verständnisses, wie Schutzgebieten verwaltet und gemanagt werden sollten).[771] Einige Jahre zuvor hatte der Journalist Mark Dowie in seinem Buch «Conservation Refugees» die Konflikte zwischen Naturschutz und indigenen Völkern thematisiert. Unterlegt mit vielen Beispielen stellt Dowie dar, wie Millionen von Menschen, die ihr Land seit Generationen nachhaltig bewirtschaftet hatten, «im Interesse des Naturschutzes» vertrieben wurden: «Millions who had been living sustainably on their land for generations were displaced in the interests of conservation» (DOWIE 2009: Umschlagtext). Diese und ähnliche Darstellungen waren verstörend, lösten eine Reihe von Aktivitäten und Diskussionen aus, rückten aber vor allem die Frage nach dem verantwortlichen Umgang mit im weitesten Sinne «einheimischen» Interessen auch in das Zentrum der internationalen Diskussion. Aktuelle Konzepte von Native Stewardship, Co-Management, Shared Governance, Coherent Management Units, Governing the commons und ähnliche Begriffe spielen aber vor allem in Ländern eine wesentliche Rolle, in denen Legalität und Legitimität, insbesondere im Umgang mit «alten» Landnutzungssystemen, auseinanderklaffen (IUCN 2013). Dies sind etwa Länder mit kolonialer Vergangenheit, totalitären Regimes sowie die ehemaligen Ostblock-Staaten.

Vor dem Hintergrund dieser internationalen Diskussion sind die analysierten Gebietsgeschichten durchaus faszinierend. Nahezu selbstverständlich schien es nach Schweizer Auffassung bereits 1914, dass die zur Einrichtung nötigen Flächen für den Schweizerischen Nationalpark gepachtet werden müssten. Wie im Kapitel zum Nationalpark Berchtesgaden beschrieben, war die Einbettung des ersten Direktors in die bestehende institutionelle Landschaft sehr kompliziert. Die gewählte Konstruktion bedeutete jedoch de facto einen Interessenausgleich zwischen den beteiligten Institutionen. Das organisatorische Konstrukt des Nationalpark Hohe Tauern mit einem Nationalparkrat als übergeordnetem Organ, drei Landesverwaltungen, verschiedenen Fonds, zahlreichen Begleitgremien und Partnerschaften ist noch nie vollständig aufgezeichnet worden. Die Strukturen sind sehr komplex, aber Ausdruck nicht nur des Bemühens, sondern der Notwendigkeit, die Interessen von Republik, Bundesländern, Gemeinden, Besitzern, Berechtigten und Verbänden entsprechend zu repräsentieren und zu «balancieren». Sie sind das (vorläufige) Ergebnis jahrzehntelangen Ringens um Good governance in einem fest gefügten Rechtsstaat. Ähnliche Mechanismen werden in vielen Parks Europas und der Welt diskutiert und angestrebt (GOLUB in prep.).

In allen drei untersuchten Ländern zeichnen sich eine neue Kultur und neue Formen der Einbeziehung und Partizipation in Planung und Management von Schutzgebieten ab. Ausgehend von den heftigen Diskussionen um Stuttgart 21 oder den Nationalpark Schwarzwald folgern Anke BLÖBAUM und Ellen MATTHIES (2014: 262) «auf ein grundsätzlich großes latentes Beteiligungspotential, das aus unterschiedlichen Gründen nicht zur Aktualisierung gelangt». Uta Eser stellt «Ethische Überlegungen zu Bürgerbeteiligung bei der Entwicklung und Ausweisung neuer Nationalparks» an und benennt neben strategischen, prakti-

Abb. 94. Nationalpark – Nein danke! Nicht alle Beteiligten wollen Schutzgebiete und nicht alle Schutzbemühungen waren von Erfolg gekrönt. Der BUND Regionalverband Südlicher Oberrhein setzt sich mit den Nationalparkgegnern kritisch auseinander. BUND Regionalverband Südlicher Oberrhein (2012).

schen und ökonomischen Argumenten auch «moralische Gründe», die Bürgerinnen und Bürger an den Planungsprozessen zu beteiligen (ESER 2014: 254). Mit dem «wie» dieser Prozesse beschäftigen sich viele Studien und Ratgeber (GETZNER et al. 2010; IUCN 2014).

In engem Zusammenhang mit Fragen nach der Governance der Parks stehen die Fragen nach der Verteilung von Nutzen und Lasten (Benefit sharing), die aus dem Park resultieren. Bis vor wenigen Jahren wurden in der öffentlichen Diskussion hauptsächlich die Lasten und ihre Verteilung debattiert.

«Im Zusammenhang mit Grossschutzgebieten kommt den Planungs-, Kommunikations- und Umsetzungsmethoden eine neue Rolle zu, weil im Gegensatz zu den herkömmlichen Schutzgebieten jetzt die Bevölkerung ganzer Regionen betroffen ist und nicht nur einzelne Grundeigentümer» (BROGGI 2004)[772]. Ausgehend von den Studien der IUCN hat auch der Begriff «Empowerment» Eingang in das moderne Naturschutzverständnis gefunden. Empowerment ist die Stärkung von Eigenverantwortlichkeit und Selbstbestimmung. Schutzgebiete sollen einen Beitrag dazu leisten, benachteiligte oder sogar diskriminierte Bevölkerungsgruppen zu aktivieren und zu stärken. Dies überrascht zunächst, werden doch Schutzgebiete oft als Manifestationen von «Fremdbestimmung» oder von «Bevormundung» einheimischer Interessen wahrgenommen. Tatsächlich aber sind Parks Institutionen, die sich mit den Interessen der Regionen auseinandersetzen müssen und damit auch Personen und Gruppen erreichen können, die im öffentlichen Leben sonst nur eine untergeordnete Rolle spielen – das trifft zumindest für die untersuchten Parks zu.

In den frühen 1990er Jahren wurde der Klagenfurter Soziologe Josef Langer beauftragt, die Akzeptanz des damals jungen Nationalparks Hohe Tauern zu ergründen. Seine Studie kam zu in dieser Form nicht erwarteten Ergebnissen: Der Nationalpark «erweist sich vorerst nicht so sehr als Instrument zum Schutz der Natur, sondern versucht vielmehr auf die gesellschaftliche Struktur in den Tälern einzuwirken» (LANGER 1991: 88). «Es gibt heute am Lande keine vergleichbare Organisation, die dies an seiner Stelle leisten könnte» (LANGER 1991: 97). In der Geschichte des Parks seither findet sich eine Reihe von Anhaltspunkten dafür, dass diese Beobachtung unvermindert aktuell ist.

Auch sind etwa die Erwartungen an den Nationalpark Adula hoch gesteckt: Der Park sei «Instrument gegen die alpine Brache», wie es ein Bürgermeister formuliert, das «mehr Enthusiasmus und Gemeinschaftssinn» bewirken könne.[773] Somit kann der Park ein Instrument des Empowerment sein. Ein Park kann aber auch Projektions- und Übungsfeld für die Selbstorganisation bestimmter Interessen sein, die sich gegen den Park selbst richten (Abb. 94): regionaler Widerstand, vielerorts entstandene «Schutzgemeinschaften» zur Interessensvertretung gegenüber dem Park oder die Bemühungen um die Erweiterung des Schweizerischen Nationalparks sind Beispiele dafür. Bürgerinnen und Bürger werden durch die Parks animiert, motiviert, möglicherweise sogar genötigt, ihre Vorstellungen zur Zukunft der Region zu formulieren und zu vertreten. Langfristig ist dieses Engagement für die Region wichtiger als der vertretene Standpunkt.

Betrachtet man die Einrichtung und Entwicklung der untersuchten Parks, so wird an deren Beispiel deutlich, dass ständig neue Anforderungen an Gesellschaft, Region, Wirtschaft und Wissenschaft gestellt werden. Daraus ergibt sich die Notwendigkeit neue Ansätze und Lösungen zu entwickeln. In Kombination mit verbessertem Zugang zu Wissen, zusätzlichen Ressourcen und öffentlicher Aufmerksamkeit erweisen sich Parks als Einrichtungen, die soziale, kulturelle, technische und wirtschaftliche Innovationen auslösen, unterstützen und teilweise auch selbst umsetzen. Die inter- und transdisziplinären Anforderungen, die an Schutzgebiete gestellt werden, aktivieren «außerwissenschaftliche Innovationspotenziale»(Smoliner 1998 zitiert nach JUNGMEIER 2011: 18). HUBER et al. (2013) haben für verschiedene Schutzgebiete, darunter der Nationalpark Hohe Tauern und der Nationalpark Donau-Auen Wissensbilanzen erstellt. Demnach ist das in Parkmanagements akkumulierte Wissen über regionsbezogene Nachhaltigkeit in Umfang und Qualität allein gestellt.

«Die Innovationen von Schutzgebieten sind beachtlich, aber in ihrer Wahrnehmung werden wir deutlich unter unserem Wert geschlagen», formuliert Erich Mayerhofer, Geschäftsführer des österreichischen Nationalparks Kalkalpen in diesem Zusammenhang.[774] Diese Lösungen entstehen im Zusammenführen von ortsgebundenem, lebensweltlichem und praktischem Wissen mit neuen Technologien, aktuellen wissenschaftlichen Erkenntnissen und international geführten Diskussionen. Neuartige Forschungsansätze (z. B. Steinbocktelemetrie in den alpinen Parks), neue Besucherangebote (z. B. «Haus der Berge» im Nationalpark Berchtesgaden, «Magic Moments» im Nationalpark Hohe Tauern), Impulse für Technologien und Verfahren («Trinkwasserkraftwerke» im Parc Adula[775], Flussbauliches Gesamtprojekt Nationalpark Donau-Auen) oder einfach leuchtend rote Almgebäude (Alp Puzzetta, Parc Adula[776]) sind nur einige Beispiele der grossen Palette. Nicht alle Versuche sind unumstritten, manche nur mässig erfolgreich. Auch wenn punktuelles Scheitern möglich ist, die Parks stellen vor allem im ländlichen Raum ihre Funktion als Innovationsregionen unter Beweis. Dies ist bemerkenswert, weil Naturschutz, gerade im deutschen Sprachraum als technologie- und innovationsskeptisch gilt.

In besonderem Ausmass betont die UNESCO die Innovationsfunktion von Schutzgebieten. «They can become theatres for reconciling people and nature; they can bring knowledge of the past to the needs of the future".[777] Gemäss der Sevilla Strategie von 1995 haben Biosphärenreservate das Potential, Schauplätze der Aussöhnung von Mensch und Natur zu werden; sie können Wissen aus der Vergangenheit für den Bedarf in der Zukunft verfügbar machen. Dies impliziert, dass Neuerungen aus Schutzgebieten auch ausserhalb von Schutzgebieten zur Anwendung kommen sollen. Am Beispiel des Kulturlandschaftsprogrammes Mallnitz (Nationalpark Hohe Tauern) haben GETZNER und JUNGMEIER (2012) dargelegt, wie eine Innovation weit über ihren Ursprungsraum hinaus wirken kann. Demnach wurde eine lokale Vertragsnaturschutzlösung zunächst auf das gesamte Bundesland ausgeweitet und hat in weiterer Folge Eingang in das österreichische Agrarumweltprogramm ÖPUL und indirekt in die europäische Diskussion gefunden.

Eine aktuelle Forschungsarbeit von HUBER et al. (2013) zeigt anhand von Wissensbilanzen die herausragende Bedeutung von Schutzgebieten als Plattform für regionsbezogenes Nachhaltigkeitswissen. Dieses Wissenskapital ist in Publikationen, Bibliotheken, Datenbanken, Besuchereinrichtungen, Film- und Fotodokumenten, Managementplänen und anderen Strukturen der Parks erfasst. Einen wesentlichen Anteil macht das Fach-, Regions-, und Handlungswissen von Mitarbeitern, Vertretern der Regionen, Einheimischen, interessierten Gästen und involvierten Wissenschaftlern, Organisationen und Experten aus. In der internationalen Diskussion wird vor allem auf die Bedeutung von regionalem Alltags- und Nutzungswissen hingewiesen: «Hard as it might be for Western scientists to believe or to accept, there is a huge body of remarkably sound science that has never found its way into textbooks. Anthropologists and ethnobotanists call it ‚traditional ecological knowledge' (...) and those who pay close attention to its teachings are eventually amazed by its precision and sophistication.» (DOWIE 2009: 105). (So schwer es auch für westliche Wissenschaftler zu verstehen oder zu akzeptieren ist, es gibt einen grossen Fundus an bemerkenswert stimmiger Wissenschaft, der nie den Weg in die Literatur gefunden hat. Anthropologen und Ehtnobotaniker nennen es «traditionelles ökologisches Wissen». Wer sich damit näher beschäftigt, wird erstaunt sein über seine Genauigkeit und Vollkommenheit.) Die Vermittlung zwischen den unterschiedlichen Wissenswelten lässt sich auch als «transkulturelle Übersetzungsleistung» beschreiben, die vom Parkmanagement umgesetzt wird.

Besonders die älteren unter den untersuchten Parks, haben sich zu regionsgebundenen Wissensplattformen und -transformatoren entwickelt. Durch die Verbindung und laufende Rückkoppelung mit der Alltagswelt der Regionen, mit wissenschaftlichen Einrichtungen und einer internationalen Kollegenschaft entsteht laufend neues Wissen. Die Wissensgewinnung lässt sich als transdisziplinärer Forschungsprozess beschreiben, wie er für Modus-2-Wissenschaften charakteristisch ist (Ukowitz 2014: 19). Parks sind demnach Nachfrager und Produzenten einer spezifischen Form von Wissenschaft geworden, die über klassische Wissenschaftsformen hinausweist. Hammer et al. (2012: 5ff.) haben sechs prioritäre Felder der zukünftigen Schutzgebietsforschung benannt: materielle und immaterielle Funktionen von Schutzgebieten, Tourismus und Erholung, regionalwirtschaftliche Innovationen, Imagebildung und regionale Identität, regionaler und globaler Wandel sowie Beteiligunsprozesse und Governance. Selbstredend geht es dabei um die transdiziplinäre Erarbeitung von «sozial robustem Wissen» (Tab. 7).

Tab. 7. Modus-2-Wissenschaft (nach Ukowitz 2014 in Anlehnung an Nowotny et al. 2008).

Eigenschaften transdiziplinärer Forschung in Parks (Mode 2 Wissenschaft)
Ko-«Produktion» von Wissen durch Wissenschaftler(innen) und Vertreter(innen) unterschiedlicher gesellschaftlicher Systeme
Konzeption der Agora als sozialer Raum der Generierung und Verhandlung von Wissen
Verhandlung von Wissen
Heterogenität der Stakeholder und Perspektiven
Generieren von kontextualisiertem Wissen (auf Anwendungszusammenhänge bezogenes Wissen)
Generieren von sozial robustem Wissen
Kontextsensitives, epistemologisch gesehen eklektisches Vorgehen

Wohl auch aufgrund seiner wissenschaftsbetonten Historie hat sich der Schweizerische Nationalpark in besonderem Umfang der systematischen Erfassung und Dokumentation des Wissens gewidmet. Er macht zum Beispiel seine raumbezogenen Daten über die Plattform WebPark[778] verfügbar. Im Rahmen des Projektes Legzu haben die österreichischen Nationalparks begonnen, eine Plattform zu Projekten, Daten und Publikationen der österreichischen Nationalparks[779] zu erarbeiten. Mit den Forschungssymposien im Nationalpark Hohe Tauern Salzburg haben die forschungsstarken Nationalparks der Alpen in Zusammenarbeit mit Nationalparks Austria, Alpine Network of Protected Areas (ALPARC), International Scientific Committee on Research in the Alps (ISCAR) und Österreichischer Akademie der Wissenschaften ein Veranstaltungsformat entworfen, das sich zu einem Treffpunkt der internationalen Schutzgebietsforschung entwickelt hat.

Die zunehmende Zusammenarbeit im Bereich der Forschung steht exemplarisch für ein bemerkenswertes Phänomen. Durch das wachsende Netz von Schutzgebieten sind Institutionen mit ähnlichen Aufgaben, Zielen und Kulturen entstanden. Die transnationalen Netzwerke, wie Europarc, Alparc, Eurosite (Parks aus 20 europäischen Staaten), Danubeparks (Parks entlang der Donau und ihrer Zuflüsse), Carpathianparks (Schutzgebiete der Karpathen), EuroMaB (Biosphärenreservate in Europa und Nordamerika), AfriMaB (Biosphärenreservate Afrikas), WNBR (Weltnetzwerk der Biosphärenreservate) NorBalWet (Nordisch-baltische Feuchtgebiete) BlackSeeWet (Schwarzmeer-Feuchtgebiete), MedWet (Mediterrane Feuchtgebiete) und viele mehr legen neue Muster durch die Kontinente. Diese folgen den naturräumlichen Gegebenheiten und Grosslandschaften. So bilden sich Kooperationen und es gibt Erfahrungsaustausch und Projekte abseits von politischen Landkarten und Wirtschaftsblöcken. Die Schutzgebiete sind damit wesentliche Elemente einer ökologischen Globalisierung.

Ökonomische Perspektiven

Die Einrichtung von Schutzgebieten steht immer wieder in Konkurrenz zu anderen grossen Investitionen in den betroffenen Gebieten, das zeigt sich auch in den hier dargestellten Gebietsgeschichten. Dennoch zeigen die Parks über einen längeren Zeitraum betrachtet positive wirtschaftliche Effekte vor allem in peripheren Regionen. Sie stehen nicht mehr zur Diskussion, sind sie doch durch eine Vielzahl von Studien untermauert (Getzner und Jungmeier 2002; Jungmeier 2003; Jungmeier et al. 2008; Mayer und Job 2014). Hubert Job und Marius Mayer (2014) können in einer Zusammenstellung von Studien aus Österreich, der Schweiz und Deutschland mit teilweise beeindruckenden regionalwirtschaftlichen Effekten in Bezug auf Wertschöpfung und Beschäftigung aufwarten, wobei vor allem die touristische Inwertsetzung zu Buche schlägt. Ein wesentliches Instrument können regionale Dachmarken sein, weil diese dazu beitragen, dass ein höherer Anteil der Wertschöpfung in der Region verbleibt (Kraus et al. 2014: 171). Insgesamt entspricht das Angebot, das Schutzgebiete machen können, der wachsenden Nachfrage nach regionalisierten Produkten und Dienstleistungen in einer zunehmend globalisierten Welt. Die Werbung für ein «Null-km-Picknick» im Nationalpark Hohe Tauern zeigt das Potential attraktive und nicht kopierbare Angebote zu entwickeln, das aus der Kombination regionaler Bezug, Jahreszeit und Unternehmerpersönlichkeit entstehen kann (Abb. 95).

Die aktuellen Analysen zur Ökonomie von Schutzgebieten gehen über derartige Initiativen weit hinaus. Mit TEEB (The Economics of Ecosystems and Biodiversity) wurde durch das United Nations Environment Programme (UNEP) 2007 ein globaler Prozess initiiert, um den Leistungen von Ökosystemen einen Geldwert zuzumessen. Pavan Sukhdev, der Studienleiter, beschreibt Ökosystemleistungen als «Wertströme, die für die Gesellschaft aufgrund von Quantität und Qualität des Naturkapitals bereit gestellt werden» (TEEB 2013: 3).

Abb. 95. Null-km-Picknick. Die Nachfrage nach regionalisierten Tourismusangeboten steigt, ein Trend, den sich auch die Wirtschaftstreibenden in der Nationalparkregion zunutze machen können. Hohe Tauern – die Nationalpark-Region, http://mallnitz.nationalpark-hohetauern.at

So kann etwa die Katastrophenschutzleistung von Wäldern, z. B. der Schweizer Alpen-Wälder mit 2 bis 3,5 Milliarden US-Dollar jährlich (TEEB 2013: 135), der Wert von Schutzgebieten, z. B. Netto-Gegenwartswert britischer Meeresschutzgebiete mit mindestens 14,5 Milliarden US-Dollar (TEEB 2013: 55), oder der Wert von Erholungsleistungen, z. B. hawaiianischer Korallenriffe mit 97 Millionen US-Dollar (TEEB 2013: 47) beziffert werden. Solche Zahlen sollen zu einem nachhaltigen Umgang mit dem Naturkapital motivieren und die Grundlage für neue Finanzierungsmodelle (z. B. Payment for Ecosystem-Services – PES), Kompensationsmechanismen (z. B. Conservation banking), Zertifizierungen (z. B. handelbare CO_2-Zertifikate[780]) und andere Konstrukte darstellen. Vielleicht erinnern diese Mechanismen nicht zufällig an diverse spekulative Produkte und Derivate der Finanzwirtschaft. Jedenfalls aber stellen sich Fragen nach den rechtmässigen Eigentümern und legitimen Nutzniessern dieser Leistungen. Für einen Teilbereich, nämlich die genetischen Ressourcen, ist dies erstmals verbindlich geregelt: Die EU hat 2014 das Nagoya-Protokoll unterzeichnet und im selben Jahr in eine Verordnung umgesetzt. Darin werden Umgang, Zugang und Nutzung genetischer Ressourcen geregelt (Access and Benefit Sharing, ABS). Demnach müssen genetische Ressourcen, zum Beispiel Organismen, die in Pharma-, Kosmetik-, oder Agro-Industrie, verwendet werden «im Herkunftsland rechtmäßig erworben werden».[781] Wie sich derartige Vorgaben operativ umsetzen lassen, ist abzuwarten.

«If there is current trend in nature conservation, it is that of neoliberal conservation» (Müller 2014: 127).» Als neueste Entwicklung im Naturschutz konstatiert Martin Müller den neoliberalen Naturschutz. Die Wahrnehmung der Schutzgebiete habe sich gewandelt von der «heiligen Kuh zur Cashcow». Tatsächlich ist das Umlegen von Marktprinzipien auf Naturschutz in vielen Zusammenhängen zu beobachten. Dies gilt besonders auch für das Konzept, das Management von Schutzgebieten zu einer marktfähigen Dienstleistung zu entwickeln. Die Parks sollen demnach ihr «Financing Portfolio» verstärkt selbst bestimmen und sich von öffentlichen Finanzierungen unabhängiger machen (IUCN 2000). Die einschlägige Beratungsliteratur (z. B. Flores und Rivero 2008) empfiehlt den Parks Kataloge von Instrumenten wie Merchandising, Sponsoring, Unternehmenspartnerschaften, Crowdfunding, Debts-for-nature-swaps, Einheben von Gebühren, Taxen, Strafgeldern und Lizenzen, Markenrechte und Labels, Einrichtung von Fonds und Stiftungen und ähnliches mehr. Die Finanzkrise von 2008 hat die diesbezüglichen Erwartungen dahinschmelzen lassen. Auch praktische Erfahrungen mit diesen Instrumenten gestalteten sich eher ernüchternd, wie beispielsweise ein Experiment zum Thema Crowdfunding von Kreimer (2013). Dennoch ist die Entwicklung von grossen Business-Biodiversitäts-Initiativen, z. B. Global Platform on Business and Biodiversity der Convention on Biological Diversity CBD[782], Kohlenstoffzertifikate aus der Renaturierung von Mooren als Finanzierungsmodell an globalen und regionalen Kohlenstoffmärkten von moorFutures (BFN 2013), verbesserten REDD+-Mechanismen und einer Vielzahl zusätzlicher Instrumente weiterhin im Laufen. Die Zukunft dieser Initiativen ist noch unklar. Dennoch stellen sich zahlreiche Fragen, etwa die nach dem öffentlichen Auftrag eines Parks. Wo liegen die Grenzen von öffentlichem Auftrag und privatwirtschaftlicher Finanzierung? Warum sollen Wirtschaft und Zivilgesellschaft öffentliche Institutionen freiwillig finanzieren? Wem gehören die kostbaren Markenrechte, wer entscheidet über Markenkern und Verwendung? Klare Linien werden gefragt sein.

Die untersuchten Parks können offenbar alle auf eine solide öffentliche Finanzierung zurückgreifen. Eine Ausnahme bildet der erst in Entwicklung begriffene Parc Adula. Alle Parks bemühen sich sehr erfolgreich um öffentliche Projekt- und Fördermittel. Dabei spielen EU-Gelder beziehungsweise die korrespondierenden Töpfe in der Schweiz eine zentrale Rolle.

Zur Ökonomie der Schutzgebiete ist abschliessend anzumerken, dass sie eine Reihe neuer Berufe, Berufsbilder und Job-Profile hervorgebracht hat. Den dargestellten Parkgeschichten ist zu entnehmen, dass sich die Mitarbeiterinnen und Mitarbeiter zunächst aus anderen Berufsfeldern rekrutierten. Stark vertreten sind Persönlichkeiten mit naturwissenschaftlichem und forstwirtschaftlichem Hintergrund sowie ausgebildete Geographen. Die Berufsbilder im Management der Parks haben sich schrittweise herauskristallisiert. Sie folgen den Kernfunktionen Leitung, Forschung, Naturraummanagement, Bildung, Besucherangebote und Regionalentwicklung. Die Aufgaben haben einen akademisch geprägten Anteil der im Büro und einen handwerklich-technisch geprägten Anteil, der im Gelände zu erledigen ist (Gebietsaufsicht, Monitoring, Besucherbetreuung, Naturschutzmassnahmen, etc.). Die im Gelände tätigen firmieren als Parkwächter (Schweizerischer Nationalpark), Ranger (österreichische Parks, Nationalpark Berchtesgaden) oder Naturwächter (Biosphärenreservat Schorfheide-Chorin). Die Arbeitsfelder weichen voneinander ab, die Stellung im Park (ehrenamtlich, freiberuflich, angestellt, amtlich) ebenso. Für nicht-akademische Mitarbeiterinnen gibt es zunehmend systematische Ausbildungen bis hin zu Berufsberechtigungsprüfungen (Ranger-Ausbildung in Österreich). Im akademischen Bereich sind Ausbildungsangebote in Entwicklung. Mit dem internationalen Masterstudium «Management of Protected Areas» an der Alpen-Adria-Universität Klagenfurt (seit 2005) sind diesbezüglich Impulse gesetzt.

Zusätzliche gibt es in zahlreichen Universitäten, Fachhochschulen und Akademien spezifische Ausbildungsangebote. Speziell im Bereich freiberuflicher Naturvermittler und Umweltpädagogen sind mit Wald- und Wasser-, Erlebnis-, Wildnispädagogen, Natur- und Landschaftsführern, Wanderführern, Nature-, Outdoor- und Active-Guides neue Ausbildungswege und Berufsbilder in Entwicklung.

5.3 Methodenreflexion

In Deutschland gibt es 15 Nationalparks, 15 Biosphärenreservate und 104 Naturparks. Österreich hat sechs anerkannte (nach dem Gesetz: neun) Nationalparks, sieben Biosphärenparks und 48 Naturparks. Und die Schweiz kann einen Nationalpark, zwei Biosphärenreservate, 14 regionale Naturpärke, einen Naturerlebnispark und jeweils zwei Kandidaten für die Kategorien «Nationalpark» und «Regionaler Naturpark» vorweisen. Weder die grosse Zahl der Gebiete noch die ereignisreiche mehr als hundert Jahre zurück reichende Geschichte können in diesem Projekt auch nur annähernd detailgetreu nachgezeichnet werden. Im besten Fall gelingt es, die Geschichte unter bestimmten Gesichtspunkten exemplarisch aufzubereiten.

Jeder Bearbeitungsschritt zeichnet sich durch einen hohen Grad der Subjektivität aus. Das beginnt bei der Erhebung der Daten (Wahl der Quellen und Interviewpartner), setzt sich bei der Aufbereitung fort (Auswahl der Textpassagen, Analyse der Interviews) und reicht bis zur Interpretation der Kookkurrenz-Tabellen. Das gewählte Untersuchungsdesign kann kein objektives Ergebnis liefern, die mehrstufigen Erhebungs- und Feedbackschleifen und die Bearbeitung durch mehrere Personen sollen aber zur Erhöhung der Güte der Ergebnisse beitragen.

Die dargestellten Ergebnisse unterliegen auch einem geographischen Bias. Bezüglich der räumlichen Lage der untersuchten Gebiete ergeben sich zwei Fehlerquellen. Zum einen gibt es die Tendenz, über ein Gebiet, das dem Bearbeiter räumlich näher ist, mehr zu wissen bzw. leichter Zugang zu geeigneten Wissensquellen zu finden. Um das auszugleichen, haben ortskundige externe Bearbeiter die Datengrundlagen für jedes Gebiet individuell ausgehoben. Für weitere Verzerrung verantwortlich ist der Umstand, dass je kleiner das Gebiet ist, desto erschöpfender können Quellen erfasst werden. Zwar wurden für die grösseren Gebiete mehr Ausgangsdaten herangezogen, im Verhältnis ist der Grad der Vollständigkeit der Erhebung dennoch geringer.

Durch die Entscheidung, die Kapitel nach den Untersuchungskategorien zu strukturieren, folgen die Darstellungen nicht immer der Chronologie. Um verständlich zu bleiben, liessen sich auch punktuelle Redundanzen nicht vermeiden.

Folgende Massnahmen wurden ergriffen, um den verschiedenen Fehlerquellen zu begegnen und die Qualität der Forschung zu erhöhen:

– Die Auswahl der Gebiete wurde im Team getroffen und mit dokumentierten Begründungen unterlegt.
– Es wurden verschiedene Datenquellen herangezogen (schriftliche Quellen, Interviews).
– Auswahl und Aufbereitung der Quellen erfolgte durch unterschiedliche Bearbeiter (externe Bearbeiter, Bearbeiterteam E.C.O).

– Die Interpretation der Autorin wurde in mehreren Feedbackschleifen durch verschiedene Experten diskutiert und die Expertenkommentare in den Ergebnissen berücksichtigt.

Alle Experten der ersten Erhebungsrunde – also in der Phase, in der die Interviews durchgeführt wurden – nahmen sich ausführlich Zeit für diese Gespräche. Standen am Anfang des Gesprächs noch die Tagesprobleme im Vordergrund, so konnte im weiteren Verlauf ein Gesamtbild des betreffenden Parks gewonnen werden, das im besten Falle auch den Interviewten neue Perspektiven eröffnete und die eigene Arbeit in ein neues Licht rückte. Die überwiegende Zahl der Interviewten war sehr am weiteren Projektverlauf interessiert und bekundete ihr Interesse, darüber informiert zu werden. Eine zweite Expertenrunde las die Entwürfe zu den Gebietsgeschichten. Das Spektrum der Reaktionen reichte von kritischem Interesse («die Aussage zu diesem Thema scheint mir etwas zu lapidar …») bis zu grossem Lob für die Arbeit («der Text sollte zur Basisliteratur unserer Ausbildungslehrgänge gehören …»). Neben Hinweisen auf Fehler im Text (z. B. falsche Datierung, missverständliche Darstellung) kamen von den meisten Experten Vorschläge, wo inhaltlich noch Akzente zu setzen oder zu verschieben wären. Jedenfalls unterstrichen auch sie ihr grosses Interesse an dieser Studie.

5.4 Ausblick und Forschungsbedarf

Mit der vorliegenden Studie haben die Autoren versucht, die Geschichte von sieben Schutzgebieten im deutschsprachigen Raum systematisch nachzuzeichnen. Der Fokus der Bearbeitung lag dabei auf dem 20. Jahrhundert. Man kann sich die Analysearbeit wie die Erkundung eines dunklen Raumes mit einer Taschenlampe vorstellen: Der Lichtstrahl erlaubt es dem Betrachter die Umrisse, Umfelder und Eckpunkte der Gebietsgeschichten erfassen und vergleichen zu können, manche Details sind sofort erkennbar, vieles bleibt schemenhaft. Obwohl die Untersuchung sehr umfangreich angelegt war, kann sie kein vollständiges Bild der Schutzgebietsentwicklung liefern. Die Ergebnisse werfen zudem neue Forschungsfragen auf.

Zunächst drängen sich vertiefende Fragen zu den einzelnen Gebieten auf. Solche Fragen werden auch aus der kritischen Auseinandersetzung von Gebietskennern und Zeitzeugen mit dieser Studie ergeben. Einzelne Ereignisse, Institutionen, Persönlichkeiten oder fachliche Debatten, auf die in der vorliegenden Studie verwiesen wurde, verlangen nach einer weitergehenden Betrachtung und Analyse.

In allen drei Ländern ist für die ersten beiden Jahrzehnte des 20. Jahrhunderts das starke Bemühen um die Einrichtung von Schutzgebieten festzustellen. Doch es führte nur in der Schweiz innerhalb weniger Jahre zur Einrichtung eines Nationalparks, während es in den anderen Gebieten wieder verebbte. Welche gesellschaftliche Verfassheit machte in der Schweiz diesen raschen Durchbruch möglich, dem aber im restlichen Jahrhundert kein weiterer Park folgte? Broggi et al. (1999: 104) halten fest: «Die Schweiz besitzt keine Tradition in der Ausweisung großflächiger Schutzgebiete.» Die Autoren finden eine Erklärung dafür in der Tatsache, dass die Schweiz ein «Föderativstatt [sei], in welchem die Kantone und die Gemeinden über eine vergleichsweise große Souveränität verfügen» (Broggi et al. 1999: 94). Wie können, um andere Beispiele zu erwähnen, die entstandenen Parks in ideengeschichtlicher, institutionengeschichtlicher, rechtsgeschichtlicher, technologiegeschichtlicher oder kulturgeschichtlicher Hinsicht beschrieben werden? Können in einer biographischen Analyse Gemeinsamkeiten und Verbindungen der Pioniere und Protagonisten gefunden werden? In den Gebietsgeschichten von Österreich und Deutschland spielen Ereignisse und Entwicklungen aus der Zeit von Ständestaat (randlich), Nationalsozialismus und Kommunismus zumindest eine gewisse Rolle, zumal offenkundig die Rechtsbestände weitgehend in die nachfolgenden Republiken übernommen wurden. Wie können diese Elemente herausgearbeitet werden, und wie sind aus heutiger Sicht Naturschutz im Deutschen Reich oder in der DDR zu bewerten?

Wie im Methodenkapitel zu den Auswahlkriterien dargelegt, fokussiert die Studie im Wesentlichen auf Schutzgebiete, die in irgendeiner Weise repräsentativ für die Naturschutzgeschichte sind. Die sieben Gebiete umfassen aber nur ein kleines Segment der mehreren tausend Schutzgebiete in den drei Ländern. Um die Historie in ihrer ganzen Breite skizzieren zu können, wäre der Blick auf die Vielzahl anderer Kategorien, im Besonderen auch auf die grosse Zahl der nicht betreuten Gebiete, zu lenken. Ebenfalls nicht berücksichtigt sind die unzähligen Bemühungen um Natur- und Gebietsschutz, die letztlich nicht zum Ziel geführt haben. Das Selbstbild des Naturschutzes ist stark vom Gefühl des sich wiederholenden Misserfolges bestimmt. Die Analyse und Dokumentation der Misserfolge sind unerlässlich, um dieses Bild zurecht zu rücken.

- Welche grossen Niederlagen hat(te) der Naturschutz tatsächlich zu verzeichnen? Wie sind diese dokumentiert? Wie werden sie erinnert?
- Wie sind diese Konflikte mit dem heutigen Wissensstand zu bewerten und welche Erkenntnisse könnten daraus gezogen werden?
- (Wie) kann eine Gesamtbilanz der Naturschutzbewegung, zum Beispiel für das 20. Jahrhundert, gezogen werden?

Ein wesentliches Ergebnis der Studie ist die im Anhang vollständig dargestellte Liste der identifizierten Codes. Es handelt sich dabei um hierarchische Cluster zentraler Begriffe. Aus dieser Struktur heraus ist die Aufbereitung der Gebietsgeschichten erfolgt. Dabei ist zunächst die grosse Zahl an Instrumenten überraschend, die dem Naturschutz zur Verfügung stehen, die er entwickelt, für sich adaptiert und mit mehr oder weniger Erfolg eingesetzt hat. Die Instrumentengeschichte des Naturschutzes illustriert, wie in einer Gesellschaft Verhaltensänderungen erreicht und durchgesetzt werden können. Sie zeigt auch, wie weit die Instrumente, insbesondere in den heutigen pluralistisch-demokratischen Verhältnissen, über rein gesetzliche Massnahmen hinausgehen. Der kritischen Prüfung, Vervollständigung und Bewertung dieser Instrumentenkataloge sollte aus naturschutzfachlicher Sicht besonderes Augenmerk geschenkt werden. Die gut sortierte «Werkzeugkiste für den Naturschutz» muss erst entwickelt werden. Insbesondere stellen sich folgende Fragen:

- Welche Instrumente haben sich für welche spezifische Aufgabenstellung als erfolgreich erwiesen, welche nicht?
- Welche Instrumente für heutige oder zukünftige Herausforderungen fehlen und müssen daher entwickelt werden?
- Welche Möglichkeiten gibt es, die Wirksamkeit der Instrumente zu überprüfen?

Besonders im Bereich der rechtlichen Instrumente ist die Ausdifferenzierung in den drei untersuchten Ländern sehr ausgeprägt. Dabei haben ähnliche Regelungen in einzelnen Ländern beziehungsweise Bundesländern und Kantonen unterschiedliche Bezeichnungen und leicht differierende Bedeutungen. Soll in weiterer Folge ein Vergleich oder Abgleich dieser Instrumente – vielleicht sogar über den deutschen Sprachraum hinausreichend – erfolgen, so ist die Erstellung eines Glossars dieser Begriffe und Begrifflichkeiten ein unerlässlicher Zwischenschritt. In den letzten Jahrzehnten haben internationale Instrumente zunehmend an Bedeutung gewonnen, dieser Trend dürfte anhalten.

Naturschutzfachlich sind zudem auch das Zusammenwirken der herausgearbeiteten Kategorien Schutzziele, wahrgenommene Bedrohungen und Akteure relevant. In den beschriebenen Geschichten wird augenscheinlich, wie sich diese anlassbezogen stets neu mischen. Für das Verständnis einzelner Organisationen sollte dieses Oszillieren zwischen unterschiedlichen Konstellationen vertieft untersucht werden.

- Lassen sich in den Kombinationen von Zielen, Akteuren und Bedrohungen bestimmte sich wiederholende Muster erkennen? Entstehen diese Muster abhängig von Zeitabschnitten, Regionen oder Naturräumen?
- Worauf gründen sich die wechselnden Gegner- und Partnerschaften zwischen Naturschutz und Landwirtschaft, Naturschutz und Tourismus oder Naturschutz und Energiewirtschaft? Wie sind sie aus naturschutzfachlicher Sicht zu bewerten?
- Welche Rollen können die einzelnen Akteure einnehmen und wie ist die Funktion von zivilgesellschaftlichen Organisationen (NGOs) zu bewerten?

Von grossem Interesse ist, wie die Gebietsgeschichten des deutschsprachigen Raums in einen europäischen oder auch internationalen Zusammenhang einzuordnen sind. Wie unterscheiden sich die Gebietsgeschichten im deutschsprachigen Raum von denen in anderen Regionen Europas/der Welt? Wo liegen die Gemeinsamkeiten und Unterschiede, im Hinblick auf den Zeitpunkt der Entwicklung, aber auch im Hinblick auf Akteure, Ziele und Instrumente?
- In welchen räumlichen und zeitlichen Mustern haben sich die Schutzgebiete in den einzelnen Regionen, Staaten oder Kontinenten formiert?
- Welche räumlichen, gesellschaftlichen und institutionellen Auswirkungen haben internationale Abkommen und europäische Richtlinien für Schutzgebietskulissen?
- Welche Innovationsimpulse gehen von den Schutzgebieten aus, die in weiterer Folge von der Gesellschaft aufgegriffen werden?

Die vorliegende Studie zeigt, dass die Eindrücke und Berichte von Zeitzeugen zentrale und authentische Quellen für die Schutzgebietsgeschichten sind. Dies betrifft sowohl die Promotoren des Naturschutzes als auch ihre Gegner. Letztere sind in der Studie nicht zu Wort gekommen. Die offizielle Geschichtsschreibung der meisten Parks beginnt erst mit dem Zeitpunkt der Einrichtung des Schutzgebietes. Viele der heute lebenden Zeitzeugen haben die zweite Hälfte des letzten Jahrhunderts miterlebt und damit grundlegenden und historisch zu nennenden Entwicklungen beigewohnt. Den Erfahrungen und Schilderungen dieser Menschen und der Dokumentation dieses Wissens sollte in den kommenden Jahren besonderes Augenmerk geschenkt werden.

Abschliessend kann festgehalten werden, dass sich mit dem Entstehen der Schutzgebiete und Parks neue territoriale Muster und Institutionen etabliert haben. Diese werden aller Voraussicht nach lange Bestand haben. Damit kommt einer systematischen historischen Dokumentation sowie einer Sammlung von Archivalien grosse Bedeutung zu. Anzuregen wären jedenfalls:
- eine systematische Archivierung und digitale Veröffentlichung von historischen und zeitgenössischen Materialien durch die einzelnen Parks,
- die Intensivierung der gebiets- und naturschutzgeschichtlichen Forschung in einem Cluster, dessen Aktivitäten interdisziplinär, transdisziplinär und international ausgelegt sind,
- die Etablierung eines internationalen Konferenzformates und einer Zeitschrift, die beide dem Thema gewidmet sind.

6 Zusammenfassung

Die vorliegende Studie untersucht die Geschichte von sieben Schutzgebieten im deutschen Sprachraum. Die Analyse umfasst den Zeitraum vom Aufkeimen des Naturschutzes in der zweiten Hälfte des 19. Jahrhunderts bis heute. In einem ausblickenden Kapitel werden auch Zukunftsfragen aufgeworfen.

Schutzgebiete sind zentrale Instrumente des Naturschutzes, ihre Geschichte erlaubt tiefe Einblicke in den jeweils aktuellen Diskurs sowie das jeweils aktuelle Verständnis von Natur beziehungsweise des Schutzes der Natur. Da die Etablierung eines Schutzgebietes in der Öffentlichkeit stattfindet, sind die Interaktionen zwischen den Proponenten des Naturschutzes und anderen Akteuren der Gesellschaft gut dokumentiert. Ausgehend von diesen Diskursen sind die folgenden Forschungsfragen gestellt:

1. Welche Wechselbeziehungen zwischen Schutzgebieten und gesellschaftlichem Umfeld finden statt und wie können sie aus ihrem gesellschaftlichen und historischen Kontext heraus erklärt und systematisiert werden?
2. Welche Gemeinsamkeiten/Unterschiede können im Vergleich der Entwicklung von Schutzgebieten in Österreich, Deutschland und Schweiz festgestellt werden und welchen Einfluss zeigen internationale naturschutzpolitische Massnahmen in den drei Ländern?
3. Welche Empfehlungen für die aktuelle Naturschutzarbeit lassen sich aus der geschichtlichen Untersuchung und der Synthese der Antworten auf die Fragen 1 und 2 formulieren?

Zur Datengewinnung wurden qualitative Interviews mit Zeitzeugen sowie etwa 1000 Textpassagen aus schriftlichen Quellen herangezogen. Die Texte wurden mit Hilfe des Analyseprogrammes ATLAS.ti ausgewertet, die Inhalte codiert (650 Codes) und in weiterer Folge in Kategorien aggregiert. Die Kategorien bilden ein nach Bedarf zu gliederndes und erweiterbares Inventar zur Charakterisierung von Naturschutzkonzeptionen in den Schutzgebieten. Die Beschreibung erfolgte in den Gebietsgeschichten und im Vergleich der Schutzgebiete. Die Ergebnisse wurden in mehreren Schleifen mit Gebietskennern, Zeitzeugen und Fachkollegen rückgekoppelt. Die Zukunftsperspektive wurde über eine offene Diskussion entlang von Hypothesen aufgemacht, an der sich 35 europäische Expertinnen und Experten beteiligten.

Der heutige Nationalpark Berchtesgaden (Bayern) wurde bereits Ende des 18. Jahrhunderts von Alexander von Humboldt erkundet. Der Schriftsteller Heinrich Noe bezeichnete die Region um Watzmann und Königsee als «Yellowstone Park der deutschen Alpen» und empfahl 1898 als erster seine Unterschutzstellung. 1910 wurde ein Pflanzenschonbezirk eingerichtet, um den florierenden Handel mit Alpenpflanzen einzudämmen. 1921 wurde der Königsee als Naturschutzgebiet ausgewiesen. Die Konflikte der kommenden Jahrzehnte entzünden sich daran, wie Entwicklung des Fremdenverkehrs und Naturschutz miteinander in Einklang zu bringen sind. Eine Seilbahn auf den Watzmann wurde wiederholt diskutiert (1920er, 1940er und 1960er Jahre), von Naturschutzseite als «Schändung dieses herrlichen Berges» bezeichnet und nie realisiert. Entgegen den Erschliessungswünschen wurden aber die Schutzgebiete erweitert. Der Nationalpark Berchtesgaden wurde 1978 eingerichtet und setzte im Rahmen des MaB-Programmes wichtige Forschungsimpulse. Heute ist der Nationalpark mit seinen attraktiven Besucherangeboten ein wesentlicher Wirtschaftsfaktor in der Region. International ist der Park sehr aktiv, beispielsweise in der Kooperation mit Alparc, dem Zusammenschluss aller Schutzgebiete im Alpenraum.

Das heutige Biosphärenreservat Schorfheide-Chorin (nordöstlich von Berlin) mit seinen Wäldern, Seen und Feuchtgebieten war lange Zeit ein beliebtes Jagdgebiet, zunächst der

Fürsten und Könige, später auch der politischen Nomenklatura des 20. Jahrhunderts. Der Ausweisung des Plagefenns als Naturschutzgebiet im Jahr 1907 war eine Erhebung «pflanzlicher Naturdenkmale» des Botanischen Vereins Brandenburg vorausgegangen. Der frühe Naturschutz sorgte sich primär um die Auswirkungen von Ausflugsverkehr und Seeuferbesiedlung. Die in den 1950er und 1960er Jahren ausgewiesenen Landschaftsschutzgebiete um die grossen Seen trugen diesen Anliegen schliesslich Rechnung. Davor war der Zugang zum Gebiet durch das Reichsnaturschutzgesetz (1935) reglementiert gewesen, das diente überwiegend der Wahrung jagdlicher Interessen. Die 1962 von der DDR eingerichteten Staatsjagdgebiete knüpften an diese Tradition nahtlos an. Im Rahmen des Nationalparkprogramms der kollabierenden DDR wurde das Gebiet 1990 als Biosphärenreservat ausgewiesen und noch im selben Jahr von der UNESCO anerkannt. Bereits im Folgejahr standen 150 Naturschutzwarte bereit, um auf die Besucher «bildend, erklärend und erziehend» einzuwirken. Die Ziele des Biosphärenreservates liegen heute darin, «mit Naturschutz gegen Arbeits- und Perspektivlosigkeit im ländlichen Raum» zu wirken. Aufgrund seiner naturräumlichen Qualität konnte 2011 der Gruminser Forst in das serielle Welterbe Europäischer Buchenwald eingegliedert werden.

Das Gebiet des heutigen Nationalparks in der ostalpinen Hochgebirgslandschaft der Hohen Tauern gilt als frühes Zentrum der alpinen Freilandforschung. 1912 propagierte der aus Deutschland wirkende Verein Naturschutzpark ein alpines Schutzgebiet und erwarb Flächen in den Tauern. 1918 kaufte der Industrielle Albert Wirth ein Gebiet um Grossglockner und Pasterze in der Absicht, einen «Naturschutzpark der Zukunft» zu ermöglichen. 1923 richtete das Land Salzburg einen Pflanzenschonbezirk ein. In den kommenden Jahrzehnten wurden die geschützten Flächen immer wieder ausgeweitet. Konflikte entspannen sich um touristische Nutzungen und Infrastrukturen (Seilbahnen), besonders aber um die Nutzung der Wasserkraft. Die Unterschriftensammlung gegen die hydroelektrische Nutzung der Krimmler Wasserfälle wurde zum Weckruf der Naturschutzbewegung im Nachkriegs-Österreich. Zahlreiche weitere Konflikte um letztlich gebaute oder nicht gebaute Kraftwerke sollten folgen. 1971 einigten sich die Landeshauptleute von Kärnten, Salzburg und Tirol auf die Einrichtung eines gemeinsamen Nationalparks. Dieser nahm Schritt für Schritt Gestalt an und ist seit 2006 international anerkannt. Die Einrichtung und der Betrieb des Parks über drei Bundesländer hinweg waren und sind ein Kraftakt. Der grösste Park im Alpenraum ist heute ein bedeutender ökonomischer Faktor. Wildtiermanagement und Wiedereinbürgerung von Arten, wie etwa dem Bartgeier, zählen zu den zentralen Schutzaktivitäten.

Der Nationalpark Donau-Auen liegt zwischen den beiden Metropolen Wien und Bratislava. Bereits 1905 wurde ein Teil des heutigen Parks unter Schutz gestellt. Schritt für Schritt und zunächst ohne grössere Konflikte wurden die Schutzgebiete erweitert. Internationale Nominierungen wie Biosphärenreservat (1977) oder Ramsar-Gebiet (1982) erfolgten von der Öffentlichkeit wenig beachtet. 1983 und 1984 eskalierte die Diskussion um ein Kraftwerksprojekt bei Hainburg. Die breite getragene Ablehnung des Projektes, die Besetzung der Au durch Aktivisten und ein Volksbegehren erzwangen zunächst einen Baustopp und eine Nachdenkpause. An deren Ende stand die Planung des Nationalparks, der 1996 eingerichtet und 1997 international anerkannt wurde. Die Auseinandersetzung um die Au hatte weit über den Anlassfall hinaus gehende Folgen für die politische Landkarte Österreichs. Der stark überprägte und genutzte Fluss im Zentrum des Nationalparks ist für das Management eine spezifische Herausforderung, ein flussbauliches Gesamtkonzept konnte bis dato nicht umgesetzt werden. Jedenfalls ist die Donau verbindendes Element für zahlreiche Schutzgebiete, die sich auf österreichische Initiative zum Netzwerk Danubeparks zusammengeschlossen haben.

Der Naturpark Dobratsch liegt im Süden Österreichs. Früh schon interessierten sich Wissenschaft und Kunst für diese Bergsturzlandschaft. 1942 wurde hier nach dem Reichsnaturschutzgesetz ein Naturschutzgebiet eingerichtet, das später in den Rechtsbestand der Zweiten Republik übernommen wurde. Nachdem viele geplante Projekte an den wirtschaftlichen Möglichkeiten gescheitert waren, wurde der Dobratsch Mitte der 1960er Jahre mit einer «Alpenstraße» touristisch erschlossen und zu einem Skigebiet entwickelt. 2002 beschloss die Stadt Villach den Rückbau des unrentablen Skigebietes, die Rekultivierung der Pisten und die Einrichtung eines Naturparks. Dieser konnte auf Basis mehrerer zwischenzeitlich eingerichteter Landschaftsschutz- und Natura 2000-Gebiete umgesetzt werden, und entspricht in hohem Masse den Naherholungsbedürfnissen der Bevölkerung der nahegelegenen Stadt Villach.

Der Nationalpark im Schweizerischen Engadin wurde 1914 als erster Nationalpark der Alpen eingerichtet und völlig aus der Nutzung genommen. Die treibende Kraft hinter dieser Entwicklung waren wissenschaftliche Interessen, vertreten durch die 1906 gegründete Schweizerische Naturschutzkommission unter der Präsidentschaft des Naturwissenschaftlers und Forschungsreisenden Paul Sarasin. Der Park wurde auf der Grundlage langfristiger Pachtverträge mit den Gemeinden begründet, denen die Idee Flächen «mietweise als Nationalpark abzutreten» gut gefiel. Die erfolgreiche Schweizer Initiative hatte international Vorbildwirkung. Die bereits 1910 skizzierten Vorstellungen für einen Weltnaturschutz mündeten 1948 in die Gründung der IUCN mit Sitz in Gland. In den 1940er und 1950er Jahren sorgten grosse Hirschsterben für Aufsehen in der Region. In dieser Zeit begann auch eine Debatte um die Wasserkraftnutzung des Spöl. Die Berichterstattung über den Konflikt verhalf dem Park zu plötzlicher Popularität und zu einem Besucherandrang, der zunächst wenig erwünscht war. Heute ist der Park fixer Bestandteil eines wohl entwickelten Tourismus. Das weitgehende Scheitern der geplanten Erweiterung des Parks im Jahr 2000 kam für die Parkverantwortlichen daher unerwartet. Anlässlich der Feierlichkeiten 100 Jahre Nationalpark im Sommer 2014 wurde die grosse wissenschaftliche Tradition des Parks sichtbar und zelebriert.

Der geplante Parc Adula liegt in den Schweizer Kantonen Graubünden und Tessin. Seit mehr als 100 Jahren gab es vor allem in der Greina verschiedene Pläne zur Nutzung der Wasserkraft, die bislang nie Realität wurden. Eine Kampagne von Pro Natura, vormals Schweizer Bund für Naturschutz, zur Schaffung neuer Pärke im Jahr 2000 stiess in der Region auf Widerhall. Nach entsprechender Vorbereitung erkannte das Bundesamt für Umwelt dem Parc Adula offiziell Kandidatenstatus für einen Nationalpark zu. Die Region liegt wirtschaftlich peripher und erwartet sich vom künftigen Park einen ökonomischen Aufschwung, ein Projekt «das die Natur schützt und die intelligente wirtschaftliche Entwicklung einer bezaubernden Region fördert». Es gibt im regionalen Diskussionsprozess noch viele offene Punkte. Die Geschichte des Parks wird erst später zu schreiben sein: Die Abstimmung über seine Einrichtung wurde auf das Jahr 2017 verschoben.

Im Vergleich der unterschiedlichen Geschichten sind unterschiedliche Motivationen für die Parkeinrichtung evident. Ist im Fall des Schweizerischen Nationalparks wissenschaftliches Interesse als Gründungsimpuls auszumachen, waren in einigen anderen Parks konkrete Konfliktfälle ausschlaggebend. Am deutlichsten wird dies im Fall des Nationalparks Donau-Auen. Der Naturpark Dobratsch wurde als Folgenutzung eines Skigebiets entwickelt, beim Parc Adula ist die Triebfeder ökonomischer Natur.

Die frühen Diskussionen am Beginn des 20. Jahrhunderts wurden offenkundig von gebildeten Kreisen initiiert. Die Bemühungen um Schutz waren im Falle des Schweizerischen Nationalparks innerhalb weniger Jahre erfolgreich, in den anderen Gebieten zogen sie sich über viele Jahrzehnte. In Deutschland und Österreich wurde in den 1940er Jahren das Reichsnaturschutzgesetz zum brachialen Instrument, das innerhalb weniger Jahre in allen untersuchten Parks neue Realitäten schuf. Die Blut-und-Boden-Ideologie liess sich allem Anschein nach mit Naturschutz und jagdlichen Interessen gut in Einklang bringen. Meist wurden die Gebiete ohne grosse Debatten in die Rechtsbestände der Nachkriegszeit überführt. Die Geschichte des Biosphärenreservats Schorfheide-Chorin streift das DDR-Verständnis von Naturschutz. Das Nationalparkprogramm des zusammenbrechenden Staates ist ein Beispiel dafür, wie zeitgeschichtliche Entwicklungen Einfluss auf die Naturschutzgeschichte nehmen.

Allen Parkgeschichten in den drei Ländern ist gemein, dass sich im Laufe des Jahrhunderts unterschiedliche Kategorien von Schutzgebieten und Prädikaten gleichsam akkumulieren. Frühe Naturdenkmäler, Schon- und Schutzbezirke, Natur-, Landschafts-, und Sonderschutzgebiete in der ersten Hälfte des Jahrhunderts, zunehmend internationale Kategorien wie Europadiplom, Biogenetisches Reservat, Ramsargebiet, Important Bird Area, Biosphärenreservat und andere in der zweiten Hälfte des Jahrhunderts liegen wie Schichten – räumlich selten deckungsgleich – übereinander. In Deutschland und Österreich fügen sich noch die Natura 2000-Gebiete nach den Europäischen Richtlinien in dieses Bild. Nicht zuletzt zeichnen die Gebietstypen den Aufstieg oder Niedergang der sie vertretenden Institutionen nach.

Ihrem Wesen nach müssen Schutzgebiete im Zuge ihrer Entstehung und ihres Bestandes Konflikte auslösen. Diese treten in der historischen Analyse klar zu Tage. Die Schutzgebiete bieten jedoch auch den Rahmen, diese Konflikte in einem neuen Kontext zu verhandeln. Das Selbstbild des Naturschutzes ist stark geprägt vom Gefühl des Misserfolgs. Der Blick auf die Historie zeigt, dass ihm aber durchaus Erfolge beschieden waren. Auch nach langen Konflikten entstanden schliesslich neue Gleichgewichte, die so stabil sind, dass darauf aufgebaut werden kann. Dies ist besonders augenscheinlich im ambivalenten Verhältnis von Naturschutz und Tourismus, wo fast alle Parks verschiedene Formen der Kooperation entwickeln konnten.

Verschiedene wahrgenommene Bedrohungen und angestrebte Schutzziele lassen unterschiedliche Akteure in Kooperationen oder in Gegnerschaft zueinander treten. Sie entwickeln Instrumente und setzen sie ein um ihren jeweiligen Interessen zum Durchbruch zu verhelfen. Gerade bei den rechtlichen Instrumenten ist ein sehr hoher Grad der Ausdifferenzierung in den drei untersuchten Ländern auszumachen, der sich sowohl in den unterschiedlichen Begrifflichkeiten als auch in den abweichenden Bedeutungen niederschlägt. Dieses Phänomen setzt sich in den Bundesländern bzw. den Kantonen fort und macht den Vergleich dieser Instrumente sehr schwierig.

Weiterer Forschungsbedarf wurde zu folgenden Themen festgestellt:

- Lässt sich eine Gesamtbilanz für die Erfolge/Misserfolge der Naturschutzbewegung erstellen und welche Erkenntnisse könnten daraus gezogen werden?
- Lassen sich in den Kombinationen von Bedrohungen, Zielen und Akteuren Muster und Abhängigkeiten erkennen?
- Sind die entwickelten Instrumente adäquat um aktuelle oder zukünftige Herausforderungen zu meistern?
- Wie sind die Entwicklungen im deutschen Sprachraum im internationalen Kontext zu sehen?

Eine zentrale Erkenntnis der Studie ist, dass mit der Befragung von Zeitzeugen und der Dokumentation ihrer Berichte ein wertvoller Schatz an Erfahrungen und Wissen gehoben werden kann. Die Kenntnis der Hintergründe der Genese ermöglicht ein neues Verständnis der heutigen Verfassung von Schutzgebieten, ihrer Organisation und Verwaltung.

7 Summary

This study explores the history of seven protected areas in the German-speaking area. The analysis covers the period from the emergence of nature reserves in the second half of the 19th century through to the present day. Issues for the future are addressed in the final chapter.

Protected areas are key tools of nature protection. Their history offers in-depth insight into current discourse and understanding of nature and nature conservation. Since protected areas are established in public, interactions between the proponents of nature conservation and other players in society are well documented. The following research questions were addressed, based on this discourse:
1. What are the correlations between protected areas and the social environment and how can these be explained and systematised from a social and historical context?
2. What commonalities and differences are there in the development of protected areas in Austria, Germany and Switzerland and what influence do international conservation policies have on the three countries?
3. What recommendations for current conservation work can be formulated based on this historical analysis and the results of 1 and 2?

In order to acquire the required data, qualitative interviews with 'contemporary witnesses' were conducted and some 1000 text passages from written sources were used. The texts were then interpreted with the aid of the ATLAS.ti analysis software, the content was coded (650 codes) and aggregated into categories. These categories form an inventory for characterising nature conservation concepts in the various protected areas. This inventory can be structured or extended as required. The specification took place in the chapters called 'individual histories of protected areas' and in the comparison of the protected areas. The results were then subject to feedback from area experts, 'contemporary witnesses' and professional colleagues in several stages. Prospects for the future were identified during an open discussion process involving 35 European experts and based on various hypotheses.

The area of Today's National Park Berchtesgaden (Bavaria) was explored by Alexander von Humboldt at the end of the 18th century. The writer Heinrich Noe described the region around the Watzmann and the lake Königsee as the 'Yellowstone Park of the German Alps' and in 1898 was the first to recommend that it should be made a conservation area. A special area for endangered plants was set up here in 1910 in order to contain the flourishing trade in Alpine plants. In 1921, the Königsee also became a designated nature conservation area. The conflicts of the decades which followed were triggered by debates over how to harmonise developments in tourism with nature conservation. There was repeated discussion about a cable car to the Watzmann peak (1920s, 40s and 60s). The project was declared by nature conservationists to be a 'desecration of this magnificent mountain'. It was never implemented. Indeed, the conservation areas were extended, contrary to calls for further development in the area. The National Park Berchtesgaden was established in 1978 and represented an important impetus for research as part of the MaB programme. Today the national park is an important economic factor in the region with its attractive range of visitor offers. The park is very active on an international level, for example in its cooperation with Alparc, an association encompassing all protected areas in the Alpine region.

The area of today's Biosphere Reserve Schorfheide-Chorin (north-east of Berlin) with its forests, lakes and wetland areas has long been a popular hunting ground, initially used by princes and kings and subsequently by the political nomenklatura of the 20th century. A survey of 'plant-based natural monuments' was carried out by the Brandenburg Botanical Association prior to the designation of the Plagefenn as a nature reserve in 1907. Early nature conservation primarily focused on the impact of excursion traffic and settlement of the shores of the lakes. The landscape conservation areas designated around the large lakes in the 1950s and 60s took account of these issues. The Reichsnaturschutzgesetz (1935) regulated access to the area predominantly serving as a means of protecting hunting interests. The state hunting areas instigated by the German Democratic Republic (GDR) in 1962 linked in seamlessly with this tradition. As part of the National Park Programme introduced by the flagging GDR, the area became a biosphere reserve in 1990. UNESCO recognised it in the same year. The following year, 150 nature conservation officers were on hand to address visitors in an 'instructional, explanatory and educational' manner. The aims of the biosphere reserve today are to use 'conservation to combat unemployment and lack of prospects in rural regions'. Given its character as a nature region, the Grumsiner Forest became a part of the European Beech Forests Serial World Heritage in 2011.

The area covered by today's national park in the East Alpine mountain landscapes of the Hohe Tauern was an early centre of Alpine field research. In 1912, the Verein Naturschutzpark (German Association of Nature Conservation Park) from Germany propagated an Alpine protected area and acquired properties in the Tauern. In 1918, industrialist Albert Wirth purchased an area of land around the Grossglockner and Pasterze with the aim of creating a 'nature conservation park of the future'. In 1923, the province of Salzburg set up a special area for endangered plants. Over the coming decades, the protected areas extended repeatedly. Conflicts broke out over tourist use and infrastructure (cable cars) and in particular use of hydropower. A petition of signatures against using the Krimml Waterfalls to generate hydroelectric power was a wake-up call for the conservation movement in post-war Austria. This dispute was one of the first of many conflicts over the construction or non-construction of power stations. In 1971, the governors of Carinthia, Salzburg and Tyrol united over the setting up of a joint national park. This park gradually began to take shape and has been internationally recognised since 2006. The establishment and operation of the park across three provinces was and remains an ongoing challenge. The largest park in the Alpine region is a significant economic factor these days. Its primary conservation activities include wildlife management and reintroducing species such as the bearded vulture.

The National Park Donau-Auen is located between the metropolises of Vienna and Bratislava. Part of the current park was legally protected as early as 1905. The conservation areas were then gradually extended without any significant conflicts breaking out. International designations, such as biosphere reserve (1977) or Ramsar site (1982), went largely unnoticed by the public. In 1983 and 1984, discussions escalated over a power station project in Hainburg. The widespread rejection of the project, the occupation of the floodplains by activists and a referendum initially brought construction to a standstill and then led to a rethink. This triggered a planning process for a national park. The park was established in 1996 and became internationally recognised in 1997. The conflict on the floodplains had far-reaching consequences for Austria's political landscape. They extended far beyond this individual situation. The anthropogenic transformed river at the centre of the national park still presents a particular challenge to the park management and to date a planned large-scale river restoration project has not been implemented yet. In any case, the Danube is a linking element for numerous protected areas, which have united as part of an Austrian initiative to form the Network Danubeparks.

The Nature Park Dobratsch is located in the south of Austria. The worlds of art and science became interested in this rockslide landscape early. In 1942, a nature reserve area was set up here in accordance with the Reichsnaturschutzgesetz and it was later incorporated into the legislation of the Zweite Republik. Numerous planned projects had to be abandoned due to lack of funding. The building of an 'Alpine road' in the mid-1960s and the development of a ski resort opened up the Dobratsch region to tourism. In 2002, the town of Villach decided to dismantle the unprofitable ski resort, re-cultivate the slopes and establish a nature park here. The park comprises several landscape conservation and Natura 2000 areas and largely meets the recreation requirements of the people of the nearby town of Villach.

The National park in the Swiss Engadine region was the first Alpine national park to be set up in 1914 and the area was eventually taken completely out of everyday use. Scientific interests were the driving force behind this development, represented by the Swiss Nature Conservation Commission (founded in 1906) under the presidency of natural scientist and explorer Paul Sarasin. The park was based on various long-term lease contracts with the communities, which welcomed the idea of 'handing over the land on lease for use as a national park'. The successful Swiss initiative became an international role model. Initial ideas for global nature conservation outlined in 1910 led to the founding of the IUCN based in Gland in 1948. During the 1940s and 50s, widespread deaths in the deer population caused a real furore in the region. A debate about using the hydroelectric energy of the Spöl also began at this time. Reports about the conflict helped the park to gain sudden popularity, leading to an influx of visitors. This development did not meet the aims of the park initiators. Still the park forms a fixed component of the well-developed tourism in the region today. The failure of a planned expansion to the park in 2000 was therefore unexpected among the park's managers. The national park's 100-year anniversary was marked in summer 2014 by highlighting and celebrating the park's substantial scientific tradition.

The planned Parc Adula is located in the Swiss cantons of Grisons and Ticino. For over 100 years, there have been various plans to use hydroelectric power in the Greina in particular but these plans have still not yet come to fruition. A campaign by Pro Natura (formerly the Schweizer Bund für Naturschutz) to create new parks in 2000 was also welcomed in the region. After making the necessary preparations, the Federal Ministry for the Environment officially accorded the Parc Adula national park candidate status. The region is on the economic periphery and is expecting the future park to give the area an economic boost as a project 'which protects nature and promotes the intelligent economic development of a captivating region'. There are, however, still numerous unanswered points in the regional discussion process. The history of the park will be written later: the popular vote about the establishment of the park has been postponed until 2017.

Comparing the park histories, various different motivations for establishing a new park became evident. While scientific interest can be identified as a reason for setting up the park in the case of the Swiss National Park, in some other parks, specific cases of conflict have played a deciding role. This is most obvious in the case of the National Park Donau-Auen. The development of the Nature Park Dobratsch substituted the use as a ski resort and at the Parc Adula, expected economic development is the driving force.

Educated circles instigated early discussions at the start of the 20th century. In the case of the Swiss National Park, conservation efforts achieved success in just a few years whereas in other areas, success took decades. In Germany and Austria, the Reichsnaturschutzgesetz served as a powerful tool in the 1940s and created new realities in all of the parks investigated within just a few years. It seems that the Blut und Boden ideology was easy to balance with nature conservation and hunting interests. Most of the areas continued to exist in the legislation of the post-war era without any great debate. The history of the Biosphere Reserve Schorfheide-Chorin touches upon the GDR's understanding of nature conservation. The flagging state's National Park Programme is an example for how historical changes influence the course of nature conservation history.

The park histories of all three countries have one thing in common – over the course of the century, they have accumulated different categories of conservation and attributes. There has been a layering of features over one another (spatially rarely congruent). During the first half of the century early natural monuments, protection and conservation areas and nature, landscape and special conservation areas and then during the second half of the century increasingly international categories such as a European diploma, Biogenetic Reserve, Ramsar site, Import Bird Area, biosphere reserve and others. In Germany and Austria, the Natura 2000 areas also fit in with this image in accordance with European guidelines. The different categories represent the rise or fall of the institutions, which promoted them.

By their very nature, protected areas cause conflict during their creation and existence. These conflicts become obvious in the historical analysis. But protected areas also provide a framework to deal with the same conflicts in a new context. A feeling of failure is heavily influencing the self-perception of conservation. A glance at history reveals that there have been, however, considerable successes. New equilibriums were gradually established following lengthy conflict and these are now so stable that they can be built upon. This is particularly apparent in the ambivalent relationships, which exist between conservation and tourism where virtually all of the parks have been able to develop various forms of cooperation.

Various perceived threats and strived-for conservation goals bring different players together in cooperation or rivalry. They develop and use tools in order to promote varying interests. When it comes to the legal tools involved, a high level of differentiation can be identified in the three countries under investigation and this is reflected in both the different concepts applied and in the deviating meanings. This phenomenon continues in the provinces and cantons and makes it difficult to compare the legal instruments in use.

Future research may investigate the following questions, which we raised, but could not answer in this study:

– Is a scientific overall assessment of successes/failures of the conservation movement acceptable and which insights do we gain from this?
– Are there any recognisable patterns or dependencies in the combinations of threats, goals and players?
– Are the existing tools sufficient to master current or future challenges?
– How can we assess developments in the German-speaking part of Europe in an international context?

One key finding of the study is that a valuable treasure trove of experiences and expertise can be obtained from interviewing 'contemporary witnesses' and systematically documenting their reports. Identifying the background to the genesis of protected areas facilitates a new understanding of the current state of protected areas, their organisation and administration.

8 Literatur

AICHINGER, E. 1932: BRAUN-BLANQUET G.: Recherches phytogéographiques sur le Massif du Groß Glockner. Carinthia II., 121. u. 122./41. u. 42. Jg., S. 58.

ATTESLANDER, P. 1995: Methoden der empirischen Sozialforschung. 8. Auflage. Berlin/New York, Walter de Gruyter.

AURENHAMMER, S. 2013: Xylobionte Käfer aus der Schütt: Von prächtigen Brummern und bunten Böcken aus dem Totbaum. In: GOLOB, B.; JUNGMEIER, M.; KREIMER, E. (Hrsg.): Natur & Mensch in der Schütt – Die Bergsturzlandschaft im Naturpark zwischen Dobratsch und Gail. Klagenfurt. Verlag des Naturwissenschaftlichen Vereins für Kärnten: 150–154.

BACH, H. 1963: Aus dem Naturschutzgebiet Villacher Alpe. kärntner naturschutzblätter, 2. Jg.: 36–39.

BACH, H. 1968: Das Maltatal – das Tal der stürzenden Wasser. Ein 25-jähriger Kampf. Sonderdruck aus dem Jahrbuch des Vereins zum Schutze der Alpenpflanzen und -Tiere, Band 33, München.

BACH, H.; GLANZER, O. 1962: Aus unseren Schutzgebieten. Naturschutzgebiet Großglockner mit Pasterze. kärntner naturschutzblätter 1. Jg.: 72–74.

BAUCH, K.; JUNGMEIER, M.; LIEB, S. 2007: Forschungskonzept Nationalpark Hohe Tauern 2020. Studie im Auftrag von: Nationalpark Hohe Tauern, Bearbeitung: E.C.O. Institut für Ökologie & Nationalpark Hohe Tauern, Klagenfurt.

BAUER, N. 2005: Für und wider Wildnis – Soziale Dimensionen einer aktuellen gesellschaftlichen Debatte. Zürich, Bristol-Stiftung; Bern, Stuttgart, Wien, Haupt Verlag.

BAUMGARTNER, H. 2011: Nationalpark, Regionaler Naturpark, Naturerlebnispark. Modellregionen der nachhaltigen Entwicklung. Umwelt 1/2011 Dossier Pärke: 4–8.

BERLEPSCH, H., Frhr. v. 2012: Der gesamte Vogelschutz, seine Begründung und Ausführung. Nachdruck des Originals von 1904. Paderborn, Salzwasser Verlag GmbH.

BfN 2013: moorFutures – Integration von weiteren Ökosystemleistungen einschließlich Biodiversität in Kohlenstoffzertifikate – Standard, Methodologie und Übertragbarkeit in andere Regionen. BfN-Skripten 350.

BLÖBAUM A.; MATTHIES E. 2014: Motivationale Barrieren für das Engagement von Bürgerinnen und Bürgern in formellen Beteiligungsverfahren. Natur und Landschaft, 89. Jg., Heft 6: 259–263.

BMLFUW, Bundesministerium für Land- und Forstwirtschaft, Umwelt und Wasserwirtschaft (Hrsg.) 2010: Österreichische Nationalpark-Strategie. Wien.

BRENDLE, U. 2006: Naturschutz im Spannungsfeld zwischen staatlicher Aufgabe und bürgerschaftlichem Engagement. Natur und Landschaft. Zeitschrift für Naturschutz und Landschaftspflege. Schwerpunkt: Naturschutz hat Geschichte. 81. Jg., Heft 1: 39–42.

BROGGI, M. F.; STAUB, R.; RUFFINI, F. V. 1999: Großflächige Schutzgebiete im Alpenraum: Daten, Fakten, Hintergründe. Europäische Akademie Bozen, Fachbereich Alpine Umwelt. Berlin, Wien. Blackwell Wissenschafts-Verlag.

BROGGI, M. 2004: Pourquoi de grandes espaces protegés? Le rôle de la recherche. In: Combe, I.; Corboz, B.; Rosseli, W. (Hrsg.): Parc naturels d'importance nationale chance pour le dévelopement régional. Acte de la journée thématique de l'Antenne romande WSL. Lausanne: 47–52.

BRUNIES, S. (1920): Der Schweizerische Nationalpark. Dritte verbesserte und ergänzte Auflage. Basel, Benno Schwabe & Co. Verlag.

BUCHLI, S.; KOPAINSKY, B.; RIEDER, P. 2006: Park Adula. Bericht zuhanden des Gemeindeverbandes Surselva. Institut für Agrarwirtschaft Zürich.

Bundesamt für Naturschutz (Hrsg.) 2012: Biosphärenreservate als Modellregionen für Klimaschutz und Klimaanpassung. Dokumentation des Workshops 28.09.–29.09.2010 Blumberger Mühle, Angermünde. BfN-Skripten 316.

CADONAU, G. 1997: Die Rettung der Greina – eine Chronik der Ereignisse. In: Schweizerische Greina-Stiftung (Hrsg.): «La Greina». Das Hochtal zwischen Sumvitg und Blenio. Zürich/Chur, Verlag Bündner Monatsblatt/Desertina AG: 39–51.

COTTERILL, F. P. D.; AUGUSTIN, H.; MEDICUS, R.; FOISSNER W. 2013: Conservation of Protists: The Krauthügel Pond in Austria. Diversity 2013, 5(2): 374–392.

DEMELT, C. 1957: Interessante Beobachtungen am Bockkäfer Tragosoma depsarium L. in Kärnten. Carinthia II, 149./69 Jg.: 139–143.

DIEBERGER, J. 1988: Vogelschutz in Österreich im Spiegel verschiedener Landesgesetze. Vogelschutz in Österreich, Nr. 2: 16–27.

DOWIE, M. 2009: Conservation refugees. The hundred-year conflict between global conservation and native people. Massachusetts, Massachusetts Institute of Technology.

DRAXL, A. 1980: Österreich – noch immer ohne Nationalpark. kärntner naturschutzblätter 19. Jg.: 103–107.

DRAXL, A. 1996.: Der Nationalpark Hohe Tauern. Eine Österreichische Geschichte. Band 1. Von den Anfängen bis 1979. Alpine Raumordnung, Bd. 12.

DRUCKER, P. 2007: Managing the Next Society. Elsevier. Revised edition.

ENGELS, J. I. 2003: «Hohe Zeit» und «dicker Strich»: Vergangenheitsdeutung und -bewahrung im westdeutschen Naturschutz nach dem Zweiten Weltkrieg. In: RADKAU J.; UEKÖTTER, F. (Hrsg.): Naturschutz und Nationalsozialismus. Frankfurt, New York, Campus Verlag: 363–404.

ERDMANN, K.-H. 2006: Naturschutz hat Geschichte. Natur und Landschaft. Schwerpunkt: Naturschutz hat Geschichte. 81. Jg., Heft 1: 1.

ERZ, W. 1989: Strukturelle und funktionale Aspekte der Verbandsarbeit von Naturschutzverbänden in der Umweltpolitik. In: Institut für Landschaftspflege und Naturschutz der Universität Hannover und Bund für Umwelt- und Naturschutz in Deutschland (Hrsg.): Naturschutz und Umweltpolitik als Herausforderung. Hannover: 365–384.

ESER, U. 2014: Ethische Überlegungen zur Bürgerbeteiligung bei der Entwicklung und Ausweisung neuer Nationalparks. Natur und Landschaft, 89. Jg., Heft 6: 253–258.

EUROPARC Federation, 2009: Living Parks – 100 Years of National Parks in Europe. München, oekom Verlag.

FARKAS, R. 2013: Umrisse einer Geschichte der Naturschutzbewegung bis 1970. Der Naturschutzbund und die Geschichte der Naturschutzbewegung. Jubiläumsheft Natur und Land, 99. Jg. Heft1/2, 12–20.

FEHR, C.; TESTER, U.; SIEBER, O.; HINDENLANG, K. 2006: Welche Schutzgebiete braucht die Schweiz? Basel, Pro Natura.

FISCHER, F. 1971: Die Grünflächenpolitik Wiens bis zum Ende des Ersten Weltkrieges. Schriftenreihe des Institutes für Städtebau, Raumplanung und Raumordnung, Technische Universität Wien, Band 15.

FISCHER, W.; GROSSER, W.; MANSIK, K.; WEGENER U. 1982: Die Naturschutzgebiete der Bezirke Potsdam, Frankfurt (Oder) und Cottbus, sowie der Hauptstadt der DDR, Berlin. Leipzig/Jena/Berlin, 3. Auflage, Urania Verlag.

FITZE, U. 2011: Park Adula. Der neue Nationalpark wird ganz anders sein. Umwelt 1/2011 Dossier Pärke: 28–32.

FLICK, U.; KARDORFF, E. v.; STEINKE, I. (Hrsg.) 2000: Qualitative Forschung. Ein Handbuch. Hamburg, Rowohlt.

FLINT, C. G.; KUNZE, I.; MUHAR, A.; YOSHIDA, Y.; PENKER, M. 2013: Exploring empirical typologies of human-nature relationships and linkages to the ecosystem services concept. Landsc. Urban Plan. 120: 208–217.

FLORES, M. P.; RIVERO, G. 2008: Business-Oriented Financial Planning for National Systems of Protected areas: Guidelines and Early Lessons. Virginia, Arlington.

FREITAG, A.; CHERIX, D.; MAEDER, A.; BERNASCONI, C. 2013: Die Kerbameise. Eine bedrohte Art, die sich im SNP wohlfühlt. In: HALLER, H.; EISENHUT, A; HALLER, R. (Hrsg.): Atlas des Schweizerischen Nationalparks. Die ersten 100 Jahre. Nat.park-Forsch. Schweiz 99/1. Bern, Haupt Verlag:112–113.

FRIESE, S. 2012: Qualitative Data Analysis with ATLAS.ti. London, SAGE Publications.

FRITSCH, W.; STREHL, E. 1961: Amethyst aus den Vulkaniten der Villacher Alpe (Dobratsch). Carinthia II, 151./71. Jg., Klagenfurt: 67–69.

FRITZ, W. 1971: Nationalpark Hohen Tauern. Bericht über Vereinbarungsunterzeichnung. kärntner naturschutzblätter 10. Jg.: 33–43.

FROHN, H.-W.; SCHMOLL, F. 2006: Amtlicher Naturschutz – von der Errichtung der «Staatlichen Stelle für Naturdenkmalpflege» bis zur «ökologischen Wende» in den 1970er Jahren. Ein historischer Abriss. Natur und Landschaft. Schwerpunkt: Naturschutz hat Geschichte. 81. Jg., Heft 1: 2–7.

GETZNER, M.; JUNGMEIER, M. 2002: Conservation policy and the regional economy: The regional economic impact of Natura 2000 conservation sites in Austria. J. Nat. Conserv. 10, 1: 25–34.

GETZNER, M.; JUNGMEIER, L. 2009: Integrative Management of Protected Areas – a New Scientific Discipline. In: GETZNER, M.; JUNGMEIER, M. (Hrsg.): Improving Protected Areas. Proceedings in the Management of Protected Areas Vol. 1. Klagenfurt, Verlag Johannes Heyn: 13–20.

GETZNER, M.; JUNGMEIER, M. 2012: Innovations as driving forces in protected areas. In: GETZNER, M.; JUNGMEIER, M. (Hrsg.). Innovative Approaches to Manage Protected Areas. Proceedings in the Management of Protected Areas, Vol. 3. Klagenfurt, Verlag Johannes Heyn: 13–18.

GETZNER, M.; LANGE S.; JUNGMEIER M. (Hrsg.) 2010: People, Parks and Money. Stakeholder involvement and regional development: a manual for protected areas. Proceedings in the management of Protected Areas, Vol. 2, Klagenfurt, Verlag Johannes Heyn.

GISSIBL B.; HÖHLER S.; KUPPER P. (Hrsg.) 2012: Civilizing Nature. National Parks in Global Historical Perspective. Vol. 1, New York, Berghahn Books.

GISSIBL, B. 2014: Frevert und die großen Tiere. In: FRANKE, N. M.; PFENNING, U. (Hrsg.): Kontinuitäten im Naturschutz. Baden-Baden, Nomos Verlagsgesellschaft: 111–135.

GLANTSCHNIG, G. 1983: Kärnten setzt weitere Meilensteine in der Nationalparkentwicklung. kärntner naturschutzblätter 22. Jg.: 93–97.

GLATZ-JORDE, S.; HUBER, M.; MOSIMANE, A.; KIRCHMEIR, H.; LENDELVO, S.; TOPP T.; MUKVAVI, G.; MULENGA, O.; JUNGMEIER, M. 2014: Final record of consulting services for the Socio-Economic Baseline Survey for the Kavango Zambezi Transfrontier Conservation Area (KAZA TFCA) and the development of a framework for monitoring and evaluating the impacts of the KAZA TFCA Programmes on rural livelihoods. Studie im Auftrag der Deutschen Entwicklungsbank. Klagenfurt.

GOLUB, S. in Vorbereitung: Forced willingness to protect: Protected areas declared (by government) over private land. Diplomarbeit zum MSc-Lehrgang Management of Protected Areas, Klagenfurt.

GRAUPE, F. 1989: Journalist in der Au. Zeitzeuge und Betroffener. In: MONJENCS, I.; RAINER, H. (Hrsg.): HAINBURG. 5 Jahre danach. Wien, Verlag KONTRAPUNKT: 115–122.

GRAZE, E. 1981: Der Nationalpark Hohe Tauern in Kärnten. kärntner naturschutzblätter 20. Jg.: 177–180.

GRAZE, E. 1973: Die Tätigkeit der Nationalparkkommission in den Jahren 1972/73 aus der Sicht eines Kärntner Kommissionsmitgliedes. kärntner naturschutzblätter 12. Jg.: 98–101.

GRUBER, F. 2006: Der Edelmetallbergbau in Salzburg und Oberkärnten bis zum Beginn des 19. Jahrhunderts. In: PAAR, W. H.; GÜNTHER, W.; GRUBER, F. (Hrsg.): Das Buch vom Tauerngold. Salzburg, Verlag Anton Pustet: 193–295.

GÜTHLER, W.; KRETZSCHMAR, CH.; PASCH, D. 2003: Vertragsnaturschutz in Deutschland: Verwaltungs- und Kontrollprobleme sowie mögliche Lösungsansätze. BfN-Skripten 86.

GUTLEB, B.; KRAINER, K.; PETUTSCHNIG, W.; ROTTENBURG, T. 2000: EU-Naturschutz: Ein kurzer Überblick über die bisher von Kärnten nominierten Natura 2000-Gebiete. Kärntner Naturschutzberichte Bd. 5: 2–29.

HALLER, H.; EISENHUT, A; HALLER, R. (Hrsg.) 2013: Atlas des Schweizerischen Nationalparks. Die ersten 100 Jahre. Nat.park-Forsch. Schweiz 99/1. Bern, Haupt Verlag.

HAMMER, T.; MOSE, I.; SCHEURER, T.; SIEGRIST, D.; WEIXLBAUMER, N. 2012: Societal research perspectives on protected areas in Europe. eco.mont, Vol. 4/1: 5–12.

HANKE, H. 1964: Steinwild in der Venedigergruppe. Jahrbuch des Vereins zum Schutze der Alpenpflanzen und -Tiere, 29. Jg.: 113–116.

HANSELY, H. 1970: Um einen österreichischen Nationalpark. kärntner naturschutzblätter 9.: o. A.

HANSELY, H. 1972: Tourismus und Umweltschutz. kärntner naturschutzblätter 11. Jg.: 5–10.

HAPP, H. 2013: Die Reptilien der Schütt. In: Golob, B.; JUNGMEIER, M.; KREIMER, E. (Hrsg.): Natur & Mensch in der Schütt – Die Bergsturzlandschaft im Naturpark zwischen Dobratsch und Gail. Klagenfurt. Verlag des Naturwissenschaftlichen Vereins für Kärnten: 199–202.

Hartl, H. 1985: Umweltsituation der achtziger Jahre im Lande Kärnten. Carinthia II. 175./95. Jg.: 293–309.

Hartl, H. 1988: Die Gamsgrube, das merkwürdigste 'Hintergrasl' der Alpen. Carinthia II. 178./98. Jg.: 17–21.

Hasslacher, P.; Jansche, W. 1982: Die Rolle und Aufgabe des Österreichischen Alpenvereins im Nationalpark Hohe Tauern in Kärnten. kärntner naturschutzblätter 21. Jg.: 119–127.

Henisch, P. 1985: Offener Brief an Karl (ehemals Charly) Blecha. In: Nenning, G.; Huber, A. (Hrsg.): Die Schlacht der Bäume – Hainburg 1984. Wien, hannibal: 155–156.

Henne, E. 2012: Das Biosphärenreservat Schorfheide-Chorin. In: Succow, M.; Jeschke, L.; Knapp, H. D. (Hrsg.): Naturschutz in Deutschland. Berlin, Ch. Links Verlag: 132–141.

Huber, M.; Jungmeier, M.; Lange, S.; Chaudhary, S. 2013: Knowledge, Parks and Cultures. Transcultural Exchange of Knowledge in Protected Areas: Case Studies from Nepal and Austria. Proceedings in the Management of Protected Areas Vol. 5.

Hübner, R. 2013: Nachhaltige Entwicklung. Historie des Begriffes und verschiedene Zugänge. Foliensatz Wahlfachmodul Nachhaltige Entwicklung, Alpen-Adria-Universität Klagenfurt.

Hundertwasser, F. 1984: Rede anläßlich der Rückgabe des Großen Österreichischen Staatspreises. In: Nenning, G.; Huber, A. (Hrsg.): Die Schlacht der Bäume – Hainburg 1984. Wien, hannibal: 115–116.

Hunziker, A. 2013: Schützen und Nützen im Parc Adula. Vorschläge für Verhaltens- und Nutzungsregeln in der Kern- und Umgebungszone. Bachelorabeit an der HSR Hochschule für Technik Rapperswil.

Imboden, C. 2007: Management of Protected Areas – a global perspective. Unveröffentlichte Unterlage zum Kurs «Management of Protected Areas». Universität Klagenfurt.

Ionita, A.; Jungmeier, M.; Huber, M. 2013: Analysis of organizational structure of protected Areas along the Danube. Studie im Auftrag des Nationalpark Donau-Auen. Durchgeführt von E.C.O. Institut für Ökologie, Klagenfurt.

IUCN 2000: Financing Protected areas. Guidelines for protected Area Managers. Gland, Switzerland and Cambridge, UK.

ICUN 2013: Governance of Protected Areas. From understanding to action. Best Practice Protected Area Guidelines Series No.20, Gland.

IUCN Commission on Environmental, Economic and Social Policiy 2014: Remembering Elinor Ostrom – Her Work and its Contribution to the Theory and Practice of Matters of Conservation and Sustainable Natural Resource Management. Policy matters, Issue 19, Gland.

Jeschke, L. 2012: Zwei Jahrhunderte Vorgeschichte. In: Succow, M.; Jeschke, L.; Knapp, H. D. (Hrsg.): Naturschutz in Deutschland. Berlin, Ch. Links Verlag: 16–34.

Jeschke, L.; Knapp, H. D.; Succow, M. 2012: Der Kulturbund der DDR als Freiraum. In: Succow, M.; Jeschke, L.; Knapp, H. D. (Hrsg.): Naturschutz in Deutschland. Berlin, Ch. Links Verlag: 45–52.

Jones, K. 2012: Unpacking Yellowstone. In: Gissibl, B.; Höhler, S.; Kupper, P. (Hrsg.): Civilizing Nature – National Parks in Global Historical Perspective. Vol. 1, New York, Berghahn Books: 31–49.

Johst, A.; Unselt, Ch. 2012: Die Sicherung des Nationalen Naturerbes. In: Succow, M.; Jeschke, L.; Knapp, H. D. (Hrsg.): Naturschutz in Deutschland. Berlin, Ch. Links Verlag: 255–262.

Jungmeier, M. 1992: Die Vegetation des Stappitzer Sees/Mallnitz. Ein Beitrag zur kleinräumigen Nationalparkplanung. Carinthia II, 182./102. Jg.: 7–20.

Jungmeier, M. 1996a: Franz Pehr (1878–1946). Leben und Werk des Botanikers anläßlich seines 50. Todestages. Carinthia II, 186./106. Jg.: 551–566.

Jungmeier, M. 1996b: Ziele, Probleme und Strategien von Nationalparken. Ergebnisse einer internationalen Umfrage. UBA-Monographien 77.

Jungmeier, M. 2003: Regionalwirtschaftliche Effekte von Naturparken. Zusammenstellung von Grundlagen. In: Verband der Naturparke Österreich (Hrsg.): Weiterentwicklung der Regionalentwicklung in Naturparken. Graz, Verband der Naturparke Österreichs: 49–82.

Jungmeier, M. 2011: Integriertes Management von Schutzgebieten. Beiträge zu Konzept, Prinzipien, Expertensystem und ausgewählten Instrumenten. Inauguraldissertation, Greifswald und Klagenfurt.

Jungmeier, M. 2014: In transit towards a third generation of protected areas? Analysis of disciplines, forming principles and fields of activities by example of recent projects in protected areas in Austria, Int. J. Sustainable Society 6, 1/2: 47–59.

Jungmeier, M.; Lardelli, C.; Pfefferkorn, W.; Plassmann, G.; Zollner, D. 2008: Schutzgebiete der Alpen. Schlüsselfaktoren für die integrierte Entwicklung des ländlichen Raumes. Natursch. Landsch.plan. 239–243.

Jungmeier, M.; Schneidergruber, M. 1998: Bergsturz – Landschaft – Schütt. Klagenfurt, Naturwissenschaftlicher Verein für Kärnten.

Jungmeier, M.; Zollner, D. 2004: Biosphere Reserves in Austria – Grundlagenerhebung und Stand der Forschung. Studie im Auftrag von: Österreichisches MAB-Nationalkomitee an der Österreichischen Akademie der Wissenschaften. Bearbeitung: E.C.O. Institut für Ökologie, Klagenfurt.

Klaffl, I.; Oberleitner, I.; Tiefenbach, M. 1999: Biogenetische Reservate und Biosphärenreservate in Österreich. Umweltbundesamt: Report R-161, Wien.

Kirchmeir, A. 2013: Der «Nötscher Kreis». In: Golob, B.; Jungmeier, M.; Kreimer, E. (Hrsg.): Natur & Mensch in der Schütt – Die Bergsturzlandschaft im Naturpark zwischen Dobratsch und Gail. Klagenfurt, Verlag des Naturwissenschaftlichen Vereins für Kärnten: 247–253.

K. k. Hof- und Staatsdruckerei 1886: Die österreichisch-ungarische Monarchie in Wort und Bild. Übersichtsband. Neuntes Heft. Alfred Hölder, k. k. Hof- und Universitätsbuchhändler in Wien: 257–288.

K. k. Hof- und Staatsdruckerei 1887a: Die österreichisch-ungarische Monarchie in Wort und Bild. Übersichtsband. Zehntes Heft. Alfred Hölder, k. k. Hof- und Universitätsbuchhändler in Wien: 289–328.

K. k. Hof- und Staatsdruckerei 1887b: Die österreichisch-ungarische Monarchie in Wort und Bild. Wien und Niederösterreich. Vierzehntes Heft. Alfred Hölder, k. k. Hof- und Universitätsbuchhändler in Wien: 81–112.

Klemun, M. 1988a: Belsazar Haquet – Begründer einer vielfältigen Durchforschung des Ostalpenraumes. Carinthia II., 178./98. Jg.: 5–13.

Klemun, M. 1988b: Zur naturwissenschaftlichen Erforschungsgeschichte Kärntens. Carinthia II, 178./98.: 85–93.

Klemun, M. 1998: Erwin Aichinger, Vegetationskunde der Karawanken. – Werkstatt Natur – Pioniere der Forschung in Kärnten. Carinthia II, 56. Sonderheft: S. 282.

Klemun, M. 2003: Die seltenen Alpenkinder des Großglockners – zur Botanik eines alpinen Raumes im 18. und 19 Jahrhundert. Carinthia II. Mitteilungen des Naturwissenschaftlichen Vereines für Kärnten 193./113. Jg.: 217–254.

Klemun, M. 2013: Erforschungsgeschichte: Ein Bergsturz im Wandel – gesehen aus unterschiedlichen wissenschaftlichen Perspektiven und in diversen Kontexten. In: Golob, B.; Jungmeier, M.; Kreimer, E. (Hrsg.): Natur & Mensch in der Schütt – Die Bergsturzlandschaft im Naturpark zwischen Dobratsch und Gail. Klagenfurt. Verlag des Naturwissenschaftlichen Vereins für Kärnten: 23–27.

Klueting, E. 2003: Die gesetzlichen Regelungen der nationalsozialistischen Reichsregierung für den Tierschutz, den Naturschutz und den Umweltschutz. In: Radkau, J.; Uekötter, F. (Hrsg.): Naturschutz und Nationalsozialismus. Frankfurt/New York, Campus Verlag: 77–106.

Knapp, H. D. 2001: Schutzgebiete weltweit. In: Succow, M.; Jeschke, L.; H. Knapp, H.D. (Hrsg.): Die Krise als Chance – Naturschutz in neuer Dimension. Neuenhagen, Findling Buch- und Zeitschriftenverlag: 211–224.

Knapp, H. D. 2012: Naturschutzgroßprojekte – chance.natur. In: Succow, M.; Jeschke, L.; Knapp, H. D. (Hrsg.): Naturschutz in Deutschland. Berlin, Ch. Links Verlag: 240–249.

Knaus, W. 1964: Das Steinwild in Kärnten. kärntner naturschutzblätter 3. Jg.: 61–63.

Körner, S. 2004: Naturbilder im Naturschutz. In: Serbser, W.; Inhetveen, H.; Reusswig, F. (Hrsg.): Land – Natur – Konsum. Bilder und Konzeptionen im humanökologischen Diskurs. Edition Humanökologie Band 3, München, oekom verlag: 129–142.

Koroschitz, W. 2002: Naturkulisse Dobratsch: Entdeckt – erforscht – erschlossen. In: Verein Industriekultur und Alltagsgeschichte (Hrsg.): Alles Dobratsch – Stadt Blick Berg. Klagenfurt. Drava Verlag: 63–131.

Kraus, F.; Merlin, C.; Job, H. 2014: Biosphere reserves and their contribution to sustainable development. A value-chain analysis in the Rhön Biosphere Reserve. Z. Wirtsch.geogr. 58: 164–180.

Kreimer, E. 2013: Raising Money for Conservation. A self-experiment in crowdfunding. Diplomarbeit an der Universität Klagenfurt.

Krug, A.; Höltermann, A.; Klein, M. 2006: Hundert Jahre Naturschutz und Landnutzung – zwischen Konfrontation, Ideologie und neuen Allianzen. Natur und Landschaft. Zeitschrift für Naturschutz und Landschaftspflege. Schwerpunkt: Naturschutz hat Geschichte. 1: 27–31.

Kupper, P. 1998: Abschied von Wachstum und Fortschritt. Die Umweltbewegung und die zivile Nutzung der Atomenergie in der Schweiz (1960–1975). Lizentiatsarbeit an der Universität Zürich. Preprints zur Kulturgeschichte der Technik, 1998/2.

Kupper, P. 2012a: Translating Yellowstone. Early European National Parks, Weltnaturschutz and the Swiss Model. In: Gissibl, B.; Höhler, S.; Kupper, P. (Hrsg.) 2012: Civilizing Nature. National Parks in Global Historical Perspective. Vol. 1, New York, Berghahn Books: 123–139.

Kupper, P. 2012b: Wildnis schaffen – eine transnationale Geschichte des Schweizerischen Nationalparks. Nationalpark-Forschung Schweiz 97, Bern/Stuttgart/Wien, Haupt Verlag.

Kupper, P.; Hasenöhrl, U.; Stöger, G.; Veichtlbauer, O.; Wöbse, A.-K.; Würflinger, R. 2014: History of Hohe Tauern National Park: a case in point of use and protection. eco.mont Vol. 6/1: 63–66.

Kupper, P.; Schär, B. C. in Vorbereitung: «Eine einfache und anspruchslose Organisation»: Zur Geschichte der Akademie der Naturwissenschaften Schweiz. In: Dies (Hrsg.): Die Naturforschenden: Auf der Suche nach Wissen über die Schweiz und die Welt 1800–2015. Baden, Hier&Jetzt.

Kupper, P.; Wöbse A.-K. 2013: Geschichte des Nationalparks Hohe Tauern. Nationalparkverwaltung Hohe Tauern Salzburg (Hrsg.): Wissenschaftliche Schriften. Innsbruck–Wien, Tyrolia-Verlag.

Lamnek, S. 1995: Qualitative Sozialforschung. Band 1. Methodologie. 3., korrigierte Auflage. Weinheim, Beltz.

Lane, B. 2010: Generations of Protected Areas. Unveröffentlichte Diskussionsbeiträge zum Projekt «Policy for Harmonizing National Park Management and Local Business Development». Sogndal.

Lange, S.; Jungmeier, M. 2014: Parks 3.0 – Protected Areas for the Next Society. Egner, H.; Jungmeier, M. (Hrsg.): Proceedings in the Management of Protected Areas, Vol. VI, Klagenfurt, Verlag Johannes Heyn.

Langer, J. 1991: Nationalparks im regionalen Bewusstsein – Akzeptanzstudie «Hohe Tauern» und «Nockberge» in Kärnten. Kärntner Nationalpark-Schriften, Bd. 5, Klagenfurt.

Leitner, R. 2003: Kurze Geschichte des bürgerlichen Naturschutzes in Österreich von den Anfängen bis 1945. Unveröffentlichtes Manuskript.

Le Saout, S.; Hoffmann, M.; Shi, Y.; Hughes, A.; Bernard, C.; Brooks, T. M.; Bertzky, B.; Butchart, S. H. M.; Stuart, S. N.; Badman, T.; Rodrigues, A. S. L. 2013: Protected Areas and Effective Biodiversity Conservation. Science 15, Vol. 342, Nr. 6160: 803–805.

Leute, G. H. 1992: Der Kärntner Lehrer und Botaniker Thomas Glantschnig (1887–1947) und sein Herbarium am Landesmuseum für Kärnten in Klagenfurt. Carinthia II, 182./102.: 545–560.

Lorenz, K. 1984: Zwei Briefe an Landeshauptmann Ludwig und Bundeskanzler Sinowatz. In: Nenning, G.; Huber, A. (Hrsg.): Die Schlacht der Bäume – Hainburg 1984. Wien, hannibal: 43–47.

Lotz, A. (Hrsg.) 2006: Alpine Habitat Diversity – HABITALP – Project report 2002–2006. EU Community Initiative INTERREG III B Alpine Space Programme. Nationalpark Berchtesgaden.

Luthard, V.; Meier-Uhlherr, R.; Schulz, C. 2010: Moore unter Wassermangel? Entwicklungstrends ausgewählter naturnaher Moore in den Wäldern des Biosphärenreservates Schorfheide-Chorin unter besonderer Berücksichtigung ihrer naturräumlichen Einbettung und des Witterungsverlaufs der letzten 16 Jahre. Naturschutz und Landschaftspflege in Brandenburg 19: 146–157.

Magnus, K. 1915: Die Vegetationsverhältnisse des Pflanzenschonbezirks bei Berchtesgaden. Inaugural-Dissertation an der Universität Zürich.

Mayer, M.; Job, H. 2014: The economics of protected areas – a European perspective. Z. Wirtsch. geogr. 58: 73–97.

Mayring, P. 2002: Einführung in die qualitative Sozialforschung. 5. überarbeitete Auflage. Weinheim und Basel, Beltz Verlag.

Meier, A.; Erdmann, K. H. 2004: Naturbilder in der Gesellschaft: Analyse sozialwissenschaftlicher Studien zur Konstruktion von Natur. Nat. Landsch. 79, 1: 18–25.

Meier, A.; Erdmann, K. H.; Emde, F. A. 2005: Die Bedeutung gesellschaftlich verankerter Naturbilder für den Naturschutz. Nat. Landsch. 80, 12: 528–532.

Mitterer, F. 1991: Die Piefke-Saga. Komödie einer vergeblichen Zuneigung. Haymon Verlag Innsbruck.

Mose, I. 2005: Protected Areas and regional development. Unveröffentlichte Unterlage zum Kurs «Management of Protected Areas». Universität Klagenfurt.

Müller, M. 2014: From sacred cow to cash cow: The shifting political ecologies of protected areas. Z. Wirtsch.geogr. 58: 127.

Müller, U.; Kollmayr, M. 2004: Die Erweiterung des Schweizerischen Nationalparks: der Planungsprozess 1995–2000, betrachtet aus partizipationstheoretischer Sicht. The Planning Review, Vol. 40, Heft 159: 44–51.

Nationalpark Berchtesgaden (2001): Nationalparkplan. Berchtesgaden, Nationalparkverwaltung Berchtesgaden.

Oehler, E. 2007: Zur Entwicklung des Umweltrechts. Institut für Umweltgeschichte und Regionalentwicklung. Bd. 1: Politische und umweltrechtliche Rahmenbedingungen, München: 99–128.

Paschinger, V. 1928: Naturschutzmitteilungen. Von der Landes-Fachstelle für Naturschutz in Kärnten. Carinthia II, 117. u. 118./37. u. 38. Jg.: 65–68.

Paschinger, V. 1941: Schrifttum (Besprechungen). Dr. Rudolf Preuß, Landschaft und Mensch in den Hohen Tauern. Carinthia II. 131./51. Jg.: 153–156.

Pfister, C. 1994: Das 1950er Syndrom. Die Epochenschwelle der Mensch-Umwelt-Beziehung zwischen Industriegesellschaft und Konsumgesellschaft. GAIA Nr. 2: 71–90.

Pichler-Koban, C. 2013: Zeitreise durch den Naturschutz. In: Golob, B.; Jungmeier, M.; Kreimer, E. (Hrsg.): Natur & Mensch in der Schütt. Die Bergsturzlandschaft im Naturpark zwischen Dobratsch und Gail. Klagenfurt, Verlag des Naturwissenschaftlichen Vereins für Kärnten: 28–35.

Pichler-Koban, C.; Jungmeier, M. 2013: Society and Protected Areas in Flux – more than one hundred years of nature conservation in Austria, Germany and Switzerland. In: Conference Volume 5th Symposium for Research in Protected Areas 10-12 June 2013: 577–582.

Pichler-Koban, C.; Weixlbaumer, N.; Maier, F.; Jungmeier, M. 2006: Die österreichische Naturschutzbewegung im Kontext gesellschaftlicher Entwicklungen – Konzeptionsanalyse des Naturschutzes in Österreich aus historischer, soziologischer und naturwissenschaftlicher Perspektive. Studie finanziert vom: Jubiläumsfonds der Oesterreichischen Nationalbank. Bearbeitung: Institut für Geographie und Regionalforschung Universität Wien, Umweltdachverband, E.C.O. Institut für Ökologie. Wien und Klagenfurt.

Pichler-Koban, C.; Weixlbaumer, N.; Maier, F.; M. Jungmeier 2007: Die österreichische Naturschutzbewegung im Kontext gesellschaftlicher Entwicklungen. In: Wohlschlägel, H.; Weixlbaumer, N. (Hrsg.): Geographischer Jahresbericht aus Österreich – Beiträge zur Humangeographie und Entwicklungsforschung LXII. Und LXIII. BAND (Doppelband), Institut für Geographie und Regionalforschung der Universität Wien: 27–78.

Pichler-Koban, C.; Weixlbaumer, N.; Maier, F.; Jungmeier, M. 2014: Die österreichische Naturschutzbewegung im Kontext gesellschaftlicher Entwicklungen. In: Franke, N. M.; Pfenning, U. (Hrsg.): Kontinuitäten im Naturschutz. Baden-Baden, Nomos Verlagsgesellschaft: 181–207.

Pinto, B.; Partidario, M. 2012: The History of the Establishment and Management Philosophies of the Portuguese Protected Areas: Combining written Records and Oral History. Environ. Manage. 49: 788–801.

Pusz, M. 2009:Die Entwicklung der anthropogenen Nutzungen im Wiener Anteil am Nationalpark Donauauen, der Lobau, zwischen 1826 und 2006. Diplomarbeit an der Universität für Bodenkultur Wien.

Radkau, J. 2011: Die Ära der Ökologie. Eine Weltgeschichte. München, C. H. Beck.

Reichelt, G 1992: Wach sein für morgen: 40 Jahre Natur- und Umweltschutz in Baden-Württemberg. Stuttgart.

Retter, W.; Jungmeier, M.; Prasch, H. 1993: Nationalpark Hohe Tauern Kärnten – Den Ursprüngen begegnen. 1. Auflage, Edition Schön & Gut. Salzburg, Verlag Anton Pustet.

Rieder, P. 2009: Nutzungskonzepte für Alpweiden in der Kern- und Umgebungszone des Parc Adula in der Region Surselva und im Bleniotal. Gutachten zuhanden des Lenkungsausschusses des Parc Adula.

Rodrigues, A. S. L., Akçakaya, H. R.; Andelman, S. J.; Bakarr, M. I.; Boitani, L.; Brooks, T. M.; Chanson, J. S., Fishpool, L. D. C., Fonseca, G. A. B. d.; Gaston, K. J.; Hoffmann, M.; Marquet, P. A., Pilgrim, J. D.; Pressey, R. L.; Schipper, J.; Sechrest, W.; Stuart, S. N.; Underhill, L. G.; Waller, R. W.; Watts, M. E. J.; Xie, Y. 2004 : Global Gap Analysis: Priority Regions for Expanding the Global Protected-Area Network. BioScience 54, 12: 1092–1100.

Scamoni, A. 1957: Vegetationsstudien im Waldschutzgebiet Fauler Ort und in den angrenzenden Waldungen. Feddes Repertorium, Beiheft 137: 55–109.

Schiegl, R.; Krainer, K. 2002: LIFE-NaturProjekt Schütt-Dobratsch. Kärntner Naturschutzberichte 7/2002: 125–130.

Schloeth, R. 1989: Die Einmaligkeit eines Ameisenhaufens. Tagebuch aus dem Schweizerischen Nationalpark. Bern/Bonn/Wien, Zytglogge.

Schmid, M.; Veichtlbauer, O. 2006: Vom Naturschutz zur Ökologiebewegung. Umweltgeschichte Österreichs in der Zweiten Republik. Innsbruck, Studienverlag Ges.m.b.H..

Schnell, R.; Hill, P.; Esser, E. 1995: Methoden der empirischen Sozialforschung. 5. Auflage. München, Oldenbourg Verlag GmbH.

Schoenichen, W. 1954: Naturschutz, Heimatschutz. Ihre Begründung durch Ernst Rudorff, Hugo Conwentz und ihre Vorläufer. Große Naturforscher Band 16. Stuttgart, Wissenschaftliche Verlagsgesellschaft m.b.H.

Schoerner, E. 2013: Akteursanalyse im Naturschutzsektor mit besonderem Fokus auf die naturschutzfachliche Landnutzung – eine Fallstudie im Biosphärenreservat Schorfheide-Chorin. Diplomarbeit an der Universität Greifswald.

Schönbäck, W.; Kosz, M.; Madreiter, T. 1997: Nationalpark Donau-Auen: Kosten-Nutzen-Analyse. Wien/New York, Springer Verlag.

Schönbeck, H. 1960: Beiträge zur Kenntnis der Vogelwelt der Hafner-Ankogel-Gruppe. Carinthia II, 150./70. Jg.: 100–128.

Schrader, N. 2006: Die deutschen Biosphärenreservate auf dem Prüfstand! Evaluierung der bestehenden Biosphärenreservate unter Berücksichtigung der Vorgaben der UNESCO, der Anforderungen der nationalen Biosphärenreservatskriterien und des neu entwickelten Bewertungsverfahrens. Dissertation im Fachbereich Geographie/Geowissenschaften der Universität Trier.

Schulz, T. 2006: Das «Europäische Naturschutzjahr 1970» – Versuch einer europaweiten Kampagne: Wissenschaftszentrum Berlin für Sozialforschung.

Schuster, K. 2008: Gesellschaft und Naturschutz. Empirische Grundlagen für eine lebensstilorientierte Naturschutzkommunikation. Naturschutz und Biologische Vielfalt 53.

Seidel, C. 1989: Hainburg und die Medien. In: Monjencs, I.; Rainer, H. (Hrsg.): HAINBURG. 5 Jahre danach. Verlag KONTRAPUNKT, Wien.

Sinner, K. F. 2014: Großschutzgebiete und Nationales Naturerbe. Ergebnisse der ersten Evaluierung deutscher Nationalparke. Tagungsreader 32. Deutscher Naturschutztag Mainz: 85–86.

Spandau, L. 1988: Angewandte Ökosystemforschung im Nationalpark Berchtesgaden. Eine Studie im Rahmen des MaB6-Projektes. Nationalpark Berchtesgaden, Forschungsbericht 16.

Stöger, G. 2013: Der Weg zum Nationalpark. Die Rolle des Naturschutzbundes vom Entstehen der Idee eines «Alpenparks» bis zur Etablierung des Nationalparks Hohe Tauern. Jubiläumsheft Natur & Land, 99. Jg. Heft1/2: 29–33.

Strohmeier, G. 2004: Umwelt – Orte, Topoi, Mythen. In: Brix, E.; Bruckmüller, E.; H. Stekl (Hrsg.): Memoriae Austriae I. Menschen, Mythen, Zeiten. Wien, R. Oldenburg Verlag: 357–391.

Succow, M.; Jeschke, L.; Knapp H. D. 2012: Schlussfolgerungen für Deutschland. In: Succow, M.; Jeschke, L.; Knapp, H. D. (Hrsg.): Naturschutz in Deutschland. Berlin, Ch. Links Verlag: 307–319.

TEEB, 2013: Die Ökonomie von Ökosystemen und Biodiversität für kommunale und regionale Entscheidungsträger. Wittmer, H.; Gundimeda, H. (Hrsg.). Englisches Original 2010.

TILL, A. 1908: Das große Naturereignis von 1348 und die Bergstürze des Dobratsch. Carinthia II, 98./18. Jg.: 69–73.
TRIMMEL, H. 1963: Die Höhlen in der Villacher Alpe. Carinthia II, 153./73. Jg.: 115–124.
TURRINI, P. 1985: «Der verkürzte Mensch». In: NENNING, G.; HUBER, A. (Hrsg.): Die Schlacht der Bäume – Hainburg 1984. Wien, hannibal, S. 26.
UKOWITZ, M. 2014: Auf dem Weg zu einer Theorie transdiziplinärer Forschung. GAIA 23/1 : 19–22.
ULLMANN, W. 2001: Bürgerbewegungen und Parlament. In: RABAN, G. v. W. (Hrsg.): Deutsches Regierungssystem. München Wien, R. Oldenbourg Verlag: 525–543.
UNESCO 1996: Biosphere Reserves. The Seville Strategy and the Statutory Framework fort he World Network. Paris.
UNESCO 2012: World Heritage: Benefits Beyond Borders. Unesco-Publications.
VACCARO, I.; NORMAN, K. 2008: Social Sciences and Landscape Analysis: Opportunities fort the improvement of conservation policy design. J. Environ. Manage. 88: 360–371.
VISCHER, W. 1946: Naturschutz in der Schweiz. Schweizerische Naturschutzbücherei Band 3. Basel, Verlag S. B. N.
VOLL F. & LUTHE T. 2014: A systemic perspective on sustainable governance of protected areas. Eco.mont. 6, 1: 15–22.
WALLNER, A.; BAUER, N.; HUNZIKER, M. 2007: Perceptions and evaluations of biosphere reserves by local residents in Switzerland and Ukraine. Landsc. Urban Plan. 83: 104–114.
WALLNER, A.; HAPP, U.; WIESER C. 1993: Zoologische Exkursion des Naturwissenschaftlichen Vereines zum Thema Reptilien der Schütt. Carinthia II, 183./103. Jg.: 209–221.
WENDELBERGER, G. 1953: Krimmler Wasserfälle – Gesäuse – Gamsgrube: die Kardinalpunkte des österreichischen Naturschutzes. Jahrbuch des Vereins zum Schutze der Alpenpflanzen und -Tiere, 18. Jg.: 7–10.
WENDELBERGER, G. 1970: Aus den Anfängen des Naturschutzes in Niederösterreich: Die frühen Pachtgebiete der Zoologisch-Botanischen Gesellschaft. Ein Rückblick im Europäischen Naturschutzjahr 1970. Verhandlungen der Zoologisch-Botanischen Gesellschaft in Wien, Jg.110/111: 125–138.
WEIXLBAUMER, N. 1998: Gebietsschutz in Europa: Konzeption – Perzeption – Akzeptanz. Ein Beispiel angewandter Sozialgeographie am Fall des Regionalparkkonzeptes in Friaul-Julisch-Venetien. Beiträge zur Bevölkerungs- und Sozialgeographie Band 8. Institut für Geographie der Universität Wien.
WEIXLBAUMER, N. 2006: Auf dem Weg zu innovativen Naturschutz-Landschaften – Naturverständnis und Paradigmen im Wandel. In: Naturschutz im gesellschaftlichen Kontext. BfN-Reihe «Naturschutz und Biologische Vielfalt», Heft 38: 7–27.
WEIXLBAUMER, N. 2010: Großschutzgebiete in Europa – Ansprüche, Entwicklungen und Erfolgsfaktoren. Geographischer Jahresbericht aus Österreich, Natur und Kulturlandschaftsschutz. Helmut WOHLSCHLÄGL (Hrsg.): Institut für Geographie und Regionalforschung, Band 66/67: 14–23.
WIEDEMANN, P. M. 1986: Erzählte Wirklichkeit. Zur Theorie und Auswertung narrativer Interviews. Weinheim, München, Psychologie-Verlags-Union, Beltz.
WIGOTSCHNIG, G.; ZAWORKA, G. 1982: Organisation und Stand des Höhlenkatasters in Kärnten. Carinthia II. 172./92. Jg.: 181–194.
WYTTENBACH, S.; STUDER, S.; MEISNER, F. 1816: Ideen und Vorschläge zu einer Organisation der neu errichteten allgemeinen schweizerischen Gesellschaft für die sämtlichen Naturwissenschaften. In: Eröffnungsrede der Jahresversammlung der Allgemeinen Schweizerischen Gesellschaft für die Gesammten Naturwissenschaften, Bd 2.
ZANGERL-WEISZ, H.; PAYER, H. 1997: Paradigmenwechsel im Naturschutz. In: ZANGERL-WEISZ, H.; WINIWARTER, V.; SCHANDL, H.; PAYER, H.; HÜTTLER, W.; HABERL, H.; FISCHER-KOWALSKI, M. (Hrsg.): Gesellschaftlicher Stoffwechsel und Kolonisierung von Natur: Ein Versuch in Sozialer Ökologie. Amsterdam, G+B Verlag Fakultas: 223–240.
ZIERL, H. 1980: Nationalpark Berchtesgaden. Geschichte eines Schutzgebiets. Nationalparkverwaltung Berchtesgaden (Hrsg.) im Auftrag des Bayerischen Staatsministeriums für Landesentwicklung und Umweltfragen. Berchtesgaden, Anton Plenk KG.
ZUKRIGL, K. 1985: Hainburg – wie soll es weitergehen? In: NENNING, G.; HUBER, A. (Hrsg.) 1985: Die Schlacht der Bäume – Hainburg 1984. Wien, hannibal: 256–261.

9 Quellen

1. De Swaaf, K. 2013: Einzigartiges Reservat für Einzeller. Der Standard, 8.10. 2013.
2. IUCN: What is a protected area? Online im Internet: *http://www.iucn.org/about/work/programmes/gpap_home/pas_gpap/* (abgerufen am 16.9.2014).
3. Naturschutzbuch des Landes Salzburg: Naturdenkmal 00256. Online im Internet: *http://service.salzburg.gv.at/natur/Index?cmd=detail&nokey=NDM00256* (abgerufen am 7.8.2014).
4. Kavango-Zambezi Transfrontier Conservation Area: About KAZA. Online im Internet: *http://www.kavangozambczi.org/about-kaza* (abgerufen am 4.9.2014).
5. Worldwide Fund for Nature: Kavango-Zambezi zweitgrößtes Landschutzgebiet. Online im Internet: *http://www.wwf.de/themen-projekte/projektregionen/kavango-zambesi-kaza/zustand-und-bedeutung/* (abgerufen am 4.9.2014).
6. Peace Parks Foundation: Background KAZA. Online im Internet: *http://www.peaceparks.org/tfca.php?pid=19&mid=1008* (abgerufen am 4.9.2014).
7. «Protected areas are manifestation of long societal debates, struggling to find compromises for very different interests. In this respect protected areas put nature on display, rather showing the idea, the concept of nature, than nature itself.» Egner H. 2013: MSc Management of Protected Areas University of Klagenfurt – Movie. Online im Internet: *http://mpa.e-c-o.at/* (abgerufen am 16.9.2014).
8. Natur und Land. 37. Jg., Heft 4 1951: 71.
9. Draxl, A. 1980: im widerstreit zwischen wirtschaft und schutzidee. Der Naturfreund, 73. Jg., Heft 3 1980: 12–15.
10. Dayer, R. 1980: gemeinsam handeln für den Nationalpark Hohe Tauern. Der Naturfreund, 73. Jg., Heft 3: 22–25.
11. Wendelberger, G. 1950: Rettet das Gesäuse! Rettet die Krimmler Fälle! Natur und Land. Blätter für Naturkunde und Naturschutz. 36. Jg., Heft 9/10: 145–154.
12. Klaus, J. 1951: Eröffnungsrede des Herrn Landeshauptmannes von Salzburg Dr. Josef Klaus. Blätter für Naturkunde und Naturschutz. 37. Jg., Heft 12 1951: 193f.
13. Natur und Land. Sonderheft Schutz der Gamsgrube! 37. Jg., Heft 7/8 1951: 112ff.
14. Natur und Land. 36. Jg., Heft 12 1950: 210.
15. Machura, L. 1951: Die Schaffung eines österreichischen Nationalparkes in den Hohen Tauern. Natur und Land. 37. Jg., Heft 12: 197–199.
16. Schwibach, A. 2014: Die Schöpfung: das schönste Geschenk Gottes an den Menschen. Katholische Nachrichten vom 21 Mai 2014. Online im Internet: *http://kath.net/news/46015* (abgerufen am 6.11.2014).
17. Berhorst, R. 2007: Bekehrter Gewaltherrscher: Buddhas Mann in Indien. Online im Internet: *http://www.spiegel.de/wissenschaft/mensch/bekehrter-gewaltherrscher-buddhas-mann-in-indien-a-483499-3.html* (abgerufen am 6.11.2014).
18. Environmental history timeline. Online im Internet: *http://www.environmentalhistory.org/* (abgerufen am 7.11.2014).
19. National Trust: Our history. Online im Internet: *http://www.nationaltrust.org.uk/what-we-do/who-we-are/our-history/* (abgerufen am 7.11.2014).
20. »National parks and reserves are an integral aspect of intelligent use of natural resources. It is the course of wisdom to set aside an ample portion of our natural resources as national parks and reserves, thus ensuring that future generations may know the majesty of the earth as we know it today." Kennedy, J. F. 1962: Rede zur ersten Weltpark-Konferenz in Seattle, 23.06.1962. Online im Internet: *http://spacesfornature.org/greatspaces/conservation.html* (abgerufen am 07.11.2014).
21. Bundesamt für Naturschutz 2006: Hintergrundinfo. 100 Jahre Naturschutz als Staatsaufgabe. Online im Internet: *http://www.bfn.de/fileadmin/MDB/documents/hintergrund_100_jahre.pdf* (abgerufen am 18.9.2014).
22. Siehe 21.
23. Siehe 21.
24. Siehe 21.
25. Bundesamt für Naturschutz 2006: 100 Jahre Naturschutz als Staatsaufgabe 1906 - 2006. Brücken in die Zukunft bauen. Online im Internet: *http://www.bfn.de/fileadmin/MDB/documents/faltblatt_100jahre_naturschutz.pdf* (abgerufen am 18.9.2014).
26. Siehe 25.
27. Brockert, H. 2000: Naturschutz und Wortgeklingel: Vor 75 Jahren trafen sich in München «einsichtige Männer» zum ersten Deutschen Naturschutztag. Tagesspiegel, 26.7.2000.
28. Siehe 21.
29. CIPRA: Wie alles begann. Online im Internet: *http://www.cipra.org/de/cipra/ueber-uns/geschichte/die-cipra-in-den-startloechern-wie-alles-begann* (abgerufen am 4.10.2014).
30. Schaffung deutscher Nationalparks gefordert. Frankfurter Rundschau, 6.8.1952.
31. Deutscher Rat für Landespflege 2014: Ziele. Online im Internet *http://www.landespflege.de/ziele/index.html#charta* (abgerufen am 24.9.2014).
32. EUROPARC 2012: Europäische Schutzgebietskonferenz EUROPARC 2011. Qualität zählt – Gewinn für Mensch und Natur. Bad Urach, 21.–24. September 2011.
33. Siehe 21.
34. Siehe 21.
35. Kretschmann, K. (1994): Persönliche Erinnerungen an die Naturschutzentwicklung in der DDR. Naturschutz heute, Ausgabe 1/1994, 48–49.
36. Siehe 25.
37. Siehe 21.
38. Siehe 21.
39. Siehe 21.
40. Siehe 32.
41. Bundesamt für Naturschutz 2014: Ergebnisübersicht – Nationaler Bericht 2013. Online im Internet: *http://www.bfn.de/0316_nat-bericht_ergebnisse2013.html* (abgerufen am 4.10.2014).
42. Siehe 21.
43. Bundesamt für Naturschutz 2014: Nationale Strategie zur biologischen Vielfalt. Online im Internet: *http://www.bmub.bund.de/themen/natur-arten/naturschutz-biologische-vielfalt/nationale-strategie/* (abgerufen am 4.9.2014).
44. Austria Forum 2014: Naturschutz. Online im Internet: *http://austria-forum.org/af/AEIOU/Naturschutz* (abgerufen am 4.9.2014).

45 Purkersdorf online 2003: Josef (Joseph) Schöffel. Online im Internet: *http://www.purkersdorf-online.at/netzwerk/schoeffel.php* (abgerufen am 4.9.2014).
46 Österreichische Nationalbibliothek 2011: ALEX Historische Rechts- und Gesetzestexte Online. Online im Internet: *http://alex.onb.ac.at/cgi-content/alex-iv.pl* (abgerufen am 4.9.2014).
47 Verein zum Schutz der Bergwelt e.V. 2014: Verein. Online im Internet: *http://www.vzsb.de/* (abgerufen am 4.9.2014).
48 Schreiner, L., Fügener, K. 1954: 40 Jahre vereinsmäßiger Naturschutz in Österreich. Erste Anfänge. Natur und Land 40. Jg., Heft 1–3: 3.
49 Verein Naturschutzpark e.V. 2013: 100 Jahre Verein Naturschutzpark e.V. (VNP) in den Hohen Tauern! Online im Internet: *http://www.verein-naturschutzpark.de/* (abgerufen am 5.9.2014).
50 Siehe 48.
51 Podhorsky, J. 1950: In unserem Sinne. Blätter für Naturkunde und Naturschutz 14. Jg., Heft 1: 7–8.
52 Institut für Neuzeit- und Zeitgeschichtsforschung 1991: Österreichisches Biographisches Lexikon ÖBL 1815–1950. Online Edition. Bd. 10: 190. Verlag der Österreichischen Akademie der Wissenschaften. Online URL: *http://www.biographien.ac.at/oebl/oebl_S/Schlesinger_Guenther_1886_1945.xml* (abgerufen am 5.9.2014)
53 Gesetzblatt für das Land Österreich, Jahrgang 1939, 49. Stück: Kundmachung 245 zur Einführung des Reichsnaturschutzrechts in Österreich: 769–777.
54 Mittmannsgruber, W. 2012: Die Anfänge des vereinsmäßig organisierten Naturschutzes in Österreich sowie die Entwicklung des Öst. bzw. OÖ. Naturschutzbundes. Online im Internet: *http://naturschutzbund-ooe.at/ueber-uns/geschichte.html* (abgerufen am 5.9.2014).
55 Österreichische Nationalbibliothek 2011: ALEX Historische Rechts- und Gesetzestexte Online. Online im Internet: *http://alex.onb.ac.at/cgi-content/alex-iv.pl* (abgerufen am 5.9.2014).
56 Wendelberger, G. 1953: Die Rettung der Krimmler Wasserfälle. Ein Rückblick. Natur und Land 39. Jg., Heft 11/12 1953: 158.
57 Naturpark Sparbach, o.A.: Geschichte des Naturparks. Online im Internet: *http://www.naturpark-sparbach.at/* (abgerufen am 16.10.2014).
58 Naturkundliche Station der Stadt Linz, o. A.: Europäisches Naturschutzjahr 1970. Online im Internet: *http://www.landesmuseum.at/pdf_frei_remote/APO_21_0010–0011.pdf* (abgerufen am 24.9.2014).
59 Umweltbundesamt 2014: Internationale Konventionen. Online im Internet: *http://www.umweltbundesamt.at/umweltsituation/naturschutz/naturrecht/int_konventionen/* (abgerufen am 16.10.2014).
60 Pils, M. 1985: Nach Hainburg. Der Naturfreund, 78. Jg., Heft 1: 8f.
61 Umweltbundesamt 2014: Unser Angebot. Online im Internet: *http://umweltbundesamt.at* (abgerufen am 25.9.2014).
62 Bundesforschungszentrum für Wald 2014: Naturwaldreservate-Programm in Österreich. Online im Internet: *http://bfw.ac.at/rz/bfwcms.web?dok=4614* (abgerufen am 12.5.2014).
63 Land Steiermark, 2013: Wachtelkönig Ennstal. Online im Internet: *http://www.verwaltung.steiermark.at/cms/ziel/97995659/DE/* (abgerufen am 4.9.2014).
64 Facsimile des zürcher. Vogelschutzgesetzes vom Jahre 1935. Schweizerische Blätter für Naturschutz, 3. Jg., Heft 2: 27.
65 Wikipedia 2014: Jagdbanngebiet. Online im Internet: *http://de.wikipedia.org/wiki/Jagdbanngebiet* (abgerufen am 26.9.2014).
66 Pro Natura 2009: Verbandschronik. Online im Internet: *http://www.pronatura.ch/unsere-geschichte* (abgerufen am 26.9.2014).
67 Schweizerische Naturforschende Gesellschaft: Bericht der Kommission für die Erhaltung von Naturdenkmälern und prähistorischen Stätten für das erste Jahr ihres Bestehens 1906/07. Verhandlungen der Schweizerischen Naturforschenden Gesellschaft, Band 90 (1907): 83–109.
68 Siehe 66.
69 Siehe 66.
70 Roth, H. P. 2009: Pflüge statt Panzer auf der Allmend. Berner Zeitung, 04.08.2009.
71 Universität Zürich 2012: Wirtschafts- und Sozialgeschichte online. Entwicklung der Schweiz 1850–2000. Online im Internet: *http://www.eso.uzh.ch/modul2/9.html?lesson.section=unit&section.label=Entwicklung_3* (abgerufen am 26.9.2014).
72 Siehe 66.
73 Nast, M. 2010: Blickpunkt ungezähmte Gewässer: 50 Jahre Rheinaubund. natur und mensch, Heft 2/2010: 23–27.
74 Siehe 66.
75 Wikipedia 2014: Zeittafel zur Geschichte des Naturschutzes. Online im Internet: *http://de.wikipedia.org/wiki/Zeittafel_zur_Geschichte_des_Naturschutzes* (abgerufen am 26.9.2014).
76 Denzler, L. 2010: 50 Jahre Rheinaubund. TEC21, 44/2010: 12.
77 Bundesgesetz über den Natur- und Heimatschutz. Online im Internet: *http://www.admin.ch/opc/de/classified-compilation/19660144/index.html* (abgerufen am 26.10.2014).
78 Wikipedia 2014: Zeittafel zur Geschichte des Naturschutzes. Online im Internet: *http://de.wikipedia.org/wiki/Zeittafel_zur_Geschichte_des_Naturschutzes* (abgerufen am 26.9.2014).
79 Siehe 66.
80 Bundesamt für Umwelt 2010: Wasser- und Zugvogelreservate. Online im Internet: *http://www.bafu.admin.ch/schutzgebiete-inventare/07853/index.html?lang=de* (abgerufen an 26.9.2014).
81 Siehe 66.
82 Siehe 66.
83 Eidgenössisches Department für auswärtige Angelegenheiten: Die Schweiz seit 1945. Online im Internet: *http://www.swissworld.org/de/geschichte/die_schweiz_seit_1945/* (abgerufen am 26.9.2014).
84 Siehe 66.
85 Council of Europe 2014: Ecological Networks and Emerald Network. Online im Internet: *http://www.coe.int/t/dg4/cultureheritage/nature/EcoNetworks/default_en.asp*; Bundesamt für Umwelt: Smaragdgebiete. Online im Internet: *http://www.bafu.admin.ch/schutzgebiete-inventare/07847/index.html?lang=de* (beide abgerufen am 26.10.2014).
86 Ruoss im Gespräch vom 21.6.2012.
87 Bundesamt für Umwelt 2010: Wie ein Park entsteht. Online im Internet: *http://www.bafu.admin.ch/paerke/04405/index.html?lang=de* (abgerufen an 27.9.2014).
88 Netzwerk Schweizer Pärke 2014: Zweck des Netzwerks. Online im Internet: *http://www.paerke.ch/de/netzwerk/ziele.php* (abgerufen am 2.10.2014).

89 Pro Natura: «Gründen wir einen neuen Nationalpark!» – die Geschichte der Pro Natura Kampagne. Online im Internet: *http://www.pronatura.ch/neue-paerke* (abgerufen am 2.10.2014).
90 Stankiewitz K. 1997: Das Geheimnis der Eiskapelle. Vor 200 Jahren erforschte der Gelehrte Alexander von Humboldt die Naturwunder am Königssee. Süddeutsche Zeitung, 20.2.1997.
91 Zierl im Gespräch vom 28.8.2012.
92 Zierl im Gespräch vom 28.8.2012.
93 Alpen: «I fahr todsicher nimmer nei». Der Spiegel, Nr. 9/1977.
94 Es handelte sich dabei um die 1904 von den beiden Verlegern Euchar Nehmann und Walter Keller gegründete Kosmos-Gesellschaft der Naturfreunde.
95 Kein Naturpark in Bayerns Alpen. Süddeutsche Zeitung, 13.6.1959.
96 Seydel, E. 1970: Alpennationalpark am Königsee? Bayerische Staatszeitung, Nr. 2 9.1.1970; Alpennationalpark rund um den Königssee? Berchtesgadener Anzeiger, 14.1.1970.
97 Alpennationalpark schon 1970. Frankfurter Allgemeine Zeitung, 27.5.1970.
98 Donnerwetter über Nationalpark. Süddeutsche Zeitung, 15.1.1970.
99 Echte Arche Noah. Der Spiegel, 29.12.1975.
100 Schneider, C. 1976: Den Berchtesgadenern wilde Bären aufgebunden. Süddeutsche Zeitung, 2.12.1976
101 Alpen Nationalpark rund um den Königssee. Berchtesgadener Anzeiger, 28.07.1976.
102 Berchtesgaden legt sich quer. Berchtesgadener Anzeiger, Oktober 1976.
103 Leuchtendes Vorbild für alle Forstleute. Berchtesgadener Anzeiger, Juni 2011.
104 Schneider, C. 1976: Der Vater des Alpennationalparks gibt auf. Süddeutsche Zeitung, September 1976.
105 Almrechte für die Zukunft sichern. Almbauernversammlung in Berchtesgaden. Berchtesgadener Anzeiger, 24.2.1978.
106 Holzhaider H. 2001: Der Luchs vom Nationalpark. Süddeutsche Zeitung, 17.7.2001.
107 Zierl im Gespräch vom 28.8.2012.
108 Siehe 93.
109 Zierl im Gespräch vom 28.8.2012.
110 Schmid-Heizer, A. 1976: Jubiläum mit Luchs und Adler. Süddeutsche Zeitung, 21.3.1976.
111 Nationalpark Berchtesgaden 2001: 67; Vogel im Gespräch vom 28.8.2014.
112 Lotz, H. 2003: Immergrüner Zankapfel. Berchtesgadener Anzeiger vom 9.8.2003; Vogel im Gespräch vom 28.8.2012; Zierl im Gespräch vom 28.8.2012.
113 Fisch, L. 1998: «Kleine Revolution» kommt in die Jahre. Süddeutsche Zeitung, 28.7.1998.
114 Kastner, U. 2003: Nationalpark wird Schwerpunkt in Umweltbildung. Berchtesgadener Anzeiger, August 2003.
115 Antrag des Kreistages auf Herausnahme des Jenners aus dem örtlichen Naturschutzgebiet. Süddeutsche Zeitung, 25.12.1948.
116 Landtag stimmt der Jennerbahn zu. Süddeutsche Zeitung, 15.2.1952.
117 Bayern sucht Platz für einen Nationalpark. Die Neue Zeitung, 13.10.1952.
118 Bayerischer Landtagsdienst 1951: Bergbahnen und Naturschutz. Blatt 10 und Blatt 11. Archiv Süddeutsche Zeitung, 7.12.1951.
119 Mit der Kabinenbahn zum Watzmannhaus. Süddeutsche Zeitung, 9.2.1968.
120 Bayerischer Rundfunk 1969: Es gibt Alternative zur Watzmannbahn. Berchtesgadener Anzeiger, 18.3.1969.
121 Müller, R. 1969: Watzmannbahn und Schizirkus Schneibstein. Stellungnahme des Landratamtes. Berchtesgadener Anzeiger, 27.3.1969.
122 Noch kein Ende im Streit um Watzmannbahn. Abendzeitung, 18.12.1969.
123 Es gibt Alternative zur Watzmannbahn. Berchtesgadener Anzeiger, 15.3.1969, S. 13.
124 Köbelin, K. 1969: Der Watzmann soll Ruhe haben. Süddeutsche Zeitung, 17.3.1969.
125 Seydel, E. 1970: Alpennationalpark am Königsee? Bayerische Staatszeitung, 9.1.1970.
126 Spemann E. 1975: Ein Alpennationalpark als Arche Noah. Süddeutsche Zeitung, 8.11.1975.
127 Sicho 93.
128 CSU will natürlichen «Alpenpark». Grafenauer Anzeiger, 8.4.1975.
129 Holzhaider H. 2001: Der Luchs vom Nationalpark. Süddeutsche Zeitung, 17.7.2001. Zierl im Gespräch vom 28.8.2012.
130 Protest gegen Freileitung. Berchtesgadener Anzeiger, 26.4.1978.
131 Diesen Herrgottswinkel nicht verschandeln. Berchtesgadener Anzeiger, 26./27.6.1978.
132 Geplanten Eingriff in Alpenpark abwehren. Berchtesgadener Anzeiger, 6.7.1978.
133 Umweltministerium für Verkabelung. Berchtesgadener Anzeiger, 27.7.1978.
134 Siehe 93.
135 Zierl im Gespräch vom 28.8.2012.
136 Wikipedia 2014: Clusius-Enzian. Online im Internet: *http://de.wikipedia.org/wiki/Clusius-Enzian* und *http://de.wikipedia.org/wiki/Gelber_Enzian* (abgerufen am 7.3.2014). «Gelber Enzian gedeiht im alpinen Klimabereich besonders gut und kann ohne weiteres bis in Höhenlagen von 1600 m kultiviert werden. Für Bergbauern ergibt sich dadurch eine der seltenen Möglichkeiten zur Erschließung einer Produktionsalternative.» Quelle: Krautzer B. o.A.: Gelber Enzian *(Gentiana lutea)*. Anbau – Ernte – Verarbeitung. Höhere Bundeslehr- und Forschungsanstalt Raumberg – Gumpenstein, Abteilung für alpines Vegetationsmanagement.
137 Radeln im Nationalpark stark eingeschränkt. Süddeutsche Zeitung, 17.6.1992.
138 Zierl im Gespräch vom 28.8.2012.
139 Naturschützer klagen gegen Almwegebau. Münchner Merkur, 3.7.2006.
140 Siehe 110.
141 Siehe 106.
142 Zierl im Gespräch vom 28.8.2012.
143 Schaffung deutscher Nationalparks gefordert. Frankfurter Rundschau, 6.08.1952.
144 Deutschlands neuer Nationalpark. Münchner Illustrierte, 31.5.1952.
145 Siehe 117.
146 Naturschutz für den Watzmann. Leserbrief von O. Kraus. Süddeutsche Zeitung, Februar 1968.
147 Alpenraumerschließung durch Bergbahnen. Berchtesgadener Anzeiger, 19.7.1969.
148 Paetzmann, E. 1971: Der Watzmann soll unberührt bleiben. Süddeutsche Zeitung, 5.6.1971.
149 Naturkundliches Bildungszentrum in Bayern. Berchtesgadener Anzeiger, 12.3.1970.
150 Bären nichts für Sommerfrischler. Die Abendzeitung, 13.1.1970.
151 Zustimmung zum Alpenpark Berchtesgaden. Berchtesgadener Anzeiger, 30.6.1972.
152 CSU will natürlichen «Alpenpark». Grafenauer Anzeiger, 8.4.1975.

153 Spemann, E. 1976: Alpennationalpark könnte eine «Arche Noah» werden. Münchner Merkur, 1976.
154 Siehe 101.
155 Gerosa, K. 1976: Paradies oder Rummel? Trotz vieler Querschüsse. Im Watzmanngebiet wird ein Alpen-Nationalpark entstehen. Die Zeit, 3.12.1976.
156 Spemann, E. 1977: Alpenverein droht mit Boykott. Münchner Merkur, 24.1.1977.
157 Nein zur Freileitung. Berchtesgadener Anzeiger, 7.6.1978.
158 Verordnung über den Alpen- und den Nationalpark Berchtesgaden in der Fassung der Bekanntmachung vom 16. Februar 1987. Online im Internet: *http://www.nationalpark-berchtesgaden.bayern. de/01_nationalpark/01_aufgaben/07_geschichte/ index.htm* (abgerufen am 28.3.2014).
159 Vogel im Gespräch vom 28.8.2012.
160 Roth, W. 1996: Kleine Oasen der Wildnis. Süddeutsche Zeitung, 21.9.1996.
161 Zierl im Gespräch vom 28.8.2012.
162 Siehe 113.
163 Fischer C. 2008: Ein Paradebeispiel für den Artenschutz. Berchtesgadener Anzeiger, 26.9.2008.
164 Vogel im Gespräch vom 28.8.2012.
165 Wikipedia 2014: Lutz Heck. Online im Internet: *http://de.wikipedia.org/wiki/Lutz_Heck* (abgerufen am 2.4.2014).
166 Siehe 117.
167 Krieg, H. 1952: Leserbrief «Naturschutzgebiet zum Nationalpark». Die Neue Zeitung, 29.10.1952; Zwischen Königsee und Steinernem Meer sollen in einem Nationalpark Flora und Wildbestand geschützt werden. Süddeutsche Zeitung, 27.7.1953.
168 Unter Natur- und Landschaftsschutz. Gewähr für die Erhaltung eines der schönsten Gebiete des Alpenlandes. Bayerischer Landesdienst, 24.9.1953.
169 Wilde Orchideen im Moor. Süddeutsche Zeitung, 30.12.1955.
170 Siehe 124.
171 Siehe 147.
172 Siehe 149.
173 Siehe 90.
174 Steinböcke, Gams, Adler und Mankei. Berchtesgadener Anzeiger, 19.1.1967.
175 Naturschutzparkeröffnung und Straßenfasching an einem Tag. Berchtesgadener Anzeiger, 7.2.1970.
176 Siehe 151.
177 Siehe 101.
178 Alpenpark abgelehnt. Einsamer und einstimmiger Ratsbeschluss. Berchtesgadener Anzeiger im Oktober 1976.
179 Siehe 153.
180 Siehe 100.
181 Siehe 110.
182 Schneider C. 1976: Alpennationalpark mit drei Zonen. Süddeutsche Zeitung, 28.7.1976.
183 Forstmann aus dem bayerischen Wald leitet Alpennationalpark Berchtesgaden. Süddeutsche Zeitung, 25.1.1977.
184 Vogel im Gespräch vom 28.8.2012.
185 Zierl im Gespräch vom 28.8.2012.
186 Bayerische Staatsregierung 1978: Verordnung über den Alpen- und den Nationalpark Berchtesgaden in der Fassung der Bekanntmachung, 16. Februar 1978. Zuletzt geändert am 10.7.2006, GVBl 2006: 359.
187 Zierl im Gespräch vom 28.8.2012.
188 Vogel im Gespräch vom 28.8.2012.
189 Siehe 105; Linkenheil, R. 2001: Mit dem Elektromotor zum Erholungsziel Wildnis. Kölner Stadtanzeiger, 27.8.2001.
190 Almkaser im Nationalpark. Wie Nationalparkleiter Zierl diese Frage sieht. Berchtesgadener Anzeiger, 20.10.1979.
191 Ein Austricksen der Berchtesgadener. Berchtesgadener Anzeiger, 26.10.1979; Brief vom 26.11.1979 an den Landrat Birnbacher betreffend Almkaserabbruch, Gemeindeamt Bischofswiesen.
192 Im Blickpunkt: Der Alpenpark. Kontakte mit anderen Forschungsobjekten. Berchtesgadener Anzeiger, 3.8.1978.
193 Vogel im Gespräch vom 28.8.2012.
194 Nationalpark Berchtesgaden 2014: Forschungsberichte. Online im Internet: *http://www.nationalpark-berchtesgaden.bayern.de/08_publikationen/01_forschungsberichte/index.htm* (abgerufen am 30.3.2014).
195 Zierl im Gespräch vom 28.8.2012.
196 Vogel im Gespräch vom 28.8.2012.
197 Vogel im Gespräch vom 28.8.2012.
198 Siehe 189; Linkenheil 2001.
199 Siehe 110.
200 Doppeltes Elternglück bei Steinadlern am Watzmann. Münchner Merkur, 12.8.2006.
201 Neue Wege beim Schutz der Steinadler. Berchtesgadener Anzeiger, 17.12.2008.
202 Siehe 137.
203 Schütze C. 1995: Einblick in die Geologie der Alpen. Süddeutsche Zeitung, 5.7.1995.
204 Siehe 110.
205 Besucherzahlen im Blick der Wissenschaft. Berchtesgadener Anzeiger, 3.8.2005.
206 Vogel im Gespräch vom 28.12.2008.
207 Nationalpark Berchtesgaden in Vorreiterrolle. Berchtesgadener Anzeiger, 3.12.2005.
208 1999 umbenannt in «Europäisches Diplom für geschützte Gebiete».
209 Schneider, C. 2003: Auch die Natur braucht ein Diplom. Süddeutsche Zeitung, 19.4.2003.
210 Lotz, H. 2003: Vom Stiefkind zum Sonnenschein. Berchtesgadener Anzeiger. Online im Internet: *http://www.berchtesgadeneranzeiger.de/includes/ mehr.php?id=1785* (abgerufen am 21.8.2012, nicht mehr abrufbar).
211 Lotz, H. 2003: Nationalpark Berchtesgaden jetzt unter dem Dach des Umweltministeriums. Berchtesgadener Anzeiger. Online im Internet: *http://www.berchtesgadener-anzeiger.de/includes/ mehr.php?id=2075* (abgerufen am 21.8.2012, nicht mehr abrufbar).
212 Vogel im Gespräch vom 28.8.2012.
213 Lotz, H. 2003: Landrat Georg Grabner baut Brücke zum Biosphärenreservat. Berchtesgadener Anzeiger, 22.2.2003.
214 Biosphärenregion Berchtesgadener Land: Herzlich Willkommen! Online im Internet: *http://www.brbgl. de* (abgerufen am 27.3.2014).
215 Nationalpark Berchtesgaden: Arten- und Biotopschutz/Natura 2000. Online im Internet: *http://www.nationalpark-berchtesgaden.bayern. de/01_nationalpark/01_aufgaben/09_management/01_arten_und_biotopschutz/index.htm* (abgerufen am 30.3.2014).
216 Kleine Arche Noah im Alpennationalpark. Süddeutsche Zeitung, 26.09.2008; Auf der Suche nach der grünen Bücke. Berchtesgadener Anzeiger 20.10.2009.
217 Vogel im Gespräch am 28.08.2012.

218 Fischer, C. 2008: Ein Paradebeispiel für den Artenschutz. Berchtesgadener Anzeiger, 26.09.2008.
219 Wikipedia 2014: JJ1. Online im Internet: http://de.wikipedia.org/wiki/JJ1 (abgerufen am 27.3.2014).
220 Siehe 219.
221 Der Wolf muss weg. Berchtesgadener Anzeiger, 9.3.2011.
222 Nationalpark Berchtesgaden 2014: ECONNECT–Improving Ecological Connectivity in the Alps. Online im Internet: http://www.nationalpark-berchtesgaden.bayern.de/04_forschung/04_abgeschlosse_projekte/06_econnect/index.htm#Anchor--Pilot-regi-51461 (abgerufen am 27.3.2014):
223 Pfeiffer, K. 2010: Nationalparkverwaltung auf dem Prüfstand. Berchtesgadener Anzeiger, 26.3.2010.
224 Vogel im Gespräch vom 28.8.2012.
225 Lotz, H. 2003: Immergrüner Zankapfel. Berchtesgadener Anzeiger, 9.8.2003; Vogel im Gespräch vom 28.8.2012; Zierl im Gespräch vom 28.8.2012.
226 Zierl im Gespräch vom 28.8.2012.
227 Zierl im Gespräch vom 28.8.2012.
228 Vogel im Gespräch vom 28.8.2012.
229 Siehe 114.
230 Vogel im Gespräch vom 28.8.2012.
231 Siehe 209.
232 Henne im Gespräch vom 7.8.2014.
233 Land Brandenburg 2010: Biosphärenreservat Schorfheide-Chorin – Steckbrief. Online im Internet: http://www.mugv.brandenburg.de/cms/detail.php/lbm1.c.330080.de (abgerufen am 12.6.2014).
234 100 Jahre Naturschutzgebiet Plagefenn. Tagungsband zur Jubiläumsveranstaltung, 11. bis 12. Mai 2007 in Chorin. Forstliche Schriftenreihe Band XXXI. Eberswalde: 3, 16.
235 Knapp im Gespräch vom 9.7.2012.
236 Klose, H. 1929: Kraftverkehr am Werbellinsee? Naturdenkmalpflege und Naturschutz in Berlin und Brandenburg 1/1: 17ff.
237 Wikipedia 2014: Carinhall. Online im Internet: http://de.wikipedia.org/wiki/Carinhall (abgerufen am 2.4.2014).
238 Kopietz, A. 1997: Schatzsucher, Neugierige und Nazis pilgern nach Carinhall. Berliner Zeitung, 9.12.1997.
239 Hasse, W. 1990: Wo sich Fuchs und Honecker gute Nacht sagten. Neue Zeit, 27.10.1990.
240 Haselmann, M. 2005: Die Jagd in der DDR – Zwischen Feudalismus und Sozialismus. Online im Internet: http://www.bundesstiftung-aufarbeitung.de/suche-9.html?suchwort=feudalismus (abgerufen am 4.4.2014).
241 Lenz, M. o.A.: Hirsche fürs Politbüro. Online im Internet: http://www.ndr.de/geschichte/grenzenlos/bleiben/jagd106.html (abgerufen am 3.4.2014).
242 Wikipedia 2014: Kulturbund der DDR. Online im Internet: http://de.wikipedia.org/wiki/Kulturbund_der_DDR#cite_note-1 (abgerufen am 3.4.2014).
243 Schäkel, I. o.A: Friedliche Revolution 1989/90. Michael Succow. Online im Internet: http://revolution89.de/?PID=static,Zeitzeugen,00555-Succow,Index_de (abgerufen an 12.7.2014).
244 Wikipedia 2014: Gesellschaft für Natur und Umwelt. Online im Internet: http://de.wikipedia.org/wiki/Gesellschaft_f%C3%BCr_Natur_und_Umwelt (abgerufen am 3.4.2014).
245 Siehe 243.
246 Honeckers Lieblingsrevier ein Refugium für seltene Tierarten. Ostsee Zeitung, 1.3.1993.
247 Mehr Ideen als Konzepte für die sanfte Nutzung der Schorfheide. Tagesspiegel, 2.6.1991.
248 Möhring, C. 1990: Bleibt Fontanes Märchenplatz am Ufer des Werbellin? Frankfurter Allgemeine Zeitung, 13.2.1990; Keil, L. B. 1991: Tauziehen im Speckgürtel. Wochenpost, 14.11.1991.
249 Michael, E. 1991: Ein Schutzgebiet wird feilgeboten. Berliner Zeitung, 30.10.1991.
250 Sievert, R. 1995: Biosphärenreservat Schorfheide Chorin. Auch eine Chance für die Landwirtschaft. Naturschutz Heute. Jg. 27, Ausgabe 3 bis 4: 37.
251 Siehe 236.
252 Klose, H. 1929: Seeuferfragen in Berlin und in Brandenburg. Naturdenkmalpflege und Naturschutz in Berlin und Brandenburg 1/1: 10ff.
253 Die Entschließungen des 5. Märkischen Naturschutztages. Naturdenkmalpflege und Naturschutz für Berlin und Brandenburg 2/5, Juli 1930: 156.
254 Schutzmaßnahmen für das Naturschutzgebiet Plagefenn. Nachrichtenblatt für Naturschutz 1939/7: 210.
255 Siehe 240.
256 Warkentin, V. 1991: Das Jagdrevier der herrschenden Klasse. Pressemeldung, 26.8.1991.
257 Erst in drei Jahren wieder normaler Tierbestand in der Schorfheide. Tagesspiegel, 5.3.1991.
258 Henne im Gespräch vom 7.8.2014. Henne praktizierte von 1970 bis 1990 als Tierarzt im Kreis Angermünde.
259 Münster, S. v. 1991: Biosphärenreservat Schorfheide-Chorin: Halali gegen die Natur? Der Morgen, 3.6.1991.
260 Behrens, H., Hoffmann, J. o.A.: Sozialistische Intensivierung in Land- und Forstwirtschaft. Online im Internet: http://www.naturschutzgeschichte-ost.de/index.php?id=72 (abgerufen am 25.4.2014).
261 Gesellschaft zur Erforschung und Förderung der Märkischen Eiszeitstraße e.V. o.A.: VEB Schweinezucht- und Mastkombinat Eberswalde (SZME). Online im Internet: http://wirtschaftsgeschichte-eberswalde.de/agrarwirtschaft/veb-schweinezucht-und-matkombinat-eberswalde-szme/ (abgerufen am 2.10.2014).
262 Eine riesige Schweinerei. Proteste gegen Mastanlage in Haßleben. TAZ, 28.6.2014.
263 Succow im Gespräch vom 10.7.2012.
264 Siehe 239.
265 Richter, W. 1991: Heiße Debatten bei Wildschwein am Spieß und Erbseneintopf. Neue Zeit, 24.4.1991.
266 Keil, L. B. 1991: Tauziehen im Speckgürtel. Wochenpost, 14.11.1991.
267 Lehnick, I. 1991: Ein Kompromiß ist jetzt unumgänglich. Berliner Zeitung, 21.8.1991.
268 Siehe 266.
269 Middelschulte, A. 1993: Vegetations- und bodenkundliche Untersuchungen im Bollwin-Tal in der Schorfheide. Verhandlungen des Botanischen Vereins 126: 63, 92.
270 Petterson, V. 2008: Es profitiert nur Vattenfall. Märkische Oderzeitung, 17.6.2008.
271 4673 Einwände gegen Windkraft. Märkische Oderzeitung, 25.2.2009.
272 Milchbauer im Gegenwind. Märkische Oderzeitung, 7.4.2011.
273 Windolff, D. 2011: Ausbaupläne für Milchgut gestoppt. Märkische Oderzeitung, 7.3.2011.
274 Knapp im Gespräch vom 9.7.2012.
275 Hueck, K.1931: Naturschutzgebiet Schorfheide. Naturschutz. Monatsschrift für alle Freunde der Deutschen Heimat. Jahrgang 12, Ausgabe 4: 90.

276 Knapp im Gespräch vom 9.7.2012.
277 Hermann, R. (1928): Im Naturschutzgebiet Breitefenn. Naturschutz Monatsschrift für alle Freunde der Deutschen Heimat. Jahrgang 9, Ausgabe 7: 227–228.
278 Siehe 236.
279 Siehe 252.
280 Klose, H. 1933: Brandenburgische Naturschutzgebiete. Naturdenkmalpflege und Naturschutz für Berlin und Brandenburg. Heft 16, April 1933: 191.
281 Siehe 280: 188.
282 Klose, H. 1932: Öffnet der Jugend die Wälder. Naturdenkmalpflege und Naturschutz für Berlin und Brandenburg. Heft 11, Januar 1932: 23.
283 Gißibl zitiert aus: Der Wald – verboten! Vorwärts o.A. Bundesarchiv Koblenz B 245233, fol. 160.
284 Siehe 165.
285 Klose, H. 1934: Verkehrsregelung im Naturschutzgebiet Schorfheide. Naturdenkmalpflege und Naturschutz für Berlin und Brandenburg. Heft 20, April 1934, 326f.
286 Wildhüter St. Hubertus (o. A.): Wisentdenkmal. Vor 50 Jahren vergraben. Online im Internet: *http://www.wildhueter-st-hubertus.de/html/wisentdenkmal.html* (abgerufen am 5.7.2013]
287 Siehe 283.
288 Siehe 240.
289 Scamoni, A. 1956: Der Plötzendiebel bei Joachimsthal, ein uckermärkisches Naturschutzgebiet. Natur und Heimat 11: 342ff.
290 Landschaftsschutzgebiete im Bezirk Frankfurt (Oder) bestätigt. Naturschutzarbeit in Berlin und Brandenburg, Heft 3 1965: 46.
291 Scamoni, A. 1979: Funktionskarte des Landschaftsschutzgebiets Werbellinsee – Grimnitzsee und seiner weiteren Umgebung mit Erläuterungen. Naturschutzarbeit in Berlin und Brandenburg. Heft 2: 47.
292 Reichhoff, L.; Böhnert, W. 1991: Das Nationalparkprogramm der ehemaligen DDR. Natur und Landschaft. Zeitschrift für Naturschutz, Landschaftspflege und Umweltschutz, 66. Jg., Heft 4: 195f.
293 Richter, W. 1991: In erzwungener Abgeschiedenheit entstand so etwas wie die Arche Noah. Neue Zeit, 9.11.1991.
294 Ministerium für Umwelt, Naturschutz, Energie und Reaktorsicherheit der DDR 1990: Biosphärenreservat Schorfheide-Choriner-Endmoränenlandschaft. Medieninformation, 25.6.1990.
295 Siehe 239.
296 Siehe 293.
297 Richter, W. 1991: Einst geheimnisumwitterte Verhältnisse in der Schorfheide bald neu geordnet. Neue Zeit, 13.11.1991.
298 Richter, W. 1991: Seelenruhe allein hilft heute nicht mehr. Neue Zeit, 11.3.1991.
299 Siehe 250: 36f.
300 Henne E. 2012, 134; Succow im Gespräch vom 10.7.2012; Graumann im Gespräch vom 11.7.2012.
301 Landrat des Kreises Templin 1933: Verordnung zum Schutz von Naturdenkmälern im Kreise Templin. In Naturdenkmalpflege und Naturschutz für Berlin und Brandenburg. Heft 16, April 1933: 176.
302 Siehe 246.
303 Höppner, K. 2007: 100 Jahre Naturschutzgebiet Plagefenn – ein Beispiel für erfolgreiches Zusammenwirken von Forstwirtschaft und Naturschutz. Tagungsband zur Jubiläumsveranstaltung, 11.–12. Mai 2007 in Chorin:, 16.

304 Klose, H. 1933: Brandenburgische Naturschutzgebiete. Naturdenkmalpflege und Naturschutz für Berlin und Brandenburg. Heft 16, April 1933, 188ff.
305 Verordnung über das Schutzgebiet «Schorfheide». Naturdenkmalpflege und Naturschutz für Berlin und Brandenburg, Heft 5 1930: 147f.
306 Klose, H. 1930: Im Naturschutzgebiet Schorfheide. Naturdenkmalpflege und Naturschutz für Berlin und Brandenburg, Heft 6: 186ff.
307 Verordnung über das Naturschutzgebiet «Endmoränenlandschaft bei Ringenwalde (Kreis Templin)». Nachrichtenblatt für Naturdenkmalpflege, Jahrgang 10, Heft 1: 24f.
308 Schoenichen, W. 1934: Schutzgebiete in der norddeutschen Endmoränenlandschaft. Naturschutz Monatsschrift für alle Freunde der Deutschen Heimat. Jahrgang 15 Ausgabe 3: 59ff.
309 Klose, H. 1936: Unter Schutz gestellt. Naturdenkmalpflege und Naturschutz in Berlin und Brandenburg. Heft 29, Juli 1936: 229.
310 Klose, H. 1938: Die Kurmark im Reichsnaturschutzbuch. Naturdenkmalpflege und Naturschutz für Berlin und Brandenburg. Heft 36, April 1938: 37ff.
311 Klose, H. 1937: Verordnung über das Naturschutzgebiet «Hechtdiebel». Naturdenkmalpflege und Naturschutz in Berlin und Brandenburg Heft 34, Oktober 1937: 417.
312 Verordnung über das Naturschutzgebiet Fauler Ort in der Staatsforst Gramzow, Kreis Angermünde. Nachrichtenblatt für Naturschutz Jahrgang 15 Ausgabe 8: 144f.
313 Klose, H. 1938: In das in das Reichsnaturschutzbuch wurden eingetragen. Naturdenkmalpflege und Naturschutz für Berlin und Brandenburg. Heft 38, Oktober 1938: 124.
314 Siehe 277.
315 Keudell, v. 1937: Verordnung über das «Reichsnaturschutzgebiet Schorfheide» im Regierungsbezirk Potsdam. Nachrichtenblatt für Naturschutz. Jg. 14, Ausgabe 2: 11.
316 Schutzmaßnahmen für das Naturschutzgebiet Plagefenn. Nachrichtenblatt für Naturschutz 1939/7: 210.
317 Siehe 240.
318 Siehe 260.
319 Gloger, O. 1965: Neue Landschaftsschutzgebiete im Bezirk Frankfurt (Oder). Naturschutzarbeit in Berlin und Brandenburg. Heft 3: 10ff.
320 Siehe 292.
321 May, H. 1991: Moore, Seen und stille Wälder. Naturschutz heute. Heft 3: 26ff.
322 Siehe 250: 134.
323 Siehe 265.
324 Richter W. 1991 Auf Wacht im Dienste von Mensch und Natur. Neue Zeit vom 9.9.1991. Der ehemalige Leiter Henne gibt die Zahl von 115 Mitarbeitern der Naturschutzwacht an, was wahrscheinlich den tatsächlichen Verhältnissen entspricht (Henne 2012: 134.)
325 Graumann im Gespräch vom 11.7.2012.
326 Bruch, B. 1997: Grünes Wunder öffnet seine Pforten. Ostsee Zeitung, 30.4.1997.
327 Luthardt, V.; Vahrson, W.G; Dreger, F. 1999: Konzeption und Aufbau der Ökosystemaren Umweltbeobachtung für die Biosphärenreservate Brandenburgs. Natur und Landschaft, 74. Jg. (1999), Heft 4: 135 ff.
328 Leberecht, M. 1994: Naturschutzmanagement in der offenen agrargenutzten Kulturlandschaft am Beispiel des Biosphärenreservates Schorfheide-Chorin. Zeitschrift für Ökologie und Naturschutz Jg. 3, Ausgabe 2: 122.

329 Graumann im Gespräch vom 11.7.2012.
330 Graumann im Gespräch vom 11.7.2012.
331 Solares Forschungsschiff «Solar Explorer». Ein Bildungsprojekt. Informationsbroschüre Biosphärenreservat Schorfheide-Chorin 2011; Graumann im Gespräch vom 11.7.2012.
332 Siehe 246,.
333 Vögel, R. 1994: Vertragsnaturschutz in Großschutzgebieten – ein Beitrag zur Gebietsentwicklung. Naturschutz und
Landschaftspflege in Brandenburg, Sonderheft 1/1994 Naturschutz in der Agrarlandschaft: 38.
334 Ahrendt, K.; Blohm, T.; Freymann, H.; Henne, E.; Mannowsky, O. 2005: Das Europäische Naturschutzgebiet Schorfheide-Chorin. Naturschutz und Landschaftspflege in Brandenburg 14 (3,4) 2005: 92ff.
335 Biosphärenreservat Schorfheide-Chorin o.A.: Evaluierungsbericht des MaB-Komitees 2002. Online im Internet: *http://www.schorfheide-chorin. de/seite/108985/dokumente.html* (abgerufen am 16.7.2014).
336 Körner, S.; Mädel, R. 2001: EU-Life Projekt «Förderung der Rohrdommel im EU-Vogelschutzgebiet Schorfheide-Chorin» – Schorfheide-Chorin – Biosphärenreservat und EU-Vogelschutzgebiet. Naturschutz und Landschaftspflege in Brandenburg 10 (4) 2001: 179f.
337 Moorochsenstark! Brandenburger Agrar- und Umweltjournal, Jg. 15, Dezember 2003: 8f; Succow im Gespräch vom 10.7.2012.
338 Wildreservat Schorfheide siedelt Wölfe an. Ostsee Zeitung, 5.3.1997; Wildpferde werden in der Schorfheide an die Freiheit gewöhnt. Ostsee Zeitung, 16.10.1999; Siehe 336.
339 Wildpferde fühlen sich wohl. Ostsee Zeitung, 10.5.1993.
340 Dobias, K.; Gleich, E. 2006: Untersuchungen zur Funktionsfähigkeit der ersten Wildbrücke Brandenburgs. Archiv für Forstwesen und Landschaftsökologie, Jg. 40, 2006 Heft 4: 177ff; Lebensraumvernetzung durch Wildtierpassagen – Zur Erfolgskontrolle an Brandenburgs Grünbrücke über der A11. Online im Internet: *http://www. waldwissen.net/wald/wild/management/lfe_wild_ gruenbruecke/index_DE* (abgerufen am 28.4.2014).
341 Neues Gerangel um Chefposten. Märkische Oderzeitung, 27.02.2009; Neuer Chef im Biosphärenreservat. Märkische Oderzeitung, 6.10.2010; Windolff, D. 2013: Chefposten der Biosphäre wieder neu besetzt. Märkische Oderzeitung, 14.5.2013.
342 Succow im Gespräch vom 10.7.2012; Graumann im Gespräch vom 11.7.2012; Henne E. 2013, 134.
343 Siehe 270.
344 Uckermark unter Hochspannung. Märkische Oderzeitung, 27.6.2008; Politiker solidarisch mit Bürgerinitiative. Märkische Oderzeitung, 11.9.2008; Graumann im Gespräch vom 11.7.2012.
345 Ministerium für Umwelt, Gesundheit und Verbraucherschutz 2014: Förderung aus der Konzessionsabgabe Lotto. Online im Internet: *http://www.mugv.brandenburg.de/cms/detail.php/ bb1.c.307598.de* (abgerufen am 23.4.2014).
346 Knapp im Gespräch vom 9.7.2012; Graumann im Gespräch vom 11.7.2012.
347 Wo geht's denn hier zum Weltnaturerbe? Märkische Oderzeitung, 7.7.2011.
348 Sensible Besucherlenkung. Märkische Oderzeitung, 19.9.2011.

349 Siehe 236.
350 Siehe 252.
351 Bürgerverein Groß Schönebeck Schorfheide e.V. 2014: DDR-Prominenz in Groß Schönebeck. Online im Internet: *http://www.grossschoenebeck.de/ umgebung/geschichte/107-ddr-prominenz-in-gross-schoenebeck.html* (abgerufen am 13.7.2014).
352 Lehar, G. 2004: Besucherzählung, Motiv- und Wertschöpfungserhebung im Nationalpark Hohe Tauern (Kurzfassung). Online im Internet: *http:// www.hohetauern.at/images/dateien-archiv/ BerichtBesucherzaehlung2003.pdf* (abgerufen am: 1.10.2013).
353 Nationalpark Hohe Tauern 2012: Highlights – Was tun? Besucherzentren. Online im Internet: *http:// www.hohetauern.at/de/ihr-aufenthalt/highlights-was-tun/besucherzentren.html* (abgerufen am 6.5.2014).
354 E. K. 1896: Flechten Großglockner. Carinthia II. 86./6. Jg. 1896: 103.
355 Haßlacher im Gespräch vom 2.9.2012; Nationalpark Hohe Tauern 2011: Basisdaten zum Nationalpark Hohe Tauern (Gesamt, Kärnten, Salzburg, Tirol). Stand 2011. Online im Internet: *http://www.hohetauern.at/images/dateien-hp/2013/ Rat/Basisdaten_Nationalpark.pdf* (abgerufen am 7.5.2014).
356 Natur und Land. 35. Jg., Heft 2 1949: 1.
357 Natur und Land. 38. Jg., Heft 3/4 1952: 25ff.
358 Stüber im Gespräch vom 27.8.2012.
359 Natur und Land. 36. Jg., Heft 11 1950: 185.
360 ÖGNU 1976: Chronologie der Aktivitäten der Österreichischen Gesellschaft für Natur und Umweltschutz zum Nationalpark Hohe Tauern. Presseaussendung der ÖGNU vom 5.4.1976.
361 Der Naturfreund 51. Jg., November/Dezember 1958: 7.
362 Der Naturfreund, 66. Jg., Heft 5 1973: 19.
363 Der Naturfreund, 72. Jg., Heft 9 1979: 24.
364 Zwei Fliegen. Wochenpresse, 25.06.1980.
365 Der Naturfreund, 74. Jg., Heft 4 1981: 4.
366 Kein Kraftwerk Dorfertal in diesem Jahrhundert! Der Naturfreund, 82. Jg., Heft 1 1989: 18–19.
367 Der Naturfreund, 81. Jg., Heft 4 1988: 3.
368 Natur und Land. 37. Jg., Heft 4 1951: 71.
369 Draxl, A. 1980: im widerstreit zwischen wirtschaft und schutzidee. Der Naturfreund, 73. Jg., Heft 3 1980: 12–15.
370 Dayer, R. 1980: gemeinsam handeln für den Nationalpark Hohe Tauern. Der Naturfreund, 73. Jg., Heft 3: 22–25.
371 Stüber, E. 1989: 5 Jahre Nationalpark Hohe Tauern. Natur und Land 75. Jg., Heft 2: 35ff.
372 Stüber im Gespräch vom 27.8.2012.
373 Natur und Land. 36. Jg., Heft 11 1950: 185.
374 Natur und Land. 37. Jg., Heft 12 1951: 193f.
375 Conrad K.; Hansely H.: Nationalpark Hohe Tauern. Natur und Land 57. Jg., Heft 6 1971: 4ff.
376 Retter, W. 1981: Großkraftwerk oder Nationalpark – was will Tirol? Natur und Land 67. Jg., Heft 6 1981: 142ff.
377 Stüber, E. 1981: Der Nationalpark Hohe Tauern – ein Prüfstein für ökologischen Weitblick der Politiker. Natur und Land 67. Jg., Heft 6 1981: 135f.
378 Stix, G. 1982: Nationalpark Hohe Tauern Tirol: Fehlender Mut zur Entscheidung. Natur und Land 68. Jg., Heft 6: 163ff.
379 Haßlacher im Gespräch vom 2.9.2012.
380 Stüber im Gespräch vom 27.8.2012.
381 Salzburgwiki 2011: Stausee Tauernmoossee. Online im Internet: *http://www.salzburg.com/wiki/index.*

php/Stausee_Tauernmoossee (abgerufen am 16.5.2014).
382 Natur und Land. 45. Jg., Heft 4-6 1959, 48f.
383 Wikipedia 2014: Tauernkraftwerk. Online im Internet: http://de.wikipedia.org/wiki/Tauernkraftwerk (abgerufen am 8.5.2014).
384 Stüber im Gespräch vom 27.8.2012.
385 Salzburgwiki 2013: Online im Internet: http://www.salzburg.com/wiki/index.php/Tauernkraftwerke_Kaprun (abgerufen am 5.11.2013).
386 Tirol lässt Kraftwerke planen. Der Standard, 29.6.2006.
387 Siehe 51.
388 Haßlacher im Gespräch vom 2.9.2012.
389 Dayer, R. 1982: Österreich ... Land der Berge ... Wirst du jemals einen Nationalpark besitzen? Der Naturfreund, 75. Jg., Heft 5: 23–24.
390 Fischer, H. 1980: ja zum Nationalpark Hohe Tauern. Der Naturfreund, 73. Jg., Heft 3: 3–4.
391 Steiner, E. 2006: Kärnten: Skischaukel bewegt die Naturschützer. Der Standard, 25.8.2006.
392 Neuhold, T. 2006. Hohe Tauern: Kein Lift im Nationalpark. Der Standard, 30.5.2006.
393 Rausch, W.: Ein Naturjuwel soll jetzt Piste werden. Kleine Zeitung, 13.2.2013.
394 Klemun 2003, 242f.
395 Paschinger 1941, 156.
396 Anonymus 1904: Erhaltung der Naturdenkmale in Kärnten. Carinthia II. 94. Jg.: 55f.
397 Wendelberger, G. 1950: Rettet das Gesäuse! Rettet die Krimmler Fälle! Natur und Land. Blätter für Naturkunde und Naturschutz. 36. Jg., Heft 9/10: 145–154.
398 Klaus, J. 1951: Eröffnungsrede des Herrn Landeshauptmannes von Salzburg Dr. Josef Klaus. Blätter für Naturkunde und Naturschutz. 37. Jg., Heft 12 1951: 193f.
399 Natur und Land. Sonderheft Schutz der Gamsgrube! 37. Jg., Heft 7/8 1951: 112ff.
400 Natur und Land. 36. Jg., Heft 12 1950: 210.
401 Machura, L. 1951: Die Schaffung eines österreichischen Nationalparkes in den Hohen Tauern. Natur und Land. 37. Jg., Heft 12: 197–199.
402 Stoiber, H. H. 1974: was wollen wir mit dem nationalpark hohe tauern. Der Naturfreund, 67. Jg., Heft 1: 22–23.
403 Oberkirchner, S. 1980: alpine raumordnung und nationalpark hohe tauern. Der Naturfreund, 73. Jg., Heft 3: 9–10.
404 Siehe 390.
405 Fischer, H. 1984: Naturfreunde fördern den Nationalpark Hohe Tauern. Der Naturfreund, 77. Jg., Heft 2: 3.
406 Wikipedia 2013: Sanfter Tourismus. Online im Internet: http://de.wikipedia.org/wiki/Sanfter_Tourismus (abgerufen am 12.11.2013)
407 ÖGNU 1981: Alternativer Fremdenverkehr – eine Chance für die Gemeinden des Nationalparks Hohe Tauern? Presseaussendung der ÖGNU 4/1981.
408 Fischer, H. 1982: Nationalparks Hohe Tauern – ein nationales Anliegen. Der Naturfreund, 75. Jg., Heft 3: o. A.
409 Retter, W. 1986: Nationalpark Hohe Tauern. Kraftwerk Dorfertal. Der Naturfreund, 79. Jg., Heft 4: 28–30.
410 Mussnig, G. 2012: Naturerlebnis Kärnten – eine Symbiose aus Schutzgebieten und Tourismus. Unveröffentlichte Präsentation.
411 Podhorsky, J. 1927: Zur Errichtung eines Adolf v. Guttenberg-Denkmals. Blätter für Naturkunde und Naturschutz 14. Jg., Heft 2: 23f.
412 Zur Geschichte österreichischer Nationalparke. Natur und Land. 45. Jg., Heft 4–6 1959: 48(80)-50(82).
413 Podhorsky, J. 1926: Zur Frage des wirksamen Edelpflanzenschutzes in den westlichen Ostalpen. Blätter für Naturkunde und Naturschutz 13. Jg.: Heft 1, 2; Der hier zitierte Forstrat Jaro Podhorsky unterstützte die Bestrebungen des «Vereins Naturschutzpark Stuttgart» und verfasste 1930 einen ersten «Führer durch den Naturschutzpark in den Hohen Tauern Salzburgs».
414 Siehe 412.
415 Siehe 399.
416 Stüber im Gespräch vom 27.8.2012; siehe 401.
417 Siehe 397.
418 Resolution des Bundesarbeitsausschusses für Fremdenverkehr. Natur und Land. 37. Jg., Heft 4 1951: 71.
419 Wendelberger, G. 1951: Krimmler Wasserfälle – Gesäuse – Gamsgrube: die Kardinalpunkte des österreichischen Naturschutzes. Natur und Land. 37. Jg., Heft 12: 199ff.
420 Hier spricht das Volk von Österreich! Natur und Land. 38. Jg., Heft 3/4 1952: 25–30; 120.000 Stimmen für die Erhaltung der Krimmler Wasserfälle! Natur und Land. 39. Jg., Heft 3/4 1953: 25f.
421 Die Krimmler Wasserfälle – Ein österreichisches Naturdenkmal von europäischer Bedeutung – Glanzvoller Auftakt des Europäischen Naturschutzjahres 1970. Kärntner Naturschutzblätter 8. Jg. 1969: 53f.
422 Eröffnungsrede des Herrn Landeshauptmannes von Salzburg Dr. Josef Klaus. Natur und Land. 37. Jg., Heft 12 1951: 193–194.
423 Natur und Land. 45. Jg., Heft 4-6 1959: 5(37)–6(38); Um österreichische Nationalparks! Der Naturfreund 51. Jg., März-April 1958: 64.
424 Conrad, K. 1968: Nationalpark Hohe Tauern. Natur und Land. 54. Jg.: 165–167.
425 Berger, H. 1974: der nationalpark hohe tauern. Der Naturfreund, 67. Jg., Heft 2: 20–23.
426 Retter, W. 1973: Osttirol – Nationalpark oder Energielieferant? Natur und Land 59. Jg., Heft 6: 144–151.
427 Archiv Umweltdachverband (o.A.): Chronologie der Aktivitäten der Österreichischen Gesellschaft für Natur und Umweltschutz zum Nationalpark Hohe Tauern.
428 Haßlacher, P. 2005: Hände weg von den Gletschern! Alpenverein 1/2005: 33–35.
429 Benya, A. 1980: Überlegungen zur Schaffung eines Nationalparks Hohe Tauern unter dem Gesichtspunkt davon berührter Kompetenzen des Bundes.
430 Nationalpark-Enquete am 28.11.1980. Stellungnahme des Verbandes Alpiner Vereine Österreichs.
431 Siehe 430.
432 Siehe 408.
433 Siehe 389.
434 Ktn. LGBl. 1983/28: Gesetz vom 1. Juli 1983 über die Errichtung von Nationalparks (Kärntner Nationalparkgesetz).
435 Glantschnig Gerolf: mündliche Auskunft, 20.10.2014.
436 Polemik und Drohungen von TKW-Mitarbeitern gegen Naturschützer. Natur und Land 67. Jg., Heft 6 1981: 190.
437 Sbg. LGBl. 1983/20: Gesetz vom 19. Oktober 1983 über die Errichtung des Nationalparks Hohe Tauern im Land Salzburg (Salzburger Nationalparkgesetz); Festlegung der Grenzen der Kern- und Außenzonen des Nationalpark Hohe Tauern im Land Salzburg.

438 Stüber im Gespräch vom 27.8.2012.
439 Maier, F. 1990: Von Kuratorien, Komitees und Vereinen. Anmerkungen zur Organisationsstruktur im Nationalpark Hohe Tauern und im Projekt Kalkalpen. uni-aktuell 1990/91 Nr. 1: 10–12.
440 Der Konrad-Lorenz-Preis gehört zur Gruppe der Staatspreise der Republik Österreich und wurde ab 1981 vom Umweltminister der Republik Österreich für den Einsatz für das Unwiederbringliche in der Natur und in der Umwelt verliehen. Das Anforderungsprofil umfasste die Charakteristika Niveau im Sachlichen, Öffentlichkeitswirksamkeit und Mut. Der Preis wird seit 2006 nicht mehr vergeben. Online im Internet: *http://de.wikipedia.org/wiki/Konrad-Lorenz-Preis* (abgerufen am 21.11.2013)
441 Tiroler LGBl. 1991/37: Gesetz vom 9. Oktober 1991 über die Errichtung des Nationalpark Hohe Tauern im Land Tirol (Tiroler Nationalparkgesetz Hohe Tauern).
442 Haßlacher, P. 1991: Nationalpark Hohe Tauern 20 Jahre nach Heiligenblut: Tiroler Anteil endlich fixiert. Natur und Land, 77. Jg, Heft 4/5: 101–102.
443 Siehe 439.
444 Bundeskanzleramt 2014: Vereinbarung gemäß Art. 15a B-VG zwischen dem Bund und den Ländern Kärnten, Salzburg und Tirol über die Zusammenarbeit in Angelegenheiten des Schutzes und der Förderung des Nationalparks Hohe Tauern. Online im Internet: *http://www.ris.bka.gv.at/GeltendeFassung.wxe?Abfrage=Bundesnormen&Gesetzesnummer=10001* (abgerufen am 16.5.2014).
445 Waitzbauer, H. 1993: Weit ist der weg nach Silver City. Ein steiniger Weg zur Zusammenarbeit im Dreiländer-Nationalpark. Salzburg Diskussionen Schriftenreihe des Landespressebüros: 23–25.
446 Stein 2000: Naturpark Hohe Tauern international anerkennen. Der Standard, 11.4.2000.
447 Hohe Tauern. Österreichische Forstzeitung 113. Jg., Nr. 10/2002: 4.
448 APA 2012: Steinwild-Projekt wird die nächsten 5 Jahre von der Stieglbrauerei unterstützt. Pressemeldung, 22.10.2012. Online im Internet: *http://www.ots.at/presseaussendung/OTS_20121022_OTS0085/steinwild-projekt-wird-die-naechsten-5-jahre-von-der-stieglbrauerei-unterstuetzt-bild* (abgerufen am 17.9.2013)
449 Rottenburg im Gespräch am 23.8.2012.
450 30 Jahre Nationalpark Hohe Tauern wird kräftig gefeiert. Presseaussendung LHStv. Uwe Scheuch. Online im Internet: *http://www.mein-klagenfurt.at/aktuelle-pressemeldungen/pressemeldungen-april-2011/30-jahre-nationalpark-hohe-tauern/* (abgerufen am 18.9.2013).
451 Siehe 410.
452 Irlweck, O. 1926: «Unser Steinwild». Blätter für Naturkunde und Naturschutz 13. Jg., Heft 7: 94.
453 Podhorsky, J. 1927: Über das Vorkommen des Steinwildes in der Schweiz und dessen Wiederansiedlung in den Ostalpen. Blätter für Naturkunde und Naturschutz 14. Jg., Heft 7: 96.
454 Erfolg für Bartgeier. Der Standard, 23.9.2005
455 Die Rückkehr der «Urforelle». Der Standard, 6.5.2009
456 Ktn. LGBl. 1986/74: Verordnung der Landesregierung vom 4. November 1986 Zl. Ro-264/71/1986 über den Nationalpark Hohe Tauern
457 Kärntner Nationalparkfonds 2001: 2000. Ein Jahr in den Kärntner Nationalparks. Der Bericht des Kärntner Nationalparkfonds.
458 Siehe 457.
459 Schmiedler, R. 1997: Wild und Kalamitäten sorgen nach wie vor für Sprengstoff. Österreichische Forstzeitung 108. Jg., Nr. 11/1997: 29.
460 Stüber, E. 2006: Nationalpark Hohe Tauern international anerkannt. Mitteilungen aus dem Haus der Natur 18.
461 Stüber im Gespräch vom 27.8.2012.
462 Gräbner, H. 2001: Die Kärntner Nockberge – Ringen um ein Schutzgebiet (1980). Alpine Raumordnung Nr. 19, Fachbeiträge des Österreichischen Alpenvereins, Innsbruck.
463 Siehe 399.
464 Siehe 390.
465 Natur und Land. 66. Jg., Heft 1/2 1980, 59.
466 Wikipedia 2013: Otto König (Verhaltensforscher). Online im Internet: *http://de.wikipedia.org/wiki/Otto_Koenig_%28Verhaltensforscher%29#cite_ref-17* (abgerufen am 7.12.2013).
467 Lötsch im Gespräch vom 24.7.2012.
468 Stüber, E.; Steyrer, K.; Wendelberger, G. 1984: Österreichischer Naturschutzbund über Bundesminister Steyrer verärgert. Natur und Land. Heft 1: 20ff.
469 Günther Nenning ist tot. Der Standard, 16.5.2006.
470 Lötsch im Gespräch vom 24.7.2012.
471 Archiv Umweltdachverband: Hainburg 1984 – Nationalpark Donauauen 1996.
472 Hainburg – ökologischer Aufbruch und politische Zäsur im Jahr 1985. Parlamentskorrespondenz Nr. 176, 16.3.2007. Online im Internet: *http://www.parlament.gv.at/PAKT/PR/JAHR_2007/PK0176/index.shtml* (abgerufen am 6.6.2013).
473 Siehe 471.
474 Pils, M. 1985: Nach Hainburg. Der Naturfreund, 78. Jg., Heft 1: 8f.
475 Leserbrief von Ing. A. Priesner, Groß-Enzersdorf. Blätter für Naturkunde und Naturschutz 13. Jg., Heft 6 1926: 89f.
476 Purpurreiherabschuß in der Lobau. Blätter für Naturkunde und Naturschutz. 15. Jg., Heft 10 1928: 151.
477 Blätter für Naturkunde und Naturschutz 13. Jg., Heft 5 1926: 72.
478 Junker, E. 1973: die lobau. Der Naturfreund, 66. Jg., Heft 2: 20–22.
479 Machura, L. 1958: Zur Grünflächenpolitik in Wien. Natur und Land. 44. Jg., Heft 7/8, 89–91.
480 Natur und Land. 44. Jg., Heft 5 1958, 72ff.
481 Kinnl, H. 1972: Lobau wieder in Gefahr?. Natur und Land. 58. Jg., Heft 5: 129f.
482 E-Werk Donaustadt: Vorarbeiten. Arbeiter-Zeitung, 18.7.1970.
483 Lobau: Grundstein für Großkraftwerk. Arbeiter-Zeitung, 7.11.1970.
484 Neues E-Werk im Bezirk Donaustadt. Arbeiterzeitung, 5.7.1969.
485 Vienna Online 2006: Lobau-Besetzung ohne Konfrontation. Pressemeldung, 15.11.2006. Online im Internet: *http://www.vienna.at/lobaubesetzung-ohne-konfrontation/news-20061115-04073748* (abgerufen am 1.10.2013).
486 Lötsch im Gespräch vom 24.7.2012.
487 Pro memoria zur vorgesehenen Staustufe Hainburg der DoKW AG. Natur und Land, 68. Jg., Heft 6 1982: 175.
488 Natur und Land, 73. Jg., Heft 5/6 1987: 182f.
489 Eröffnung des Rhein-Main-Donau-Kanals. Gefahr für Wachau und Donau-Auen. Natur und Land, 78. Jg., Heft 6 1992, 143.
490 Focus online 2008: Schwarzmeer-Krebs erobert Flüsse. Online im Internet: *http://www.focus.de/*

wissen/natur/oekologie-schwarzmeer-krebs-erobert-fluesse_aid_321506.html (abgerufen am 8.12.2013).
491 Oitzinger, G. 2012: Neobiota und Herausforderungen für Naturschutz und Schutzgebiete. ÖBf ExpertInnenforum Purkersdorf am 5.3.2012.
492 Zinke Environment Consulting 1999: Donau-Oder-Elbe: Living Rivers oder Kanal. Eine aktuelle Analyse aus Naturschutzsicht. Im Auftrag des WWF. Wien.
493 Protest gegen Donau-Oder-Elbe Kanal. Schneise der Naturzerstörung durch Europa. Natur und Land, 88. Jg., Heft 6 2002: 21.
494 Brunner, S. 2013: Gegenwind für Donau-Oder-Elbe-Kanal. Wirtschaftsblatt, 08.04.2013. Online im Internet: http://wirtschaftsblatt.at/home/nachrichten/europa_cee/1385816/Gegenwind-fur-Kanal-DonauOderElbe (abgerufen am 10.12.2013).
495 APA 2004: «Flussbauliches Gesamtkonzept» für Nationalpark Donau-Auen – Donausohle soll stabilisiert werden. Presseaussendung, 26.2.2004. Online im Internet: http://www.ots.at/presseaussendung/OTS_20040226_OTS0237/flussbaulichesgesamtkonzept-fuer-nationalpark-donau-auen (abgerufen am 2.1.2014).
496 Lötsch im Gespräch vom 24.7.2012. Hadler, S. 2014: Dem Wandel unterworfen. Online im Internet: http://orf.at/stories/2229162/2229163/ (abgerufen am 3.6.2014).
497 Lohmeyer, M. 2006: Nationalpark: Steine des Anstoßes in der Donau. Umweltschutz, Heft 1–2 Jänner 2006: 18–19.
498 Der Rechnungshof, 2006: Nationalpark Donau-Auen GmbH. Online unter: URL: http://www.rechnungshof.gv.at/berichte/ansicht/detail/nationalpark-donau-auen-gmbh-1.html (abgerufen am 17.6.2014).
499 Manzano, C.: schriftliche Mitteilung, 5.9.2014.
500 Statistik Austria: Die Bevölkerung Österreichs nach Bundesländern seit 1869. Online im Internet: http://www.statistik.at/web_de/statistiken/bevoelkerung/volkszaehlungen_registerzaehlungen/bevoelkerungsstand/023290.html (abgerufen am 3.6.2014).
501 Siehe 478.
502 SPÖ 2005: Weblexikon der Wiener Sozialdemokratie: Freikörperkultur FKK. Online im Internet: http://www.dasrotewien.at/freikoerperkultur-fkk.html (abgerufen am 13.12.2013).
503 Nationalpark Donauauen 2013: FKK Lobau. Eintrag ins Online-Gästebuch des Nationalpark Donauauen, 1.5.2013 und Antwort der Nationalparkverwaltung, 6.5.2013. Online im Internet: http://www.donauauen.at/?area=guestbook&story_id=17200 (abgerufen am 24.5.2014).
504 Österreichisches MaB-Nationalkomitee 2004: Biosphärenpark Untere Lobau. Online im Internet: http://cvl.univie.ac.at/biosphaerenparks/bsr/deutsch/lobau/lobau.html (abgerufen am 13.12.2013).
505 Natur und Land. 66. Jg., Heft 1/2 1980: 59.
506 Lötsch im Gespräch vom 24.7.2012.
507 Lötsch, B. 1989: Konzept des Nationalparks Donau-Auen. Natur und Land. 75. Jg. Heft 5/6 1989: 137–147.
508 Häupl, M. 1993: Nationalpark und Kraftwerk sind nicht vereinbar. Der Naturfreund, 86. Jg., Heft 4: 3.
509 Heckl, F. 1997: Wald und Umwelt. Österreichische Forstzeitung 108. Jg., Nr. 10: 24.
510 Lexer, W. 2000: Die Zukunft der Au und durstiger Wälder. Österreichische Forstzeitung 111. Jg., Nr. 10: 42.

511 Sprenger, A. 2001: Ein Forstamt zieht in die Stadt. Österreichische Forstzeitung 112. Jg., Nr. 5: 8f.
512 Schmidt, V. 2012: Donau-Auen: Zurück zu natürlichen Ufern. Die Presse, 8.9.2012. Online im Internet: http://diepresse.com/home/science/1288105/DonauAuen_Zurueck-zu-natuerlichen-Ufern (abgerufen am 17.12.2013).
513 Siehe 478.
514 Von der kommunalen Lobau. Blätter für Naturkunde und Naturschutz. 13. Jg., Heft 5 1926: 72.
515 Blätter für Naturkunde und Naturschutz. 13. Jg., Heft 4 1926: 51.
516 Schlesinger, G. 1926: Fachstelle für Naturschutz. Tätigkeitsbericht. Blätter für Naturkunde und Naturschutz 13. Jg., Heft 6: 84f.
517 Siehe 478.
518 Lobauverordnung, LGBl. für Wien 1978/26.
519 Umweltbundesamt 2013: Ramsar-Gebiete. Online im Internet: http://www.umweltbundesamt.at/umweltsituation/naturschutz/sg/ramsar_gebiete/ (abgerufen am 20.12.2013).
520 Umweltbundesamt 2014: Berner Konvention. Online im Internet: http://www.umweltbundesamt.at/umweltsituation/naturschutz/naturrecht/int_konventionen/berner_konvention/ (abgerufen am 4.6.2014).
521 Wikipedia 2013: Besetzung der Hainburger Au. Online im Internet: http://de.wikipedia.org/wiki/Besetzung_der_Hainburger_Au (abgerufen am 3.12.2013).
522 Rosenberger, M.: schriftliche Mitteilung, 9.11.2014.
523 Ähnlich weite Verbreitung im Zusammenhang mit Umweltschutz fanden Produkte in Österreich zuvor nur Aufkleber und T-Shirts mit dem Aufdruck «ATOMKRAFT? NEIN DANKE?» der Anti-Atomkraft-Bewegung. Sie konnte entscheidend dazu beitragen, dass die Inbetriebnahme des Atomkraftwerks Zwentendorf im Jahr 1978 bei einer Volksabstimmung abgelehnt wurde.
524 Fondation Franz Weber: Chronologie einer Rettung. Online im Internet: http://www.ffw.ch/index.php?id=210#c194 (abgerufen am 2.12.2013). Weber verwendet eine sehr martialische Sprache und wirbt auf der Website seiner Stiftung mit seinen großen Erfolgen in Hainburg.
525 Siehe 521.
526 Strohmeier 2004: o. A.
527 Natur und Land, Heft 4/5 1984: 132ff.
528 Siehe 471.
529 Seidl, C. 1984: Hainburg Besetzer setzen auf «Doppelstrategie». Kurier, 12.12.1984.
530 PROFIL online 2004: Zeitgeschichte: An der schönen blauen Donau. 27.11.2004. Online im Internet: http://www.profil.at/articles/0448/560/99053.shtml?print (abgerufen am 3.12.2013).
531 Henisch P. 1985, 155.
532 Siehe 530.
533 Lötsch im Gespräch vom 24.7.2012.
534 Kreisky-Archiv o.A.: Erinnerungsort Wien. Neue soziale Bewegungen. Besetzung der Hainburger Au. Online im Internet: http://www.erinnerungsort.at/thema7/u_thema3.htm (abgerufen am 2.1.2014)
535 Lötsch, B. 1989: Konzept des Nationalparks Donau-Auen. Natur und Land, 75. Jg. Heft 5/6: 137ff.
536 Kaupa, H. 1991: Donau-Auen. Der Naturfreund, 84. Jg., Heft 3: 19.
537 Lötsch im Gespräch vom 24.7.2012.
538 Nationalpark Donau-March-Thaya-Auen. Der Naturfreund, 82. Jg., Heft 4 1989: 10–11.

539 Dayer, R. 1995: Der Countdown für die Nationalparks Donau-Auen und Kalkalpen beginnt! Der Naturfreund, 88. Jg., Heft 5: 22.
540 Umweltdachverband 2012: Österreichische Donaupräsidentschaft 2012. Online im Internet: *http://www.umweltdachverband.at/themen/wasser/gewaesser-im-spannungsfeld/oesterr-donaupraesidentschaft-2012/* (abgerufen am 2.1.2014).
541 Kraus, E. 1998: Herausforderung Natura 2000. Österreichische Forstzeitung 109. Jg., Nr. 8: 36f.
542 Neumayer, W. (1996): Niederösterreichische Verordnung über den Nationalpark Donauauen. Schreiben an Bundespräsident Dr. Thomas Klestil, 29.7.1996.
543 Manzano, C.: schriftliche Mitteilung, 5.9.2014.
544 Maier, F. 1996: Nationalpark Donau-Auen eröffnet. Umwelt – Erziehung 4/96: 18.
545 Maier, F. 1997: Nationalpark Donauauen. Aufwind Heft 19, Frühjahr: 26f.
546 Nationalpark Donau-Auen GmbH 2011: Nationalpark Donau-Auen – Organisation. Online im Internet: *http://www.donauauen.at/?area=nationalpark&subarea=organisation* (abgerufen am 4.6.2014).
547 Donau-Auen gelangten schnell in IUCN-Liste. Österreichische Forstzeitung 108. Jg., Nr. 12/1997: 31.
548 Sprenger, A. 1999: Managementplan für den Nationalpark Donauauen. Österreichische Forstzeitung 110. Jg., Nr. 3: 33.
549 Sprenger, A. 1999: Management für die Donauauen. Österreichische Forstzeitung 110. Jg., Nr. 8: 45.
550 Siehe 510.
551 AuBlick. Die Zeitung des Nationalpark Donau-Auen Nr. 24, Frühling 2005: 1f.
552 Global 2000: Wie ist das mit der Lobau-Autobahn? Geschichte der Lobau-Autobahn. Artikel vom 24.03.2009. Online im Internet: *https://www.global2000.at/wie-ist-das-mit-der-lobau-autobahn* (abgerufen am 2.1.2014).
553 Perry, M.; Schönauer, E. 2009: «Tunnel wird für die Natur zum Milliarden-Grab!» Online im Internet: *http://www.krone.at/Nachrichten/Tunnel_wird_fuer_die_Natur_zum_Milliardengrab!-Lobau-Tunnel-Story-134137* (abgerufen am 4.1.2014).
554 Asfinag schließt Ring um Wien. Kurier, 15.12.2012. Online im Internet: *http://kurier.at/chronik/wien/asfinag-schliesst-ring-um-wien/1.215.663* (abgerufen am 4.1.2014).
555 Lobautunnel: frühestens 2025 fertig. Kurier, 5.12.2012. Online im Internet: *http://kurier.at/chronik/niederoesterreich/lobautunnel-fruehestens-2025-fertig/733.535* (abgerufen an 4.1.2014).
556 DANUBE PARKS – Network of Protected Areas. Online im Internet: *http://www.danubeparks.org/* (abgerufen am 6.2.2014).
557 Alarm um Rodungen im Nationalpark Donauauen. Der Standard, 8.8.2010. Online im Internet: *http://www.derstandard.at/1280984235107/Umweltschuetzer-Alarm-um-Rodungen-im-Nationalpark-Donauauen* (abgerufen am 4.1.2014).
558 Potmesil, U. 2012: Die Donau, wie sie früher war. Bezirksblatt Gänserndorf, 11.9.2012. Online im Internet: *http://www.meinbezirk.at/gaenserndorf/chronik/die-donau-wie-sie-frueher-war-d337944.html* (abgerufen am 4.1.2014).
559 Siehe 512.
560 Siehe 530.
561 Siehe 472.
562 Arge NATURSCHUTZ 2002: Schutzgebiet mit reicher Tradition. Schütt Magazin, Ausgabe 1/Juli 2002. Online im Internet: *http://www.schuett.at/life/schuettmagazin.php* (abgerufen am 4.5.2014).
563 Bergmännischer Kulturverein Bad Bleiberg 2012: Chronik des Blei- und Zinkbergbaues in Bezug zur Bleiberger Bergwerks Union. Online im Internet: *http://www.bergbauverein-bad-bleiberg.at/index.php/die-bbu* (abgerufen am 4.5.2014).
564 Tourismusinformation Bad Bleiberg 2014: Therme Bad Bleiberg. Online im Internet: *http://www.bad-bleiberg.at/de/therme-bad-bleiberg/* (abgerufen am 6.5.2014).
565 Lex 1908: Literaturbericht. Dr. Alfred Till: Das große Naturereignis von 1348 und die Bergstürze des Dobratsch. Carinthia II, 98./18. Jg. 1908: 69.
566 Rottenburg im Gespräch am 23.8.2012.
567 Probst, R. 2007: Der Greifvogelzug im Frühherbst 2007 über dem Unteren Gailtal, Kärnten. Zwischenbericht 2007 an den Naturwissenschaftlichen Verein für Kärnten.
568 Kärntner Reisezeitung 1909 zitiert in Koroschitz 2002: 107.
569 Plan der Tauernbahn Kärnten 1910. Bestand Museum der Stadt Villach.
570 Großglockner Hochalpenstraßen AG 2011: Die Geschichte der Straße. Online im Internet: *http://www.villacher-alpenstrasse.at/de/alpenstrasse/geschichte/* (abgerufen am 26.9.2013).
571 Kleine Zeitung 1965 zitiert in Koroschitz 2002: 126.
572 Heuberger im Gespräch vom 14.8.2012.
573 ORF Kärnten 2012: Schlangenjäger wieder unterwegs. Online im Internet: *http://kaernten.orf.at/news/stories/2527330/* (abgerufen am 10.10.2013).
574 Rottenburg im Gespräch am 23.8.2012.
575 Steiner, E. 2002: Asfinag ärgert Pächter mit neuem «Fun-Park». Der Standard, 19.10.2002.
576 Moser, E.; Fantur, P. 2010: Widerstand steigt stetig. Kleine Zeitung, 19.11.2010. Online im Internet: *http://www.kleinezeitung.at/kaernten/windrad/2562801/widerstand-steigt-stetig.story* (abgerufen am 15.10.2013)
577 Schiegl; Krainer 2002: 125ff.
578 Arge NATURSCHUTZ, 2005: Naturparkplan Dobratsch. Online im Internet: *http://www.arge-naturschutz.at/projekte/sonstiges.html* (abgerufen am 26.04.2006, nicht mehr abrufbar).
579 Lichem, W. 1955: Der Naturschutz in Kärnten. Natur und Land. 41. Jg., Heft 7–10: 12–14.
580 ARGE Interkommunale Plattform Naturpark Dobratsch: Was ist ein Naturpark? Online im Internet: *http://www.naturparkdobratsch.info/de/der-naturpark-doratsch-in-k%C3%A4rnten/wasisteinnaturpark.html* (abgerufen am 4.5.2014).
581 Verordnungs- und Amtsblatt für den Reichsgau Kärnten 1942, Stück 2, Nr. 4.
582 Siehe 579.
583 Verordnungs- und Amtsblatt für den Reichsgau Kärnten 1942, Stück 24, Nr. 84.
584 Ktn. LGBl. 1972/74: Verordnung der Landesregierung vom 28. November 1972, Zahl Ro-267/13/1972 zum Schutz von Pflanzen und Tieren.
585 Rottenburg im Gespräch am 23.8.2012; Heuberger im Gespräch vom 14.8.2012.
586 LIFE Schütt Dobratsch. Online URL: *http://www.schuett.at/home/index.php* (abgerufen am 15.10.2013).
587 Gutleb, B.: mündliche Auskunft, 27.6.2012.
588 Gutleb, B.: mündliche Auskunft, 20.8.2014.
589 Heuberger im Gespräch vom 14.8.2012.

590 Stadt Villach 2002: Liftgesellschaft: Schon ab Sommer geordneter Rückzug am Dobratsch! – In Villach. Mitteilungsblatt der Stadt Villach, 56. Jg., Nr. 8: 4–5.
591 Naturpark Dobratsch. Online im Internet: http://www.naturparkdobratsch.info/de/ (abgerufen am 4.5.2014); Heuberger im Gespräch vom 14.8.2012.
592 Verband der Naturparke Österreichs 2008: Naturpark des Jahres 2008. Online im Internet: http://www.naturparke.at/de/VNOe/VNOe_Newsletter/Ausgabe_13#05 (abgerufen am 6.5.2014).
593 Koroschitz 2002: 116.
594 Wissenschafter im öffentlichen Einsatz. Neue Zürcher Zeitung, 19.08.2006.
595 Lozza, H. 2009: 1. Dezember 2009: 100 Jahre Nationalpark. Online im Internet: http://www.nationalpark.ch/go/de/about/mediencorner/medienmitteilungen/medienmitteilungen-20101/2-dezember-2009-100-jahre-nationalpark/ (abgerufen am 8.1.2014).
596 Schweizerische Naturschutzkommission 1909: Jahresbericht 3 1908/1909: 48.
597 Kupper P. 2012: 121ff.
598 Schweizerische Naturschutzkommission 1910: Jahresbericht 4 1909/1910: 32f.
599 Eidgenössische Nationalparkkommission 1925: Jahresbericht der Eidgenössischen Nationalparkkommission: 11.
600 Eidgenössische Nationalparkkommission 1927: Jahresbericht der Eidgenössischen Nationalparkkommission: 3ff.
601 Eidgenössische Nationalparkkommission 1938: Jahresbericht der Eidgenössischen Nationalparkkommission: 4.
602 Alpiq 2013: Künstliche Hochwasser beleben den Spöl. Story, 21.3.2013. Online im Internet: http://www.alpiq.ch/newsstorys/storys/stories.jsp?story=tcm:103-101293 (abgerufen am 28.6.2014)
603 Scheurer im Gespräch vom 17.7.2012; Haller im Gespräch vom 20.7.2012.
604 Der Bach Spöl wird gespült. Neue Zürcher Zeitung, 5.4.2013
605 Aufbauarbeit am Spöl beginnt von neuem. Neue Zürcher Zeitung, 3.4.2013.
606 Medienmitteilung der Taskforce Spöl vom 30. Januar 2014.
607 Haller im Gespräch vom 20.7.2012.
608 Hoffmann, H. 2009: SNP wird Unesco-Biosphären-Reservat. Bündner Anzeiger, 21.10.2009.
609 Haller im Gespräch vom 20.7.2012.
610 SCNAT 2014: Geschichte. Online im Internet: http://www.scnat.ch/d/Portrait/Geschichte/index.php (abgerufen am 28.6.2014).
611 Siehe 596: 53.
612 Siehe 596: 60.
613 Bundesbeschluss betreffend die Einrichtung eines Schweizerischen Nationalparks. Amtliches Bulletin. 25.3.1914.
614 Eidgenössische Nationalparkkommission 1916: Jahresbericht der Eidgenössischen Nationalparkkommission: 3.
615 Der Hungertod im Nationalpark. Schweizer Jagdzeitung, V. Jahrgang, 15.8.1917.
616 Eidgenössische Nationalparkkommission 1953: Jahresbericht der Eidgenössischen Nationalparkkommission: 4.
617 Christ, H. 1908: Gutachten über die Gesetze der amerikanischen Reservationen. Schweizerische Naturschutzkommission: Jahresbericht 3 1908/1909: 45.
618 Siehe 600: 4.
619 Eidgenössische Nationalparkkommission 1933: Jahresbericht der Eidgenössischen Nationalparkkommission: 4.
620 Eidgenössische Nationalparkkommission 1971: Jahresbericht der Eidgenössischen Nationalparkkommission: 1f.
621 Scheurer im Gespräch vom 17.7.2012.
622 Eidgenössische Nationalparkkommission 1981: Jahresbericht der Eidgenössischen Nationalparkkommission: 5.
623 Eidgenössische Nationalparkkommission 1984: Jahresbericht der Eidgenössischen Nationalparkkommission: 3f.
624 Eidgenössische Nationalparkkommission 1949: Jahresbericht der Eidgenössischen Nationalparkkommission, 6.
625 Siehe 623: 19f.
626 Ofenpass – Pass dal Fourn- Online im Internet: http://kurvenkoenig.de/paesse/ofenpass-pass-dalfuorn.html (abgerufen am 16.1.2014).
627 Scheurer im Gespräch vom 17.7.2012.
628 Siehe 596: 53f.
629 Siehe 613.
630 Siehe 596: 43ff.
631 Hoffmann, H. 2009: SNP wird Unesco-Biosphären-Reservat. Nationalpark ist die Mutter aller Naturparks. Bündner Anzeiger, 21.10.2009.
632 Haller im Gespräch vom 20.7.2012.
633 Kupper, P. 2013: Den «Zerstörungseifer» stoppen. Neue Zürcher Zeitung, 16. November 2013.
634 Siehe 613.
635 Scheurer im Gespräch vom 17.7.2012.
636 Eidgenössische Nationalparkkommission 1923: Jahresbericht der Eidgenössischen Nationalparkkommission: 12f.
637 Siehe 599: 9f.
638 Eidgenössische Nationalparkkommission 1926: Jahresbericht der Eidgenössischen Nationalparkkommission: 10f.
639 Scheurer im Gespräch vom 17.7.2012.
640 Bundesgesetz über den Schweizerischen Nationalpark im Kanton Graubünden (Nationalparkgesetz), 19. Dezember 1980.
641 Siehe 622.
642 Panparks. Online im Internet: http://www.nationalpark.ch/go/de/about/ueber-uns/pan-parks/ (abgerufen am 28.1.2014; nicht mehr abrufbar.
643 European Wilderness Society 2014: European Wilderness Society (EWS) löst PAN Parks Foundation ab. Online im Internet: http://wildniseuropa.blogspot.co.at/2014/03/european-wilderness-society-ews-lost.html (abgerufen am 12.3.2014).
644 Siehe 596: 53f.
645 Siehe 598.
646 Siehe 596: 59ff.
647 Pro Natura 2009: Über 600 Geschenke an Sie. Online im Internet: http://www.pronatura.ch/schutzgebiete (abgerufen am 20.6.2014).
648 Siehe 613.
649 Zschokke, F. 1911: Bericht der Naturschutzkommission für das Jahr 1911/12. Verhandlungen der Schweizerischen Naturforschenden Gesellschaft. Band 95.
650 Eidgenössische Nationalparkkommission 1920: Jahresbericht der Eidgenössischen Nationalparkkommission: 4ff.
651 Eidgenössische Nationalparkkommission 1934: Jahresbericht der Eidgenössischen Nationalparkkommission: 9.

652 Siehe 650.
653 Eidgenössische Nationalparkkommission 1939: Jahresbericht der Eidgenössischen Nationalparkkommission: 15.
654 Die Hirsche-Schlächterei im Engadin. Neue Zürcher Zeitung, 12.12.1956.
655 Eidgenössische Nationalparkkommission 1970: Jahresbericht der Eidgenössischen Nationalparkkommission: 8f.
656 Eidgenössische Nationalparkkommission 1990: Schweizerischer Nationalpark. Jahresbericht 1990, 20.
657 Scheurer im Gespräch vom 17.7.2012; Haller im Gespräch vom 20.7.2012.
658 Eidgenössische Nationalparkkommission 1959: Jahresbericht der Eidgenössischen Nationalparkkommission, 5.
659 Siehe 620 und 655: 5.
660 Scheurer im Gespräch vom 17.7.2012
661 Kanton Graubünden 2010: UNESCO Biosphärenreservat Val Müstair – Parc Naziunal: Auflagen erfüllbar. *Medienmitteilung, 17.9.2010. Online im Internet: http://www.nationalpark.ch/go/de/about/medien corner/medienmitteilungen/medienmitteilungen-2010/unesco-biosphaerenreservat-val-muestair-parc-naziunal-auflagen-erfuellbar/* (abgerufen am 20.6.2014).
662 Siehe 595.
663 Lozza, H. 2011: Ein Blick zurück. 2010 Wichtiges in Kürze. Cratschla. 1/2011. Informationen aus dem Schweizerischen Nationalpark: 12; Lozza, H. 2010: Alpenparks tagen in Zernez. Medienmitteilung, 21.10.2010. Online. URL: *http://www.nationalpark.ch/go/de/about/mediencorner/medienmitteilungen/medienmitteilungen-2010/alpenparks-tagen-in-zernez/* (abgerufen am 4.2.2014)
664 Schweizerischer Nationalpark 2014: Internationale Zusammenarbeit. Online im Internet: *http://www.nationalpark.ch/go/de/forschung/internationale-zusammenarbeit/* (abgerufen am 29.6.2014).
665 Schweizerischer Nationalpark 2014: iWebPark: Das App als digitaler Guide. Online im Internet: *http://www.nationalpark.ch/go/de/besuchen/wandern/iwebpark-das-app/* (abgerufen am 29.6.2014).
666 Kupper im Gespräch vom 17.7.2012. Kategorie I entspricht einem streng geschützten Gebiet für Wissenschaft, Forschung und Naturerhaltung.
667 King Albert Mountain Award. Cratschla 1/2014: 38.
668 Haller im Gespräch vom 20.7. 2012.
669 Siehe 622.
670 Scheurer im Gespräch vom 17.7.2012.
671 Siehe 613.
672 Siehe 640.
673 Haller im Gespräch vom 20.7.2012.
674 Kupper im Gespräch vom 17.7.2012.
675 Siehe 633.
676 Scheurer im Gespräch vom 17.7.2012.
677 Verein Parc Adula 2013: Das Gebiet. Online im Internet: *http://www.parcadula.ch/de/Territorio* (abgerufen am 21.6.2014).
678 Wikipedia 2014: Rheinaubund. Online im Internet: *http://de.wikipedia.org/wiki/Rheinaubund* (abgerufen am 21.6.2014).
679 Schweizerisches Sozialarchiv 2011: Schweizerische Gesellschaft für Umweltschutz. Online im Internet: *http://findmittel.ch/archive/archNeu/ArW68.html* (abgerufen am 21.6.2014).
680 Wikipedia 2013: Stiftung Landschaftsschutz Schweiz. Online im Internet: *http://de.wikipedia.org/wiki/Stiftung_Landschaftsschutz_Schweiz* (abgerufen am 21.6.2014).

681 Siehe 598.
682 Gisler, O. 2009: Wider die Angst vor den Paragrafen. Neue Zürcher Zeitung, 17.11.2009.
683 Amgarten R. 2010: Erster Kandidat für einen zweiten Nationalpark. Der Parc Adula, das interkantonale Projekt einer Tessin-Bündnerischen Freundschaft. Tessiner Zeitung, 3.9.2010.
684 Amgarten R. 2010: Ein neues Fenster auf das Rheinwaldhorn. Tessiner Zeitung, 8.1.2010.
685 Vonow, P. 2009: Nationalpark in Sicht? Bündner Jäger 6/2009.
686 Strahler wehren sich gegen Verbot. Berner Zeitung, 19.11.2009.
687 Petschen, B. 2011: Langsam erwachen die Skeptiker. Bündner Jäger 1/2011.
688 Bachmann, S. 2012: Steiniger Weg zum Nationalpark. Beobachter Natur Ausgabe 6, 10.8.2012.
689 Vischnaunca da Sumvitg 2014: Kraftwerkprojekte und Landschaftsschutz. Online im Internet: *http://www.sumvitg.ch/kultursport/greina/geschichtlicher rueckblick/default.htm* (abgerufen am 11.2.2014).
690 Lob, G. 2011: In der Greina taucht Gespenst der Wasserkraft auf. Online im Internet: *http://www.swissinfo.ch/ger/news/magazin/In_der_Greina_taucht_Gespenst_der_Wasserkraft_auf.html?cid=30667202* (abgerufen am 22.6.2014).
691 Arnold, M. 2007: Neue Naturparks braucht das Land. Natürlich 9/2007.
692 Siehe 688.
693 Pajarola, J. F. 2013: Parc Adula: Alpinisten immer noch skeptisch. Online im Internet: *http://www.suedostschweiz.ch/print/2886595* (abgerufen am 25.2.2014).
694 Siehe 685.
695 Verordnung über den Schutz der Hoch- und Übergangsmoore von nationaler Bedeutung (Hochmoorverordnung), 21. Januar 1991; Der Schweizerische Bundesrat (1992): Verordnung über den Schutz der Auengebiete von nationaler Bedeutung, 28. Oktober 1992; Verordnung über den Schutz der Flachmoore von nationaler Bedeutung (Flachmoorverordnung), 7. September 1994.
696 RegioSuisse o.A.: Regio Plus. Online im Internet: *http://www.regiosuisse.ch/regionalpolitik/rund-um-die-nrp/regionalpolitik-197020132007/regio-plus* (abgerufen am 20.2.2014).
697 Netzwerk Schweizer Pärke 2014: Ziele. Online im Internet: *http://www.paerke.ch/de/netzwerk/ziele.php* (abgerufen am 25.2.2014).
698 Verein Parc Adula 2009: Managementplan Parc Adula. Exemplar für die Gemeindebehörden. Deutsche Version 1.10.2009.
699 Quarenghi, S; Smith, J. 2011: Eine kleine Schweiz im Herzen der Alpen.
700 Quarenghi im Gespräch vom 19.7.2012.
701 Parc Adula o.A.: Parc Adula Projekt. Online im Internet: *http://www.parcadula.ch/de/Progetto-Parc-Adula* (abgerufen am 11.2.2014).
702 Rothmund, S. 2013: Eine kleine Schweiz im Herzen der Alpen. Online im Internet: *http://www.alpenmagazin.org/index.php/politik/69-schweiz/1046-adula-front* (abgerufen am 25.2.2014).
703 26. Auszug aus dem Urteil der II. öffentlichrechtlichen Abteilung vom 22. April 1983. Online im Internet: *http://www.servat.unibe.ch/dfr/bge/a1109134.html* (abgerufen am 6.2.2014)
704 Akeret, E. 1983: Hochgebirgslandschaft Greina-Piz Medel. Unterschutzstellung. Postulat 83.597. Eingereicht im Nationalrat am 6.10.1983.

705 Siehe 690.
706 Der Schweizerische Bundesrat 1977: Verordnung über das Bundesinventar der Landschaften und Naturdenkmäler (VBLN), 10. August 1977.
707 Für eine aktuelle Abfrage der gelisteten Landschaften vergleiche Bundesamt für Umwelt. Online im Internet: http://www.bafu.admin.ch (abgerufen am 20.2.2014).
708 Weber, R. 2011: 100 Jahre danach sind die Geschwister unterwegs. Pro Natura Magazin 4/2011.
709 Bundesamt für Umwelt BAFU 2010: Wie ein Park entsteht. Online im Internet: http://www.bafu.admin.ch/paerke/04405/index.html?lang=de (abgerufen am 27.2.2014).
710 Jörger, A. 2003: Nationalpark Adula/Rheinwaldhorn (Parc Adula). Eine Zusammenfassung der Machbarkeitsstudie mit Randbemerkungen. Varia. Das Informationsblatt der Gemeinde Vals. Nr. 4, September 2003.
711 Siehe 697.
712 Parc Adula o.A.: Vorgeschichte. Online im Internet: http://www.parcadula.ch/de/Progetto-Parc-Adula/Benvenuti-al-Parc-Adula/Istoriato (abgerufen am 20.2.2014; nicht mehr abrufbar).
713 Siehe 683.
714 Bundesamt für Umwelt BAFU 2010: Projekt für einen neuen Nationalpark ist einen wichtigen Schritt weiter. Pressemeldung, 27.8.2010. Online im Internet: http://www.bafu.admin.ch/dokumentation/medieninformation/00962/index.html?lang=de&msg-id=34795 (abgerufen am 21.2.2014):
715 Toscan, U. 2011: Adula: Viel Potenzial, lange Zielgerade. Pro Natura Magazin 4/2011.
716 Siehe 684.
717 Quarenghi im Gespräch vom 19.7.2012.
718 Bund will weniger Fluglärm in vier Landschaftsruhezonen. Südostschweiz, 13.1.2011. Online im Internet: http://www.suedostschweiz.ch/politik/bund-will-weniger-flugl%C3%A4rm-vier-landschaftsruhezonen (abgerufen am 21.2.2014).
719 Stefano Quarenghi, neuer Direktor vom Parc Adula. Pressemitteilung vom 21.1.2011.
720 Parc Adula: freunde des parc adula. Infoblatt. Online im Internet: http://www.parcadula.ch/de/Amici-del-Parc-Adula (abgerufen am 24.2.2014; nicht mehr abrufbar).
721 Amgarten R. 2011: Steiler Pfad zum Park. Tessiner Zeitung, 11.11.2011.
722 Siehe 682.
723 Siehe 721.
724 Lob, G. 2011: Millionenregen für neuen Nationalpark. Tessiner Zeitung, 18.11.2011. Online im Internet: http://epaper2.tessinerzeitung.ch/ee/teze/_main_/2011/11/18/006/article/6 (abgerufen am 26.2.2014).
725 Siehe 721.
726 Siehe 682.
727 Tuor, L. 2011: Der Park ist eine Idee von Städtern. Online im Internet: http://www.eco-life.info/Leben.aspx?aid=1022 (abgerufen am 25.2.2014).
728 Hunziker, M.; Conedera, M.; Mondini, M. 2013: Einstellungen und Wissensstand derlokalen Bevölkerung zur Errichtung des Nationalparks «Parc Adula». Meinungsumfrage der WSL. Online im Internet: http://www.wsl.ch/fe/wisoz/projekte/parcadula/index_DE (abgerufen am 15.12.2014).
729 Forster, S. 2007: Parc Adula. Top oder Flop? Fachstelle für Tourismus und Nachhaltige Entwicklung. Centre da Capricorns. Berggebiete, Kolumne. Online im Internet: http://www.berggebiete.ch/kolumnen/details/?id=590 (abgerufen am 11.2.2014).
730 Siehe 682.
731 Siehe 696.
732 Parc Adula o.A.: Warum ein Nationalpark. Online im Internet: http://www.parcadula.ch/de/Progetto-Parc-Adula/Perche-un-parco-nazionale (abgerufen am 17.7.2014).
733 IUCN 2014: IUCN Protected Areas Categories System. Online im Internet: http://www.iucn.org/about/work/programmes/gpap_home/gpap_quality/gpap_pacategories/ (abgerufen am 17.7.2014).
734 Kupper, P.: schriftliche Auskunft vom 28.8.2014.
735 Bühler, U. 2013: Das Leben des Bryan. Neue Zürcher Zeitung, 20. September 2013. Online im Internet: http://www.nzz.ch/aktuell/zuerich/uebersicht/das-leben-des-bryan-1.18153314 (abgerufen am 17.7.2014)
736 Waser, N. 2013: Gion Caminada und die grossen Chancen des Parc Adula. Bündner Tagblatt, 30.10.2013.
737 Siehe 727.
738 Siehe 688.
739 Parc Adula o.A.: Was ist der Parc Adula? Online im Internet: http://www.parcadula.ch/de/Progetto-Parc-Adula/Benvenuti-al-Parc-Adula (abgerufen am 17.7.2014; nicht mehr abrufbar).
740 Siehe 698: 164.
741 Siehe 698: 188.
742 Broggi, M.: schriftliche Mitteilung vom 8.12.2014.
743 CIPRA o.A.: Wie alles begann. Online im Internet: http://www.cipra.org/de/cipra/ueber-uns/geschichte/die-cipra-in-den-startloechern-wie-alles-begann (abgerufen am 4.10.2014).
744 Carinthia II. Mitteilungen des Naturwissenschaftlichen Vereines für Kärnten.
745 Succow im Gespräch vom 10.7.2012.
746 Waldenspuhl T. 2014: Diskussionsbeitrag am 32. Deutschen Naturschutztag, 8.–12.9.2014, Mainz.
747 Texte dieses Kapitels sind zur Gänze entnommen: Lange und Jungmeier 2014.
748 Mose, I. 2007: Regional Economic Developement in the Protected Areas' Vicinity. Folie, präsentiert im MSc-Programm «Management of Protected Areas», Klagenfurt.
749 Hypothesen erschienen in: Lange und Jungmeier 2014.
750 Weiger, H. 2014: Diskussionsbeitrag am 32. Deutschen Naturschutztag, 8.–12.9.2014, Mainz.
751 Siehe 688.
752 Haller, H. 2014: 100 Jahre und gut in Form. Cratschla 1/14: 2.
753 Von den Anfängen bis heute. Cratschla Jubiläumsausgabe 1/14: 4–5.
754 Österreichischer Alpenverein o.A.: Der Nationalpark Hohe Tauern. Online im Internet: http://www.alpenverein.at/portal/natur-umwelt/nationalpark_hohe_tauern/index.php (abgerufen am 26.8.2014).
755 UNESCO 1995: The Seville Strategy. Online im Internet: www.unesco.org/mab/doc/brs/Strategy.pdf (abgerufen am 11.11.2014).
756 UNESCO 2008: Madrid Action Plan, 8. Online im Internet: http://www.unesco.org/new/en/natural-sciences/environment/ecological-sciences/man-and-biosphere-programme/strategies-and-action-plans/madrid-action-plan/ (abgerufen am 9.11.2014).
757 Siehe 756.

758 Nature Needs Half. Online im Internet: *http://natureneedshalf.org/home/* (abgerufen am 20.01.2015).
759 European commission 2014: Natura 2000 Barometer. Online im Internet: *http://ec.europa.eu/environment/nature/natura2000/barometer/index_en.htm* (abgerufen am 9.11.2014).
760 Nationalparks Austria 2013: Evaluierung Österreichischer Nationalparks, Ausschreibungsunterlage.
761 European Wilderness Academy. Online im Internet: *http://wilderness.academy/* (abgerufen am 9.11.2014).
762 Carver, S. 2014: Tagungsflyer «European Wilderness Academy Days. 1–4.10.2014, Mittersill.
763 ÖBf; WWF 2014: Wildnis in Österreich – Herausforderungen für Gesellschaft, Naturschutz und Naturraummanagement in Zeiten des Klimawandels, Purkersdorf: 13.
764 European Wilderness Society 2014: NP Kalkalpen and NP Hohe Tauern Salzburg join the European Wilderness Preservation System. Online im Internet: *http://wilderness-society.org/np-kalkalpen-np-hohe-tauern-join-european-wilderness-preservation-system/* (abgerufen am 11.11.2014).
765 European Wilderness Society 2014: Swiss National Park and the Berezinsky Biosphere Reserve join the EWPS. Online im Internet: *http://wilderness-society.org/swiss-national-park-and-the-berezinsky-biosphere-reserve-join-the-ewps/* (abgerufen am 11.11.2014).
766 Nationaler Naturerlebnispark Sihlwald. Online im Internet: *http://www.wildnispark.ch/zuerichs-wildnis/sihlwald/* (abgerufen am 20.01.2015).
767 Dark Sky Switzerland. Online im Internet: *http://www.darksky.ch/index.php?id=4* (abgerufen am 9.11.2014).
768 Deutsche Gesellschaft für Akustik. Online im Internet: *http://www.dega-akustik.de/* (abgerufen am 9.11.2014).
769 Siehe 746.
770 Hübner, R. 2013: Nachhaltige Entwicklung. Historie des Begriffes und verschiedene Zugänge. Foliensatz Wahlfachmodul Nachhaltige Entwicklung, Alpen-Adria-Universität Klagenfurt.
771 Niebel, D. 2013: Foreword. In: ICUN (2013): Governance of Protected Areas. From understanding to action. Best Practice Protected Area Guidelines Series No.20, Gland. V.
772 Das Zitat entstammt einer unveröffentlichten Übersetzung von Broggi 2004 mit dem Titel «Warum Grosschutzgebiete ausweisen? – die Rolle der Forschung».
773 Siehe 688.
774 Mayrhofer, E. 2014: Interview zum Thema «Übersehene Pioniere?». Natur.Raum.Management, Ausgabe 03/14: 7.
775 Parc Adula 2014: Erneuerbare Energien. Parc adula 5/2014: 8
776 Parc Adula 2013: Weiden und Landwirtschaft. Parc adula 4/2013: 32.
777 Siehe 755: 3
778 Schweizerischer Nationalpark 2014: Atlas des Schweizerischen Nationalparks. Die Erweiterung. Online im Internet: *http://www.atlasnationalpark.ch/de/themenbeitrag/webpark* (abgerufen am 11.11.2014).
779 Nationalparks Austria 2014: Parcs.at Datenzentren. Online im Internet: *http://www.parcs.at/* (abgerufen am 11.11.2014).
780 Arzt, K. 2014: Mit freiwilligen Zertifikatverkäufen Klima- und Naturschutzprojekte in den Nationalen Naturlandschaften fördern. Tagungsreader 32. Deutscher Naturschutztag, 8.–12.9.2014, Mainz: 97.
781 Ebben, T. 2014: ABS-Umsetzung des Nagoya-Protokolls auf nationaler und EU-Ebene – Stand und Perspektiven. Tagungsreader 32. Deutscher Naturschutztag, 8.–12.9.2014, Mainz: 15.
782 Convention on Biological Diversity o.A.: Global Platform on Business and Biodiversity. Online im Internet: *http://www.cbd.int/business/* (abgerufen am 11.11.2014).

Anhang

Tabelle A: Zeitzeugen

Jeder der Interviewpartner (hier in alphabetischer Reihenfolge) steht in einer besonderen Beziehung zu einem oder mehreren der untersuchten Schutzgebiete.

Zeitzeuge	Nationalität	Tätigkeitsbereiche	Themenschwerpunkt
Mario Broggi	FL	Pionier der europäischen Naturschutzbewegung, Europarat, CIPRA, Föderation EUROPARC, WSL, ALPARC, eigenes Büro RENAT, Mitglied in Stiftungsräten und wissenschaftlichen Kommissionen	Schutzgebiete Europa
Uwe Graumann	D	Verwaltung Biosphärenreservat Schorfheide-Chorin, Förderverein des Biosphärenreservat Schorfheide-Chorin	Biosphärenreservat Schorfheide-Chorin
Ruedi Haller	CH	Abteilung Forschung und Geoinformation im Schweizerischen Nationalpark	Schweizerischer Nationalpark
Peter Haßlacher	A	Wegbereiter Nationalpark Hohe Tauern, Leiter Abteilung Raumordnung und Naturschutz des OEAV, CIPRA Österreich	Nationalpark Hohe Tauern, Schutzgebiete Österreich
Robert Heuberger	A	Naturparkmanager Naturpark Dobratsch	Naturpark Dobratsch
Georg Grabherr	A	Ökologe, österreichisches MaB-Nationalkommitee, ÖAW	Schutzgebiete Österreich
Hans Dieter Knapp	D	Mitbegründer des DDR-Nationalparkprogramms, Geobotaniker, Landschaftsökologe, Internationale Naturschutzakademie auf der Insel Vilm	Biosphärenreservat Schorfheide-Chorin, Schutzgebiete DDR
Florian Knaus	CH	Wissenschaft und Naturschutz Biosphäre Entlebuch, Umweltwissenschafter ETH Zürich	Schutzgebiete Schweiz
Patrick Kupper	CH	Umwelthistoriker ETH Zürich, Buchautor Geschichte des Schweizerischen Nationalparks	Schweizerischer Nationalpark, Schutzgebiete international
Bernd Lötsch	A	Ökologe, Filmproduzent, Auaktivist, Pionier der österreichischen Ökologiebewegung, Leiter Naturhistorisches Museum Wien	Nationalpark Donau-Auen
Stefano Quarenghi	CH	zur Zeit der Studie: Leitung Parc Adula	Parc Adula
Thusnelda Rottenburg	A	Leiterin Abteilung Naturschutz der Kärntner Landesregierung	Naturpark Dobratsch, Schutzgebiete Kärnten
Engelbert Ruoss	CH	Mitbegründer Biosphäre Entlebuch, Leitung UNESCO-Büro Venedig	Schutzgebiete Schweiz
Thomas Scheurer	CH	ScNat, ISCAR, Wissenschaftskommission des Schweizerischen Nationalparks	Schweizerischer Nationalpark
Eberhard Stüber	A	Wegbereiter Nationalpark Hohe Tauern, Österreichischer Naturschutzbund, Haus der Natur Salzburg	Nationalpark Hohe Tauern
Michael Succow	D	Mitbegründer des DDR-Nationalparkprogramms, Biologe, stellvertretender Umweltminister DDR, deutsches MaB-Nationalkomitee, Succow-Stiftung	Biosphärenreservat Schorfheide-Chorin, Schutzgebiete DDR
Michael Vogel	D	Biologe, Leiter Nationalpark Berchtesgaden, Präsident Lenkungsausschuss Alparc	Nationalpark Berchtesgaden, Schutzgebiete Alpen
Hubert Zierl	D	Forstwirt, Nationalpark Bayerischer Wald, Mitbegründer und Leiter Nationalpark Berchtesgaden	Nationalpark Berchtesgaden, Schutzgebiete Deutschland

Tabelle B: Expertenfeedback

Die Kommentare folgender Experten (in alphabetischer Reihenfolge) flossen in die Schutzgebietsdarstellungen ein.

Kommentar von	Funktion im Projekt	Themenschwerpunkt
Eberhard Henne	Experte, Zeitzeuge	Biosphärenreservat Schorfheide-Chorin
Gerhard Leeb	Experte, Zeitzeuge	Naturpark Dobratsch
Annette Lotz	Expertin, aktiv im Schutzgebietsmanagement	Nationalpark Berchtesgaden
Carl Manzano	Experte, Zeitzeuge, aktiv im Schutzgebietsmanagement	Nationalpark Donau-Auen
Birgit Reutz	Expertin, Schutzgebietsmanagement fachlich	Parc Adula
Manfred Rosenberger	Experte, Zeitzeuge, aktiv im Schutzgebietsmanagement	Nationalpark Donau-Auen
Peter Rupitsch	Experte, Zeitzeuge, aktiv im Schutzgebietsmanagement	Nationalpark Hohe Tauern
Dominik Siegrist	Experte, Schutzgebietsmanagement wissenschaftlich	Schutzgebiete Schweiz

Tabelle C: Parks 3.0

Teilnehmende Experten

ExpertIn	Land	Institution
Svane Bener-Kaphengst	Deutschland	NABU international
Richard Blackman	Grossbritannien	EUROPARC Atlantische Inseln
Heike Egner	Deutschland	Institut für Geographie, Alpen Adria Universität Klagenfurt
Mario Broggi	Liechtenstein	Privatgelehrter
Roger Croft	Grossbritannien	IUCN, WCPA
Marina Fischer-Kowalski	Österreich	Institut für Soziale Ökologie, Alpen Adria Universität Wien
Michael Getzner	Österreich	IFIP, Technische Universität Wien
Alina Ionita	Rumänien	Berater, ProPark Foundation
Günter Köck	Österreich	Österreichische Akademie der Wissenschaften, MaB-Komitee
Yann Köhler	Frankreich	ALPARC
Zoltan Kun	Ungarn	European Wilderness Society
Alois Lang	Österreich	Nationalpark Neusiedler See
Sigrun Lange	Deutschland	E.C.O. Deutschland
Carl Manzano	Österreich	Nationalpark Donau-Auen
Michael Mertz	Deutschland	Berater
Michael Meyer	Deutschland	Ecological Tourism in Europe
Ruth Moser	Österreich	Biosphärenpark Großes Walsertal
Marta Mugica	Spanien	EUROPARC Spain
Cristian-Remus Papp	Rumänien	WWF, Donau-Karpathen-Programm
Doris Pokorny	Deutschland	Biosphärenreservat Rhön
Christina Pichler-Koban	Österreich	E.C.O. Institut für Ökologie
Peter Puchala	Slowakei	Landschaftsschutzgebiet Male´ Karpaty
Panos Petridis	Griechenland	Institut für Soziale Ökologie, Alpen Adria Universität Wien
Guido Plassmann	Frankreich	ALPARC
Philippe Pypaert	Italien	UNESCO, Venice-office
Birgit Reutz	Schweiz	ZHAW Züricher Hochschule für Angewandte Wissenschaften
Leo Reyrink	Niederlande	Naturpark Maas-Swalm-Nette
Engelbert Ruoss	Schweiz	Berater
Andrej Sovinc	Slowenien	WCPA Europe
Erika Stanciu	Rumänien	ProPark Foundation
Juraj Svajda	Slowakei	Matej Bel Universität Banska´ Bistrica
Susanne Stoll-Kleemann	Deutschland	Institut für Geographie, Universität Greifswald
Thomas Schaaf	Frankreich	UNESCO, MaB
Stefano Santi	Italien	Naturpark Prealpi Giulie
Norbert Weixlbaumer	Österreich	Institut für Geographie und Regionalforschung, Universität Wien

Codeliste

Die Erstellung der Codeliste bildet einen wesentlichen Schritt in der Bearbeitung und Auswertung der Ausgangsdaten. Die in der Studie analysierten Kategorien (Akteure, Herausforderungen, Schutzziele, Instrumente) liegen hier in detailliert aufgeschlüsselter und hierarchisch strukturierter Form vor. Die Liste ist als (erweiterbares) System aufzufassen, mit dem auch neue Datensätze untersucht werden können.

AKTEURE
EINZELAKTEURE
EIGENTÜMER UND NUTZER
    Eigentümer
        Grundbesitzer
        Öffentliche Grundbesitzer
    Produzenten, Bewirtschafter, Landnutzer
        Landwirtschaft
        Forstwirtschaft
        Jagd
        Fischerei
    Kommerzielle Nutzer
        Industrie und Gewerbe
        Bergbau
        Bauwesen
        Energiewirtschaft
        Erschliessung
        Verkehrswesen
        Investoren
        Spekulanten
        Tourismuswirtschaft
        Militär
    Private Nutzer
        Alpinisten
        Freizeitsportler
        Erholungssuchende
            Ausflügler und Naherholungssuchende
            Touristen
            (Pilze-, Beeren-, Mineralien-)Sammler
            Auto- und Motorradfahrer
        Bevölkerung, Bürger
        Ausgewählte Gesellschaftsgruppen
            Städter
            Landbewohner
            Jugend
            Arbeiter
FORSCHUNG UND BILDUNG
    Wissenschaft und Forschung
        Forscher und Wissenschaftler
        Experten
    Bildungseinrichtungen
        Universitäten, Hochschulen
        Wissenschaftsakademien
        Schulen und sonstige Bildungseinrichtungen

PLANUNGS- UND FACHINSTITUTE
    Fachinstitute
    Planungs-, Consultingunternehmen
POLITIK UND VERWALTUNG
    Supranationale organisation unesco
    Politik
    Verwaltung
ZIVILGESELLSCHAFT
    Nicht Staatliche Organisationen (NGOs)
        Internationale Dachverbände
            Alparc
            Europarc
            Danubeparcs
        Nationale Dachverbände
            Deutscher Naturschutzring
            Dachverband der Nationalen Naturlandschaften
            Verband Alpiner Vereine Österreichs
            Umweltdachverband
            Verband der Naturparke Österreichs
            Nationalparks Austria
        International tätige NGOs
            Birdlife
            IUCN
            WWF
            Greenpeace
            Sonstige international tätige NGOs
        Europaweit tätige NGOs
            CIPRA
            Alpenstadt des Jahres
            Kommission zum Schutz der Donau
            Allianz in den Alpen
            PAN-Parks
        Nationale NGOs Alpine Vereine
            Verein zum Schutz der Bergwelt
            Bergwacht
            Deutscher Alpenverein DAV
            Österreichischer Alpenverein OEAV
            Österreichischer Touristenklub ÖTK
            Naturfreunde
            Schweizer Alpen Club SAC
        Nationale NGOs Naturforschende Gesellschaften
            Kosmos-Gesellschaft für Naturfreunde
            Zoologisch-Botanische Gesellschaft

Anhang

    Schweizerische Naturforschende
    Gesellschaft
  Nationale Naturschutzorganisationen
    Bund für Vogelschutz, NABU
    Deutscher Rat für Landespflege
    Bund für Umwelt und Naturschutz
    Deutschland BUND
    Gesellschaft für Natur u. Umwelt (DDR)
    Naturwacht
    Verein Naturschutzpark
    Österreichischer Naturschutzbund ÖNB
    Global 2000
    Schweizer Gesellschaft für Vogelkunde
    u. Vogelschutz
    Schweizerische Naturschutzkommission
    SNK
    Schweizerischer Naturschutzbund SNB,
    ProNatura
    Sonstige national tätige Naturschutz-
    organisationen
  Regionale Naturschutzorganisationen
    Botanischer Verein Brandenburg
    Volksbund Naturschutz
    Naturschutzring Berlin-Brandenburg
    Bund Naturschutz in Bayern
    Naturwissenschaftlicher Verein für
    Kärnten
    Wienerwaldkonferenz
    Arge NATURSCHUTZ
    Rheinaubund
    Sonstige regional tätige Naturschutz-
    organisationen
Private Initiativen
  Private Initiativen von Einzelakteuren
  Private Initiativen von Forschern u.
  Naturliebhabern
    Forscher
    Naturschützer, -liebhaber
  Private Initiativen von Bildungsbürgern
    Ärzte
    Journalisten
    Klerus
    Künstler
    Pädagogen
    Studenten
Sonstige Zivilgesellschaft
  Fonds, Stiftungen
  Grüne Bewegung
  Medien, Öffentlichkeit

HERAUSFORDERUNGEN, GEFAHREN, BEDROHUNGEN

ABSTRAKTE BEDROHUNGEN
  Materialismus und Kapitalismus
    Materialismus
    Amerikanisierung
    Naturausbeutung
    Rationalisierungsdruck
    Wachstum
  Zivilisation
    Zivilisation
    Eingriffe in die Natur
    Verfremdung
    Technik
    Verstädterung
  Naturverlust
    Naturverlust, -zerstörung
    Verunstaltung
KONKRETE BEDROHUNGEN
  Mittelbare Gefahren
    Globale/Lokale Veränderungen
      (standort)fremde Arten, Rassen
      Abwanderung
      Klimaänderung
  Unmittelbare Gefahren
    Landwirtschaft
      Aufgabe
      Intensivierung
      STRUKTURWANDEL
    Jagd
    Fischerei
    Sammeln und Handel
    Wilderei
    Forstbau
    Holzentnahme
    Bergbau
    Waldschäden
      Schädlingskalamitäten
      Waldbrand
      Waldsterben
    Überhöhter Wildbestand
      Wildschäden
      Krankheit, Seuchen
    Infrastrukturen
    Verkehr
    Siedlungstätigkeit
      Bauvorhaben, Parzellierung
      Zersiedelung
      Zweitwohnsitze
    Tourismus
    Events
    Reklame
    Besucherdruck
    Beunruhigung, Störung
    Vandalismus
    Verwahrlosung, Müll
    Energieerzeugung
      Wasserkraftnutzung
      Kalorische Kraftwerke
      Atomkraftnutzung
      Biomasse
      Windkraftnutzung
    Umweltverschmutzung
      Lärm
      Lichtverschmutzung

Luftverschmutzung
Umweltgifte
Wasserverschmutzung
Wasserbauliche Massnahmen

SCHUTZZIELE
ABSTRAKTE SCHUTZZIELE
　Echtheit
　　Ursprünglichkeit, Natürlichkeit
　　Eigenart, Echtheit
　　Wildnis
　Landschaftsideal
　　Schönes, Wertvolles
　　Heimat
　　Naturerbe
　　Schöne Landschaft
　Erhalten eines idealen Naturzustandes
　　Naturschutz
　　Naturverbesserung
　　Natürliches Gleichgewicht
ANTHROPOZENTRISCHE SCHUTZZIELE
　Forschung
　Bildung
　Kulturgut
　Wohlfahrtsfunktion
　　Erholungsraum
　　Öffentliche Zugänglichkeit
　　Boden-, Wasser-, Klimaschutz
　　Ecosystem Services
　Multifunktionaler Raum
　　Lebens- und Wirtschaftsraum
　　Nutzung, Sicherung und Entwicklung
　Ressourcen und Flächen für Primärproduktion
　　Landwirtschaft
　　Forstwirtschaft
　　Jagd
　　Fischerei
　　Genressource
　Ressourcen und Flächen für andere Wirtschaftszweige
　　Tourismus
　　Ver- und Entsorgung
　　Verkehr
　Andere anthropzentrische Schutzziele
　　Erhaltung Status quo
　　Vernetzung, Austausch
NATURZENTRIERTE SCHUTZZIELE
　Fels, geologische Erscheinungen
　Artenschutz
　　Pflanzen
　　Tiere
　Landschaft
　　Kulturlandschaft
　　Landschaft
　Naturgebiet
　　Wald
　　Alpinregion
　　Gewässer
　　Moor, Feuchtgebiet
　Ökosystem- und Prozessschutz
　　Biotop, Habitat
　　Ökosystem
　　Schutzgebietssystem
　　Natürliche Prozesse
　Vielfalt
　　Biodiversität
　　Genetische Vielfalt

INSTRUMENTE
AGITATION UND PROPAGANDA
　Politische Aktion
　　Zweckgemeinschaften
　　　Aktionsgemeinschaft
　　　Bürgerinitiative
　　　Int. Solidarität
　　Widerstand
　　　Besetzung
　　　Demonstration, Kundgebung
　　　Verweigerung, Boykott
　　Beziehen von Verhandlungspositionen (ausgehend von Entscheidungsträger)
　　　Politische Absichtserklärung
　　　Verhandlung, Kompromiss
　　Bottom Up-Initiativen (aus Richtung der Basis)
　　　Apell an Politik
　　　Eingabe, Einspruch
　　　Enquete, Resolution
　　　Unterschriftensammlung
　　Instrumente der Direkten Demokratie
　　　Volksabstimmung, Referendum
　　　Volksbefragung
　　　Volksbegehren
　　　Volksinitiative
　Information und Propaganda
　　Kritische Stimmen
　　　Anprangerung, Kritik
　　　Apell an Öffentlichkeit
　　　Polarisierung
　　Öffentlichkeitswirksame Auftritte
　　　Aktionstage
　　　Medieneinsatz
　　　Schwerpunkttag, -jahr, -dekade
　　　Wettbewerb
　　　Auszeichnung, Ehrung
　　　Festakte
　　Bewusstseinsbildung
　　　Informationsmaterialien
　　　Unterricht, Erziehung
　　　Vortrag, Tagung, Diskussion
　　　Pilotprojekt
　　　Naturinszenierung

SCHAFFUNG VON TAT- UND RECHTS-BESTÄNDEN
- Finanzinstrumente
  - *Gestaltung von Besitz und Nutzung*
    - Ankauf, Pacht, Freikauf
    - Einbringen von Grundbesitz, Schenkung
    - Entschädigungszahlung
    - Pacht, Kauf
    - Vertragsnaturschutz
  - *Klassische Finanzierungsinstrumente*
    - Eintritt gegen Gebühr
    - Förderung
    - LIFE
    - Spenden, Mitgliedsbeiträge
    - Sponsoring
    - Stiftung, Fonds
- Rechtlicher Rahmen
  - *Internationale Konventionen*
  - *Europäische Richtlinien*
  - *Nationale Gesetzgebung*
  - *Gesetzliche Organe*
    - Naturschutzbehörde
    - Naturschutzbeirat
    - Umweltanwalt
    - Ordnerdienste
  - *Ordnungsplanerische Instrumente*
    - Landschaftsplan, Landschaftspflegeplan
    - Entwicklungskonzept, Widmungs-, Bebauungsplan
    - Richt- und Nutzungspläne
  - *Gesetzliche Verfahren*
    - Ausgleichsflächen
    - Bewilligung
    - Enteignung
    - Fachliches Gutachten
    - Parteistellung des Naturschutz
    - Verträglichkeitsprüfung
  - *Gesetzliche Ver- und Gebote*
    - Nutzungsverbot, -beschränkung
    - Bebauungsverbot
    - Jagd-, Sammel-, Handelsverbot
    - Betretungsverbot
    - Wegegebot
    - Verkehrsbeschränkung
    - Reklameverbot, -lenkung
    - Müllablagerungsverbot
    - Hundeverbot
    - Schonzeit
    - Verschlechterungsverbot
- Inventare, Bewertungsinstrumente
  - *Internationale Listen*
    - Important Bird Areas
    - Rote Listen
    - Schattenlisten
  - *Nationale Inventare*
    - Reichsnaturschutzbuch
    - Biotopkartierung
    - Bundesinventar_Schweiz
    - Sonstige
- Internationale Programme
  - *UNESCO-Programme*
  - *Sevilla-Strategie*
  - *Europäisches Erhaltungs- und Zuchtprogramm*
  - *Sonstige internationale Programme*
- Naturschutzmaßnahmen
  - *Fluss-, Wasserbaukonzept*
  - *Restwasserregime*
  - *Renaturierung*
  - *Bestandesumwandlung*
  - *Gehölzanlage*
  - *Grünbrücke*
  - *Untertunnelung*
  - *Amphibienschutzmassnahmen*
  - *Schwenden*
  - *Trennung von Wald und Weide*
  - *Wildstandregulierung*
  - *Jagdruhe*
  - *Wildfütterung*
  - *Wiedereinbürgerung*
- Schutzgebietsmanagement
  - *Schutzgebietsverwaltung*
    - Verwaltungsorgane_entscheidend
    - Verwaltungsorgane operativ
    - Verwaltungsorgane begleitend
    - Mitarbeiter, Parkwächter
  - *Verwaltungsassoziierte Organe*
    - Trägerverein
    - Arbeitskreis, Kommission
    - Kooperation, Partnerschaft
    - Dachverband, Netzwerk
  - *Managementinstrumente*
    - Entwicklung von Idee, Vision, Leitbild
    - Machbarkeitsstudie
    - Grundlagenerhebung
    - Abgrenzung, Zonierung
    - Ausweisung, Anerkennung
    - Organisationsentwicklung
    - Finanzierung
    - Managementplan
    - Kommunikation, Partizipation
    - Forschung, Monitoring
    - Besucherlenkung u. -angebote
    - Regionalentwicklung
    - Marketing, PR
    - Evaluierung
- Unterschutzstellung
  - *Artenschutz*
    - Pflanze
    - Tier
  - *Naturdenkmal*
    - Naturdenkmal
    - Naturhöhle
    - Geotop
  - *Schutzgebiete*
    - Gemanagte Grossschutzgebiete
      - *Biosphärenreservat*
      - *Nationalpark*

   Naturerlebnispark
   Naturschutzpark
   Naturpark
   Regionalpark
  Schwerpunkt Arten- und Lebensraumschutz
   Weltnaturerbe
   IUCN-Kategorien
   Wildnisgebiet
   Ramsar-Gebiet
   Biogenetisches Reservat
   Natura 2000-Gebiet
   Pflanzenschutzgebiet
   Naturbanngebiet
   Naturschutzgebiet
   Ex lege-Schutzgebiete
   Naturwaldreservat
   Sonderschutzgebiet
   Biotop, Habitat
  Schwerpunkt Landschaftsschutz
   Geopark
   Europäisches Diplom
   Landschaftsschutzgebiet
   Landschaftsruhezone, Lärmschutzgebiet
   Geschützter Landschaftsteil
   Geschützter Grünbestand
   Grüngürtel
  Schwerpunkt Wild- und Jagdregulierung
   Jagdbanngebiet
   Ruhegebiet
   Wildschutzgebiet
   Wildruhezone
   Sonderjagdgebiet

ARGUMENTATION
 Ästhetisch
 Ethisch
  Naturbezogen
   Eigenwert der Natur
   Achtung der Natur
   Schutzbedürftigkeit der Natur
   Heiligtum
  Patriotisch
  Rational
   Verantwortung
   Vernunft
   Transparenz
  Sozial
   Wahrung des Sozialen Frieden
   gesellschaftspolitische Aufgabe
   Generationenverantwortung
  Demokratisch
   Demokratie
   Rechtsstaatlichkeit

 Funktional
  Volksgesundheitlich
   Anspruch auf Erholung, Natur
   Ausgleich zum Alltag, Lebensqualität
   Unterhaltungs- und Erlebniswert der Natur
   Gesundheit
   Sicherheit
  Nützlich
   Natur aus zweiter Hand
   Nützlinge
   Offenhalten von Entwicklungsmöglichkeiten
   ökologischer Wert, Natürlichkeit
 Fachlich
  Naturschutzfachlicher Wert
   Besonderheit, Einzigartigkeit
   Repräsentativität
   Vielfalt
 Ökonomisch
  Arbeitsplätze
  Bedarfsdiskussion/instrumenteller Nutzen
  Lukrieren von Finanz- und Fördermitteln
  Markenwert
  Nachhaltigkeit
  Nutzungsunsicherheit
  Regionalentwicklung
  Ressourcensicherung
  Tourismus
  Wirtschaftlichkeit
  Zukunftsinvestition
 Prestige
  Reputation
   internationale Verpflichtung
   Bedeutung für nationales Ansehen
   kultureller Wert
   Symbolkraft, Verweis auf Geschichte, Tradition
   Steigerung des Selbstwertgefühls
   Reinblütigkeit, Rasse
  Zukunftsorientierung
   Vorbildfunktion
   wissenschaftliche Bedeutung
   Zukunftsorientierung
 Argumentationslinien
  Ökologie vs. Ökonomie
  Selbst- vs. Fremdbestimmung
  Stadt vs. Land
  Kompetenzstreitigkeiten
  Zielunvereinbarkeit

Portraits der Autoren

DI Christina Pichler-Koban
Ihre Diplomarbeit verfasste die ausgebildete Landschaftsplanerin zu den «Gefährdeten Nutztierrassen in der Nationalparkregion Oberes Mölltal». Die langjährige Mitarbeiterin von E.C.O. Institut für Ökologie *(www.e-c.o.at)* in Klagenfurt leitet und bearbeitet Forschungs- und angewandte Projekte zu den Themen Naturschutz und Schutzgebiete. Ihre Dissertation an der Universität für Bodenkultur beschäftigt sich mit dem Naturschutz aus soziologischer und historischer Perspektive.
Foto: Christian Brandstätter
(www.christianbrandstaetter.com).

Mag. Dr. Michael Jungmeier
Der ausgebildete Vegetationsökologe und Humangeograph ist Gründer und Leiter von E.C.O. Institut für Ökologie in Klagenfurt. Er ist zudem Senior Scientist am Institut für Geographie und Regionalforschung der Alpen-Adria-Universität in Klagenfurt. Dort leitet er den internationalen Lehrgang zum Master in «Management of Protected Areas» *(www.mpa.uni-klu.ac.at)*, der 2012 mit dem Binding-Preis für Natur- und Umweltschutz ausgezeichnet wurde.
Foto © Astrid Sophia Liebhart.

Verzeichnis der Bristol-Schriftenreihe

Band 1 bis 7 siehe http://www.bristol-stiftung.ch

Band 8: Stremlow, M.; Sidler, C., 2002: Schreibzüge durch die Wildnis. Wildnisvorstellungen in Literatur und Printmedien der Schweiz. Zürich, Bristol-Stiftung; Birmensdorf, Eidgenössische Forschungsanstalt WSL; Bern, Stuttgart, Wien, Haupt. 192 S.

Band 9: Bräunicke, M.; Trautner, J., 2002: Die Laufkäfer der Bodenseeufer. Indikatoren für naturschutzfachliche Bedeutung und Entwicklungsziele. Zürich, Bristol-Stiftung; Bern, Stuttgart, Wien, Haupt. 116 S.

Band 10: Mathis, P.; Siegrist, D.; Kessler, R., 2003: Neue Skigebiete in der Schweiz? Planungsstand und Finanzierung von touristischen Neuerschliessungen unter besonderer Berücksichtigung der Kantone. Zürich, Bristol-Stiftung; Bern, Stuttgart, Wien, Haupt. 83 S.

Band 11: Monitoring Institute for Rare Breeds and Seeds in Europe, 2003: Agricultural Genetic Resources in the Alps, Landwirtschaftliche Genressourcen der Alpen, Ressources génétiques agricoles des Alpes, Risorse genetiche agricole delle Alpi, Kmetijski genetski viri v Alpah. Zürich, Bristol-Stiftung; Bern, Stuttgart, Wien, Haupt. 178 S. + CD-ROM.

Band 12: Perrenoud, A.; Känzig-Schoch, U.; Schneider, O.; Wettstein, J.-B., 2003: Exploitation durable des pâturages boisés. Un exemple appliqué du Jura suisse. Nachhaltige Bewirtschaftung von Wytweiden. Ein Fallbeispiel aus dem Schweizer Jura. Zürich, Bristol-Stiftung; Bern, Stuttgart, Wien, Haupt. 235 S.

Band 13: Borgmann, P., 2004: Magerwiesen in Liechtenstein. Vegetation – Diasporenbanken und Restitutionspotentiale. Zürich, Bristol-Stiftung; Bern, Stuttgart, Wien, Haupt. 121 S.

Band 14: Höchtl, F.; Lehringer, S.; Konold, W., 2005: Kulturlandschaft oder Wildnis in den Alpen? Fallstudien im Val Grande-Nationalpark und im Stronatal (Piemont/Italien). Zürich, Bristol-Stiftung; Bern, Stuttgart, Wien, Haupt. 629 S.

Band 15: Bauer, N., 2005: Für und wider Wildnis – Soziale Dimensionen einer aktuellen gesellschaftlichen Debatte. Zürich, Bristol-Stiftung; Bern, Stuttgart, Wien, Haupt. 185 S.

Band 16: Rust-Dubié, C.; Schneider, K.; Walter, T., 2006: Fauna der Schweizer Auen – Eine Datenbank für Praxis und Wissenschaft. Zürich, Bristol-Stiftung; Bern, Stuttgart, Wien, Haupt. 214 S.

Band 17: Safi, K., 2006: Die Zweifarbfledermaus in der Schweiz. Status und Grundlagen für den Schutz. Zürich, Bristol-Stiftung; Bern, Stuttgart, Wien, Haupt. 100 S.

Band 18: Urmi, E.; Schubiger-Bossard, C.; Schnyder, N.; Müller, N.; Küchler, M.; Hofmann, H.; Bisang, I., 2007: Zwei Jahrhunderte Bestandesentwicklung von Moosen in der Schweiz: Retrospektives Monitoring für den Naturschutz. Zürich, Bristol-Stiftung; Bern, Stuttgart, Wien, Haupt. 139 S.

Band 19: Seiler, A.; Zucchi, H., 2007: Kinder begegnen der Natur: Ein Projekt in der Stadt Osnabrück mit Anregungen für die Kindergartenpraxis. Zürich, Bristol-Stiftung; Bern, Stuttgart, Wien, Haupt. 126 S.

Band 20: Sauberer, N.; Moser, D.; Grabherr, G. (Red.) 2008: Biodiversität in Österreich. Räumliche Muster und Indikatoren der Arten- und Lebensraumvielfalt. Zürich, Bristol-Stiftung; Bern, Stuttgart, Wien, Haupt. 313 S.

Band 21: Di Giulio, M.; Holderegger, R.; Bernhardt, M.; Tobias, S., 2008: Zerschneidung der Landschaft in dicht besiedelten Gebieten. Eine Literaturstudie zu den Wirkungen auf Natur und Mensch und Lösungsansätze für die Praxis. Zürich, Bristol-Stiftung; Bern, Stuttgart, Wien, Haupt. 90 S.

Band 22: Spillmann, J.H.; Holderegger, R., 2008: Die Alpenpflanzen des Tössberglandes. Einhundert Jahre nach Gustav Hegi. Zürich, Bristol-Stiftung; Bern, Stuttgart, Wien, Haupt. 220 S.

Band 23: Stegmann, P.; Zucchi, H. (Red.) 2009: Dynamik-Inseln in der Kulturlandschaft. Ein Projekt im Raum Osnabrück. Zürich, Bristol-Stiftung; Bern, Stuttgart, Wien, Haupt. 109 S.

Band 24: Boschi, C.; Baur, B., 2009: Die Schneckenfauna der Schweizer Juraweiden – Auswirkungen unterschiedlicher Bewirtschaftungsformen sowie der Bewirtschaftungsgeschichte auf die Trockenweiden-Schneckengesellschaft. Zürich, Bristol-Stiftung; Bern, Stuttgart, Wien, Haupt. 128 S.

Band 25: Lachat, T.; Pauli, D.; Gonseth, Y.; Klaus, G.; Scheidegger, C.; Vittoz, P.; Walter, T. (Red.) 2010: Wandel der Biodiversität in der Schweiz seit 1900. Ist die Talsohle erreicht? Zürich, Bristol-Stiftung; Bern, Stuttgart, Wien, Haupt. 435 S.

Band 26: Schwick, C.; Jaeger, J.; Bertiller, R.; Kienast, F., 2010: Zersiedelung der Schweiz – unaufhaltsam? Quantitative Analyse 1935 bis 2002 und Folgerungen für die Raumplanung. Zürich, Bristol-Stiftung; Bern, Stuttgart, Wien, Haupt. 114 S. und 4 Karten.

Band 27: Meier, C.; Bucher, A., 2010: Die zukünftige Landschaft erinnern. Eine Fallstudie zu Landschaft, Landschaftsbewusstsein und landschaftlicher Identität in Glarus Süd. Zürich, Bristol-Stiftung; Bern, Stuttgart, Wien, Haupt. 186 S.

Band 28: Kilzer, R.; Willi, G., 2011: Avifaunistische Literatur und Landschaftswandel. Beispiel Vorarlberg. Zürich, Bristol-Stiftung; Bern, Stuttgart, Wien, Haupt. 304 S.

Band 29: Lachat, T.; Pauli, D.; Gonseth, Y.; Klaus, G.; Scheidegger, C.; Vittoz, P.; Walter, T. (Réd.) 2011: Evolution de la biodiversité en Suisse depuis 1900. Avons-nous touché le fond? Zürich, Bristol-Stiftung; Bern, Stuttgart, Wien, Haupt. 435 S.

Band 30: Stuber, M.; Bürgi, M., 2012: Hüeterbueb und Heitiströhl. Traditionelle Formen der Waldnutzung in der Schweiz 1800 bis 2000. 2. Aufl. Zürich, Bristol-Stiftung; Bern, Stuttgart, Wien, Haupt. 302 S. + DVD.

Band 31: Hegg, O.; Schaffner, U. (Red.) 2012: 80 Jahre experimentelle Ökosystemforschung auf der Schynigen Platte im Berner Oberland. Zürich, Bristol-Stiftung; Bern, Stuttgart, Wien, Haupt. 108 S.

Band 32: Schwick, C.; Jaeger, J.A.G.; Bertiller, R.; Kienast, F., 2012: L'étalement urbain en Suisse – Impossible à freiner? Analyse quantitative de 1935 à 2002 et conséquences pour l'aménagement du territoire. Urban Sprawl in Switzerland – Unstoppable? Quantitative Analysis 1935 to 2002 and Implications for Regional Planning. Zurich, Bristol-Stiftung; Berne, Stuttgart, Vienna, Haupt. 216 p. 4 maps.

Band 33: Zurbuchen, A.; Müller, A. 2012: Wildbienenschutz – von der Wissenschaft zur Praxis. Zürich, Bristol-Stiftung; Bern, Stuttgart, Wien, Haupt. 162 S.

Band 34: Herold, B., 2012: Neues Leben in alten Mooren – Brutvögel wiedervernässter Flusstalmoore. Zürich, Bristol-Stiftung; Bern, Stuttgart, Wien, Haupt. 200 S.

Band 35: Schwab, S.; Zecca, M.; Konold, W., 2012: Das Paradies auf Erden? Der soziale und kulturelle Wert von alpinen Wildnisgebieten am Beispiel des Val Grande-Nationalparks im Piemont. Zürich, Bristol-Stiftung; Bern, Stuttgart, Wien, Haupt. 147 S.

Band 36: Konold, W.; Petit, C. (Red.) 2013: Historische Terrassenweinberge. Baugeschichte, Wahrnehmung, Erhaltung. Zürich, Bristol-Stiftung; Bern, Stuttgart, Wien, Haupt. 333 S.

Band 37: Meister, B.; Baur, B., 2013: Die Ringelnatter im Schweizer Landwirtschaftsgebiet. Einfluss unterschiedlich genutzter Landschaften auf die genetische Populationsstruktur. Zürich, Bristol-Stiftung; Bern, Haupt. 112 S.

Band 38: Rehnus, M., 2013: Der Schneehase in den Alpen. Ein Überlebenskünstler mit ungewisser Zukunft. Zürich, Bristol-Stiftung; Bern, Haupt. 93 S.

Band 39: Klarer, F.; Stöger, E.; Meier, B., 2013: Jenzerwurz und Chäslichrut. Pflanzliche Hausmittel für Rinder, Schafe, Ziegen, Schweine und Pferde. Zürich, Bristol-Stiftung; Bern, Haupt. 223 S.

Band 40: Held, T.; Minsch, J., 2013: Schweizgespräch. Von der Lust und Freude am Politischen. Eine Denk-Allmend für den Flugplatz Dübendorf. Zürich, Bristol-Stiftung; Bern, Haupt. 145 S.

Band 41: Seijmonsbergen, A.C.; De Jong, M.G.G.; de Graaff, L.W.S.; Anders, N.S., 2014: Geodiversität von Vorarlberg und Liechtenstein. Geodiversity of Vorarlberg and Liechtenstein. Zürich, Bristol-Stiftung; Bern, Haupt. 304 S. 5 maps.

Band 42: Senn, J.; Kuehn, R., 2014: Habitatfragmentierung, kleine Populationen und das Überleben von Wildtieren. Populationsbiologische Überlegungen und genetische Hintergründe untersucht am Beispiel des Rehes. Zürich, Bristol-Stiftung; Bern, Haupt. 77 S.

Band 43: Schuler, J., 2015: Baumbewohnende Ameisen mitteleuropäischer Auenwälder. Artenspektrum und Ökologie arborikoler Ameisen in naturnahen Hartholzauen an Rhein, Elbe und Donau. Zürich, Bristol-Stiftung; Bern, Haupt. 131 S.

Band 44: Siegrist, D.; Gessner, S.; Ketterer Bonnelame, L., 2015: Naturnaher Tourismus – Qualitätsstandards für sanftes Reisen in den Alpen. Zürich, Bristol-Stiftung; Bern, Haupt. 309 S.

Band 45: Luka, H.; Daniel, C.; Barloggio, G.; Pfiffner, L., 2015: Biodiversität fördern und nutzen – Schädlingsbekämpfung in Kohlgewächsen. Zürich, Bristol-Stiftung; Bern, Haupt. 95 S.

Hauptthema: Bristol-Schriftenreihe

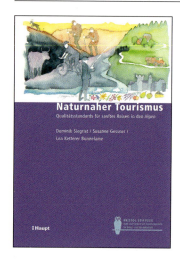

Dominik Siegrist / Susanne Gessner / Lea Ketterer Bonnelame

Naturnaher Tourismus

Qualitätsstandards für sanftes Reisen in den Alpen

Bristol-Schriftenreihe. Band 44
2015. 309 Seiten, 137 Abb., 21 Tab., kartoniert
ISBN 978-3-258-07922-6

Der naturnahe Tourismus ist ein wichtiges Element der ökologisch nachhaltigen Entwicklung im Alpenraum. In seinen vielfältigen Facetten und Formen unterstützt er den Naturschutz, die Kulturpflege und die Landschaftsentwicklung. Gute Beispiele zeigen, dass ein erfolgreicher naturnaher Tourismus der lokalen Bevölkerung Arbeitsplätze und regionale Wertschöpfung bringen kann. Um eine hohe Qualität des naturnahen Tourismus zu gewährleisten, ist ein funktionierendes Qualitätsmanagement wichtig. Die Autoren präsentieren dazu zehn Standards. Sie reichen vom Schutz der Natur, der Pflege der Landschaft, der guten Architektur, der Raumplanung und der Angebotsentwicklung bis zum naturnahen Marketing und zur Umweltbildung im Tourismus. Diese Qualitätsstandards wurden unter Einbezug von Expertinnen und Experten aus sechs Alpenländern erarbeitet und in Fallstudien mit fünf Regionen und einem alpenweit tätigen Reiseveranstalter überprüft. Als Ergebnis liegt eine Checkliste zum naturnahen Tourismus in den Alpen vor. Damit wird Verantwortlichen von Destinationen und Regionen ein Werkzeug an die Hand gegeben, mit dem sie die eigene Arbeit reflektieren und weiterentwickeln können. Darüber hinaus sind die vorgestellten Qualitätsstandards ein Beitrag zur Diskussion über die Zukunft des Tourismus und die nachhaltige Regionalentwicklung in den Alpen.

Haupt Verlag Bern
verlag@haupt.ch · www.haupt.ch

Hauptthema: Bristol-Schriftenreihe

Sebastian Schwab / Monia Zecca / Werner Konold
Das Paradies auf Erden?
Der soziale und kulturelle Wert von alpinen Wildnisgebieten am Beispiel des Val Grande-Nationalparks im Piemont

Bristol-Schriftenreihe. Band 35
2012. 147 Seiten, 46 Abb., 11 Tab., kartoniert
ISBN 978-3-258-07781-9

Aktuell besteht von sozial- und naturwissenschaftlicher Seite ein verstärktes Interesse daran, Wahrnehmung und Wert von Natur und Landschaft zu untersuchen. Dabei wird dem sozio-kulturellen Wert, den Schutzgebiete für Menschen haben, eine große Bedeutung beigemessen. Vor diesem Hintergrund wurden Hüttenbücher aus dem Val Grande-Nationalpark (piemontesische Alpen, Italien) als mögliche Informationsquelle untersucht. Die analysierten Einträge zeigen die Bandbreite der sozialen und kulturellen Bedeutungen des Schutzgebietes auf und ermöglichen tief greifende Einblicke darin, wie Natur, Landschaft und die «Wildnis» des Val Grande-Nationalparks wahrgenommen werden.

Haupt Verlag Bern
verlag@haupt.ch · www.haupt.ch

Hauptthema: Bristol-Schriftenreihe

Franz Höchtl / Susanne Lehringer / Werner Konold

Kulturlandschaft oder Wildnis in den Alpen?

Fallstudien im Val Grande-Nationalpark und im Stronatal (Piemont/Italien)

Bristol-Schriftenreihe. Band 14
2005. 629 Seiten, 192 Abbildungen, 105 Tabellen,, kartoniert
ISBN 978-3-258-06927-2

Während in vielen Alpengebieten die traditionelle Kulturlandschaft durch Verstädterung und Industrialisierung in Gefahr ist, erobert sich auf der Südabdachung des Alpenbogens die Natur ganze Landschaften zurück. Gleichzeitig gewinnt in der naturschutzfachlichen Diskussion die Forderung nach unbeeinflusster Naturdynamik und «Wildnis» im Kontrast zu den statisch konservierenden Managementkonzepten zunehmend an Bedeutung. In einem transdisziplinären Forschungsansatz untersuchten die Autoren die ökologischen und sozialen Folgen von Entsiedelung, Verbrachung und ungelenkter Landschaftsdynamik an zwei vom Rückzug des Menschen geprägten Gebieten in den Alpen des Piemont (Italien):

– am Val Grande-Nationalpark westlich des Lago Maggiore zwischen dem Ossolatal sowie dem Vigezzo- bzw. Cannobinatal gelegen, 1992 als Wildnisgebiet eingerichtet, und
– am Stronatal, einem kurzen Tal, das vom Ortasee in Richtung des Monte Rosa-Massivs führt. Die beiden im oberen Talabschnitt gelegenen Dörfer werden heute nur noch im Sommer bewohnt, die Landwirtschaft ist stark rückläufig.

Das Buch beschreibt Methoden und Ergebnisse der historischen und vegetationsökologischen Landschaftsanalyse und gibt Meinungsumfragen unter Bewohnern, Almhirten, Touristen und Politikern wieder. Auf dieser Grundlage diskutieren die Autoren das Spannungsfeld von Kulturlandschaft und «Wildnis» und unterziehen das Naturschutzleitbild «Wildnis» einer kritischen Analyse.

Haupt Verlag Bern
verlag@haupt.ch · www.haupt.ch